建德年鉴

JIANDE YEARBOOK | 2022

建德市史志编纂委员会 编

方志出版社
Publishing House of Local Records

建德名片

中国优秀旅游城市

全国文明城市

中国气候宜居城市

国家卫生城市

全国首批绿化模范城市

国家级生态示范区

国家园林城市

全国生态文明先进市

全国科普示范市

全国县域旅游综合实力百强县

中国最具影响力旅游名城

中国十佳休闲宜居生态城市

中国最佳旅游休闲胜地

中外优秀旅游胜地

中国优质碳酸钙产业基地

全国首个国家级出口低压电器质量安全示范区

中国草莓之乡

中国有机茶之乡

中国优质柑橘之乡

中国藏红花之乡

全国首批、浙江首个国家有机食品生产基地建设示范县

全国新时代美丽乡村示范县

◎ 宜居城市·新安江

（李茂祥　朱永标/摄）

◎美丽建德·严州古城

（王春涛/摄）

◎美丽建德·寿昌古城

（施正越 鲍卫军 黄金寿 陈 敏/摄）

◎2021年3月4日，副省长成岳冲（中）到建德市调研医疗保障工作

◎2021年3月9日，省人大常委会党组副书记、副主任李卫宁（前排左三）到建德市专题调研民族宗教工作

◎2021年3月17日，国家体育总局党组成员、副局长李建明（右二）到建德市调研体育工作

◎2021年5月26日，省纪委常委、秘书长叶怀贯（前排左二）到建德市调研基层监督数字化改革工作

◎ 2021年5月27日，浙江省副省长刘小涛（左二）到新安江电厂调研防汛工作

◎ 2021年6月2日，省应急管理厅党委书记、厅长凌志峰（前排中）到建德市调研安全生产工作和防汛工作

◎ 2021年6月7—8日，省总工会党组书记、副主席张才方（右排中）到建德市开展产业工人队伍建设改革工作专项督查。图为座谈会现场

◎ 2021年6月7日，民革中央副主席兼秘书长李惠东（前排右二）到建德市梅城镇调研乡村发展

◎ 2021年6月8日，省高级人民法院党组书记、院长李占国（右二）到建德市调研并开展“三服务”活动

◎ 2021年7月15日，省政协副主席周国辉（左二）到建德市调研

◎ 2021年7月22日，杭州市人大常委会党组书记、主任李火林（右二）到建德市考察调研

◎ 2021年7月29日，省民政厅党组书记、厅长王剑侯（右三）到建德市调研民政领域数字化工作

◎2021年9月2日，省教育厅厅长陈根芳（前排左二）到建德市检查新学期开学工作

◎ 2021年9月3日，省委党史和文献研究室主任刘芸（主席台右四）到建德市调研新中国水电发展事业等党史课题

目 录

特 载

专 记

大事记

市情概览

中共建德市委员会

建德市人民代表大会

建德市人民政府

政协建德市委员会

中共建德市纪委·市监委

民主党派·工商联（总商会）

群众团体

法　治

军　事

农业·农村

水资源管理与水利水电建设

工 业

商贸与招商引资

交通运输

城市建设与管理

生态环保和自然资源

安全生产与应急管理

金融

财政・税务

经济管理

人力资源管理和社会保障

教 育

文化・旅游・体育

科学技术与气象服务

通信与新兴媒体

卫生健康

社会生活

乡镇（街道）

人 物

附　录

索　引

特 载

Special Reports

奋进新征程 重塑新优势
为全力推动共同富裕全面建设“宜居建德”而努力奋斗

——在中国共产党建德市第十五次代表大会上的报告

中共建德市委书记 富永伟

（2021 年 12 月 28 日）

中国共产党建德市第十五次代表大会，是在我市全面开启“十四五”发展新征程、推进社会主义现代化建设的关键时期召开的一次重要会议。大会的主要任务是：高举习近平新时代中国特色社会主义思想伟大旗帜，全面贯彻落实中央、省委和杭州市委战略部署，认真总结市第十四次党代会以来的工作，研究确定今后五年的目标任务、重点举措，选举产生中国共产党建德市第十五届委员会和纪律检查委员会，动员全市各级党组织、广大党员和干部群众，进一步统一思想、坚定信心、拼搏奋进，为全力推动共同富裕、全面建设“宜居建德”而努力奋斗！

下面，我受中国共产党建德市第十四届委员会委托，向大会作报告，请予审议。

一、过去五年的工作回顾

市第十四次党代会以来的五年，是我们应对严峻挑战、经受重大考验的五年，也是建德砥砺奋进、赶超发展的五年。五年来，市委坚定不移以习近平新时代中国特色社会主义思想为指导，坚决落实中央、省委和杭州市委一系列重大决策、重要部署，团结带领全市广大干部群众，积极应对复杂多变的宏观环境，克服了产业转型、环境整治、疫情防控、防汛救灾等重重压力，实现“十三五”规划圆满收官，高水平全面建成小康社会，全市经济社会发展实现新跨越，取得了“十四五”发展的良好开局。五年来，全市地区生产总值从 324.23 亿元预计增长至 415 亿元，年均增长 6.8%；财政总收入从 38.9 亿元预计增长至 65.6 亿元，其中一般公共预算收入从 22.7 亿元预计增长至 38.3 亿元，年均增长 11%；三次产业比重从 9.7：52.7：37.6 预计调整为 8.7：48.1：43.2。

五年来，我们致力转型升级、赶超发展，综合实力显著增强。工业经济提质增效。预计规上工业总产值年均增长 12.1%，规上工业增加值年均增长 8.5%，新增主板上市企业 5 家。化工产业成为我市首个百亿产业，数字经济“一号工程”扎实推进，两化融合指数、产业数字化指数均居全省前列，《工业逆势增长的“建德现象”》得到省委袁家军书记批示肯定。现代农业提速创优。预计农业增加值年均增长 2.2%，创成全国首批、全省首个国家有机食品生产基地建设示范试点县（市），入选全省首批农业绿色发展先行县，杨村桥镇成为国家级特色农业强镇。“建德草莓”“建德苞茶”等区域公共品牌影响力、美誉度不断提升，草莓种植遍布全国27个省（市、自治区），累计培育国家地理标志农产品6个，数量为全省区县（市）之最。现代服务业提档升级。预计社会消费品零售总额年均增长7.9%，入选国家电子商务进农村综合示范县和全国直播电商百强县。美好广场、新安雷迪森、开元方外等高等级城市综合体、宾馆酒店建成运营。千鹤妇女精神教育基地成为全省首个全国妇女爱国主义教育基地，严州古城、航空小镇成功创成国家AAAA级景区，《江清月近人》实景演艺火爆市场、叫好叫座，“建德豆腐包”品牌迅速打响、享誉省市。2021年接待游客超1100万人次，是2016年的4倍，成功入选全国县域旅游综合实力百强县。

五年来，我们致力项目招引、有效投入，发展后劲不断提升。项目引建亮点纷呈。累计招引产业项目223个，农夫山泉四期、中策橡胶迁建、东方雨虹、东翼新材料、南方绿色建材产业园等一批重大项目建成投产。平台建设成效突出。航空小镇先后获评国家首批低空旅游示范区、国家级特色小镇、省级特色小镇、省级应急救援航空体系建设试点等一系列荣誉，通航制造、通航文旅、通航服务实现突破发展。高铁新区（高新园）累计落地5000万元以上重大工业项目51个，规上工业产值占全市比重从16.2%提升至47%，入选省级功能性新材料高新技术产业园创建名单。要素保障支撑有力。累计争取新增用地指标9687亩，工业用地出让6619亩、占比达63.5%；深入推进空间拓展、征迁清零，累计完成征地3.66万亩、垦造水田1.5万亩；累计向上争取资金115.9亿元；招引顶尖领军人才项目75个、领军人才199人。

五年来，我们致力生态优化、融合互促，城乡面貌焕然一新。生态建设取得新成效。持续打好五水共治、三改一拆、农村人居环境综合整治等系列“组合拳”，荣获全球绿色城市、全国首个气候宜居城市、全国农村人居环境整治成效明显激励县以及全省生态文明建设示范市、全省美丽城镇建设和全省小城镇环境综合整治优秀县市、全省无违建市等一系列省级以上荣誉和称号，捧获杭州地区首个“大禹银鼎”。城乡面貌迈上新台阶。扎实推进城市有机更新，府前路旧城改造、主城区慢行系统等重点项目基本完成，城镇化率由48.4%提升至53%，奋战三年圆满创成第六届全国文明城市。在全省率先启动美丽城镇建设，梅城镇、寿昌镇创成“省级样板”并入选全省“千年古城复兴建设试点”。高标准推进新时代美丽乡村建设，全域提升“一廊十线”，入选部省共建乡村振兴示范区、获评全省新时代美丽乡村示范县。交通建设实现新突破。五年累计投入70.2亿元，改造提升国省道、四好农村路830公里，杭黄高铁、临金高速建德段、23省道等重大交通项目建成通车，十里埠港建成投用，金建高铁、衢建高铁等在建项目有序推进，浙西综合交通枢纽优势地位进一步凸显。

五年来，我们致力深化改革、开拓创新，内生动力有效激发。重点改革纵深推进。全国乡村治理体系、全国首个省级低空飞行服务体系、全国守信激励创新等30余项省部级试点建设有序推进，“走村不漏户、户户见干部”做法入选全国乡村治理典型案例。全省首创“兜底办”服务、首推公民身份信息变更联办等特色做法，政务服务满意指数连续三年位居全省前列。数字化改革扎实推进，“基层公权力智慧监督”“干部智管”等场景在全省复制推广，“数智殡”场景获省委袁家军书记批示肯定，“心安护航”“建村钉”“化工大脑”“数智草莓”等场景获省级部门认可。创新能力逐步增强。大力实施科技企业培育“双倍增”计划，国家级高新技术企业达148家、省科技型中小企业达548家。建成和引进省级通航产业创新服务综合体、超细粉末国家工程中心浙江分中心等11家公共研发机构和技术转移中心，成立院士专家、博士后工作站26家，评定杭州市级高层次人才1743名，入选全国创新百强县和全国投资潜力百强县。营商环境不断优化。围绕打造营商环境最优县（市），持续深化“信用建德”建设，出台营商环境优化“二十条”。推出“书记市长有约”活动，常态化开展“帮企不漏企、企企见干部”行动，积极落实减税降费、金融扶持等助企纾困政策，新增各类市场主体3.4万户，被授予全省首批“省级信用县”称号。

五年来，我们致力改善民生、造福百姓，群众福祉持续增进。居民收入稳步增加。城镇居民人均可支配收入从41531元预计上升至59359元，农村居民人均可支配收入从21869元预计上升至33377元，年均分别增长7.4%和8.8%，城乡居民收入比从1.9预计缩小至1.78。新增城镇就业人数5.42万人，全市所有村(涉农社区)实现“5030”全覆盖。社会事业快速发展。民生领域累计投入192亿元，高标准办成民生实事350件。教育事业实现优质均衡发展，新建、改扩建各类校舍33所，义务教育标准化学校比例达100%，“双减”工作扎实推进，创成全省基本实现教育现代化市。齐心协力打好疫情防控阻击战，疫苗接种工作有序开展，累计接种88万余剂次，人群全程免疫覆盖率达91%。县域医共体建设全面推进，建德二院迁建、杭州七院浙西院区一期主体完工。“两馆两中心”精彩亮相，成为展示建德城市形象“新地标”。社会治理取得实效。“平安建德”“法治建德”建设纵深推进，多元共治的社会治理新格局初步形成，治安防控、安全生产、公共管理的智能化、集成化水平不断提升，2020年获得平安创建全省第六、杭州第三和“零进京”越级访的优异成绩。

五年来，我们致力党要管党、从严治党，党的建设全面加强。思想政治建设不断强化。认真开展“不忘初心、牢记使命”主题教育和党史学习教育，精心组织新中国成立70周年、中国共产党成立100周年等庆祝活动，理论武装取得明显成效。筑牢意识形态主阵地，不断强化网络和信息安全，持续巩固扩大主流舆论影响。队伍组织建设更加优化。围绕新时代“20字”好干部标准，实行“揭榜挂帅”“双月擂台”等比拼机制，累计评选“担当有为好干部”48名、提拔使用优秀干部504名。圆满完成村社组织换届，高质量实现“一岗双责”。大力实施“塔基工程”“三雁工程”，全面开展“标杆50、进位百佳”创建，扎实推进强村建设和软弱涣散村整顿，基层党组织战斗堡垒作用显著增强。党风廉政建设持续深化。深入推动纪检监察体制改革，推进纪律、监察、派驻、巡察“四项监督”贯通融合，全面完成中央、省委巡视整改任务和十四届市委巡察任务。健全澄清容错机制，打响“澄清门下道澄清”工作品牌。严格落实中央八项规定及实施细则精神，驰而不息正风肃纪。始终保持惩治腐败高压态势，立案查处党员干部违纪违法案件359件、党纪政务处分334人，政治生态更加风清气正。统一战线格局有力拓展。坚持和加强党对统战工作的集中统一领导，着力构建大统战格局，成功举办两届“建德人大会”，深挖乡贤统战资源，基层统战工作三年行动计划顺利完成。实现民族宗教领域和谐稳定，非公有制经济健康发展，各民主党派、工商联和无党派人士积极作为、争作贡献，多党合作事业取得积极成效。

五年来，我们全力支持和保障人大、政协依法依章履职，持续深化群团组织改革，始终坚持党管武装，双拥、人武、档案、史志、党校、老干部等各项工作都取得明显进步。

各位代表、同志们，艰难方显勇毅，磨砺始得玉成。五年的一切辛劳与担当，都值得致敬和褒奖；五年的所有奋斗与努力，都值得传颂和铭记！在此，我代表市委，向所有为建德这片热土倾注心血的奋斗者、建设者、参与者，致以最衷心的感谢和最诚挚的问候！

五年的攻坚克难、实干奋进，取得的成绩来之不易，积累的经验弥足珍贵，必须一以贯之继承发扬：

——我们必须坚持党的领导不动摇，在团结奋进中勇担使命。五年征程，我们始终坚持以习近平新时代中国特色社会主义思想为指导，深入贯彻、全面对标习近平总书记去年在浙江、杭州考察时重要讲话精神以及2003年、2005年在建德调研时重要指示精神，坚决落实中央、省委和杭州市委一系列重大决策部署，在前进道路上战胜了各类风险挑战，续写了更多辉煌业绩。实践证明，党的领导是全市各项事业取得胜利的根本保证，唯有坚定不移做“两个确立”的忠诚拥护者、“两个维护”的示范引领者，坚决将上级各项决策部署在建德落地落实落细，才能凝聚起全市上下团结奋进、无往不胜的强大合力。

——我们必须坚持加快发展不停步，在开创新局中勇当先锋。五年征程，围绕“跨越赶超新崛起”的历史使命，我们始终坚持加快发展不停步，以更新目标、更高标准、更强动能投入发展实践，在经济社会发展的诸多领域展现了建德特色、彰显了建德速度、打响了建德品牌。实践证明，越是形势严峻复杂，越要牢牢扭住“发展第一要务”不动摇，始终保持发展定力、持续增强发展动能、不断提升发展成效，才能真正创造出对这方水土负责、经得起历史检验的发展业绩。

——我们必须坚持实干担当不懈怠，在攻坚克难中勇争一流。五年征程，充满艰辛、历经考验，广大干部始终坚持“干”字当头、“快”字为先，以奔跑姿态比学赶超、以奋进之势攻坚克难。尤其是面对疫情、汛情等极端考验，治水、拆违等专项攻坚，拆迁、安置等难事要事，广大干部挺身而出、冲锋在前，彰显了建功立德的时代新风。实践证明，无论任务多么艰难繁重，只要我们拿出“逢山开路、遇水架桥”的坚定决心，秉持“功成不必在我、功成必定有我”的担当勇毅，鼓足“争一流、站排头、走前列”的精神气概，就一定能干出新气象、拼出新天地。

——我们必须坚持发展为民不松劲，在共建共享中勇作表率。五年征程，我们始终把人民群众对美好生活的向往作为奋斗目标，持续加大民生投入、扎实办好民生实事，推动高质量发展与增进民生福祉同频共振。我们以干部的“负重前行”，赢得了百姓的“交口称赞”。实践证明，群众满意是检验我们工作成效的根本标准，只有倾心倾力关注民生、保障民生、改善民生，把发展的成果最大程度转化为民生的福祉，才能得到百姓群众的衷心拥护和全力支持。

在总结成绩的同时，我们也要清醒地认识到，在前进的道路上，我们依然存在着一些短板和不足：我们的经济总量还不够大、产业层次还不够高、发展质效还不够好；城乡基础设施建设仍有短板，基层治理的精细化、协同性还不够强；教育、医疗、养老、文化等公共服务的优质供给与人民群众对美好生活的期盼还有距离；一些党员干部的眼界思维、本领能力、担当精神仍有待提升，工作推进中责任落实、一抓到底的体制机制还需进一步健全，等等。所有这些问题，我们必须高度重视、认真对待，采取有力措施，切实加以解决。

二、今后五年的指导思想和奋斗目标

建德是浙江文明之源，千百年来，一代又一代建德人求富思变、求强思进，在这片土地上创造了一个又一个辉煌的业绩。我们既要回望过去，从“建功立德”的精神传承中汲取拼搏奋进、砥砺前行的力量；也要革故鼎新，在扛起“跨越赶超”的使命担当中激发敢为人先、走在前列的豪情。起跑决定后势，开局关系全局。今后五年，是建德新一届市委班子团结带领广大干部群众继往开来、谱写新篇的关键时期，我们必须全力以赴把握机遇、蓄势跃升、锚定航向、加快发展。为此，在本次党代会上，市委提出了“奋进新征程、重塑新优势，为全力推动共同富裕、全面建设‘宜居建德’而努力奋斗”的新目标、新定位、新任务，这既是建德新一轮发展的客观要求，也是全市人民孜孜以求的共同期盼。

“奋进新征程”，要求我们在大势大局中把准时代脉搏。一个时代有一个时代的使命，一代人有一代人的担当。当前，我们已迈入“十四五”发展的新阶段，中央提出要全面开启建设社会主义现代化国家的新征程，号召全党全军全国各族人民为实现第二个百年奋斗目标、实现中华民族伟大复兴的中国梦而不懈奋斗；省委提出要围绕“坚决守好‘红色根脉’、忠实践行‘八八战略’、奋力打造‘重要窗口’”的主题主线，争创社会主义现代化先行省、推动高质量发展建设共同富裕示范区；杭州市委提出要加快建设社会主义现代化国际大都市，奋力展现“重要窗口”的“头雁风采”。纵观国家大势、省市大局，我们正处在一个承前启后、继往开来的关键时期，正承担着为第二个百年新征程打头阵、当先锋的重大使命，中央、省委和杭州市委的一系列重大决策、重要部署为我们谋划未来五年的发展征程指明了前行航向、提供了根本遵循。未来五年，我们要奋进新征程，就要自觉把建德的发展放到国家、省市的大势大局中去思考、去谋划、去部署，进一步顺势而为、乘势而上，在守好“红色根脉”、践行“八八战略”、打造“重要窗口”、争创社会主义现代化先行省、推动高质量发展建设共同富裕示范区的新征程中展现建德担当、彰显建德作为、干出建德精彩。

“重塑新优势”，要求我们在蓄势跃升中坚定发展信心。市十四次党代会以来，我们围绕“开放融入、跨越赶超，加快建德新崛起”的工作总目标，经济社会发展取得了有目共睹的显著成绩。未来五年，我们要在复杂多变的发展环境中实现争先进位、在日趋激烈的区域竞争中加快跨越赶超，就必须全力以赴拉长长板、补齐短板，在蓄势跃升中重塑优势、坚定信心。我们有便捷通达的交通区位，未来三年即将迎来杭黄、金建、衢建三条高铁交汇的历史机遇，“公铁水航”互联互通的现代化交通网络加快形成，浙西综合交通枢纽呼之欲出；我们有得天独厚的生态资源，依托久久为功的环境治理、城乡建设，一系列国家、省市荣誉的取得让建德的“宜居底色”“美丽成色”越来越亮；我们有扎实稳固的产业基础，精细化工、生物医药、新材料、水产业、通航产业综合实力不断增强，全域旅游、特色农业的知名度、影响力持续壮大；我们有实干担当的干部队伍，通过防疫防汛、争先创优等一系列大战大考，全市广大党员干部的能力素质不断提升、信心士气日益增进。未来五年，我们要重塑新优势，就是要大力推动思想认识、体制机制、发展路径、干部队伍素质能力的变革，不断重塑在区位、生态、产业、资源等方面的优势，加快实现经济社会发展各领域、全方位的“质变”与“蝶变”。

“全力推动共同富裕、全面建设‘宜居建德’”，要求我们在展望未来中锚定目标方位。站上新的历史起点，我们必须与时代的节奏同频共振，与发展的潮流同向而行，与人民的期盼同声相应，必须进一步锚定方位、找准路径、明确目标。“全力推动共同富裕”，既是贯彻落实上级决策部署的坚定回应，也是全市人民殷切期盼的美好愿景。我们要全力推动的共同富裕，就是要在高质量发展的基础上不断“做大蛋糕”“做优家底”，不断“分好蛋糕”“共享成果”，引领全市人民在共同富裕的道路上越走越坚定、越走越宽广；“全面建设‘宜居建德’”，既是擦亮“金字招牌”，也是锚定奋斗方向。我们要坚持“宜居建德”居于美，以“全域宜居”为本底，全方位提升建德的美丽生态、美丽环境、美丽人文、美丽人居，让“全国首个气候宜居城市”的金字招牌熠熠生辉；我们要坚持“宜居建德”居于业，以“全面宜业”为核心，大力推动产业转型、创新驱动、平台提升、服务优化，让建德大地真正成为发展的热土、创业的宝地；我们要坚持“宜居建德”居于安，以“全民参与”为关键，不断激发新老建德人“吾心安处是吾乡”的价值认同、情感归属，通过全市人民的携手奋进、共建共享，让“宜居建德”的实力更强、产业更兴、环境更美、治理更优、生活更好。

根据这一目标定位，今后五年建德发展的指导思想是：高举习近平新时代中国特色社会主义思想伟大旗帜，深入贯彻党的十九大和十九届历次全会精神以及习近平总书记在浙江、杭州考察时重要讲话精神，立足新发展阶段、贯彻新发展理念、构建新发展格局，以推动高质量发展为主题，以深化供给侧结构性改革为主线，以改革创新为根本动力，以满足人民日益增长的美好生活需要为根本目的，围绕全力推动共同富裕、全面建设“宜居建德”的奋斗总目标，坚持“生态立市、创新兴市、工业强市、文旅活市”四大战略，深入实施“产业优势重塑、城乡融合提质、美丽建德蝶变、改革创新赋能、文化活力跃升、民生福祉共享”六大工程，在坚决守好“红色根脉”、忠实践行“八八战略”、奋力打造“重要窗口”、争创社会主义现代化先行省、推动高质量发展建设共同富裕示范区的新征程中贡献建德力量、彰显建德担当。

根据这一指导思想，今后五年建德发展的主要奋斗目标是：生产总值年均增长7%左右，人均生产总值年均增长6.8%左右；三次产业比重达9∶45∶46左右；全社会固定资产投资年均增长7%左右，工业投资年均增长10%左右；社会消费品零售总额年均增长8%左右；地方财政收入年均增长8%左右；居民人均可支配收入年均增长7.5%左右，城乡居民收入之比缩小至1.735。

全力推动共同富裕、全面建设“宜居建德”，既是我们开启现代化建设新征程、高质量发展建设共同富裕示范区的具体实践，也是立足建德实际、明晰路径导向、体现执政为民的总体战略。为此，我们要更加坚定人文精神引领，大力弘扬“建功立德”精神、千鹤妇女精神、“三自”水电精神，不断厚植全市人民凝聚力、创造力，努力打造具有鲜明建德标识度的“红色根脉”，让“建功立德”成为51万建德人民的共同意志、行动准则；我们要不断提升绿水青山底色，持续擦亮全国农村人居环境整治成效明显激励县、全省小城镇环境综合整治和美丽城镇建设启航地、部省共建乡村振兴示范区等金字招牌，深入开展美丽城镇、美丽乡村建设“六美行动”，高质量拓展“两山”转化通道，着力打造全域美丽大花园；我们要持续激发产业内生动力，紧扣迈入全省“工业大县”目标，推动传统产业改造提升和新兴产业培育引进，全力打造杭州“新制造业”重要产业基地。坚持绿色化、精品化、品牌化方向，着力构建高效生态农业发展格局。走深走实全域发展之路，全面打响“17℃建德新安江”旅游品牌；我们要始终把“宜居宜业”作为推动高质量发展、实现共同富裕的根本追求、最终落脚，不断释放“宜居建德”的生产力、幸福值，不断提升“宜居建德”的安全感、满意度，真正让“宜居宜业”成为建德最鲜明的“城市印记”。我们坚信，通过全市上下的接续奋斗、共同努力，我们的目标一定能够圆满实现，建德的明天一定会更加美好！

三、今后五年的主要任务与关键举措

围绕上述目标思路，今后五年，我们要聚焦重点任务、明晰关键举措，着力抓紧抓实抓好“六大工程”，推动各领域、全方位的突破跃升、优势重塑，在新起点上奋力开创建德经济社会高质量发展新局面。

（一）大力实施“产业优势重塑工程”，在壮大县域经济、提升发展质效上实现新突破。产业是发展之基、富民之源，是推动共同富裕、实现高质量发展的核心与关键。我们要坚定不移促转型、抓招商、推项目、强平台，努力打造标志性产业链，加快构建现代产业体系，全力挺起高质量跨越发展的脊梁。

1.全方位提升三次产业竞争力。坚持“工业强市”战略不动摇，大力实施新一轮制造业“腾笼换鸟、凤凰涅槃”攻坚行动，改造提升精细化工、水泥建材、五金电器等传统产业，大力发展生物医药、新材料、水产业、通航制造等新兴产业，全力推动工业经济提质增效。以“产业大脑”+“未来工厂”为主抓手，加快推动智能化改造和数字化转型，打造一批在全省全国具有示范意义的智能化标杆项目、服务平台。完善以“亩产论英雄”为导向的工业企业综合评价机制，加大工业低效用地再开发力度，不断提升集约节约利用水平。坚持“抓大、扶中、活小”并举，高质量推进企业上市“凤凰行动”、龙头企业“鲲鹏计划”，加快打造一批单项冠军、隐形冠军、专精特新“小巨人”，形成结构完善、优势互补的企业发展梯队。聚焦科技强农、机械强农“双强行动”，坚持绿色兴农、科技兴农、质量兴农，大力发展生态农业、智慧农业、品牌农业。集中力量紧盯草莓产业，迭代升级“数智草莓”产业大脑，持续做大规模、做精品质、做优品牌，努力打造农民增收致富的标杆产业。构建完善全域旅游发展新格局，着力推动大三江口区域AAAAA级景区创建，提升优化大慈岩—新叶、航空小镇等重点片区，谋划推进岭后片区建设，高标准建成国家全域旅游示范区。积极发展医疗康养、会议会展、研学教育等“幸福产业”，不断提升“建德豆腐包”“建德十大碗”等特色美食美誉度，加快培育体验消费、健康消费等现代服务业发展新路径、新模式。

2.全方位提升招商引资驱动力。始终坚持招商引资“一号工程”“生命线工程”，切实推动精力向招商集中、资源向招商倾斜、力量向招商整合。创新市场化、专业化、精准化招商模式，深化驻点招商、产业链招商、资本招商、中介招商等机制，不断提高招商引资实效。坚持产业导向，深挖投资信息、延伸招商触角、拓宽引资渠道，加快引进投资规模大、带动能力强的行业龙头项目，积极抢抓集聚效应好、支撑力度大的延链补链强链关键项目，前瞻布局科技含量高、发展潜力足的新兴产业项目，在招大引强、招新引优、招群引链、招才引智上取得更大成效。

3.全方位提升重点项目牵引力。树牢“大抓项目、抓大项目”导向，更好发挥有效投入的关键作用。坚持瞄准高端谋项目，努力争取、建设一批符合国家产业政策的重大项目，以项目数量和质量的提升，加快产业转型升级步伐；坚持完善机制推项目，狠抓项目履约率、开工率、投产率，压实项目业主主体责任和职能部门服务责任，持续优化“月通报、季观摩、年考评”的项目推进机制；坚持领导带头抓项目，不断健全重大项目领导领衔服务机制，大力破除要素瓶颈制约，引领全市上下在项目建设的主战场上比担当、拼干劲、求实效。

4.全方位提升园区平台支撑力。做好省级经济技术开发区整合提升“后半篇文章”，完善事权划分科学、结构扁平优化、管理高效统一的行政管理体制机制，进一步明确方向、强化特色，实现联动开发、整体建设、错位发展。围绕“省级样板”目标，大力推动通航产业园区产业集聚发展，着力形成“坚持通航产业、推进装备制造”的产业发展格局，真正成为建德高质量发展的新增长极；聚焦“高新创新”定位，加快高新产业园区转型步伐，持续推进园区扩容、集聚创新资源、延伸产业层次，着力打造转型升级的示范园区。进一步抓实大同、乾潭、李家等乡镇工业功能区改造提升，加大杭州城区产业转移承接力度。全面提升小微园建设管理运营水平，完善产业孵化平台功能，开辟产业梯队培育新空间。

（二）大力实施“城乡融合提质工程”，在增强城市能级、推进一体发展上实现新突破。建德正处在新型城镇化大有可为的关键时期，要紧扣“提能”“融合”两大关键，推进城乡空间重组、功能重塑、形态重建，着力构建“城市品质化、镇村特色化、设施一体化”新格局，努力打造城乡融合发展示范区。

1.全面提升城市能级。坚持“东扩、南拓、西进、中优”城市发展战略，不断拓展城市空间、完善城市布局、提升城市能级。城东科创片区要布局落地高能级公共服务配套和重大功能性项目，完善城市功能、加快人口导入，努力成为城市发展“新动力源”；城南新区要坚持高起点规划、高标准建设，加快环境、功能、产业再造步伐，全面打造“产站城融合、文景智一体”的宜居宜业新城区；西部城区要以新安江水电站为核心，完善旅游配套、推进产业转型，打造与千岛湖度假区协同发展的“桥头堡”；中心城区要加快城市有机更新、优化城市功能布局、大力发展城市经济、推动智慧城市建设，全面提升城市首位度、活力值。

2.着力打造特色城镇。按照“分层推进、梯次打造”的总体思路，加快构建功能互补、集聚有序、特色鲜明的城镇体系。推动梅城高品质开发新城、高标准保护古城，努力打造更有实力、更富活力、更显魅力的千年古城；推动寿昌高品质市域副城建设，充分激发古镇、航空、温泉、农业等特色资源活力；推动大同美丽城镇与稻香小镇融合发展，不断增强集镇辐射功能；推动乾潭小城市培育持续深化，全力打造新型制造创新地、运动休闲首选地；支持其他乡镇立足自身特色、明晰发展定位，强化基础设施支撑、产业平台打造、公共服务供给，让城镇的实力、活力、魅力竞相迸发。

3.积极建好乡村单元。以城乡融合为重点，大力推进下涯之江、梅城千鹤等未来乡村建设，打造未来邻里、公共服务、乡村文化、乡村善治等场景，建成一批示范性乡村新社区。以产业发展为纽带，高标准建设乾潭安仁区块、十里寿昌江流域、西乡产业园等共同富裕乡村振兴联合体。探索打破地域限制的乡村“片区化、组团式”发展模式，加快城市产业和公共服务向农村精准延伸，重构乡村生产生活，全力打造“让城里人向往、让村民们自豪、让外来者留恋”的魅力新农村。

4.不断完善交通网络。服务保障金建铁路、衢建铁路、临金高速等重大交通项目建设，大力构建区域低空短途航线，扎实推进十里埠作业区提升工程，形成三条高铁交互汇聚、“空中廊道”持续开辟、“黄金水道”全面复兴的“公铁水航”立体交通网络，进一步增强浙西综合交通枢纽能级。全面完成320国道改建工程，启动实施330国道、311省道改建工程，提升建设“四好农村路”，着力构筑干支相连、外联内畅的城乡综合交通网络。深入实施交通治堵系列工程，积极发展绿色公共交通，完成城乡客运公交一体化改造，进一步改善城乡居民出行环境。

（三）大力实施“美丽建德蝶变工程”，在擦亮生态底色、加快绿色发展上实现新突破。绿色生态是建德的最大财富、最亮底色和最优品牌。我们要牢固树立“绿水青山就是金山银山”理念，坚定不移走生态优先、绿色发展之路，坚决守牢生态底色、增添发展绿色、提升转化成色，打造美丽中国“建德样板”。

1.彰显山水本底，擦亮生态“金名片”。深入推进“千万工程”，打好治气、治水、治土、治废等污染防治攻坚战，全力争取杭州地区首个“大禹金鼎”，努力打造“全域幸福河建设省级样板”，创建成为国家级生态文明示范市。深入开展国土绿化行动和森林城市、森林城镇创建，从严落实河湖长制、林长制，严格执行“三线一单”约束制度，大力实施山水林田湖草生态修复工程，推动环境质量持续改善，让建德的天更蓝、地更绿、水更净。深化生态环境保护综合行政执法改革，健全环境污染风险预警机制，加快生态环境治理数字化转型，确保问题防范得了、发现得早、处置得好。

2.打响美丽品牌，建设全域“大花园”。聚焦城乡风貌整治提升，持续深化美丽城镇、美丽乡村建设，加快打造美丽田园、美丽河湖、彩色森林。充分挖掘城镇、村社、庭院等美化潜力，扮靓更多生态廊道、绿美村庄、农田林网，塑造更多美丽单元、美丽体系，着力打造“春夏繁花似锦、秋冬层林尽染”的全域美丽大花园。聚焦“新安江—富春江”黄金主轴线，以新安江主城区、梅城三江口国际滨水度假区、黄饶半岛乡村振兴示范区为关键支点，优化提升沿江特色生态廊道，全力打造标志性示范带，不断彰显钱塘江流域“最美百里景观”独特魅力。

3.放大绿色优势，拓展转化“新通道”。建立生态产品价值实现保障机制，串起“绿水青山”、联通“金山银山”，让生态成为支撑高质量发展的不竭动力。善用市场逻辑、资本力量、专业思维，深化“农、文、旅、体”融合发展，努力打造“来了还想来”的特色景点、“买了还想买”的文创产品、“住了还想住”的网红民宿，不断拉长“美丽产业”的消费链、价值链。制定落实碳达峰实施方案、行动计划，加快精细化工、水泥建材等高能耗产业绿色化改造，争创国家绿色工业园区。开工建设乌龙山抽水蓄能电站，积极争创光伏整市推进试点，着力招引绿色低碳制造项目，全力打造绿色发展的产业链、生态圈。

（四）大力实施“改革创新赋能工程”，在增强动能要素、优化营商环境上实现新突破。改革创新是引领发展的动力之基、活力之源。我们要加强改革系统集成，加速创新迭代升级，为建德新一轮发展提供强劲动能。

1.以数字化改革为牵引，推动重点改革全面走深。更好发挥数字化改革的引领、撬动、赋能作用，持续放大全面深化改革红利，整体推动经济社会发展的质量变革、效率变革和动力变革。坚持“大整合、大场景、大平台、大承接”的改革思路，对准省级跑道、着眼“三个贯通”，全力推动“152”体系与“141”体系高效贯通，加快构建“县乡一体、条抓块统”的整体智治新格局。全面承接省、杭州市场景建设任务，迭代升级“公权智护”“心安护航”等特色应用场景，形成一批可复制可推广的建德经验，努力打造更多“最佳应用”，全力争取全省“改革突破奖”。持续强化重点领域和关键环节改革，推进政府投资管理体制、国资国企、财税金融、要素配置、农村产权等改革，切实以改革增动力、添活力、聚合力。

2.以增强引领力为导向，推动科技创新全面走强。大力支持行业创新中心和公共服务平台建设，加快上海、杭州等地飞地孵化园建设，着力构建宽领域、多层次科技创新平台，实现更多科技成果转移转化。强化企业创新主体地位，推动规上企业和高新技术企业建立研发机构，支持龙头企业参与重大科创平台建设。聚焦“产学研用金、才政介美云”十联动，完善人才“引育留用”全链条，深入实施领军型人才、团队引进培养计划，加大青年人才储备，打响“遇建未来”人才活动品牌，努力汇聚天下英才来建德筑梦圆梦、成就精彩人生。

3.以国际一流为目标，推动营商环境全面走优。围绕打造营商环境最优县(市)，不断集聚要素动能、提振发展信心。全面深化“企服通”场景建设，打通政府企业数据壁垒，实现政府服务“秒审直达”“一网通办”。持续深化“走企不漏企、企企见干部”服务机制，纵深推进“兜底办”改革，专解“疑难杂症”，专接“烫手山芋”，专办“办不成的事”，用干部的担当指数、辛苦指数换取企业的满意指数、发展指数。秉持“传递政府最大诚意、体现企业最大诚信”理念，不断深化全国守信激励创新试点成果，完善守信联合激励和失信联合惩戒机制，全面打造诚信政府、诚信社会、诚信企业。

（五）大力实施“文化活力跃升工程”，在推进铸魂育人、打造文化高地上实现新突破。建功立德的历史底蕴闪烁着最绚烂的人文光彩，是建德人血脉里最强大的文化自信。要坚持以“德文化”为统领，推动更高层次的精神文明建设，构建更高水平的文化服务体系，打造更具影响力的地域文化品牌，全面展现文化繁荣兴盛的时代新风。

1.打造文明城市标杆。以“永远在路上”的坚毅笃定，锲而不舍推动文明城市创建向城市文明建设跃升，全力争创全国文明典范城市。坚持用新思想铸魂育人，积极践行社会主义核心价值观，推动理想信念教育常态化、制度化，引导广大市民自觉遵守社会公德、严守职业道德、弘扬家庭美德、提升个人品德。持续加强党史、新中国史、改革开放史、社会主义发展史学习教育，加大红色资源开发利用力度，用共产党人的精神谱系感染人、激励人。深化群众性精神文明创建活动，坚持从点滴小事做起、从良好风气抓起，把个体的“微文明”汇成城市的“大文明”，让每一位建德市民都自带“文明流量”。

2.擦亮地域文化品牌。遵循“植根历史、基于现实、紧跟时代、引领未来”的原则，深化“德文化”精神凝炼，不断厚植城市精神、彰显城市品格，着力形成全市人民共同的价值认同。推进“德文化”创造性转化、创新性发展，高标准建设严州古城、千鹤妇女精神教育基地、钱塘江诗路文化带建德段等文化地标，深化“道德银行”“美好账本”等场景建设，让“德文化”渗透生活、沁润人心。推进整合化利用、活态化展示、具象化传播，精心打造浙江始祖“建德人”文化、严州文化、“三自”水电精神、千鹤妇女精神等“德文化”品牌体系，让“德文化”更富魅力、更具特色。大力推进文化遗产保护发展，进一步加强古镇老街、历史村落、名人故居和非物质文化遗产的挖掘、保护和利用，切实守护好“德文化”的历史文脉。

3.推动文化繁荣发展。紧扣“宋韵文化传世工程”，深入实施梅城、寿昌千年古城复兴计划，系统挖掘南宋文化、水浒文化，打造宋韵文化传承展示中心。大力实施文化产业振兴计划，加快文化旅游、创意设计、影视演艺为核心的现代文化产业体系构建，不断培育壮大“文化+”新业态。坚持面向基层、服务群众，大力实施文化名家培育行动，用情用心讲好建德故事，推出更多诸如《江清月近人》的演艺精品、文艺力作。深入实施文化惠民、体育惠民工程，充分借力杭州“亚运城市行动”，推动体育事业发展，引进更多具有影响力、参与度的国内外高端赛事，着力打造富有张力、充满生机的现代化活力之城。

（六）大力实施“民生福祉共享工程”，在迈向美好生活、推动共同富裕上实现新突破。带领人民创造美好生活，是我们始终不渝的奋斗目标。我们要把握社会主要矛盾变化，围绕促进共同富裕和人的全面发展，统筹推进富民惠民安民各项举措，不断提升宜居建德的“民生温度”“幸福厚度”。

1.回应群众致富渴求，让富民政策更暖心。落实居民收入和中等收入群体双倍增计划，大力推进“扩中提低”，着力增加群众工资性、经营性、财产性收入，富足“大多数”、提升“平均数”、兜底“极少数”，在优化收入分配格局上取得积极进展。大力弘扬劳模精神、劳动精神、工匠精神，广泛开展劳动者职业培训和技能提升行动，大力培养以“草莓师傅”“豆腐包师傅”为代表的新型产业工人。精准实施就业优先政策，优化构建高校毕业生、农村转移劳动力、城镇就业困难人员、退役军人等重点群体就业支持体系。大力实施强村惠民行动，持续深化“两进两回”，不断推动消薄增收“1234”建德模式纵深发展。

2.回应群众生活需求，让惠民服务更舒心。毫不松懈抓好常态化疫情防控，构建完善平战结合、科学有效、功能完善的公共卫生和重大疫情防控体系。努力办好“让人民满意的教育”，深化名师名校名校长“三名”工程，严格落实“双减”要求，统筹推进学前教育普及普惠、义务教育优质均衡、普通高中多元发展、职业教育提质培优、高等教育取得突破，着力构建优质教育新格局。大力推进“健康建德”建设，持续深化“三医联动”“六医统筹”改革，不断提升卫生健康优质供给和服务水平。主动适应老龄化加剧趋势，全面推动养老服务智慧化发展和公共服务适老化改造，加快构建医养康养相结合的养老服务体系。坚持“房住不炒”定位，租售并举完善住房保障体系，推动房地产业平稳有序发展。稳步推进社会救助均等化，完善帮扶残疾人、孤儿等社会福利制度和慈善救助体系，确保共富道路上“一个也不能少”。

3.回应群众安全诉求，让安民举措更贴心。持之以恒推进基层治理体系和治理能力现代化建设，有效防范和化解各类风险，确保人民安居乐业、社会安定有序。深入推进法治建德建设，扎实开展“八五”普法，推动严格执法、公正司法、全民守法，进一步彰显社会公平正义。强化社会治安防控体系建设，巩固政法队伍教育整顿成果，做实市域警务工作，严厉打击黄赌毒、盗抢骗等违法犯罪，常态化推进扫黑除恶、电信网络违法犯罪整治，建设更高水平的“平安建德”。坚持“矛盾化解是最好的稳控”理念，强化社会矛盾源头治理，用好领导包案化解等经验做法，坚决控增量、减存量、防变量。牢固树立安全发展理念，构建“大安全、大应急、大减灾”体系，加强生产安全、生态安全、食品安全等风险研判，强化应急处置能力建设，有效防范化解各类安全隐患。

四、今后五年落实全面从严治党的各项任务

实现今后五年的奋斗目标，关键在党、关键在人。我们要坚决贯彻新时代党的建设总要求，坚决落实管党治党主体责任，不断增强政治判断力、政治领悟力、政治执行力，以高质量党建为高质量发展提供坚强政治保障。

（一）坚持思想引领，淬炼绝对忠诚、对标看齐的政治品格。旗帜鲜明讲政治，是我们党不断发展壮大、从胜利走向胜利的重要保证。要把党的政治建设摆在首要位置，在政治立场、政治方向、政治原则、政治道路上同党中央保持高度一致。坚持用习近平新时代中国特色社会主义思想武装头脑、指导实践，巩固深化“不忘初心、牢记使命”主题教育成果，扎实推进党史学习教育走深走实。坚决落实“四个必须”“十个坚持”的政治要求，自觉增强“四个意识”、坚定“四个自信”、做到“两个维护”，充分展现忠诚核心、拥戴核心、维护核心、紧跟核心的鲜明政治态度，坚定不移做“两个确立”的忠诚拥护者、“两个维护”的示范引领者。牢牢掌握意识形态领域工作的领导权、管理权和话语权，持续巩固和壮大党的舆论阵地，不断营造清朗正气的网络空间。

（二）坚持实干担当，锻造唯实惟先、善作善成的建德铁军。奋斗创造历史，实干成就未来。要将伟大中国共产党成立精神镌刻于心、落实于行，让实干担当成为全市党员干部的共同价值追求。始终坚持“实绩论英雄”的用人导向，注重在攻坚克难一线培养锻炼、考察识别、选拔使用干部，进一步加强和改进年轻干部队伍建设，让能干事者有机会、想干事者有舞台。牢筑“没有走在前列也是一种风险”的紧迫意识、忧患意识，秉持“争一流、站排头、走前列”的干事标准，推动形成“互学、互看、互比，创业、创新、创优”的生动局面。注重在变革中锤炼队伍、提升本领，加快建设变革型组织，全面提高领导干部塑造变革的能力，推动全体党员干部在拥抱变革、适应变革中增强全面识别风险、实时监测风险、准确评估风险、科学处置风险的本领，做防范化解重大风险的行家里手，努力在复杂多变的发展环境中下好先手棋、打好主动仗。

（三）坚持固本强基，筑牢组织严密、有力有为的战斗堡垒。基层党组织是贯彻落实上级和市委决策部署的“最后一公里”。要聚焦“红色根脉强基工程”，扎实开展“强基行动”，全域推进“共富红盟”建设，持续深化乡村产业链党建、片区大党委建设，党建引领乡村振兴、共同富裕更加有效。扎实做好软弱涣散党组织整顿，进一步强化机关国企、城市小区、新就业群体党建，推动基层党建“全域争先、整体跃升”。持续深化“走村不漏户、户户见干部”，全面推进村级“三雁”工程，从严从优做好党员发展工作。鼓励和支持广大党员干部大力弘扬斗争精神、把准斗争方向、提高斗争本领，着力构筑“支部书记有作为、组织覆盖有实效、基层队伍有力量”的坚强战斗堡垒。

（四）坚持正风肃纪，织密严管厚爱、激浊扬清的廉洁防线。党风廉政建设，事关人心向背、事关发展大局。要全面加强“清廉建德”建设，推进落实“四责协同”，重点抓好“一把手”和领导班子监督，完善基层公权力智慧监督体系，推动各类监督协同贯通。充分发挥巡视巡察“利剑”作用，持续做好上级巡视、监督反馈问题整改，强化纪审、巡审联

动，高水平推进市委巡察和审计全覆盖。深入贯彻中央八项规定及实施细则精神，坚决防范“四风”隐形变异，着力整治群众身边的不正之风。完善用好容错免责、澄清正名的激励机制，进一步扩大“澄清门下道澄清”品牌影响。综合运用监督执纪“四种形态”，一体推进不敢腐、不能腐、不想腐，营造干部清正、政府清廉、政治清明、社会清朗的良好生态。

（五）坚持同向同行，凝聚携手奋进、共促发展的强大合力。目标越宏伟、任务越艰巨，就越需要坚定主心骨、画好同心圆。要充分发挥党委总揽全局、协调各方的领导核心作用，不断提高把方向、管大局、定政策、促改革、抓落实的能力。加强民主政治建设，支持人大及其常委会依法履行职能，支持政府依法行政，支持人民政协发挥政治协商、民主监督、参政议政作用，支持法院、检察院独立行使审判权和检察权，支持人民团体依章开展工作。巩固和壮大最广泛的爱国统一战线，切实做好民族、宗教、对外和港澳工作，广泛团结联系海外侨胞、归侨侨眷，支持民主党派、工商联、无党派人士、新社会阶层人士积极履职。强化党管武装和双拥工作，加快军民深度融合发展，推动工青妇及老干部等工作取得新进展，不断巩固发展大团结大联合的良好局面。

各位代表，同志们，实现新的奋斗目标，不仅需要全市党员干部的团结一心、拼搏实干，更需要全体建德人民的携手奋进、共同参与。我们要始终坚持人民主体地位，不断增强全体市民的归属感、认同感、荣誉感，让更多的人了解建德、融入建德、扎根建德、深爱建德，持续营造人人参与、人人尽责、人人享有、人人出彩的生动局面，真正把推动共同富裕、建设“宜居建德”镌刻在百姓的心坎里、映照在群众的笑脸上。

各位代表、同志们，立志千秋伟业，百年只是序章；奋进时代征程，更需逐梦远航。未来五年，宏图已绘就，奋发正当时。让我们更加紧密地团结在以习近平同志为核心的党中央周围，在省委、杭州市委的坚强领导下，凝心聚力、勇担使命、坚毅前行，走好新时代赶考路，当好新时代答卷人，为全力推动共同富裕、建设“宜居建德”而努力奋斗！

名词解释

1.“四个必须”：党的十九届六中全会通过的《中共中央关于党的百年奋斗重大成就和历史经验的决议》中提出，必须坚持马克思列宁主义、毛泽东思想、邓小平理论、“三个代表”重要思想、科学发展观，全面贯彻习近平新时代中国特色社会主义思想；必须坚持党的基本理论、基本路线、基本方略，增强“四个意识”，坚定“四个自信”，做到“两个维护”；必须永远保持同人民群众的血肉联系，践行以人民为中心的发展思想；必须常怀远虑、居安思危，继续推进新时代党的建设新的伟大工程，坚持全面从严治党。

2.“十个坚持”：党的十九届六中全会通过的《中共中央关于党的百年奋斗重大成就和历史经验的决议》中提出，坚持党的领导、坚持人民至上、坚持理论创新、坚持独立自主、坚持中国道路、坚持胸怀天下、坚持开拓创新、坚持敢于斗争、坚持统一战线、坚持自我革命。

3.“一廊十线”：是建德新时代美丽乡村全域提升行动的总体布局及思路。“一廊”指山水农园廊，“十线”指三江诗路线、莲乡古村线、康养莲花线、通儒葛塘线、乡创胥溪线、水润江南线、桔香休闲线、稻香农创线、浙人寻根线、灵栖洞天线。

4.“兜底办”服务：受理群众、企业跑一次无法办理事项，以及需要政府帮助协调解决的审批服务方面的急事难事等。

5.“基层公权力智慧监督”场景：构建市镇村三级公权力智慧监督体系，采用数据比对、碰撞的模型算法，及时预警，规范公权力运行。

6.“干部智管”场景：通过建立换届全景一屏掌握、重点人选一库搜罗、人事推演一键智选、换届质量五度评价、集中换届与日常应用一体设计，提高集中换届、日常选任中选人用人精准度和人岗相适度。

7.“数智殡”场景：建立死亡人口数据库，向公安、民政、人社、医保、市民卡、公积金等部门推送逝者信息，实现身后事（预约火化安葬、待遇结算发放、个人养老账户清退、涉财涉资查询等）联办。

8.“心安护航”场景：基于原有“鹰眼护航”应用的迭代升级，规范司机驾驶，对客货车从购车安装、办证审批、使用维护、更新报废的全生命周期管理。

9.“建村钉”场景：针对基层治理中村民诉求解决慢、村级事务参与少、信息沟通耗时长等问题，探索建立“互联网+”数字乡村治理模式，提升乡村治理效能。

10.“化工大脑”场景：打造“1+5+X”模式智慧园区平台，通过数据集成、系统整合、架构重塑，实现化工行业安全、环保、应急、能耗等日常监管全覆盖，有效提升园区风险防控、应急处置能力，驱动园区全方位绿色转型。

11.“两馆两中心”：建德市图书馆、建德市博物馆、建德市青少年活动中心、建德市妇女儿童活动中心。

12.“塔基工程”：通过强化组织体系建设、推动青年人才回归、以农村人居环境整治提升群众组织力、党建引领乡村治理、党风带乡风，实现村集体消薄增收等中心任务落地落实。

13.“三雁”工程：抓“头雁”（村书记），探索实施村干部备案管理，构建起准入把关、履职管理、保障激励、调整退出管理闭环；引“归雁”（返乡人才、乡贤），出台农村青年人才返乡创业“1+2”文件，成立市级农创客发展联合会；育“雏雁”（村（社）青年人才），注重在优秀农村青年人才中发展党员，“镇考村聘”储备农村青年人才。

14.“标杆50、进位百佳”创建：对标乡村振兴“20字”方针和“五个振兴”要求，“标杆50”侧重整体强，补短板、强弱项、高水平上再提升；“进位百佳”侧重单项强，支部基础工作扎实，党建特色做法鲜活。

15.科技企业培育“双倍增”计划：2021年至2025年，国家高新技术企业和科技型中小企业累计家数增加一倍。

16.“5030”全覆盖：2021年完成所有村（涉农社区）集体经济总收入达到50万元，经营性收入达到30万元全覆盖。

17.“六美行动”：小城镇环境综合整治（美丽集镇）、美丽乡村、美丽公路、美丽河道、美丽园（厂）区、美德家园等美丽专项行动。

18.新一轮制造业“腾笼换鸟、凤凰涅槃”攻坚行动：2021年8月30日，省政府召开全省新一轮制造业“腾笼换鸟、凤凰涅槃”攻坚行动推进大会，部署实施新一轮制造业“腾笼换鸟、凤凰涅槃”攻坚行动，建设国家传统制造业改造升级示范区，全力打造全球先进制造业基地。

19.“产业大脑+未来工厂”：数字经济系统的核心架构，“产业大脑”以数据驱动供求关系循环优化，“未来工厂”在产业大脑支撑下重构组织模式。两者通过耦合共生，系统重塑产业生态、竞争规则和治理模式，推动产业数字化、数字产业化，构建现代化产业体系。

20.“鲲鹏计划”：主营业务收入5亿元以上大企业培育计划。

21.科技强农、机械强农“双强行动”：2021年8月23日，全省农业高质量发展大会上提出。以全面提高农业生产效率和效益为目的，实施科技强农行动，提高农业技术创新水平；实施机械强农行动，提升农业装备应用水平。

22.“四好农村路”：建好、管好、护好、运营好农村公路。

23.消薄增收“1234”建德模式：“1”是围绕一个总体目标。到2025年，90%的行政村经营性收入达到50万元，50%以上的行政村经营性收入达到100万元。“2”是坚持二手齐抓。坚持全面消除经济薄弱村和发展壮大村集体经济同步推进。“3”是推进“3+N”平台建设。在推进市乡村振兴公司、移民公司和三农公司等三大平台基础上，继续搭建抱团发展平台，通过航空小镇与60个村组建航空产业股份公司，实现集体经济增收。“4”是探索“四多”发展路径。继续探索推进多形式创新经营、多渠道搞活开发、多途径做大资产、多方位规范管理的“四多”路径。

24.“两进两回”：科技进乡村、资金进乡村、青年回农村、乡贤回农村。

25.“三线一单”：生态保护红线、环境质量底线、资源利用上线和生态环境准入清单。

26.“三个贯通”要求：省委袁家军书记在推进数字化改革过程中提出。主要包括：平台贯通，加快推动省市县三级平台迭代升级，建立健全问题数据治理闭环管理机制，深化数据资源开放共享。应用贯通，打通顶层设计、基层创新的双向贯通路径，打通一地创新、全省共享的全域贯通路径。体制贯通，健全平台、五大系统及其与基层治理四平台的工作联通机制，将五大综合应用功能进一步下沉，使五大系统所有跑道都能在其中找到对应和落地。

27.“产学研用金、才政介美云”十联动：把产业、学术界、科研、成果转化、金融、人才、政策、中介、环境、服务等十方面因素融合提升，全力打造金融端、人才端、环境端齐头共进、多链协同的创新创业生态系统。

28.县域医共体：是农村开展医联体建设的主要模式，重点探索以“县医院为龙头，乡镇卫生院为枢纽，村卫生室为基础”的县乡一体化管理，构建县、乡、村三级联动的县域医疗服务体系。

政府工作报告

——在建德市第十七届人民代表大会第一次会议上

建德市人民政府代市长 王新锋

（2022 年 2 月 11 日）

一、过去五年简要回顾和 2021 年主要工作

本届政府的五年，是建德发展历程中极具挑战、极具意义的五年。五年来，在上级党委、政府和市委的坚强领导下，在市人大、市政协的监督支持下，我们团结依靠全市人民，坚持开放融入，谋求跨越赶超，圆满完成了十六届人大一次会议确定的主要目标任务。

（一）综合实力迈上新台阶。过去五年，我们始终坚持高质量发展，跨越赶超的步伐更加矫健。地区生产总值突破 400 亿元大关，年均增长 6.9%；规上工业增加值超过 150 亿元；累计固定资产投资达到 900 亿元；财政总收入从 38.9 亿元增长至 66.6 亿元，一般公共预算收入从 22.7 亿元增长至 38.5 亿元。传统制造业改造提升全面推进，化工产业年产值迈上百亿台阶，农夫山泉四期、中策橡胶迁建、南方绿色建材等一大批重大产业项目建成投产。数字经济、通航、生命健康等战略性新兴产业加快发展，开发区（航空小镇）创成省级特色小镇，高铁新区（高新园）入围创建省级功能性新材料高新技术产业园。“凤凰行动”取得重大突破，5 家企业成功上市。农村人居环境整治获国务院督查激励，6 项工作获得省政府督查激励。

（二）城市能级得到新提升。过去五年，我们始终坚持城市赋能，开放融合的格局更加宏阔。浙西综合交通枢纽的地位逐步形成，通用机场完成扩建，4 条空中通勤航线开通运营，杭黄铁路全线贯通，建衢铁路、建金铁路开工建设，杭新景大二期、临金高速、305 省道建成通车，十里埠综合作业区开港运营。“一主两翼两组团”的市域发展框架持续拉开，府前路区块、桥东城市客厅展现新貌，洋安新城显现活力，城南新区启动规划，梅城、寿昌与中心城区融合发展，乾潭、大同等中心镇综合服务功能明显增强。建成绿道 285 公里，沿新安江、富春江两岸绿道实现基本贯通。

（三）发展动能积蓄新能量。过去五年，我们始终坚持改革创新，推动新崛起的力量更加澎湃。高标准推进数字化改革，“心安护航”“建村钉”等特色场景应用走在全省前列。纵深推进“最多跑一次”改革，企业开办审批效率全国领先，“兜底办”专窗服务累计解决历史遗留问题逾千个。积极开展重点领域改革，深入推进全国乡村治理体系、全国守信激励创新等 30 余项省部级试点建设。全面提升创新能力，浙大环保科创中心、超细粉末国家工程研究中心浙江分中心等高能级创新平台先后落地，成功建成省级通航产业创新服务综合体。

（四）绿水青山展现新容颜。过去五年，我们始终坚持“绿水青山就是金山银山”理念，三江六岸的山水画卷更加秀美。全面推进系统治理，实行最严生态环境保护制度。治水工作走在前列，彻底剿灭劣Ⅴ类，全域水质达Ⅲ类以上，创建省级“美丽河湖”6 条，捧获杭州首个“大禹银鼎”。增绿工程全面推进，森林覆盖率持续提升至 77.26%。大气污染防治成效显著，平均空气优良天数保持在 346 天以上。荣膺全球绿色城市、全国首个气候宜居城市、新安江—富春江国家级水利风景区，成功创建省级生态文明建设示范市。

（五）城乡魅力得到新彰显。过去五年，我们始终坚持内外兼修，城乡共美的优势更加明显。全面推进乡村振兴，行政村集体经济收入提前实现“5030”全覆盖。美丽建设走在前列，4 个乡镇创成

省级美丽城镇样板，成功承办全省小城镇环境综合整治现场会、美丽城镇现场会，获评全省新时代美丽城镇建设优秀县市、美丽乡村示范县。全域旅游脉络加速形成，严州古城、航空小镇创成国家AAAA级旅游景区，寿昌创成省AAAAA级景区镇，《江清月近人》等文旅产品推陈出新，五年累计接待游客近6000万人次。入选全国县域旅游综合实力百强县，创成省级全域旅游示范市，持续擦亮“17℃建德新安江”旅游金名片。

（六）人民幸福书写新篇章。过去五年，我们始终坚持“以百姓之心为心”，美好生活的图景更加灿烂。高质量推动东西部扶贫协作，助力贵州省黔东南州岑巩县脱贫摘帽。常住人口城镇化率由48.4%提升至52.8%，城乡居民收入年均分别增长7.7%、9.1%。民生投入累计超过200亿元，高质量完成省市县三级民生实事。城乡低保等各类救助标准稳步提高，养老服务体系不断健全。实现教育基本现代化，义务教育标准化学校比例达到100%。医疗体系更加健全完善，卫生服务更加普惠共享，人均预期寿命从81.3岁增长至82.9岁。文化文明水平不断提升，“德文化”深入人心，千鹤妇女精神教育基地成为全省首个全国妇女爱国主义教育基地，两馆两中心等一批公共文化服务阵地建成投用，“走村不漏户、户户见干部”和“最多反映一次”等好做法成为基层治理的“建德经验”。深入推进“平安建德”建设和扫黑除恶专项斗争，夺取“平安金鼎”，人民在安居乐业中更具获得感幸福感安全感。

过去五年，我们持续加强政府系统党的建设，认真贯彻新时代党的建设总要求，自觉用习近平新时代中国特色社会主义思想武装头脑、指导实践、推动工作。扎实开展“两学一做”学习教育、“不忘初心、牢记使命”主题教育和党史学习教育。顺利完成新一轮政府职能转变和机构改革。坚决贯彻上级党委、政府和市委各项决策部署，坚持重大问题向市委汇报，主动接受市人大和市政协监督，累计办理代表议案、建议744件，委员提案894件，满意率达到100%。认真落实中央八项规定及其实施细则精神，持之以恒纠治“四风”，“三公”经费支出较五年前下降18.9%，政府系统作风持续转变。

各位代表，“雄关漫道真如铁，而今迈步从头越”，此时此刻我们可以自豪地说，在全市人民的共同努力下，过去五年是建德各项荣誉获得最多的五年，是综合实力提升最快的五年，是城乡面貌变化最大的五年，是人民获得感最强的五年。回首过去五年，我们经历了一系列大事要事喜事，极大地激发了全市上下奋进新时代的磅礴力量。最令人感动的是，面对突如其来的新冠肺炎疫情，全市人民守望相助、共克时艰，坚决打赢了疫情防控遭遇战。最令人难忘的是，面对新安江水库首次九孔泄洪，全市上下风雨同舟、众志成城，牢牢构筑起防汛抗洪的钢铁堤坝。最令人振奋的是，面对城市发展的瓶颈制约，全市上下勠力同心、决战决胜，高位创成全国文明城市，历经八年创下省“无违建市”，建德的整体形象实现大幅跃升。最令人自豪的是，面对错综复杂的宏观环境，全市上下顽强实干、奋发进取，全力打赢了争先创优的硬仗，呈现了工业经济逆势增长的“建德现象”。最令人欣慰的是，面对跨越赶超的巨大压力，我们的干部奋勇拼搏、砥砺前行，取得了一项又一项瞩目的成就，“建德铁军”干事创业的精气神全面提振。通过五年努力，今天的建德已经站在了新的起点，将向着更远、更高的目标高歌猛进，再创一个辉煌的五年！

各位代表，刚刚过去的2021年，我们凝心聚力、稳扎稳打，实现了“十四五”的良好开局。实现地区生产总值430.6亿元，增长7.5%；财政总收入和一般公共预算收入分别增长19.7%、12.5%；实现规上工业增加值158.5亿元，增长11.7%，亿元以上工业企业超过100家；实现社会消费品零售总额126.1亿元，增长10.5%；城乡居民人均可支配收入分别增长9.5%、9.9%。

一年来，我们攻坚克难，转型升级步伐矫健。传统产业提质增效。深入实施传统制造业改造提升2.0版，整治提升低效企业208家，淘汰落后产能项目17个，完成工业低效用地处置2885亩。以李家集聚区为试点，启动新一轮碳酸钙行业改造提升。五金工具产业集群连续两年获省级产业集群跨境电商发展试点专项激励。新增“小升规”工业企业53家,海螺光储一体化项目投产,奥立达超大货梯获评全省装备制造业首台(套)产品,三耐环保获评省“隐形冠军”企业,沈氏节能被评为国家级专精特新“小巨人”企业,屹通新材成功上市。“两化融合”持续推进。加快构建未来工厂生态圈,实现规上工业企业数字化改造全覆盖。东方雨虹、中策橡胶等5家企业入选省智能制造、数字化车间培育名单,安伴、德爱威等7家企业被评为省级新一代制造业与互联网融合示范试点企业。数字经济核心产业增加值增长18.5%,增速居杭州第一。文旅特色更加凸显。成功举办“建德17℃新安江”马拉松等各类赛事活动54场。梅城、寿昌入选全省千年古城复兴试点,德扬乐活岛等一批旅游综合体建成开业。全年接待游客1128.2万人次,实现旅游收入117.7亿元。

一年来,我们精准发力,发展后劲不断积蓄。招商引资成效显著。招引东方雨虹总部基地、立邦新材料等重大产业项目38个,计划总投资203.5亿元,其中10亿元以上项目4个。实际利用外资1.3亿美元。重大项目有序推进。实施省重点项目5个、杭州市重点实施类项目16个,开工率达100%。市本级重大产业项目71个,开工率为94.3%。完成固定资产投资154.5亿元、工业投资62亿元。产业平台不断做强。通航机场跑道延伸至1200米,空域范围扩展至5700平方公里,获批低空运输航线开通权20条。高铁新区(高新园)规上工业总产值突破300亿元大关,东翼新材料等18个重大产业项目稳步推进。营商环境日益优化。累计为企解决问题事项7778个,兑现各类惠企政策及税费减免25.3亿元,企业开办全流程“零见面”审批占比达93.3%、网上申报率100%。

一年来,我们重点突破,改革创新走在前列。数字化改革全省领先。全面推进“152”体系建设,36个场景成功列入全省重大应用“一本账S1”,成功打造“数智建德”改革创新实验室。建成一体化智能化公共数据平台,累计归集数据8亿条。高铁新区(高新园)成为全省首批、杭州唯一省级化工产业大脑试点园区,“数智草莓”获评全省数字经济优秀地方特色应用,“数智殡”“网签电子劳动合同”等多个场景在全省复制推广。赋能作用充分发挥。稳步开展重大改革任务23项,推进“县乡一体、条抓块统”管理机制改革,厘清“属地管理”83项、乡镇(街道)权力140项。稳外贸稳外资、财政管理、全域土地综合整治、“凤凰行动”四项工作获省政府督查激励。连续两年入选电商进农村国家级试点。创新能力加快提升。狠抓主体培育,新认定国家高新技术企业45家、省科技型中小企业124家。全市R&D经费投入7.5亿元,增长5.1%。通过产学研合作“揭榜挂帅”解决企业技术难题139项。企业自主创新能力进一步增强,三耐环保、新化化工列入省级创新联合体,新安化工集团创成首个省级重点企业研究院。深化引才平台建设,完成沪杭“飞地”布局,推进技师学院创建工作。深入实施“建德英才”计划,招引顶尖领军人才33人、项目12个,引育杭州市高层次人才265名。

一年来,我们统筹推进,城乡风貌迭代升级。生态建设富有成效。坚决打好蓝天、碧水、净土保卫战,PM2.5平均浓度下降至22.8微克/立方米,出境断面水质保持在Ⅱ类以上。创建省级“美丽河湖”2条,建设“幸福河湖”80公里,治理水土流失17.1平方公里,完成3个镇街、5个工业区和29个小区污水零直排建设,创成国家县域节水型社会。修复污染地块4.9万立方米。加强中华水韭等4种濒危植物的保护工作,不断提升生物多样性保护水平。全面“扩绿增彩”,新增造林面积1.2万亩。城乡品质持续提升。围绕环境整治、渣土车整治等重点领域开展攻坚行动,“迎亚运”环境大比拼、生活垃圾分类等工作位居杭州优秀行列。加快城市有机更新,改造老旧小区5个。明珠、洋安等6个社区入选省、杭州市未来社区创建试点。加快优化外联内畅的路网布局,开工320国道改建、紫金大桥重建工程,优化改造农村公路190公里,打通县域“断头路”2条。全面实施城乡公交惠民政策,城乡公交一体化率达到100%。乡村振兴全面推进。列入全省数字乡村和新时代乡村集成改革试点,成功承办全国农产品质量安全信用体系建设推进会。实现农林牧渔业增加值38.7亿元,增长3.9%。严格落实稳产保供,粮食播种18.9万亩,生猪出栏21万头,新增高标准农田1.6万亩、水田4052亩。深入开展农业“双强”行动，首个自主命名的草莓品种“建德红”上市。

一年来，我们以民为先，社会事业蓬勃发展。疫情防控慎终如始。严格落实“精密智控”，上线“17防”等防疫小程序，实现重点人员、重点场所、重点环节的闭环管理。有序开展新冠疫苗接种工作，累计接种疫苗98.3万剂，3岁以上常住人口免疫完成率达95.0%。共同富裕迈上跑道。梳理共同富裕标志性项目57个，启动乾潭共同富裕先行区安仁联合体试点建设。全面推广“建德豆腐包”品牌，在全国9个省市布点豆腐包店(点)271家。新增就业1.1万人，城镇登记失业率控制在2.4%以下。强化困难群众兜底保障和临时救助，发放各类救助金1.2亿元。持续推进基本养老保险、基本医疗保险扩面提质，基础养老金标准提高61.8%，最低月工资标准提高24.7%，西湖益联保参保率居杭州首位。公共服务有力提升。夯实教育高质量发展基石，完工寿昌新城幼儿园、明镜小学改扩建等工程。全面落实“双减”政策，新增共建型教育共同体学校30所。成功举办严州中学120周年校庆。全面推进“健康建德”建设，市二院顺利迁建，杭七院浙西院区一期主体工程完工，市一院二期开工。完成适老化改造、无障碍设施家庭改造共600户。严州文化入选首批“浙江文化标识”培育项目名单，严东关五加皮酿酒技艺入选“国遗”，图书馆新馆、妇青幼活动中心投入使用。聚焦民之所需、民之所盼，优先安排民生实事专项资金5.5亿元，高质量完成十件民生实事。平安底线扎实扎牢。坚决“遏重大”，深入开展安全风险隐患大排查大整治，消除工矿商贸、道路交通、建筑施工、消防等领域安全隐患1.5万处，安全生产事故起数实现“三连降”。获评法治浙江建设先进县市，创成国家信访“三无县”，实现省级平安市“八连创”。

国防动员和后备力量建设、双拥、民宗、人防、气象工作进一步加强，工会、妇女、青少年、红十字、关心下一代和老龄事业取得新进步，档案、史志、外事、侨务等工作实现新提升。

各位代表，过去的发展备受瞩目，过去的成就令人鼓舞。这些成绩的取得，离不开上级党委、政府和市委的正确领导，离不开市人大、市政协的监督支持，离不开历届政府打下的坚实基础，更离不开全市广大干部群众的奉献付出。在此，我代表市人民政府，向全市人民和所有关心支持建德发展的社会各界朋友，致以崇高的敬意和衷心的感谢！

在肯定成绩的同时，我们也清醒看到，发展中还存在不少短板弱项，一些结构性素质性问题有待破解，部分不平衡不充分问题依然突出，主要是：持续发展的动力不够强劲、支撑不够有力，传统产业的占比仍然较高，转型升级步伐必须进一步加快；人口老龄化问题较为突出，社保、医保、基础设施建设等压力依然较大，教育、医疗、养老、交通等公共服务仍需进一步优化；国企业务范围不准、盈利能力不强，国企改革需要向纵深推进，财政实力需要进一步增强；个别干部不担当、不作为、不为民的问题仍然存在，事不过夜的工作效率需要进一步巩固；等等。对这些矛盾和问题，我们高度重视、决不回避，以对人民高度负责的精神，倾心尽力、认真履职，决不辜负人民的期望。

二、今后五年发展主要目标任务

今后五年，是建德承前启后、跨越发展、大有作为的五年。前不久召开的市第十五次党代会，系统描绘了建德今后一个时期的发展蓝图，提出了“奋进新征程、重塑新优势，为全力推动共同富裕、全面建设‘宜居建德’而努力奋斗”的宏伟目标。我们要全面贯彻落实市第十五次党代会部署，革故鼎新、奋力担当、再创佳绩，为开启建德现代化建设新征程开好局、起好步。

今后五年政府工作总体要求是：高举习近平新时代中国特色社会主义思想伟大旗帜，深入贯彻党的十九大和十九届历次全会精神以及习近平总书记在浙江、杭州考察时重要讲话精神，立足新发展阶段、贯彻新发展理念、构建新发展格局，以推动高质量发展为主题，以深化供给侧结构性改革为主线，以改革创新为根本动力，以满足人民日益增长的美好生活需要为根本目的，围绕全力推动共同富裕、全面建设“宜居建德”的奋斗总目标，坚持“生态立市、创新兴市、工业强市、文旅活市”四大战略，深入实施“产业优势重塑、城乡融合提质、美丽建德蝶变、改革创新赋能、文化活力跃升、民生福祉共享”六大工程，在坚决守好“红色根脉”、忠实践行“八八战略”、奋力打造“重要窗口”、争创社会主义现代化先行省、推动高质量发展建设共同富裕示范区的新征程中贡献建德力量、彰显建德担当。

今后五年，经济社会发展的主要预期目标是：生产总值年均增长7%左右，人均生产总值年均增长6.8%左右；固定资产投资年均增长7%左右，制造业投资年均增长10%左右；社会消费品零售总额年均增长8%左右；一般公共预算收入年均增长8%左右；居民人均可支配收入年均增长7.5%左右，城乡居民收入之比缩小至1.735以内。

今后五年的主要工作任务是：

大力实施产业优势重塑工程，打造传统产业改造提升示范地。以产业链现代化为目标，推动碳酸钙、水泥、化工等产业绿色集聚高端发展，坚持围绕通航、水、生物医药、新材料等新兴产业招大引强，到2026年实现规上工业总产值超1200亿元。实施数字经济倍增计划，促进数字经济与制造业的协同发展和深度融合。全力激发市场主体活力，加快推动“个转企、小升规、规改股、股上市、育龙头”，新增规上工业企业200家以上、上市企业5家以上，培育百亿企业2家以上。强化亩均效益综合评价，加快激活闲置要素，到2026年实现规上工业亩均税收25万元以上，全市税收超100亿元。以服务工业经济的理念服务农业、旅游业、服务业，坚持“存量提质、增量选优”两手抓，聚力培育龙头型企业，引导规模化发展，打造具有建德特色的品牌产品。

大力实施城乡融合提质工程，打造城乡一体化发展示范地。深度参与长三角一体化、杭州大都市圈发展，持续织密交通网络，拓展通航线路，建成建金、建衢高铁，完成320国道改建，推动金千铁路及330、351国道等重大交通改建工程。充分发挥浙西综合交通枢纽作用，利用好山水自然资源禀赋，高标准开发城东区块，加快建设城南区块，持续优化主城区功能布局，努力打造交通便捷、产城融合、全域美丽的宜居建德。深化“一主两翼两组团”发展布局，走错位互补之路，持续升级风貌管控，稳步推动基础设施、公共服务、产业发展的迭代升级，加快构建聚散有致、共荣互促、各美其美的城乡格局。

大力实施美丽建德蝶变工程，打造美丽中国窗口展示地。厚植生态文明永续发展优势，扎实推进山水林田湖草生态修复工程，整合优化水泥建材货运通道，深化全域土地综合整治，重塑发展空间。全面推进寿昌江流域综合治理、“三江”治理提升工程，争取杭州首个“大禹金鼎”，深入开展国土绿化行动和国家森林城市创建，创成国家生态文明示范市。坚决落实碳达峰、碳中和要求，推进能源技术升级换代，建成投用乌龙山抽水蓄能电站，推动全域光伏安装。深入开展“两高”行业整治，强化企业主体责任，坚决实行项目准入环保安全能耗“一票否决”制。

大力实施改革创新赋能工程，打造浙西科创新高地。坚持以数字化改革撬动各领域改革，推进深层次系统性制度重塑，打造更多管用好用、多跨协同的重大应用，促进社会治理体系和治理能力现代化。坚持创新驱动，努力吸引杭州城西科创大走廊等创新资源“西延”，全面构建“产学研用金、才政介美云”十联动的区域创新生态，研发投入强度达到2.6%。全力支持企业在科技创新中的主体地位，培育国家级“单项冠军”、专精特新“小巨人”等企业5家以上，实现高新技术企业、科技型中小企业数量倍增。继续做大金融服务，到2026年存贷款均突破1600亿元。引进培育一批科技型企业风投、创投机构，努力解决科技型中小企业融资难题。优化乡镇(街道)财政管理体制、国企经营管理机制，全面激发基层干部干事创业热情，着力提升乡镇(街道)财政收入。深入推进国企改革三年行动，优化国有资本布局，做大做强做优国企，充分发挥国企助推建德发展生力军作用。

大力实施文化活力跃升工程，打造文明城市标杆地。提炼弘扬以“建功立德”为核心要义的德文化，精心打造浙江始祖“建德人”文化、严州文化、“三自”水电精神、千鹤妇女精神等品牌体系，更好凝聚人心、汇聚共识，激发作为建德人的自信和自豪感，引导全体建德人在奋进新征程中“建功立德”。顺应城市旅游发展趋势，持续打响“17℃建德新安江”旅游品牌，推动“大三江口”区块创建国家 AAAAA 级景区，推动“建德草莓”“建德豆腐包”走向全国，不断增强品牌的对外影响力和对内牵引力。深入刻画“建德印记”，争创全国文明典范城市，力争使其成为钱塘江诗路文化带上的“耀眼明珠”。

大力实施民生福祉共享工程，打造“最具幸福感城市”县域示范地。推进“扩中”“提低”改革，力争实现居民收入和中等收入群体双倍增。全面推进乡村振兴，推动一、二、三产融合发展，力促农民收入年均增长 8%以上。高质量完成对口支援工作。把握“尽力而为、量力而行”原则，强化民生保障。加大就业供给，以产业发展推动人口集聚，引导建德人在建德就业创业。重点保障老弱病残妇幼及低收入者等弱势群体的权益，构建多层次社会保障体系。推进高水平教育现代化，促进义务教育优质均衡、普高教育协调发展、职业教育提质培优。强化“健康建德”建设，深化县域医共体改革，不断提升重大公共卫生事件应对能力，力争三级甲等综合性医院零的突破。深化基层治理，加强社会治安防控体系建设，守牢疫情防控、安全生产、社会公共安全、意识形态安全等领域底线红线，建设更高水平的“平安建德”。

各位代表，历史赋予重任，挑战蕴含机遇。为实现目标任务，我们必将更加坚定必胜信心，坚持用全面、辩证、长远的眼光看待未来发展，着力锻造长板、补齐短板，坚定不移办好自己的事情，全力推动建德发展乘风破浪、行稳致远！

三、2022 年重点工作

今年是党的二十大召开之年，是杭州亚运会举办之年，也是新一届政府履职开局之年，做好今年工作意义尤其重大。我们将着眼五年、立足当年，围绕大局、统筹兼顾，全力促进经济持续健康发展、社会和谐稳定，在新起点上奋力开创建德经济社会高质量发展新局面。

建议 2022 年全市经济社会发展的主要预期目标为：地区生产总值增长 7.5%左右；实现固定资产投资增长 10%以上，其中制造业投资增长 14%以上，民间项目投资、高新技术产业投资均增长 10%以上；一般公共预算收入增长 13%以上；城乡居民收入高于 GDP 增速，收入倍差缩小至 1.77 以内；研发投入强度达到 2.1%以上；约束性指标全面完成上级下达任务。

围绕上述目标，我们必须牢牢把握稳进提质、除险保安、塑造变革的总体要求，坚持底线思维，发扬斗争精神，主动作为、积极变革，打好防范抵御风险的有准备之战和化险为夷、转危为机的战略主动战，保持社会大局平安稳定，踔疾步稳向共同富裕迈进。具体工作中，必须以开局就是决战、起步就要冲刺的奋进姿态，全力以赴抢时间、抓进度、快推进，坚持工作项目化、项目清单化、清单责任化，奋力夺取全年经济社会发展的高分报表。

重点抓好以下五个方面工作：

（一）保持战略定力，坚持高质量发展，加快塑造产业竞争优势

持续推进传统产业提升。强化延链补链强链，培育壮大产业集群。推进以李家、钦堂为代表的碳酸钙行业整体提升，坚持走“集聚发展、主体升级、绿色生产、产业延伸、智慧监管”的道路。引导基础化工向精细化工、新材料、生物医药转型，加快推动赛肯有机硅、立邦新材料一期等项目投产。鼓励支持现有上市企业、龙头企业在建德扩大投资生产，开工新化化工新材料、大洋生物技改搬迁、中策现代物流、南方二期等项目。加大建筑业转型升级力度，鼓励企业做大做强“走出去”。继续深化“亩均论英雄”改革，推进资源要素差异化配置，支持企业兼并重组、股改上市，提升低效企业 30 家以上，新增规上工业企业 50 家以上，培育上市后备企业 10 家以上，规上工业亩均税收达到 18 万元。

加速推动新兴产业壮大。坚持招商引资“一号工程”，聚焦通航、水、生物医药、新材料等产业，深化驻点招商、乡贤招商、产业链招商、基金招商，全年招引落地亿元以上项目 30 个，其中投资 10 亿元以上项目 5 个、投资 30 亿元以上项目 1 个。引进外资 1.4 亿美元。鼓励本地企业引进上下游产业链配套项目，全力支持农夫山泉、新安化工、屹通新材等企业在建德延伸集聚产业链，推动农夫山泉五期投产、六期开工，屹通一期投产、二期开工。启动易连建德生物医药产业园建设，落地时森

海等生物医药企业5家以上。做大数字经济产业总量，力争数字经济核心产业增加值增长14%以上，高新技术产业增加值占规上工业增加值比重达45%以上。加快发展清洁能源产业，开工乌龙山抽水蓄能电站。完善商贸激励政策，持续激发线上线下消费活力，社会消费品零售总额增长8%以上。完成开发区(航空小镇)和高铁新区(高新园)的整合优化，提升平台综合承载能力。进一步明确乡镇(街道)发展定位，推动平台与乡镇融合发展，实施乾潭、大同等重点板块工业园区的“二次提升”，调整优化部分乡镇工业功能区发展定位，提高小微园管理运营水平。

加快推动农文体旅产业融合。推进农业高质量发展，深化农业“双强”行动，集中力量壮大草莓、苞茶等特色农业产业，深入推进产业标准化，重点突破草莓种苗培育瓶颈。加大土地流转力度，新增高标准农田2.6万亩、水田3000亩。做深农旅融合文章，加快云上美丽牧场、飞凤心灵农庄等项目建设，充实黄饶半岛业态。围绕打造长三角生态旅游目的地，推进“吃住行游购娱”旅游链条拉长板、补短板，加快旅游模式从传统观光型向休闲体验型转变。强化景区联动，优化一批以梅城、寿昌、大慈岩等为核心的全域旅游精品线路。借势借力杭州亚运会，做精旅游品牌宣传推介文章，办好第二十届中国·17℃建德新安江旅游节、第十七届市运会、第八届老运会、“夏日冬泳”、马拉松等赛事活动，开展与亚运同行主题赛事及全民健身活动100场以上。建成双江街儿童“欢乐世界”，开工潜水俱乐部酒店项目，推进乾潭创建省级运动休闲小镇。

(二)完善改革路径，优化区域创新体系，不断加强创新策源能力

推进数字化集成改革。着眼于管用有效、多跨协同，侧重于同类场景和关联场景的集成整合，推动“1512”体系贯通落地和“一网统管”架构完善。推进一体化智能化公共数据平台和“数智建德”改革创新实验室升级，重点迭代“心安护航”“无废城市”“建村钉”“化工大脑”等特色多跨场景应用，推进“17智水”等多跨大场景建设，打造具有建德辨识度的重大标志性成果，全力争取全省最佳应用和改革突破奖。深化“一件事”集成改革，完善政务服务体系建设，实现90%民生事项在乡镇(街道)就近可办。

浓厚创新创业氛围。发挥企业创新主体作用，加大财政对创新研发支持力度，新增国家高新企业25家以上、省科技型中小企业65家以上，新增“浙江制造”标准5个。深化产学研合作，推进校企协同创新，新增省级以上研发机构2家、院士专家和博士后工作站6家。加大知识产权保护力度，每万人口发明专利拥有量达6.5件。深化沪、杭人才“飞地”建设，强化运营管理，引进海内外高层次人才100名、大学生2000名。实施“人才回归”工程，举办第三届建德人大会，推动10名高层次建德籍人才带项目、带技术、带团队回归。加强工匠和专项人才培育，培养高技能人才1200名以上。

打造一流营商环境。千方百计惠企助企，充分激发市场主体活力，全面落实新的组合式减税降费措施，推动各项政策直达企业，力争为企业减负20亿元以上。持续深化“三服务”2.0版，升级“书记市长有约”活动，动态化为企业解决困难问题。深入实施金融激发市场主体活力的政策，新增贷款130亿元，其中制造业贷款30亿元。加强西部结对县劳动力转移就业，加大与大型人力资源公司合作力度，鼓励建德人在“家门口”就业，新增就业人数10000人以上，努力破解人力要素制约。加强用地保障，加快工业低效用地处置，完成低效用地再开发2000亩、工业用地出让1200亩。加快推进“大综合一体化”行政执法改革。深化市场主体全生命周期服务改革，推进极简审批许可，强化代办跟踪服务，提升项目推进效率。鼓励发展天使投资、创业投资，引进各类风投、创投基金3家以上，政府产业引导基金增资2亿元以上。推进国企改革，加大资源优化整合力度，优先要素保障，国资总公司信用评级达到AA+。鼓励企业开拓“一带一路”沿线等新兴市场，推行跨境电商、海外仓等新业态，培育外贸新增长点。

(三)优化城市布局，坚持一体化统筹发展，稳步增强城乡综合承载力

持续优化交通服务。紧密对接杭州都市圈综合交通发展规划，加快构建外联内畅的大交通格

局。进一步拓宽通航线路,全线开工320国道改建工程,加快实施建金铁路、建衢铁路等重大交通项目,推动金千铁路更楼段改造、330国道大慈岩段改建工程,启动建德至武义高速、311省道前期工作。优化航运资源布局,推进码头整合。加快畅通“微循环”,建成桐溪大桥,继续推进紫金大桥重建、高铁南站站前广场及连接线工程。高品质建设“四好农村路”,提升改造农村公路100公里。全面推动县道提升,打通航头至淳安、三都至金华等县域公路。积极发展公共交通,增加偏远地区客运公交班次,加快城乡公交普惠化。

高水平推进城市建设。围绕“一城两翼、新旧融合”的城市风貌总体格局,科学谋划重点区域建设,构建新型国土空间规划管理体系。高水平建设城东科创片区,推动总部经济集聚,加速洋溪老街等地块征收清零,启动中策橡胶等老厂区搬迁,完善洋安新城生活配套,八佰伴综合体建成开业。有序推进主城区更新,完成府前路区块旧城改造,推进系统化海绵城市建设,高质量建设未来社区,启动岭后区块历史遗留问题处理和下步规划。完善城市基础设施配套,完成第二水厂扩建工程,分步实施高层住宅二次供水改造、城市内涝点整治、排水管渠疏通、城市公共环境标识提升和主城区零直排小区建设,着手缓解交通拥堵问题。常态长效开展“城市环境大整治、城市面貌大提升”行动,以“迎亚运”城市道路整治为抓手,全面提升主城区12条主干道。高标准编制城南新区区域规划,启动城南汽车城、农贸城、新殡仪馆规划建设。

全面推进城乡统筹。全力推进城乡风貌整治提升,洋安新城创成城市风貌样板区,环三江口区域创成县域风貌样板区。深入实施新时代乡村集成改革,创成全国乡村治理试点示范市。升级全域土地综合整治,三都、航头等乡镇积极探索下山搬迁、撤村进镇、低效整治与土地综合整治统筹融合推进模式,着力解决村级留用地问题,加快产业、人口集聚和新型城镇化发展。纵深推进“一镇一业”“一村一品”,继续做强“草莓小镇”“稻香小镇”“荷美小镇”“橘子小镇”等特色区块,支持青润农业、建坤农业等龙头企业发展。强化乡村人才支撑,办好全球农创客大赛,鼓励农二代等年轻人回建德发展。探索建立乡村联合体共富模式,支持梅城千鹤在打造精神文明高地上有所突破、大慈岩在加强三地联动缩小地区差距上先试先行,推进乾潭安仁区块、十里寿昌江流域等共同富裕乡村振兴联合体建设,60%的行政村集体经济经营性收入达到50万元,高水平建设下涯之江、三都松口、大慈岩里叶、莲花戴家等未来乡村,努力争创一批全省共同富裕最佳案例。

(四)补齐民生短板,扎实推进共同富裕,不断满足人民美好生活新需求

让社会保障护航美好生活。加快安置房和配套项目建设,竣工安置房17.5万平方米,回迁安置950户以上。开工下涯之江山边区块安置房、梅城安置房二期项目,并确保其他未交付安置房项目进度不慢于上述两个项目。实施精准就业政策,推动高校毕业生、农民工、退役军人、残疾人等重点群体就业。稳步提高最低生活保障水平,精准帮扶困难群体,低保标准提高25%。全面做实杭州市级医保统筹工作,推进支付方式改革。深化养老综合改革,新建示范型居家养老服务中心3家,为1100名困难老人解决就餐问题,为1万名以上失能失智、高龄老人提供照料服务。坚持“房住不炒”定位,深化“一县一策”,保持房地产市场稳定健康发展。深入开展省级殡葬综合改革试点,实现乡镇(街道)骨灰堂全覆盖。加强退役军人全生命周期服务管理,实现服务站100%标准化建设,争创新一轮“双拥”模范城。

让公共服务添彩美好生活。进一步优化教育资源配置,完成新安江第二小学、三都中心幼儿园等项目建设,加快洋溪小学及幼儿园等项目进度,持续推进高等学校创建工作。巩固提升“双减”成果,加强校外培训机构规范。加大与杭州名校合作办学力度,进一步促进优质资源下沉。推动公立医院高质量发展,完成市二院迁建,建成杭七院浙西院区,市一院二期主体工程完工,加快推进大同、航头、莲花卫生院改扩建工程,启动三都、大洋等乡镇卫生院迁建工作。深化医共体建设,所有医共体牵头医院达到县级强院建设标准。大力发展普惠性托育服务,营造育儿友好环境,建设示范型婴幼儿成长驿站8家,新增托位500个。全面巩固全

国文明城市创建成果，加快创建省公共文化服务先行市。开工西线供水二期工程，让大慈岩、航头、李家等西部乡镇百姓早日喝上新安江水。

让民生实事温暖美好生活。今年我们将继续按照“人民至上、普惠共享”的理念，认真办好十件民生实事。根据民生实事项目人大代表票决制工作要求，形成12件候选项目建议方案，提交大会审议。一是老幼妇孺关爱服务。二是文体惠民。三是医疗惠民。四是美好教育提升工程。五是全域“幸福河湖”建设。六是城乡交通优化提升。七是老旧小区综合改造。八是避灾防灾整治行动。九是助残环境提升工程。十是燃气提升整治工程。十一是全市道口通行视觉安全隐患整治工程。十二是电子商务进农村。

（五）坚持绿色发展，防范各类风险挑战，牢牢守住安全底线

毫不松懈抓好常态化疫情防控。始终绷紧疫情防控这根弦，筑牢“外防输入、内防反弹”严密防线。严格落实“精密智控”指挥决策、预防早期发现、“三责”联动快响激活、“三区”最小单元管控、“五快”循环落实、分阶段清零、“三情”联动七项工作机制，突出平战结合、扁平化管理，确保防控体系适应疫情形势变化和防控需要。加快建设市级集中隔离点，加强集中隔离医学观察点管理，确保防疫风险点不发生失管漏管。安全有序推进重点人群疫苗接种工作，二剂次脱漏率控制在1.69%以内，加快建立全人群免疫屏障。

态度坚决守护绿水青山。加快推进国家生态文明示范市和省级“无废城市”创建。不折不扣地抓好第二轮中央生态环境督察反馈问题、省委生态环境专项督察问题的整改销号，保持环境执法高压态势。坚决落实碳达峰、碳中和目标要求，深化蓝天、碧水、净土保卫战，确保全年空气质量优良率在95%以上，$PM_{2.5}$平均浓度保持在26微克/立方米以下。创建省级“美丽河湖”2条、水美乡镇4个，出境断面水质保持在Ⅱ类以上，县级饮用水源达标率保持在100%，加强新安江流域生态流量保障。开展重点区块污染防治，污染地块安全利用率保持在100%。加强生物多样性保护和有害生物防控，提升森林质量，新增造林面积1万亩。

治标治本深化“平安建德”建设。锚定平安护航党的二十大、杭州亚运会等大事要事，强化风险源头预防，完善应急管理体制机制，提高预防和处置突发公共事件能力。加强道路交通、消防安全、建筑工地、城市运行、危化品等重点领域事故防控，推进危旧房隐患整治排查，坚决“遏重大”“控较大”，实现安全生产事故起数和死亡人数“双下降”，全力保障群众生命财产安全。尽快完成莲花等地质灾害点治理。坚决遏制耕地“非农化”，严防“非粮化”，粮食产量稳定在1.4万吨以上，稳定生猪出栏水平，严守耕地红线和粮食安全底线。深化“17善治”体系建设，全力防范金融、房产等各领域风险，加大历史建筑和非物质文化遗产保护力度，巩固常态化扫黑除恶工作机制，严厉打击电信网络诈骗等违法犯罪。

四、全面加强政府自身能力建设

各位代表，一代人有一代人的使命，一代人有一代人的担当。在新时代新征程上，我们会把发展的重任扛在肩上，以奔跑的姿态和必胜的信念，砥砺奋斗、迎难而上，战胜一切艰难险阻。

（一）讲政治。把讲政治摆在首位，坚定不移沿着党中央和总书记指引的方向前进，坚定不移用习近平新时代中国特色社会主义思想武装头脑、指导实践、推动工作，忠诚拥护“两个确立”，坚决做到“两个维护”。摆正位置、讲究方法，全力以赴推动市委重大决策部署落实落细落好。

（二）顺民心。民之所望、政之所向。尽最大努力把群众想干的事变为政府带着群众干成的事。努力干好事关全局和长远发展的基础项目，努力干好能够拉动民生改善和进步的实事项目，努力干好能够凝聚人心和提振士气的发展项目，干出群众更多的获得感幸福感安全感。

（三）优服务。做有用的干部，做有用的政府。坚持把为群众办实事、为企业优服务、为基层解难题作为政府履职的重中之重，全力以赴为群众增便利、为企业减负担、为发展清障碍，不断提升政府的担当精神、创新能力、落实力度，努力打造人民满意的服务型政府。

（四）勇争先。必须强化“没有走在前列也是一

种风险”的意识，敢于“跳起来摘桃子”，做到逢先必争、逢旗必扛、逢冠必夺。重点提升政府执行力和干部干事效率，全力做到政府全年工作“半年完成60%，三季度完成80%，11月基本完成，12月查漏补缺、谋划明年”，从理念方法、行动机制上推动政府工作机制系统性重塑。

（五）守法治。法治与诚信，是政府的两条界限。建设法治政府，依法接受人大监督，自觉接受政协民主监督，加强审计、司法、舆论和群众监督。坚持一张蓝图绘到底，一任接着一任干。坚持在守法中干事，杜绝形式主义、官僚主义，营造政府系统风清气正政治生态。

各位代表，我们身处伟大的新时代，必须创造无愧于历史的新业绩，新一届政府要有新的形象、新的担当、新的作为。让我们更加紧密地团结在以习近平同志为核心的党中央周围，高举习近平新时代中国特色社会主义思想伟大旗帜，在上级党委、政府和建德市委的坚强领导下，紧紧依靠全市人民，埋头苦干、勇毅前行，为全力推动共同富裕、全面建设“宜居建德”而努力奋斗，以优异成绩迎接党的二十大胜利召开！

名 词 解 释

“凤凰行动”：指以企业上市和并购重组为核心的行动计划。

“一主两翼两组团”：“一主”指新安江、洋溪、更楼、下涯，“两翼”指梅城、寿昌两个副城，“两组团”为乾潭、大同两个中心镇。

“5030”：指行政村集体经济总收入达到50万元，经营性收入达到30万元。

农业“双强”行动：指省农业高质量发展大会上提出的科技强农行动、机械强农行动。

“152”体系、“1512”体系：指数字化改革工作体系 。“1”即一体化智能化公共数据平台；“5”即5个综合应用，分别是党政机关整体智治、数字政府、数字经济、数字社会和数字法治，包含“产业大脑+未来工厂”“城市大脑+未来社区”等核心业务场景；“2”即数字化改革的理论体系和制度规范体系。“1512”体系由“152”体系架构迭代升级而来，“5”升级为“5+1”，其中的“1”指将基层治理作为独立系统与五大综合应用并列。

全省重大应用“一本账S1”：指省级层面确定的数字化改革：重大应用清单。全省开发的应用必须在“一本账”内，采用迭代制推进清单目录的持续更新，目前为第二版。

“揭榜挂帅”：指以科研成果来兑现的科研经费投入体制，一般是为了解决社会中特定领域的技术难题，由政府组织面向全社会开放的、专门征集科技创新成果的一种非周期性科研资助安排。

“产学研用金、才政介美云”十联动：指把产业、学术界、科研、成果转化、金融、人才、政策、中介、环境、服务十方面因素融合提升，打造一个创新创业的生态系统。

“单项冠军”企业、“隐形冠军”企业、专精特新“小巨人”企业：“单项冠军”企业指长期专注于制造业某些特定细分产品市场，生产技术或工艺国际领先，单项产品市场占有率位居全球前列的企业；“隐形冠军” 企业指长期专注并深耕于产业链中某个环节或某个产品，能为大企业、大项目提供关键零部件、元器件和配套产品，以及专业生产成套产品的企业；专精特新“小巨人”企业指专注于细分市场、创新能力强、市场占有率高、掌握关键核心技术、质量效益优的排头兵企业。

稳进提质、除险保安、塑造变革：指省委经济工作会议提出的三项工作要求。

“三责”联动快响激活、“三区”最小单元管控、“五快”循环落实、分阶段清零、“三情”联动：指疫情防控工作机制。“三责”即党政一把手的决策、控制疫情责任，卫生健康和疾控部门的监测吹哨、医学流调责任，公安部门的流调排查、人员控制责任。“三区”管控即及时、精准划定和动态调整封控区、管控区、防范区最小管控区域；“五快”即快检测、快流调、快编组、快转运、快隔离；“三情”联动即舆情、社情、疫情良性互动，确保疫情期间社会面秩序良好。

2021 年建德市国民经济和社会发展统计公报

（建德市统计局于 2022 年 3 月公布）

2021 年是“十四五”开局之年，也是全面建设社会主义现代化国家新征程的起步之年。一年来，面对错综复杂的宏观形势、艰巨繁重的改革发展任务和疫情持续全球性流行的冲击，面对新发展阶段的新要求，全市上下认真贯彻落实中央和省、杭州市的各项决策部署，坚持稳中求进工作总基调，精准统筹疫情防控和经济社会发展，凝心聚力、勠力同心，全年经济持续平稳恢复，高质量发展态势逐步向好，共同富裕新征程迈出坚实步伐，实现“十四五”良好开局。

一、综合

经济总量

根据国家统一初步核算，2021 年全市生产总值(GDP)突破 400 亿元大关，达到 430.60 亿元，按可比价格计算，比上年增长 7.5%，与 2019 年相比，两年平均增长 6.4%。分产业看，第一、二、三产业增加值分别为 37.81 亿元、217.09 亿元和 175.70 亿元，比上年分别增长 3.8%、9.0%和 6.6%，两年平均增长 2.6%、7.0%和 6.5%。一季度、上半年、前三季度全市生产总值同比分别增长 19.1%、11.3%和 9.3%，两年平均分别增长 6.5%、7.1%、6.9%。按两年平均常住人口计算，人均地区生产总值为 97091 元（按年平均汇率折算为 15049 美元），比上年增长 7.3%。经最终核实，2020 年，全市生产总值为 388.71 亿元，按可比价格计算，比上年增长 5.3%，三次产业增加值结构 9.5：48.1：42.4。

图 1 2011—2022 年全市生产总值及增长速度

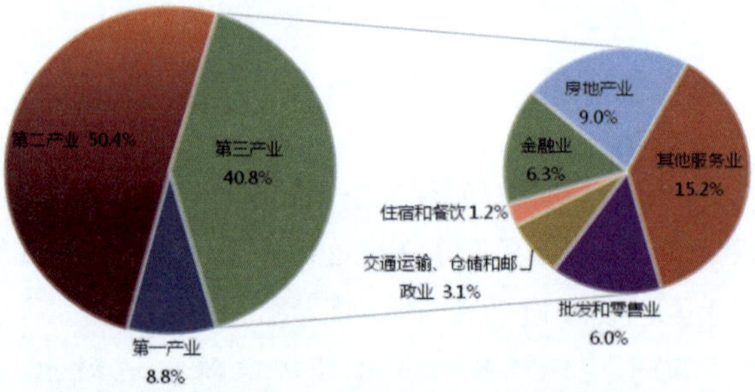

图 2 2021 年各产业增加值占生产总值比重

财政收支

全年全市财政总收入 66.61 亿元，比上年增长 19.7%；地方财政收入 38.50 亿元，增长 12.5%，其中，税收收入 34.40 亿元，增长 13.7%，占地方财政收入的 89.4%。一般公共预算支出 63.67 亿元，增长 7.3%，其中用于民生支出 48.10 亿元，增长 7.1%，占一般公共预算支出的比例为 75.6%。节能环保支出、科学技术支出、卫生健康支出分别增长 17.4%、15.1%和 11.0%。

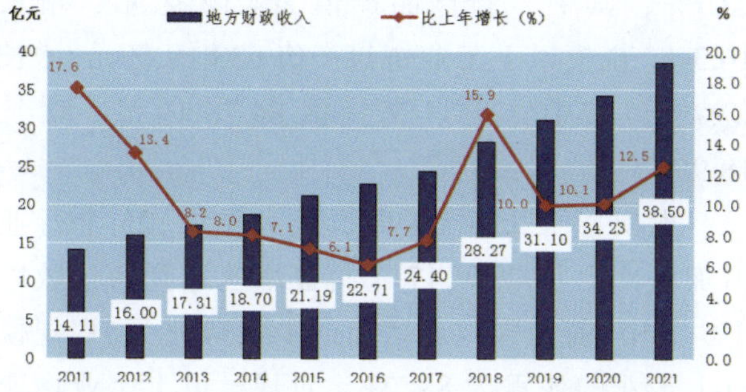

图 3 2011—2022 年地方财政收入及其增长速度

就业

全年城镇新增就业人员 11278 人。安置城镇失业人员再就业人数 1510 人，其中安置就业困难人员再就业人数 521 人。年末城镇登记失业人数 3248 人，城镇登记失业率 2.34%，比上年下降 0.08 个百分点。

市场主体

全年新设市场主体 11916 户，比上年增加 1631 户，其中，新设企业 4439 户，新设个体工商户 7472 户，比上年分别增长 5.3%和 23.2%。年末在册市场主体 54273 户，比上年增加 2433 户，其中企业 18305 户，个体工商户 35465 户。

人口

2021 年末，全市户籍人口 507510 人，比上年末减少 2391 人，下降 0.5%。其中，男性人口 256658 人，女性人口 250852 人，分别占总人口的 50.6%和 49.4%。全年出生人口 3493 人，出生率为 6.87‰；死亡人口 4031 人，死亡率为 7.93‰；人口自然增长率为−1.06‰。年末全市常住人口 44.4 万人，比上年增长 0.2%。

表 1 **2021 年末户籍人口数及构成情况**

指 标	年末数（人）	比重（%）
总人口	**507510**	**100.0**
其中：街道人口（3 个街道）	123669	24.4
建制镇人口（12 个镇）	375227	73.9
其中：男性	256658	50.6
女性	250852	49.4
其中：0—17 岁	72207	14.2
18—59 岁（含不满 60 周岁）	302477	59.6
60 周岁及以上	132826	26.2

“1+6”产业

全年数字经济核心产业增加值 13.2 亿元，按可比价格计算，比上年增长 18.5%，数字经济核心产业增加值占 GDP 比重 3.1%，比上年提高 0.9 个百分点。文化产业、金融产业、健康产业、高端装备制造业、时尚制造业增加值分别增长 7.0%、8.5%、2.7%、17.3%和 14.2%。

表 2 **2021 年“1+6”产业增加值及增速情况**

指 标	增加值（亿元）	比上年增长（%）	占 GDP 比重（%）
数字经济核心产业增加值	13.2	18.5	3.1
文化产业增加值	6.4	7.0	1.5
金融产业增加值	27.0	8.5	6.3
旅游休闲产业增加值	尚未核定		
健康产业增加值	17.0	2.7	3.9
高端装备制造业增加值	8.8	17.3	2.0
时尚制造业增加值	19.2	14.2	4.5
数字经济核心产业增加值	13.2	18.5	3.1

二、农业和农村

农业生产

全年实现农林牧渔业增加值 38.65 亿元，按可比价格计算，比上年增长 3.9%；农林牧渔业总产值 61.00 亿元，增长 4.7%。其中，种植业、牧业、渔业产值分别 39.81 亿元、13.16 亿元和 2.19 亿元，比上年分别增长 1.5%、18.4%和 4.0%，林业产值 3.45 亿元，比上年下降 4.0%。

全年粮食播种面积 12607 公顷，比上年增长 0.3%，粮食总产量 7.11 万吨，增长 3.8%；蔬菜 9288 公顷，增长 1.2%，蔬菜产量 26.84 万吨，增长 1.5%；水果产量 23.33 万吨，增长 0.4%；茶叶产量 3192 吨，增长 2.8%。肉类总产量 2.16 万吨，增长 13.9%。其中禽肉产量 0.52 万吨，下降 19.6%，猪肉产量 1.59 万吨，增长 30.6%；禽蛋产量 5.64 万吨，增长 6.8%。水产品总产量 10100 吨，增长

3.5%。木材产量6.51万立方米，下降10.5%。年末生猪存栏20万头，增长30.0%；其中能繁母猪存栏2.56万头，增长108.1%。禽类存栏455.38万羽，下降10.4%。全年生猪出栏21.13万头，增长47.4%。

农业现代化建设

当年新增高标准农田2.16万亩。改造中低产田0.53万亩，标准农田地力提升0.66万亩。农业机械总动力15.76万亩。累计注册各类农民专业合作社503家，其中规范化农民专业合作社83家。农业龙头企业102家，市级“菜篮子”基地8个。深入开展农业“双强”行动，首个自主命名的草莓品种“建德红”上市。

美丽乡村建设

全面践行乡村振兴战略。全年投入美丽乡村建设资金1.32亿元。累计美丽乡村精品示范线14条，其中当年新增2条。累计历史文化村落45个，其中当年新增2个。累计建成风情小镇7个，其中当年新增1个。累计美丽乡村精品村67个。农家乐(民宿)达到381家，比上年增加164家，全年接待游客数17.7万人次，实现经营收入5401万元。

三、工业和建筑业

工业

2021年末，全市规模以上工业企业378家(快报数)，其中亿元以上110家，比上年末净增25家。全年规模以上工业增加值158.47亿元，比上年增长11.7%，两年平均增长10.1%。17个传统制造业增加值增长10.0%。规模以上工业总产值641.94亿元，迈上600亿元新台阶，比上年增长

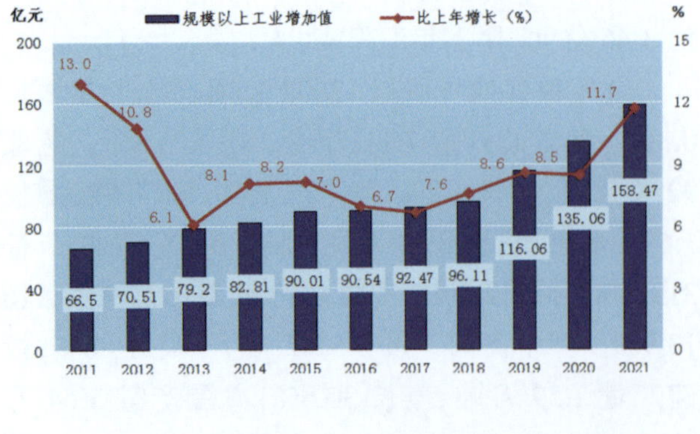

图4 2011—2022年规模以上工业增加值及其增长速度

27.1%，其中，新产品产值264.10亿元，增长16.3%。规模以上工业销售产值633.19亿元，增长27.7%，其中，出口交货值84.78亿元，增长18.9%。

规模以上工业34个行业大类中，25个行业增加值比上年增长，17个行业增速达到两位数以上。其中，前十大行业增加值140.54亿元，占规模以上工业的比重为88.7%，对规模以上工业增速的贡献率达到75.5%。

表3 2021年规模以上工业增加值前十位行业增长情况

指标	工业增加值		
	绝对值（亿元）	增速（%）	占规上工业比重（%）
规模以上工业合计	158.47	11.7	100.0
非金属矿物制品业	40.75	0.4	25.7
化学原料和化学制品制造业	34.52	7.4	21.8
橡胶和塑料制品业	16.02	23.6	10.1
酒、饮料和精制茶制造业	15.93	20.4	10.1
电力、热力生产和供应业	9.06	8.1	5.7
通用设备制造业	5.78	19.0	3.6
非金属矿采选业	5.65	27.0	3.6
金属制品业	4.82	42.1	3.0
纺织业	4.67	-4.2	3.0
医药制造业	3.34	-11.6	2.1

规模以上工业中，高新技术产业、战略性新兴产业、高技术制造业、装备制造业增加值分别增长11.9%、18.3%、24.9%和36.5%；占规模以上工业比重分别为44.1%、20.4%、5.3%和11.7%，占比比上年提高4.8、-0.6、0.8和2.9个百分点。

规模以上工业企业实现利税82.13亿元，比上年增长18.2%；其中利润总额64.74亿元，增长19.6%。橡胶和塑料制品业、化学原料和化学制品制造业、通用设备制造业、酒饮料和精制茶制造业利润分别增长105.6%、78.1%、45.9%和34.4%。

建筑业

全年建筑业增加值34.81亿元，比上年增长1.1%，占GDP的比重为8.1%。

四、固定资产投资和房地产业

全年固定资产投资比上年下降12.3%。其中，工业投资下降12.9%，制造业投资下降10.0%，交通投资下降56.8%，生态环保、城市更新和水利设施投资下降27.6%，高新技术产业投资增长24.8%，民间项目投资下降15.3%。

全年房地产开发投资比上年增长3.5%，其中，住宅投资增长12.7%。房屋施工面积277.94万平方米，下降14.7%；新开工面积59.19万平方米，增长34.5%；竣工面积61.14万平方米，下降37.2%。商品房销售面积46.30万平方米，下降14.4%，其中住宅销售42.49万平方米，下降14.8%；商品房销售额59.54亿元，下降10.6%。

五、国内贸易

全年批发和零售业增加值25.93亿元，比上年增长6.1%；住宿和餐饮业增加值5.25亿元，增长5.5%。全市社会消费品零售总额126.06亿元，比上年增长10.5%，两年平均增长4.8%。

在限额以上批发零售企业零售额中，石油及制品类、日用品类、中西药品类、粮油食品类零售额比上年分别增长40.9%、31.6%、7.0%和5.8%。升级类消费保持较快增速，通信器材类、金银珠宝类和新能源汽车类商品零售额分别增长89.9%、48.8%和284.5%。线上消费持续增长，限额以上批发和零售业单位通过公共网络实现的零售额比上年增长35.5%。

六、对外经济

全年货物进出口总额99.27亿元，比上年增长19.1%。其中，进口额12.71亿元，增长82.6%；出口额86.56亿元，增长13.3%，出口份额占全国的0.04%。服务贸易出口额1.4亿美元，增长2.6%。跨境电商进出口总额4.06亿美元，其中出口额3.75亿美元，进口额0.31亿美元，分别增长19.1%、20.6%和3.5%。

全年新批外商投资项目6个。实际利用外资1.3亿美元，比上年下降10.9%。

七、交通运输、邮电和旅游

交通运输

全年交通运输、仓储和邮政业增加值13.31亿元，比上年增长12.5%。

年末全市公路总里程2092.78公里，比上年增加60.06公里，其中高速公路里程135.39公里。开工320国道改建、紫金大桥重建工程，优化改造农村公路190公里，打通县域“断头路”2条。全年公路货物运输总量2395.5万吨，比上年增长20.0%；公路旅客运输总量1401.1万人次，增长19.1%。航空小镇通航机场跑道延伸至1200米，空域范围扩展至5700平方公里，获批低空运输航线开通权20条。全面实施城乡公交惠民政策，城乡公交一体化率达到100%。市区公共交通运营线路15条，营运公交车辆143辆，公交客运总量1594.1万人次，增长38.2%。

年末全市民用汽车保有量94276辆，比上年末增长35.8%，其中私人汽车保有量83955辆，增长41.3%。民用轿车保有量(小型、微型载客汽车)82315辆，其中私家车(个人小型、微型载客汽车)78011辆。

邮政电信

全年邮政业务总量1.19亿元，比上年增长11.8%。邮政特快专递业务18.66万件。电信业务总量5.82亿元，下降1.0%。年末移动电话用户数50.98万户，固定电话用户数10.04万户。互联网用户73.27万户，增长7.6%，其中移动互联网用户数52.32万户，增长8.2%。

旅游业

全年预计旅游接待总人次263.3万人次，比上年增长8.0%，其中，接待国内游客263.2万人次，接待境外游客0.1万人次。全年预计旅游总收入48.63亿元，增长14.7%。年末各类旅行社22家，星级宾馆1家。A级及以上景区5个，其中AAAA级景区5个。德扬乐活岛等一批旅游综合体建成开业。乡村旅游人数533.12万人次，下降9.6%，实现乡村旅游收入8.14亿元，增长20.9%。

八、金融

年末金融机构本外币各项存款余额713.49亿元,比上年末增长10.6%,其中人民币存款余额增长11.0%。住户本外币存款余额386.37亿元,增长11.8%。金融机构本外币各项贷款余额684.28亿元,增长21.2%,其中人民币贷款余额增长21.0%。中长期本外币贷款487.51亿元,增长23.1%。

表4 2021年金融机构本外币存贷款余额及增速情况

指 标	年末数(亿元)	增速(%)
各项存款余额	713.49	10.6
其中:单位存款	327.12	9.1
住户存款	386.37	11.8
各项贷款余额	684.28	21.2
其中:短期贷款	187.67	15.2
中长期贷款	487.51	23.1

年末境内上市公司总数达6家,其中当年新增上市1家(屹通新材)。

全年保险业保费收入7.94亿元,比上年增长13.5%。其中,财产险保费收入7.55亿元,增长10.8%;人身险(健康险和意外险)保费收入0.39亿元,增长115.3%。各类赔款及给付4.99亿元,增长4.8%。其中,财产险赔付4.90亿元,人身险赔付0.09亿元。

九、人民生活和社会保障

人民生活

全年全市居民人均可支配收入46282元,比上年增长10.0%。其中城镇居民人均可支配收入60183元,增长9.5%;农村居民人均可支配收入33807元,增长9.9%。城乡居民人均可支配收入比值为1.78,比上年缩小0.006。低收入农户人均可支配收入17005元,增长14.0%。

全市居民人均生活消费支出30798元,比上年增长17.0%。其中,城镇居民人均生活消费支出42336元,增长17.2%;农村居民人均生活消费支出20443元,增长15.3%。

社会保障

年末全市参加基本养老保险人数35.18万人,其中城镇企业职工基本养老保险人数21.35万人,城乡居民基本养老保险人数11.07万人。参加基本医疗保险人数43.69万人,其中职工基本医疗保险人数17.99万人,城乡居民基本医疗保险人数25.70万人。参加生育、工伤、失业保险人数分别达9.72万人、15.46万人和9.49万人。基本医疗保险参保率为99.6%。

年末全市养老机构18所,其中敬老院8所;养老机构床位3006张,其中敬老院床位1071张;供养老人1350人,其中敬老院在院老人410人。年末全市五保对象405人,其中集中供养271人。

年末享受最低生活保障人数10304人,其中,城镇578人,农村9726人。城乡居民最低生活保障标准为平均每人每月882元。全年发放困难家庭救助金1.09亿元。

全年市慈善总会共募集捐款1642万元,发放各类救助金1559万元。

十、教育和科学技术

教育

年末全市共有幼儿园41所,在园幼儿13667人,比上年增长2.7%。共有小学30所,在校学生23135人,增长2.3%,学龄儿童毛入学率100%。普通中学24所,其中初中18所(编者注:实际为19所)、普通高中(含民办)6所(编者注:实际为5所);在校学生数17641人,其中初中10392人、普通高中7249人。初中升高中段比例99.76%。中等职业教育学校1所,在校学生1501人。全市专任教师4457人,其中,幼儿园专任教师1096人,小学专任教师1326人,初中专任教师1063人,高中专任教师839人,职高专任教师116人,特殊教育学校专任教师17人。

科学技术

全年新认定高新技术企业45家,累计高新技术企业148家。新增省科技型中小企业124家,累计546家。全市有杭州市级以上高新技术企业开发中心121家,其中省级以上50家。科技企业孵化器 11 家,其中省级 1 家;众创空间 3 家。全年专利授权量 1987 件,其中,发明专利授权量 136 件,比上年分别增长 78.5%和 88.9%。

十一、卫生和文化体育

卫生

年末全市共有各级各类医疗卫生机构 401 家,其中市级医院 10 家、基层医疗卫生机构 266 家、个体卫生机构 118 家、其他卫生机构 7 家。全市各类医疗卫生机构实有床位 2940 张,其中医院床位 2301 张。卫生专业技术人员 3974 人,其中执业医师 1189 人,执业助理医师 241 人,注册护士 1682 人,药剂人员 294 人,检验人员 156 人。婴儿死亡率 2.28‰。全年无偿献血人次 5017 人次,其中流动献血 1104 人次,献血量 176 万毫升。

文化

全市总藏书 88.2 万册(件),书刊外借 44.2 万册。全年剧团国内演出 504 场次。县级及以上文物保护单位 91 处(群),其中全国重点文物保护单位 4 处(群)、省级文物保护单位 5 处(群)。

年末全市共有图书馆 1 个,农家书屋 235 个,文化站 16 个,博物馆 1 个。有线电视用户 15.5 万户,有线电视信号 100%数字化。今日建德日发行数 1.8 万份,建德新闻网日均点击量 1.2 万人次。

体育

全年举办各类群众性体育比赛 121 场,参赛运动员 3 万人次。全市健身苑点 581 个,其中当年新建 11 个。农村健身设施覆盖率达 100%。全市体育场馆 3 个,新建篮球场 7 个,新建乒乓球室 21 个。全年获得杭州市级以上各类奖牌总数 604 枚,其中金牌 288 枚、银牌 217 枚、铜牌 99 枚。

十二、资源、环境和安全生产

资源利用

城区建成区面积年末达 10.60 平方公里,城区道路长度 138.92 公里。城区供水总量 1978.51 万立方米,其中生活用水 1024 万立方米。建成区绿化覆盖率 45.75%,比上年提高 0.84 个百分点。城区园林绿地面积 486.23 公顷,比上年增长 2.1%;公共绿地面积 251 公顷,比上年增长 4.2%;公园数 17 个,公园面积 215.99 公顷,增长 8.3%。人均公园绿地面积 17.85 平方米,比上年提高 11.8%。年末城区管道煤气用户 5.21 万户,比上年末增加 0.51 万户。城市污水集中处理率 97.05%,比上年提高 0.23 个百分点。

全年完成造林更新面积 1.18 万亩,其中,人工造林 0.47 万亩,更新造林 0.71 万亩。全市森林覆盖率为 76.36%。

全年全社会用电量 42.68 亿千瓦时,增长 10.7%。其中,第一产业用电 0.38 亿千瓦时,第二产业用电 32.85 亿千瓦时,第三产业用电 4.97 亿千瓦时,城乡居民生活用电 4.47 亿千瓦时。工业用电量 32.15 亿千瓦时,增长 8.8%。

全市规模以上工业能耗总量比上年增长 5.0%,单位工业增加值能耗下降 6.0%。

全年除险加固病险水库 6 座、水塘 22 座。农村饮用水工程各级投入资金 900 万元,完成 43 个村庄饮用水工程,解决饮用水人数 1.7 万人。

环境保护

全年空气优良天数达 356 天,空气优良率 97.5%。PM2.5 年平均浓度 23 微克/立方米,下降 5.0%。主要水系监测断面Ⅲ类及以上占比 100%。

安全生产

全市共发生各类安全生产事故(包括工矿商贸企业、道路运输、水上交通、渔业船舶事故)12 起,比上年减少 5 起,下降 29.4%,其中工矿商贸企业事故 1 起、道路运输事故 11 起;死亡 9 人,比上年减少 1 人,下降 10%。

注释:

1. 本公报所列各项数据为年度初步统计数据。部分数据因四舍五入原因,存在分项与合计不等的情况。

2.地区生产总值和各产业增加值绝对数按现行价格计算,增长速度按不变价格计算;三次产业划分执行国家统计局 2018 年修订的《三次产业划分规定》。

资料来源：

本公报中户籍人口数据来自市公安局；财政数据来自市财政局；城镇新增就业、帮扶就业、登记失业率、养老保险等数据来自市人力社保局；水产品产量、美丽乡村精品村、农民专业合作社等数据来自市农业农村局；市场主体、专利等数据来自市市场监管局；货物进出口、外商投资等数据来自市商务局；公路里程、货物运输总量、旅客运输总量等数据来自市交通运输局；汽车拥有量数据来自市交警大队；邮政业务总量、邮政特快专递业务等数据来自市邮政局；电信业务总量、电话用户、互联网用户等数据来自市电信公司、移动公司、联通公司、华数公司；公共图书馆、文化馆、博物馆、旅游、体育等数据来自市文广旅体局；货币金融数据来自人民银行建德市支行；上市公司数据来自市发改局；保险业数据来自人民财产保险建德分公司；教育数据来自市教育局；高新技术企业、科技型中小企业等数据来自市科技局；卫生机构、床位、卫生技术人员等数据来自市卫生健康局；今日建德、建德新闻网数据来自市融媒体中心；低保、募集捐款、救助金等数据来自市民政局；基本医疗保险、生育保险数据来自市医疗保障局；木材产量、造林面积、森林覆盖率数据来自市林业局；空气优良、PM2.5 监测数据来自杭州市生态环境局建德分局；建成区面积、市区道路、建成区绿化覆盖率、绿地面积、管道煤气用户等数据来自市住建局；水利相关数据来自市水利局；各类事故发生起数、死亡人数数据来自市应急管理局；有线电视数据来自市华数公司；用电数据来自市供电公司；其他数据来自于市统计局。

建德市第三次全国国土调查主要数据公报

建德市第三次全国国土调查领导小组办公室
建德市规划和自然资源局
（建德市统计局于 2021 年 12 月 30 日发布）

根据《中华人民共和国环境保护法》规定，现发布《2021 年建德市生态环境状况公报》。

综 述

建德市坚定践行习近平生态文明思想，以推动高质量发展为主题，以改善环境质量为目标，以打好污染防治攻坚战为重点，深入实施“生态立市”重大战略，抓好环保督察反馈问题整改，不断擦亮生态底色，环境质量持续稳中向好。我市入选 2020 年度农村人居环境整治成效明显的激励候选县，荣获“全球绿色城市”称号，获得全省“五水共治”工作先进集体称号，列入省级“无废城市”数字化县级改革试点，获评省数字化改革最佳应用和改革突破奖银奖。

生态环境现状

一、水环境

（一）饮用水源

全年县级集中式新安江水厂水源地和备用白岭坑水库水源地水质达标率 100%，18 个 200 吨以上农村饮用水水源地水质达标率 99.62%。

（二）江河水系

全年跨行政区域河流交接断面水质考核优秀，7 个县控以上地表水水质监测断面达标率 100%，优于Ⅲ类比例 100%，其中Ⅱ类水质断面占比 85.7%，Ⅲ类水质断面占比 14.3%。

二、大气环境

（一）环境空气质量

全年主城区环境空气质量达到国家环境空气质量二级标准，细颗粒物（PM2.5）浓度持续下降。

全年环境空气质量指数（AQI）范围为 18—142，年均值为 54，空气质量优良天数 356 天，优良率 97.5%。二氧化硫（SO_2）、二氧化氮（NO_2）、细颗粒物（PM2.5）、可吸入颗粒物（PM10）四项主要污染物年均浓度分别为 6、27、23、45 微克/立方米，一氧化碳（CO）日均浓度第 95 百分位数 1.1 毫克/立方米，臭氧（O_3）日最大 8 小时平均浓度第 90 百分位数 130 微克/立方米。

（二）酸雨

全年酸雨率 13.6%，pH 值范围为 5.1—7.3，年均值为 5.9，根据酸雨污染程度分级标准评价，我市属于非酸雨区。

（三）降尘

全年主城区降尘量 1.28 吨/（平方千米×30 天），同比下降 0.34 吨/（平方千米×30 天）。

三、固体废物

（一）城镇生活垃圾

全市生活垃圾收集量 12.26 万吨，同比减少 0.10 万吨，处置量 12.26 万吨。

（二）一般工业固体废物

全市工业固体废物产生量 34.38 万吨，同比减少 6.84 万吨。固废综合利用量 34.08 万吨（其中综合利用往年贮存量 0.01 万吨），贮存量 0.03 万吨，处置量 0.29 万吨（其中处置往年贮存量 0.01

万吨)。

(三)危险废物

全市工业企业危险废物产生量4.14万吨,利用处置量4.18万吨(其中利用处置往年贮存量0.14万吨),贮存量0.10万吨。

四、声环境

全年主城区各类声环境功能区噪声均达到相应功能区标准,城市区域环境噪声昼间等效声级57.8分贝,同比上升2.7分贝,城市道路交通噪声均值63.6分贝,同比下降0.6分贝。主要影响声源为交通噪声和生活噪声。

措施与行动

一、大气污染防治

一是科学治污落实精准管控,制定《建德市环境空气质量精细化管控方案》和考核细则,重塑工作流程机制,压实部门乡镇责任。强化扬尘、秸秆焚烧等巡查督查,累计交办并处置问题5974个。二是强化服务深化点源治理,积极争取国家和省市资金3288万元支持项目建设,高标准推进水泥行业超低排放改造,海螺、红狮、南方水泥全面完成年度改造任务。深化工业废气治理,完成20家挥发性有机物治理任务。加大移动源管理力度,制定出台全域国Ⅲ及以下柴油车限行政策。三是数字赋能推进全域监测感知建设,完成化工园区有毒有害气体环境风险预警体系试点建设,安装挥发性有机物监测设备36套。实现全域高空瞭望全覆盖,建设高位监控47套。

二、水污染防治

一是强化饮用水水源地保护,开展集中式饮用水水源地环境保护隐患排查,完成遥感疑似问题销号,完成县级饮用水水源地有机物全指标分析和应急预案修编。二是推进“零直排区”建设,完成3个镇街、29个生活小区和5个工业集聚区污水“零直排区”建设工作,高标准推进高新技术产业园“污水零直排”标杆示范园区创建。三是开展国控断面走航监测,排查入河排污口,完成国控断面“一点一策”方案编制,落实相应整改要求。四是深化农村生活污水治理,完成410个20吨以上农村生活污水处理设施标准化运维,新建农村生活污水处理设施5个,提升改造设施30个,完成提升改造项目竣工验收300个,完成农污零直排村建设6个。

三、固废、土壤、辐射和噪声污染防治

一是持续推进土壤污染防治工作。落实土壤环境污染重点监管单位风险隐患排查、有毒有害物质排放报告、自行监测等制度,实现24家重点单位全覆盖。严格执行收储前地块土壤污染状况调查及污染地块修复调查。二是提升危险废物监管水平。落实危险废物全过程管理,确保危险废物从产生到利用处置100%安全。开展二污普产污单位动态更新,推动固废信息网上监管,实现信息上网984家。严格落实危险废物重点企业分类管理和转移联单制度等规范化管理要求。三是加大涉危涉废执法力度。对化工、电镀等行业、对尾矿库等重点场所、对危险废物集中利用处置单位和重点产生单位开展多部门联合专项整治行动。四是深入推进“无废城市”建设。完成五大类42项指标、四张清单任务建设。制定“7+17”建德特色“无废细胞”建设工作,提标扩面推广“无废”理念,完成500余个“无废细胞”创建。五是不断强化放射源管理。所有辐射单位持证经营,实行持证上岗。制定辐射重点监管单位名录,完成辐射企业全面摸排。督促企事业单位完成年度辐射数据核查问题整改,整改问题80余个,整改率100%。六是加强噪声管理工作。开展中高考期间“绿色护考”专项行动。加强夜间施工管理,全年核发建筑施工夜间作业许可64件。

四、生态文明建设

坚持以“生态立市”发展战略为引领,统筹推进生态文明建设。细化省、杭州市目标,全面完成各项考核任务。紧扣国家级生态文明建设示范市35项创建指标,全力推进各项任务。推动大同镇、钦堂乡葛塘村开展有机食品生产与农村生态环境保护示范村试点建设工作,截至目前共创建8家

国家级有机食品生产基地。全力做好长江经济带大保护和“绿盾2021”自然保护地强化监督工作，完成生态环境损害赔偿案例磋商2起。

专项工作

一、环境法治建设

全年查处立案环境违法案件54件，下达行政处罚决定54件，罚款508万元，其中移交公安行政拘留2人，刑事拘留2人。依申请公开政府信息件5件，完成环境重点管理单位环境责任保险签订11家。

二、环评审批服务

持续深化“放管服”改革，严格落实承诺审批时限，不断优化营商环境。强化“三线一单”生态环境分区管控方案运用，结合“区域环评+环境标准”改革，推进航空小镇、钦堂小微园区等规划环评，实现项目审批与规划环评联动在省级以下工业园区的应用。全年建设项目环评审批125件，登记表网络备案82件，排污许可证审核发证216件，环境影响后评价备案1件，零土地技改项目3件，承诺备案项目11个。

三、环境执法监管

全年开展联合执法行动16次，“零点行动”检查企业56家次，“双随机”抽查企业487家次，环境安全专项行动现场检查企业2842家次。开展排污许可证核发与质量检查，抽查填报质量154家，检查执行报告43家。

四、环境信访和提议案

全年受理信访365件，办结率100%，回复率100%，满意率98%以上。办理各类议案提案16件，满意率100%。

五、环境监测

全年获取水、气、噪声等常规数据10万余个，区域大气环境数据管理应用系统数据55万余个，省控地表水交接断面监测系统数据5.2万余个，饮用水水源地水质监测系统数据3.2万余个。定期发布环境空气质量日报和预报365份，污染源及饮用水信息公开简报4期。完成主城区噪声自动站建设7个。

六、环境管理体系认证

全年完成企业清洁生产审核17家，ISO14001环境体系认证93家，环保产品认证3家，节能产品认证3家。

七、环境宣传教育

大力开展“六·五”世界环境日暨全国生态文明示范市、“无废城市”创建攻坚启动、共同富裕“浙”样干有机示范“建”未来、生物多样性保护、《排污许可管理条例》等专项宣传。设立新闻专题专栏，开展广场联动咨询宣传、环保公众设施开放周、企业讲座、社区宣传等活动。全年创建杭州市级绿色教育基地1家、绿色学校3所，建德市级绿色学校9所。

专 记

Special Notes

党史学习教育活动

3月12日，以视频会议形式召开全市党史学习教育动员部署会，各乡镇(街道)设分会场。市委书记朱欢出席会议并讲话，建德市委副书记、市长富永伟主持会议并作会议小结，叶万生、吴铁民、吕平等市四套班子领导，市法院院长、检察院检察长、市人武部政委在主会场参加会议。市委常委、宣传部部长朱春根就全市党史学习教育的总体考虑和工作安排进行部署说明。

市委成立党史学习教育领导小组并设立领导小组办公室，以“集中办公+建立系列工作规则”全力以赴优保障，迅速制定下发全市党史学习教育实施方案，明确六大专题活动、23项重点举措、51项具体工作，全市以“五学五争”(学深悟透绝对忠诚，争做“两个维护”的排头兵；学深悟透奋斗精神，争做跨越赶超的领头雁；学深悟透进取精神，争做走在前列的先锋队；学深悟透为民情怀，争做百姓群众的贴心人；学深悟透从严要求，争做管党治党的笃行者)为总载体，推动党史学习教育走深走实。全市81家单位主动行动、紧抓落实，在3月底前即实现党史学习教育动员部署会和基层党组织书记党史学习全覆盖。之后，在全市全面有序推进党史学习教育活动。至12月底，第一阶段党史学习教育活动结束。其间，市委党史学习教育领导小组、市委宣传部开展5轮集中巡回指导，确保该活动扎实有效。相关工作五次获得杭州市委常委、宣传部部长戚哮虎批示肯定。

2022年1月，杭州市党史学习教育活动第三巡回指导组，按照中央和省市委关于做好党史学习教育评估工作的部署安排，围绕“六个方面”评估重点，对建德市党史学习教育实际情况进行专题评估，并给出《建德市党史学习教育评估报告》，认为：

党史学习教育开展以来，建德市以高度的思想自觉、政治自觉、行动自觉，坚决贯彻落实中央“学党史、悟思想、办实事、开新局”、省委“九学九新”和杭州市委“五学五创”部署要求，以“五学五争”为总载体，明确专题活动和23项重点举措、51项具体工作。党史学习教育整体工作呈现出导向明、基调准、主旋律响、正能量强的良好局面。

一、注重真学深学、全面系统，过好“党史学习”关。坚持把学习作为党史学习教育的基础来抓，推动全市掀起学习党史的热潮。一是突出“关键少数”示范引领。市委理论学习中心组开展党史学习会16次，其中研讨5次。开展“跟着总书记的脚步学思维”活动，组织市四套班子领导考察海螺水泥、新安化工等习近平总书记任浙江省委书记时走访指导过的点位并交流发言。二是突出“全面覆盖”纵深推进。按照“3.6万名党员人手一套”的标准，开展对“四本书”的订购学习。结合习近平总书记“七一”重要讲话、党的十九届六中全会精神等主题，累计开展专题学习974场次，党员领导干部讲专题党课757场次。三是突出“特色载体”增强实效。推出“百年峥嵘史·百名干部微领学”“党史‘晨读一刻钟’”“一起学党史答题闯关”等特色性学习载体，开展“学党史、悟思想”优秀学习体会交流评选，组织“晒学习、晒感悟、晒工作”活动，全市1827个党支部按期召开专题组织生活会。

二、注重通俗通达、生动阐释，过好“党史宣讲”关。依托基层理论“堂前燕”工程，打造党史宣讲“八团六库四台”品牌。八团：就是整合“八支”宣讲队伍。组建由31名党史专家组成的市级党史宣讲团，并依托“青春·堂前燕”等7支党史宣讲团，分层分类开展宣讲425场次，推动党史宣讲进村社、进企业、进校园。六库：就是丰富“六类”宣讲题材。用好“千鹤妇女精神”等红色资源，开展“我为‘00后’讲党史”系列活动，相关宣讲作品在杭州市青年宣讲大赛中分别获得一、二、三等奖，并代表杭州参加全省青年宣讲暨微型党课大赛，获情境组一等奖。“四台”即串联“四种”平台，创新“理论直通车”品牌，结合“百年桂花树下讲百年党史”等载体，串联讲台、电台、灶台、擂台“四台”，开展党的十九届六中全会等主题基层“流动宣讲”1600余场次。

三、注重社会宣传、新闻报道，过好“党史传播”关。系列化推出“我在建德学党史”宣传品牌，推动党史宣传走深润心。一是组织“县委书记说党史+各界群众讲党史”活动。通过与《浙江日报》等合作，推出“县委书记说党史”融媒报道，市委书记推介红色建德。在基层开展支部书记上党课活动375次，推动党史学习走心走实。二是组织“红色教育公交+重温入党申请书”活动。开通“暖心红”红色教育免费公交专线，串联9个红色点位，5596人次预约红车。通过重温入党申请书，全市3.5万余名党员进行“与自己的初心对话”。三是组织“红色三宝”+“扫码听红音”活动。制作红色连环画《建德霞光》等“红色三宝”套装。同时，推出“数字学党史扫码听红音”活动，总浏览量已超76万人次。

四、注重学以致用、知行合一，过好“党史实践”关。全市各级党组织以“民呼我为、三办联动”为主线，深化党史实践。一是打造“全域分布”的“民呼我为”点位。创新推出覆盖全市的23家“民意直通站”，市四套班子领导带头开展基层调研76批次，收集民意线索116件，梳理问题76件，办结72件，全市党员干部共领办“关键小事”715件。二是创设“三办联动”的“民呼我为”机制。以“即时办、限时办、兜底办”为要求，推出“技能大师帮帮团”等做法，共办理事项32865件，其中即时办22982件，限时办9860件，兜底办23件。三是打造“双向激励”的“民呼我为”平台。以“双月擂台”+“电视问政”等平台为依托，“双月擂台”以“比实绩晒亮点争先进”为主题，“问政零距离”以“揭短亮丑红脸出汗”为主题，以“平台化+正反激励”形式，推动形成学党史、干实事的氛围，着力以“建功立德”精神争当党史学习教育基层排头兵。

同月22日，省、杭州市分别召开党史学习教育总结会议后，建德市随即召开续会，第一时间贯彻落实上级会议精神，全面总结建德市党史学习教育情况，部署下一步工作安排。市委书记富永伟出席会议并讲话，对一年来建德市党史学习教育工作取得的成绩予以充分肯定。强调，党史学习教育是一项长期的战略任务，必须常学常新、抓实抓深，在今后的工作中不断坚持、深化与弘扬。对于存在的问题，要切实加以改进和解决，持续推动党史学习教育常态化、长效化。要坚持长效常态，巩固拓展学习教育成果，突出“学在经常”，建强学习阵地，营造浓厚氛围，持续总结好、提炼好党史学习教育期间形成的好经验、好做法，建立健全常态化推进党史学习教育的系统支撑和机制体系，推动党史学习教育真正深入基层、深入群众、深入人心。在常学常新中汲取奋进力量、扛起建德担当、书写高分答卷。

（俞 侃）

责任编辑：黄建生

大 事 记

Chronicle of Major Events

1月

8日 杭州市委常委、副市长戴建平带领杭州市第十三帮扶集团成员单位负责人到建德市大洋镇开展“联乡结村”帮扶活动。

10日 建德市举行活动,庆祝首个“中国人民警察节”。

12日 乾潭镇获评AAAA级景区镇。

同日 浙江大学党委书记任少波带队到建德市考察浙大西迁办学历史,商讨校地双方交流合作事宜。

13—14日 省人大常委会副主任姒建敏带队到建德市开展“走亲连心三服务”活动,并就《浙江省防汛防台抗旱条例(修订草案征求意见稿)》征求意见建议。

19日 建德市获评省级国土资源节约集约模范县(市)。

21日 杭州屹通新材料股份有限公司在深圳证券交易所挂牌上市,是建德市首家在创业板上市的公司。是月,该公司被工信部评为第二批专精特新“小巨人”企业。

22日 建德市2020年度改革创新项目评选结果公布,“聚焦数字赋能 深化清廉建设 构建具有建德辨识度的公权力智慧监督体系”“打造千鹤妇女精神品牌 彰显新时代巾帼力量”等11个项目获评。

同日 建德市朝美日化有限公司董事长林锦祥获“全国抗击新冠肺炎疫情民营经济先进个人”,该项荣誉由中央统战部、工业和信息化部、市场监督管理总局和全国工商联联合授予。

23日 建德市中药材展示馆正式开馆。

25日 莲花镇杭州九仙生物科技有限公司总经理许建茹,被国务院农民工工作领导小组评为“全国优秀农民工”。

26日 建德心安文化小镇专家高峰论坛在杭州举行。

28日 新安集团董事长吴建华被评为建德市首位正高级经济师。

是月 建德市成功获评浙江省第四批省级“无违建县(市、区)”。

是月 杨村桥镇、三都镇获评2020年度农业绿色发展省级示范区。

是月 建德市新安江幼儿园、梅城中心小学、大慈岩初中入选新一批全国青少年校园足球特色学校。

2月

1日 中央宣传部、国家发展改革委向社会发布2020年“诚信之星”3个集体和9名个人,建德市乾潭镇陵上新村村医吴光潮上榜,为杭州地区首个。

同日 中共建德市委召开全市领导干部大会,宣布省委、杭州市委关于建德市党政主要领导职务调整的决定:朱欢任中共建德市委书记,童定干不再担任中共建德市委书记,另有任用。富永伟任中共建德市委副书记,提名为建德市市长人选。

3日 市委书记朱欢在《学习时报》发表署名文章《守护生态根脉 提升美丽气质》。

20日 市纪委十四届六次全会召开。

21—24日 中国人民政治协商会议建德市第十四届委员会第五次会议在市文化中心召开。

23—25日 建德市第十六届人民代表大会第五次会议在市文化中心召开。大会票决产生2021年市政府十件民生实事项目。

26 日　中共建德市委组织部(人才办)、市人力社保局、市科技局、团市委共同举办“2021 浙里更闪耀——建德市‘遇建未来’人才云聘会”。

是月　建德市被命名为 2020 年度浙江省新时代美丽乡村示范县，省委、省政府此次共命名 11 个县(市、区)。

3 月

1 日　华奕航空新创科技公司无人直升机飞控平台研发及整机制造项目在建德经济开发区(航空小镇)落地，该项目计划总投资 6 亿元。

同日　建德市召开“亚运四进”(进社区、村，进机关、企业，进校园，进社团)工作部署会，对下一步工作进行统筹安排，结合全市实际，决定在 2021 年 3 月到 12 月开展此项活动。

3 日　市委常委会召开会议。传达学习习近平总书记在省部级主要领导干部学习贯彻党的十九届五中全会精神专题研讨班、全国脱贫攻坚总结表彰大会和中央党校(国家行政学院)中青年干部培训班开班式上的重要讲话精神，传达学习国务院总理李克强关于安全生产的重要批示和全国安全生产电视电话会议精神，传达学习《关于加强巡视巡察上下联动的意见》、中央纪律检查委员会书记赵乐际和中央纪律检查委员会副书记、国家监察委员会主任杨晓渡在中央单位巡视工作调研座谈会上的讲话、在十九届中央第六轮巡视反馈视频会议上的讲话精神，部署全市贯彻落实工作。

同日　市政府召开党组会议，传达学习贯彻近期习近平总书记重要讲话精神和中央全面深化改革委员会第十八次会议精神。

同日　寻找新时代“千鹤妇女精神”传承人活动启动仪式暨建德市妇联十六届三次执委(扩大)会议在梅城镇千鹤村举行。

4 日　副省长成岳冲带队到建德市调研医疗保障相关工作。

8 日　农业农村部、国家乡村振兴局、财政部公示 2020 年度农村人居环境整治成效明显的激励候选县名单。建德市为本次 20 个候选县之一，浙江省唯一。

同日　杭州市妇联和中共建德市委在全国妇女爱国主义教育基地——千鹤妇女精神教育基地，联合举行“巾帼心向党、奋斗新征程”杭州市妇联系统庆祝中国共产党成立 100 周年暨纪念“三八”国际妇女节主题活动。杭州市委常委、组织部部长毛溪浩，杭州市人大常委会副主任陈红英，杭州市副市长陈国妹，杭州市政协副主席冯仁强，杭州市委副秘书长涂冬山，杭州市妇联党组书记、主席阮英等出席活动。

9 日　省人大常委会党组副书记、副主任李卫宁带队到建德市专题调研民族宗教工作。杭州市人大常委会党组书记、主任李火林等参加调研。

同日　市委常委会召开会议，传达学习中央、省委和杭州市委党史学习教育动员部署会精神，传达学习中央组织部部长陈希在全国组织部长会议上的讲话精神、全省组织部长会议暨数字化改革部署会和杭州市组织工作会议暨组织部门数字化改革部署会会议精神，传达学习全国、全省统战部长会议及杭州市委统战工作领导小组全体（扩大）会议精神及省委和杭州市委农村工作会议精神，研究部署建德市贯彻落实工作。

11 日　市委召开农村工作会议暨乡村振兴与乡村治理“双示范”推进会，全面总结全市“三农”工作成绩，研究部署今后一个时期工作任务。

12 日　召开全市党史学习教育动员部署会，贯彻落实中央、省委和杭州市委关于开展党史学习教育的重大决策部署，动员部署全市党史学习教育工作。

16 日　召开全市安全生产工作会议暨安全生产“遏重大”攻坚战动员部署会，贯彻国家、省、杭州市关于应急管理、安全生产工作重要部署，总结分析当前形势，重点研究部署今年“遏重大”攻坚工作。

17 日　建德市在梅城镇南峰五星电动自行车成套设备(配件)项目现场举行 2021 年第一批重大项目集中开工仪式。

同日　国家体育总局党组成员、副局长李建明带队到建德市调研体育工作。省体育局党组书记、局长郑瑶参加调研。

19 日　以“三会合一”形式召开全市党建工作、落实中央巡视整改暨巡察工作动员部署会。

20日 《江清月近人》2.0版在新安江月亮岛举行首演。

同日 市领导富永伟、郑志华等在建德视频分会场参加国务院联防联控机制全国新冠病毒疫苗接种工作电视电话会议。

25日 召开全市新冠病毒疫苗接种工作动员部署会，深入贯彻落实国务院、省、杭州市关于新冠病毒疫苗接种工作的部署要求，动员部署全市新冠病毒疫苗接种工作。

26日 市领导朱欢、富永伟、夏喜生、杨福泉、王百金等在建德视频分会场参加浙江省委召开的全省制造业高质量发展大会，听取省委书记袁家军的重要讲话。

同日 湖北省副省长、恩施州委书记柯俊带领恩施州党政代表团到建德市考察。

29日 市委常委会召开会议，传达学习杭州市委理论学习中心组(扩大)专题学习会和杭州市重大项目建设“比学赶超”活动推进会等会议精神，研究部署全市贯彻落实工作。同时按照国家、省和杭州市要求，重点研究部署全市新冠病毒疫苗接种相关工作。

同日 2021年首期“建德问政零距离”电视问政活动在市文化中心主会场举行，九名来自市级机关部门、乡镇(街道)主要负责人接受现场问政。

30日 天津市政协副主席张金英带队到建德市考察调研“加强新时代文明实践中心建设，提高社会文明程度”工作。

31日 市委全面深化改革委员会召开2021年度第一次会议，深入贯彻落实中央、省委和杭州市委相关部署要求，全面推进全市数字化改革各项工作。

同日 市委理论学习中心组学习(扩大)会暨数字化改革专题学习会召开。杭州电子科技大学教授、博士生导师，浙江省信息化发展研究院院长、省政府数字化转型专家组成员陈畴镛应邀作专题授课。

是月 全市29名招商引资专员分赴北京、上海和杭州开展为期两年的驻点招商引资工作。

4月

1日 召开全市招商引资工作动员大会，分析当前形势，部署2021年度工作任务。

2日 朱欢、叶万生、吴铁民、吕平等市四套班子领导在建德视频分会场参加浙江省委召开的“牢记重要嘱托，建设‘重要窗口’”专题交流会。

7日 西湖区委书记高国飞带队到建德市考察美丽城镇、美丽乡村建设和乡村振兴发展等有关工作。

同日 建德市举行“揭榜挂帅”技术需求发布会暨国科大杭州高等研究院绿色化工专场技术交流活动。

同日 市政府召开十六届政府第七十三次常务会议，专题研究数字化改革工作。

8日 市委书记朱欢带队赴上海走访调研建德市驻沪投资(人才)服务办公室，看望慰问工作人员，并领衔洽谈对接项目。

10日 “暖心红”红色教育周末免费公交专线正式开通。

12日 召开全市第一次全国自然灾害综合风险普查工作动员会，学习贯彻习近平总书记关于提高自然灾害防治能力重要论述精神，落实第一次全国自然灾害综合风险普查工作任务。

13日 召开全市数字化改革大会，对全市数字化改革工作进行再动员。

14日 市委常委会召开会议，传达学习习近平总书记、李克强总理关于打击治理电信网络诈骗犯罪工作重要指示批示精神以及全国、省、杭州市打击治理电信网络新型犯罪会议精神，传达学习省委、杭州市委政法工作会议及平安创建会议精神，研究部署全市贯彻落实工作。

15日 召开市委人才工作领导小组(扩大)会议，贯彻落实省委、杭州市委人才工作领导小组会议精神，总结全市人才工作情况，分析研判当前形势，研究部署下一阶段工作任务。

同日 市委书记朱欢带队专题调研乾潭镇共同富裕示范区建设工作。

同日 市领导富永伟、俞伟等在建德视频分会场参加省防指成员暨全省防汛工作视频会议，听取省长、省防汛防台抗旱指挥部指挥长郑栅洁重要讲话。

17日　建德市举行2021年招引党政储备人才考生见面会，清华大学、北京大学、浙江大学、同济大学等全国“双一流”高校(学科)的146名青年人才到会。

19日　市领导富永伟、钱晓华、袁思明等在建德视频分会场参加杭州市防汛工作视频会，贯彻落实习近平总书记关于防汛救灾工作的重要论述精神以及国家、省防汛工作会议精神，分析2021年防汛形势，部署汛期工作任务。

20日　召开全市平安建德创建暨政法工作会议，学习贯彻习近平法治思想，贯彻落实中央、省委和杭州市委政法工作会议精神。

21日　市委、市政府召开专题会议，听取全市重大产业项目推进等情况。

同日　全市镇村书记交流会暨首场“三争三比”擂台赛在下涯镇春秋村举行，本次交流会主题为“党建强·产业兴·共同富”。

22日　市政府召开低效工业用地处置工作推进会。

23日　杭州市、县两级政协“学党史办实事，‘六送’服务基层和群众”活动在建德市下涯镇春秋村启动。

同日　杭州市中小学生“童心向党，红色百年行”红色大寻访活动启动仪式在建德市举行。杭州市人大常委会原副主任、杭州市关工委常务副主任吴春莲等参加启动仪式。

同日　新西兰华裔画家晨晓“色彩世界”个人画展——走遍浙江·建德站在建德市博物馆开幕。

26日　在江苏省镇江第二届长三角自驾游产业发展大会暨2021中国大运河“驰骋文旅”大会上，建德市被授予“长三角自驾游示范目的地”称号，为浙江省唯一。

同日　市领导富永伟、俞伟、钱晓华、郑志华、王伟等在建德视频分会场参加国务院召开的第四次廉政工作会议，听取国务院总理李克强发表的重要讲话。

27日　市委书记朱欢带领建德市领导吴铁民、夏喜生、陈文岳，在北京与中华女子学院(全国妇联干部培训学院)党委书记李明舜和副院长王京霞、王练等，洽谈深度合作事宜。

同日　杭州市委常委、统战部部长陈新华带队到建德市调研少数民族村经济发展情况。

28日　市工会系统庆祝中国共产党成立100周年暨纪念“五一”国际劳动节主题活动在市工人文化宫(寿昌宫)举行。

同日　举行全市清廉乡村建设暨村级工程“一件事”智慧监管平台上线仪式。

同日　省侨联副主席周松一带队到建德市调研侨资企业发展等情况。

29日　建德市召开全市旅游奖励大会，兑现各项旅游奖励资金300余万元，并解读旅游奖励政策，发布旅游新产品，开启红色旅游推广计划。

5月

6日　“数智建德”改革创新实验室宣告正式启动。

7日　市委召开2021年全市第二次“比实绩晒亮点争先进”双月擂台工作交流会。

8日　全市文明委全体(扩大)会议暨巩固深化文明城市建设工作推进会召开。

7—8日　浙江省千年古城复兴工作推进会暨千年古城复兴论坛在建德市梅城镇举行，11个试点古城、18个储备试点单位以及有关知名专家学者与会。

10日　建德市境出现雷雨大风和较强雷电等强对流天气过程。

12日　召开防汛防灾工作会议，动员全市上下进一步压实责任，立足防大汛抢大险救大灾，全力以赴抓好各项防汛防灾措施落实。

12—13日　杭州市政协主席潘家玮带队到建德市，走访企业、村(社区)，召开座谈会，就深化乡村社会治理开展调研。

13日　杭州市委常委、政法委书记、政法队伍教育整顿领导小组副组长兼办公室主任许明到建德市调研督导政法队伍教育整顿工作，并开展“联乡结村”活动。

15日，市委书记朱欢主持召开安全生产等工作专题会议，对近期防汛防台、安全生产、疫情防控等相关工作进行再部署、再落实。该项整治活动持续至7月底结束。

17日 市长富永伟在建德视频分会场参加全省建筑业高质量发展大会，听取省长郑栅洁的重要讲话。

18日 省委、省政府召开全省建设新时代美丽浙江暨中央环境保护督察整改推进会。建德市获得2020年美丽浙江建设工作(生态文明示范创建行动计划)考核优秀单位和无违建县(市、区)两项重磅大奖。市委书记朱欢在省主会场参加会议并领奖，市领导富永伟、周萍英、杨福泉、王伟在建德视频分会场参加会议。

20—21日 省统计局党组成员、副局长陈孝带队到建德市专题调研医养结合工作。

21日 市领导朱欢、富永伟、叶万生、吕平、何瑞洪在建德视频分会场参加全省碳达峰碳中和工作推进会，听取省委书记袁家军的重要讲话。

同日 市长富永伟主持召开专题会议，研究国道320线改扩建项目推进工作。

24日 市委常委会召开会议，传达学习中央、省委、杭州市委关于意识形态工作责任制相关文件和党史学习教育相关通知精神，以及全国禁毒工作电视电话会议和杭州市生态环境问题发现整改工作会议等精神，研究部署全市贯彻落实工作。

25日 市政府召开2021年全市企业上市和并购重组暨“凤凰行动”2.0版推进大会，全面分析总结近年来全市“凤凰行动”取得的成绩，部署当前和今后一个时期企业上市工作。

同日 建德市与财通证券股份有限公司签署战略合作协议。财通证券股份有限公司党委书记、董事长陆建强，建德市委书记朱欢代表双方签约。

同日 德清县委副书记、县长王波带领德清县党政代表团到建德市考察交流。

25—27日 杭州市党史学习教育第三巡回指导组在建德市开展首轮指导工作。

同日 省纪委常委、秘书长叶怀贯带队到建德市调研基层监督数字化改革工作。

同日 上海易连集团董事长、总经理赵宏光率该公司核心领导团队到建德市高铁新区（高新园)、梅城镇、三都镇等地参观考察，实地踏勘项目现场，洽谈与建德市深化合作相关事宜。

27日 副省长刘小涛带队到建德市调研防汛备汛、乡村振兴等工作。省水利厅厅长马林云、省农业农村厅厅长王通林等参加调研。

29日 市政府召开建德草莓四十年暨产业高质量发展大会。

31日 市委书记朱欢带队专题督查新安江街道、更楼街道等地的环境综合整治和垃圾分类相关工作。

5月31日—6月1日 杭州市人大常委会农工委主任赵国钦带队到建德市就《浙江省粮食安全保障条例》贯彻实施情况开展执法检查。

是月 杭州市妇联、杭州市关工委、杭州市文明办、杭州市教育局联合主办的“同在蓝天下、我们共成长”留守儿童关爱活动走进建德市大洋镇三河小学。

6月

1日 市委、市政府召开全市综合考评总结表彰暨“克难攻坚、奋力争先”“六大比拼”工作推进会，总结成绩、表彰先进，部署下一阶段工作任务。

2日 省应急管理厅厅长凌志峰带队到建德市专题调研安全生产及防汛防台工作。

3日 市委书记朱欢带队专题调研民主党派工作，实地参观民革党员之家和民进会员之家，并主持召开座谈会听取意见。

3—4日 浙江省“千万亩森林质量精准提升工程”启动现场会在建德市召开，贯彻中央和省委、省政府的决策部署，参观和交流各地工作经验做法，研究部署千万亩森林质量精准提升工程，确保“十四五”开好局、起好步。省林业局党组书记、局长胡侠，省林业局一级巡视员杨幼平和全省各地有关行业系统领导等参加活动。

7日 全国政协常委、副秘书长，民革中央副主席兼秘书长李惠东一行到建德市调研。民革浙江省委会副主委、杭州市政协副主席、民革杭州市委会主委叶鉴铭等参加调研。

同日 福建省宁德市政协副主席陈美莺一行到建德市考察。

7—8日 省总工会党组书记、副主席张才方带队省产业工人队伍建设改革工作专项督查组到建德市督查。

8 日 建德市召开市(县)人大常委会设立 40 周年纪念座谈会。

8—9 日 省高级人民法院党组书记、院长李占国带队到建德市调研并开展“三服务”活动。杭州市中级人民法院党组书记、院长斯金锦参加调研活动。

9 日 杭州市委常委、宣传部部长戚哮虎到建德市开展“民呼我为”大走访活动并调研党史学习教育工作,实地走访大同镇永盛村、梅城古镇、千鹤妇女精神教育基地、匠铜实业有限公司等村社和企业,听取开展党史学习教育情况汇报。

11 日 建德市获评全国农村人居环境整治成效明显激励县,为浙江省唯一。

15 日 市委常委会召开(扩大)会议,专题部署全市安全生产、防汛防灾、疫情防控和社会稳定等工作。

同日 杭州市“亚运城市行动”比学赶超活动考察组到建德市考察绿道建设、之江旅体融合区建设情况,了解乡村体育设施建设情况。

16—17 日 中华女子学院 2019 级援外班到建德市开展社会实践,实地了解建德市妇女群众创新创业案例,切身体会新时代“千鹤妇女精神”。

17 日 市政府召开“美丽建德”暨全市“五水共治”“三改一拆”和农村人居环境提升工作推进大会。

18 日 市委召开全市党史学习教育“民呼我为、三办联动”主题活动推进会,贯彻落实中央、省和杭州市相关部署要求,动员全市上下开展“民呼我为”主题实践活动。

同日 建德市在新安江举行“宜品建德,嗨翻 618”暨建德市创建国家级电子商务进农村综合示范项目启动仪式。省商务厅、杭州市商务局、浙江广电集团钱江都市频道等单位有关领导参加启动仪式。

21 日 市政府召开全市燃气行业安全生产工作部署会,传达学习习近平总书记对湖北十堰市张湾区艳湖社区集贸市场燃气爆炸事故作出的重要指示精神,贯彻落实省、杭州市相关部署要求,分析研判全市安全生产形势和存在问题,对全市燃气安全生产工作进行再强调、再部署。

同日 市政府在大同镇农创客中心举行大力实施草莓“西进”构建农业现代化先行区暨千亩西乡草莓产业园推进大会。

20—22 日 市委书记朱欢率建德市党政代表团赴四川省甘孜藏族自治州乡城县,对接对口支援和东西部协作工作。

22—23 日 省委党史学习教育第一巡回指导组组长朱伟带队到建德市对党史学习教育开展情况进行巡回指导。市委副书记、市长富永伟主持座谈会并就党史学习教育开展情况做汇报。

24 日 朱欢、叶万生、吴铁民、吕平等市四套班子领导在建德视频分会场参加浙江省数字化改革推进会,听取省委书记、省数字化改革领导小组组长袁家军重要讲话。

同日 市党群服务中心、新时代文明实践中心启用仪式暨“光荣在党 50 年”纪念章颁发仪式举行。市委书记朱欢为党龄 50 年以上的老党员颁发纪念章。

同日 杭州市人大常委会党组副书记、副主任郑荣胜带队到建德市,专题调研县、乡两级人大换届选举有关工作情况。

25 日 市委、市政府在新安江广场隆重举行庆祝中国共产党成立 100 周年文艺晚会。

28 日 市委常委会召开扩大会议,专题观看学习《生命重于泰山——学习习近平总书记关于安全生产重要论述》电视专题片,部署全市安全生产工作。

29 日 位于大同镇竹源村的中共严衢工委纪念馆开馆。

同日 杭州市副市长王宏带队到建德市下访接访并开展民情民意大走访。

30 日 建德市普降大雨,其中洋溪街道 24 小时雨量超过 120 毫米,部分村(社区)出现险情。市委书记朱欢、市长富永伟带队第一时间前往受灾现场察看汛情,指导防汛抢险工作。

7 月

1 日 市委书记朱欢发表《展现百年风华 讲好鲜活故事·全力推动建德跨越赶超新崛起》祝

辞，庆祝中国共产党成立100周年。建德市社会各界收听收看北京庆祝大会盛况。

同日 位于市政府正对面的府前广场（暂名）正式对市民开放，献礼中国共产党成立百年。

5日 杭州市人大常委会副主任罗卫红、徐小林带队到建德市梅城古镇、部分景区景点，专题调研文旅融合发展情况。

7日 建德市宿江演艺有限公司（建德市婺剧团）编排的大型婺剧现代戏《千鹤女人》在杭州剧院上演，该戏剧为浙江省庆祝中国共产党成立100周年优秀舞台艺术展演作品之一。

7—8日 省人大常委会委员、环资委主任委员林健东率队到建德市检查《浙江省松材线虫病防治条例》执行情况。

9日 市委十四届十次全体（扩大）会议举行，审议原则通过《建德打造高质量发展建设共同富裕示范区“县域样板”行动计划（2021—2025年）》。

12日 省水利厅调研组一行到建德市专题调研新安江生态流域保障工作。

同日 建德市推出首个乡村沉浸式红色旅游产品——千年古村新叶。

13日 全国有机示范村建设现场研讨会暨建德市有机示范村建设启动仪式在建德市拉开帷幕，来自国家有机发展中心、南京环科所、浙江发展规划研究院等全国各地专家们为建德创建全国有机示范村建言献策。

同日 建德市首家社会工作站——新安江街道社会工作站建成并投入运行。

14日 建德市首家乡村“复兴少年宫”在大慈岩镇挂牌试点。

15日 省政协副主席周国辉带队到建德市，就省政协十二届四次会议重点提案《关于推进工业危险废物处置，加快建设全域“无废城市”的建议》开展督办调研。

同日，建德市·岑巩县缔结友好城市工作会议召开。市委副书记、市长富永伟，岑巩县委副书记、县长吴昌盛出席会议并讲话，两地签署协议正式缔结为友好城市。

16日 建德市妇幼保健院和杭州市儿童医院正式签约，联合建设“杭州市儿童医院建德儿童医学中心”“杭州市儿童医院小儿外科联盟单位”“詹强省名中医工作室”。

17日 杭州建德力晨蛋品有限公司在杨村桥镇投入运营，正式启动“建德鸡蛋”品牌创建工作。

21日 2021年1—6月杭州好人发布暨道德模范宣讲活动在浙江展览馆举行。建德市公安局乾潭派出所干警季越坎（已故）和浙江大洋生物科技集团股份有限公司研发中心主任王国平获“杭州好人”称号。

同日 中国民主同盟建德市第十次全体盟员大会召开。

同日 中国国民党革命委员会建德市第九次全体党员大会召开。

27日 杭州市委常委、宣传部部长戚哮虎一行赴梅城镇人大代表联络站，听取基层人大代表和人民群众关于经济社会发展的意见和建议。

同日 中国民主促进会建德市第十次全体会员大会召开。

28日 中国民主建国会建德市第九次全体会员大会召开。

29日 省政协党组副书记、副主席孙景淼一行到建德市考察调研“美丽城镇”建设和严州古城复兴工作。

同日 杭州市纪委监委在梅城镇三江畔澄清门下，举办澄清正名发布会，正式启动杭州市“澄清正名 撑腰鼓劲”宣传周活动。

同日 省民政厅党组书记、厅长王剑侯一行到建德市调研民政领域数字化改革工作。

30日 紫金大桥重建工程正式开工建设。按照建设计划，新大桥将于2023年底建成通车。

31日 首届下涯镇“诗画之江”全国摄影大赛在下涯镇举行开镜仪式，该赛事由下涯镇与中国摄影报社主办、建德市摄影家协会等承办。

是月 在中共中央组织部和农业农村部联合主办的2021年中组部乡镇党委书记培训示范班上，中共建德市委书记朱欢代表浙江作题为《推进农村人居环境整治的探索与实践》的交流发言。

是月 建德市集中开展补领（补办）婚姻登记证试点工作。

8 月

1 日　建德市关爱退役军人志愿服务队在市新时代文明实践中心正式成立并开展服务。

3 日　杭州市委常委、常务副市长戴建平到建德市调研经济运行和重大项目投资建设工作。

同日　省委统战部副部长王利月一行到建德市专题调研民主党派建设工作。

同日　杭州市委宣传部副部长、杭州市文明办主任钮俊带队到建德市，为“全国文明单位”——市第一人民医院和“全国文明村镇”——大慈岩镇双泉村授牌。

5 日　江山市政协主席郑朝基和江山市委常委、宣传部部长杨君带队到建德市考察学习全国文明城市创建工作。

12 日　市行政服务中心规划和自然资源窗口向建德农商银行梅城支行发出全市首张不动产权电子证明。

13 日　建德市举行大数据安全能力中心启动仪式暨政务网络(数据)安全论坛，宣布成立大数据安全能力中心。

22 日　市委常委会召开扩大会议，传达中央对中共浙江省委原常委、杭州市委原书记周江勇涉嫌严重违纪违法进行纪律审查和监察调查的决定，以及省、杭州市有关会议精神。

27 日　建德与兰溪两地在兰溪市芝堰水库签订芝堰水库饮用水水源保护合作协议。

30 日　建德市 2021 年重点项目劳动竞赛启动暨杭衢铁路建德南站站前广场工程开工仪式在更楼街道湖岑畈村举行。

同日　市旅投公司推出浙江首个“溶洞剧本杀”项目，开启建德旅游沉浸式 2.0 时代。

是月　建德交通运输综合行政执法队与兰溪交通运输综合行政执法队首次开展跨区域联合“治超”专项整治行动。

是月　建德市启用电子浙江省居住证。

是月　建德市文广旅体局退休干部汪国云获杭州市第三届“最美退役军人”称号并受到表彰。

是月　“创响全球·遇建未来”2021 第二届中国·建德高层次人才创业大赛正式启动。

是月　建德市市场监管局和三都镇政府正式发布全国首部食品级西红花团体标准。

是月　建德航空小镇入选全省 52 个红色根脉打卡地名录。

是月　2021 年第三届全国县域旅游研究成果在北京发布，建德市再获“全国县域旅游综合实力百强县”称号。

9 月

1 日　建德市举行红色读本《红旗飘飘——建德市青少年党史学习教育读本》首发仪式。

1—2 日　杭州市委常委、副市长胥伟华到建德市调研，考察高铁新区(高新园)、航空小镇两大平台，调研梅城古城、新安江水电站，实地走访部分上市公司、生物医药企业和通航制造企业。

3 日　市委书记朱欢带队到杭州市“建德豆腐包”示范店进行专题调研。

同日　省委党史和文献研究室主任刘芸带队到建德市调研建德党史工作。

8 日　17℃建德新安江 “爱的原乡 爱在一起”网络文学创作大赛采风活动启动。

14 日　中国水利企业协会原副会长陈庚寅带领水利部、省水利厅专家组一行到建德市，对新安江—富春江水利风景区创建工作开展考察评价。

15 日　省经信厅副厅长叶健松带队到建德市，调研化工大脑智慧园区建设试点工作。

18 日　建德市豆腐包协会成立。

22 日　“大地稻香 共同富裕”2021 长三角第三届美丽乡村稻香生活节暨建德大同第五届开镰节在大同镇稻香小镇开幕。

22—23 日　省社科院党委委员、副院长查志强带队到建德市，调研数字化改革工作。

22—23 日　杭州市人大常委会主任李火林带队到建德市，开展《中华人民共和国文物保护法》等法律法规执法检查。

23 日　2021 杭州·建德文化旅游(上海)趣玩夜市集在上海市静安大融城开幕。上海市文化和旅游事业发展中心主任李平，建德市委书记朱欢、市人大常委会副主任童文扬、副市长何瑞洪、市政协副主席汪华瑛参加活动,并共同宣布"爱在17沪建潮游新主张"金秋游杭州·建德活动启动。

23—27日 建德航空小镇赴深圳国际会展中心参加第十七届中国(深圳)国际文化产业博览交易会。

24日 建德市第二届"建德工匠"认定发布会在市党群服务中心举行。

同日 AG60野马飞机在建德千岛湖通用机场完成生产交付试飞,进行稳定性测试及操纵性能测试。

25日 湖南省衡阳县政协主席杨秋良一行到建德市考察。

同日 杭州·建德第六届"稻舞田间"稻香节暨杭州国际日系列活动在钦堂乡开幕。

26日 建德市首家国资控股的政策性融资担保公司——建德市融资担保有限公司正式挂牌。该公司由浙江电联融资担保有限公司混改而来。

同日 2021首届中国·建德稻香小镇绿色农产品包装设计大赛决赛在杭州市余杭区良渚梦栖小镇举行。

27日 "大地稻香在浙李 共同富裕新启航"浙西美丽城镇集群化联动发展启动仪式在大同镇举行。

同日 2021第二届中国·建德高层次人才创业大赛通用航空及智能制造复赛在杭州举行。

同日 市人力社保局劳动监察大队联合市卫健局、市医保局、市总工会以及市妇联,在全市范围内开展女职工产假等权益和新业态行业用工专项执法行动。

29日 市公安局城东派出所举行揭牌仪式,城东派出所正式运作。

同日 市工商联(总商会)第十一次会员代表大会召开。

30日 严州古城三期开城大典如期举行。市委书记朱欢出席开城大典并宣布开城。

同日 市图书馆、市妇女儿童活动中心、市青少年活动中心桥东分中心全面启用。

是月 2021年第14号台风"灿都"影响建德市,来势汹汹。建德市各级各部门严阵以待,组织开展防汛防台工作。

是月 建德市航头镇大店口村饶建军家庭获评2021年第二季度浙江"最美家庭"。

是月 省农科院专家到大同镇现场指导稻香小镇油菜产业布局。

是月 高铁新区(高新园)"五个一体化"物流服务平台在新安物流马目园区启用。

10月

2日 严州中学举行建校120周年庆典。

9日 新疆阿克苏市五户"最美家庭"到建德市参观。

9—11日 四川省甘孜州乡城县委常委、常务副县长扎西彭措和县委常委、副县长郑军辉带队到建德市,考察对接对口支援工作,协商东西部扶贫协作事宜。

14日 全国农产品质量安全信用工作推进会在建德市召开。国家发展改革委、农业农村部相关处室负责人,江苏、浙江、四川、北京、天津、重庆等省市农业农村部门领导约120人出席会议。

15日 杭州市政协副主席谢双成一行到建德市调研,就杭州市2022年民生实事项目开展意见征集。

同日 在成都"中国VTE防治大会"上,建德市第一人民医院被评为全国肺栓塞和深静脉血栓形成防治能力建设项目"血栓防治中心优秀单位"。

15—18日 建德市"宜品建德"参展电商中国第八届中国(杭州)国际电子商务博览会。

16日 三都镇新和村袁隆平生态水稻种植基地"巨型稻"获得丰收。该"巨型稻"由中国科学院夏新界研究员团队研发,浙江敏轩农业科技有限公司试植。该品种首次在浙江试种成功。

17日 "红动浙江"2021建德17℃新安江马拉松鸣枪开跑。

同日 航头镇珏塘村种粮大户翁竹根8公顷"浙粳优1578"高产示范方列全省2021年"浙粳优1578"品种最高单产和示范方产量第一位。

20日 建德市举行"宜品建德"直播大赛启动仪式暨建德农特产品对接活动。

22日 全省智慧化化工园区推广建设现场会

在建德市召开。

23—24 日　第三届全球女性发展论坛在建德市举行。该论坛活动以“传承·弘扬·创新”为主题，由中华女子学院（全国妇联干部培训学院）、浙江省妇联主办，建德市委、市政府和杭州市妇联、全球女性发展研究院承办。全国妇联副主席、书记处书记、党组成员蔡淑敏以视频方式出席活动并讲话，中华女子学院党委书记、教授李明舜，浙江省妇联党组成员、副主席陆英等各省（区、市）相关妇联组织领导和杭州市有关领导等出席活动。

26 日　第六届中国创新挑战赛（浙江）暨2021 年浙江省技术需求“揭榜挂帅”大赛碳达峰碳中和行业现场赛在建德市举行，该赛事由科技部火炬高技术产业开发中心、浙江省科技厅、中共建德市委、建德市人民政府联合主办。

27—28 日　“弘扬千鹤精神，携手共同富裕”2021 浙商女杰榜样力量主题峰会在建德市举行。

28 日　浙西肿瘤中心暨直线加速器开机启动仪式在建德市第一人民医院举行。

同日　建德市党外知识分子联谊会召开四届一次会员大会。

29 日　在第十六届全球人居环境论坛年会暨2021 可持续城市与人居环境奖颁奖典礼上，建德市获评“全球绿色城市”称号，为 2021 年全国唯一获得城市。

同日　浙报集团融媒共享联盟（杭州·建德）微融站举行集中授牌仪式，建德市各乡镇（街道）微融站正式成立。

30 日　位于建德桥东 2—11 号地块的东方雨虹杭州建德总部基地项目正式破土动工。

是月　建德市千鹤妇女精神教育基地入选第十二批省级爱国主义教育基地。

是月　市行政服务中心林业窗口签发全市首张药用蟾蜍养殖证。

是月　大洋镇成功入选浙江省农村文化礼堂建设示范乡镇。

11 月

1 日　建德市“出生一件事”App 迭代升级为 2.0 版，正式上线“浙里办”App。

2 日　既寿永昌·中国当代书画家邀请展暨浙江省国际美术交流协会寿昌艺术创作中心授牌仪式在寿昌镇洪家厅举行。中共浙江省委原副书记梁平波，浙江省文化和旅游厅原厅长、浙江省政府参事杨建新，浙江画院原院长、建德市文联顾问张华胜等出席开幕式。

2—4 日　四川省甘孜藏族自治州乡城县委书记杨林带队到建德市考察对接对口支援工作，签订旅游战略合作框架协议。

4 日　根据国家和省、杭州市部署，建德市开展新冠病毒疫苗“加强针”接种工作。

9 日　市茶叶产业农民合作经济组织联合会召开第一次会员大会，正式成立该联合会。

同日　省妇联党组书记、主席王文娟一行到建德市，专题调研传承弘扬新时代千鹤妇女精神相关工作。

10 日　“院士专家杭州行”活动走进建德，参观走访梅城古镇特色点位，考察建德美丽城镇建设等特色化发展路径。潘云鹤、高从堦、董石麟、潘德炉、朱位秋、都有为、杨树锋、戴民汉等院士参加活动。

同日　建德市选送的清廉微电影《中国大坝》，获第三届“玉琮杯”清廉微电影微视频大赛评委会特别奖、最佳导演奖和最佳摄影奖三项大奖。

同日　《人民日报》第 1 版刊登相关报道，肯定和推介建德市治水成效。之后于 12 月 13 日第 13 版、12 月 14 日第 5 版又作了报道。

11 日　新安江中学与浙大城市学院继续教育学院举行全面战略合作协议签约仪式。

13 日　“红耕大洋埠·共富兰江畔”建德市第八届农村文化节闭幕式暨第十三届农村文艺调演活动在大洋镇青源村举行。

16 日　建德市获评“2020 年度浙江省新时代美丽乡村示范县”，全省 11 个，建德市是杭州地区唯一。

18 日　市委召开全市领导干部大会，对学习贯彻中共十九届六中全会精神进行动员部署，推动全市持续兴起学习宣传贯彻全会精神热潮。

19 日　建德市文化创意人才协会成立。

23 日　梅城镇首个小哥驿站——总府社区

“爱心驿家”建成,正式对快递员、外卖配送员和网约车司机等“小哥”群体开放。

24日 市委召开全市领导干部会议，宣布省委干部任免决定:富永伟任中共建德市委书记,提议其不再担任建德市市长职务；提名王新锋为建德市市长候选人;免去朱欢中共建德市委书记、常委、委员职务。

同日 市佛教协会第五次代表会议召开,总结第四届理事会工作,规划今后五年重点工作,选举产生新一届理事会。

同日 市行政服务中心公安窗口，受理全省首位长三角区域跨省(市)新生儿入户通办业务。

25日 杭州市人大常委会副主任罗卫红一行到建德市，调研学习贯彻中央人大工作会议精神和本届人大常委会工作及建设等情况，并听取对杭州人大工作的意见建议。

26日 “17乡伴”文旅赋能乡村振兴党建联盟正式成立，此为建德市首个农文旅背景的党建联盟。

是月 建德航空小镇获得浙江省命名和创建特色小镇2020年度考核优秀等次。

是月 建德市首次向消费者网购电动自行车核发牌照。

是月 建德市首个消防主题公园——寿昌消防主题公园完成前期建设,并在“119”消防宣传月启动仪式上正式开园投入使用。

是月 建德市获评第二批浙江省全域旅游示范县(市、区)。

是月 新安绿道九景连珠段获评第五届“浙江最美绿道”。

是月 建德市医疗机构智能监管覆盖率排名全省第一。在浙江省卫生健康行政执法数字化改革现场会上,建德市“医疗行为在线监管应用”受到表彰。

是月 建德、临平、淳安、萧山、桐庐、余杭、富阳、临安等八个杭州区县市进行2021年中小学生体能素质检测,建德市获得总平均分第一名。

是月 2021“杭州亚运人文体验点”正式公布，建德市新安江水电站、千鹤妇女精神教育基地、严州古城、航空小镇、新叶古村入选。

是月 经浙江省博士后工作办公室批准,杭州福斯特药业有限公司、浙江耀恒光电科技有限公司获批设立博士后科研工作站。

12月

4日 “创响全球·遇建未来”2021第二届中国·建德高层次人才创业大赛总决赛在新安江畔落幕。“脑卒中BCI软体康复机器人及远程复发监测系统”“主动性液压贴附支持给药系统”课题获一等奖。

7日 在浙江省低空飞行服务中心指挥下,建德市中西医结合医院一名患者由医护人员护送上应急救援直升机，成功转运至杭州市浙大二院滨江院区进行救治。此为浙江省首次完成应急救援飞行起降远程指挥。

9日 省委常委、政法委书记王昌荣到建德市接待来访群众。

10日 建德市文学艺术界联合会第九次代表大会召开,选举产生新一届文联。

同日 杭州市警备区、杭州市退役军人事务局、建德市人武部政委、市政府有关领导,率军地联合慰问团到建德市更楼街道于合村，为建德籍现役军人巫文重家属颁发一等功牌匾、证书和奖励金。

11日 杭衢铁路高畈隧道贯通，此为杭衢铁路首座全线贯通的千米级隧道。

15日 市委书记富永伟,市委副书记、代市长王新锋,市人大常委会主任叶万生,市政协主席吴铁民，市委副书记吕平等市四套班子领导参加所在选区市、乡镇两级人大代表换届选举投票。

同日 从建德千岛湖通用机场飞往温州、宁波短途运输航线正式开通。

20日 市委召开务虚会，深入贯彻落实中共十九届六中全会以及中央经济工作会议精神,回顾总结十四届市委重点工作，研究谋划十五届市委工作思路及重点任务，为开好市第十五次党代会打好思想基础。

23日 建德市举行2021年度事业人员(机关工人)荣退暨“50先锋”表彰仪式。

同日 市中小学生电力安全体验中心，在国

网浙江培训中心浙西分中心揭牌成立。

23—24 日 全市 13 个乡镇相继举行新一届人民代表大会第一次会议。

26 日 省委常委、杭州市委书记刘捷到建德市调研梅城古镇建设。

28—29 日 中国共产党建德市第十五次代表大会在市文化中心隆重召开，选举产生新一届市委和市纪委。

30 日 市委书记富永伟带领新一届市委常委班子到中共建德小组纪念馆，开展首次集体学习并重温入党誓词。

是月 新安绿道胥溪北段绿道建设完成，新安江(水电站)—富春江北岸(建德桐庐交界处)绿道全线贯通。

是月 新安江中学牵手浙大城市学院继续教育学院成立“家庭教育共同体”，全国首家高校与普通中学“家庭教育共同体”落地建德市。

是月 建德市推出首个“24 小时自助服务”小哥驿站——新安江街道沧滩社区 24 小时自助服务小哥驿站。

是月 借助“建村钉”平台搭建的建德检察“建检钉”正式上线。

是月 寿昌镇桂花村入选全国村级议事协商创新实验试点单位，为建德市首个、全国首批。

是月 新安化工集团股份有限公司、农夫山泉(建德)新安江饮用水有限公司、建德海螺水泥有限责任公司获评 2021 年杭州市制造业(数字经济)百强。

是月 大慈岩中心小学因传承“新叶昆曲”而获“第三批全国中小学中华优秀传统文化传承学校”称号。

是月 2021 年县域旅游影响力 TOP100 榜单发布，建德市位居影响力榜第 51 位。

是月 建德市三都联洋水产养殖场、杭州千岛湖渔业有限公司被评为浙江省水产健康养殖示范场。

是月 市行政服务中心市场监管窗口，签发全市首张执业药师注册证电子证书。

是月 大同镇溪口村入围省级电商示范村。

责任编辑：胡政成 唐国强 吴树根

◎ 和谐生态宜居建德市(朱永标/摄)

市情概览

Overview of the City

基本地情

【地理位置】建德市地处浙江省西部，钱塘江上游，杭州—黄山黄金旅游线的中段，位于北纬 29°12′20″~29°46′27″、东经 118°53′46″~119°45′51″。东与浦江县接壤，南与兰溪市和龙游县毗邻，西南与衢州市衢江区相交，西北与淳安县为邻，东北与桐庐县交界。东起乾潭镇梓洲村双门灶，西至李家镇石鼓村卢桐源，长 84.38 千米；南起航头镇珏塘村，北至乾潭镇罗村村石豹头扶梯岭，宽 63.04 千米。总面积 2314.42 平方千米，占全省面积的 2.19%。距杭州(高速公路里程)108 千米。市政府驻地新安江街道新安路 1 号。

【建置沿革】建德市境在 1958 年 11 月 21 日前为建德、寿昌两县地。

建德古为越地。秦王嬴政二十五年(前 222)于原吴、越地置会稽郡(郡治在今江苏省吴县)，今建德地属会稽郡富春县。西汉因之。东汉时属吴郡富春县。

三国吴黄武四年 (225)，析富春县地置建德县，县城在今建德市梅城镇，建德作为县级行政区划之名自此始；同年，又析富春县地置新昌县，县城在今建德市西南的大同镇劳村村。两县均属吴郡。西晋太康元年(280)，新昌县更名寿昌县，寿昌作为县级行政区划之名自此始。自西晋至南朝的宋、齐两代，建德、寿昌仍属吴郡。

南朝时，两县县名均未有变动，但隶属关系则频繁变更。梁普通二年(521)，寿昌县改属新安郡。普通五年(524)，建德县划归东阳郡 (大致相当于今金华市)。

隋开皇九年(589)改郡为州。撤销寿昌县并入新安县(是年由始新县改设而来，属今淳安县)，撤销建德县并入长山县 [后改吴宁县，开皇十八年(598)改为金华县]，新安县、长山县属由原新安郡、东阳郡废止后合并新设的婺州。仁寿三年(603)，设睦州，但此时并无建德县和寿昌县建置。终隋一代，今建德市境域无县建置。

唐建立后第四年即唐武德四年(621)，分拆金华县，恢复设置建德县，并在桐庐设严州，建德县属严州。同年，此前隋大业三年(607)已经改为遂安郡的睦州也恢复设立。武德七年(624)严州废止，又将建德县分拆并入桐庐、雉山[隋大业三年(607) 由新安县改名]2 县，属歙州。武德八年(625)，桐庐、雉山划属睦州。至永淳二年(683)恢复设置建德县，属睦州。六年后即永昌元年(689)恢复设置寿昌县，县治在郭邑里(根据旧志记载，结合地理方位，大致在今寿昌与更楼之间一带)，同属睦州；但于次年又裁撤并入新安县[文明元年(684)由雉山改名]。武周万岁通天二年(697)，睦州州治由新安县移建德县，建德为州治始于此。神龙元年(705)，再置寿昌县，县治在白艾里(今寿昌镇桂花村)，仍属睦州。唐天宝元年(742)至乾元元年(758)，改睦州为新定郡，建德、寿昌两县均属新定郡，故在中国历史上，“新定郡”也为后世严州的别称。乾元元年(758)恢复设置睦州，两县隶属长期稳定；是年，寿昌县治迁至万松山南麓，即今寿昌集镇一带。

北宋宣和三年(1121)即方腊起义失败后，改睦州为严州，严州辖建德、寿昌、淳安、遂安、桐庐、分水 6 县。南宋咸淳元年(1265)，升严州为建德府，建德、寿昌两县属之，建德为府治。

元至元十四年(1277)改建德府为建德路,路治在今建德梅城,仍辖管建德、寿昌等6县。至正十八年(1358),朱元璋部将邓愈、李文忠攻取建德路,改为建安府。明建立后,洪武八年(1375)又改为严州府,建德、寿昌等6县属之,府治建德。明代相沿不变,严州自此有"六睦"之称。清代仍沿明制。建德、寿昌两县一直属严州府管辖。

清宣统三年(1911)十月,废旧府制,设立严州军政分府,建德、寿昌两县属之,建德为军政分府府治。

民国元年 (1912)10月, 严州军政分府废。1914年,建德、寿昌两县属金华道。1927年,废道制,两县直属浙江省。1931年,设立第六行政督察区,两县属之。1933年10月6日,专员办事处设在建德县。1935年9月,在兰溪设立第四行政督察区,建德县属之;在衢县设立第五行政督察区,寿昌县属之。1943年9月,增设第十一行政督察区,两县属之。专员公署始设淳安,后移建德。1947年5月, 撤销第十一行政督察区, 两县直属浙江省。1948年4月,两县又属第四行政督察区。

1949年5月5日,建德、寿昌两县解放。同月设立第四专区,稍后改建德专区,两县属之,专署设于梅城,辖建德、寿昌、淳安、遂安、桐庐、分水,即原严州府6县。1950年3月22日,建德专区撤销,建德、寿昌、淳安、遂安4县改属金华专区,桐庐、分水两县改属临安专区。1955年3月31日,恢复设立建德专区,专署仍在梅城,辖县除原严州府6县外,增加富阳、新登、於潜、昌化、开化(原属衢州专区,该专区及专署于同年3月撤销,开化划属建德专区, 其余辖县划属金华专区管辖)5县,共11县。1957年,临安、余杭两县亦划属建德专区。同年1月8日,为适应新安江水电站建设工程需要,经建德地委批准,设立"相当县一级"的新安江区(范围大致相当于今新安江街道),直属于建德专署管辖。至1958年3月31日撤销并改置为属建德县管辖的新安江镇。1958年11月,浙江省开展县级行政区划撤并,寿昌县并入建德县(11月21日),遂安县并入淳安,新登、分水两县并入桐庐县,於潜县并入昌化,余杭县并入临安县,富阳县改属杭州市。建德专区辖建德、淳安、桐庐、临安、昌化、开化6个县。1959年4月,建德专区撤销,建德、开化、淳安、桐庐改属金华专区,昌化、临安两县改属嘉兴专区。1963年5月16日,建德、淳安、桐庐划属杭州市至今。

1992年4月1日,建德撤县设市,市治新安江镇(今新安江街道)。

2021年年末, 建德市辖3个街道、12个镇、1个乡,229个建制村、27个社区。

【市名由来】建德之名因封建德侯而来。《三国志·吴书·孙韶传》载:"孙韶,字公礼……权为吴王,迁扬威将军,封建德侯。"据《三国志·魏书·文帝纪》载, 孙权被封为吴王是在魏文帝曹丕黄初二年(221), 由此知孙韶封建德侯在221年或其后不久。黄武四年(225),孙权从其故乡富春县划出属地建置多个新的县,其中之一作为孙韶"食邑"(封地),并以孙韶侯名为县名,称"建德县"。 同年分设新昌县 (西晋太康元年即280年改名寿昌县)。故此,建德之名因封建德侯而来,取"建功立德"之义。与孙权定都建业(今南京市)取"建功立业" 之义相呼应。

【自然环境】市境地处浙西丘陵山地和金衢盆地毗连处,地表以分割破碎的低山丘陵为特色,大部分地区地质构造属钱塘江凹槽带,山岭属天目山、千里岗和龙门山系。千米以上主峰有12座,主要分布在境域西北和东南;境西南李家镇与淳安县、衢江区交界处的千里岗山脉三井尖主峰1280.5米 (三界共有), 李家镇境内卢桐源尖1226.6米(注:全市长期使用山羊坞尖1157.8米,现依最新数据) 为全市最高峰。山脉大致呈北东向西南走向。整个地势为西北和东南两边高、中间低,自西南向东北倾斜。水系由周边向中间汇集,主要河流由西南流向东北,与山脉走向基本一致。

境域水系属钱塘江流域, 有新安江及其支流寿昌江和兰江、富春江4条较大河流及38条中小溪流。新安江在市境西部的芹坑埠入境,由西向东流经新安江城区、洋溪、下涯、杨村桥,在梅城与兰江汇合后流入富春江;境内全长41.85千米,流域面积1291.44 平方千米 (2015年地理国情普查数据：从新安江水库大坝起，至梅城新安江、兰江、富春江汇合处）。兰江在大洋镇三河入境，自南而北流经大洋镇三河、麻车、大洋、梅城镇洋尾，于梅城东关汇入富春江；境内长26.16千米，流域面积419.38平方千米。富春江由西南流向东北，经乌石滩、七里泷，于冷水滩流入桐庐县；境内长19.3千米，流域面积615.75平方千米。寿昌江是新安江的一级支流，发源于李家镇石鼓村大坑源，主流长65.8千米，流域面积692.3平方千米；河道曲折，集流时间短，河床宽浅，总落差428米，比降大，流速快，暴涨暴落，易造成洪涝灾害。

境域山地和丘陵占全市总面积的88.6%。北部和西部山岭由古生代到新生代的砂岩、石灰岩和页岩等组成，侵蚀明显，切割较深，山势陡峻，相对高差达400~600米，坡度常为30~40度。南部为200米以下的丘陵，地势平缓，坡形浑圆，坡度一般在15度以下，谷地也较开阔，近年成为浙江省坡地综合开发利用试点地。海拔50米以下的平原215平方千米，占全市总面积的9.3%。河谷平原主要分布在新安江、寿昌江及兰江两岸，土地肥沃，排灌条件良好，是建德市的主要农耕地带，也是商品畜禽的重要产区。

【资源状况】根据《建德市第三次全国国土调查公报》确认，至2019年12月31日调查标准时间点时，境域国土资源情况如下：

耕地，总面积18843.65公顷。其中，水田14789.15公顷，占78.48%；旱地4054.5公顷，占21.52%。位于15度以下（含15度）坡度的耕地15528.7公顷，占耕地82.41%。

园地，总面积12338.02公顷。其中，果园6739.57公顷，占54.63%；茶园2617.29公顷，占21.21%；其他园地2981.16公顷，占24.16%。

林地，总面积173264.82公顷。其中，乔木林地146407.26公顷，占84.50%；竹林地12952.72公顷，占7.48%；灌木林地5216.06公顷，占3.01%；其他林地8688.78公顷，占5.01%。

草地，总面积632.32公顷。全市无天然牧草地和人工牧草地，全部为其他草地。

湿地，总面积17.86公顷。全部为内陆滩涂。

城镇村及工矿用地，总面积12343.47公顷。其中，城市用地1452.54公顷，占11.77%；建制镇用地1716.99公顷，占13.91%；村庄用地8458.68公顷，占68.53%；采矿用地498.87公顷，占4.04%；风景名胜及特殊用地216.39公顷，占1.75%。

交通运输用地，总面积3744.09公顷。其中，铁路用地226.24公顷，占6.04%；公路用地2091.62公顷，占55.86%；农村道路1330.01公顷，占35.52%；机场用地62.36公顷，占1.67%；港口码头用地33.86公顷，占0.91%。

水域及水利设施用地，总面积8560.25公顷。其中，河流水面5619.82公顷，占65.65%；水库水面1259.24公顷，占14.71%；坑塘水面1431.49公顷，占16.72%；沟渠45.26公顷，占0.53%；水工建筑用地204.44公顷，占2.39%。

全市国土绿化面积18.91万公顷，绿化率81.73%。全市森林覆盖率为74.86%。

境内生物资源丰富，2019年，据查明，有森林树种700余种、药用植物700多种、动物140多种，其中有44种动植物资源属国家重点保护对象。初步探明的金属、非金属矿有27种，矿点63个，主要矿藏有石灰岩、白云石、大理石、花岗岩、石煤、铜、铁、铀等，其中石灰岩储量最大，出露面积约85平方千米，估计储量143亿吨。

建德气候温暖湿润，适宜农作物生长，是联合国粮农组织协助建立的全国10个林业技术推广中心县之一。2019年立木蓄积量1017.17万立方米。2019年成为全国首批、全省首个国家有机食品生产基地建设示范试点县(市)和全省首批农业绿色发展先行县（市）。主要经济作物有茶叶、蚕桑、柑橘、蜜梨、里叶白莲、新安江牌草莓、板栗、西红花等。其中茶叶自20世纪80年代开始即为全国重点生产县之一，所产名茶有“新安江”牌千岛银珍茶(针式绿茶)、建德苞茶(“建德苞茶”获评全国首个茶叶类国家气候标志——气候品质农产品称号，是国家地理标志保护产品，获中国历史文化名茶、中国国际茶叶博览会品鉴用茶、中华茶艺技能大赛比赛用茶、中国国际茶叶博览会金奖、浙江省及杭州市一类名茶等荣誉)；杨村桥草莓品质优良，是“中国草莓之乡”；柑橘、板栗、蚕桑是浙江省重点产区；里叶白莲洁白如玉，质地优良，为浙江省名土特产；原产严州白梨晶莹如雪，肉质细嫩，南宋时即为皇家贡品，今经过嫁接改造为蜜梨后，产量更高，口感更好，曾多次获得省级优质水果评比金奖，成为建德市大宗水果；三都镇松口一带生产的柑橘，品质优异，近年以有机水果作为品牌，亦多次获得浙江省优质水果评比大奖；三都镇所产西红花，质量上乘，是全国重要西红花产地。

境内水系发达，河网密布，水资源、水力资源较丰富，水资源总量18.58亿立方米，水能蕴藏量6.81万千瓦。水质极佳的淡水资源，又为大水面网箱养鱼奠定了基础，一度成为中国南方少数几个名贵冷水鱼养殖基地。2005年以后，为了保护新安江水源，开展网箱养鱼清退工作，新安江城区上游水域实现网箱养鱼“零养殖”。

建德山川毓秀，境贯“两江一湖”（富春江、新安江、千岛湖），旅游资源丰富，是国家首批公布的重点风景名胜区之一。新安江水电站的建成，使新安江城形成了冬暖夏凉的独特小气候，为江南难得的旅游休养胜地，2018年获评中国首个“气候宜居城市”，也是全国首批获得“国家气候标志”的城市之一。

【气候】建德市属中亚热带北缘季风气候区，气候温暖湿润，四季分明。以气温划分，春秋短，夏冬长，春夏秋冬四季平均天数分别为春秋短，夏冬长。年平均气温16.7℃，年总积温平均6115℃；有利于农作物栽培。年平均降水量1600毫米，年平均雨日164天；降水主要分布在3—9月，因汛期集中降水及台风影响，易造成洪涝灾害。年总日照时数1757小时，为杭州地区第二少区域，为浙江省偏少地区之一。年平均有霜期104天，无霜期261天；12月至次年1月，一般会出现降雪。常年多东北风。

（黄建生）

历史人文

【浙江人类源头——建德人】建德有多处古人类活动遗址。20世纪30年代以后，在市境大同、乾潭等地陆续发现新石器时期遗址多处，经考古鉴定判断，均为新石器时期古人聚居点，从事渔猎、农业、畜牧、蚕桑等生产活动。

李家镇新桥村村后山坡上，有一天然岩洞，深7米多、高2米多、宽4米多，当地人称之为“乌龟洞”。1974年冬，当地农民在开展“夺煤大会战”探查石煤的时候，在该洞中发掘出一批不知名动物化石。中国科学院古脊椎动物与古人类研究所和浙江省博物馆派出专家到该洞进行考古发掘，发现大熊猫、东方剑齿象、中国犀牛等一批哺乳动物化石，其中有1颗人类牙齿化石，此为浙江省内第一次发现的远古人类犬齿化石。经科研院所以碳系法测定，这枚人牙化石属于人类右上犬齿，主人年龄在30多岁，鉴定距今为5万多年。科学家们将其命名为“建德人”。1986年，北京大学考古系年代测定实验室利用铀系法再次对该人牙进行测定，确定该人牙距今已有10万年左右，大体相当于更新世晚期的后一阶段，将其历史再往前远推5万年左右。

“建德人”之发现揭开了浙江省境内发现古人类化石之序幕，增加了智人化石在中国分布的新知识，为浙江史前文化提供有力证据，为良渚文化、河姆渡文化、跨湖桥文化乃至反山文化找到历史先导，从而使建德成为迄今为止可考的浙江省人类活动最早源头。2006年1月，时任浙江省委书记习近平，在总结阐述“与时俱进的浙江精神”时，曾指出：远在数万年前，浙江大地就已出现了“建德人”的足迹。有学者认为，“建德人”就是浙江原始民族——越族的祖先。1989年，“乌龟洞”被列为省级文物保护单位，为研究浙江的远古文化提供了一个场地。2013年，乌龟洞遗址被列为全国重点文物保护单位。2018年在“乌龟洞”下方建设“建德人遗址”展馆，对遗址实行封闭管理。

【与伍子胥有关的乡土文化】伍子胥是春秋时期楚国人，因父兄被楚平王冤杀，避难出逃，辗转数国，最后投奔吴国。传说伍子胥在逃难经过“楚头吴尾”的建德境地时，在桐庐与建德交界的分水岭上拔剑起舞，仰天长歌，庆幸自己终于逃脱樊笼，并在一位长者的指引下，进入一个大山洞苦读天书三月。后下山到位于一处大田畈的村中察访民情，随农夫耕作，最后离开这里投奔吴国。

虽经史学家考证，伍子胥逃难经过建德的可能性值得商榷(学者倾向于伍子胥投奔吴国后，曾从钱塘江下游上溯至今乾潭境内屯兵短时)，但如今，却在建德北部的乾潭一带，留下了大量与伍子胥相关的地方文化因子：伍子胥经过的地方，其地名都带有一个“胥”字：他进入建德之高岭称“胥岭”，拔剑歌舞之处为“歌舞岭”，读天书之石洞为“胥岭洞”，胥岭洞旁建有英烈王庙和胥乐亭，老农在尚未到午时吃饭时间就请他吃午饭，此地就称作“早午岭”；他学习农田耕作之大田畈，名“胥村”(又称“大畈村”)；从胥岭流下汇入七里泷(富春江建德段)之溪流叫“胥溪”，汇合处村落叫“胥口”，等等。旧时从胥岭到胥口，沿途有子胥庙(祠)12座，香火鼎盛，历代不衰。

伍子胥于吴国有大功，却被逼冤死。人们痛恨害人的奸贼伯嚭，就将“伯嚭”作为坏人代名词。建德方言中，把为人不厚道、言过其实之人称为“白屁”(伯嚭)，贬义十分明显，此为建德特有的语言现象，透出建德人爱憎分明与正直的民风。胥口和对岸的江南村被冠以“胥溪野渡”景名，开发成旅游景点，并在胥口山坡上重建英烈庙一座。

【入选部编小学教材的《宿建德江》】唐代大诗人孟浩然代表作之一《宿建德江》：“移舟泊烟渚，日暮客愁新。野旷天低树，江清月近人。”此诗刻画秋江暮色、抒写羁旅之思，向来脍炙人口，为唐人五绝中写景名篇。所描述者正是建德境内新安江—富春江衔接处(经有关专家考证，大致位于旧时建德县城梅城外东面、今三都镇春江源村下二都一带，已淹没于富春江水库中)两岸风景。此诗被编入人民教育出版社小学语文教材，“建德”之名，因而被广泛流传。

【唐末诗人李频】李频，字德新，寿昌县李家乡长汀源人(今建德市李家镇上桐桥)，约生于唐元和十三年(818)，卒于唐乾符三年(876)。他是唐末知名诗人之一，《全唐诗》载李诗208首。南宋严羽《沧浪诗话》评李诗“清新警拔，清逸精深”。

李频是唯一在唐代正史《新唐书》中立传的建德人。李频有吏才，执法严，被荐举担任侍御史和都官员外郎，行监察官员之职。但面对混乱的朝政，李频觉得在朝中难有作为，即主动要求外放，以便能在地方上干些实事。唐乾符二年(875)出任建州(即后世之建州府、建宁府，其州治在今福建建瓯市)刺史。到任后，他立即颁布法律条文，整顿吏治，稳定社会秩序，减轻人员负担，深受人民爱戴，次年病逝任上。建州百姓感激其恩情，在城东梨山建庙祭祀，以表崇敬和纪念。家乡为其修建之庙亦称梨岳庙，所建之亭名梨岳亭。

【范仲淹与《严先生祠堂记》】以“先天下之忧而忧，后天下之乐而乐”治世理念名扬千古的北宋文学家、政治家、军事家范仲淹，北宋景祐元年(1034)在右司谏任上，因反对仁宗废郭皇后，被贬为睦州知州。范仲淹到睦州后，兴办学校，除了官学以外，还对原有各类民间书院进行整顿、整合，对睦州官办书院——龙山书院进行完善，为后世官办书院创造了典范；兴建纪念汉代先贤严光的祠堂，并写下《严先生祠堂记》一文。该文和《岳阳楼记》被收进《古文观止》中，流传极广，文末的“云山苍苍，江水泱泱，先生之风，山高水长”成为千百年来脍炙人口的名句。

范仲淹守睦州不过半年，却留下了深远的影响，他的执政理念、崇高品行，都为后人树立了典范。他的事迹被后人一再提起，为了纪念他，人们陆续建造过思范亭、思范堂、后乐堂、潇洒亭、潇洒楼、范公祠、思范坊等建筑。2021年，在严州古城东门内侧，依照宋代风格，恢复重建龙山书院等建筑。

【陆游与严州刻书业】严州是宋代图书刊刻重要基地，严州刻本以“墨黑如漆，字大如钱，校雠精良”闻名于世，国家图书馆至今存留的28种严州刻本，均为国家级文物。南宋伟大的爱国主义诗人陆游，一生留下9000多首诗，是中国古代传诗最多的诗人。南宋淳熙十三年(1186)，陆游出任严州知州。由于严州有良好的刻书条件，陆游在勤勉公务之余，对其作品进行严格筛选审定后刊刻成书，名《新刊剑南诗稿》；40年后，其幼子陆子遹又任严州知州，将所余部分作品加上新收集作品，合辑刊刻成书，名《剑南诗稿续编》。两书统称《剑南诗稿》。

【章燮与《唐诗三百首》】《唐诗三百首》于清乾隆二十八年(1763)开始编纂，次年成书，编纂者孙洙。体例完备，繁简得当，是一个较好的选本。由于缺乏必要的文字介绍，读者尤其是初学者颇感不便，影响了流传。道光十四年(1834)，经今建德大洋镇建南村人章燮对之详加注释、编撰后，首次刊印了《唐诗三百首注疏》，并在日后多次被翻印，深受读者欢迎，使《唐诗三百首》进一步得到流传，成为家喻户晓的普及读本，以至有“熟读唐诗三百首，不会吟诗也会吟”的民谚出现。

【蒲松龄《聊斋志异》首个刻本】清康熙十九年(1680)蒲松龄《聊斋志异》创作完成后，由于文笔美、构思妙，深受时人欢迎，文坛领袖王士禛也为其写诗赞誉，但因蒲松龄经济穷困无力将其付梓，直至康熙五十四年(1715)去世，都未能将手稿刊刻成书发行于世，因此民间流行的都是手抄本。乾隆三十年(1765)，蒲松龄老乡、严州知府赵起杲，在广泛收集、核校各类手抄本的基础上，捐出俸禄并发动亲友筹资，刊刻《聊斋志异》，前12卷刻成时，赵起杲突然病故；其亲友继承其遗志，通力协作，将其余4卷刻成，形成16卷的完整刻本。此为《聊斋志异》第一个刻本，此后该书广为流传。因严州府衙后官员休憩的小院中有一亭子，名“青柯亭”，故该版本称为“青柯亭本”，日本学术界称《聊斋志异》学术研究为“青学”，与研究《红楼梦》的“红学”比肩。

【浙江名酒严东关五加皮酒】严州名山乌龙山多泉水，甘甜清冽，适宜酿酒。故严州自唐宋以来一直是著名酒乡。清同治年间(1862—1874)徽商朱仰懋在严州城外严东关，开设以五加皮等十余种药材及优质大米为原料的严州传统酒作坊。经博采众家之长，对酿酒工艺进行提升改造，所产五加皮酒酒色橙红亮透，酒味甘醇，落杯有“酒脂”粘碗(也称“挂杯”)，有活血、祛风湿、强筋壮骨功效。“致中和”招牌源自《中庸》“致中和，天地位焉，万物育焉”而来，文化内涵丰富。此酒一经推出，即大受欢迎，并迅速远销至广东和东南亚各国。光绪二年(1876)在新加坡南洋商品赛会获金质奖章，1915年在旧金山巴拿马太平洋万国博览会获银质奖章。从此，严东关“致中和五加皮酒”从严州走向世界，成为与绍兴老酒(黄酒)齐名的两大浙江名酒之一。

(黄建生)

人 口

【总人口】2021年末，全市总户数177741户，比上年增加1541户；总人口507510人，减少2391人，下降0.47%；平均每户3人。全年出生人口3493人，减少689人，出生率6.88‰，下降1.32个千分点。全年死亡人口4031人，增加671人，死亡率7.94‰，上升1.35个千分点。人口自然减少538人，自然增长率-1.06‰，下降2.67个千分点。

【人口性别结构】在总人口中，男性256658人，占总人口的50.57%；女性250852人，占49.43%。男、女性别比为102.31∶100(以女性为100)，男性占比继续下降，比上年下降0.15%。

【人口年龄分布】全市15岁以下(含未满15周岁)65087人，比上年年末减少792人，下降1.2%；16~59岁(含未满60周岁)309597人，减少3938人，下降1.3%；60周岁及以上132826人，增加2339人，增长1.8%(其中65周岁及以上96746人，增加3528人，增长3.8%)。

【人口区域分布】新安江、洋溪、更楼3个街道总人口123669人，占总人口的24.37%，比上年提高0.38个百分点。西部地区(指寿昌镇及以西乡镇，包括寿昌镇、大慈岩镇、航头镇、大同镇、李家镇)总人口174537人，占总人口的34.39%，比上年下降0.18个百分点。东部地区(指莲花镇、下涯镇、杨村桥镇、梅城镇、大洋镇、三都镇、乾潭镇、钦堂乡）总人口209304人，占总人口的41.24%，比上年下降0.2个百分点。

【人口迁移】2021年，全市迁移人口5555人。其中，迁入人口1857人（其中省外迁入1254人），比上年增加284人，增长18.1%；迁出人口3698人（其中迁往省外568人），增加504人，增长15.8%。 （李 剑）

表5 **2021年建德市建制村、社区一览表**

乡镇（街道）名	建制村	社区
新安江街道	新蓬、黄泥墩、梅坪、丰产	罗桐、沧滩、府西、新安、府东、健安、明珠、叶家、白沙、溪头、岭后
更楼街道	洪宅、邓家、桥岭、石岭、于合、许乐、岩源、后塘、湖岑畈、骆村、新市、黄岙、甘溪、张家	更楼、更化
洋溪街道	友谊、团结	洋溪、洋安、青龙头、朱池
梅城镇	龙泉、千鹤、龙溪、滨江、利群、洋程、望山、姜山、南峰、伊村、西湖、葛家、顾家	东湖、宝华洲、总府、严陵、梅花
寿昌镇	十八桥、卜家蓬、红路、余洪、周村、西华、童家、绿荷塘、桂花、山峰、陈家、金桥、大塘边、永嘉桥、南浦、西门、乌石、东门、城北、城中、河南里、石泉、三岩	横山、西湖、东昌、望江
大同镇	高桥、胡村源、淤溪、富塘、清潭、城山、儒博、小溪源、禹甸、葛岭、寻芳、潘村、黄垄、黄山头、黄家、田畈、管村桥、永平、永盛、徐韩、大同、溪口、盘山、镇源、朝阳、万兴、上马、郎家、三村、劳村、枫树岭、丰畈、江头、竹源	—
乾潭镇	姚村、沛市、安仁、下梓、前陵、王岩、梓洲、牌楼、下包、邵家、罗村、胥江、骑龙、方家、后山、施家、仇村、新程、万龙、大畈、乾潭、乾一、陵上、幸福	马鞍岭
三都镇	寿峰、洋峨、绿源、前源、圣江、樟村畈、新和、和村、镇头、梓里、乌祥、凤凰、大唐、东方、马宅、三江口、松口、春江源、三都	—
杨村桥镇	梓源、杨村桥、龙溪桥、上山、岭源、长宁、龙源、绪塘、官路、十里埠、徐坑、路边、黄盛	—
下涯镇	大洲、金洲、春秋、下涯、乌驹市、之江、江湾、联和、马目、丰和、施家埠	—
大慈岩镇	新叶、李村、汪山、三元、檀村、大慈岩、上吴方、双泉、狮山、陈店、里叶、吴山	—
航头镇	东村、航景、黄木岗、溪沿、航川、航头、乌龙、千源、田畈村、彭家、罗源、曹源、南屏、灵栖、石屏、珏塘、石木岭、大店口	—
大洋镇	河源、三河、倪家、江东、建南、麻车、柳村、青源、上源、新源、大洋、高垣、里黄、徐店、胡店、庆丰、鲁塘、贺宅、杨桥	—
莲花镇	莲花、戴家、昴畈、林茶、齐平、徐家	—
李家镇	李家、龙桥、沙墩头、新桥、诸家、三溪、白马、石鼓、长林、新联	—
钦堂乡	大溪边、蒲田、钦堂、谢田、庄丰、庙前、葛塘	—
合计（个）	229	27

国民经济和社会发展

【概况】2021 年，建德市国民经济和社会发展坚持“稳中求进”原则，克服新冠肺炎疫情严密精准管控和国际复杂形势带来的不利影响，地区生产总值等重要指标仍取得新突破，人民生活水平得以进一步提高。

【地区生产总值】根据国家统一初步核算，2021 年，全市实现地区生产总值 430.60 亿元，按可比价格计算，比上年增长 7.5%。其中，第一产业增加值 37.81 亿元，增长 3.8%；第二产业增加值 217.09 亿元，增长 9.0%；第三产业增加值 175.70 亿元，增长 6.6%。三次产业结构为 8.8:50.4:40.8（经最终核实，2020 年，全市生产总值为 388.71 亿元，按可比价格计算，比上年增长 5.3%，三次产业增加值结构由 9.5:46.4:44.1 核实确定为 9.5:48.1:42.4）。按两年平均户籍人口计算的人均地区生产总值为 84646 元。

【财政收入】全市财政总收入 66.61 亿元，比上年增长 19.7%；地方财政一般预算收入 38.50 亿元，增长 12.5%。其中，税收收入 34.40 亿元，增长 13.7%，占地方财政一般预算收入的 89.4%。税收收入中，国内增值税 13.23 亿元，增长 32.0%；企业所得税 8.37 亿元，增长 35.3%；个人所得税 1.45 亿元，增长 22.7%；土地增值税 2.62 亿元，增长 115.1%。全年一般公共预算支出 63.67 亿元，增长 7.3%，其中用于民生支出 48.10 亿元，增长 7.1%，占一般公共预算支出的比例为 75.6%。

【人民生活水准】2021 年，城镇居民人均可支配收入 60183 元（以下数据均为人均数据），比上年增长 9.5%。其中，工资性收入 24220 元，增长 7.7%，在城镇居民人均可支配收入所占比重为 40.2%；经营净收入 3836 元，增长 18.1%；财产净收入 8359 元，增长 14.6%；转移净收入 23768 元，增长 8.4%。城镇居民人均消费支出为 42336 元，增长 17.2%。其中，食品消费支出 10760 元，恩格尔系数为 25.4%；衣着支出 2583 元，居住支出 7028 元，生活用品及服务支出 2938 元，交通通信支出 3895 元，教育文化娱乐服务支出 4720 元，医疗保健支出 8913 元，其他用品和服务支出 1499 元。

农村居民人均可支配收入 33807 元，比上年增长 9.9%。其中，从各类企业、集体组织和其他单位得到的劳动报酬收入为 20803 元，增长 9.1%，占农村居民人均可支配收入比重为 61.5%；家庭经营净收入为 8613 元，增长 10.2%；财产净收入为 433 元，增长 73.9%；转移净收入为 3958 元，增长 9.3%。农村居民人均生活消费支出为 20443 元，比上年减少 15.3%。其中，食品消费支出 6058 元，恩格尔系数为 29.6%；衣着消费支出 1140 元，居住支出 4006 元，生活用品及服务支出 1332 元，交通通信支出 2754 元，教育文化娱乐服务消费支出 1416 元，医疗保健支出 3507 元；其他用品和服务消费支出 230 元。

（舒　梁）

【规模以上工业】全市有规模以上工业企业 378 家，其总产值首次超过 600 亿元，达到 641.94 亿元，比上年增长 27.1%。实现工业销售产值 633.19 亿元，增长 27.7%。实现工业新产品产值 264.10 亿元，增长 16.3%，新产品产值率 41.1%。规模以上工业企业实现增加值 158.47 亿元，增长 11.7%。其中，规模以上高新技术产业增加值 69.95 亿元，增长 11.9%；战略性新兴产业增加值 32.37 亿元，增长 18.3%；装备制造业增加值 18.54 亿元，增长 36.5%。

【农林牧渔业】全市农林牧渔业总产值 61.00 亿元，增长 4.7%。其中，农业产值 39.81 亿元，增长 1.5%；林业产值 3.45 亿元，下降 4.0%；牧业产值 13.16 亿元，增长 18.4%；渔业产值 2.39 亿元，增长 4.0%。农林牧渔业增加值 38.65 亿元，按可比价格计算，比上年增长 3.9%。

【对外贸易】全市货物进出口总额 99.27 亿元，增长 19.1%。其中，进口额 12.71 亿元，增长 82.6%；出口额 86.56 亿元，增长 13.3%。出口份额占全国的 0.04%。主要行业化工、五金工具、家纺、低压电器分别实现自营出口额 47.32 亿元、6.29 亿元、11.31 亿元、12.67 亿元，合计占全市出口额的 89.6%，分别增长 20.7%、23.1%、0.9%和 40.8%。服务贸易出口额 1.4 亿美元，增长 2.6%。

【教育事业】全市共有幼儿园 41 所，在园幼儿 13667 人。共有小学 30 所，在校学生 23135 人。中学 25 所。其中，初中 19 所(含九年一贯制学校一所)、普通高中(含民办)5 所、中等职业教育学校 1 所。在校学生 19142 人。其中，初中 10392 人、普通高中 7249 人、中等职业教育学校 1501 人。全市专任教师 4457 人。其中，幼儿园专任教师 1096 人，小学专任教师 1326 人，初中专任教师 1063 人，普通高中专任教师 839 人，中等职业教育学校专任教师 116 人，特殊教育学校专任教师 17 人。

【科技事业】全年科研经费 9.11 亿元，比上年增长 21.7%，占地区生产总值比重为 2.12%。全年新认定高新技术企业 45 家，年末累计高新技术企业达到 148 家。新增省科技型中小企业 116 家，累计 538 家。杭州市级以上企业研发中心 141 个，其中省级以上 50 个。科技企业孵化器 11 家，其中省级 1 家；众创空间 3 家。全年专利授权量 1987 件，其中发明专利授权量 136 件，分别增长 78.5%和 88.9%。

【文化旅游体育事业】2021 年年末，有国家三级公共图书馆(市图书馆)1 个，总藏书 88.2 万册(件)，书刊外借 44.2 万册次。有县级以上文物保护单位 91 处(群)，其中国家级 4 处(群)、省级 5 处(群)。全市共有农家书屋 235 个、文化站 16 个、博物馆 1 个。有线电视用户 15.5 万户，有线电视信号 100%数字化。全年接待游客 1128.19 万人次，实现旅游收入 117.67 亿元。全市健身苑点 581 个(当年新建 11 个)。全市体育场馆 3 个。全年新建篮球场 7 个、乒乓球室 21 个。举办各类群众性体育比赛 121 场，参赛运动员 3 万人次。全年获得杭州市级以上各类奖牌总数 604 枚，其中金牌 288 枚、银牌 217 枚、铜牌 99 枚。

【社会保障】2021 年年末，全市参加养老保险人数 35.18 万人，其中城镇企业职工基本养老保险人数 21.35 万人，城乡居民基本养老保险人数 11.07 万人。参加基本医疗保险人数 43.69 万人，其中职工基本医疗保险人数 17.99 万人，城乡居民基本医疗保险人数 25.70 万人。城镇登记失业人数 2313 人，城镇登记失业率 2.34%。养老机构 18 所，年末供养人数 1350 人。全市最低生活保障 1.03 万人，其中城镇 578 人、农村 9726 人，城乡居民最低生活保障线标准为 882 元/人·月。公积金缴存职工 4.62 万人，公积金归集额 92.39 亿元。

（陈丽云）

表 6　2021 年建德市国民经济主要指标

指标		单位	2021 年	
			总量	增长±%
人口	年末户籍人口数	万人	50.75	-0.5
	年均户籍人口数	万人	50.87	-0.3
	年末常住人口数	万人	44.40	0.2
综合	地区生产总值（GDP）	亿元	430.60	7.5
	其中：第一产业	亿元	37.81	3.8
	第二产业	亿元	217.09	9.0
	第三产业	亿元	175.70	6.6
	人均生产总值（GDP/年均户籍人口）	元	84646	7.8

续表

指标		单位	2021 年	
			总量	增长±%
"1+6"产业	数字经济核心产业增加值	亿元	13.20	18.5
	文化产业增加值	亿元	6.40	7.0
	金融产业增加值	亿元	26.99	8.5
	旅游休闲产业增加值	亿元	尚未核定	
	健康产业增加值	亿元	17.00	2.7
	时尚（制造业）产业增加值	亿元	19.22	14.2
	高端装备（制造业）产业增加值	亿元	8.83	17.3
农业	农业总产值	亿元	61.00	4.7
	农业增加值	亿元	38.65	3.9
工业	规模以上工业总产值	亿元	641.94	27.1
	其中：新产品产值	亿元	264.10	16.3
	规模以上工业销售产值	亿元	633.19	27.7
	规模以上工业企业家数(±%为绝对额）	家	378	63
	规模以上工业增加值	亿元	158.47	11.7
	其中：战略性新兴产业增加值	亿元	32.37	18.3
	高新技术产业增加值	亿元	69.95	11.9
	装备制造业增加值	亿元	18.54	36.5
	规模以上工业利税	亿元	82.13	18.2
	其中：利润总额	亿元	64.74	19.6
财政	财政总收入	亿元	66.61	19.7
	其中：地方财政收入	亿元	38.50	12.5
	一般公共预算支出	亿元	63.67	7.3
金融	金融机构存款余额	亿元	713.49	10.6
	其中：个人存款	亿元	386.37	11.8
	金融机构贷款余额	亿元	684.27	21.2
固定资产投资、房地产	固定资产投资	亿元	—	-12.3
	其中：工业投资	亿元	—	-12.9
	交通运输业投资	亿元	—	-56.8
	生态环保、城市更新和水利设施投资	亿元	—	-27.6
	高新技术产业投资	亿元	—	24.8
	民间项目投资	亿元	—	-15.3
	其中：第一产业	亿元	—	77.6
	第二产业	亿元	—	-12.9
	第三产业	亿元	—	-14.4
	房地产投资	亿元	—	3.5
	房地产开发住宅施工面积	万平方米	169.99	-17.4
	房地产开发住宅竣工面积	万平方米	45.89	-31.7
	商品房销售面积	万平方米	46.30	-14.4
	商品房销售额	亿元	59.54	-10.6

续表

指　标		单　位	2021 年	
			总　量	增长±%
商贸	社会消费品零售总额	亿元	126.06	10.5
	网络零售额	亿元	247.27	-16.2
	货物进出口总额	亿元	99.27	19.1
	货物出口总额	亿元	86.56	13.3
	服务贸易出口额	亿美元	1.40	2.6
居民收入	城镇居民人均可支配收入	元	60183	9.5
	农村居民人均可支配收入	元	33807	9.9
	低收入农户人均纯收入	元	17005	14.0
社会用电	全社会用电量	亿千瓦时	42.68	10.7
	其中：第一产业	亿千瓦时	0.38	48.0
	第二产业	亿千瓦时	32.85	9.6
	其中：工业	亿千瓦时	32.15	8.8
	第三产业	亿千瓦时	4.97	22.6
	城乡居民用电	亿千瓦时	4.47	4.9

气象

【概况】2021 年，市境灾害性天气时有发生，对各行各业造成一定影响。全年平均气温 18.6℃，年降水量 1591.0 毫米，年雨日 172 天，年日照时数 1506.7 小时，属于气温偏高、降水偏少、雨日偏多、日照偏少的年份。主要表现有：春季强对流天气多发、梅汛期降水量偏少、夏季连续晴热高温、秋季晴好天气时间长、冬季低温雨雪冰冻天气多发。

【气温】2021 年平均气温 18.6℃，比常年偏高 1.4℃，比上年偏高 0.8℃。冬季(1—2 月)平均气温 8.7℃，比常年偏高 2.4℃(常年 6.3℃)，比上年同期偏高 0.2℃。春季(3—5 月)平均气温 18.0℃，比常年偏高 1.5℃(常年 16.5℃)，比上年偏高 0.8℃；夏季(6—8 月)平均气温 27.3℃，比常年同期偏高 0.3℃(常年 27.0℃)，与上年一样；秋季(9—11 月)平均气温 20.4℃，比常年偏高 1.7℃(常年 18.7℃)，比上年偏高 1.7℃(为历史同期最高值)。初冬（12 月）平均气温 8.7℃，比常年同期偏高 1.3℃(常年 7.4℃)，比上年偏高 1.2℃。全年日最低气温≤0℃的冰冻天数为 15 天，比常年少 5.5 天(常年 20.5 天)；全年日最高气温≥35℃的高温天数为 43 天，比常年偏多 3.3 天(常年 39.7 天)。年极端最高气温 37.9℃，出现在 7 月 14 日；极端最低气温-6.5℃，出现在 1 月 9 日。

【降水和雨日】2021 年年降水量为 1591.0 毫米，比常年偏少 72.1 毫米，偏少 4.3%，比上年偏少 314.1 毫米，偏少 16.5%。3 月、5 月、7 月、8 月、10 月比常年偏多，其余月份均比常年偏少。2021 年年降水日数 172 天，比常年偏多 14.1 天，比上年偏多 8 天。暴雨(日降雨量≥50 毫米)日数 3 天，最大日降雨量 78.1 毫米，出现在 8 月 17 日。

受副热带高压减弱东退影响，8 月 10—17 日，市境出现历史罕见的夏季连续阴雨天气。8 月 9 日 20 时至 17 日 20 时，全市面雨量 169.5 毫米，有 19 个站点(占比 27%)在 200 毫米以上，有 44

个站点(占比 62%)在 150 毫米以上,最大钦堂乡谢田村 249 毫米,新安江城区 207.1 毫米,而常年同期降雨量仅 38.7 毫米,为历史同期最多。连续阴雨天气导致局部城市内涝和农业生产尤其是低洼农田局部受淹。

【日照】 2021 年日照时数 1506.7 小时,比上年偏多 189.0 小时,但比常年偏少 210.3 小时,偏少 12.2%。日照时数除 1 月、2 月、9 月、12 月外,其余各月份日照时数均比常年偏少。

【低温雨雪冰冻寒潮天气】 1 月 5 日和 7 日受两股冷空气影响,全市出现降水天气,其中 6 日夜间到 7 日白天小雨夹雪,部分山区小雪。气温阶梯下降,平均气温过程降幅超过 9℃,7 日到 14 日连续 8 天最低气温低于 0℃,其中 9 日最低为-6.5℃,出现了冰冻和严重冰冻。草莓、油菜、茶叶受冻。

11 月 7 日傍晚前后受寒潮影响,市境气温急剧下降,出现北风增大和降水天气。7 日 8 时到 8 日 8 时,全市面雨量 16.2 毫米,最大梅城镇望山村 34.0 毫米,城区 16.7 毫米。共有 5 个站点(占比 7%)出现 8 级以上大风,最大新安江街道建德站、大慈岩镇里叶村和大慈岩镇李村村 9 级。

11 月 21 日傍晚起受寒潮影响,市境出现北风加大、气温大幅下降和降水天气。21 日 8 时到 22 日 8 时,全市面雨量 16.0 毫米,最大航头镇大店口村 27.5 毫米,城区 21.7 毫米。乾潭镇邵家村站点测得 8 级大风。

12 月 24 日傍晚起受强冷空气影响,市境出现大幅降温、降水和大风天气过程。24 日夜间至 25 日小雨或雨夹雪,高山区雨夹雪或雪,高山区有少量积雪,平均积雪深度 1~2 厘米,共有 1 个测站出现 8 级大风;26 日早晨最低气温-0.2℃。

【强对流天气】 受西南急流影响,5 月 10 日傍晚到夜间,市境出现明显的强对流天气过程。5 月 10 日 17 时至 11 日 6 时全市平均面雨量 28 毫米,最大雨量测得在乾潭镇狮峰村,降雨量 65.6 毫米,全市普遍出现 8 级到 10 级阵风,李家镇李家村、三都镇寿峰村出现 12 级阵风,造成树木倒伏、供电短暂中断、交通短暂受阻及车辆、广告牌、公益设施受损。

【梅雨天气】 市境 6 月 10 日入梅,7 月 5 日出梅,梅雨量 268.8 毫米(常年平均 377.0 毫米,最大为 2020 年 786.4 毫米),较常年偏少 28.7%,梅雨期 25 天,较常年偏少 2 天(常年 27 天)。其中,19—20 日市境出现明显大雨到暴雨、局部大暴雨天气,共有 14 个站点降水≥100 毫米,占比 19.7%,最大雨量杨村桥镇徐坑村 131.0 毫米;29—30 日市境出现大雨到暴雨,局部大暴雨,有 43 个站点(占比 60%)在 50 毫米以上,有 5 个站点降水≥100 毫米,占 7.0%,最大值为洋溪街道朱池社区 141.0 毫米。两次强降雨过程对全市交通运输、农业生产、人民生活产生不利影响,但未造成明显灾害损失。

【台风影响】 台风“烟花”,7 月 23 日 8 时至 27 日 8 时,全市面雨量 111.2 毫米,雨量分布东北多西南少,差异性较大,有 10 个站点(占比 14%)在 150 毫米以上,集中在乾潭、三都等东北部乡镇,最大乾潭镇梓洲村 390.4 毫米,其次乾潭镇木染坑 359.9 毫米,新安江城区 75.8 毫米,最大 1 小时雨强为梅城镇姜山村 24.2 毫米(7 月 24 日 6~7 时)。风力情况:共有 7 个站点(占比 9%)出现 8 级以上大风,最大三都镇寿峰村 9 级,其次乾潭镇木染坑 9 级,新安江城区 7 级。据初步统计,全市受损农作物面积共计 39.6 公顷,损坏房屋 2 户,受损公路 0.2 千米,阻断公路 0.2 千米,受损电力线路 2.15 千米,受损堤防 0.8 千米。 **(赵建光)**

责任编辑:黄建生

中共建德市委员会

Jiande Municipal Committee of the Communist Party of China

综 述

【概况】2021 年,是中国共产党成立 100 周年、"十四五"开局之年,也是建德扬帆再出发、全面开启现代化新征程的起步之年。中共建德市委(以下简称市委)带领全市上下认真贯彻落实中央、省委和杭州市委各项决策部署,科学决策,克难攻坚,在"比起来、干起来、热起来"的氛围中开拓进取、奋勇争先,全市经济社会高质量发展再上新台阶,取得新成就。

全年实现地区生产总值增长 7.5%,财政总收入和一般公共预算收入分别增长 19.7%、12.5%,规模以上工业增加值增长 11.7%,社会消费品零售总额增长 10.5%,城镇和农村居民人均可支配收入分别增长 9.5%、9.9%。人民生活幸福感、获得感、安全感持续增加。

【产业转型与做强】工业转型升级稳步推进,全市规模以上工业增加值增长 11.7%,数字经济核心产业增加值增长 18.5%,传统制造业改造提升,数字经济、生物医药、新材料等新兴产业发展步伐加快。农业质效持续提升,成功召开建德草莓四十年暨产业高质量发展大会,首个自主命名的草莓品种"建德红"上市;"建德苞茶"跻身全国茶叶类区域公共品牌最具发展力三强,品牌价值持续提升;成立全市农创客发展联合会,成功举办第二届长三角大学生"农创日"活动,吸引省内外千余名农创青年踊跃参与。文旅产业蓄势发力,成功举办"建德 17℃新安江"马拉松等各类赛事活动 54 场。梅城镇、寿昌镇入选全省千年古城复兴试点,德扬乐活岛等一批旅游综合体建成开业。全年累计接待游客 1128.2 万人次,实现旅游总收入 117.7 亿元。

【重点项目推进】项目引育持续发力,组建精干招商队伍赴北京、上海、杭州等地长期驻点招商,全年招引重大产业项目 38 个,计划总投资 203.5 亿元,其中 10 亿元以上项目 4 个。实施省重点项目 5 个、杭州市重点实施类项目 16 个,开工率达 100%。市本级重大产业项目 71 个,开工率为 94.3%。平台功能不断优化,航空小镇(开发区)机场改扩建及配套设施建设完工,空域范围扩展至

◎ 10 月 21 日,时任市委副书记、市长富永伟(中)在杭州玺匠文化创意股份有限公司开展"走亲连心三服务"活动

5700平方千米，获批低空运输航线开通权20条。高铁新区（高新园）启动全省首批化工产业大脑试点园区建设，规模以上工业总产值突破300亿元大关。企业培育加速深化，召开“凤凰行动”推进大会，制订企业上市新一轮“五年行动计划”，稳步推进“小升规”企业、“隐形冠军”企业培育。

【数字化建设】数字化改革全省领先，全面推进“152”体系建设，36个场景成功列入全省重大应用“一本账S1”，成功打造“数智建德”改革创新实验室。高铁新区（高新园）成为全省首批、杭州唯一省级化工产业大脑试点园区，“数智草莓”获评全省数字经济优秀地方特色应用，“数智殡”“网签电子劳动合同”等多个场景在全省复制推广，清廉建德智慧监督系统成为全省基层公权力大数据监督模板，乡镇换届及日常管理智慧系统列入省委组织部首批重点培育清单并全省复制推广。数字赋能作用有力发挥，以数字化改革为总抓手，引领撬动各领域、全方位改革。未来工厂、未来乡村、未来社区建设齐头并进，数字产业化、产业数字化、城市数字化“三化融合”加速提升，“县乡一体、条抓块统”“大综合、一体化执法”等重点领域改革有序推进。

【城乡风貌升级】坚决打好蓝天、碧水、净土保卫战，创建省级“美丽河湖”2条，建设“幸福河湖”80千米，治理水土流失17.1千米，修复污染地块4.9万立方米。农村人居环境整治工作获国务院督查激励，在中组部和农业农村部联合主办的全国乡镇党委书记培训示范班上作专题展示，生态文明建设成效获中央电视台《新闻联播》头条刊播。城乡品质持续提升，围绕环境整治、渣土车整治等重点领域开展攻坚行动，“迎亚运”环境大比拼、生活垃圾分类等工作位居杭州优秀行列。新安江街道明珠社区、洋溪街道洋安社区等6个社区入选省、杭州市未来社区创建试点。航空小镇获评杭州市“最具活力特色小镇”，严州古城AAAA级景区创建稳步实施，梅城镇入选全省首批千年古城复兴试点，寿昌镇、大同镇入选杭州市级首批千年古城复兴试点。

【民生福祉增进】疫情防控慎终如始，有序开展新冠疫苗接种工作，累计接种疫苗98.3万剂，3岁以上免疫人口完成率达95.0%。公共服务有力提升，寿昌新城幼儿园、明镜小学改扩建等工程基本完工，建德二院顺利迁建、杭州七院浙西院区一期主体完工、建德市第一人民医院二期开工，医共体、学共体建设扎实推进。社会治理深入推进，以“刀刃向内”的决心高标准推进政法队伍教育整顿，全市政法队伍纪律更严、作风更优、干劲更足。系统推进“一岗双责”后的村级治理，出台“六事一日”2.0版制度规范。以护航中国共产党成立100周年安保社会秩序稳定维护为重点，全力打好“扫黑除恶、信访积案化解、电信网络诈骗打防”三大攻坚战，深入开展安全风险隐患大排查大整治，全市社会大局保持平安稳定。获得法治浙江建设先进县市，创成国家信访“三无县”，连续八年成功创建“省级平安县”。

市委重要会议

【中国共产党建德市第十五次代表大会】12月27日至29日召开。会议的主要任务是：高举习近平新时代中国特色社会主义思想伟大旗帜，全面贯彻落实中央、省委和杭州市委战略部署，认真总结市第十四次党代会以来的工作，研究确定今后五年的目标任务、重点举措，选举产生中国共产党建德市第十五届委员会和纪律检查委员会，动员全市各级党组织、广大党员和干部群众，进一步统一思想、坚定信心、拼搏奋进，为全力推动共同富裕、全面建设“宜居建德”而努力奋斗。

本次大会应出席代表356名，实际到会代表353名。大会由市委副书记、代市长王新锋主持。市委书记富永伟代表中共建德市第十四届委员会向大会作题为《奋进新征程、重塑新优势，为全力推动共同富裕全面建设“宜居建德”而努力奋斗》的报告。报告明确今后五年建德发展的指导思想是：高举习近平新时代中国特色社会主义思想伟大旗帜，深入贯彻党的十九大和十九届历次全会精神以及习近平总书记在浙江、杭州考察时重要讲话精神，立足新发展阶段、贯彻新发展理念、构建新发展格局，以推动高质量发展为主题，以深化供给侧结构性改革为主线，以改革创新为根本动力，以满足人民日益增长的美好生活需要为根本目的，围绕全力推动共同富裕、全面建设“宜居建德”的奋斗总目标，坚持“生态立市、创新兴市、工业强市、文旅活市”四大战略，深入实施“产业优势重塑、城乡融合提质、美丽建德蝶变、改革创新赋能、文化活力跃升、民生福祉共享”六大工程，在坚决守好“红色根脉”、忠实践行“八八战略”、奋力打造“重要窗口”、争创社会主义现代化先行省、推动高质量发展建设共同富裕示范区的新征程中贡献建德力量、彰显建德担当。报告明确今后五年建德发展的主要奋斗目标是：生产总值年均增长7%左右，人均生产总值年均增长6.8%左右；三次产业比重达9∶45∶46左右；全社会固定资产投资年均增长7%左右，工业投资年均增长10%左右；社会消费品零售总额年均增长8%左右；地方财政收入年均增长8%左右；居民人均可支配收入年均增长7.5%左右，城乡居民收入之比缩小至1.74。

【中共建德市第十五届委员会第一次全体会议】 12月29日，中共建德市第十五届委员会举行第一次全体会议。富永伟主持会议并讲话。会议选举产生中共建德市第十五届委员会常务委员会委员和书记、副书记。富永伟任市委书记，王新锋、俞伟任市委副书记，陈文岳、方飞燕、徐军飞、周密、郑泽挥、蒋哲远、程星火任市委常委。通过中共建德市第十五届纪律检查委员会第一次全体会议选举结果的报告，市纪委常务委员会委员7人，徐军飞任市纪委书记，叶姣、吴建军任市纪委副书记，吕坚、夏成毅、李建军、陈美华任市纪委常委。

【市委十四届十次全体（扩大）会议】 7月9日召开。出席会议市委委员32名、候补委员7名。市委常委会主持会议。市委书记朱欢代表市委常委会向全会作工作报告，市委副书记、市长富永伟作会议小结。会议高举习近平新时代中国特色社会主义思想伟大旗帜，认真学习贯彻《中共中央国务院关于支持浙江高质量发展建设共同富裕示范区的意见》，全面落实省委十四届九次全会、杭州市委十二届十二次全会精神，动员全市广大党员干部在忠实践行“八八战略”、奋力打造“重要窗口”、加快推动共同富裕的新征程中勇担使命、拼搏争先，奋力打造高质量发展建设共同富裕示范区的“县域样板”。会议听取和讨论了朱欢受市委常委会委托作的工作报告，审议原则通过了《建德打造高质量发展建设共同富裕示范区“县域样板”行动计划（2021—2025年）》。

【市委十四届十一次全体会议】 10月26日召开。市委常委会主持会议，朱欢代表市委常委会讲话。市委委员、候补委员出席会议，市纪委委员、市监委委员列席会议。会议听取《关于召开中国共产党建德市第十五次代表大会决议（草案）》的说明，表决通过《关于召开中国共产党建德市第十五次代表大会的

◎ 12月30日，市委书记富永伟带队到中共建德小组纪念馆开展重温党史活动

决议》。会议决定,中国共产党建德市第十五次代表大会于2021年12月下旬召开。

【市委十四届十二次全体会议】12月22日召开。会议由市委书记富永伟主持,圈选产生建德市出席杭州市第十三次党代会代表候选人预备人选名单,研究建德市十五届市委委员、候补委员、纪委委员候选人预备人选。审议通过《中国共产党建德市第十四届委员会工作报告(草案)》和《中国共产党建德市第十四届纪律检查委员会工作报告(草案)》。

【市委常委会会议】2021年召开市委常委会会议共计35次。

1月5日,十四届市委常委会召开第150次会议(注:为避免行文累赘,下文直接以"第N次会议"表述)。传达学习杭州市委全面深化改革委员会第八次会议、中央农村工作会议精神;听取全市贯彻落实食品安全领域改革重大政策措施和《建德市规范乡镇(街道)"属地管理"的实施意见》的汇报;专题研究部署全市疫情防控工作。

2月1日,第151次会议。听取2020年度市"担当有为好干部"推选、2021年领导干部个人有关事项工作以及市十六届人大五次会议、市政协十四届五次会议筹备情况的汇报;专题研究干部人事相关事宜。

2月9日,第152次会议。传达学习中央、省纪委全会精神;审议中共建德市纪委十四届六次全体会议方案和全市《关于成立中央巡视反馈意见整改工作领导小组的通知》的汇报;审议《关于建德市2020年国民经济和社会发展计划执行情况与2021年国民经济与社会发展计划草案的报告》和《建德市国民经济和社会发展第十四个五年规划和二〇三五年远景目标纲要》;传达学习全国宣传部长会议、省和杭州市宣传思想工作、中央生态环境保护督察反馈会议、全省供销系统腐败和作风问题重点整治工作会议精神;审议2021年度建德市政府及国有企业投资项目建设计划、《建德市亚运城市行动计划纲要》《关于调整建德市生态环境保护督察整改工作领导小组的通知》和《关于贯彻优先发展推进建德教育现代化的若干意见》;听取并研究《2021年政府工作报告》、2021年市政府民生实事候选项目和2021年全市工业经济暨"三招三引"大会方案的汇报。

3月3日,第153次会议。传达学习习近平在省部级主要领导干部学习贯彻党的十九届五中全会精神专题研讨班上的讲话、习近平在全国脱贫攻坚总结表彰大会上的讲话和习近平在中央党校(国家行政学院)中青年干部培训班开班式上的讲话精神;传达学习李克强关于安全生产的重要批示和全国安全生产电视电话会议精神;传达学习《关于加强巡视巡察上下联动的意见》,中央政治局常委、中央纪律检查委员会书记赵乐际和中央纪律检查委员会副书记、国家监察委员会主任杨晓渡在中央单位巡视工作调研座谈会上的讲话及杨晓渡在十九届中央第六轮巡视反馈视频会议上的讲话精神;传达学习省、杭州市政法队伍教育整顿动员部署会精神并听取全市政法队伍教育整顿方案的汇报;听取2021年全市督查考核计划申报情况的汇报。

3月9日,第154次会议。传达学习中央组织部部长陈希在全国组织部长会议上的讲话、全省组织部长会议、杭州市组织工作会议精神;传达学习中央、省、杭州市党史学习教育动员部署会、省委、杭州市委农村工作会议、全国统战部长会议、全省统战部长会议及杭州市委统战工作领导小组(扩大)会议精神;听取《建德市新时代文明实践中心建设工作实施方案》的汇报。

3月18日,第155次会议。传达学习杭州市纪委《关于近期党员干部违规出入高档娱乐场所接受有偿陪侍问题查处情况的通报》;传达学习浙江省委书记袁家军在省委落实中央巡视反馈问题整改工作动员部署会上的讲话精神并听取全市开展省委巡视反馈问题整改落实"回头看"情况的汇报;听取《中共建德市委关于对标对表落实中央巡视反馈省市问题整改工作方案》起草情况、全市"七张问题清单"整改落实情况、2021年度"克难攻坚·奋力争先"大比拼活动方案的汇报;传达学习全国、省、杭州市公安系统关于政法系统教育整顿动员部署会议精神并书面审议市公安局2021

年一季度工作情况报告；听取庆祝中国共产党成立100周年系列活动安排、制定《建德市党政机关办公用房管理实施细则》的汇报。

3月26日，第156次会议。研究干部人事相关事宜。

3月29日，第157次会议。传达学习杭州市委理论学习中心组（扩大）专题学习会、杭州市重大项目建设比学赶超活动推进会精神；专题研究部署全市新冠病毒疫苗全民接种工作相关情况；听取调整全市2021年度疗休养政策相关事宜的汇报。

4月14日，第158次会议。传达学习习近平、李克强关于打击治理电信网络诈骗犯罪工作重要批示指示精神以及全国、省、杭州市打击治理电信网络新型犯罪会议精神；传达学习省委、杭州市委政法工作会议及平安创建会议精神并审议2021年平安建德创建暨政法信访工作会议方案；听取全市重点项目攻坚"揭榜挂帅"实施方案、追授季越坎为建德市优秀共产党员相关事宜的汇报；研究干部人事相关事宜。

4月30日，第159次会议。传达学习习近平指示、全国东西部协作和中央单位定点帮扶工作推进会精神与杭州贯彻落实以上精神的意见，以及《中共中央关于对"一把手"和领导班子监督的意见》；传达学习中央关于统计工作文件精神并审议全市《关于进一步加强和规范统计管理提高数据真实性的通知》；传达学习省委提升党员干部队伍推进现代化建设新能力暨市县乡领导班子换届工作会议及省、杭州市"扫黄打非"会议精神；研究分析全市一季度经济形势并专题部署近期重点工作；研究干部人事相关事宜。

5月10日，第160次会议。传达学习中央、省、杭州市《关于常态化开展扫黑除恶巩固专项斗争成果的实施意见》精神以及关于全市常态化开展扫黑除恶巩固专项斗争成果方案的汇报；听取协助各民主党派市委会做好2021年换届工作实施意见、建德市法学会换届及第二次会员代表大会方案的汇报；传达学习《中共浙江省纪委关于6起违反中央八项规定精神问题的通报》《浙江省党委（党组）理论学习中心组巡听旁听制度（试行）》和《浙江省党委（党组）重大决策前专题学习制度》精神；传达学习中央、省、杭州市对台工作会议精神；专题部署防汛防灾工作。

5月24日，第161次会议。听取2020年国务院及省政府督查激励工作情况及2021年度督查激励事项争取计划的汇报；传达学习浙江省委常委、政法委书记王昌荣在构筑"党建+信访"工作体系暨全省信访重点工作推进会上的讲话、杭州市生态环境问题发现整改工作会议和《关于印发〈杭州市生态环境问题发展和整改闭环机制实施方案〉的通知》精神；传达学习中信联办相关文件精神并听取全市贯彻落实意见；传达学习全国禁毒工作电视电话会议精神并听取全市禁毒工作汇报；传达学习中央、省委、杭州市委关于意识形态工作责任制相关文件和中办《关于在全社会范围内开展党史、新中国史、改革开放史、社会主义发展史宣传教育的通知》精神并审议全市深入推进党史学习教育开展"民呼我为"主题活动方案；听取高质量做好全市乡镇领导班子换届工作相关事宜、2020年度综合考评与单项考核情况以及2020年度市管领导干部考核等次的汇报；研究干部人事相关事宜。

6月15日，第162次会议。传达学习省委十四届九次全体（扩大）会议精神、传达学习《中共中央 国务院关于支持浙江高质量发展建设共同富裕示范区的意见》《浙江高质量发展建设共同富裕示范区实施方案（2021—2025年）》主要精神及全市共同富裕工作推进情况并专题部署近期防汛防灾、安全生产、社会稳定等相关工作；听取贯彻《交通强国建设纲要》建设交通强国示范城市的实施意见及全市建设交通强国示范城市行动计划（2020—2025）的汇报；传达学习全省、杭州市平安护航中国共产党成立100周年安保维稳会议精神及全市贯彻落实意见；听取2020年度年终考核奖励方案、2021年度综合考评实施方案、皇冠假日酒店项目整改工作行动方案的汇报。

6月24日，第163次会议。听取拟表彰建德市优秀共产党员、优秀党务工作者、先进基层党组织的情况汇报。

6月28日，第164次会议。专题观看学习《生命重于泰山——学习习近平总书记关于安全生产重要论述》电视专题片并听取全市近期安全生产工作情况；传达学习中央、省委、杭州市委主要领导有关讲话精神并通报2020年相关泄密案例；传达学习《重点热点舆情引导处置工作方案》《关于当前我省意识形态领域形势的通报》主要精神及全市贯彻落实意见的汇报；传达学习杭州市委第十二届十二次全体（扩大）会议及全省县、乡两级人大换届选举工作部署会议精神；传达学习省委贯彻落实《中共中央关于加强对“一把手”和领导班子监督的意见》十三项实施意见的通知并审议《关于纵深推进清廉建德建设为“十四五”高质量现代化发展提供坚强保障的实施意见》《关于开展政治谈话加强对“一把手”和领导班子监督的实施意见》；听取全市未成年人思想道德建设有关工作的汇报；研究干部人事相关事宜。

7月2日，第165次会议。传达学习习近平总书记在庆祝中国共产党成立100周年大会上的讲话精神以及郑栅洁来建德调研主要精神。

7月8日，第166次会议。传达学习和贯彻落实中央、省委、杭州市委基层减负工作会议精神，《关于实施“浙商青蓝接力工程”加强新生代企业家教育培养工作的意见》精神，省能源局关于光伏整县推进座谈会精神；传达学习中央办公厅、国务院办公厅《关于加强网络文明建设的意见》精神；通报学习浙江省7起意识形态领域典型问题案例；听取市委第十四届十次全体（扩大）会议方案及报告起草情况；审议《建德打造高质量发展建设共同富裕示范区“县域样板”行动计划（2021—2025年）（审议稿）》。

7月16日，第167次会议。听取市农业农村局、市文广旅体局加挂机构牌子相关事宜的汇报；传达学习《中国共产党组织工作条例》及《中共中央办公厅关于印发〈干部双重管理工作规定〉（试行）的通知》精神并听取全市相关工作贯彻落实意见的汇报；听取市纪委相关案件的汇报；研究干部人事相关事宜。

7月22日，第168次会议。传达学习习近平关于防汛防灾工作指示、杭州市委常委会（杭州市半年度经济形势分析）精神；听取调整市委常委分工方案（审议稿）的汇报。

8月9日，第169次会议。听取调整市委常委分工情况的通报；研究干部人事相关事宜。

8月10日，第170次会议。传达学习习近平关于疫情防控批示精神及省委常委会专题研究部署防疫工作讲话精神，并专题研究部署全市疫情防控工作。

8月31日，第171次会议。传达学习习近平关于档案工作的重要批示指示、浙江省农业高质量发展大会、杭州市意识形态领域情况通报精神；听取2021年度重点单项工作考核办法、美丽城镇高峰论坛筹备工作情况、全市贯彻落实省委、省政府“双减”工作情况的汇报；传达学习干部工作系统性重塑建设变革型组织专题培训班和全省加强干部选拔任用监督暨选人用人巡视检查问题整改推进会精神。

9月13日，第172次会议。传达学习中共中央《关于加强新时代检察机关法律监督工作的意见》《中共浙江省委 浙江省人民政府关于加强基层治理体系和治理能力现代化建设的实施意见》及省委书记袁家军赴省防汛指挥部检查指导防御台风“灿都”时的讲话摘要精神；传达学习省、杭州市维护安全稳定紧急工作会议精神并通报当前全市平安稳定形势；听取全市“请你来协商”乡镇（街道）分平台规范化建设实施办法、《建德市党政机关事业单位公务用车管理实施办法》、规范干部信息公开工作的汇报；传达学习杭州市新业态、新就业群体党建工作试点动员部署会、杭州市委巡察机构在上下联动中更好发挥作用试点工作暨十二届杭州市委第十八轮巡察动员部署会议精神；听取高质量打造最优人才栖息地高水平引领“宜居建德”建设的实施意见、重新制定经济开发区管委会“三定”方案、完善“一岗双责”后村干部报酬补助方案的汇报；传达学习省委关于规范领导干部廉洁从政从业行为进一步推动构建亲清政商关系的意见精神；强调双节期间廉洁纪律的要求。

9月25日，第173次会议。听取严州中学120周年校庆活动方案及市纪委相关案件的汇报；审议《关于做好市、乡镇两级人民代表大会换届选举工作的意见》；研究干部人事相关事宜。

9月27日,第174次会议。传达学习习近平在中央党校(国家行政学院)中青年干部培训班开班仪式上的讲话精神。

10月18日,第175次会议。传达学习习近平在纪念辛亥革命110周年大会上的讲话、中央人才工作会议及“市级巡察机构在上下联动中更好发挥作用”试点工作调研座谈会精神;传达学习省委文化工作会议精神并听取全市贯彻落实意见;听取全市贯彻《中共浙江省委认真学习贯彻〈关于进一步加强家庭家教家风建设的实施意见〉》及落实第二轮中央生态环境保护督察报告反馈问题整改方案的汇报;听取全球女性发展论坛筹备工作、市纪委相关案件的汇报;研究干部人事相关事宜。

10月26日,第176次会议。传达学习中央人大工作会议精神;听取中共建德市委第十五次党代表大会筹备工作情况及《关于召开中共建德市委第十五次代表大会的决议(草案)》的汇报;研究干部人事相关事宜。

11月11日,第177次会议。传达学习省、杭州市人大常委会学习贯彻中央人大工作会议精神专题学习会、《中共中央 国务院关于加快构建新发展格局的意见》精神;传达学习《中共中央 国务院关于以铸牢中华民族共同体意识为主线 推进新时代党的民族工作高质量发展的意见》精神并听取全市少数民族工作情况汇报;传达学习全省重复信访治理工作经验交流会暨第二批事项集中交办视频会议精神;听取落实省委巡视杭州涉及建德问题整改工作方案起草情况的汇报;听取建德市城乡公交一体化推进情况、杭州市第十人民医院后续建设相关事宜的汇报。

11月18日,第178次会议。传达学习中共第十九届六中全会、全国加强换届风气监督工作电视电话会议及中央、全省部分机关、单位微信泄密案件通报精神;传达学习省委宣传部学习贯彻中共第十九届六中全会和全市学习宣传贯彻中共第十九届六中全会精神工作安排并听取全市党史学习教育阶段性工作汇报;研究干部人事相关事宜。

11月29日,第179次会议。听取杭州市第十三次党代会代表选举工作及建德市第十五届党代表、第十七届人大代表选举工作的汇报。

12月2日,第180次会议。传达学习省委第十四届十次全体(扩大)会议精神;听取行政事业单位发放补贴奖金和个人所得税有关事项、全市第十五届政协换届人事安排及全市全面推行“林长制”的实施意见的汇报;听取学习宣传贯彻中共第十九届六中全会精神“四大行动”工作方案及“六讲六做”大宣讲行动方案的汇报。

12月6日,第181次会议。听取组建市委社会建设委员会、市城管局更名、市党员教育服务中心加挂牌子等事项的汇报;研究干部人事相关事宜。

12月9日,第182次会议。听取杭州市第十三次党代会代表候选人推荐人选的汇报。

12月13日,第183次会议。传达学习袁家军在省新型冠状病毒肺炎疫情防控工作领导小组扩大会议上的讲话摘要精神;听取建德恒大项目资产购买方案、杭州市第十三次党代会代表人选考察情况及全市第十五届党代会代表选举情况的汇报;传达省纪委关于绍兴上虞疫情处置不力处理情况的通报。

12月21日,第184次会议。传达学习中央经济工作会议精神及全省领导干部大会、杭州市委常委会精神;听取全市第三次全国国土调查情况、市第十五次党代会各项准备工作、关于2022年度全市拟开展评比达标表彰和通报表扬项目申报情况的汇报;听取市纪委相关案件的汇报;研究干部人事相关事宜。

【全市工业经济暨“双招双引”大会】3月4日召开。会议总结2020年度工作,部署2021年工作任务,全力推动全市工业经济发展。会议集中观看全市工业经济宣传片,宣读2020年度各类表彰文件,对获奖单位和个人进行表彰。市经信局、市商务局、经济开发区(航空小镇)、乾潭镇、市五星车业有限公司、浙江东翼新材料有限公司、浙江华奕航空科技有限公司等部门单位人员作交流发言。

【市委农村工作会议暨乡村振兴与乡村治理“双示范”推进会】3月11日召开。学习贯彻习近平总书记在中央农村工作会议上的重要讲话精神,全面落实中央农村工作会议、全国脱贫攻坚总结表彰大会和省委、杭州市委农村工作会议部署要求，总结全市“三农”工作成绩，研究部署今后一个时期农村工作任务。会议集中观看《建德市乡村振兴工作综述》短片，通报表彰全市2020年度农业农村工作先进集体和先进个人，市委组织部、市委政法委、三都镇、钦堂乡和市草莓产业协会分别作交流发言。

【全市党史学习教育动员部署会】3月12日召开。会议贯彻落实中央、省委和杭州市委关于开展党史学习教育的重大决策部署，动员部署全市党史学习教育工作。会议以视频形式召开，各乡镇(街道)设分会场。市委常委、宣传部部长朱春根就全市党史学习教育的总体考虑和工作安排进行部署说明。

【全市党建工作、落实中央巡视整改暨巡察工作动员部署会议】3月19日召开。会议以“三会合一”的形式，认真贯彻省委、杭州市委关于落实中央巡视反馈问题整改会议精神，市委副书记吕平主持会议并通报2020年度全市党建工作考核情况、部署落实中央巡视整改工作任务，市委常委、纪委书记、市监委主任周萍英通报2020年市委巡察工作开展情况、发现的主要问题和2021年巡察工作安排部署，市委常委、统战部部长张早林，市委常委、组织部部长何亦星分别就统一战线、组织工作进行具体部署。会议确定2021年宣传思想工作要求、十四届市委第十五轮巡察工作组织机构和任务分工。

【市委全面深化改革委员会2021年第一次会议】3月31日召开。会议深入贯彻落实中央、省委和杭州市委相关部署要求，推进全市数字化改革各项工作。会议听取2020年度全市全面深化改革工作总结及2021年度工作思路的汇报，讨论审议全市数字化改革总体方案和党政机关整体智治、数字政府、数字经济、数字社会、数字法治、一体化智能化公共数据平台等系统建设的数字化改革相关方案。

【全市数字化改革大会】4月13日召开。会上市委改革办、市数据资源服务中心、市委政法委分别作发言，市纪委监委、市退役军人事务局、市水利局就“向上争取试点”经验做法做交流介绍，杭州华量软件有限公司作为企业代表围绕如何推动建德数字化改革进行发言。市委副书记、市长富永伟主持会议并围绕“抢”“争”“实”等关键词提出数字化改革具体要求。叶万生、吴铁民、吕平等市四套班子领导出席会议。

【全市综合考评总结表彰暨“克难攻坚、奋力争先”“六大比拼”工作推进会】6月1日召开。会议以视频形式召开。会议通报全市2020年度综合考评结果及“担当作为好干部”名单，对先进单位和个人进行表彰，并部署了2021年综合考评及“六大比拼”相关工作。市发改局、市司法局、市商务局、建德经济开发区(航空小镇)、乾潭镇、更楼街道等6家单位负责人作交流发言。 (胡 倩)

调查研究与政策制定

【概况】2021年度，市委改革办(市委政研室)围绕全市经济社会发展中的重大问题和人民群众关心的热点难点堵点问题，以数字化改革为主线，以市领导领衔调研课题为重点，对建德经济社会各领域发展中的全局性、综合性问题进行研究谋划，开展调查研究。全年共完成市领导领衔调研报告31篇，其中在省《政策瞭望》刊登1篇，市委十五次党代会重点课题调研报告14篇，形成数字化改革理论成果51项，制度成果63项。

【重点调研及成果转化】紧盯数字化改革总目标，围绕共同富裕示范区县域样板建设，形成“大力推进寿昌‘西乡’共同富裕示范区建设”、严州古城保护与开发、数字化改革工作管理机制的研究、关于智慧化化工园区标准化建设的必要性研究、数字赋能基层公权力监督提升基层治理能力的实践与思考等一系列调研报告，为制定“共同富裕”年度工作要点提供参考，为全省建立完善的数字化改革绩效评估体系开展试点，同时为推动全市高质量发展提供坚实支撑。

【重要政策意见制定】推动数字化改革实践制度成果的固化，形成《“心安护航”人、车、企三色码评分规则及管理办法》《建德市装修（大件）垃圾回收处理管理暂行办法》《建德“草莓师傅证”服务管理办法》《建德市医共体全域医疗供应链医用耗材管理办法》等一系列政策，其中，运输车辆接入视频监控报警系统、电子劳动合同共享互认等管理办法为全省首创，得到上级部门肯定。（苏 锐）

对台湾及港澳工作

【概况】2021年，建德市对台湾地区及港澳特区工作以习近平新时代中国特色社会主义思想为指导，认真贯彻落实党中央、省、杭州市对台工作决策部署，以服务台资企业为重点、服务台胞台属为主线，认真履职尽责，主动担当作为，抓好涉台各项工作。全年无重大对港澳特区工作事项。

【服务台资企业】主动采取各项措施，为台资企业高质量发展提供服务保障。对全市台资企业数量和相关数据开展统计，了解企业情况，及时汇总上报。全体台办干部深入开展“三服务”工作，因企制宜，分类指导，促进在建德的台企克难攻坚加快发展。完善各项服务台企工作机制，搭建交流平台，组织台商代表进行恳谈，及时了解企业的成长情况。召开台资企业负责人与市级机关和乡镇（街道）等单位交流座谈会，宣传相关政策法规，解答疑难。进一步规范做好对台交流工作，利用走访台胞台属、台商等契机，宣传中共中央对台政策方针，主动靠前提供涉台服务。结合推进“数字智理”工作，会同市委统战部开展全市涉台情况摸底调查，进一步完善台胞台属信息库。（章 睿）

全面深化改革

【概况】2021年，市委围绕“调查研究谋思路、改革创新促发展”准则，坚持以数字化改革为总抓手，持续推进各领域改革。1项应用获省改革突破奖金奖（参与单位），1项应用获省改革突破奖银奖（参与单位），3项应用获省最佳应用（协同单位），9项应用获评省各系统各线优秀特色应用。全市承办全省现场会4次，各类改革经验获副省级以上领导批示肯定14篇，其中省委主要领导批示1篇；24项改革经验在省市复制推广；1项改革案例在省《数字化改革（专报）》刊登，3个案例入选省《数字化改革（工作动态）》，2项改革做法入选省“浙里改”微信公众号“竞跑者”子栏目。

【全面开展数字化改革】夯实数字底座，提升支撑能力。全年打造省、杭州市回流数据仓1个，回流落地数据资源项目264个，位列杭州第二；率先在杭州区县中搭建乡镇（街道）数据仓全覆盖体系。争取并开展数字化改革试点，全年共争取省市数字化试点82个，其中省级试点48个、杭州市级试点34个，至2021年底上线运行44项、开发建设18项、方案谋划20项。其中，“数智殡”相关做法获浙江省委书记袁家军、副省长王文序批示肯定，“公权智护”（公权力大数据监督）、“干部智管”（乡

◎ 4月13日，建德市召开全市数字化改革大会

镇领导班子换届应用)、化工园区智慧化管理、“心安护航”(客货运一件事)、网签电子劳动合同、数智草莓、建筑垃圾处置监管等16项做法获省、杭州市部署推广。

推进理论和制度创新，形成调研报告等理论成果51项，各类管理办法、行业标准等制度成果63项，其中数字实验室、运输车辆接入视频监控、电子劳动合同共享互认等为全省首创。完善改革推进机制，出台建德市数字化改革总体方案及作战图，成立实体化运作专班，推行“15234”工作法(围绕一个总体任务目标；紧盯年度任务、月度工作、每周计划、场景深化、试点争取“五张清单”；压实晾晒比拼、专班运作“两大载体”；强化例会、通报、督查“三项机制”；力争在“一体化”协同、“一件事”集成、“一揽子”创新、“化整为零”“四个突破”)，建立领导领衔制度，全面推进数字化改革工作走深入实。积极开展数字化改革大比拼，推出揭榜挂帅、挂图作战、亮榜比拼、创新项目评选等比拼方式，全年亮榜5次，有37个部门单位、10个乡镇(街道)获得124个红榜。

【各类数字化系统落地应用】承接省、杭州市应用，推动场景落地贯通，各系统门户基本实现省、市、县三级贯通，并持续开展优化迭代工作，集中展示工作动态和各项成果。

党政机关整体智治系统，争取省级试点7个、杭州市级试点5个。“公权智护”为省改革突破奖参与单位和最佳应用协同单位，“干部智管”纳入省委组织部第一批重点培育项目并在全省推广。

数字政府系统，争取上级试点22个，形成理论成果2项，制度成果13项。“心安智医”等5个场景入选省级揭榜挂帅试点；无废城市为省改革突破奖参与单位和最佳应用协同单位；“心安护航”为省最佳应用协同单位，并入选交通数字化改革基层和社会“最佳实践”名单。

数字经济系统列入省级试点4个、杭州市级试点1个。获评省级优秀应用2个、杭州市优秀场景2个，省级获奖数量位居杭州区(县、市)第一。承接“新智造”公共服务“智造荟”、产业链“一键通”、企业码等10个省级重大应用，化工园区智慧化管理应用为全省智慧园区唯一试点，“数智草莓”获评省数字经济系统优秀地方特色应用，“企服通”入选全省首批多跨场景推广目录，跨境电商集货仓获评年度统筹创新优秀示范项目。

数字社会系统，浙里民生“关键小事智能速办”50个事项全贯通、全落地；“数智殡”获评省优秀应用，其首创全省死亡人口数据专题库，获省委书记袁家军批示肯定；“17清废”入选省行政执法改革工作优秀案例，并获副省长高兴夫批示。

数字法治系统，纳入省、杭州市级重大应用清单13项，获杭州数字法治多跨场景银奖4项、铜奖1项、入围奖7项，杭州数字法治“一地创新、全市推广”好应用3个。“建村钉”一键直达群众，获评省优秀门户应用。

【深化政务服务改革】以“最多跑一次”改革为核心，持续优化营商环境。深化“七星级”政务服务体系建设，全面落实“2211”(两次站立——起身相迎、起身相送，两次礼貌用语——来有迎声、走有送声，一个微笑，一次评价提醒)微笑暖心服务，深入开展“千百十”办件评价回访，健全“兜底办”办事功能。杭州地区创新推出老旧小区改造“一件事”改革，建德和浦江两地群众26项医保事项实现“跨域通办”；推行“零见面”审批和“分钟制”办事改革，企业开办全流程“零见面”审批占比达93.3%；预购商品房预告登记等12项不动产登记业务办理时间控制在45分钟以内，群众和企业获得感大幅提升。推进公共场所服务大提升，全市公办医疗机构100%实现一站式门诊服务，49所义务教育段学校均加入城乡教育共同体，推进4个区块老旧小区改造以改善居民居住环境，农贸市场服务“五化”(便利化、智慧化、人性化、特色化、规范化)大提升做法在“浙里改”微信公众号“竞跑者”子栏目刊登并复制推广。深化“就近办”建设，推进“1+4+12+N”的四级政务体系建设，乡镇(街道)便民服务中心可办事项为229项，自助机可办事项为205项，村级代跑服务事项为56项。

【其他各领域改革】大力推进“县乡一体、条抓块统”改革、“大综合一体化”行政执法改革、推进大安全应急体系建设、深化“多规合一”改革等重大改革任务，按照“1+7+11”的工作架构，梳理形成重大改革任务23项并稳步推进，厘清“属地管理”80项、乡镇(街道)权力140项两张清单。深入推进改革试点，全年共新增全域土地综合整治、县域共青团基层组织改革等省部级试点6个，省级部门试点5个，牵头推进全国乡村治理体系建设等试点30个，其中8个试点列入杭州重大改革试点任务，美丽城镇建设、污水零直排等改革创新做法在省、杭州市复制推广。 （苏　锐）

保密工作

【概况】严格遵守《中华人民共和国保密法》，开展保密安全员的培训和业务教育，对市民开展《中华人民共和国保密法》知识宣传，提高全民保密意识。扎实做好重大会议活动保密工作，落实党政专用通信保障服务，积极做好涉密领域国产化替代工作。严格落实涉密文件资料集中销毁工作各项制度，杜绝日常纸质涉密文件外流现象。健全工作机构，开展日常检查、督查、整改等执法工作，不断改进和更新升级涉密系统，全市未发生涉及政治、军事和文化等领域的泄密事件。

【宣传教育】落实全员教育培训，组织保密干部参加省级、杭州市级开展的保密工作培训，不断提高保密干部业务水平。组织机关单位相关人员80余人赴杭州开展为期3天的保密培训。印发保密宣传文件200余份、观看宣传教育片90余份。

【保密监督检查】2021年，全市涉保密领域事项共检查市直机关单位、乡镇23个，重点检查泄密高风险单位。6月初，组织相关单位赴各考点联合开展高考、中考等考前保密室保密检查，未发现泄密隐患，确保高考和中考顺利进行。落实好机关单位互联网门户网站保密检查和互联网政务邮箱保密自查等工作，利用现有保密三大监管平台提升发现信息泄密及其处置能力；配合有关单位做好涉密视频会议保密管理工作。同时，积极配合杭州市对建德市的监督检查。11月，市国家保密局联合保密委成员单位成立建德市保密工作督导小组，强化督促检查。

（胡　倩）

巡察工作

【概况】2021年，市委巡察办精准运用巡察利剑，监督实效更加彰显。始终坚持“政治监督越到基层越要具体、实在”要求，确保政治巡察方向不偏。高质量完成全年巡察任务，以习近平新时代中国特色社会主义思想为指导，坚持有形覆盖与有效覆盖相统一、发现问题和整改落实相统一，积极开展建德市级巡察，配合上级巡察，并不断提高巡察工作的规范化、精准化、信息化水平，取得较好的政治效果和社会效果。

【建德市本级巡察】2021年，共完成对12个单位党组织的常规巡察，对4个单位党组织的巡察“回头看”。发现问题735个，移交问题线索26个，移送司法机关5人，党纪政务处分14人，问责处理13人，追缴挽回直接经济损失875万余元。

【深化成果运用】2021年，市委巡察办做实巡察“后半篇文章”，夯实整改基础，持续做好一届市委巡察问题整改盘点销号、成果运用综合分析等工作，建立巡察整改交办督办、回访检查、销号报结、考核通报、约谈问责5项机制，以制度化、规范化推动巡察整改落实。

【上下联动和融合贯通】配合杭州对建德市委巡察工作开展指导督导，推进上下联动试点工作，根据杭州“市级巡察机构在上下联动中更好发挥作用”试点工作部署，完成17项常规任务和7项个性任务。为杭州上下联动全国试点工作贡献了建德智慧。组织开展涉粮问题交叉巡察，做到巡察对象、时间、组织方式、队伍力量、成果运用五方面上下联动。深化贯通融合，探索完善“巡财审”联动机制，进一步整合监督力量，通过同步进驻、联合编组、前后接续等方式加强协作，在实践中健全信息共享、成果共用、整改共促的联动机制。

【涉粮问题专项巡察】根据杭州市委巡察工作领导小组统一部署，2021 年 9 月 30 日至 10 月 30 日，建德市涉粮问题专项巡察组对市商务局（市粮食和物资储备局）和市国有粮食收储公司开展专项巡察，了解相关党组织贯彻落实党中央及省市委关于粮食安全决策部署情况，突出对业务主管部门监管责任的政治监督，延伸查找基层粮库"靠粮吃粮"问题，重点为粮食收购、销售、存储等环节的腐败问题和不正之风，共发现问题 28 个，移交问题线索 4 个。

【巡察人才库建设】2021 年，按照"择优入库、动态管理、按需选取、协商确定"原则，市委巡察办对巡察人才库信息进行更新升级，在保持巡察人才库总人数 120 人不变基础上，调整更新 69 人次，全年从巡察人才库抽调 25 人次，抽调使用率超过 20%。巡察人才基本实现"统一筹备建设"目标。

【巡视巡察问题整改"大起底"】2021 年，市委巡察办配合市委办开展省委巡视反馈问题整改落实情况"回头看"，对 2019 年省委巡视反馈的 8 个方面 21 个具体问题整改情况进行"回头看""再验收"，对 3 个重点问题提出持续、深入整改要求。开展巡察整改"清零行动"，督促 25 个单位完成巡察整改工作，对巡察整改未"清零"单位加强跟踪督办，提出意见建议 42 条。全面梳理十四届市委任期内巡察反馈问题整改情况，至 12 月底，整改问题 4758 个，整改率 99.7%，挽回直接经济损失 10500 余万元，推动建章立制 604 项。

（张燕芬 许崔喆仁）

宣传思想工作

【概况】2021 年，全市宣传思想工作始终以习近平新时代中国特色社会主义思想为指引，全面落实上级宣传思想工作会议精神和市委全会要求，围绕"举旗帜、聚民心、育新人、兴文化、展形象"的使命任务，内聚合力、外树形象、奋发有为、守正创新。全年在杭州市级以上媒体刊发报道 3260 余篇，其中中央级媒体 323 篇（中央电视台《新闻联播》9 条，含头条 2 条；《人民日报》20 篇，含头版 2 篇）、省级媒体 1317 篇。"学习强国"App 供稿录用 3687 篇，其中全国平台 628 篇、省级平台 645 篇，居杭州市 13 个区（县、市）前列，形成"全民供稿"热潮。有效开创主流思想舆论工作新局面，在积极助推全市社会、经济等各项事业发展中起到重要的作用。

【党史学习教育宣传】2021 年，建德市新闻宣传系统把党史学习教育宣传作为重要政治任务来抓，坚决贯彻落实中央、省委、杭州市委及全市统一部署，统筹开展宣传全市中国共产党成立百年系列活动和党史学习教育特色工作，助推全市党史学习教育工作走深、走实、走心。制定和持续完善党史学习教育宣传工作机制，强化媒体记者新闻党

◎ 6 月 25 日，建德市举办庆祝中国共产党成立 100 周年文艺晚会

性基本原则，升格落实新闻“三审”制度，强化“安播”检查和日常巡查维护，在源头上杜绝新闻事故和不实报道情况，确保党史学习教育宣传有序推进、见到实效。在市级各媒体平台开设“奋斗百年路 启航新征程”“学党史 悟思想 办实事 开新局”“民呼我为”等专题专栏，创新推出“党史学习教育一把手融媒体访谈”“数字学党史 扫码听红音”等活动。顺利完成“政企红盟”“民呼我为 三办联动”“庆祝中国共产党成立100周年文艺晚会”等大型活动宣传工作。

与上级主流媒体紧密联系，积极推介红色点位，深入挖掘红色故事，开展“县委书记说党史”“寻访红色宝藏”等特色宣传。在浙江新闻客户端开设“我在建德办实事”专栏，全面盘点建德市“我为群众办实事”典型案例和工作经验，与西湖之声合作，推出“直通建德”专栏，通过媒体力量解决群众反映问题。组织召开“建德市党史学习教育工作暨献礼中国共产党成立百年城市形象宣传片新闻发布会”，推出城市形象宣传片《建德故事》，浏览量破3200万人次。

全年在建德电视台、《今日建德》等建德地方媒体平台刊播“党史学习教育”相关报道1417篇，“学习强国”各级平台刊发185篇。其中，全国平台16篇，杭州市级以上媒体264篇(其中中央级媒体87篇)。

【助推市委、市政府中心工作】全年围绕市委、市政府中心工作和重大主题主线开展宣传工作。强化核心意识，系统谋划主题报道，将全市宣传资源化零为整，扎实开展“共同富裕”“数智建德”“宜居建德”等重点宣传，在浙江新闻客户端开设“知否建德”专栏，6篇报道阅读量均超30万人次，取得较大影响力。主动设置主线议题，引导和统一各乡镇(街道)、部门单位宣传工作中心，形成宣传合力。加强与人民日报社、新华社、中央电视台等主流媒体对接交流，关注报道动态，及时开展主题约稿和组稿上送，全年在各类央媒刊发报道323篇，头版发稿量增势明显。历史首次登上除夕、中秋夜中央电视台《新闻联播》报道，“农村人居环境”报道被中央电视台《新闻联播》头条采用；“五一”、国庆期间在人民日报社、新华社、央视等推出的文旅和地方特色主题报道取得较大影响力。

着力开展“宜居建德”城市品牌宣传，通过多层次、多平台、多角度，全面展示“八八战略”“绿水青山就是金山银山”等重要论述在建德的生动实践，在浙江新闻客户端推出“宜居建德 善美乡村”系列报道，与天目新闻合作开展“宜居建德 善美乡村”短视频大赛等，进一步打响“宜居建德”城市品牌的知名度和影响力。

【新闻舆论监督品牌打造】市委宣传部贯彻落实市委、市政府“探索建立‘媒体问政’机制，强化群众监督、舆论监督，推动职能部门和干部履职尽责、担当作为”要求，成立建德市“电视问政”专项工作领导小组，针对社会热点、难点问题，推出“建德问政零距离”电视问政品牌活动。在问政选题上坚持“不能避重就轻、不讲鸡毛蒜皮、不搞人情关系”原则，充分考虑其分量和典型性，采用线下征集选题与在“两微一端”等线上媒体平台向社会群众征集方式，重点收集社会公众关注的民生热点问题。建立保密机制，要求各部门单位、乡镇(街道)做到“不知晓、不打听、不托情”，确保问政活动实打实、硬碰硬，多层面、多角度进行剖析，并注重问题整改的社会意义。将问政活动曝光问题设置清单，市纪委、市委督考办、市融媒体中心等相关职能部门对曝光问题所涉部门单位、乡镇(街道)，按照既定整改期限进行跟踪督查。

全年开展电视问政3期，邀请新华社、人民网、浙江日报社等20余家次上级主流媒体到场参与报道，刊发相关报道30余篇，持续报道各界反响，在建德综合频道和“我的建德”App客户端同步推出活动全程录像，在《今日建德》刊发评论员文章，问政活动品牌影响力得以不断扩大。

【媒体融合改革创新】紧跟时代需求，加快移动端打造，挖掘“今日建德”微信公众号、“建德发布”微信公众号、“我的建德”App、“宜居建德”抖音号、“融媒体中心”抖音号等指尖媒体的流量传播优势，发挥各媒体间深度融合和聚合共振效应，打通“新闻+政务+服务”传播方式，提高新闻信息生

◎ 9月3日，建德市召开全市文化创意人才协会成立大会

产、传播、服务能力。在传播思路创新方面，开辟微信、短视频新栏目，拓展云直播业务。新冠肺炎疫情防控期间，《明确了，返建返乡要做这些！致在外建德老乡的一封信》阅读量达11万人次。在内部优化管理方面，探索薪酬和收入分配体制，初步建立既符合新闻宣传事业发展又有利于较好开展公司化、集团化运作的并行体系，并于5月19日成立融媒体集团有限公司分工会。 **（杜博凡）**

【意识形态工作】以保障意识形态安全为底线，压实管理处置责任机制。确保意识形态责任落实到位，制定“三色”管理办法，实现意识形态责任闭环管理。加强意识形态人才建设，建立督查检查工作人才库，入库人才83人，全年对16家单位开展专项检查，对8家单位开展综合检查。健全舆情处置机制，出台风险点报送研判等机制，制定重大、突发事件宣传机制。定期通报网络意识形态领域情况，下发抄告单、周报、月报和专报等130期。

（吴吉佳）

组织工作

【概况】2021年，市委组织工作坚持以习近平新时代中国特色社会主义思想为指导，在上级部门精心指导下，聚焦聚力市委中心工作，积极构筑党建统领、整体智治、唯实惟先的组织工作格局，严格规范干部任用管理制度，稳步实施人才培育计划，平稳完成全市乡镇换届选举，为打造共同富裕示范区“县域样板”及“十四五”顺利开局提供坚强组织保证。

【举办庆祝中国共产党成立100周年系列庆典】“七一”期间开展庆祝中国共产党成立100周年系列活动，精心组织颁发“光荣在党50年”纪念章活动，为全市3118名老党员送上组织关怀，相关工作获“之江先锋”视频号报道。组织“百名新党员集中宣誓”“万名党员走进红色教育基地”“党旗飘扬风帆动”等活动。

◎ “光荣在党50年”纪念章颁发仪式

【干部理论教育】2021年，市委组织部以“党史学习教育”活动为契机，引导党员干部读原著、学原文、悟原理，党员市领导26人带头赴联系点宣讲中共十九届六中全会精神，全市各级党组织开展

各类宣讲宣传2000余场次，在全市兴起学习贯彻习近平新时代中国特色社会主义思想的热潮。将“第一议题”制度执行情况作为巡察工作重点，确保制度在理论学习中心组、党委（党组）学习会、干部教育培训以及党员春训、冬训中的刚性约束。严格落实“主体班次70%为新思想课程”要求，全年举办主体班次27期，轮训党员干部1956人。面向基层党员，开展“六个一”（进行一次现场宣誓、聆听一个历史故事、诵读一段文献史料、观看一部纪录影片、参加一次场景体验、撰写一篇心得体会）学党史现场教学、“百堂党课下基层”“党课我来讲”等活动，激发全体党员发挥先进性。

【干部使用管理】建立健全公务员工作和干部工作有效衔接的全链条机制，修订公务员转任、借调、辞职、辞退管理办法，建立联席会议制度和分片共建联系工作制度，推动形成合力、共建共享。加大源头招录储备，全年新招录公务员106人，储备党政人才28人，选调生8人，转业安置3人，35岁以下公务员占比40%，队伍结构持续改善。抓实关心关爱，深化公务员全周期关爱“十件事”，落实“双乡镇”（夫妻双方均在乡镇工作）回城、新任公务员导师带徒、职级晋升等干部政策，全年结成“师徒”106对，晋升职级251人，安排“双乡镇”回城8人。激发各年龄段干部工作积极性，开展“50先锋”评选，对10名50岁至60岁的兢兢业业奉献于本职岗位的党员干部先锋予以集中表彰。

实施并完成年轻干部“2211”工程（到2021年底配备1980年后出生市管正职20人，1990年后出生市管副职20人，1980年后出生市管干部100人和1990后出生中层正职100人）。全力做优源头，从“双一流”高校招聘硕博生100人；突出一线历练，制度化开展中层干部竞岗和条块交流，推动27名年轻干部互换角色，接受多岗位锻炼；打破干部调配固定模式，日常调配设定刚性比例、创新开展年轻干部综合比选，一批素质优秀年轻干部得到任用，35岁以下年轻乡镇干部占比，从15.8%提升到33%，其中硕士、博士学历干部20人。年轻干部储备不足、后继乏力问题得以初步解决。

【完成乡镇换届】10月，紧扣“五好五新”总目标，深入谋划换届方案，调整干部258人，提拔或进一步使用106人，乡镇领导班子中1990年后出生年轻干部17人，全日制大学及以上学历占比从29.2%增加到55.6%，指标实现度、功能匹配度、责任严实度、风清气正度、换届平稳度等5个维度评价满分。创新“五进五访五察”工作法，通过多渠道、多层次、多侧面了解情况，为“精准画像”提供支撑。规范有序组织乡镇党代会，采用资格把关在前、培训模拟在前、督导指导在前等举措，全市13个乡镇中有12个满票率达100%，乡镇换届工作全程平稳、高质量推进。

【干部管理“数字化”场景应用】根据乡镇班子建设需求，开发运用乡镇领导班子换届及日常管理智慧系统，梳理10项任务，构建194个指标，打通纪委监委、法院等11个部门数据，实现“干部数据一库归集、精准使用一键智选、换届情况一屏尽览、队伍建设一目了然”功能。该模式得到省级肯定并在全省部署推广。根据“一岗双责”后村级规范运行管理要求，开发上线“村事云管家”系统，设置到“村先打卡”“议事我发起”“开会我签到”等8个场景模块，实现“村级运行一屏掌控、党群议事一链规范、数智监督一览无余、制度规则一以贯之”，1424名村“两委”干部全部实现数字化备案。

【基层党建带领乡村致富】围绕共同富裕示范区建设，市委组织部出台农村新型产业链党建、“共富红盟”操作指引等制度性文件，建立多类型党建联盟27个，有效助力乡村经济发展，市本级选派乡村振兴特派员42人、农村第一书记53人驻村工作，全面完成“5030”“消薄”目标。积极开展“两个覆盖”（党的组织覆盖和工作覆盖）攻坚，探索“小微园、大党建”新路子，推出“七化工作法”，组建小微园综合性党组织6个，建设小微园党群服务中心（驿站）4家。持续深化“政企红盟”，举办红盟聚力数字经济发展企业家访谈会，开展“三送三进”活动，建立6支服务队，组织驻企服务员2250人同步开展一对一助企服务，相关工作受到央视新闻报道。

【“镇考村聘”制度推进】2021年，全市继续全面推行“镇考村聘”农村青年人才选拔和使用制度，由乡镇负责考察选拔确定人选，由各村依法聘用任职，使其在农村基层得到锻炼和培养，一批回乡人才和年轻人才的上升渠道得以畅通，其为农村基层服务的积极性得到激励。全市通过11个乡镇(街道)“镇考村聘”，定向招聘优秀农村储备人才63人进入村“两委”工作。

【人才振兴】全年引进顶尖领军人才项目12个、国家级领军人才4人，新认定杭州市级以上高层次人才265人。入选国家级海外人才计划建议人选1人，实现国家级人才项目“零的突破”。入选杭州市级人才计划5人，“万人计划”2人。申报推荐“万人计划”“钱江特聘专家”等各类人才计划项目78个。推进大学生“星空计划”，推出“百校专列、百个站点”等举措，建成杭州首家“农业”主题的大学生创业园，新增大学生见习基地及大学生创业企业各100家，举办招才引智活动13场，引进青年人才2494人。

【平台能级提质增效】积极发挥市场中介引才作用，新增战略合作中介机构3家，人才创新创业平台持续拓展。3月31日，揭牌启用中科大“新型能源梯级利用实验室”。9月14日，浙江工业大学绿色化学研究院启动建设，企业创新平台进一步拓展，新建院士专家工作站7家，新增博士后科研工作站3家、杭州市技能大师工作室2家、杭州市乡村产业大师工作室3家、杭州市级以上高新技术企业研发中心7家。深化“揭榜挂帅”解难题机制，引进“候鸟计划”项目14个，邀请高校专家到建德走访168人次，征集推动各类技术需求112项，发榜技术难题30项，揭榜金额2000余万元，其中1项技术作为杭州市西部县市唯一代表在杭州国际人才与项目交流大会现场路演。8月，“技能大师志愿团”品牌入选杭州市“民呼我为”最佳案例。

【乡村人才振兴“沃土计划”】2021年，建德市发挥“部省共建乡村振兴示范区”建设优势，通过优化政策体系、搭建人才平台、构建人才谱系、打响活动品牌等举措，全力争创省级乡村人才振兴先行县、打造“全国农创客标杆地”。落实“两进两回”政策，打造“建德农创客”核心人才品牌，新增农创客900余人，带动农民就业2.2万余人，推动水稻等乡村产业发展提质增效。打响“建德师傅”队伍品牌，推动“草莓师傅”“豆腐包师傅”专项职业能力证书获人力和社会资源部备案，累计开展草莓、豆腐包等“建德师傅”人才本土化培训1.6万人次，累计持证上岗达5700余人；连续两年举办长三角大学生“农创日”活动，承办全国乡村人才振兴促进共同富裕大会，开展技能竞赛、农村实用人才培训等活动50余场，新增高技能人才和高层次农村实用人才1800余人，10人获评省、杭州市工匠荣誉，每万名从业人员拥有人才资源数指标名列杭州市各区(县、市)第二名。

【“组工”干部培养】3月，落实组织工作干部“卓越”成长计划23项任务清单。6月16日，在“争做新时代浙江‘组工’人”活动中，建德市作为3个优秀典型代表之一，在全省组织工作会议上发言。完善双向交流锻炼机制，选派机关干部2人到基层一线锻炼，安排乡镇(街道)、机关部门“组工”干部10余人到部机关挂职。4月，建立全市信息员队伍，打造“新安微语”网评品牌，得到上级部门肯定。获省、杭州市领导批示9次，在省级及以上主流媒体上刊发新闻报道300余篇，“浙江组工”维修公众号全年录用稿件条数居杭州各区(县、市)第一名。

(张雪军)

统一战线工作

【概况】2021年，全市统一战线工作坚持以习近平新时代中国特色社会主义思想为指导，深入学习贯彻习近平总书记关于统一战线的重要论述和党的十九大、十九届历次全会精神，坚持党对统战工作的领导，市委多次专题学习、研究统战工作，市委、市政府主要领导带头参加统战活动，带头走访党外代表人士。市委统战部精准落实中共建德市委的决策部署，指导各民主党派、党外知识分子、新的社会阶层人士、非公有制经济人士和民族宗教界等开展统一战线系列主题教育活动21场次，参与人数700余人次；以“同心筑梦跟党走”为主题开展多党合作历史传统记录展、建德电视台“统战史话·建德多党合作史”专栏等专题活动，覆盖统战成员1300余人次；举办各类统战成员培训班5期，300余人次参加培训。

【议政建言服务全市中心工作】2021年，全市两会期间，各民主党派、工商联和无党派人士提出有关政协提案、人大议案129篇，其中省政协提案2篇，杭州市政协提案4篇，列为市重点提案4篇，优秀议案1篇。各民主党派、市知识分子联谊会（简称“知联会”）、市新的社会阶层联谊会（简称“新联会”）发挥基地作用，开展爱心助学、公益讲座、文艺汇演、走访慰问、送医下乡等社会服务活动，民革“同心·博爱”基地、民盟“同心·教育”基地、民建“光明行动”、民进“开明同心·服务”基地、知联“同心·梓里”基地、新联“融创·同心荟”实践创新基地社会影响力进一步提升。落实平台建设，以“党派之家”建设带动民主党派基层组织规范化建设，各党派全年共接待各类考察团35批次，近600人次。党外知识分子和新的社会阶层人士自觉承担社会责任，规范有序参与社会治理，积极开展社会服务和公益活动。举办杭州新联会（网络分会）“助力共同富裕”主题实践活动，借助杭州网络大V影响力和带动作用，为建德共同富裕赋能。

【民营经济“两个健康”建设】2021年，市统战工作继续落实措施，推进民营经济“两个健康”（非公有制经济健康发展、非公有制经济人士健康成长）建设，搭建中小企业与银行的对话平台，实现泰隆银行、农商行对基层商会授信全覆盖，其中泰隆银行服务商会企业234家，贷款金额3.06亿元，支持小微企业超过3000万元。市农商行为企业商会发放贷款合计37.2亿元，支持小微企业贷款1656户17.07亿元，共计54.27亿元。举办4期“亲清直通车·政企恳谈会”，重点围绕实现科技自立自强、便民办税春风行动、“融入新格局·助力双循环”等方面召开主题恳谈会，解决企业家代表普遍关注的依法维权、惠企政策等方面问题。

【民族宗教工作】2021年，全市统战工作以铸牢中华民族共同体意识为主线，开展民族团结进步宣传教育“进机关、进企业、进社区、进乡镇、进学校、进宗教场所”活动。洋溪街道团结村获评2021年省级民族乡村共同富裕示范点称号。贯彻落实全国、全省宗教工作会议精神，以坚持宗教中国化方向，依法管理宗教场所为着力点，围绕“1+9”指标体系建设，高水平推进平安宗教活动场所创建工作。乌龙山玉泉寺获评“2021年全省宗教活动场所消防安全标准化管理百优争创活动优秀单位”，西竺山万福寺被命名“2021年省级宗教法治宣传教育基地”，基督教梅城永固堂获评省级平安宗教活动场所。

【对香港及海外侨胞工作】开展内地与香港社区交流结对工作，组织新安江街道明珠社区与香港特区沙田区马鞍山社区开展线上结对签约仪式，进一步促进两地之间共通共融。首次成立建德市侨界法律志愿服务队和科技志愿服务队，积极为侨界群众开展各类志愿服务。推进“海外引才站”建设，在7个国家建立22个海外人才工作站。坚持在疫情防控常态化背景下，做好海外侨胞联络联谊工作。

【深化乡贤回归工程】连续四年以统战工作领导小组名义出台指导文件，从组织建立、乡贤回归和作用发挥三个层面引导乡贤助力家乡乡村振兴。推选退居二线干部、各乡镇（街道）统战干事、卫生、教育系统退休人员组成市、镇两级乡贤工作站，并完善各项工作机制。实现市、镇、村三级乡贤联谊组织全覆盖。出台《关于开展乡贤乡游兴家乡谱写富民增收新篇章的指导意见（试行）》，启动“乡贤乡游兴家乡”行动，全年召开镇、村两级乡贤联谊会220余次，发出倡议书6000余份，全年回乡旅游人数上万人次。持续推动招商引资、招企引税、招才引智，全年由乡贤投资或引进项目75个，总投资33.18亿元，有力增添新发展动能，助推全市经济社会发展。

【统战队伍建设】注重党外干部队伍建设，协助四个民主党派建德市委会、市工商联（总商会），指导市知联会、市佛教协会顺利完成换届工作。召开组织部、统战部联席会议，贯彻落实中央“三个文件”、《2019—2023年杭州市党外干部队伍建设规划》等文件精神，通过走访、民主推荐等形式，完善党外干部后备库建设。在市委统一安排下，会同市委组织部、市政协党组，完成新一届政协委员246人协商推荐工作。加强乡镇（街道）统战干部力量配备，配齐配强基层统战委员和统战干事。（姚媛）

机构编制工作

【概况】2021年，市委编制工作围绕新时代机构编制工作定位、目标任务，以及市委、市政府中心工作，在共同富裕示范区建设、数字化改革、变革型组织建设等重大场景中发挥机构编制导向作用，为全力推动共同富裕、全面建设“宜居建德”提供体制机制保障。

2021年末，全市共有行政单位68个，其中党委部门11个、人大1个、政府工作部门26个、杭州市级部门派出机构1个、政府派出机构2个、政协1个、法院1个、检察院1个、民主党派4个、群众团体4个、街道3个、乡镇13个。事业单位249个（含参照《中华人民共和国公务员法》管理的事业单位和群团组织39个），其中正科级20个（含5大领域综合行政执法队）、副科级15个、正股级215个。行政编制（含专项编制）2335名，实有2266人；事业编制（含参公事业编制）7967名，实有7829人；另有事业报备员额1143名，实有462人。编制管理保持稳定推进。

【“大综合一体化”行政执法改革】加强综合行政执法统筹协调，调整设立市综合行政执法局，加挂建德市城市管理局、建德市综合行政执法指导办公室牌子。构建完善职责清晰、队伍精简、高效协同的行政执法体制机制，保留“1+8”执法队伍，即综合行政执法队以及市场监管、生态环境、交通运输、文化市场、农业、应急管理、卫生健康、自然资源等8个领域执法队伍；对不再保留的能源、民政、劳动监察、水利、林业等5支专业执法队伍，制定整合方案，妥善解决执法队伍撤销后人员分流问题。

【组建“二局一委”】6月30日，组建市乡村振兴局，作为市农业农村局挂牌机构，负责巩固拓展脱贫攻坚成果，统筹推进实施乡村振兴战略和农业农村高质量发展有关具体工作。8月28日，组建市文物局，作为市文化和广电旅游体育局的挂牌机构，进一步加强对文物的管理和保护，推进文物保护传承利用。12月，成立中共建德市委社会建设委员会，作为市委派出机关，与市发展和改革局合署办公，以加强市委对全市社会建设的全面领导、推进治理体系和治理能力现代化、扎实推动高质量发展建设共同富裕示范区，在市发展和改革局（市委社会建设委员会）原综合规划科增挂社会发展科牌子，新设立社会建设科，核增编制4人。

【建立健全园区（开发区）管理体制机制】围绕“资源高效配置，职责定位明确”目标，规范省级经济开发区管理机构设置。完善高铁新区（高新园）园区安全生产管理体制，明确园区、属地乡镇和市应急管理局职责分工，制定园区安全生产监管职责事项清单；组建应急管理队伍派驻园区，加强对园区内危化品生产企业的监管与服务。

【完成公办幼儿园办园体制改革】从完善经费保障机制、管控教职工规模体量、规范合同制教职工管理、提高合同制教职工薪酬待遇四方面，出台“1+4”配套政策体系，完成公办幼儿园办园体制改革创新配套政策省级试点，为推进学前教育健康优质发展提供有力支撑。

【建立“属地管理”事项责任清单】制定《建德市乡镇（街道）“属地管理”事项责任清单》《建德市乡镇（街道）“属地管理”事项责任清单动态管理办法（试行）》，建立“属地管理”事项责任清单准入制度。全年梳理83项乡镇（街道）“属地管理”事项，条目式列明部门、乡镇（街道）具体职责，厘清市镇两级权责边界;对未列入清单的工作,明确部门不得以"一票否决"和签订"责任状"、分解下达指标、评比验收等方式,把工作责任和任务转嫁乡镇(街道),切实减轻基层负担。

【规范乡镇(街道)编外用工工资待遇】 出台《建德市乡镇(街道)编外用工管理办法(试行)》《关于规范全市乡镇(街道)编外用工工资标准的意见》,规范编外用工的指标核定、人员招聘使用与后续管理、人员薪酬待遇。全市编外用工 616 人有序使用。该做法获省委编办推广,并在全省机构编制系统上作经验交流。

【规范机构编制事项办理流程】 加强《中国共产党机构编制工作条例》宣传贯彻,出台《关于规范机关事业单位机构编制事项动议与论证程序的意见(试行)》和《关于进一步规范机构编制请示事项报送工作的意见(试行)》,增强机构编制科学规范管理的针对性和操作性。

【事业单位法人登记】 编制《事业单位法人注销登记工作指南》,推行事业单位法人年度报告全程线上办理,纸质批复文件主动送上门,基本实现办事"跑零次",全年完成 274 家事业单位年度报告审核。全程指导学校、医院及科研机构等 129 家事业单位完成章程修订工作。11 月 25—26 日,举办 2021 年全市事业单位法定代表人培训班,全市事业单位法定代表 80 人参加集中培训。

【服务保障人才工作】 市党员教育服务中心加挂高层次人才服务中心牌子。全年为优秀社区书记以及农技、电商、质检、文化等领域专业人才招引提供周转编制 40 余人;服务公务员招考、事业招聘、人才引进、政策安置等用编,做好公务员 363 人、事业人员 256 人以及党政储备人才 27 人服务保障;助力数据资源服务中心、高铁新区(高新园)经济发展中心、博物馆等引进高层次急需紧缺人才,有效缓解了相关单位人员年龄、学历结构以及专业技术人员紧缺问题。

【"两个事项"日常管理】 积极指导相关部门单位认领"互联网+"监管事项 10518 项,实现应领事项认领率 100%,行政检查事项年度覆盖率 100%,进一步提升全市执法监管的标准化、规范化,优化法治营商环境。

【机构编制精细化管理】 利用省级试点机构编制数字化监管平台,推进机构编制实名制管理系统、事业单位登记管理系统等信息平台建设,核实修改数据共计 268 条,提供"周统计月分析季报告"数据服务,配合做好行政事业人员"一件事"办理,提升机构编制智能化水平。 (洪　坤)

党史和地方志工作

【概况】 2021 年,市史志办围绕中心、服务大局,高质量推进《党史三卷》《建德年鉴》等主责主业,同时加强地方史料挖掘、红色资源开发、史志宣传教育工作。围绕中国共产党成立 100 周年系列庆祝活动,及早谋划,主动作为,推进党史学习教育走深、走实。

按照反映"时代特征、地方特色、党史特性"编纂原则,全面推进《中共建德历史(1978—2002)》总纂工作,并于 9 月通过省级专家组评审,2021 年底形成复审稿提交出版社审稿,成为杭州地区第二个通过初审和提交复审的县(市)。实施寿南暴动纪念馆、南浦革命斗争史纪念馆、陈怀白纪念馆提升工程,审核中共严衢工委纪念馆展陈史料文稿 80 余万字,丰富和提升全市红色场馆展陈水平。3 月,千鹤妇女精神教育基地被评为第四批浙江省党史教育基地。9 月,省委党史和文献研究室主任刘芸到建德调研数字化改革工作,建德市红色场馆数字化工作启动。建德市堂前燕红色文化宣讲团全年开展"红色文化送基层"党史宣讲活动 293 场,听众 1.7 万人次。

推动乡镇、村(社区)和部门开展修志工作,从纲目审定、资料收集、正文撰写等方面进行指导,切实提高编纂质量,审核完成《建德政协志(1998—2019)》《莲花镇志》《庙前村志》《大店口村志》《乌石村志》等志书。编印出版《翁洮评传》《寿邑望族》《建德史志(第一期)》和《建德史志(增刊“胡升鸿传”)》等史志书籍。编印出版《〈人民日报〉上的建德印迹》,启动《建德一村一故事》编纂工作。“方志为用——地方志助力严州古城复建工程”获浙江省地方志成果转化应用“十佳典型案例”。12月,《建德年鉴(2021)》由方志出版社出版发行。

市新四军历史研究会、家谱文化研究会发挥特长和优势,围绕市委市政府中心工作开展了一系列活动,有力助推建德史志工作的开展。

◎ 6月29日,中共严衢工委纪念馆开馆

【百年党史宣传教育】在“建德发布”微信公众号平台开辟“述党史·话建德”党史学习教育专栏,以轻阅读、短文章的形式拓宽党史学习教育宣传方式,共发布建德地方重大党史事件23期,总阅读量达20余万人次。开展党史学习教育“学习强国”视频制作,共制作短视频22件,被杭州平台采用7件、省平台采用4件、全国平台2件。充分发挥建德市堂前燕红色文化宣讲团作用,全年深入机关、乡镇、村社、学校、企业等开展党史宣讲293场,占全市党史宣讲团宣讲总场次73%,受教育党员群众1.7万人次。

【地方志助力严州古城复建工程】12月,省政府地方志办公室发出通报表扬,在全省市县地方志成果转化应用典型案例和优秀案例评选中,建德市推荐地方志助力严州古城复建工程获评“2021年浙江省地方志成果转化应用十佳典型案例”。该案例选择严州古城复建过程中发现“唐代偏石”后,应用《严州府志》《建德县志》等地方志文献资料,对其进行考证,辨析铭文,确定其真实身份,最终予以保护性开放,为古城“严州文化”增添新的内涵和景点。

【《建德年鉴(2021)》出版发行】2021年卷围绕“宜居建德”“高水平推动跨越赶超”“实现建德新崛起”主题,全面、系统地记载2020年建德市政治、经济、文化和社会发展的基本情况,设类目35个、分目190个、条目1050个,全书70万字,图(照片、表)170余幅,为社会各界读者了解和研究建德提供基本信息资料。12月,该年鉴由方志出版社出版发行。

【编印《〈人民日报〉上的建德印迹》】该书系汇编型文献史料集,按照文献资料编纂规范和要求,对《人民日报》自创刊以来至2021年6月底有关建德的报道进行汇编,内容涉及经济、政治、文化、社会、生态和中共党建工作等各个方面,真实客观地反映建德历史事件和社会现象。全书采用编年体体例按时间顺序分年度排列,坚持实事求是、尊重史料原貌的原则,对报道原文基本不作删减。11月,由西泠印社出版发行。

【助推全市党史学习教育活动】编印《红旗飘飘——建德市党史学习教育读本》党员版和青少年版共计2万余册,为全市党员提供地方党史学习资料,同时在青少年中开展“传承红色基因”活动,组织全市在校生开展地方党史学习教育,积极推进红色文化进校园。翻印红色故事《建德霞光》连环画册,并制作成系列故事数字稿件,提供杭州市委党史研究室“学习强国”平台发布,以群众喜闻乐见的形式,丰富地方通俗党史读本。精心梳理全市18处重点红色场馆基本情况,通过印制发放宣传小册子等形式,大力提升红色场馆知晓度,丰富党史学习教育形式。主动参与“建德市庆祝中国共产党成立百年主题图片展”,制定主题展方案与展陈大纲,收集筛选展陈史料照片,完成主题展讲解词创作,助力提升全市党员群众参观体验感。

【千鹤妇女精神教育基地被评为省党史教育基地】3月，经省委党史和文献研究室专家组评审通过，千鹤妇女精神教育基地成为第四批浙江省党史教育基地之一。

新中国成立之初，建德市梅城镇千鹤村妇女在党的领导下解放思想，打破封建旧俗走上田间地头，投身农业生产劳动，其事迹报告在1955年收录于《中国农村社会主义高潮》时得到毛泽东主席512字的亲笔按语。这一光辉事迹孕育了“自强奋斗撑起半边天，创新创业敢为天下先，忠诚奉献共圆家国梦”千鹤妇女精神。

千鹤妇女精神教育基地集“半边天”文化体验、妇女教育培训、乡村旅游为一体，建筑面积4474平方米，包括展厅、报告厅、教室、会议室、管理用房等设施，展陈主要反映中国妇女在中国共产党领导下的妇女运动发展史，展示千鹤妇女人物故事、毛主席对千鹤妇女事迹的按语内容，以及老物件、相关影像资料。 **（胡日星）**

党校教育

【概况】2021年，建德市委党校教育工作全面落实习近平总书记关于党校办学治校系列重要指示精神和《中国共产党党校（行政学院）工作条例》《社会主义学院工作条例》要求，紧扣“中国共产党成立百年”重要时间节点，围绕市委中心工作和党校主责主业，进一步强化规矩意识，从严管理队伍，建设“党建强、队伍优、业务精、风气正”的红色学府；推进“教研咨”一体化发展，完善教研制度，构建教学、科研、决策咨询“一体两翼”新格局；加大软硬件投入，深化数字化改革，建设智慧党校。

【“教研咨”一体化协同发展】2021年，市委党校建有现场教学基地23个，其中省级2个、杭州市级5个。在此基础上，深化教学提质，打造对外交流“窗口之窗”，全年举办各类班次72期，培训学员6500余人次，承接省、杭州市委党校及省外高层次培训班次19期，其中主体班现场教学比例达100%，现场教学成效良好。同时，深化科研增效，做好科研咨政本土化研究，开展“集中调研月”活动，组织课题小组分赴相关部门、乡镇开展实打实“蹲点式”调研，3篇咨政报告获市领导肯定批示，完成省市级立项课题7项，获省、杭州市级论文奖4项，完成“杭州样本”典型案例研究5项。

【师资队伍建设】通过多种方式，深化管理制度改革，锻炼青年教师队伍，市委党校服务中心大局能力得到增强。试行市委党校教职工绩效考核办法，围绕“3+N”考核内容，压实工作责任，激发干事活力，营造比学赶超氛围。关注青年教师专业成长，通过“导师帮带”、反复磨课、蹲点调研、专题研讨等，全方位搭建行之有效的平台，夯实发展后劲。4名青年教师新课列入主体班授课，3名青年教师作为宣讲骨干参与“堂前燕”理论宣讲。选派2名骨干教师分别担任农村工作第一书记（指导员），积极开展驻村指导，为村级发展出谋划策。

【基层宣讲】在党史学习教育活动中，组织宣讲骨干进机关、下基层、走企业开展党史学习教育宣讲，切实打通宣传宣讲向基层延伸的“最后一公里”，全年完成各类宣传宣讲240场、受众超1.4万人次。

◎ 党校教师开展党史教育宣讲

【党校文化培育】以“红色学府 书香校园”为主题，打造红色党校、清廉党校、书香党校、“数智”党校，把党建文化元素和传统优秀文化元素融合到校园环境中，建设清廉长廊、教师书吧、学员书吧、

◎ 4 月 13 日，建德市举行老干部“学党史 跟党走”知识竞赛

党员驿站等，建成清廉教育现场教学环线，不断丰富校园文化内涵，形成独特的党校文化风格，营造“让每一面墙都会说话，每一处环境都能育人”的浓厚党性教育氛围。

【获奖教研成果】2021 年，教师蒋建军论文《女性村民与农村基层社会治理模式创新研究——以建德千鹤为例》获全省党校系统“庆祝中国共产党成立 100 周年”理论研讨会县(市、区)党校组中三等奖，教师黄群课题“建德埠头文化的现代价值研究”获浙江省党校(行政学院)系统 2021 年度优秀决策咨询成果县(市、区)组三等奖，教师陶馨论文“从三个维度打造以党史为重点的‘四史’精品课”获浙江省党校(行政学院)系统优秀教学改革研究论文评选活动优秀奖、杭州市党校系统推进高质量办学研究论文评选活动二等奖；教师仇元玲、周年联合微课“千鹤妇女精神的历史意义与当代价值”“从‘能耗双控’看高能耗工业转型发展”分别获第三届杭州市党校系统青年教师微课竞赛二等奖和三等奖。 （彭卫娟）

老干部工作

【概况】2021 年，市委老干部局围绕“落实全市离退休老干部政治待遇、日常生活服务待遇”中心工作，完善老干部管理和服务措施，建设各类平台，组织开展各类有益身心健康的文化体育娱乐活动，使老干部“红心不老、退而不休”，为全市各项工作奉献余热，做出独特贡献。

2021 年末，全市共有离休干部 82 人。其中，抗日战争时期 7 人、解放战争时期 75 人；原供职于党政机关 25 人、事业单位 21 人、企业单位 36 人；31 人享受处(县)级政治、生活待遇(含地专级医疗、乘车待遇 1 人)，51 人享受科局级政治、生活待遇。有安置托代管离休干部 15 人(其中，易地安置在建德的 3 人、受托管理杭州市属在建德的 7 家企业的 12 人)、代管浙江省杭州市属在建德单位 7 人、建德市级离退休领导 31 人(含离休 1 人)。

全年组织离休干部集中学习 5 次，在汇泉馨安家园养老中心新建立老年大学班——“永远跟党走”专题读书班。以“红心向党·助力新征程”为载体开展市级老领导“走基层、看变化、促发展”活动 6 次，120 余人次参加。市委组织部、市委老干部局联合举办“光荣在党 50 年”纪念章发放仪式、公务员集体退休仪式。

组队参加杭州市老干部党史知识竞赛获第一名。市司法局退休党支部等 38 家离退休干部党支部被省委老干部局评定为标准化离退休干部党支部。陈庆祥、黎绵和、吴文增、朱平章、汪国云、王江平获评杭州市老干部“正能量之星”。陈桂女、葛彰生、曹贵、关百鑫、周森林获评杭州市最美老党员。

【离退休干部党支部建设】2021 年，新成立离退休干部党支部 1 个，至年末全市有离退休干部党支部 87 个。持续推进全市离退休干部支部规范化建设，经过两年建设累计完成 57 家支部规范化建设，占支部总数 73.1%。以主题党日活动、收看视频直播、专题讲座、学习交流等形式，多举措组织老党员、老年大学学员开展“六讲六做”学习全会精神；组织老干部志愿者深入农村开展学习全会精神座谈交流。组织 2 场全市离退休干部党支部书记和骨干培训，邀请专家教授围绕十九届六中全会精神、党史学习教育、数字化改革、共同富裕建设等热点话题开展专题讲座。在党史学习教育活动中，结合中国共产党成立百年庆祝活动，开展

“共忆党史共话初心”座谈会,老干部红色思政大宣讲、主题征文、书画作品征集、主题党日活动案例征集、云展播云接力、红色珍品征集等系列规定动作;为 11 名参加抗美援朝出国作战的老战士和 9 位新中国成立之前入党的老党员拍摄、制作和赠送《红色足迹 5》老干部光辉岁月相册。印制《红色足迹 6》离休干部党员访谈录 1500 册。组织建德市第四届五星老干部暨银尚达人评选、老干部歌咏比赛。

【老干部日常生活服务】开展“红心向党·幸福晚秋”离休干部社会化服务。按照一人一册一档要求,建立离休干部服务需求信息库和综合照护档案,为 74 名符合条件的离休干部提供“一对一”慰问服务 1200 余次。

实施离休干部适老化改造工作。在离休干部自愿申请基础上,按 6000 元/户标准完成 33 家居家适老化改造,配备浴室防滑地垫、浴室扶手、移动马桶、助浴椅、起夜感应灯、台阶扶手、燃气泄漏报警器和床头一键呼叫器等设备,满足离休干部多样化需求。

举办老干部防范电信网络诈骗讲座 2 场,聘请 78 名老干部担任防诈形象代言人,开展防范电信网络诈骗宣传 95 场次、受众 2000 余人。为 1 名百岁老人和 16 名 90 周岁的离休干部举办集体生日会。

融合打造老干部正能量发挥新平台,建成“金秋驿站”6 家,其中新安江街道府西社区“金秋驿站”被评为杭州市级“金秋驿站”,迭代升级“曹贵工作室”“老法官工作室”等平台,在为基层群众提供免费医疗、法律咨询、心理疏导等服务基础上,带动更多离退休干部进驻社区。

【老年大学工作】建德市老年大学 2021 年上学期开设 6 大类 26 门专业 52 个教学班,招收学员 1374 人 2165 人次;下学期开设 6 大类 26 门专业 49 个教学班,招收学员 1250 人 1954 人次。组织开展“庆祝中国共产党成立 100 周年”系列活动,开展“银色力量”志愿服务 36 次,惠及群众 5000 余人次。同时,创新办学模式,在汇泉馨安家园养老中心成立“家门口”老年大学。开设“空中课堂”微信公众号(“携手跨越数字鸿沟”一周一公益微课)31 期,点击量 5000 余人次。“学习强国”图文视频被全国平台录用 18 个、浙江平台录用 17 个、杭州平台录用 49 个。

(高卫华)

信访和“12345”公开电话

【概况】2021 年,建德市信访工作以“积案化解和访源治理攻坚年”活动为抓手,创新信访工作机制,提升新时代信访工作专业化、法治化、信息化水平,全市信访工作状况良好,取得全省平安建设先进集体等荣誉。

全年共受理群众“信访电”99423 件。其中,受理来信和网上信访 2225 件;受理群众来访 374 批 743 人次,其中集体访 19 批 284 人次;“12345”受理群众来电 96824 件。赴杭州市越级访 9 批 10 人次;赴省越级访 64 批 78 人次。市社会矛盾纠纷调处化解中心(简称“矛调中心”)共接待来访群众 13270 批次 18066 人次,受理事项 8416 件,办结率 98.8%。全市“最多反映一次”窗口受理群众信访 16820 件,解决件数 16156 件,解决率 96.1%,满意件数 16154 件,满意率 96.0%。

【信访工作机制完善】组织开展全市信访干部业务培训,全面提升基层信访干部接待处理群众来信来访基本功。市信访联席会议办公室积极发挥信访联席会议机制优势,强化成员单位责任,加强协同配合,及时分析研判、回应群众诉求。市信访局统筹各方面资源力量,充分利用矛调中心和听证评议专家库等资源,借助各种矛盾纠纷调解平台、信访监督员、律师和新闻媒体等社会力量,督导推动重大信访问题整改落实。

【社会矛盾纠纷调处化解中心规范化建设】2021 年,市矛调中心以提高运行质效为重点,完善体制机制建设,健全全市社会矛盾纠纷调处化解体系。强化市镇村三级矛调中心规范化建设,推广使用

“浙江‘解纷’码”和“最多反映一次”App，将矛盾纠纷化解吸附在基层。

细化导台“一窗受理”分流规则和部门业务协同办理机制，坚持调解优先，建立三色预警机制，及时跟踪反馈，定期梳理研判。全年风险预警90起，应急处置71起，有效处置各类苗头性、隐患性、趋势性问题。推出“线上矛调中心”，致力解决市民反映不便、调解不便、私密不够等问题，全年登记线上来访368件，调解成功率100%，群众满意率100%。

开展群众意见收集、预警风控、分析研判等工作，听取市民呼声，反映市民意见，加强实践调查和研究分析，为市、镇两级政府决策提供科学的参考建议，调研成果《关于建德市矛调中心工作的调研报告》，获评杭州市信访系统调研文章三等奖。

【“12345”公开电话建设】“12345”市长公开电话受理中心建立和强调督促协调机制，确保实现纵向联动、横向配合、监督到位、推动有力。充分发挥其综合协调职能，通过现场督办、召开协调会等方式，明确责任主体，落实解决措施。全年共牵头召开协调会60余次，赴现场踏勘协调40余次，促进一批热点难点问题的解决。完善考核机制，推动效能指数提升，及时对效能指数排名落后的网格单位进行约谈，发挥考核指挥棒作用，督促事权单位提质增效。开展重复信访件专项治理工作，坚持问题导向，集中力量对投诉多、处置难的问题领域进行梳理、分析、研判，精准高效回应群众诉求，有力有效推动化解工作，提高群众满意度。全年效能指数平均97.79分，比上年增长4.9%。 （徐　康）

档案工作

【概况】2021年末，市档案馆共有馆藏档案304247卷、188416件，全馆共有全宗344个，其中民国档案全宗20个全部进行数字化入藏，馆藏纸质档案扫描量达1000余万页，数字化率达98%以上。全年窗口档案利用共涉及16432卷、195件，包括个人取证、其他(户籍、学籍、移民、知青)、土地、山林等民生档案。接收建德市人民政府防汛防旱指挥部2020年“新安江水电站九孔泄洪”档案，共计406件；接收建德市新型冠状肺炎病毒感染疫情防控工作领导小组指挥部2020年度“新冠肺炎疫情”档案，共计1200件。

【红色档案资源利用】配合全市党史学习教育活动，承办杭州市唯一一家区县(市)一级“长三角红色档案珍品展”，市四套班子领导均到馆参观学习。向全市征集红色档案，筛选出具有建德代表性的珍品1200余件。开展“在档案中学党史、跟党走”主题教育活动，组织中小学生16批次230人参观“长三角红色档案珍品展”。编研出版《抗战中的建德》红色历史书籍。

【档案数字化改革】开展杭州市“档案核心业务指数化监管及综合服务”试点项目，投入建设资金230万元。8月，项目成果“掌上查档应用”在“浙里办”App上线，实现婚姻档案、出生医学证明等高频民生档案手机端直接出证，实现“跑零次”。

【档案工作服务农村基层社会治理】成功创建建制村级示范数字档案室47个，上传馆藏山林承包档案电子目录249767条、土地承包档案108836条，实现不出村就能查阅馆藏民生档案。12月，顺利通过“档案工作服务农村基层社会治理”省级试点验收。此项工作得到省、杭州市两级档案馆馆长及建德市委书记富永伟等领导的批示、肯定。

【档案安全状况普查】开展馆藏档案安全状况普查，全年共检查馆藏档案276个全宗，计292979卷、207499件，普查结果确认需要整改案卷1.08万卷；数字化档案条目共检查缺条目的3.36万条、正题名错误的条目等1.85万条。同时对图书、印模、光盘等档案进行重新整理并入库，完成全部病档案的修复和倒架上库，为“十四五”期间接收档案做好准备。 （程思思）

建德市社会科学界联合会

【概况】建德市社会科学界联合会(以下简称市社科联),2021 年积极创新,以多种形式和平台,打造社科宣讲品牌,参与省市级课题研究,推进各级社科普及基地提升,为建德新崛起贡献社科力量。

【社科宣讲活动】立足自身优势指导社科宣讲点做好特色传承及互动宣讲。至 2021 年末,各宣讲点累计完成 128 场社科宣讲,受众 1.6 万余人次。其中"燕前堂·永成茶馆"、杨村桥"莓好播报"总站、新安江街道党群服务中心凭借丰富多彩的宣讲活动获评杭州市级社科普及宣讲点,并通过"点课啦"App 邀请杭州社科讲师专题授课 12 场;推动"西乡讲堂""莓好播报""百场社科讲座进基层"等宣讲活动,以新安江街道党群服务中心、大同书院、杨村桥成人文化技术学校为中心点,将精选课程推送至新时代文明实践站所、村文化礼堂等基层阵地,形成分布广泛、特色鲜明、普惠群众的社科宣讲辐射圈;增选红色文化、为民政策、产业技术等主要内容,纳入年度社科讲师团点课菜单,适时推出"莓好影音""慈言慈语""西乡夜话"等网络宣讲栏目,在主题、模式上有新突破。确定龙山书院、市博物馆、新时代文明实践中心 3 家场馆为 2021 年度市级社科普及基地,"千鹤妇女精神"教育基地晋级为第十批省级社科普及基地。创新开展"基地+"模式,搭建互相促进、资源共享的社科平台,保障社科基地周周有主题,月月有活动。

【社科课题建设】市社科联发动市委党校、社科类社团等积极参与省市课题申报,其中《党建统领四治融合的乡村治理体系研究——基于建德市的调研》课题为杭州市社科联重点课题并顺利结题;严州中学"红色足迹"百场讲座和大同书院"学党史,听党话,跟党走"红色文化系列宣讲活动获评 2021 年度杭州市社科普及基地重点项目,并获项目资助。同时牵头办好《建德》杂志,展示建德形象。做好浙江文化大讲堂之古韵严州、第八届中国范仲淹国际学术大会筹备等工作,撰写拍摄《钱塘江诗路》脚本、制作《范仲淹与睦州》书稿,将文化核心元素与经济社会发展结合,讲好建德故事。

【社科联工作数字化建设】为深化以"建功立德"为文化内核的"德文化"高地建设工作,制定出台《关于加快"德润乡村·十佳百窗"建设深化农村人居环境提升的通知》,完成二期"三争三比"镇村擂台赛、乡镇示范线申报,展示建德市新时代美丽乡村和基层德治成效。做好"数智群团"工作,全年完成"数智群团"注册数 313 人次,风采展示 26 条,活动集市 14 条,筹备"云上社科讲堂"应用场景,打造群众爱用管用的服务平台。 (孙凌燕)

责任编辑:黄建生

建德市人民代表大会

The People's Congress of Jiande

综 述

【概况】2021 年,市十六届人民代表大会及其常委会以习近平新时代中国特色社会主义思想为指引,深入学习贯彻习近平法治思想、习近平总书记关于坚持和完善人民代表大会制度的重要思想、中央和省市委重要会议精神,认真开展党史学习教育,不断提高政治判断力、政治领悟力、政治执行力,忠诚拥护“两个确立”,坚决做到“两个维护”。自觉坚持党的全面领导,严格执行请示报告制度,重大事项及时向市委请示报告,服从市委决定,贯彻市委指示。市人大常委会及人大代表积极响应市委决策部署,主动融入中心工作。

全年,市人大常委会共召开常委会会议 13 次,听取和审议“一府两院”专项工作报告 19 个,作出决议、决定 25 项,发出各类监督意见书 4 件,依法任免国家机关工作人员 105 人次,组织视察检查 8 次,主任会议听取专项工作汇报 15 次,审查市政府报备的规范性文件 8 件。

【助推经济社会高质量发展】听取和审议建德市“十四五”规划和 2035 年远景目标纲要等编制情况报告,作出相关决议。关注建德市经济开发区建设发展情况,围绕规划编制、项目建设、资金绩效情况,开展监督检查,推动该开发区进一步整合资源提升能级。听取招商引资工作情况汇报,促进为高质量发展注入新动能。开展国土空间规划编制工作调研,提出“推进多规融合、拓展发展空间、保障重大项目落地”等建议。专题听取城市综合能级提升工作汇报,为优化城市发展框架建言献策。

【持续推动民主法治建设】认真贯彻市委决策部署,高质量完成市、乡镇两级人大代表换届选举和街道社区居民议事会成员换届工作。听取和审议“七五”普法工作情况报告,作出“八五”普法决议。专题调研行政诉讼工作,建议加强源头防控、健全行政争议化解机制。组织人大代表旁听市法院案件庭审活动、全程参与法院案件执行、参加“检察开放日”活动,推动司法公开、阳光司法。对员额法官、员额检察官开展履职评议,将常委会任命法律职务人员的任后监督落到实处。

【全闭环加强财政监督】听取和审议预算执行、预算调整、财政决算、审计工作、债务限额等报告,提出针对性审议意见并作出决议。在人大预算审查工作中实施“三审”(人大代表有序参与预审、财经委员会开展初审、人民代表大会进行审查)制,引入人大代表有序参与预算监督、提前介入预算编制,注重发挥预决算咨询审查专家小组的作用,提高预算审查的实效性。实现预算监督“全口径”,高度关注国有公司运营管理情况,梳理困难问题提出建议,促进管好用好国有资产;听取社保基金和医保基金运行情况汇报,关注薄弱环节,促进安全运行。

【充分激发代表履职活力】落实“双联系”制度,市人大常委会组成人员联系基层人大代表,人大代表按选区联系选民群众。组织全市各级人大代表围绕助力垃圾分类开展主题活动,担任宣传员、示范员、监督员,促进“美丽建德”建设。开展人大代表“我为群众办实事”活动,切实帮助反映基层的困难事、群众的烦心事,增设公交车站点、加装社区路灯、增加临时停车泊位、整治水污染环境、加装既有住宅电梯等建议得到解决。积极服务在建省、杭州市人大代表活动,为区域经济社会发展建言献策。

重要会议

【建德市第十六届人民代表大会第五次会议】2月22—25日在新安江街道召开。大会应到代表218人,实到205人,列席103人。会议听取和审查市人民政府代市长富永伟所作的市人民政府工作报告、市人民政府常务副市长俞伟所作的关于编制建德市国民经济和社会发展第十四个五年规划和二〇三五年远景目标纲要草案的说明、市发改局所作的建德市2020年国民经济和社会发展计划执行情况与2021年国民经济和社会发展计划草案的报告(书面)、市财政局所作的建德市2020年财政预算执行情况及2021年财政预算草案的报告(书面)、市人大常委会主任叶万生所作的市人大常委会工作报告、市人民法院院长毛志军所作的市人民法院工作报告、市人民检察院检察长高翔所作的市人民检察院工作报告,并通过相应决议。听取建德市2020年环境状况和环境保护目标完成情况和2020年政府民生实事项目完成情况的报告(书面)。选举富永伟为建德市人民政府市长。对2020年市政府10件民生实事项目完成情况进行满意度测评,测评结果均为满意;票决产生2021年市政府10件民生实事项目。会议期间,共收到代表议案建议139件。

【"一府两院"工作报告会】8月12日,市人大常委会组织召开"一府两院"工作报告会,市长富永伟代表市政府报告全市上半年经济社会发展情况和下半年工作安排,市法院和市检察院书面报告上半年工作。

【市十六届人大常委会会议】2021年,市十六届人大常委会共召开13次常委会会议。

1月22日,市十六届人大常委会召开第三十七次会议(注:为避免行文累赘,后文直接以"第N次会议"表述)。听取和审议市政府《关于提请审议2021年新增政府重大投资项目建设计划的议案》,票决通过2021年29个新增政府重大投资项目;根据《中华人民共和国全国人民代表大会和地方各级人民代表大会选举法》的有关规定和杭州市人大常委会提名,补选富永伟为杭州市第十三届人民代表大会代表。

2月2日,第三十八次会议。表决通过相关人事任免事项,听取和审议个别代表辞职的报告,听取和审议关于补选建德市第十六届人民代表大会代表的决定,初审《建德市国民经济和社会发展第十四个五年规划和2035年远景目标纲要(草案)》《建德市2020年国民经济和社会发展计划执行情况和2021年国民经济和社会发展计划(草案)》《建德市2020年财政预算执行情况和2021年财政预算(草案)》。

2月9日,第三十九次会议。听取2021年民生实事项目安排情况的报告,讨论提出《建德市十六届人大五次会议议程日程(草案)》《建德市十六届人大五次会议各项建议名单(草案)》,讨论决定《建德市十六届人大五次会议列席人员名单(草案)》,讨论并原则通过建德市人大常委会工作报告,表决通过相关人事任免事项,听取和审议个别代表辞职的报告。

2月20日,第四十次会议。审议通过建德市第十六届人大常委会代表资格审查委员会关于补选代表的代表资格审查和代表变动情况的报告。

4月1日,第四十一次会议。开展工作评议动员,听取法治政府建设工作情况报告,听取和审议人大街道工委2020年工作情况和2021年工作计划报告,审议通过建德市人大常委会2021年工作要点及建德市人民代表大会常务委员会议事规则。

4月30日,第四十二次会议。听取和审议个别代表辞职报告,表决通过相关人事任免事项,并举行宪法宣誓仪式。

5月28日,第四十三次会议。开展乡村振兴评议意见落实情况"回头看"及专题询问,听取和审议审计发现问题整改情况报告,开展员额法官和员额检察官履职评议。

6月25日,第四十四次会议。会议围绕民生保障工作,对市发改局、市教育局、市卫生健康局、市应急管理局、市医疗保障局开展工作评议,进行满意度测评。

7月29日,第四十五次会议。听取和审议《2020年市本级财政决算(草案)和建德市2021年上半年财政预算执行情况报告》《2020年度市本级财政预算执行和其他财政收支情况的审计工作报告》《关于建德市2021年上半年国民经济和社会发展计划执行情况的报告》《市政府关于2021年新增及调整政府重大投资项目建设计划方案的议案》,票决通过2021年新增及调整政府重大投资项目,审议市政府关于《浙江省粮食安全保障条例》执行情况的报告,表决通过相关人事任免事项。

9月28日,第四十六次会议。听取和审议2021年政府重大投资项目实施情况的报告及市人大常委会《中华人民共和国土壤污染防治法》执法检查情况的报告;听取《建德市"七五"普法规划实施情况及"八五"普法规划编制情况的报告》,表决通过《建德市人民代表大会常务委员会关于开展第八个五年法治宣传教育的决议(草案)》,审议市政府《中华人民共和国土壤污染防治法》执行情况的报告。

10月15日,第四十七次会议。审议通过《关于市、乡镇两级人民代表大会换届选举委员会的决定(草案)》《关于设立建德市选举委员会的决定(草案)》《关于设立各街道选举工作办公室和各乡镇选举委员会的决定(草案)》《关于新一届各乡镇人民代表大会代表名额的决定(草案)》,表决通过相关人事任免事项,举行宪法宣誓仪式。

11月30日,第四十八次会议。听取和审议市政府关于建德市第十六届人民代表大会第五次会议代表议案建议办理情况、市政府关于乡村振兴战略实施情况、市政府关于建德市2021年预算调整方案(草案)三个报告,专题评议重点议案建议办理落实情况并进行满意度测评,表决通过相关人事任免事项。

12月15日,第四十九次会议。听取和审议市政府关于2021年度民生实事项目实施情况的报告,表决通过相关人事任免事项,举行宪法宣誓仪式。

【主任会议听取专项工作汇报】1月19日,主任会议听取2020年度全市环境状况和环境保护目标完成情况汇报。会议要求进一步提高认识,明确工作重点,密切协同配合,抓好建德环境硬指标的基础上,积极向上沟通,争取支持,不断扩大全国首个气候宜居城市"品牌效应"。

4月8日,主任会议听取市医疗保障局关于医保基金运行情况汇报,要求坚持以人民为中心的发展思想,高度重视医疗保障工作;强化医保基金运行监管,维护基金安全;优化医保经办,提升服务效能;加强协同配合,形成工作合力,共同促进全市医疗保障事业健康发展,提升人民群众获得感、幸福感和安全感。听取市农业农村局、规划资源局和住建局关于农村建房情况汇报,要求厘清部门职责,明确管理和执法主体;健全相关政策,加强部门(科室)联动,抓好工作落实;加大监管力度,强化网格责任,落实好"五到场"制度,严格用地建房全过程管理;加大执法力度,坚持"规划先行、一户一宅"原则,切实维护法律权威;加大保障力度,保障农民合理建房需求。

4月30日,主任会议听取市国资办关于国有资产管理和国有公司运营情况汇报。要求继续加强国有资产管理,严格执行预算法,合理负债,守住底线;优化国有资产结构,扩大资产转化成果,提升国有公司运营实力;强化项目监管,加强项目论证和建设运营,提升投资绩效;创新管理模式,积极转变运营理念,提升主营业务绩效,进一步做大做强国有公司。

6月10日,主任会议听取航空小镇(开发区)、高铁新区(高新园)重点工作情况汇报。要求进一步整合资源,抓住全市两个省级经济开发区分设的重大机遇,明晰发展定位,加快集聚发展,提升平台能级,增强开发区的主引擎作用;进一步统筹协调,以新一轮国土空间规划编制为契机,加强开发区规划与国土空间规划及其他专项规划的对接,真正实现"多规合一",保障发展空间;进一步紧盯重点，全力推进在谈项目早签约、签约项目早落地、落地项目早开工，强化服务意识，完善园区基础设施建设，优化园区发展环境；进一步加大招引，千方百计招强引优，推进提质增效，为加快产业转型升级、实现高质量发展积蓄强劲动能；进一步健全体制机制，理顺工作职责，激发干事创业活力；处理好在两个省级经济开发区分设新背景下开发区与属地镇街、第三方投资主体等方面的关系，调动各方积极性，形成合力，共同推动，将开发区打造成规划布局合理、主导产业清晰、产业特色鲜明、资源集约高效的高能级系统平台。

6月17日，主任会议听取市规划资源局关于国土空间规划编制工作情况汇报。要求坚持立足实际，科学分析各项指标，保障近期建设项目及"十四五"重大项目精准落地，明晰长远期发展路径，做到底子清、方向明；加强工作研究，按照高质量发展建设共同富裕示范区新要求进一步完善规划，做到一张蓝图干到底；立足"宜居建德"，科学划定"三线"，优化城镇化格局、农业生产格局、生态保护格局，强化底线思维，为可持续发展预留空间；积极争取上级部门指导支持，进一步把规划做精做细做实，确保规划能用、管用、好用；加强与周边县市对接沟通，以更大视野、更宽思路做好规划编制工作。

7月23日，主任会议听取市规划资源局关于全市城市能级提升布局研究情况的汇报。要求立足全局拓宽视野，按照"一核九星"的"一星"定位来谋划布局，积极融入杭州，密切与周边城市联系，实现协同发展；关注重要节点，加强交通基础设施建设，优化交通组织，方便群众出行；加强教育、卫生等公共配套服务设施建设，不断完善城市公共服务功能；加强数据中心等新型基础设施建设，积极推进数字产业化，产业数字化；加强高等教育、专业市场、商贸旅游等高端项目招引和保障力度，促进提升城市综合实力。

7月28日，主任会议听取市发改局关于2021年市政府及国有企业投资项目建设计划调整的汇报。要求项目业主和实施单位增强责任意识，发挥各自专业能力，紧盯关键环节，抓好设计、进度、质量、安全各项工作，形成齐抓共管合力推进局面；结合建德实际，做实做细项目前期，科学合理制定项目建设方案，提高项目估算的准确度；进一步完善中介管理办法，充分发挥中介服务项目作用；加快推进实施类项目建设进度，加强既有项目资产管理，提高项目资金使用绩效；提前谋划2022年政府重大投资项目。

8月27日，主任会议实地视察农夫山泉四期、万洋科技众创城、中能变压器和乐活岛等部分重点招商项目，听取市商务局关于全市招商引资工作情况的汇报。要求坚定招商引资一号工程、生命线工程不动摇，坚持"一把手"带头抓招商，不断完善考核等机制，加强招商队伍建设；摸清全市资源家底，吃透上级产业政策，明晰产业发展方向，强化精准招商，加大招商指导力度，实现组团招商、以商招商，切实提高招商质量；加大政策保障，不断提升服务水平，想企业所想，急企业所急，营造良好亲商、安商环境。

9月18日，主任会议听取市政府关于2021年民生实事项目实施情况汇报。要求进一步强化主体责任落实，紧盯时间节点，加快项目进度，确保按时保质完成；加大保障力度，重点抓好质量标准、资金保障、长效管理等方面工作；加强对民生实事项目后续监督，适时开展"回头看"，推动项目质效提升。

同日，主任会议听取市十六届人大五次会议重点议案建议办理情况汇报。要求进一步提高思想站位，切实履行法定职责，积极回应人民关切；坚持问题导向、结果导向，不断提高议案建议办理质量；加强与代表面商沟通，认真听取代表意见建议，及时反馈办理情况，确保代表和群众满意。

10月13日，主任会议听取全市消防救援工作情况汇报。要求站在对人民负责的高度重视消防救援工作；健全完善消防安全责任体系，落实落细消防风险防范措施；加大消防安全执法检查力度，督促形成一套规范的体制机制；加强教育培训，不断提高检查消除火灾隐患、扑救初期火灾、组织人员疏散逃生、消防宣传教育培训等四种能力；加大消防救援工作的保障力度，筑牢消防安全基础。

10月25日，主任会议听取全市公安工作情况汇报。要求牢固树立以人民为中心的理念，把人民群众满意作为根本标准；以维护社会稳定为己任，不断提升履职能力；加强协调和保障，不断优化公安工作环境；着力锻造公安铁军，树立良好公安形象。

10 月 25 日，主任会议听取全市食品药品安全监管工作情况。要求牢固树立以人为本、生命至上的理念，强化安全健康意识，切实增强做好食品药品安全工作责任感和紧迫感；坚持源头严防、过程严管、风险严控，不断提高监管部门履职能力；加强食品药品重点领域、重点产品监管，持续提升食品药品安全治理能力和水平；加大执法力度，健全完善协同机制，提高基层执法质效，筑牢食品药品安全防线。

12 月 21 日，主任会议听取市民族宗教局、退役军人事务局、审计局、统计局工作情况汇报。要求民族宗教局要贯彻执行民族宗教工作的方针政策和法律法规，重视基层基础建设，积极做好民族团结、共同富裕等工作；退役军人事务局要转变工作思路，改进工作方式，发挥领导小组办公室职能作用，落实好退役军人相关政策，营造全社会拥军爱军的良好氛围；审计局要依法履职，积极探索全过程监督，提高审计“堵漏洞、防未病”能力；统计局要做到数据应统尽统，提高数据质量，强化统计服务，为市委市政府科学决策提供数据支撑；同时要求四个部门加大执法力度，维护法律法规有效实施。

重要活动

【完成市镇两级人大代表换届选举】建德市、乡镇两级人大代表换届选举工作从 2021 年 9 月下旬全面展开，历经前期准备、宣传发动、选民登记、提名推荐和协商确定候选人、投票选举等五个阶段，至 12 月 17 日顺利结束。共选举产生市十七届人大代表 247 名（其中连任代表 69 名），乡镇新一届人大代表 847 名。

247 名市级人大代表，其职（行）业结构为：工农 121 名，占代表总数的 49.0%；党政干部 57 名，占 23.1%；专业技术人员 63 名，占 25.5%；解放军 1 名，其他劳动者 5 名，占 2.4%。政治面貌情况为：中共党员 160 名，占 64.8%；非中共党员 87 名（其中民主党派 33 名），占 35.2%。性别及民族结构为：妇女 79 名，占 32.0 %。少数民族 2 名，占 0.8%。结构进一步优化，体现市第十七届人民代表大会代表广泛的代表性。

文化程度及年龄结构为：大专以上文化 185 名，占 74.9%，其中硕士研究生 20 名，博士研究生 1 名；初中及以下文化 4 名，占 1.6%；部分代表具有高级专业技术职称。35 岁以下 36 名，占 14.6%；36 岁至 55 岁 190 名，占 76.9%；56 岁以上 21 名，占 8.5%。

【纪念建德市人大常委会设立 40 周年系列活动】6 月 8 日，召开市人大常委会设立 40 周年纪念座谈会，回顾总结 40 年来市人大常委会在坚持和完善人民代表大会制度、推动社会主义民主法治建设、促进全市经济社会高质量发展方面取得的成绩和经验，研究探讨新时代加强市人大常委会自身建设和做好人大工作的方法和途径，进一步开创人大工作新局面。制作主题宣传片，举办“翰墨丹青凝岁月 为民履职启新程”书画作品展，编辑《代表风采》画册，充分展现人大制度创新发展实践和人大代表为民履职风采。

【民生保障工作评议】围绕民生保障主题，对市发

◎ 6 月 8 日，建德市召开市人大常委会设立 40 周年纪念座谈会

改局、教育局、卫生健康局、应急管理局、医疗保障局工作开展评议，市人大常委会组成五个评议组，市镇联动组织五个代表小组定向视察上述被评议部门。通过工作评议，有效促进政府民生保障工作开展。

【执法检查】5月31日—6月1日，杭州市人大常委会检查组到建德市开展《浙江省粮食安全保障条例》实施情况执法检查。检查组赴大同镇、航头镇、寿昌镇实地走访查看育秧中心、永久基本农田设施、农田水利设施、粮食功能区、烘干中心、粮油加工企业、中心粮库、用粮单位等点位，详细了解建德市对条例规定职责执行情况，提出：要注重组织合力，抓好建章立制，加强宣传引导，系统谋划、查漏补缺，以实际行动种好粮、管好粮，确保区域粮食安全，为全省粮食安全大局贡献建德力量等意见建议。

7月7—8日，省人大常委会检查组到建德市开展《浙江省松材线虫防治条例》执法检查。检查组赴航头镇实地检查大店口山场的病枯死松树清理情况和珏塘村疫木管控情况，并赴洋溪街道实地参观鹏泰生物科技有限公司疫木处理车间。召开座谈会，听取杭州市、建德市贯彻实施条例执行情况的汇报，提出：要在组织、人员、资金等方面做好保障，确保防治工作顺利开展；要不断优化防治措施，提升防治技术，持续提高防治效率和效果；要大力推进条例贯彻落实，加强宣传引导，确保群众对松材线虫病的了解和认识，共同参与松材线虫病的防治等意见建议。

9月22—23日，杭州市人大常委会检查组到建德市开展《中华人民共和国文物保护法》执法检查。检查组听取建德市有关情况汇报，并赴大慈岩镇新叶村、上吴方村、李村村等地相关文保单位实地检查，提出：要增强文物保护意识，层层压实责任，真正把“保护为主、抢救第一、合理利用、加强管理”工作方针落到实处；要坚持问题导向，深入查找短板，以开展文物安全大排查大整治大提升攻坚行动为契机，加强文物安全日常检查和监视监测，严厉打击文物违法犯罪；要注重用改革的思路和创新的方法推动问题解决，强化数字化技术运用，提升文物安全防护能力等意见建议。

【视察检查】3月17日，市人大常委会组织部分代表专题视察全市松材线虫病防治工作。代表们实地视察更楼街道张家村、航头镇大店口村和大同镇黄家村枯死松树除治情况，提出：要坚持科学防治、依法防治，严格按照相关规定进行处理，安排专业队伍进行采伐，做好重点区域的除治工作，多措并举，做到松材线虫病预防和除治并重；压实工作责任，各乡镇（街道）要挑起属地管理责任，林业部门要加强技术指导等建议。

6月23日，市人大常委会开展《浙江省生活垃圾管理条例》贯彻实施和城乡环境大整治工作专题督查活动。督查组实地视察浙西国际心脏中心区块、莲花镇盛华园小区、莲花溪公园、小洋坞工地和红枫花园小区等地，提出：各相关部门单位要坚持以人民为中心的发展思想，进一步坚定信心、克服困难，明确职责、压实责任，细化措施、创新方式，切实加大宣传、督查、处罚力度，加强沟通协调、前期规划和相关配套建设，抓实抓好城乡环境大整治工作等建议。

8月2日，市人大常委会组织部分市人大代表开展无障碍环境建设工作督查活动。代表们实地督查新安江街道主次干道缘石坡道、盲道等无障碍设施提升改造情况和建德市图书馆无障碍设施建设运行情况，听取2021年度全市无障碍环境建设情况汇报，提出：重点要更突出，各相关部门

◎ 9月28日，市人大常委会检查组视察政府重大投资项目实施情况

单位要针对当前存在问题,制定针对性工作方案,加快工作进度;进一步明确职责和责任分工,加强部门单位对接,强化责任落实,形成工作合力;举措要更务实,继续加强对相关责任单位整改的技术指导和进度督查,有序推进无障碍环境建设各项工作等建议。

9月7日,市人大常委会督查严州大道网格工作情况,重点检查车辆违停、道路保洁、市政设施维护等工作,提出:要形成长效管理机制,常态化推进全国文明城市建设工作;要加强巡查,及时发现问题,认真开展整改;要加强道路保洁工作,对保洁时间、保洁路段、保洁要求等进行规范;要加强市政设施的建设和维护,做好人行道路面平整、停车位划设等建议。

9月28日,市人大常委会视察政府重大投资项目实施情况,实地察看西线供水一期工程、建德市看守所迁建工程、航空小镇机场扩建工程、下涯杭衢铁路新安江特大桥工程和新安江第二小学新建工程等项目推进情况,提出要重视加快项目进度,严格按项目计划时间节点推进,确保项目建设进展顺利、施工安全、质量高效等建议。**(赵亚光)**

责任编辑:黄建生

建德市人民政府

Jiande Municipal People's Government

综 述

【概况】2021年,建德市人民政府坚持以习近平新时代中国特色社会主义思想为指导,在上级党委、政府和市委的坚强领导下,在市人大、市政协的监督和支持下,紧紧依靠全市人民,凝心聚力、稳扎稳打,克服新冠肺炎疫情影响,逆势而上,实现了"十四五"的良好开局。实现地区生产总值430.6亿元,增长7.5%;财政总收入和一般公共预算收入分别为66.61亿元、38.50亿元,分别增长19.7%、12.5%;规模以上工业增加值158.5亿元,增长11.7%;社会消费品零售总额126.1亿元,增长10.5%;城乡居民人均可支配收入分别为60183元、33807元,分别增长9.5%、9.9%。关注民之所需、民之所盼,高质量完成十件民生实事。获评法治浙江建设先进县市,创成国家信访"三无县",实现省级平安市"八连创",市民获得感、幸福感、安全感继续得以提升。

【转型升级推进加速】深入实施传统制造业改造提升2.0版,整治提升低效企业208家,淘汰落后产能项目17个,完成工业低效用地处置192.33公顷,启动新一轮碳酸钙行业改造提升。新增"小升规"工业企业53家,建德海螺水泥有限责任公司(简称建德海螺)光储一体化项目投产,杭州三耐环保科技股份有限公司(简称三耐环保)获评省"隐形冠军"企业,杭州沈氏节能科技股份有限公司(简称沈氏节能)被评为国家级专精特新"小巨人"企业,杭州屹通新材料股份有限公司(简称屹通新材料)成功上市。加快构建未来工厂生态圈,实现规上工业企业数字化改造全覆盖。数字经济核心产业增加值增长18.5%,增速居杭州第一。梅城、寿昌入选全省千年古城复兴试点,德扬乐活岛等一批旅游综合体建成开业。

【重大产业项目引进】招引杭州东方雨虹建筑材料有限公司总部基地(简称东方雨虹)、立邦新材料(浙江)有限公司(简称立邦新材料)等重大产业

◎12月9日,市委副书记、代市长王新锋(中)到东方雨虹调研

项目38个,计划总投资203.5亿元,其中10亿元以上项目4个。实施省重点项目5个、杭州市重点实施类项目16个,开工率达100%。通航机场跑道延伸至1200米,空域范围扩展至5700平方千米,获批低空运输航线开通权20条。高铁新区(高新园)规模以上工业总产值突破300亿元大关,浙江东翼新材料有限责任公司等18个重大产业项目稳步推进。累计为企业解决问题事项7778个,兑现各类惠企政策及税费减免25.3亿元,企业开办全流程"零见面"审批占比达93.3%,营商环境日益优化。

【改革创新走在全省前列】全面推进"152"体系建设,36个场景成功列入全省重大应用"一本账S1",成功打造"数智建德"改革创新实验室。高铁新区(高新园)成为全省首批、杭州唯一省级化工产业大脑试点园区。稳外贸稳外资、财政管理、全域土地综合整治、"凤凰行动"四项工作获省政府督查激励。狠抓主体培育,新认定国家高新技术企业45家、省科技型中小企业124家,三耐环保、新化化工列入省级创新联合体,新安集团创成首个省级重点企业研究院。深化引才平台建设,完成沪杭"飞地"布局。深入实施"建德英才"计划,招引顶尖领军人才33人、项目12个,引育杭州市高层次人才265名。

【城乡面貌日趋优美】坚决打好蓝天、碧水、净土保卫战,PM2.5平均浓度下降至22.8微克/立方米,出境断面水质保持在Ⅱ类以上,建设"幸福河湖"80千米。加快城市有机更新,改造老旧小区5个。明珠、洋安等6个社区入选省、杭州市未来社区创建试点。加快优化外联内畅的路网布局,开工国道320线改建、紫金大桥重建工程,优化改造农村公路190千米,打通县域"断头路"2条。列入全省数字乡村和新时代乡村集成改革试点,成功承办全国农产品质量安全信用体系建设推进会。实现农林牧渔业增加值38.7亿元,增长3.9%。严格落实稳产保供,粮食播种1.26万公顷,生猪出栏21万头。深入开展农业"双强"行动,首个自主命名的草莓品种"建德红"上市。

【社会事业全面发展】启动乾潭共同富裕先行区安仁联合体试点建设。全面推广"建德豆腐包"品牌,在全国9个省市布点豆腐包店(点)271家。新增就业1.1万人,城镇登记失业率控制在2.4%以下。强化困难群众兜底保障和临时救助,发放各类救助金1.2亿元。持续推进基本养老保险、基本医疗保险扩面提质。打实教育高质量发展基础,完成寿昌新城幼儿园、明镜小学改扩建等工程。全面落实"双减"政策,新增共建型教育共同体学校30所。全面推进"健康建德"建设,市第二人民医院顺利迁建,杭州市第七人民医院浙西院区一期主体工程完工,市第一人民医院二期开工。完成适老化改造、无障碍设施家庭改造共600户。严州文化入选首批"浙江文化标识"培育项目名单,严东关五加皮酿酒技艺入选国家级非物质文化遗产,建德市图书馆新馆、建德市妇青幼活动中心投入使用。高度关注民之所需、民之所盼,优先安排民生实事专项资金5.5亿元,高质量完成十件民生实事。

【连续八年创建省级"平安市"】疫情防控慎终如始,严格落实"精密智控",上线"17防"等防疫小程序,实现重点人员、重点场所、重点环节的闭环管理。有序开展新冠疫苗接种工作,累计接种疫苗98.3万剂,3岁以上常住人口免疫完成率达95.0%。深入开展安全风险隐患大排查大整治,消除工矿商贸、道路交通、建筑施工、消防等领域安全隐患1.5万处,安全生产事故起数实现"三连降,"重大事故得到遏制。获评法治浙江建设先进县市,创成国家信访"三无县",实现省级平安市"八连创"。

【2021年度十件民生实事项目全面完成】1. 缓解停车难问题。年度任务为:新增主城区公共停车位1100个、在大润发超市等6家大型停车场新设ETC(电子不停车收费系统)设备、完成高铁新区马目区块物流(危险品运输)基地项目建设。完成情况:新增主城区停车位1402个,完成率127%(其中府前路区块旧城改造、新安里商业综合体、"八佰伴"商业综合体等项目配建停车位1132个,广兴西路、东山湾路、原黄龙月亮湾大酒店南侧等

区域改建新增停车位110个，老旧小区改造新增停车位160个）；完成6家大型停车场新设ETC设备（建德市中医院、建德市妇幼保健院、新安江街道社区卫生服务中心、半岛凯豪酒店停车场、大润发超市停车场、盛德国际广场停车场）；完成高铁新区马目区块物流（危险品运输）基地项目建设并投入使用（项目占地面积约3.71公顷，总建筑面积8677.96平方米，拥有综合办公楼、修车库、室内停车库、空载停车区、重载停车区等，建有80个停车位）。

2.老年人关爱服务。年度任务为：完成特殊群体困难老年人家庭适老化改造500户、面向全市老年人开展“一对一”交通安全宣传服务。完成情况：完成全市500户特殊群体困难老年人家庭适老化改造；完成老年人“一对一”交通安全宣教13.39万人，发放宣传资料、纪念品7万余份，观看宣教视频10.1万人次。

3.无障碍环境建设。年度任务为：完成主城区900余处主次干道缘石坡道、盲道等无障碍设施提升改造，完成残疾人之家星级提升6家，完成无障碍设施家庭改造100户。完成情况：完成主城区主次干道、公共服务场所、学校、商场、公厕、广场等场所无障碍设施提升改造4311处；完成“残疾人之家”星级提升9家（其中，更楼街道、下涯镇、李家镇、钦堂乡“残疾人之家”提升为三星级，大同镇、乾潭镇、杨村桥镇、大慈岩镇、莲花镇“残疾人之家”提升为四星级），完成无障碍设施家庭改造100户。

4. 农村家宴放心厨房及学校“阳光厨房”建设。年度任务为：完成6家农村家宴放心厨房创建、68所学校智能“阳光厨房”建设。完成情况：完成13家农村家宴放心厨房创建，88所学校智能“阳光厨房”建设。

5.农村公路改造提升工程。年度任务为：完成农村公路提升改造30千米，实施“断头路”改造2条、完成里程4千米。完成情况：完成农村公路提升改造30.4千米。实施“断头路”改造2条，打通里程5千米。

6.幸福河湖建设。年度任务为启动三江治理提升改造，完成梅城古城水系综合治理，实施寿昌江等中小河流治理39千米，完成4座水库和15座山塘除险加固，完成水利工程安全鉴定30处，水土流失综合治理17平方千米。完成情况：启动三江治理提升工程，完成梅城水系综合治理工程，完成寿昌江等中小河流治理73千米，完成6座水库和22座山塘除险加固，完成水利工程安全鉴定69处，水土流失综合治理17.7平方千米。

7.老旧小区综合改造。年度任务为：完成5个区块的老旧小区综合改造及45台既有住宅电梯加装。完成情况：完成新电路小区、老无线电厂区块、翠微路区块、少年宫巷1区、少年宫巷2区等5个区块老旧小区改造（涉及户数1411户，楼房82栋，建筑面积13.01万平方米）；完成既有住宅电梯加装73台。

8.婴幼儿照护服务。年度任务为：新增3岁以下婴幼儿照护服务机构3家、新增托位100个，新建婴幼儿照护服务“成长驿站”5个，举办婴幼儿照护服务培训10场，出台鼓励扶持普惠型婴幼儿照护服务机构发展政策。完成情况：新增钦堂中心幼儿园、大同中心幼儿园劳村分园、心阳幼幼托育园等3岁以下婴幼儿照护服务机构3家，新增托位100个（其中，钦堂20个、大同20个、新安江60个）；新增新建新安江街道明珠社区、新安江街道新安社区、梅城镇总府社区、寿昌镇望江社区、乾潭镇马鞍岭社区婴幼儿照护服务“成长驿站”5个；举办婴幼儿照护服务培训35场；出台鼓励扶持普惠型婴幼儿照护服务机构发展政策。

9.健康为民工程。年度任务为：为全市1万名40周岁以上居民免费提供呼吸系统疾病筛选，为1.5万名70周岁以上自愿接种流感疫苗对象免费接种，在新安江主城区内建设固定献血屋；完成退役军人健康驿站4处，全年服务退役军人4000人次。完成情况：为全市10157名40周岁以上居民免费提供呼吸系统疾病筛选，为15000名70周岁以上自愿接种流感疫苗对象免费接种，在新安江广场东侧建设固定献血屋并投入使用；完成梅城镇、乾潭镇、寿昌镇、大同镇退役军人健康驿站4处，服务退役军人5600人次。

10.文化惠民工程。年度任务为：组织260场以上文化惠民活动；在中心镇设立青少年活动中心分中心4个，开设各类培训课程。完成情况：完成送戏、送演出、送讲座培训等各类文化惠民活动280场；在4个中心镇已设立青少年活动中心分中心4个，乾潭、梅城分中心设置9类素质培训课程，开设41个班次，累计招生452人。 （余彬）

重要会议

【市政府全体（扩大）会议】3月16日召开，部署落实2021年政府主要目标任务和重点工作。市委常委、常务副市长俞伟主持会议，市委常委、市政府党组成员夏喜生、陈文岳，副市长钱晓华、郑志华、王伟、何瑞洪参加会议。市委副书记吕平、市人大常委会副主任童文扬、市政协副主席程旭应邀出席会议。

俞伟通报2021年市政府重点工作任务分解情况，市发改局、市城管局、市数据资源服务中心、高铁新区（高新园）、市城投公司、乾潭镇作表态发言。市长富永伟强调，全市上下要锁定争先进位的目标，凝心聚力、真抓实干，确保全年各项目标任务圆满完成，为"十四五"高质量现代化发展开好局、起好步。

会议认为，做好2021年政府工作，要拥抱数字化改革，加快树立数字意识和思维，坚持全面系统集成，把数字化作为全面深化改革的重要手段，撬动全社会、各领域的变革，高质量完成省、杭州市的规定动作，同时在原有基础上，巩固提升改革成果，让自选动作展现出"建德特色"；要做实"双招双引"，与时俱进招商引资，想方设法引育人才；要布局发展空间，做大体量、提升能级，深化"亩均论英雄"改革，提升重点空间的利用绩效，加快小微企业园的建设；要全力以赴迎接亚运，突出"品牌亚运"，策划好文旅活动，打响建德品牌赛事，同时在城市环境上下功夫，做深"城市亚运"；要久久为功抓生态环境治理，持续做好信访问题整改，常态化开展环境整治，建立健全长效管理机制，确保问题不反弹；要全面推进乡村振兴，持续抓好美丽城乡建设，统筹推进城乡一体化发展，实现乡村形态变化向实质变化蝶变；要切实增进民生福祉，办好民生实事，提升群众的获得感、幸福感、安全感；要守牢安全稳定底线，重点抓好疫情防控、安全生产、信访维稳、反电信诈骗等工作；要全速冲刺"开门红"，算好任务账、差距账、进位账，确保"开门红"，谋划"半年红""全年红"。

【市政府常务会议】全年共召开市政府常务会议19次（十六届第六十九次至第八十七次）。

1月18日，召开十六届政府第六十九次常务会议（注：为避免行文累赘，下文直接以"第N次常务会议"表述）。市长朱欢，常务副市长俞伟，市政府党组成员夏喜生、陈文岳，副市长钱晓华、郑志华、王伟、何瑞洪、袁思明参加会议。审议《建德市政府质量奖评审管理办法》《建德市加快公共资源开放推进移动通信基站建设的指导意见》《关于划定禁止使用高排放非道路移动机械区域的通告》《建德市党政机关办公用房管理实施细则》《关于规范全市乡镇（街道）编外用工工资标准的意见》，研究2021年度建德市政府及国有企业投资项目建设计划、关于留员工降风险稳生产的若干政策、关于招商引资企业小客车直接配置指标事宜，听取关于最低生活保障金补差方式的报告、关于60周岁以下残疾人单独施保对象的赡养费核算的情况汇报。

1月20日，第七十次常务会议。代市长富永伟，常务副市长俞伟，市政府党组成员夏喜生、陈文岳，副市长钱晓华、郑志华、王伟、何瑞洪、袁思明参加会议。审议《关于2020年建德市生态环境状况和环境保护目标责任制完成情况的报告》《2021年度市政府民生实事候选项目》《政府工作报告（送审稿）》《建德市2020年国民经济和社会发展计划执行情况与2021年国民经济和社会发展计划草案的报告》《建德市国民经济和社会发展第十四个五年规划和二〇三五远景目标纲要》《2021年工业经济暨三招三引大会方案》。

3月5日，第七十一次常务会议。市长富永伟，常务副市长俞伟，市政府党组成员夏喜生、陈文岳，副市长钱晓华、郑志华、王伟参加会议。传达学习全国安全生产电视电话会议精神并部署近期工作，审议《推进健康建德三年行动（2020—2022

年)的实施意见》《2021年低效工业用地处置攻坚行动方案》《建德市小微企业园管理办法》《建德市小微企业园运行管理扶持政策实施细则》《建德市自备水源污水处理费征收管理办法》及人事任免相关事项，听取关于对无违建市创建先进集体和个人进行行政奖励的情况汇报、关于启动2021年引进高层次急需型紧缺专业人才工作的情况汇报、关于调整建德市城乡居民基本养老保险基础养老金标准的情况汇报、关于建德市2021年政府投资信息化项目建设计划、关于建德市划拨土地住宅用房补办出让手续补交出让金标准调整的情况汇报。

3月30日，第七十二次常务会议。市长富永伟，常务副市长俞伟，市政府党组成员夏喜生、陈文岳，副市长钱晓华、郑志华、何瑞洪、袁思明参加会议。学习《保障农民工工资支付条例》，审议《建德市2020年度法治政府建设工作报告》《2021年度重大行政决策事项目录》《2021年建德市人民政府十件民生实事工作实施方案》《进一步加快发展数字经济的实施意见》《建德市住宅小区配套幼儿园建设管理办法》《加强和规范统计管理提高数据真实性的若干意见》，听取国土空间规划过渡期城镇开发边界划订工作的汇报。

4月7日，第七十三次常务会议。市长富永伟，常务副市长俞伟，副市长钱晓华、郑志华、王伟、袁思明参加会议，专题研究数字化改革工作。

5月7日，第七十四次常务会议。市长富永伟，常务副市长俞伟，副市长钱晓华、郑志华、王伟、何瑞洪、袁思明参加会议。学习《中华人民共和国土地管理法》(2019年修正版)、省长郑栅洁在浙江省政府第八次全体会议上的讲话精神、郑栅洁在省防指成员暨全省防汛工作视频会议上的讲话精神，审议《2021年建德市亚运城市行动任务清单》《建德豆腐包产业发展扶持政策》《2021年规划编制计划》《建德市制砂关停整治工作实施方案》，听取建德市无规定马属动物疫病区建设工作的情况汇报。

5月13日，第七十五次常务会议。市长富永伟，常务副市长俞伟，市政府党组成员夏喜生，副市长钱晓华、郑志华参加会议。审议《建德市建设交通强国示范城市行动计划(2020—2025)》《关于加强我市基层应急管理体系和能力建设工作实施方案》《进一步规范设施农业用地管理的通知》，听取加装电梯管线迁移实施、结算问题及2021年工作任务分解、关于定向培养基层农技人员、关于适当调整被征地农民基本养老保障待遇标准以及2020年度重点单项工作考核等情况汇报。

6月8日，第七十六次常务会议。市长富永伟，常务副市长俞伟，市政府党组成员夏喜生，副市长钱晓华、郑志华、王伟、何瑞洪参加会议。学习《招投标常见问题浅析》、美丽杭州建设领导小组《关于印发〈杭州市生态环境问题发现和整改闭环机制实施方案〉的通知》及杭州市生态环境问题发现整改工作会议精神，审议《建德市深入推进企业上市高质量发展五年行动计划(2021—2025)(送审稿)》《关于进一步完善建德市医卫人才引育政策的若干意见》《关于2021年第二届中国·建德高层次人才创业大赛活动方案》，听取“半年红”指标情况分析、关于全市未成年人思想道德建设有关工作的情况汇报。

6月29日，第七十七次常务会议。市长富永伟，常务副市长俞伟，市政府党组成员夏喜生，副市长钱晓华、郑志华、王伟、袁思明参加会议。审议《金建铁路(建德段)国有土地上房屋征收补偿方案和工业企业征迁补偿方案》《建德市2021年度国有土地上住宅房屋征收临时安置费和搬迁费补助标准》。

7月20日，第七十八次常务会议。市长富永伟，常务副市长俞伟，市政府党组成员夏喜生，副市长钱晓华、郑志华、王伟、何瑞洪等参加会议。审议《建德市“十四五”制造业高质量发展规划》《建德市“十四五”综合交通运输发展规划》《建德市“十四五”应急管理规划》《关于进一步促进大学生来建德就业的若干意见》，听取2021年全市政府及国有企业投资项目建设计划调整的情况汇报。

8月19日，第七十九次常务会议。市长富永伟，常务副市长俞伟，市政府党组成员夏喜生，副市长郑志华、王伟、何瑞洪、袁思明参加会议。审议《新时代美丽建德建设实施纲要(2021—2035)》《新时代美丽建德建设三年行动计划(2021—2023

年)》《建德市企业自备油罐及装置(设施)监督管理办法(试行)》《市属国有企业非生产经营货物服务采购管理工作指引》《建德市党政机关事业单位公务用车管理实施办法》《高质量建设技能人才队伍的实施办法》《建德市创业担保贷款管理办法》,听取关于建德市2021年第二批政府投资信息化(数字化改革)项目建设计划方案的情况汇报。

9月7日,第八十次常务会议。市长富永伟,副市长钱晓华、郑志华、王伟、何瑞洪、袁思明参加会议。审议《关于批准公布“十四五”期间年森林采伐限额的通知》《建德市文化产业发展“十四五”规划》《建德市“十四五”文广旅体产业发展规划》《建德市人才发展“十四五”规划》《关于高质量打造最优人才栖息地高水平引领“宜居建德”建设的实施意见》《关于调整2021年在职村主职干部基本报酬、养老保险补助和离任村主职干部定期补助标准的工作方案》《建德市政府及企业投资项目中介服务管理办法》,听取关于建德市2021年度土地征收成片开发方案的情况汇报,审议并通过相关人事任免事项。

9月29日,第八十一次常务会议。市长富永伟,常务副市长俞伟,市政府党组成员夏喜生,副市长钱晓华、郑志华、王伟、何瑞洪参加会议。审议《建德市公共租赁住房保障实物配租实施办法》《建德市工业企业“亩产效益”综合评价办法(2021年修订)》《建德市贯彻落实第二轮中央生态环境保护督察报告反馈问题整改方案》,听取关于2020年度建德市工业企业“亩产效益”综合评价结果的情况汇报。

10月19日,第八十二次常务会议。市长富永伟,常务副市长俞伟,副市长钱晓华、郑志华、王伟参加会议。审议《建德市教育事业发展“十四五”规划》《建德市消防行政执法委托工作方案》《建德市农村公路建设和养护管理实施办法 (修订稿)》和2022年度城乡居民医保部分政策调整方案,听取关于调整全市最低工资标准、贯彻落实《关于加强全省消防救援队伍建设的意见》、2021年建德市食品药品安全监管工作的情况汇报。

11月3日,第八十三次常务会议。市长富永伟,常务副市长俞伟,市政府党组成员夏喜生,副市长钱晓华、郑志华、王伟、何瑞洪、袁思明参加会议。审议《建德市关于全面推行林长制的实施意见》《建德市城乡公交一体化实施方案》《建德市第七次人口普查行政奖励实施方案》,听取关于2022年《政府工作报告》起草计划、贯彻落实《公平竞争审查制度实施细则》、废止建政办函〔2018〕61号行政规范性文件、建德市“三江”治理提升工程的情况汇报。

11月17日,第八十四次常务会议。市长富永伟,常务副市长俞伟,市政府党组成员夏喜生,副市长郑志华、王伟、何瑞洪、袁思明参加会议。审议《建德市重大建设项目“十四五”规划》《建德市现代服务业发展“十四五”规划》《建德市现代服务业发展“十四五”规划》《建德市妇女发展“十四五”规划》和《建德市儿童发展“十四五”规划》《建德市科技创新发展“十四五”规划》《建德市乡村高质量发展“十四五”规划》《建德市矿产资源规划(2021—2025年)》《建德市生态环境保护“十四五”规划》。

12月10日,第八十五次常务会议。代市长王新锋,常务副市长俞伟,市政府党组成员夏喜生、陈文岳,副市长钱晓华、郑志华、王伟、何瑞洪参加会议。审议《建德市疫情防控医学隔离点优化建议方案》《建德市水库移民项目资金扶持管理实施细则》《关于成立建德市“千年古城”复兴试点创建工作领导小组和办公室的通知》《千年古城复兴试点工作方案》《建德市城乡风貌整治提升行动实施方案》《建德恒大项目资产购买方案》,听取关于部分就业帮扶退役士兵待遇调整方案和部分随军家属信访处置建议方案的情况汇报。

12月14日,第八十六次常务会议。代市长王新锋,常务副市长俞伟,市政府党组成员夏喜生、陈文岳,副市长钱晓华、郑志华、王伟、何瑞洪、袁思明参加会议。审议《建德市2021年第三批政府投资信息化(数字化改革)项目建设计划方案》《关于支持生物医药产业高质量发展的若干政策》《建德市电子劳动合同管理办法》《支持建德市高质量发展建设共同富裕示范区县域样板专项合作框架协议》,听取关于建德市调整城乡居民基本养老保险基础养老金标准、杭州建铜集团有限公司职工解除劳动关系处置工作、医保市级统筹后全市医保政策调整的情况汇报。

12 月 30 日，第八十七次常务会议。代市长王新锋，常务副市长俞伟，市政府党组成员夏喜生，副市长钱晓华、郑志华、王伟、何瑞洪参加会议。传达杭州市“扩大有效投资、推进重大项目”专题工作会议精神，审议《建德市开发区（园区）整合提升方案》《调整非居民用管道液化天然气（LNG）销售价格的方案》《建德市推进“大综合一体化”行政执法改革方案》《建德市义务教育及高中学校布局规划（2021—2035）》《一站式小分子创新药 CDMO 研发生产平台项目协议》《时森海（杭州）生物制药有限公司产业化项目协议》《1 类创新多肽药物研发项目协议》《多功能色素新材料及省级研发中心建设项目协议》《节能型、智能型电力设备制造项目协议》《第三方医学检验中心及 MTCA-CTL 肿瘤免疫治疗生物制剂研发与制造长三角基地项目》，听取关于新一轮乡镇财政体制政策制定、国道 320 线建德杨村桥至龙游县会泽里段改建工程部分工作事项、建德市寿昌江流域综合治理工程的情况汇报。

【市长办公会议】全年共召开市长办公会议 10 次。

1 月 18 日，召开十六届政府 2021 年第一次市长办公会（注：为避免行文累赘，下文直接以“第 N 次市长办公会议”表述）。市长朱欢，常务副市长俞伟，市政府党组成员夏喜生、陈文岳，副市长钱晓华、郑志华、王伟、何瑞洪、袁思明参加会议。研究关于进一步加强土地储备管理工作，听取关于青岛啤酒（杭州）有限公司、中球冠集团有限公司闲置土地处置、高铁新区（高新园）有毒有害气体环境风险预警体系建设、关于解决 2020 年度农村饮用水统管经费等情况汇报，研究关于接收浙江省建德水泥厂生活区全部非经营性资产的申请，审议《关于深入支持企业利用资本市场加快发展的若干意见》《建德市人民政府与财通证券股份有限公司战略合作协议》《“温暖来袭迎新春”——暨建德市第四轮汽车消费券活动方案》《清华涡轮发动机研发制造项目协议》及《浙江清华长三角研究院涡轮发动机研究中心共建协议》。

3 月 5 日，第二次市长办公会。市长富永伟，常务副市长俞伟，市政府党组成员夏喜生、陈文岳，副市长钱晓华、郑志华、王伟参加会议。审议《关于申报创建全球绿色城市的实施方案》《建德市坚决制止耕地“非农化”防止耕地“非粮化”稳定粮食生产的意见》《建德市高铁新区 PPP 项目绩效评价协议》，听取“江清月近人”实景演艺项目提升改造工程、关于治超非现场称重系统超限率采集标准、关于落实黄根法享受破产提前退休待遇等情况汇报。

3 月 23 日，第三次市长办公会议。市长富永伟，市政府党组成员夏喜生，副市长钱晓华、郑志华、王伟、袁思明参加会议。专题审议《新型环保建筑材料华东区域生产基地项目投资协议及补充协议》。

3 月 30 日，第四次市长办公会议。市长富永伟，常务副市长俞伟，市政府党组成员夏喜生、陈文岳，副市长钱晓华、郑志华、何瑞洪、袁思明参加会议。听取“幸福河湖”建设有关问题以及新安江—富春江水利风景区申报国家级水利风景区两个情况汇报。

5 月 7 日，第五次市长办公会议。市长富永伟，常务副市长俞伟，副市长钱晓华、郑志华、王伟、何瑞洪、袁思明参加会议。审议《东方雨虹杭州建德总部基地项目投资协议》《建德市溶洞资源调查工作方案》《浙江省建德市—贵州省岑巩县缔结友好城市协议书》。

6 月 29 日，第六次市长办公会议。市长富永伟，常务副市长俞伟，市政府党组成员夏喜生，副市长钱晓华、郑志华、王伟、袁思明参加会议。审议《关于建德市—乡城县深化东西部协作和对口支援框架协议》《关于落实杭州市上半年节能工作会议精神的方案》《关于全面深化金融业务服务合作协议》《建德市人民政府 AB 岗工作制》，听取关于调整补充耕地成本回收款收取标准、关于进一步明确历史遗留安置房办理权证相关事宜、关于上海科技人才“飞地”选址情况、相关单位履行主体责任和第一责任人有关情况及部分市政府班子成员党风廉政和履行“一岗双责”情况等汇报。

7 月 20 日，第七次市长办公会议。市长富永伟，常务副市长俞伟，市政府党组成员夏喜生，副市长钱晓华、郑志华、王伟、何瑞洪参加会议。审议《关于扶持建德市通用航空业发展实施细则》《建德市二三批美丽城镇建设专项扶持政策》《建德市粮食生产功能区整治优化工作方案》《2021 年“钜惠建德” 汽车消费券嘉年华活动方案》《建德市人民政府与中航文化有限公司（中国航空工业文化中心)全面深化航空文化产业框架合作协议》。

8 月 19 日,第八次市长办公会议。市长富永伟,常务副市长俞伟,市政府党组成员夏喜生,副市长郑志华、王伟、何瑞洪、袁思明参加会议。研究《南方水泥绿色建材产业园二期项目投资合作协议》、中策橡胶经济责任审计和《春秋厂区改扩建及仓储配套项目补充协议》、建德市基层政策性农业信贷担保服务创新试点实施方案，听取关于上海科技人才“飞地”选址相关事宜、《国科大杭高院建德研究生实践基地协议书》等情况汇报。

9 月 29 日,第九次市长办公会议。市长富永伟,常务副市长俞伟,市政府党组成员夏喜生,副市长钱晓华、郑志华、王伟、何瑞洪参加会议。审议《建德市养老服务电子津贴实施办法（试行)》,听取关于聘请市政府新任法律顾问和调整法律服务费用支付标准的请示。

11 月 3 日,第十次市长办公会议。市长富永伟,常务副市长俞伟,市政府党组成员夏喜生,副市长钱晓华、郑志华、王伟、何瑞洪、袁思明参加会议。审议《明峰医疗大型影像设备项目投资协议》《高性能纤维材料产业园项目投资协议》，听取关于当前全市生猪生产面临的问题及对策建议的情况汇报。

（竖代军）

外事工作

【概况】受疫情影响,2021 年，建德市暂停办理因公出国(境)报批;全年做好“三个服务”,协助企业办理邀请外国人来华核实单申报 4 批次 11 人次。

【涉外疫情防控服务】全力配合杭州市疫情防控指挥部做好杭州口岸入境来建人员集中隔离的承接工作,累计接收 55 个班次 4858 人,其中外籍人员 49 人。做好到建德的境外人员疫苗接种工作,外籍人员疫苗接种预约 49 人,接种 49 人,第二针接种 46 剂次。做好境外项目(企业)疫情风险管控,建德在境外项目(企业)共 16 个(家),及时解答企业有关疫情、疫苗等相关问题咨询,提醒在境外人员做好防疫工作。

【企业涉外工作服务】协助农夫山泉公司办理外国人来华邀请函 4 批次 11 人次,并向杭州市外办及时报备抵建外籍人员信息。同时,积极协调解决企业在防护物资、用工、原材料供应、产品出口等方面的困难和需求。

【涉外团体接待工作服务】指导市妇联对参加中华女子学院建德现场教学的 19 名外籍人员进行信息核对,并提前做好接待准备工作。

（乐赢盛）

数据资源管理与服务

【概况】2021 年,建德市数据资源服务中心紧紧围绕省、杭州市和本市数字化改革部署,扎实推进一体化智能化公共数据平台建设,建场景、搭门户,积极为推动“数智建德”建设提供支撑保障。获得省级试点 1 个、杭州市级试点 4 个。依托一体化智能化公共数据平台建立死亡人口数据专题库,赋能数智殡场景的做法得到省委书记袁家军的批示肯定。

【数字化改革】2021 年,该中心完成一体化智能化公共数据平台建设并于 7 月份上线。打造省市回流数据仓 1 个，回流落地数据资源 264 个，杭州 13 个区(县、市)排名第二位;归集市本级数据仓数据约 8 亿条,对外发布数据集 206 个;建立乡镇数据仓 16 个,用数据为基层赋能。依托 IRS 系统完成自建系统应用目录编制 89 套，完成数据目录、组件目录、云资源目录、项目目录 4 大目录梳理。挖掘智能组件 5 个,在省组件超市上架 4 个,以业务场景需求为导向,构建死亡人口、防汛、防疫、企业信息等专题库 9 个,平台建设智能化。

【数字化项目全市统筹管理】根据数字化改革项目建设要求,市政府出台《关于进一步明确数字化改革项目建设流程的意见(试行)》,形成项目分类、责任落实、流程管理、绩效考核的闭环流程,明确项目申报、建设、验收等 13 个环节要求,制定《数字化改革项目建设指导手册》,对项目建设中应用、组件、数据、云资源等要求进行规范,把关数字化项目建设内容,对可整合、可通用、可提高的项目内容提出指导意见。

【"数智建德"门户建设】2021 年,上线"数智建德"总门户,其中本地门户建设并上线首个镇级门户(李家镇),五大领域分门户集成公权智护、城乡供水智治、心安护学、疫情防控一张图等 16 个应用场景。协助数字治气、数智殡、疫情防控一张图、"17"清废、建村钉、公权智护、心安护学、数字草莓等 9 个场景上架数智杭州总门户,数量位居各区(县、市)第二,其中"心安护航"等 4 个应用被评为省门户优秀应用,数量列各区(县、市)第一;将心安护航、公权智护、数智殡 3 个业务系统和"17"清废、疫情防控一张图、数字治气、数智哨兵等 7 个驾驶舱贯通至门户,丰富门户展示种类。

【创立"数智建德"改革创新实验室】2021 年,市数字资源服务中心集聚 7 家牵头部门、25 家企业、3 位院士专家,构建"政企学研"集智改革平台实验室(集新场景研发孵化、新技术运用推广、数字经济集聚和数字生态建设等功能为一体),推行"部门提需求—企业拿方案—专家评优劣—试点来检验—成果全面推—利益共分享"孵化模式,企业精准对接本地需求定制应用,促进技术端与需求端无缝对接。2021 年,实验室举办全市第一届数据开放创新应用大赛,一项市数字资源服务作品获得杭州市三等奖,中心获得最佳组织奖。仅用 6 天定制出"17"防(安心返 3.0)协同应用,功能涵盖返建登记、疫苗接种预约、防疫物资管理等防疫全领域,服务 47 万人次疫苗接种预约,被复制推广至临安区、舟山市等地;获得 3 项软件著作权,承建的"乡镇换届及干部日常管理智慧系统"推广至全省 82 个县市,收益近百万元。

【大数据安全能力中心】依托"政企学研"集智改革平台实验室打造县级大数据安全能力中心,发布三年行动计划,梳理任务清单。6 家网络安全企业负责搭建模块,构建"4+2+1"(4 大安全支撑体系、2 大安全运营中心、1 套安全制度)防护框架。集合本地所有新建数字化项目 5%的费用用于能力中心建设,升级市级机房、防毒墙、堡垒机和备灾中心等基础设施,统筹管理数字化项目建设安全标准,做到项目建设与安全"同步规划、同步建设、同步运营"。全年对全市 53 台设备开展风险评估,对 15 套本地系统开展渗透测试,发现数据安全预警 405 次,问题整改时间由 24 小时缩短至 5 小时内;举办安全培训 7 次,参与 1000 余人次。

(翁美倩)

行政审批服务管理

【概况】2021 年,坚持以"最多跑一次"改革为引领,依托浙江省政务服务 2.0 系统,深化"一件事"改革,强化数字赋能,全面打造"指尖上的行政服务中心",全面推进减窗口、优服务、惠民生,切实提升满意率、实现率和主动评价率。全年市行政服务中心为企业和群众办理各类事项 104.07 万件,其中涉企类办件 43.56 万件。网上办、掌上办、自助办办件量为 43.56 万件,电话咨询办理 11.59 万件,大厅现场办理 23.11 万件。

【智能预审应用场景】在市行政服务中心大厅配备资料申报自助终端,对纳入自助终端申报事项,实现 24 小时自助申报,形成标准、完整、精确申报材料,并实现简单事项自助申报和全程自动审批(即智能秒办);实现复杂事项智能初审,再转人工审核出证。该应用场景获得副省长高兴夫批示,省经信厅、省大数据局下文明确在西湖区、建德市、余姚市、海曙区、桐乡市作为试点县(市、区)开展试点。12 月底,首批试点事项——申请补缴城镇职工社会保险费事项（市人力资源社会保障局）、临时占用城市道路审批（市综合行政执法局），上线运行。

【深化“就近办”工作】根据省级民生事项目录，对事项进行标准化梳理，分层级拟定全市各乡镇（街道）便民服务中心进驻事项清单，精准下放民生事项。全年各分中心下放事项589项（含省级民生事项263项），其他便民服务中心下放民生事项263项，实现87.1%民生事项在基层便民服务中心办理，同时梳理出56项村社便民服务点事项。明确基层中心办事模式，按照“分中心—便民中心—村社便民服务点”层级，打造基层中心办事模式和组织框架。4个行政服务分中心所在乡镇公安、市场监管、税务、城管等基层站所全部进驻，实现户籍、驾管、商事登记、办税等事项“一站式”办理；12个乡镇（街道）便民服务中心设立社保、医保、不动产等高频民生事项办件窗口，新增华数、电信、自来水、发票代开等窗口。全市256个村（社区）以村（社区）办公大厅为场地，均设立便民服务中心，由所在乡镇（街道）便民服务中心负责日常管理和业务指导，实现中心村（社区）综合自助服务机全覆盖。各村（社区）均组建“代跑服务队”，由村干部坐班，为群众提供代跑服务。

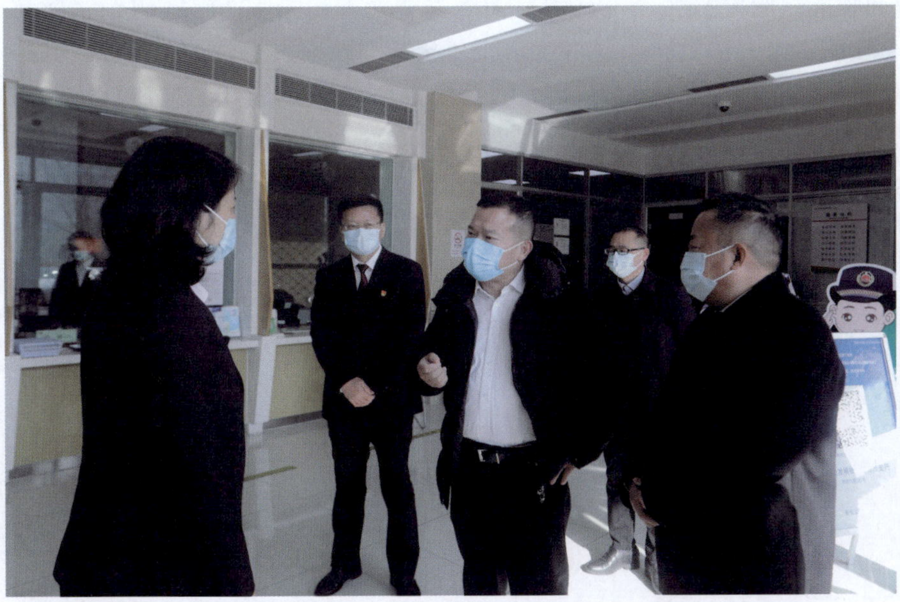

◎ 市委副书记、代市长王新锋（中）调研行政审批工作

【推进政务服务2.0事项应用】推动政务服务2.0事项落地，全面贯彻落实2.0事项落地应用要求，重点做好2.0智慧大厅建设，组织各部门单位开展2.0账号分配、事项认领、2.0工作台办事流程培训等工作，确保2.0事项应领尽领，各部门窗口人员熟练掌握办事流程。全年共认领到位1425项，认领率100%。推广政务服务2.0事项运用，设置自助服务区、掌办区、网办区，配备导办人员“一对一”“手把手”引导市民和企业通过4个渠道申报办件；对于老年人群体，通过代办方式帮助老年人等特殊群体解决办事需求；对于年轻人群体，通过引导教学方式，鼓励其在家申报，减少现场办理次数。推进政务服务2.0事项向镇村延伸，梳理2.0“就近办”事项清单，为每个乡镇（街道）便民服务中心开通网上大厅，各便民服务中心设置2.0政务服务专区，配备专人引导群众通过“掌上、网上、自助”申报业务。村级便民服务中心通过综合自助服务机办理各项民生业务。12月底，全市有自助服务机接入政务服务2.0事项15台。

（方金娟）

机关事务管理服务

【概况】2021年，建德市机关事务服务中心继续秉持“五心”（用心、细心、热心、尽心、舒心）后勤服务理念，围绕打造“服务品质提升年”目标，在智慧停车、房产基建管理、公务用车等后勤保障等方面，创新实干，“三雁三化”（“头雁”带动法，打造专业化队伍；“群雁”发动法，丰富品牌化载体；“雏雁”培育法，加强制度化建设）工作法被评为2021年优秀党支部工作法。总结提炼五心“联廉看”品牌，打造清廉文化阵地，被建德市纪委评为第二批“建德廉线”示范点。

【"智慧停车" 项目纳入省试点】 为缓解机关大院停车难问题，利用建德市党群服务中心地下停车库停车位资源和"智慧停车"平台，投入15万元对大院南大门人员通行道闸、车闸、监控机房设备设施提出升级改造方案，并对进出大院车辆进行预约管理。8月通过与省、杭州市多次沟通，该项目列入浙江省机关事务系统数字化改革试点项目。

【房产基建管理】 制定《建德市党政机关办公用房管理实施细则》，联合市纪委开展全市办公用房检查2次，建立办公用房台账，对违规使用问题进行整改督办。完善公物仓出入库管理流程，细化物资入库、借用、调拨、报废处置流程，有效提高闲置物品利用率，节省办公经费77万余元。完成档案馆服务设施提升改造工程、新安商厦机关办公楼维修改造工程等工程项目建设工作，维修改造总面积1.5万平方米。完成2号楼停车场停车位改造、机关大院河道清理等基建维修，全年共进行零星基建维修290次，维修金额57.44万元。

【公务用车管理】 与交通技术学校杭州技师学院开展联合教学，通过"驾+校"合作实行学分制管理，采取集中授课、技术拓展、技能比赛等形式，有针对性地对驾驶员进行常态化、系统化、规范化教育培训。全年共组织安全教育培训5期，切实提升驾驶员安全驾驶、文明行车意识和技能。制定《建德市党政机关事业单位公务用车管理实施办法》，严格执行车辆安全"日检""月检"制度，开展专项安全检查10次，完成1.5万趟次公务用车保障任务，行驶总里程约100余万千米。

【后勤服务保障】 制定《进一步规范和落实公务接待工作有关规定和流程的通知》，全年接待宾客355批次，完成建德市十五次党代会等重大会议活动保障29场次，《建德市千鹤妇女精神的探索与实践——以接待工作为例》获杭州市机关事务管理局优秀奖。联合市垃圾分类办公室，对全市80家行政事业单位垃圾分类、一次性消费用品使用、禁烟宣传等进行实地检查指导3次。做好"无废机关"创建动员宣传指导，开展节能宣传周暨低碳日宣传活动，覆盖机关干部职工1200余人。做好疫情防控保障工作，高质量完成全市防疫物资采购、储备、运输以及集中隔离观察场所协商、审批等工作。全年召开保障会议1000余场次，提供文印服务157.8万页。牵头推进"建德豆腐包"进驻浙江省政府、杭州市民中心机关食堂及浙江省、杭州市"两会"与杭州市第十三次党代会用餐供应清单。

【爱心助农】 依托机关食堂平台，开展"优质农产品进机关"活动，帮助乾潭、大同、三都、大慈岩等乡镇农户销售翠冠梨、红心火龙果、黄桃、莲蓬等果蔬约4.5吨，帮助销售莲花镇玉米粿、梅城镇龙山年糕和方顺和烧饼等特色小吃近15万元。完成联系村3件"关键小事"办理，送达"微心愿"60余件，走访残疾人之家和困难群众100余人次。

【机关平安建设】 组织机关保卫人员进行反恐防暴、消防演练等"大比武"20余次，300余人受训。加强日常安全巡查，全年开展消防专项检查16次，填写消防安全检查记录1020条，组织消防演练3次。全年接待群众来人来访1575人次，其中配合信访、公安等部门及乡镇（街道）处置各类"非法上访"事件6起。落实"每周巡查制"，与市应急管理局、市住建局、市消防大队等单位，开展食堂安全专项检查活动，组织各类安全巡查5000余次，岗位履职情况检查24次，排除隐患10余次。

（胡　娟）

责任编辑：黄建生

政协建德市委员会

Jiande Municipal Committee of the Chinese People's Political Consultative Conference

综 述

【概况】2021年,政协建德市第十四届委员会(以下简称市政协)坚持以习近平新时代中国特色社会主义思想为指导,牢牢把握团结和民主两大主题,牢牢坚持建言资政和凝聚共识双向发力,为建德高质量发展建设共同富裕示范区“县域样板”贡献智慧和力量。全年收到各类意见建议235件,经审查立案218件,并案处理19件,实际交办199件,办结率100%。

【开展“六个一”党史学习教育】切实加强政协党组、机关党组和基层党组建设,设立六个专委会党支部,严格落实“两个全覆盖”要求,不断提高党建质量和水平。紧密结合学史力行的要求,确定全年开展“围绕双循环,助推高质量”助企主题活动,深化“三服务”等活动,助力企业高质量发展。加强与各民主党派、工商联、无党派、社会团体和各界人士的密切联系,支持他们通过政协渠道发表意见建议,组织部分政协之友社会员赴广东省考察交流学习。

【政协履职平台——“请你来协商”品牌建设】围绕研学产业发展、城市空间拓展、传统制造业改造提升2.0版、“三江”治理体系建设、城区文明养犬、主城区交通治堵、加强企业家队伍建设和中小学生身心健康等内容,精心开展8场市级“请你来协商”活动。出台文件《关于深化规范全市乡镇街道“请你来协商”平台建设的指导意见》,组织召开工作部署会,全面完成乡镇(街道)“民生议事堂建设”任务,推进政协协商向基层延伸,“搭平台、聚中心、强共识,推进基层协商向纵深发展”经验做法在杭州市政协主席学习会上交流。

【重点课题调研】广泛开展调研,支持市委、市政府中心工作,围绕“西乡”共同富裕示范区建设、全域旅游高质量发展、工业用地亩产效益、义务教育优质均衡发展、推动“彩色森林”建设、国家电子商务进农村综合示范市建设、加快打造浙西综合交通枢纽助力建德新崛起等7个重点调研课题,深入全面开展专题调研,形成具有战略性、前瞻性、可操作性的课题成果。其中《建德市全域旅游高质量发展的思考》被《政策瞭望》2021年第九期录用。

【视察议政】高度关注全市经济社会发展重点、难点问题,以主席会议形式围绕粮食生产、残疾人权益保障、重大交通项目建设、“五水共治”、招商引资等5项工作开展视察议政。通过专题会议围绕推进全市法治阵地建设、低效用地盘活、环境综合整治、草莓产业发展等8个专题开展视察议政。

【民主监督】按照省、杭州市政协“推进美丽大花园建设,打造美丽中国建德样本”三级联动监督要求,开展专项集体民主监督。始终坚持以人民为中心,持续关注民生问题,对2020年市政府十件民生实事中的六件进行民主评议。

【政协文史工作与机关文化建设】完成《建德市政协志(1998—2019)》《八三洪水纪实》《初心如磐——建德市政协百名委员读百年党史活动纪实》的编纂出版任务;组织编纂《严州书画精选》,

◎ 8月5日，市政协主席会专题视察重大交通项目建设

该书入选 2021 年度“浙版好书榜”；“不断提升文教卫体委履职水平”在首次杭州市政协专委会工作会议上交流。主动加强和《人民政协报》《浙江日报》《联谊报》的密切合作，刊出稿件 16 篇，充分发挥《建德政协》杂志的宣传作用，不断提升对外影响力。

【完善委员履职工作规则】建立健全委员联络机制，有效提升委员履职管理智慧化、信息化水平。杭州市政协建德联络组委员工作站制度化、规范化建设扎实推进，被杭州市政协评为 2020 年度先进工作站。组织赴新昌县委党校开展第五期委员培训，提升委员队伍能力水平。坚持政府主要领导在政协会议上通报经济社会发展情况制度，组织委员分批次参加市委、市政府重要会议、重要活动，为委员知情明政提供更广平台。配齐专委会主任、办公室和专委会副主任，政协机关的干部结构不断优化，人员力量得到有效加强。

全体会议与常委会会议

【市政协十四届委员会第五次会议】2 月 21—24 日，市政协十四届五次全体会议在新安江召开。会议应到委员 230 人，实到 222 人。主席吴铁民代表十四届常委会作工作报告，副主席严凌云受十四届常委会委托作提案工作报告。会议听取并讨论市长朱欢所作的《政府工作报告》及其他报告。审议通过吴铁民、严凌云所作的报告，以及市政协十四届五次会议决议。以无记名投票方式，选举汪华瑛为政协建德市第十四届委员会副主席，选举李静、张毅、张奕涛、陈跃春、谢伟东为政协建德市第十四届委员会常务委员。

会议认为，2020 年市政协常委会坚持以习近平新时代中国特色社会主义思想为指导，深入学习贯彻落实习近平总书记关于加强和改进人民政协工作的重要思想，全面贯彻落实中央、省委、杭州市委和建德市委政协工作会议精神，立足于专门协商机构新的综合性定位，坚持团结和民主两大主题，建言资政和凝聚共识持续双向发力，在强化政治引领、助推改革发展、增进民生福祉、提升履职能力等方面取得了新成效，有力助推市委、市政府决策部署的有效落实和各项事业的全面发展，为决胜全面小康、加快建德新崛起贡献了智慧和力量。

【市政协常委会会议】2021 年，市政协共召开常委会会议 7 次。其中重要的 4 次会议为：

1 月 15 日，市政协召开十四届二十八次常委会会议（注：为避免行文累赘，下文直接以“第 N 次常委会会议”表述）。市政协主席吴铁民主持会议，副主席程旭、徐亚娟、王百金、叶强出席会议。副市长何瑞洪应邀参加会议。听取何瑞洪关于 2020 年度政府工作情况、市政府关于市政协十四届四次会议以来提案及建议案办理情况等通报；协商讨论 2021 年《政府工作报告（征求意见稿）》；审议通过关于召开市政协十四届五次会议的决定、市政协十四届五次会议的议程和日程（草案）、秘书长和副秘书长名单、主席台就座人员、邀请人员、列席人员、各组召集人名单，以及关于授权主席会议审议未尽事宜的决议及有关人事任免事项；审议并原则通过市政协十四届常委会工作报告(审议稿)和提案工作情况报告(审议稿)。

4月22日,第三十一次常委会(扩大)会议。主席吴铁民主持会议并讲话,副主席汪华瑛、程旭、严凌云、徐亚娟、叶强,以及秘书长蒋智鸿出席会议。副市长郑志华应邀到会并讲话。传达学习省、杭州市和建德市数字化改革相关会议精神,动员部署2021年度市政协常委会民主评议监督等工作。

8月27日,第三十二次常委会会议,交流市政协2021年重点调研课题成果。市政协主席吴铁民主持会议,市政协副主席汪华瑛、程旭、严凌云、徐亚娟、王百金、叶强和秘书长蒋智鸿,市政协各常委,各民主党派、工商联负责人,无党派人士代表等参加会议。中共建德市委书记朱欢出席会议并讲话,副市长郑志华应邀参加会议。2021年,市政协组成7个课题调研组,由正副主席带领,围绕寿昌“西乡”共同富裕示范区建设、建德全域旅游高质量发展、工业用地亩产效益、义务教育优质均衡发展、推动“彩色森林”建设、国家电子商务进农村综合示范市建设、加快打造浙西综合交通枢纽助力建德新崛起7个课题开展专题调研,形成7份调研报告。在本次会议上,各课题调研组就调研成果作交流发言。朱欢充分肯定市政协年度重点调研课题成果,要求全市各级政协组织和广大政协委员要紧扣中心,努力在高质量发展、招商引资、项目推进、生态建设、公共服务、社会治理等方面多提“金点子”、善发“好声音”,同时用好“请你来协商”等工作载体,不断促进履职成果转化,在助推改革发展上献策出力;要紧贴民心,始终坚持“人民政协为人民”,坚持问题导向,广泛开展调查研究,同时以“走亲连心三服务”等活动为着力点,多到基层一线倾听民意、了解民情,多谋划一些通民意、解民忧、暖民心的事情,在增进民生福祉上形成合力;要坚守初心,全面加强自身建设,持续加强学习、开拓创新、改进作风,在提升履职能力上持续发力,为全市经济社会高质量发展、打造共同富裕“县域样板”作出政协新的更大贡献。

12月24日,第三十四次常委会会议。市政协主席吴铁民主持会议并讲话,市政协副主席汪华瑛、程旭、严凌云、王百金、叶强,市政协领导章学东,秘书长蒋智鸿参加会议。传达学习中共十九届六中全会精神。市政协办公室汇报2022年常委会工作要点起草情况,各专委会总结汇报2021年工作完成情况和2022年工作思路。市政协领导、常委结合十四届政协工作经验,对2022年工作思路提出意见建议,就“十五届政协如何更好围绕中心、服务大局,如何更好突出明年的履职重点”作交流发言。会议充分肯定2021年市政协常委会各项工作成效,并要求在2022年继续切实担负起“重要阵地、重要平台、重要渠道”建设的政治责任,加强调查研究,不断提高协商议政水平,进一步提高履职针对性和建言质量。加强作风建设,展示良好履职形象,以更高的政治站位、更强的使命担当、更大的工作力度、更好的精神风貌,努力推动建德政协事业再上新台阶。会议对市政协十五届一次会议筹备工作做出部署,要求做好大会发言和提案征集,集中精力做好组织协调工作;抓好委员换届调整工作,全力做好提名推荐政协委员的考察、审核等各项工作;全力提供高质量全会服务工作,牢固树立“一盘棋”思想,加强协作配合。会议审议通过有关人事任免。

主席会议

【协商建言】7月6日,市政协召开十四届七十八次主席会议暨市委十四届十次全会报告协商建言会,专题协商讨论市委十四届十次全会工作报告(征求意见稿)及建德打造高质量发展建设共同富裕示范区“县域样板”行动计划(2021—2025年)(征求意见稿)。主席吴铁民主持会议并讲话,副主席汪华瑛、严凌云、徐亚娟、王百金、叶强及秘书长蒋智鸿参加会议。中共建德市委副书记吕平到会听取意见。会议认为,报告内容客观全面、创新务实、催人奋进。同时,建议报告要体现:把握重点,坚定工业经济强市目标不变,坚定抓主导产业力度不减,坚定工业平台建设重点不改,以更高标准推动工业经济更好更快发展;要咬定目标,聚焦道路交通、“三农”问题、民生领域短板问题以及市政基础设施,以坚定步伐持续夯实发展基础;要强化保障,不断增强服务意识、不断狠抓招商引资、优化投资运营方式,进一步实现可持续发展,以更扎实的举措优化发展环境。

12月14日,市政协召开十四届八十四次主席会议,专题协商讨论市第十五次党代会报告(征求意见稿)。主席吴铁民主持会议,副主席汪华瑛、程旭、严凌云、徐亚娟、王百金、叶强及秘书长蒋智鸿出席会议。中共建德市委副书记吕平应邀到会并讲话。会议认为,报告全面回顾总结全市过去五年工作,研究部署未来五年工作任务,整个报告主题鲜明、客观全面、创新务实、催人奋进,进一步坚定了广大党员干部群众的发展信心、振奋了工作精神、笃定了奋斗方向。建议报告要体现:在坚定工业强市目标上更进一步,坚定工业强市发展战略,坚定抓好优势产业发展和“两个平台”建设,为工业发展注入新动能,以高质量发展推动“共同富裕”;在增进民生福祉目标上更进一步,重点关注交通问题、“三农”问题、城市规划问题和公共卫生服务体系建设,让全社会共享发展成果;在优化发展环境目标上更进一步,多措并举抓招引,千方百计促成效,不遗余力优服务,不断优化全市营商环境;汲取各方智慧和良策,使报告内容更加符合党中央、省和杭州市要求,更加切合建德发展实际,更加顺应全市广大党员干部群众所思所盼,更加具有凝聚力和号召力。

12月31日,市政协召开十四届八十五次主席会议,听取2021年重点项目执行情况和2022年重点项目编制情况报告,专题协商2022年市政府重大投资项目安排。主席吴铁民主持会议并讲话,中共建德市委常委陈文岳应邀出席会议,市政协领导汪华瑛、程旭、严凌云、王百金、叶强、章学东等参加会议。会议认为,政府投资项目谋划要坚持产业发展的战略性、特色性、基础性、民生性和综合性。要围绕高质量发展,始终将政府投资项目作为经济社会发展“助推器”,坚持“工业强市”战略,加大对战略性项目投入,进一步深化水产业基地建设、重视平台基础设施、关注民生性基础项目、关注综合性项目建设;要集中关注城市建设发展,在新一轮城市发展中加大基础设施投入,聚焦城市的南拓、中优和政府机构的办公中心建设,有效加强交通治理、科学配置教育资源、逐步完善基础设施;要优化发展环境,努力为项目建设提供坚强的保障,强化协同配合,加强政策研判,积极争取资源,加强项目监管,让有效的资金既做好项目又产生效益。

【民主评议】 10月14日,市政协召开十四届三十三次常委会议,对市教育局、市交通运输局、市卫生健康局、市水利局、市市场监管局、市住建局等部门牵头实施的2019年政府民生实事项目进行民主评议。市政协主席吴铁民主持会议并讲话,中共建德市委常委、常务副市长俞伟应邀参加会议,市政协副主席汪华瑛、程旭、徐亚娟、王百金、叶强以及秘书长蒋智鸿参加会议。根据2021年市政协常委会工作安排和《市政协常委会民主评议政府民生实事项目实施方案》的要求,从4月开始,六个监督评议小组通过深入调研走访,收集掌握数据、材料,形成六份报告。会议听取被评议部门关于农村骨干教师培养、“四好农村路”建设、城乡居民老年人及未成年人体检、农村饮用水达标提标工程、食品安全放心工程和老旧小区住宅电梯加装工作等情况汇报,听取各监督评议小组和部分委员发言,并对2019年政府民生实事项目实施工作进行现场测评。

会议充分肯定政府民生实事项目取得的良好成效,指出:要精准发力,努力把民生实事项目抓实抓好;要增强责任意识、强化资金保障、加大宣传力度,加快推进民生实事项目落实;高标准建设、持续性关注、长效化管理,着力提升民生实事项目质效;聚焦群众关心问题、突出科学有效、体现基层倾斜,不断加强民生实事项目谋划。

【专题议政】 3月23日,市政协召开十四届七十四次主席会议暨粮食生产专题议政会,对全市粮食生产工作开展视察议政。主席吴铁民主持会议,副主席汪华瑛、程旭、严凌云、王百金、叶强参加会议。副市长袁思明应邀参加会议。会议认为,粮食是最重要的生活必需品,关系到国家社会的安全稳定发展。特别是新冠肺炎疫情发生后,粮食保障工作受到严峻考验。在当前坚决制止耕地“非农化”、防止耕地“非粮化”、稳定发展粮食生产的大环境下，全市一定要立足实际，科学谋划，加大政策的对接争取，大力推动乡村振兴示范区、农业示范园区建设，扎实做好粮食生产各项工作。要提高思想认识，高度重视全市粮食生产工作，准确把握双循环新发展格局对粮食生产工作的影响，准确把握、认真贯彻实施中央的政策方针，紧密结合全市农业产业发展实际；要紧盯工作重点，确保完成粮食扩面增产任务。摸清粮食生产底数，深入开展专项整治，加大土地肥力的优化；科学统筹推进，全力保障人民群众经济利益；认清工作实际，统筹推进实施，注重因地制宜。市政协要通过深入的调研和协商议政，把事关全市粮食生产的问题研究透分析深，把建议提准提好，为市委、市政府做好粮食生产工作建智言献良策。

4月16日，市政协召开十四届七十六次主席会议暨残疾人权益保障工作专题议政会，对全市残疾人权益保障工作开展视察议政。主席吴铁民，副主席汪华瑛、严凌云、徐亚娟、王百金、叶强和秘书长蒋智鸿参加会议。副市长郑志华应邀参加会议。会议认为，尊老、爱幼、助残是中华民族的传统美德，加强残疾人权益保障是一项实实在在的民心工程，必须高度重视，切实增强责任感和紧迫感，强化引导、兜住底线，强化基础、防控风险，把残疾人权益保障作为政府民生工作的重要内容抓好抓实；要加大对残疾人的关爱关注，进一步梳理相关政策，不断加强残疾人的权益保障，通过数字赋能实现对残疾人的精准管理，做实做细保障残疾人权益的关键小事，不断优化服务，让残疾人共享社会发展的成果，不断提升幸福感和获得感；要突出重点，把残疾人服务体系建设作为促进社会和谐的关键举措，不断加强残疾人的就业服务，提高残疾人的社保水平，加大残疾人的救助医疗力度，切实推进残疾人的权益维护，引导残疾人群体依法维护自身权益；要强化保障，不断完善政策体系，强化组织领导，持续加大资金投入，加强工作力量，切实增强残疾人权益保障工作的实际效果，确保全市残疾人权益保障工作高质量推进，为推动建德经济社会高质量发展作出积极贡献。

8月5日，市政协召开十四届七十九次主席会议，专题议政全市重大交通项目建设。主席吴铁民主持会议，副主席汪华瑛、程旭、严凌云、徐亚娟、王百金、叶强及秘书长蒋智鸿出席会议。副市长袁思明应邀参加会议。会议认为，交通是国民经济和社会发展的重要基础条件之一，各级各相关部门要统一思想、提高认识，切实增强加快推进重大交通项目建设的责任感和紧迫感，把重大交通项目建设工作作为当前一项重要内容抓好抓实；要突出重点、锚定目标，切实做好项目的前期谋划，加强项目建设管理，加大宣传力度，强力推进重大交通项目建设工作；要强化保障、狠抓落实，切实加强组织领导，强化部门联动，牢固树立重大交通项目建设全市上下“一盘棋”思想，同时强化依法管理、监督检查，确保重大交通项目建设按时保质保量完成。

9月13日，市政协召开十四届八十一次主席会议，专题议政全市招商引资工作。主席吴铁民主持会议，副主席汪华瑛、程旭、严凌云、徐亚娟、王百金出席会议。会议认为，招商引资工作是实现建德高质量发展的根本举措。要认清形势，切实增强做好招商引资工作的责任感和紧迫感，认真分析工作短板和问题，坚定不移将该工作作为“生命线工程”抓实抓好；要锚定目标，提高工作针对性，围绕资本市场、科技市场、资源市场、主体市场有针对性地谋划项目，围绕自身优势开展招商引资，同时也要聚焦新发展模式；要强化各类保障，强化组织领导，优化服务质量，强化队伍建设，营造发展氛围，细化督查考核，确保该工作取得实效。

10月18日，市政协召开十四届八十三次主席会议，专题议政“五水共治”。主席吴铁民主持会议，副主席汪华瑛、程旭、严凌云、徐亚娟、王百金、叶强以及秘书长蒋智鸿出席会议。会议认为，“五水共治”是一项长期性、系统性工作，要完善落实长效机制，推进该工作制度化、常态化、长效化。要加强设施的管理和保护，全面巩固“五水共治”成果。要推动污水治理基础设施建设，将农村污水治理提上工作日程，加强日常监督和管理，持续推进深化污水治理各项工作。要加强组织领导，完善监管机制，严格落实各项责任。要加强宣传引领，在推进“五水共治”过程中，宣传先进树典型，曝光问题补短板，推动该项工作取得实效。

“请你来协商”平台建设

【“建德市研学产业发展”专题研究】 4月28日，市政协举行2021年度首场“请你来协商”活动，专题研究全市研学产业发展，围绕谋划布局、政策引导、运营管理三个专题开展协商交流。市政协主席吴铁民，副主席汪华瑛、程旭、严凌云、徐亚娟、叶强和秘书长蒋智鸿参加活动，副市长郑志华应邀出席活动。市教育局、市文广旅体局汇报全市研学工作情况。在协商交流环节中，来自各个界别的政协委员、企业代表、网民围绕全市研学产业的谋划布局、政策引导、运营管理等方面与相关部门开展互动协商。会议提出：要提高认识、抢抓机遇，进一步坚定研学产业发展方向；明确定位、科学谋划，进一步加快研学产业发展步伐；优化服务、强化保障，进一步增强研学产业发展后劲。相关部门要将本次“请你来协商”活动与部门的重点工作、中心工作紧密结合，积极借助政协的平台，借助政协委员的优势和力量，达成共识、形成合力，切实推动研学产业发展，使研学旅行成为建德旅游品质提升的重要推动力。

【“建德市传统制造业改造提升” 专题协商】 6月23日，以“建德市传统制造业改造提升”为主题，举办“请你来协商”活动。邀请政协委员代表、部门负责人参加，并进行线上同步直播互动，面对面协商、共同为全市传统制造业改造提升2.0版献计出力。市长富永伟，市政协主席吴铁民，市委常委夏喜生，市政协副主席汪华瑛、程旭、严凌云、徐亚娟、王百金、叶强以及秘书长蒋智鸿参加活动。与会人员观看“全市传统制造业改造提升2.0版”视频，听取市经信局关于全市传统制造业改造提升2.0版情况汇报，了解全市在推动传统制造业改造提升方面的主要做法、举措以及成效。政协委员和网友，围绕市民和企业关切问题，聚焦目标任务、重点工作、服务保障三个专题，对发展规划、政策支持、人才和土地等要素调配各个方面进行提问，相关部门负责人予以解答。富永伟在总结时强调，要进一步增强推进传统制造业转型升级的责任感和紧迫感，推进传统制造业高质量发展，着力打造特色制造业集群，坚持数字经济“一号工程”，走绿色低碳循环道路，不断积蓄发展动能，引导企业练好内功同时，要保障营商环境更优化、政策扶持更精准、服务企业更到位。

【“文明养犬治理工作”专题协商】 7月5日，以“文明养犬治理工作”为主题，举办“请你来协商”活动。邀请政协委员代表、部门和乡镇(街道)负责人及部分市民代表、物业代表等参加，并进行线上同步直播。市政协主席吴铁民，副主席汪华瑛、程旭、严凌云、徐亚娟、王百金、叶强以及秘书长蒋智鸿出席活动。副市长何瑞洪应邀参加活动。与会人员观看建德市犬类管理专题片。市行政综合执法局汇报全市文明养犬治理工作情况。协商活动围绕“守规矩、依法养犬”“强执行、科学养犬”“讲公德、文明养犬”三个专题展开，政协委员、市民代表向部门提问，市行政综合执法局、市卫生健康局、市农业农村局、市公安局、新安江街道、洋溪街道等单位负责人逐一予以解答。

【“‘三江’治理体系建设”专题协商】 7月13日，围绕建德市“三江”治理体系建设工作，以“全域幸福河建设，打造共同富裕示范区县域样板”为主题，举办“请你来协商”活动。邀请政协委员代表、部门负责人参加，并进行线上同步直播，面对面协商推进。市政协主席吴铁民，副主席汪华瑛、程旭、严凌云、徐亚娟、王百金、叶强以及秘书长蒋智鸿出席活动。副市长袁思明应邀参加活动。活动中播放全市“三江”治理体系建设宣传片，宣传全市“三江”治理体系建设主要做法、举措以及成效。市水利局汇报该项工作情况。协商活动就“规划建设”“管理保护”“综合利用”三个方面，由市水利局、市住建局、市规划资源局、市林业局、市文广旅体局、生态环境建德分局、市城投公司、市高投公司、新安江水力发电厂等部门单位负责人逐一予以回应。与会人员提出：要提高站位，深刻认识推进“三江”治理体系建设的重要性，以高度的责任感、使命感，高质量完成各自任务；要科学谋划，做好“三江”治理体系建设的各项工作，注重建管并重，善于统筹结合，将“三江”治理体系建设与落实拥江发展战略、推进数字化改革、打造宜居建德、实行城市旧城改造结合起来，做到早谋划、早筹备、早安排；要把握原则，坚持以人民为中心，加强组织领导与监督考核，注重宣传引导，确保该项工作取得实效。

【“城市空间拓展”专题协商】8月18日，“请你来协商”活动以“城市空间拓展”为主题，开展专题协商，相关乡镇(街道)、部门单位负责人和部分市政协委员面对面对话，围绕规划布局、要素支撑、项目建设等方面进行互动交流。市委书记朱欢出席活动并讲话，市政协主席吴铁民主持，副市长钱晓华，市政协副主席汪华瑛、程旭、严凌云、徐亚娟、王百金、叶强参加活动。朱欢强调，城市空间拓展既要有格局，也要有风貌，让城市布局更优化，抓好规划编制，优化城市布局，强化风貌管控，着力打造高低错落、疏密有致、山水相依的“半边山水半边城”风貌；城市功能升级既要有活力，也要有动力，让城市发展更硬核，坚持以产兴城、产城融合发展，增强高端产业、人才、要素集聚，加快创新平台培育，做优交通功能，做实产业功能，做强创新功能；城市品质提升既要有颜值，也要有内涵，让市民生活更舒心，发挥“具山城之秀、赋江城之美”生态优势，加快城市有机更新和老旧小区改造，彰显山水特色，改善人居环境，优化公共服务，提升城市管理水平；城市难题破解要有力度、温度，要素保障到位，加快推进征地“清零”和低效用地再开发，综合运用土地资本和地域空间，加大高端人才引招育留，解决“地从哪里来”“钱从哪里来”“人从哪里来”问题。

【“主城区交通治堵”专题协商】9月17日，“请你来协商”活动，以“主城区交通治堵”为主题，邀请相关乡镇(街道)、部门单位负责人和部分市政协委员参加。市政协主席吴铁民，副主席汪华瑛、程旭、严凌云、徐亚娟、王百金、叶强参加活动。副市长王伟应邀参加活动。听取市交通运输局关于新安江主城区交通治堵情况汇报。政协委员及网友围绕市民关注问题，在缓解大转盘东入城口拥堵、发挥江南公路作用、畅通江滨大道双江街出城车辆通行、引入共享电动单车、增加停车资源、优化重点拥堵路口交通组织、畅通内部“毛细血管”、拉开城市框架、合理布局城市功能、完善智慧交通体系等方面，从规划控制、设施建设、组织管理三个专题提出问题，相关部门负责人以一问一答形式予以解答。

【“企业家队伍建设”专题协商】10月13日，“请你来协商”活动以“加强全市企业家队伍建设工作，推动全市经济高质量发展”为主题，邀请政协委员代表、相关部门负责人、开发区(航空小镇)、高铁新区(高新区)以及梅城、寿昌、大同、乾潭等四个中心镇负责人参加。市政协主席吴铁民，副主席程旭、徐亚娟、王百金、叶强以及秘书长蒋智鸿出席活动。中共建德市委常委夏喜生应邀参加活动。市工商联汇报全市企业家队伍建设工作情况。协商活动围绕“弘扬精神”“营造环境”“家国情怀”三个专题，采取一问一答形式进行提问。市工商联、市经信局、市委统战部、市发改局、市财政局、市委党校、市司法局等单位负责人予以解答。

【“建德市中小学生身心健康”专题协商】11月12日，“请你来协商”活动，以“中小学生身心健康”为主题，邀请政协委员代表、家长代表、部门负责人等面对面交流。市政协主席吴铁民，副主席汪华瑛、程旭、严凌云、徐亚娟、王百金、叶强及秘书长蒋智鸿出席活动，副市长郑志华应邀参加活动。与会人员观看全市中小学生身心健康工作专题片，听取市教育局关于全市中小学生身心健康相关工作情况汇报。要进一步提高对中小学生身心健康教育工作重要性的认识；找准中小学生身心健康教育工作重点，端正社会导向、优化工作措施、明确工作职责，发现与解决问题。加强考核健全体制机制，形成工作合力，确保全市中小学生身心健康教育工作取得实效。

（徐燕飞）

责任编辑：黄建生

中共建德市纪委·市监委

Jiande Municipal Commission for Discipline Inspection of CPC and Commission of Supervision

综　述

【概况】2021年，市纪委、市监委机关设办公室、干部室、宣教室、党风室、信访室、案件监督管理室、第一至第四监督检查室、案件审理室等11个内设机构。市纪委市监委设派驻（出）机构11个，其中综合派驻8个、单独派驻（出）3个。市纪委、市监委从严履行政治监督职责，对全体党员干部和公职人员，全面加强党的领导。持续深入开展党的作风建设，始终保持反腐斗争高压态势，坚决查处各类腐败行为，全年共立案查处违纪违法案件210件，党纪政务处分199人，移送司法机关6人，挽回直接经济损失2356万元；巡查工作从严、常态化，及时发现问题和要求整改；继续开展党风廉政教育平台品牌化建设，“澄清门下道澄清”成为有全国影响力的品牌。积极开展纪检、监察领域的数字化改革，并获得省级奖励（荣誉）多项。

【政治监督具体化与常态化】2021年，市纪委、市监委牢牢把握政治监督的根本指向是坚持和加强党的全面领导，以实际行动践行“两个维护”。围绕中心大局，强化对共同富裕示范区建设、数字化改革、市镇两级换届、疫情防控等重大任务的政治监督，紧盯重点环节、重要节点，保障相关工作高质量推进。针对“六大比拼”、重点项目建设、环境整治、安全生产等工作，开展专项监督、一线督导，确保政令畅通、令行禁止。全面加强对“一把手”和领导班子的监督，协助市委制定“五张责任清单”，出台《关于开展政治谈话加强对“一把手”和领导班子监督的实施意见》，常态化开展全面从严治党四责协同“直击问政”活动，层层压实管党治党责任。问责贯彻重大决策不力干部64起82人，约谈提醒单位主要领导和分管领导9人次。

【“直击问政”压实主体责任】连续第三年召开全面从严治党四责协同“直击问政”点评会，建立市委书记“带头听”、分管领导“分线听”、部门乡镇“全面听”、二级单位“延伸听”的“四责联述”“四级联听”闭环监督体系，绷紧各级党组织管党治党的责任链条。市级党政班子成员连片包干，对发生严重违纪违法问题和党风廉政建设考核靠后单位，督促问题整改，织紧织密“四责协同”责任网，共问责落实“两个责任”不力党员领导干部12人。

【“四种形态”深化运用】2021年，全市纪检监察机关实践运用“四种形态”处理454人次，其中“第一种形态”（红脸出汗、咬耳扯袖）248人次，占比54.6%；“第二种形态”（党纪轻处分、组织处理）135人次，占比29.7%；“第三种形态”（党纪重处分、重大职务调整）32人次，占比7.0%；“第四种形态”（严重违纪涉嫌违法）39人次，占比8.6%。

【数字化改革全省领跑】2021年，按照“权力数字化、行权留痕化、异常预警化、监督集成化”要求，进一步以数字赋能撬动监督变革。主动承接中央纪委小微权力“监督一点通”和省纪委基层监督数字化改革“揭榜挂帅”试点工作，有效归集行权数据3.32亿条，预警督改问题1.2万个，问责12人，追回经济损失850余万元。“公立医院药械采购大数据监督”项目列入省纪委公权力大数据监督“一本账S0”，“基层小微权力网上运行平台”在全省推广，“村级工程智慧监管”被省纪委评为基层监督特色应用场景。协同参与开发省纪委基层公权力智慧监督应用，该应用获评浙江省最佳应用和2021年度改革突破奖。

【纪检监察干部队伍】2021年，市纪委、市监委以“百年峥嵘史·百名干部微领学”“8090对话”“薪火相传·寄语七一”等活动为载体，高质量开展党史学习教育。扎实推进市镇纪委换届，严格选任条件，选优配强队伍。加强干部队伍专业化建设，推出“小分队练兵、大兵团作战”等活动，突出实战练兵，加大轮岗交流和以干代训力度，深化“传、帮、带”。认真贯彻新时代纪检监察干部监督工作意见，完善自身权力监督制约机制，聘请特约监察员，主动接受社会各界监督。把自觉接受最严格的约束和监督贯穿队伍建设始终，全面深化“五张清单一张网”工作，严守“十二个严禁”负面清单，严格按照规定权限、规则、程序约束执纪执法权，以“零容忍”严防“灯下黑”。

重要会议

【建德市第十四届纪律检查委员会第六次全体会议】2月20日，中国共产党建德市第十四届纪律检查委员会第六次全体会议召开。市纪委市监委机关、市委巡察机构、派驻（出）机构、乡镇（街道）纪（工）委干部参加会议。市委常委、纪委书记、监委主任周萍英作《奋力开创纪检监察工作高质量发展新局面 为高标准打造“宜居建德” 高水平推动跨越赶超提供坚强保障》的工作报告。市委书记朱欢以“一以贯之纵深推进全面从严治党 持续巩固提升建德风清气正的政治生态”为主题，就深化2021年的政治生态建设提出具体要求。

【市纪委常委会、市监委委务会】2021年，市纪委、市监委召开常委会会议21次、委务会议20次，就全面从严治党、党风廉政建设和反腐败工作重大问题进行研究。

执纪审查和监察调查

【信访举报分析】2021年，建德市纪委、市监委信访室认真贯彻落实省、杭州市纪委部署开展的《纪检监察机关处理检举控告工作规则》落实深化年、“三清” 质效巩固年和澄清正名长效年活动要求，创新拓展工作举措，制定全流程信访管控的“四四”工作法，压实党委主体责任，充分发挥纪委监督责任，信访举报办理质效得到有效提升，疑难复杂信访得到有效化解。全年共接收信访举报件204件次，比上年下降41.5%。其中检控类151件次，下降43.0%；越级信访119件次，下降41.4%。重复举报29件次，下降52.5%。各项指标下降明显，其中涉农信访在2020年下降的基础上下降57.3%，下降幅度较大；原信访高发地区大同镇信访总量下降尤为突出，下降88.2%。

【反腐败斗争成果巩固】始终保持惩治腐败高压态势，2021年共立案查处违纪违法案件210件，党纪政务处分199人，移送司法机关6人，挽回直接经济损失2356万元，查办莲花镇原副镇长滕某某等一批典型案件，在全市形成强大震慑效应。配合开展政法教育整顿，优先处置涉及政法干部问题线索6起，党纪处分4人，问责处理14人。坚持“查、剖、改”相结合，建立查清事实、剖析问题、堵塞漏洞、防控风险、重塑生态“五位一体”处置机制，发出纪检监察建议书56份，督促相关单位补上制度短板、堵塞监管漏洞。坚持做好查办案件“后半篇文章”，通过拍摄警示教育片、印发案例选编、常态化开展旁听庭审等方式，以案促改、以案促教、以案促治。

【监察留置工作】2021年，市纪委、市监委把依法使用留置措施，作为监察工作的重中之重，规范留置审批流程、多人集中留置管理，严格按照留置安全工作例会制度、安全员日志机制等，提升留置工作监督管理规范化水平。督促指导各纪检监察室全面实行监察措施网上审批流转，对2021年使用的监察措施（包括强制类和非强制类）5件进行监督检查，重点查阅措施使用有无审批、审批层级是否到位、文书管理有无台账，使用过程是否规范等内容。

【“四风”问题整治】2021年，市纪委、市监委持之以恒落实中央八项规定及其实施细则精神，严防反弹回潮、隐形变异、疲劳厌战。常态化开展专项检查、明察暗访、交叉互查，紧盯重要节点、重点对象开展专项整治，毫不松懈查处享乐奢靡之风，坚决整治形式主义、官僚主义，共查处问题14个，问责和党纪政务处分23人。

【提级监督试点】2021年，针对“一岗双责”“三改五”后的权力风险，在杭州地区率先试点提级监督，围绕村社重大事务决策、“三资”管理、工程项目建设、便民惠民政策落实和主职干部“领头雁”作用发挥等六方面28个事项，因地制宜制定个性化监督清单，全面提升对村社“关键人”和“重点事”的监督质效。

【清廉建设】2021年，聚焦基层小微权力网上运行平台使用、清廉乡村示范点建设等内容，开展清廉乡村建设双月大比拼，促进形成争先进位的清廉乡村建设氛围。深化开展建德廉线示范点评选，评选出两批“建德廉线”示范点34个，以点带面推进清廉建设。全面推进清廉机关、清廉医院、清廉学校等七大清廉单元和清廉文化高地建设，示范带动清廉建德建设全域推进。发挥清廉文化浸润效应，《中国大坝》获得2021年第三届“玉琮杯”清廉微电影全国大赛评委会特别奖。

【深化容错免责机制】2021年，市纪委、市监委创新落实习近平总书记“三个区分开来”的讲话精神，常态化、多形式开展澄清正名和容错免责工作。对部分反映问题轻微、但挫伤党员干部积极性的不实信访反映第一时间通过当面澄清、线上云澄清等方式进行澄清，实时保护党员干部担当作为、干事创业。连续三年(2019—2021)开展“澄清门下道澄清”活动，并将该活动扩容升级为杭州市“澄清门下道澄清”发布会，由杭州市纪委为来自杭州地区各区县市的共8名党员干部在澄清门下集体澄清，推动“澄清门下道澄清”成为有全国影响力的品牌。

【“酒驾醉驾”专项治理】2021年，贯彻落实省市纪委关于开展党员干部、公职人员酒驾醉驾及其背后“四风”问题专项治理工作部署和要求，保持对酒驾醉驾行为保持高压态势，制定下发《关于开展党员干部、公职人员酒驾醉驾及其背后“四风”问题专项治理的通知》，运用清廉建德智慧监督平台，与市交警大队建立酒驾醉驾信息互联互通机制，并对查处的公职人员、党员干部酒驾醉驾典型案例一律进行实名通报曝光，全年通报4起4人酒驾醉驾典型案例。

【粮食购销领域专项治理】2021年，联合巡察办、市商务局、市发改局、市审计局等责任部门负责人召开安排部署会，传达省市工作部署要求，印发建德市《粮食购销领域

◎ 4月28日，村级工程“一件事”智慧监管系统正式上线

腐败问题专项整治工作方案》。发挥“信、访、网、电”举报平台作用，畅通信访举报渠道，多方收集问题线索，对中共十九大以来粮食购销领域在执纪监督、监督检查工作中所发现的，以及信访举报等问题线索进行起底清理，共梳理排查出问题线索14条，其中发生在专项治理期间的3条。以听取汇报、查阅台账资料以及开展个别谈话等形式，督促相关职能部门和粮食企业就粮食储备、储存、政策性粮食购销等情况开展自查自纠。共开展督导12次，纠改问题20个，建立完善制度4个，留置1人。

党风廉政宣传教育

【宣传工作创新】2021年，通过对“清廉建德”微信公众号版面设计、专栏分类、色彩搭配等方面微优化、微突破，加大对长图、漫画等不同形式作品的策划创作力度，如《快递来的春节礼品》《清廉交通怎么建？我们有“画”说》《合资入股插手本村工程，竹篮打水一场空！》等，进一步丰富宣传作品阵线内容；开通“清廉建德”视频号，推出蝉联“玉琮杯”金奖作品《澄清门》《72小时》《纪检女超人》《清官史话：江公望》等，累计播放量超30余万次，受到杭州市纪委关注。以形式灵活、版式新颖的视频号与公众号吸引订阅用户，提升影响力、宣传力，实现“1+1>2”宣传效果。

◎ 7月29日，杭州市纪委监委在建德市梅城举办澄清正名发布会

【清廉文化品牌打造】2021年，持续擦亮“澄清门下道澄清”品牌，总结经验，以打造浙江澄清文化地标为目标，精心谋划，开展“一馆一楼一诗一画一影一曲”的系列文化作品创作，得到省、杭州纪委监委和建德市委的高度认可。合理布局市内现有阵地资源，通过调研摸排各乡镇街道和有关部门有潜力有特色的点位，按照《关于纵深推进清廉文化建设的实施方案》要求，挖掘一批新的清廉文化阵地，千鹤妇女精神教育基地、建德家风馆、镇头大队、吴氏宗祠、航头中心小学等列入杭州地区清廉文化阵地，三都镇圣江村等5家单位列入建德市级清廉文化阵地。研判第三届“玉琮杯”全国清廉微电影大赛“百年华诞 再启征程”主题，精心制作《中国大坝》参赛，夺得评委会特别奖、最佳导演奖和最佳摄影奖，持续扩大“建德出品必是精品”的清廉微电影知名度。

【廉政教育形式多样化】2021年，结合中国共产党成立百年、党史学习教育活动，在官微开辟“百年峥嵘史·百名干部微领学”，以“六学六心”为载体开展学习；开辟“我为群众办实事”视频专栏，重点宣传纪检监察干部聚焦影响群众生产生活烦心事、糟心事、揪心事，深入开展沉浸式督查，以解决问题提升群众幸福感、获得感，推动纪检委的党史学习教育向深里走、往实里走。紧盯清廉国企、民企、交通、医院、村居、学校、交通、机关、文化等八大单元建设，挖掘经验做法，助力全市八大现场推进会，为清廉建德建设营造良好的社会环境，教育引导党员干部清正做事、勇于担当。同时，积极做好反面典型教育，印发《建德市党员干部违纪违法典型案例读本》，组织江某某、戚某某、方某、方某某等违纪违法案件公开审理旁听工作，落实案发单位党员领导干部撰写心得体会，不断增强“身边事”“身边人”警示教育效果。

（许崔喆仁）

责任编辑：黄建生

民主党派·工商联(总商会)

Democratic Parties,Federation of Industry and Commerce (Chamber of Commerce)

民革建德市委员会

【概况】2021 年,中国国民党革命委员会建德市委会(注:简称民革建德市委会;在本分目中直接简称“市委会”。后文民盟、民建、民进三个民主党派,均同)履行参政党职能,年末下辖支部 7 个,有党员 120 人,其中当年发展党员 6 人。市委会获评全省宣传思想工作和社会服务工作先进集体、杭州民革参政议政先进集体特等奖等荣誉,调研成果《以社区赋权为突破口,创新社会治理模式》获杭州民革二等奖。梅城支部获评省级全面示范支部,梅城支部和新安江五支部的党员之家均获评浙江省级五好民革党员之家。2 人获评民革省级先进个人,党员叶桂昌获民革中央“民革助力脱贫攻坚工作先进个人”称号。

全年市委会机关专职干部、市委委员、各支部主委、骨干党员、宣传委员、新党员等共 45 人次参加民革中央、民革省委会、民革杭州市委会、建德市委统战部等组织的各类培训班学习。组织新党员开展“学党史·话初心”座谈会、新党员写老党员的故事以及开展春节慰问老党员等活动,并为老党员订阅健康养生类报刊。同时,市委会制定《建德民革党员之家管理办法》,各支部实行轮值制,齐心管好家、用好家,展现党员之家的生命力。全年上报各类信息报道 122 篇,其中民革中央网站录用 4 篇、《团结报》录用 1 篇、《浙江民革》录用 8 篇、《杭州日报》录用 1 篇、《杭州民革》录用 33 篇。上报社情民意 45 篇。

【民革建德市第九次全体党员会议】6 月,市委会召开领导班子届末述职评议暨换届动员大会。7 月 26 日,在新安江街道召开第九次全体党员大会。大会听取并审议通过徐拥军代表民革建德市第八届委员会向大会所作的《凝心聚力展作为 同心同行谱新篇 为助推高质量发展建设共同富裕示范区“县域样板”勠力前行》工作报告,通过民革建德市第九次全体党员大会决议。选举产生由 9 名委员组成的民革建德市第九届委员会。同日,召开民革建德市委会九届一次会议,选举徐拥军为主任委员。

【民革中央短视频培训班在建德举办】6 月 7—12 日,民革省级组织宣传干部短视频培训班暨民革基层党员短视频培训班在建德举办。全国政协常委、副秘书长、民革中央副主席兼秘书长李惠东出席开班式并讲话。团结报社社长邵丹峰,团结出版社有限公司执行董事兼社长梁光玉,杭州市政协副主席、民革浙江省委会副主委、民革杭州市委会主委叶鉴铭等出席开班式。开班式由民革中央宣传部部长刘良翠主持,民革浙江省委会副主委、一级巡视员刘净非和中共建德市委书记朱欢在开班式上致辞。

培训为期五天,由专家讲授短视频创作原则与技巧”“用短视频讲好新时代人物故事”“手机摄影与剪辑基础”以及“融媒体时代的视频原生传播与表达创新”等相关课程。民革中央机关各部门、民革各省级组织宣传部门相关人员及有视频拍摄专长的骨干党员,团结报社、团结出版社有限公司和民革中央企业家联谊会有关人员 80 余人参加此次培训。

【主题教育活动】2021 年,以庆祝中国共产党成立

◎ 6月7日,民革中央短视频培训班在建德召开

100周年为主线,民革建德市委会组织开展“不忘合作初心,继续携手前进”主题教育系列活动。3月,开展“讲好我身边的党员故事”主题征文和“凝聚巾帼力量·助力乡村振兴”女党员调研乡村产业活动;9月,开展“助力共同富裕,打造县域样板”重点项目调研等活动。重阳节组织老党员参观市“两馆两中心”文化综合体(即市图书馆、市博物馆、市妇女儿童活动中心和青少年活动中心桥东分中心)。

【参政议政】2021年,民革建德市委会向政协建德市十四届五次会议提交集体提案4件,其中《关于夯实人民调解基础锻造基层治理铁军的建议》被选为大会发言,《以社区赋权为突破口,打造新型科学社会治理模式》被民革杭州市委会选为杭州两会集体提案,并获评市政协优秀提案。《关于大力提升社区养老能级,打造养老服务新支点的建议》被民革杭州市委会录用,《关于高质量发展乡村产业,建设美丽经济转化窗口的建议》被省民革收录。党员中人大代表、政协委员提交提(议)案、建议21件。严凌云《对建德豆腐包走出去的几点想法》,得到市委书记朱欢的批示。李忠平《关于〈建德市农村宅基地审批管理办法〉中部分条款修改的建议》、叶桂昌《关于进一步加强我市中国传统村落保护指导的建议》均被评为市政协十四届五次会议优秀提案。

【政治协商和民主监督】2021年,市委会组织参加各类政治协商会20场次、40余人次,在市政府工作报告协商会议、市纪委、市检察院和市法院工作意见征求会等会议上,市委会组织党员坦诚建言,累计提出意见建议56条。加强对口协商工作,邀请市财政局、市司法局和新安江街道等对口联系单位领导参加民革第九届全体党员大会。

围绕党委政府中心工作,市委会依托各类平台,推进民主监督工作。重点配合市政协围绕2019年度农村饮用水达标提标工程专题调研,并形成评议报告。8月,配合杭州民革开展关于“加强数字乡村建设,助推乡村治理现代化”的专项民主监督,并形成专项监督报告。党员中的人大代表、政协委员多次参与“电视问政”满意度测评投票活动。全年市委会共组织党员20余人次参加各类督查、评议等活动13次。

【社会服务】2021年,市委会组织各支部和广大党员走进社区、乡村和企业,开展政策宣讲、捐资助学、义务诊疗、帮扶送暖等活动15场。6月,市委会在寿昌中学建立第三个“同心·博爱”社会服务点。7月,市委会与吉林省长春市民革签订建立友好市委会合作协议,拓展两地合作交流渠道。12月,市委会到李家镇开展“情系群众守初心 健康义诊担使命”大型义诊活动,惠及当地居民500余人,发放药品价值3000多元。

【祖国统一联谊活动】2021年,市委会积极组织促进祖国统一联谊活动。3月,组织党员参加民革中央举办的“百年中国梦,风雨同舟情”庆祝中国共产党成立100周年征文活动,党员蒋锦铭荣获优秀征文奖;7月,市委会组织学习习近平总书记“七一”重要讲话特别是关于祖国统一内容精神;9月,组织有台属关系的党员举行“情满中秋·共话发展”中秋茶话会。10月,组织党员集中收看纪念辛亥革命110周年大会,认真学习习总书记的重要讲话精神。贯彻落实民革中央对祖国统一工作的安排部署,结合实际开展祖统联谊工作。12月,组织党员收看省民革举办的“同心圆梦·两岸一家亲”祖国统一沙龙讲座视频。 (叶秀英)

中国民主同盟建德市委员会

【概况】2021年,中国民主同盟建德市委员会(简称民盟建德市委会)开展并完成换届工作。至年末,建德民盟市委会共有盟员193人,下属支部10个。

全年112人次获各类先进。市委会获评民盟浙江省委会"抗击新冠肺炎疫情先进集体"、民盟浙江省委会社会服务工作先进集体;新安江中学支部"盟员之家"获评民盟浙江省委会"五星级盟员之家";新安江科技支部获评民盟浙江省委会双十佳特色基层组织(参政议政类)。盟员朱启鸿获评"浙江民盟榜样人物""杭州民盟榜样人物";左丹、肖建军获评民盟浙江省委会"抗击新冠肺炎疫情先进个人",杨俊鹏获评"民盟浙江省委会脱贫攻坚先进个人",朱峰获评"民盟浙江省委会社会服务工作先进个人"。

【民盟建德市第十次全体盟员大会】7月25日,在新安江街道召开民盟建德市第十次全体盟员大会。大会听取并审议通过钱晓华代表民盟建德市第九届委员会所作的《扬帆奋进正当时 砥砺笃行谱新篇 为奋力打造高质量发展建设共同富裕示范区的"县域样板"贡献民盟智慧和力量》报告,通过中国民主同盟建德市第十次盟员大会决议。会议选举产生由9名委员组成的民盟建德市第十届委员会。同日,召开民盟建德市委十届一次全体会议,选举钱晓华为主任委员。

【思想政治建设】组织盟员学习领会中共十九届六中全会精神,研讨《中共中央关于党的百年奋斗重大成就和历史经验的决议》,贯彻落实习近平总书记在庆祝中国共产党成立100周年大会、中共党史学习教育动员大会上的讲话精神,汲取做中国共产党好参谋、好帮手、好同事的经验和智慧。开展"走基地、悟初心""同心筑梦跟党走"系列活动,有130余名盟员参与。收到征文17篇、祝福语90余条、书画作品16件。市委会自编自导自演的女声独唱?情景舞蹈节目《南湖的船,党的摇篮》参加杭州民盟"歌声飘扬·同心向党"主题歌咏汇活动。全年共撰写各类活动信息122篇,其中民盟中央网站录用12篇、民盟浙江省委会网站录用37篇、民盟杭州市委会微信公众号及网站录用107篇,信息录用数量创历史新高。

【参政议政】全年有20位盟员参加杭州和建德"两会",共提交集体和个人提案、议案37件。市委会向政协建德市十四届五次会议提交4件集体提案,副主委胡晓华代表市委会作《关于加快推进我市5G发展应用的建议》大会口头发言,该提案与《关于进一步加快我市数字经济发展的建议》被市政协确定为1号、2号提案,其中2号提案为重点提案,由市委书记朱欢,市委常委、宣传部部长朱春根领衔办理。市委会主动申报和承担上级调研课题,采取课题招标方式支持各支部开展课题调研活动。围绕梅城美丽城镇建设、义务教育均衡发展、公共卫生服务体系建设等确定19项调研课题,其中9项课题被民盟杭州市委会立项,申报数和立项数为历年最多。强化社情民意信息报送工作,全年报送社情民意信息199篇,其中建德政协录用编发9篇、民盟杭州市委会采用88篇、民盟浙江省委会采用51篇、民盟中央采用2篇。盟员参与率100%,报送量及录用量均为历史之最。

【民主监督与政治协商】利用各类平台,围绕建德经济社会发展,推进民主监督工作制度化、规范化、程序化和常态化。盟员徐新平、胡晓华、唐建锋等政协常委参与政协常委会民主评议工作,盟员人大代表、政协委员20余人次参与"请你来协商"、政府民生实事项目视察监督等活动。参加市文广旅体局、市民政局等对口联系部门组织的交流活动,围绕"两馆两中心"功能完善、文旅产业发展、养老产业发展等方面进行议政建言。组织盟员20余人次参与中共建德市委、市政府、市政协及有关部门举行的交心谈心会、政情通报会、座谈会、征求意见会和专项视察活动,各基层支部开展与所在地党委的协商建言活动,参政党的职能在基层得到发挥。

【“盟员之家”建设】完成市委会“盟员之家”二次改造提升，增设盟史陈列室，强化宣传展示功能。完成新一中支部、寿昌支部新“盟员之家”建设并投入使用。优化“盟员之家”学习制度，促进管理规范化、活动常态化。8月，中共浙江省委统战部副部长王利月调研建德“盟员之家”，认为不仅有亮点、有特色，也发挥了党派特长，提升了盟员归属感和组织凝聚力。克服新冠疫情影响，“盟员之家”全年接待来自民盟浙江省委会妇女委员会、民盟浙江省委会机关总支、民盟宁波市委会、民盟省直第五基层委第四支部、民盟浙江科技学院总支、民盟拱墅区支部、民盟滨江科技支部、兰溪三中支部等8个民盟组织、110余人次的考察交流活动。

◎ 8月3日，中共浙江省委统战部副部长王利月(左二)调研建德“盟员之家”建设(廖小俏/摄)

【社会服务】推进新安江中学“烛光行动”示范学校第二轮帮扶行动，由民盟浙江省委会统筹安排，民盟台州市委会及丽水市委会、民盟杭州外国语学校支部、民盟中科院宁波材料所支部、民盟省直属五基委二支部等盟组织到校开展送教活动；民盟杭州市委会授牌成立4个“培英公益·名师云工作室”，杭州第十四中学在校成立“名师工作室”，惠及师生3000余人次。市委会在“同心·教育基地”——安仁中心学校开展“智教助教”行动，全年共举办送教送文艺节目等相关活动8次，受益师生1200余人次。发挥“华夏书画苑”作用，举办盟员书法培训班2期，连续第三年举办“盟娃”书画暑期公益培训班，打响“文化民盟”品牌。梅城支部主委倪志军为助力疫情防控，以企业名义向全市7家医疗机构捐赠468台紫外线杀菌灯；新安江教育支部盟员于远明、寿昌支部盟员肖建军赴四川甘孜开展对口帮扶，展现盟员担当。

(廖小俏)

中国民主建国会建德市委员会

【概况】2021年，中国民主建国会建德市委员会（以下简称民建建德市委会）全年发展新会员7名，年末有会员140人，1名会员被提拔为市管正职干部。有9名会员当选新一届的建德市人大代表，18名会员被推荐为建德市政协委员，1名会员当选杭州市第十四届人民代表大会的代表。7月28日，召开民建建德市委第九次全体会员大会，选举新一届民建建德市委员会。

全年选送会员参加省、杭州市、建德市各类培训学习23人次，提升会员各项素质。会员洪宇锋获评浙江民建为全面建成小康社会作贡献成绩突出个人。

【民建建德市第九次全体会员大会】7月28日，在新安江街道召开民建建德市第九次全体会员大会。大会听取并审议通过巫海武代表民建建德市第八届委员会所作的《以党为师　团结奋进　为奋力打造高质量发展建设共同富裕示范区的“县域样板”竭智尽力》工作报告，通过民建建德市第九次全体会员大会决议。选举产生由9名委员组成的民建建德市第九届委员会。同日，召开民建建德市委九届一次全体会议，选举巫海武为主任委员。

【主题教育活动】2021年，市委会认真贯彻民建中央、省及杭州市委会工作部署，带动基层支部，落实传达《民建杭州市委会关于开展中共党史学习教育的通知》文件精神，倡导全体会员坚持学史明理、学史增信、学史崇德、学史力行。积极组织和参加民建成立75周年、杭州民建成立70周年系列纪念活动。4月16—17日，结合履职能力提升培训班，20余名市委委员、支部领导班子成员赴上海黄炎培故居开展参观学习,并开展"建德民建一起来读史"视频录制活动,增强政治责任感和历史使命感。组织各支部会员在线上民建之家开展"庆祝中国共产党成立100周年暨杭州民建成立70周年"主题知识竞赛以及征文等系列活动,其中新安江二支部参与率96.2%,位列全杭州市第二,共收集征文12篇。

【议政建言】2021年,参加杭州和建德两会民建会员25人共提交集体提案4件,会员个人提交人大建议案和政协提案21件,内容涉及道路交通、文旅融合发展、社会经济发展、民生保障等方面。在建德市政协第十四届五次会议上,《关于新安江主城区交通治堵的建议》(口头发言) 被确定为重点提案,由市主要领导领衔办理。全年共申报调研课题8个,在杭州市委会立项2个,调研方向为改善科技成果转化机制促进中小企业健康发展研究、培育青年农创客的实践思考、加快推动研学产业发展建议、加强基层公共卫生应急管理体系现代化建设的相关建议等方面。各参政议政骨干会员上报社情民意、理论研究等信息共计80余篇(条)。其中,汪哲昌《关于构建基层中小学体质健康监测与干预体系的若干建议》被民建中央录用。叶鹃《基层反映"爱心助农"活动缺乏有效监管导致三类乱象透支社会爱心》被省委统战部录用,李成文《关于制定我省小微企业园分割销售制度的意见建议》,陈晓波《从支持鸿星尔克"出圈"到逼捐凸显背后三大乱象亟待引起重视》《基层反映当前我国文化遗产创新性保护利用存在"四不"问题亟待重视》被民建省委会录用。

【民主协商】2021年,民建建德市委积极参与协商民主,组织会员参与中共建德市委、市政府、市政协及有关部门举行的交心谈心会、政情通报会、座谈会、征求意见会和专项视察活动30余人次,就中共建德市第十五次党代会工作报告、中共建德市委十四届十次、十一次全会工作报告、市政府工作报告、市法检两院等部门工作进行协商建言,成效显著。各基层组织扎实开展与所在地党委的协商建言活动,参政党职能在基层得到有效发挥,团结协作、合作共事的氛围更加浓厚。

【民主监督】2021年,民建会员积极参与建德市人大、政协等平台推出的各类民主监督工作,深入一线走访部门、乡镇、企业,公正客观评议,较好地发挥民主监督的作用。会员中的人大代表、政协委员积极参与"请你来协商"活动、政府民生实事项目视察监督等活动,充分展示建德民建组织履职为民的良好风貌。此外,重视并加强对口联系工作,积极与市审计局、科技局等对口联系部门组织交流沟通,共话发展。

【企业家联谊会】民建企业家联谊会建德分会带领企业家会员发挥民建广泛联系经济界的优势,调动会员企业家服务社会积极性,在致力于自身发展的同时不忘回报社会。民建建德企业家联谊会向建德市癌症康复协会捐款1万元,向癌症患者献爱心,鼓励他们和病魔作斗争,坚强面对生活。李家商会会长、民建会员洪宇锋,带头成立建德市首个"浙李共富"商会基金,积极进行乡村共富有益探索和实践。各会员企业分别向市慈善总会、市心手相牵社会服务中心、严州中学120周年校庆组委会、中西部结对县四川省乡城县青德仁堆村等投入扶贫帮困、捐资助学等活动资金18.8万元。

【社会服务】梅城支部于2021年初对宝华洲社区5户困难家庭开展慰问困难老人活动,连续十二年"六一"节走进市培智学校送温暖,对梅城火灾受灾户登门慰问;寿昌支部连续十年赴寿昌镇童家小学开展慰问,洪宇锋以个人名义向该校及困难学生捐款5000元;新安江一支部于2021年初赴严州中学看望、慰问结对帮扶学生;3月12日,新安江二、三、四支部联合开展植树节植树活动;新安江三支部联合会员企业——莘时客餐饮连续四年向环卫工人及市民赠送腊八粥;新安江四支部连续第六年开展"夏日送清凉 情暖系消防"活动,走访慰问一线岗位的消防救援指战员。

(徐　莹)

中国民主促进会建德市委员会

【概况】2021 年，中国民主促进会建德市委员会(以下简称民进建德市委会)坚持以党为师、从严治会,在服务建德社会经济发展中主动作为,充分履行参政党的职能。7 月 27 日,召开民进建德市第十次全体会员大会，选举产生新一届民进建德市委员会。至年末,共有支部 10 个,会员 177 人(当年新发展 12 人)。

全年民进中央网刊用信息文章 27 篇,浙江民进网刊用 43 篇,在杭州民进网和《杭州民进》刊用 7 篇。编辑出版《建德民进》会刊 4 期,文字量 13 万字。7 名会员的先进事迹在中新网、《团结报》、民进中央网、《联谊报》等刊登。

新安江支部被评为民进省委会先进基层组织，何国平被评为民进全国社会服务暨脱贫攻坚工作先进个人，麻建平被评为民进全国反映社情民意信息工作先进个人；谢建美被评为省优秀教研员,陈建珍被评为省导读先进工作者,郑小云被评为省市场监管“七五”普法先进个人。

【民进建德市第十次全体会员大会】7 月 27 日,在新安江街道召开民进建德市第十次全体会员大会。会议听取并审议通过叶强代表民进建德市第九届委员会所作的《集智聚力谋发展　同心筑梦谱华章　为建设共同富裕示范区县域样板贡献民进力量》工作报告,通过民进建德市第十次全体大会决议。选举产生由 9 名委员组成的民进建德市第十届委员会。同日,召开民进建德市十届一次会议,选举叶强为主任委员。

【主题教育】围绕民进中央“反映社情民意信息”主题年建设主线,召开市委会(扩大)会议及参政议政工作会议、反映社情民意信息工作推进会等,认真开展“不忘合作初心 继续携手前进”主题教育。积极参与党史学习教育活动,多途径多载体深入学习“四史”特别是党史,深入学习贯彻习近平新时代中国特色社会主义思想和中共十九届六中全会精神。

【参政议政】2021 年,民进建德市委会在政协建德市十四届五次会议上提交集体提案 4 篇,其中《关于对国道 320 线改建沿线区域发展前期研究的建议》《关于我市统筹推进全域“幸福河”建设的建议》两篇列为市政协重点提案,市领导领衔督办。会员中人大代表和政协委员在省、杭州和建德“两会”上提交议案建议 6 篇、提案 21 篇,其中省政协提案 2 篇、杭州市政协提案 4 篇。市委会集体提案《关于加快推动新安江、梅城、寿昌“三城”融合发展的建议》和蓝志平、黄燕君等《关于尽快开建建德市一院感染楼的建议》提案被评为市政协优秀提案。王才洪、邓旭超、朱璇、邵笑燕、倪慧芬、麻建平被评为民进杭州市参政议政先进个人。邵爱秀被评为市人大代表履职先进个人，徐月芳获评市政协优秀委组长,邵笑燕获评市优秀政协委员。

市委会对参政议政工作召开专题会议，围绕高质量发展、打造国家级旅游度假区、青春健康教育、养老服务等方面开展调研,曾敏虹课题成果获民进省委会优秀奖,邵笑燕、龙志平各 1 项课题被列为杭州民进立项课题。

【社情民意信息成果】2021 年,民进建德市委会引领社情民意信息联络员队伍继续发挥作用。麻建平《应尽快构建辅助医用穿戴设备资质认证体系》《建议新冠疫苗接种超过 6 个月的高风险人群进行疫苗补种》《修订事故患者器官捐献相关条例,避免器官资源因人为拖延而浪费》等反映基层社情民意信息文章被民进中央录用;徐月芳《关于进一步规范村干部离任交接工作的建议》被评为市政协优秀社情民意,邵笑燕、朱璇、邓旭超、王才洪、麻建平等人 7 篇社情民意信息被民进浙江省委会录用,另有 79 篇被杭州市各部门及民进杭州市委会录用。报送市委统战部观点摘编文章 10 余篇,4 篇被杭州市《观点摘编》采用。

【政治协商】2021 年,民进建德市委会组织会员参加中共建德市委、市政府、市政协、市纪委、市委统战部、市法检两院的各类协商会议 20 余次,就协商内容发表意见，在政治协商中发出建德民进声音。12月,市委会专门召开与对口联系部门工作交流会,组织市委委员、支部主委、人大代表、政协委员等与市发改局、规划和自然资源局、水利局、卫生健康局、统计局、建德经济开发区(航空小镇)管委会协商交流工作。

【民主监督】积极参与市政协常委会对农村骨干教师培养、"四好农村路"建设、城乡居民健康体检、食品安全放心等民生实事部门工作"回头看"民主评议,助推民生实事落到实处。会员中的人大代表、政协委员积极参加基层治理、农村饮用水达标提标、老旧小区住宅电梯加装、重大项目建设等工作的视察监督。

【社会服务】市委会重视社会服务工作,树立和巩固"开明·同心"民进品牌。6月,在新安江、梅城、寿昌三地举行高考志愿填报公益讲座,1000余名学生和家长参加,得到社会普遍好评。6月,在市文化艺术展示厅开展翰墨丹青颂党恩书画展,为中国共产党成立100周年献礼。9月,市委会开展"关爱儿童,从'齿'开始"爱牙活动,指导明珠幼儿园等4所幼儿园400余名幼儿学习正确刷牙方法,养成爱牙护牙好习惯。11月,建德民进开明画院在千鹤妇女精神教育基地启动"彩绘美丽建德赓续开明同心"——首次"美丽建德"美术写生实景创作采风活动;同月,市一院支部、市二院支部分别开展下乡免费义诊活动。文化支部多次为基层群众和企业服务开展"书画下乡"社会服务;会员企业钜元建设为26名家庭困难学生捐资助学金共13万余元;秋梅食品、钜元建设、双马生物等会员企业积极参与建德市对西部云南、四川等地的结对扶贫工作,取得良好社会效果。

【自身建设】加强市委委员对支部工作的联系、指导、督促,继续规范、执行和完善各项制度,贯彻落实市委会工作规则、主副委工作职责、支部工作规则、经费管理细则、慰问制度等各项制度。4月,组织支部主委赴绍兴市柯桥区考察学习民主党派基层组织建设等工作,5月,组织市委委员、支部主委等赴临安民进考察学习;11月,组织开展参政议政培训。全年组织20余人次骨干会员参加民进省委会、民进杭州市委会、建德市委统战部等上级组织的专题培训7次,会员理论素养得到不断提升。

重视和加强对基层组织的联系、指导、考核工作,成立教育支部,完成寿昌支部、严梅支部、开明画院阵地提档升级建设,推进新安江支部、经科支部、文化支部的场地建设;继续深化推进支部活动轮值观摩制度,支部活动在规范化建设基础上向履职实效推进。继续用好"建德民进会员之家""杭州市政协民进界别委员工作站"两个平台,资源共享,工作相互融合,相互促进履职成效。各支部"学会章 交会费 做民进人"等内容主题教育正常开展。

(王才洪)

建德市工商业联合会(总商会)

【概况】2021年,建德市工商业联合会(总商会)[简称市工商联(总商会)]紧扣促进"两个健康"工作主题,进一步发展和壮大非公有制经济代表人士队伍,发挥工商联在政治、经济和社会生活中的作用,全面做好非公有制经济服务工作。2021年末,工商联系统共有会员1200余名,登记注册商会、行业协会23个,异地商会6家,乡镇(街道)商会16家,直属商会1家,各商协会都设立联络处,定期召开会员大会、理事会。

市工商联获评2021年度浙江省工商联系统调查工作先进单位,调研报告《关于"学徒订单"应用场景建设》获评杭州市工商联系统优秀调研报告三等奖,方新卫获评浙江省工商联服务"两个健康"工作成绩突出个人,方伟获评调查工作杭州市先进个人。

【建德市工商联(总商会)第十一次会员代表大会】9月29日,在新安江召开建德市工商业联合会(总商会)第十一次会员代表大会。会议听取并审议通过潘余明代表建德市工商联(总商会)第十届执行委员会工作报告,通过《建德市工商业联合会(总商会)第十一次会员代表大会关于第十届执委会工作报告的决议》《建德市工商业联合会（总商会)执行委员会工作规则》,选举产生由193名委员组成的建德市工商联(总商会)第十一届执行委员会。选举沈子恒为主席(会长),常务副主席(常务副会长)1名,副主席13名,副会长20名、秘书长1名、常务委员45名、执行委员112名。大会聘请建德市五星车业有限公司董事、第九、十届主席(会长)潘余明为建德市总商会名誉会长。

【党史学习教育活动】市工商联在党史学习教育活动中,发挥广泛联系非公有制经济人士的优势,组织党史专题教育讲座2期、红色教育活动3期、专题党课4次。注重新生代企业家红色教育,组织新生代企业家红色教育专题培训班1期，红色教育亲子活动1场,红色毅行活动1场。在“学习强国”杭州平台发表《剪纸学党史 童声颂百年》庆祝中国共产党成立100周年视频，引导新生代企业家及其孩子们厚植爱国爱党情怀。800余人次参与“建商心向党”系列活动。

【数字化改革】关注招工和就业需求矛盾,以帮助企业培养自己的产业技术工人为切入口，牵头建设“学徒订单”应用场景,并根据建德实际,增加豆腐包学徒、草莓学徒等模块。该场景入选全省工商联系统数字化改革第一批“揭榜挂帅”名单和杭州数智群团重点建设场景,并在杭州“数字群团”和“城市大脑”成功上线。至年末,注册使用该场景企业89家,发布学生学徒岗位100个,完善学徒档案706条,并发布草莓培训5期、豆腐包培训14期。数字化改革工作获杭州市工商联系统“数字化建设贡献单位”,为杭州市工商联系统唯一。

【非公有制经济统战工作】市工商联抓党建引领与促进统战发展、抓统战作用发挥与促进经济发展、抓统战实践创新与促进基层统战提质增效有机结合，引导全市5家成立党委的民营企业浙江新安化工集团股份有限公司、中策橡胶(建德)有限公司、浙江建业化工股份有限公司、浙江新化化工股份有限公司、浙江大洋生物科技集团股份有限公司成立统战部。

【招商引资】2021年,市工商联(总商会)充分利用异地商会和兄弟工商联资源，有效盘活原建德市顺发化工助剂有限公司用地,引进时森海(杭州)生物制药有限公司产业项目。该项目预计总投资4.958亿元。

【社会责任履行】制定2021年建德市工商联对口支援工作方案，组织民营企业家走进四川省乡城县,开展对口支援工作。至年末,全市民营企业累计捐款273.9万元。指导李家镇商会设立“浙李共富”帮扶基金,凝聚商会组织力量,助力当地产业发展、促进共同富裕。

【服务经济建设】2021年，市工商联常态化开展“走亲连心三服务”工作,走访会员企业240余家次;搭建政企沟通桥梁,召开“亲清直通车 政企恳谈会”4期,共收集梳理问题35个,全部问题均解决或答复(现场办结6个、转交职能部门办结反馈29个);构建银企对话机制,实现2家银行对基层商会授信全覆盖，服务市民营企业近2000家;打造“建商大讲堂”学习平台,组织并引导基层商会会员“进名校”,培训会员340余人。联合企业家协会,开展各类专题培训,受训会员达895人次。

通过与市法院建立沟通交流机制、组织民营企业家参观市检察院、与检察院联合开展企业合

◎ 9月14日,建德市工商业联合会(总商会)联合市纪委监委召开清廉民企建设推进会暨“亲清联盟”启动仪式

规性审查工作走访指导、与市场监管局持续开展执法抄送制度、与税务部门联合开展税法宣传等活动，进一步增强民营经济人士法治意识，提升民营企业家崇法、守法观念。以深化推进清廉民企建设为契机，市工商联联合市委统战部出台《关于开展纵深推进清廉民企建设的实施方案》，确定6家企业为规范化建设试点企业，并联合市纪委召开全市清廉民企建设推进会暨亲清联盟启动仪式，积极建立清廉民企标准化体系，为企业合规经营提供指引，为企业健康发展提供内生动力。

同时，开展调查研究，摸清家底。完成全市民营企业政策落实情况和运行情况调查，配合上级工商联，完成民营企业社会责任调研、浙江省上规模民营企业调研、“中国民营企业500强”、民营企业绿色低碳发展基础和成效等多项问卷调研。全年组织945家次民营企业完成各类问卷调查，该项工作获省工商联通报表彰。（吕晓莲）

责任编辑：唐国强

群众团体

Mass Organizations

建德市总工会

【概况】2021年，市总工会贯彻落实建德市委、市政府和上级工会的决策部署，以“实施六大行动、打造五型工会”为目标，开展党史学习教育，推进数字化改革，从思想政治和技术水准两方面，切实提高和强化产业工人队伍各项素质；同时，拓展建功立业平台，增强维权服务实效，激发基层动力活力，工会工作跃上新台阶。

3月，出台《关于团结动员全市广大职工为高标准打造“宜居建德”、高水平推动跨越赶超实现“十四五”高质量现代化发展建功立业的决议》，11月印发《关于组织动员全市职工助力打造高质量发展建设共同富裕示范区“县域样板”的实施意见》。全年广泛深入开展新时代劳动和技能竞赛，落实“建德产改30条”，专题部署全市产业工人队伍建设改革推进工作，建设又红又专的产业工人队伍。以各种形式大力弘扬劳模精神、劳动精神、工匠精神，选树先进典型并号召全体职工学习。全年创建全国工人先锋号1个、杭州市工人先锋号4个，认定浙江工匠2人、杭州工匠1人、建德工匠10人，获评杭州市“五一”劳动奖状2个(奖章4人)。命名浙江新安化工集团股份有限公司工匠学院等3个工匠学院为首批建德工匠学院。

【建德市总工会第十六届委员会第四、第五次全体会议】3月17日，在新安江街道召开建德市第十六届总工会第四次全体会议。市总工会党组书记、常务副主席余小途作《奋力谱写工会工作高质量发展新篇章，为高标准打造宜居建德 高水平推动跨越赶超展现工会主力军担当》报告。会议通过《建德市总工会关于团结动员全市广大职工为高标准打造“宜居建德”、高水平推动跨越赶超，实现“十四五”高质量现代化发展建功立业的决议》。会议递补余昊雯、张晓勇、陈黄琴、郭少伟等4人为市十六届总工会委员；免去廖文平等7人所任市十六届总工会相关职务。

11月29日，在新安江街道召开建德市第十六届总工会第五次全体会议，通过《关于组织动员全体职工助力打造高质量发展建设共同富裕示范区“县域样板”实施意见》；选举程志红为建德市第十六届总工会常委、副主席，递补方卫荣等23人为市十六届总工会委员，免去邵瑜等21人所任市十六届总工会相关职务。

【建德市工人文化宫(寿昌宫)启用】4月28日，建德市工人文化宫(寿昌宫)正式启用，寿昌宫占地面积3533平方米，建筑面积8200平方米，场馆配套地下停车位112个，设有篮球馆、羽毛球馆、健身馆等各类场馆5个，以及“工人运动史”展陈、多功能厅、会议室、培训教室等，可同时容纳1300余

◎ 4月28日，建德市工人文化宫(寿昌宫)启用

人活动，是寿昌区域内单体建筑面积最大、功能齐全、设施完善的职工文化体育综合体。该文化宫辐射航空小镇、寿昌、航头、大同、大慈岩等，惠及近5万名职工群众，弥补建德西部地区职工服务设施不足短板。

【“数智群团”建设】2021年，市总工会牵头数智群团建设工作，加快全面贯通、深化应用场景、培育活跃用户。建德市成为杭州数智群团建设首批揭榜挂帅县市，“一键建群”“学徒订单”被列为杭州市重点应用场景，并成功在杭州城市大脑、杭州群团集市上线。

【落实全域旅游新政策】3月，市总工会出台《建德市职工疗休养政策》，职工疗休养标准提高到3000元/人，鼓励职工带薪休假。全年创建杭州市职工(劳模)疗(休)养基地6家，与秦山核电站、浙江海港集团(宁波舟山港集团)、宁波大学等签署职工疗休养合作协议8份，吸引疗（休）养团队1189批次4.34万人次；创建省、杭州市总工会干部教育学校建德教学基地，引进各类工会系统培训班65个，助推建德发展“疗养经济”“培训经济”“会议经济”。

【营造和谐劳动关系】深化劳动关系三方四家合作，积极参与防范化解各类劳动关系矛盾风险隐患，推动工资集体协商提质扩面增效，全年创建“百佳工资集体协商示范单位”114家。动员112家企业参与企业社会责任建设工作，5家企业被评为2021年杭州市“贯彻新发展理念”企业社会责任建设A级企业，7家企业被评为2021年杭州市创建和谐劳动关系先进企业，高铁新区（高新园)被认定为2021年杭州市和谐劳动关系建设标杆园区。

【职工帮扶服务】2021年，市总工会向90户困难职工家庭发放慰问金46.67万元。办理工会会员意外伤害及家财损失保障事项15起。组织6批次270名一线职工免费疗休养，组织1000余名一线职工免费健康体检。办理职工医疗互助补助2713人次、总金额344.75万元。新建提升改造工会“爱心驿家”10家。春节期间助力疫情防控，在杭州各区(县、市)中率先发出“以爱为家、留建过年”倡议，开展赠送幸福礼包、美丽建德一日游等“工会送温暖、助力开门红”八项暖心举措。全年开展疫情防控、四季送慰问活动，慰问金额49.19万元，惠及职工群众5225人次。

【新就业形态劳动者工会】开展新就业形态劳动者集中入会行动。成立建德市快递行业工会联合会、新安江新就业形态联合工会、建德市物流行业工会联合会，涵盖旅游、快递、物流、保安等新就业群体，覆盖企业168家、会员3094人。制定出台“暖蜂行动”十大举措，关心关爱新就业群体。新就业形态劳动者建会入会和权益维护工作得到省、杭州市总工会主要领导批示肯定。

【建德市第二届“建德工匠”认定】9月，启动建德市第二届“建德工匠”认定工作。经各基层工会推荐和审核、公示等各项公开程序，认定建德市建坤农业开发有限公司王运、刘巧云艺术研究院刘巧云、浙源建设有限公司吴家兴、建德市杨村桥镇

表7 2021年度杭州市级以上劳模、工匠、“五一”劳动奖章(奖状)获得者情况

荣誉称号	获奖人	单位及职务
全国工人先锋号		农夫山泉（建德）新安江饮料有限公司无菌线制造一科
浙江工匠	杨海云	中国邮政集团公司浙江省建德市分公司
浙江工匠	周昱人	浙江新安化工集团股份有限公司
杭州工匠	郑联萍	浙江新化化工股份有限公司
杭州市五一劳动奖状	—	建德市第一人民医院
杭州市五一劳动奖状	—	浙江钜元建设有限公司
杭州市五一劳动奖章	陈华	浙江深蓝新材料科技有限公司执行董事、总经理
杭州市五一劳动奖章	陈丽云	浙江新安化工集团股份有限公司研发组长
杭州市五一劳动奖章	刘万俊	中策橡胶（建德）有限公司跟班调度
杭州市五一劳动奖章	陈卫群	浙江安伴汽车安全急救技术股份有限公司车间主任

艺澜种植场沈宏、浙江大洋生物科技集团股份有限公司陈土良、浙江新安化工集团股份有限公司陈厚德、杭州奥立达电梯有限公司周健军、农夫山泉(建德)新安江饮料有限公司周晓彬、建德市莘时客餐饮有限公司建德豆腐包花半朵店傅晅、建德市新安江街道新新美容城黎新发等 10 人为建德市第二届“建德工匠”。

共青团建德市委员会

【概况】2021 年,共青团建德市委员会(以下简称团市委) 在团杭州市委和中共建德市委的正确领导下,深化改革创新,推进资源力量下沉,团结带领全市团员青年着力主责主业,主动担当作为,在奋力打造高质量发展建设共同富裕示范区的 “县域样板”中发挥青年排头兵作用。至年末,全市共有共青团员 16631 人, 团市委下辖直属团委 59 个,其中乡镇(街道)团(工)委 16 个、市直机关部门团(工)委 28 个、企业学校团(工)委 15 个;有共青团支部 990 个,其中学校领域 368 个、机关事业单位 104 个、国有企业 22 个、村(社区)281 个、“两新”(新经济组织、新社会组织)领域 215 个。县级团委机关工作人员增加 4 名, 各直属团组织新增团员 126 名。

◎ 12 月 15 日,团市委组织志愿者开展服务活动

【全国县域共青团基层组织改革试点】根据团中央《关于确定县域共青团基层组织改革试点地区的通知》,建德正式纳入试点地区。9 月 1 日、10 月 18 日两次召开县域共青团基层组织改革试点专题研究推进会,市委书记朱欢、市委副书记吕平等听取试点工作专题汇报。11 月 11 日举行乡镇(街道)团(工)委兼职副书记聘用仪式,从青年农创客、建德籍学子、乡村善治青年等群体中选拔兼职副书记,与上市企业、国有公司等建立挂职干部选派交流制度。11 月 5 日、12 日分别成立快递外卖团工委和物流行业团工委,发布“青春暖蜂”关心关爱快递物流行业青年六大举措。100%建立中学团校,100%实现推优入党。结合建德共青团实际探索启动“农创”“后浪”“公益”“社群”四大联合体建设行动。该项目试点相关经验做法,以《借试点之力破基层之困,不断探索强健基层新路径》等案例介绍文章形式,在《中国共青团》杂志刊发。

【省级中长期青年发展规划试点】建德市委、市政府专门成立推进省级试点工作领导小组,5 月 21 日市青年工作联席会议专题研究讨论《建德市青年发展“十四五”规划(2021—2025 年)》,将该规划与建德市国民经济和社会发展“十四五”规划编制提前衔接,在总体规划中设置“青年发展八大重点工程”专栏。推动青少年宫分宫建设纳入 2021 年度市政府十大民生实事, 在 4 个中心镇建立青少年活动中心分中心,校外教育场地面积从 4700 平方米增至 9370 平方米,扩招学生 1200 余人,逐步补齐城乡校外教育不平衡短板。不断强化经费保障, 加强与市财政局协调沟通, 首次按照县域 14 岁至 35 周岁常住青年 12 万人的标准,保障青年发展工作经费, 每年纳入年度县级财政预算经费 120 万元。4 个少年宫分宫建设 180 万元纳入县级财政预算, 为破解基层团组织经费紧张现象提供新路径。

【团组织数字化改革】团市委积极配合建德数智群团系统建设及群团驾驶舱的创建工作,先后 11 次完成任务书,参与全市协调会 7 次。将基层团组织建设纳入区域群团共建大局,提供“一键入群”“一键建群”业务流程。第一时间在“新安青年”公众号开通“数智群团”界面,在全市青年中宣传“群团集市”。依托“志愿汇”App建德版面，优化“志愿抵分”应用场景，参加杭州市数智群团重点应用场景项目路演，纳入全市特色场景应用。“青年信用+”场景成为全国首款实现线上交通违章记分抵扣的应用，注册用户360余人，帮助160余人实现交通违章记分抵扣。

【“农创客”聚力共同富裕】 4月，团市委协助农业农村局等部门出台《建德市农创客创业创新扶持政策实施细则》，在招引培育、电商销售等10个方面给予政策支持。同时，成立农创客发展联合会，吸纳首批联合会会员65名，为农创客日常交流搭建平台。10月，主办乡村旅游品牌策划设计赛等大型活动10余场，吸引1800余人次农创青年参与。11月，协办“乡村人才振兴促进共同富裕大会”。12月，成立草莓、豆腐包产业团工委，选聘优秀青年致富带头人担任书记，凝聚300余名创业青年探寻共同富裕之路。至2021年底，建德全市返乡创业青年达到1577人，形成200余个成熟运作农创客团队，年产值超过2亿元，不少“新农人”带动百名以上农户增收。

【志愿服务工作】 开展亚运城市文明行动，累计组织社会志愿者3万余人次，参与交通路口、高铁站点、医院窗口等公共场所“礼让行人”“文明交通”“一米线等候”等志愿服务活动。在全市16个镇街持续开展成人及3~11岁少儿疫苗接种专项志愿服务，参与志愿者2000余人次，服务市民20万余人次。组织开展“桑梓金辉，数智生活，万名大学生伴你行”“青春助减”课后托管等志愿服务活动，受益人数4000余人。全年有1个项目获得浙江省志愿服务大赛铜奖，4个项目获得杭州市志愿服务项目大赛2银2铜。

【青年群体专项服务】 2月26日，团市委举办“‘樱’你而来 漫山花开”、4月18日组织“人间四月天 缘来‘才’遇见”等青年联谊交友活动9场，累计吸引600余名青年参加。7月9日举办“千名探星人”社会实践启动仪式，承接清华大学、浙江大学等10余所高校暑期实践团赴建德开展社会实践，开发“建德市星空计划”大学生实习见习微信小程序，摸排岗位729个，招引121所高校400余名学子到建德实习见习。先后实施精实助学、茅台助学、圆梦助学、都市快报助学、中天集团助学、钜元建设助学等品牌项目，发放助学款（物资折价）100多万元。与《都市快报》、建德电视台等线下传统媒体建立爱心助学合作机制，开设助学宣传专栏，推出“圆梦行动专题报道”，发布助学公益广告。在年度大走访活动中为全市442名重点青少年提供学习、生活物资。依托“12355”青少年心理咨询和法律援助热线电话开展心理咨询与疏导，全年提供电话疏导236人次、面对面咨询服务209人次。12月7日，启动全市青少年权益维护关爱公益创投项目大赛，吸引10余家社会组织报名参与。

◎ 7月9日，举办“千名探星人”社会实践仪式

【留建德过春节青年特别服务】 在严峻疫情防控形势下，团市委及时倡导外地青年响应建德市委、市政府“就地过年，减少流动”号召，并联系青联委员及12家爱心企业，在除夕临近前，推出“吃、住、行、邮、购、网、福”暖心福利大礼包，共计发放861人次。组织志愿者提供家电免费维修志愿服务，发送福袋、春联等新春物资800份；探望留建困难青少年5名，向其馈赠春节慰问金；排查摸底留建德过年外地青年团干部20余人，为其集体录制“向家乡父母拜年”云上视频，提供邮寄减免优惠与“爱不分别”免费家书，寄出云家书227份。

（陈　骏）

建德市妇女联合会

【概况】 2021年，建德市妇女联合会（以下简称市妇联)积极开展妇女形象品牌创建和展示,推动千鹤妇女精神教育基地创建成为省级爱国主义教育基地;开展最美家庭、优秀家风、美丽庭院等精神文明领域各项建设。积极维护妇女儿童权益,8月,《建德市“十四五”妇女儿童发展规划(审议稿)》获得原则通过。年末,市妇联下辖乡镇妇联13个、街道妇联3个、机关单位妇委会29个,建制村(社区)妇联256个,“两新”领域妇联组织2859个,“两新”领域“妇女之家”541个。

【千鹤妇女精神品牌建设】2月,开展在全市寻找“新时代千鹤妇女精神传承人”活动,从社会治理、法治建设、医药卫生、社会服务、农业农村、科技、文化艺术、城乡建设、社会经济、教育教学等十大领域,评选产生王丽娜、邵菁媛、孔建平等首批“新时代千鹤妇女精神传承人”共38人。3月8日,在该基地举办杭州市妇联“巾帼心向党 奋斗新征程”庆祝中国共产党成立100周年暨纪念“三八”国际妇女节主题活动,杭州市委常委、组织部部长毛溪浩以及建德市委书记朱欢等四套班子领导,各区县(市)妇联主席,市直属妇工委负责人以及基层妇女干部、各界妇女代表等100余人参加活动。8月,千鹤妇女精神教育基地被列入杭州市首批共同富裕示范区“精神文化高地”试点,9月,该基地创成浙江省爱国主义教育基地、浙江省巾帼爱国主义教育基地。

◎“千鹤妇女精神”教育基地通过省级社科普及基地考察评估,成为第十批省级社科普及基地

【千鹤妇女精神教育培训产业】市妇联链接中华女子学院(全国妇联干部培训学院)、省妇干校资源,培育千鹤妇女精神教育培训产业,形成以千鹤村为核心、辐射全市各乡镇(街道)“3+X”现场专题教学体系,打造“千鹤嫂创业街”“杨村桥草莓小镇”“三都镇渔嫂互助组”现场教学点。全年承接新疆、西藏及浙江省湖州、宁波等省内外党史学习教育、妇女干部培训、社会化培训及发展中国家女官员培训,累计承接培训8000余人次。

【“美丽庭院”创建系列活动】5月,市妇联开展“美丽庭院 幸福人家”三比三晒比武活动,动员全市各级妇联组织、妇女群众参与庭院环境整治,会同市纪委、市人社局、市农业农村局等部门督查走访并开展评选,下涯镇获一等奖,洋溪街道、梅城镇、李家镇等5个乡镇(街道)获二等奖,新安江街道、三都镇等6个乡镇(街道)获三等奖。累计整治庭院户数1.8万户,打造美丽示范带12条。

【“最美家庭”系列活动】8月,启动寻找“最美家庭(文明家庭)”系列活动,评选傅庆玲家庭、王卫红家庭等30户家庭为建德市“最美家庭(文明家庭)”,在此基础上,经推荐、认定和公示,选树并上报新安江街道方琴家庭、航头镇大店口村饶建军家庭为浙江省“最美家庭”,选树吴雪娟家庭、周荟家庭为杭州市“最美家庭”。

【举办第三届全球女性发展论坛】10月23日,第三届全球女性发展论坛在建德召开,论坛主题为“传承·弘扬·创新:中国共产党领导下的妇女解放与妇女发展——发挥‘半边天’作用 实现共同富裕”。全国妇联副主席、书记处书记、党组成员蔡淑敏以视频方式出席会议并讲话,中华女子学院(全国妇联干部培训学院)党委书记、教授李明舜,杭州市人大常委会党组副书记、副主任郑荣胜,浙江省妇联党组成员、副主席陆英等领导出席开幕式并致辞,联合国妇女署中国办公室国别主任安思齐、联合国教科文组织驻华代表夏泽翰通过视频连线向会议召开表示祝贺。全国高校、社科院、党校系统等机构与实践领域150余名专家学者,埃塞俄比亚、尼泊尔、巴基斯坦等国家60余名发展中国家官员线上线下交流分享,会议达成“千鹤共

◎ 10月25日，第三届全球女性发展论坛在建德召开，论坛形成“千鹤共识”

识”，其内涵为：以“半边天”力量投身乡村振兴，助力共同富裕，彰显女性新作为。

【妇女干部综合素质提升】 1月，启动“传承千鹤精神·巾帼头雁启航”村级妇联组织亮相干事行动，各乡镇（街道）妇联累计开展“履新培训”17场次，办结上任头件事120余件，5月17—19日，市妇联举办2021年建德市新任村（社区）妇联主席培训班，各乡镇（街道）妇联主席、新任村（社区）妇联主席等150余人参加培训。

【家庭家教家风建设】 9月，市妇联联合杭州市人口早期发展协会、浙江省新思维教育科学研究院、杭州市幼幼职业培训学校，以打造“让爱更有智慧”家庭教育服务品牌活动为载体，启动“百场公益讲座进家庭”行动，至2021年末，开展家庭教育讲座62场，惠及家长儿童4500余人次。

【建德市妇女儿童活动中心投入使用】 9月30日，建德市妇女儿童活动中心正式建成使用。该活动中心位于“两馆两中心”区块D楼，总面积为5009平方米，与建德市青少年活动中心桥东分中心合用。中心以政府采购形式引进建德首家公益型、普惠型0~3周岁示范婴幼儿托育服务机构，设有亲子活动室、母婴室、传统文化教室、家政烘焙教室、多功能教室、舞蹈室等多个功能馆室，为妇女儿童发展提供妇女职业能力和素质提升培训、妇女就业创业指导等各类公益服务。

【妇女维权系列行动】 5月，启动“巾帼反诈进万家”专项行动，全市组建“巾帼义警”队伍128支，共2437人，组织宣传活动800余次，覆盖14万余人次；深化“新安婆婆”家事调解室等社会组织建设，10月，建成“新安家事共享法庭”。全年开展普法活动900余场次，提供心理健康辅导、法律咨询等1700余人次，处置家暴案件442例，化解婚姻家庭矛盾纠纷494件，化解率99.0%。

（王若函）

建德市科学技术协会

【概况】 2021年，建德市科学技术协会（以下简称市科协）坚持以习近平新时代中国特色社会主义思想为引领，深入开展党史学习教育，围绕市委、市政府中心工作、服务经济建设大局，团结和依靠科技工作者，积极开展为科技工作者提供平台的各项目服务工作，邀请高级科技专家学者到建德，以“数字经济”为重心，为建德企业把脉，提供智力和技术支撑；举办各类科普活动，送科技下乡，助力农民致富；完善全市各类青少年科普教育基地，实施公民科学素质提升工程，以“科普进学校、进基地”活动，全面提高青少年科技素质；持续开展反邪教专题教育工作，为建德社会经济发展提供和谐稳定的公共秩序环境。

【科技工作者服务行动】 5月30日，市科协邀请建德市13家学（协）会优秀代表20余人，组织第五届“5·30全国科技工作者日”座谈会，表彰和慰问各学（协）会优秀科技工作者，听取有关意见与建议。11月10日举办“院士专家杭州行”走进建德活动；根据《杭州市科普研学旅行手册》要求向杭州推荐研学旅行活动案例2个、杭州市优秀科技工作者1名、优秀科技志愿服务队1个、优秀科技志愿服务项目1个。切实抓好“两新”组织党建和工作覆盖，以建立联合党支部、选派指导员方式完成4家主管协会“两新”党建全覆盖工作，保障社会组织持续快速健康发展。

◎ 11 月 10 日，举办“院士专家杭州行”走进建德活动

【服务创新驱动】2021 年，市科协组织走访企业累计 30 余家，创建专家工作站 7 家，建站数量为历年最多；开展博士后创新工作站建站基础全面摸底排查，切实掌握第一手情况，与已建站企业保持紧密联系，主动对接、助力已建工作站持续发挥效用；先后主(举)办“遇建未来 缘来有你”科技工作者相亲活动(9 月 25 日)、第四届阿卜杜拉国王科技大学校友会高层次海外人才项目对接活动(10 月 23 日)、“数字经济赋能产业转型升级” 数字大讲堂走进建德活动 (11 月 3 日)、“科技人才赋能助力共同富裕”人才科技交流活动(11 月 26 日)、2021 杭州市科协年会等活动；配合党史学习教育开展“学党史 办实事 千名专家进千企”活动，形成科协发布专家清单、企业(园区)点单、科协派单、学会领单、专家接单、科协回访的工作闭环；对接浙江工业大学，邀请中国工程院院士、浙江工业大学生物工程学院院长郑裕国团队到建德市调研化工企业转型升级工作；多渠道对接浙江大学，积极促进浙江大学与建德的全面合作；对接东华大学，促进其与杭州圣马特羊绒制品有限公司的初步对接合作。

【公民科学素质提升工程】全年举办两场科普下乡活动，发放各类科普宣传资料 10000 余册，并开展法律咨询、义诊服务等活动；开展“气象小达人”科普实践活动(3 月 23 日)、“爱我祖国 献礼亚运 点燃科学梦”科普实践主题活动(5 月 18 日)、杭州市农民科学素质讲堂暨 2021 年建德市西红花种植和水稻轮种技术培训班 (6 月 25 日)、“快乐科普 伴我成长”为主题的航空知识进校园活动(9 月 26 日)。科普宣传周期间，市科协深入农村、社区、企业、学校开展碳达峰碳中和科普联合行动、青少年科技教育联合行动、“银龄跨越数字鸿沟”科普专项行动、卫生健康科普联合行动等系列科普联合行动 60 余场次。其中“银龄跨越数字鸿沟”科普专项行动，全市注册网点 32 个，开展培训 86 场次，受训 5555 人次。同时，新培育市本级青少年科普教育基地 1 家、市本级农村科普示范基地 2 家，申报浙江省青少年科普教育基地 1 家；实施省级基层科普行动计划项目 3 个，补助金额 28 万元；实施建德市本级科普项目 15 个，补助金额 40 万元。全年 “科普中国”App 新增注册用户 1961 人，农函大讲师团开展科普讲座 28 场，受众 1802 人(次)。

【反邪教活动专项教育】9 月 9 日，市科协以“百年华诞心向党 远离邪教享安康”为主题，启动 2021 年建德市“防范邪教宣传月活动”。11 月，建成健安社区反邪教主题公园，为提高广大群众防范抵御邪教意识水准提供新平台；建德市反邪教讲师团开展宣讲 20 余场、征集反邪教调研论文 17 篇、创作上报反邪教短视频 7 条、完成《中国反邪教通讯》刊首语 1 篇；同时，以“强反邪意识 守红色根脉 护精神家园”为主题，开展反邪教原创故事、剪纸作品征集大赛，活动共评出剪纸优秀作品 14 幅、反邪教优秀原创故事 6 篇。

【开展各类智力支撑协作】根据省、市群团改革和数字化改革要求，2021 年，市科协将数字化改革工作纳入年度重点工作，积极参与建德市“数智群团”一体化数字驾驶舱的设计研发与建设运维，积极参与“五共协同”管理平台和群团公共服务平台的应用推广。参与市委、市政府“帮企不漏企，企企见干部”深化“三服务”工作；实行“一对一”认领破难机制，5 月、11 月分别在杨村桥镇、乾潭镇开展“一镇一季五问”活动，为建德“草莓之乡”发展提供资源，破解难题；为建设共同富裕先行区安仁联合体出谋划策;组织调研编发老年人科协《研究与建议》简报11期,积极为市委、市政府科学决策建言献策。

（陈宵鸳）

建德市文学艺术界联合会

【概况】2021年,建德市文学艺术界联合会(以下简称市文联)深入贯彻习近平新时代中国特色社会主义思想和中共十九届历次全会精神,团结带领广大文艺工作者正本清源,守正创新。至年末,市文联所属协会共14个,会员1300余人,其中国家级会员57人(新增8人,其中民间文艺家协会和戏曲家协会会员各4人)、浙江省级会员163人(新增9人),新增杭州市级会员28人。全年开展文艺惠民服务志愿活动393次,送春联1万副,为60岁以上老人拍照1000余张、送戏下乡200余场,文艺工作者参与活动2000余人次。

【建德市文学艺术联合会第九次代表大会】12月10日,在新安江召开建德市文学艺术界联合会第九次代表大会,听取、审议通过徐国平代表建德市第九届文学艺术界联合会所作的《融入新时代 展现新担当 奋力谱写与“打造高质量发展建设共同富裕示范区县域样板”同频共振的建德文艺新篇章》的工作报告,并通过修改章程的决议。同日,召开建德市文学艺术界第九届委员会第一次全体会议,选举徐国平为建德市第九届文联主席,唐晓辉、袁红为副主席,姜志红任秘书长。

【庆祝中国共产党成立100周年“红色记忆”主题活动】3月至4月,与市总工会联合开展“咱们工人有力量 红心永向共产党”市职工书画摄影比

表8 2021年建德市文学艺术作品获奖(荣誉)情况

作品名称	创作者(版权人)	荣誉(奖项)名称	所属协会
摄影作品《牵手·金婚缘》	张霞萍	入展中国第18届国际摄影艺术展	市摄影家协会
摄影作品《红云金顶》	朱饶平	入展“中国世界自然遗产“”全国摄影大展	
摄影作品《台上台下》	钱国定	第11届金鹤奖全国摄影艺术大展人文纪实类金奖	
摄影作品《舞动的青春》	徐庚清	香港第十一届全国摄影艺术展银奖	
农民画《腾龙舞狮》	刘巧云	获第八届浙江民间文艺“映山红”奖	市民间文艺家协会
木雕作品“新征程”	陈德鸿	获第十二届“艺鼎杯”中国木雕现场创作大赛佳作奖	
根雕《留得残荷听雨声》	徐惠东	入选庆祝中国共产党成立100周年暨第五届浙江工艺美术双年展	
木雕《红色印记》	倪孝平		
剪纸《麒麟送喜》	方侃源		
木雕《幸福生活》	陈德鸿		
铜版画《大好河山》	刘华		

续表 8

作品名称	创作者（版权人）	荣誉（奖项）名称	所属协会
美术作品《影落野人家》	王力行	入选中国美术家协会“百花向阳–2021 全国花鸟画作品展”	市美术家协会
美术作品《放牧图》	刘巧云	入展中国美协“幸福小康 美好生活”全国农民画作品展	
书法作品黄图珌《看山阁闲笔》一则	丰登	入展第三届全国大学生书法篆刻展	书法家协会
书法作品《仙都诗》行书册页	吴小红	入展“陆维钊奖”第九届浙江省中青年书法篆刻展	
刻字作品《井冈星火》	吴小红	入展第七届浙江省刻字艺术大展	
婺剧《千鹤女人》	陶敬端 管晓亮	入选浙江省庆祝中国共产党成立 100 周年 优秀舞台作品展演项目	市戏剧家协会
先锋歌舞剧《马戏之王》	徐咪	浙江省戏剧比赛二等奖	市舞蹈家协会
现代舞《cartoon》	徐咪	浙江省小舞蹈家金奖	
舞蹈《壮志飞扬》	王国光	“第一个警察节”展演，并被央视、新华社、学习强国全国平台录用	
歌曲《镇头，一个很乡土的地方》创作	郑德彬	第十二届全国村歌大赛优秀奖	市音乐家协会
歌曲《听妈妈的话》作词	傅庆玲		
歌曲《寿昌味道》创作	吴昊	2021“诗画浙江”全省旅游歌曲大赛铜奖	

赛，收到参赛作品 100 余件，42 件作品获得三个项目的各类奖项。5 月，与市科协联合举办“强反邪意识 守红色根脉 护精神家园”反邪教原创故事、剪纸作品征集大赛，产生 40 件优秀原创故事和剪纸作品；与市委宣传部、文广旅体局联合开展“红色印记、百年正青春”博物馆日系列活动和“寻红色印记、迎中国共产党成立百年”摄影大赛；组织建德市知名书画家集体创作“百年恰是风华正茂”百米长卷（建德卷），在杭州市“百年风华 千秋伟业”诗书画联展上展出。6 月，与市政协联合在市文化中心举办“丹青绘河山、笔墨颂恩情”——庆祝中国共产党成立 100 周年书画展，展出书法、绘画优秀作品 100 幅。7 月，创编“百年青春梦、拥抱新时代”主题大型群舞在建德市“讴歌辉煌路 启航新征程”庆祝中国共产党成立 100 周年晚会上演出。10 月，与严州府餐饮管理有限公司联合举办建德市首届“严州府奖”书法篆刻大展，展出作品 63 件。12 月，与市文广旅体局联合在市文化馆举办庆祝中国共产党成立 100 周年“岁月·昨天·今天”影像展，展出摄影作品数百张，全方位、多角度、深层次地展现建德市解放后取得的巨大成就。

【文学艺术创作】2021 年，建德市文艺工作者开展“学习百年峥嵘史，艺心向党勇担当”红色系列创作，创作诗歌、散文、小说、故事等 200 余篇（首），书画作品200余幅，摄影作品300余件，剪纸、根雕、蛋雕、农民画等工艺美术作品150余件，音乐原创歌曲7首以及多个微视频，创编《星火百年》《红色足迹》等多部党史教育读物。6月21日，举行章荣朝长篇小说《城头人家》出版首发式，该书与《江边人家》《龙源人家》，组成章荣朝长篇小说“命运三部曲”，总计100万字。

【建德文艺奖评选】8月，经由省、杭州市专家组成的评审委员会的评审，确认《梅花城的传说》等57件作品为第十八届建德文艺奖获奖作品。其中一等奖为：章荣朝长篇小说《龙源人家》、朱睦卿故事集《梅花城的传说》、刘巧云农民画《腾龙舞狮》、吕雪雷婺剧表演《紫金滩》、方弘电视片《影像建德》、王建青摄影《境由心生》、朱饶平摄影《晨雪》。经公示后，首次将获奖作品编印成《第十八届文艺奖获奖作品集》出版，鼓励艺术家更加“深入生活，扎根人民”。

【文艺扶持工作】依据《建德市优秀文艺作品扶持办法》，对新加入国家、省、杭州市级官方协会会员，国家、省、杭州市级工艺美术大师、非遗传承人等在建德境内注册文化企业并开办工作室等给予相应的资金、人才扶持。2021年，市文联兑现对文艺人才扶持奖励资金9.2万元。协助文艺家申报推送省、杭州市文艺精品工程扶持项目，其中《城头人家》获2021杭州市文艺精品工程扶持项目。民间文艺家协会会员陈德鸿入选浙江省文联2021年度青年人才培养“新峰人才”项目，是建德市文艺界首位；扶持书法家协会会员吴小红刻字作品在省书协主办的第七届浙江省刻字艺术大展中入展；助力黄志勤荣获“轻工大国工匠”、王生良、汪国云获省级文化示范户、徐惠东被认定为省级文化能人和“杭州自强工匠”、刘巧云获评第二届“建德工匠”等。

【文艺作品成绩】2021年，出版《严州文化史》《有文化的羊》《淡泊的情怀》《江清月近人》等本土著作共11部，208件作品在全国和省市级发表、入选、入展、获奖。

◎ 7月21日，首届“诗画之江”全国摄影大赛在下涯镇之江村举行开镜仪式

【“艺术乡建”工作】2021年，市摄影家协会积极助推下涯镇之江村摄影特色村的建设，并于7月31日在下涯之江畔启动首届“诗画之江”全国摄影大赛，吸引全国各地摄影爱好者150名，助力下涯镇获批杭州市“摄影小镇”。戏剧家协会指导大同镇婺剧文化发展，助推镇源村入选“第二批浙江省戏曲之乡（乡镇、村级）”；“送戏曲进校园”工作成效显著，大慈岩中心小学入选第三批全国中小学中华优秀传统文化传承学校，成为浙江省首个昆曲传承基地。市书法家协会指导培训全市首个“浙江书法村”航头镇灵栖村申报灵栖书法研学营地。市美协、新安江书画院积极助力寿昌书画艺术发展，11月2日举办“既寿永昌·中国当代书画家邀请展”，并在洪家厅授牌成立浙江省国际美术交流协会寿昌艺术创作中心。 （张 婷）

建德市残疾人联合会

【概况】2021年，建德市残疾人联合会（以下简称市残联）围绕“为全市残疾人服务”宗旨，在残疾人就业、结对帮扶、救助保障等方面，制定和完善残疾人权益保护和福利落实相关政策、制度；在残疾人康复机构和无障碍环境建设方面，加大硬件投入财政投入，高质量、如期完成建德市政府为残疾人服务的民生实事；加快全市17家“残疾人之家”建设和提升改造，并以之为平台，组织残疾人参加

各类竞赛和娱乐活动，有力推进残疾人正常、健康地融入社会。

至2021年末，全市在册第三代中华人民共和国残疾人证持证残疾人16806人。其中，视力残疾1792人、听力残疾2090人、言语残疾127人、肢体残疾8334人、智力残疾1778人、精神残疾1937人、多重残疾748人。全市有“残疾人之家”17家，其中三星级7家、四星级10家。机构安置庇护人员353人。

9月，建德市残联作为杭州市唯一代表，在全省残联财务管理工作培训班上作典型发言。12月，市残联获第五届全国残联专职委员知识竞赛优秀组织奖，受到中国残疾人联合会通报表彰。此次全国受表彰县（市、区）200个、浙江省8个。王春花代表浙江队夺得全国第十一届残疾人运动会盲人门球团体金牌1枚，获浙江省人民政府通报褒扬；方卫荣获省政府残工委“十三五”期间浙江省残疾人工作先进个人。

【残疾人优惠政策落实】2021年，建德市继续推进残疾人城乡统筹工作，市残联与杭州对口帮扶的上城区、萧山区、钱塘区残联签订残疾人帮扶项目协议书3个，帮扶资金到位110万元。继续落实助残政策，全市持证残疾人1.6万人凭证免费乘坐建德市城乡公交和杭州市内公交及地铁。开展春节慰问和夏季送清凉活动，全年共慰问困难残疾人662人，发放慰问资金和实物（折合）共计32.1万元。

【残疾人“两项补贴”】2021年，建德市继续推进落实困难残疾人生活补贴和重度护理补贴政策，为残疾人发放“两项补贴”，至年末，享受困难残疾人生活补贴5902人，比上年减少253人，享受重度残疾人护理补贴8469人，比上年新增164人，全年发放“两项补贴”资金4230.34万元。

【残疾人救助保障】全年免费配发助听器52只、轮椅164辆、其他辅具412个，免费安装假肢26例，享受髋关节置换手术补贴17例，1332名精神残疾人免费施药，为47名森林肇事精神残疾人提供住院补助。规范残疾人机动轮椅车管理工作，为135名符合条件残疾人发放残疾人机动轮椅车燃油补贴。为全市持证残疾人1.6万余人全部办理

◎ 4月16日，市政协主席会议专题视察残疾人权益保障工作

【残疾人就业】2021年，全市安置残疾人就业企业（单位）392家全部通过就业安置审核，共安置残疾人1317人；发放岗位及超比例安置补贴231.65万元。

【残疾人康复机构建设】加大软硬件投入，提升建设规范化残疾儿童康复机构1个（建德康复医院），投入改造资金30多万元。与杭州市萧山区爱尔斯儿童康复中心签订合作协议，全市残疾儿童在家门口就能得到康复训练服务。

【无障碍环境建设】2021年，为迎接2022年亚（残）运会在杭州举办，提高全市无障碍环境质量，市残联及市无障碍环境促进会参加市规划和自然资源局专题规划设计会议30次，参与研究布置无障碍设施规划设计项目80多个。全年组织残疾人参与无障碍设施体验活动50多次，出具体验报告49个。实施市政府民生实事工程，完成100户“困难残疾人无障碍进家庭”项目改造。开展省级无障碍社区创建，新安江街道新安社区成功创建为第四批省级无障碍社区。同时，市残联联合杭州市气象局下属科技公司，在建德广播电视台每日《建德气象》节目实行气象报告手语同步播报，每周播出一期《一周要闻》手语新闻节目，不断完善听觉障

碍残疾人无障碍社会生活环境。

【“残疾人之家”星级提升】2021 年,“残疾人之家”星级提升继续被列为省、杭州市民生实事项目,杭州市下达建德市提星任务 7 家。市残联确定列入提升改造计划的机构名单,帮助制定改造提升方案;组织“残疾人之家”机构负责人参加杭州市残联组织的业务培训并全员完成考试;编制、发放《建德市“残疾人之家”政策汇编》,并组织全市乡镇(街道)残联理事长和 17 家“残疾人之家”负责人举办政策讲解会;与市委组织部(直属机关工委)共同发动全市机关党组织结对帮扶“残疾人之家”;组织所有“残疾人之家”注册使用 3 小时公益志愿服务平台,全年开展公益讲座、盲人骑行、轮椅竞速比赛、无障碍环境体验等各类助残活动 50 余次,参与活动残疾人 1300 多人。

【残联数字化改革】2021 年,市残联积极推进“残疾人之家”数字化运营管理(协同端)工作,并参加建德市数字化改革重点应用场景评选。根据杭州市残联和《建德市“残疾人之家”数字化运营管理工作数字化改革实施方案》和各项细则要求,进行系统设计和技术研发,并在“杭州市民卡”App 的数智助残应用场景上线。11 月 10 日,该项目参加省残联数字化改革“揭榜挂帅”“数场赛马”项目第二次路演活动。市残联积极配合做好市“数智群团”“数字社会”专班工作,积极参加专班培训,完成注册、发布、展示及报名签到等活动任务。

(翁朝晖)

建德市红十字会

【概况】2021 年,建德市红十字会以习近平新时代中国特色社会主义思想为指导,以学习党史、学习十九届六中全会精神为引领,以人为核心,坚持主动服务,重点实施“救护培训”生命守护工程,持续完善为民办实事长效机制。持续深化数字化改革,巩固“红十字强基工程”,完成个人会员数量和村(社区)建会增长率建设目标。全年参加持证救护员培训 1544 人,达到全市人口的 0.3%,普及培训 28418 人,达到全市人口 5.57%。发放救助款 36.27 万元,受益 500 余户家庭。新增造血干细胞采样入库 64 人,捐献眼角膜(遗体)4 例,捐献器官 4 例,填写遗体(器官)捐献志愿书者累计 378 人。“三救三献”事业持续健康发展。

【人道服务】2021 年,建德市红十字会积极做好疫情防控期间的人道服务,完善受捐赠物资的接受、分配和使用流程和制度,及时将 468 台获赠紫外线灭菌灯发放到全市各有关医疗单位,助力疫情防控。组织红十字会员、志愿者和志愿服务队参与新冠疫苗接种宣传、引导与协调工作,为群众和疫苗接种点提供知识普及、政策解读、预约登记、秩序维持等志愿服务。

【健康建德建设】2021 年,市红十字会继续落实“健康建德”任务,推进应急救护“五进”工作,通过召开救护培训工作专题座谈会共谋发展思路,加强培训师资队伍建设;针对不同人群需求,设计菜单式服务内容;联合市应急管理局、市旅投公司等部门在救援队队员、景区一线员工、银行职工中开展救护员培训;深入外贸企业、电力系统等行业开展安全救护培训,护航企业安全生产。7 月,启动夏季治安百日整治,并开展防溺水救援实战演练,指导红十字水上救援队在全市中小学开展“珍爱生命,预防溺水”安全教育进校园活动,全市 50 余所中小学 2.5 万名学生接受培训。联合市教育局、新安江街道部分社区开展青少年主题夏令营和“小候鸟”急救课程培训,提高学生应急避险能力。在高铁新区小微园、寿昌镇望江社区、新时代文明实践中心等筹建救护培训基地,在航空小镇、七里扬帆 2 个 AAAA级景区等地投放 AED(自动体外除颤器),专题拍摄救护培训宣传片,推动健康建德培训工作。

【“博爱帮困”工程】市红十字会常态化开展“博爱送万家”、突发灾害救助、关爱癌症困难家庭和一线环卫工人、失独家庭等关爱救助活动,全年累计筹资 11.27 万元,慰问困难家庭 490 户。持续做好

"母婴平安"项目,对外来务工人员困难家庭、高危孕产妇实行人道救助,累计发放救助金 56.65 万元,受益 168 人。联合市中心血库慰问献血次数超过 100 次的献血者,并慰问建德市 8 例遗体器官捐献者家属。

【"博爱家园"建设】2021 年,市红十字会在新安江街道沧滩社区、望江社区筹建红十字"博爱家园",进一步推进基层红十字会组织建设。联合红十字社区服务队开展"银丝爱心餐"项目,为部分生活不便的"空巢"老人全年免费上门送餐,受益 7665 人次。扎实推进造血干细胞和遗体器官捐献工作,清明节期间,发起"铭记大爱,致敬生命"网络缅怀活动,向遗体器官捐献志愿者表达敬意;开展百岁老人方学良捐献遗体事迹宣传。同时,加强部门合作,组织召开全市"三献"工作座谈交流会,总结成就,谋划未来。全年实现器官捐献 4 例、遗体捐献 4 例;造血干细胞采样入库 64 人;累计 378 人填写遗体(器官)捐献志愿书。

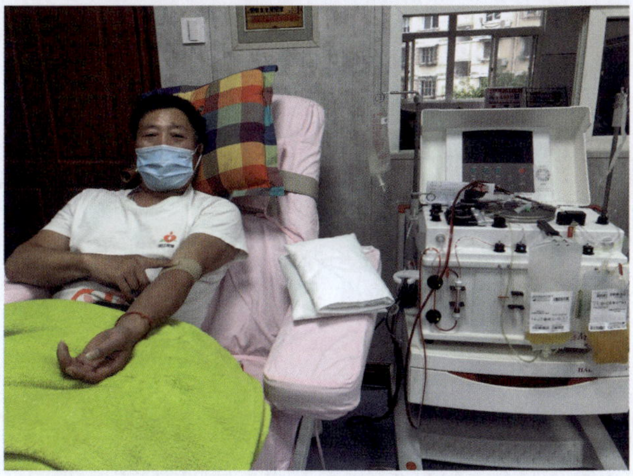

◎ 建德市无偿献血量最多的公益者倪双虎

【数字红十字会建设】2021 年,市红十字会深刻领会推进数字化改革的战略意图和目标任务,主动把"网上红十字会"建设融入党委、政府信息化建设工作整体布局,建立建德市级独立数字驾驶舱。对接省会"数字红会"系统,完善系统模块和服务内容,做好专业培训学习,积极推广应用系统,以提升网上政务服务能力为契机,做好"三救三献""志愿服务"等为民服务实事"一网通办"工作,实现人道服务"网上办""掌上办",方便群众办事。积极投入"数智群团"建设,配合专班做好数据收集等,安排专人做好"五共协同"平台使用和维护,加大"活动共推""风采共展"频度。 (许 倩)

责任编辑:唐国强

法 治

Rule of Law

政法委与综合治理

【概况】2021年，中共建德市委政法委坚持以习近平新时代中国特色社会主义思想为指引，并认真贯彻习近平法治思想和中央、省、杭州市政法工作要求，紧紧围绕市委、市政府中心工作，以完善风险闭环管控的大平安机制、深化市域社会治理现代化试点、深化数字法治改革、政法队伍教育整顿为着力点，紧盯"'平安金鼎'加星"目标，夯实基层基础，为奋力打造高质量发展建设共同富裕示范区的"县域样板"保驾护航，以优异成绩庆祝中国共产党成立100周年。

【"平安建德"建设】围绕"'平安金鼎'加星"目标，持续深化平安创建"1558工作法"("15"指以15天为一个周期，落实"15天检查曝光、15天整改回访、15天通报问责"工作要求；"5"指建立日常检查、交办整改、回访销号、通报研判、考核问责五项机制，优化闭环管理；"8"指通过压力传导、责任包干、织密网格，全面压实反恐怖防范及治安、校园、生产、交通、消防、食品药品等方面安全以及突发公共事件防范等八个领域的监管责任)，市委政法委通过"日常检查+专项督查+交叉检查"等方式，落实条线和区块网格化检查，全年检查单位936家，交办整治问题隐患2280个。该做法在全省平安建设培训会上作经验交流。深化"平安建德"建设攻坚战和平安建设"百日攻坚"行动，开展道路交通、校园安全、生产安全、消防安全、电信网络诈骗等领域专项行动，条块联动加大整治力度，各类案(事)件得到有效压降。

【维护社会稳定】围绕"建德本地不出事、建德人不外出惹事"目标，市委政法委全力推进各类涉稳风险隐患的化解处置，完成元旦、春节、"五一""七一"、国庆、四级"两会"、中共十九届六中全会等20余场次的重大活动安保维稳工作。深化推进涉稳案(事)件项目化监管，由市委政法委、市公安局、市住建局、市市场监管局、新安江街道等相关单位组建专班，实现监管问题全部可控、在控与有效处置。全年未发生影响社会面稳定的较大案(事)件，未发生负面网络舆情。

【基层综合治理基础建设与完善】召开建德市镇村社会矛盾纠纷调处化解中心规范化建设现场会，统筹深化推进乡镇(街道)、村(社区)两级中心"一窗受理"运行机制建设，依托"一中心四平台一网格"("一中心"指社会治理中心，"四平台"指基层治理四平台、"一网格"指全科网格)社会治理体系，推广"浙江解纷码"，提供"扫一扫，码上调"数字化应用体验，以矛盾纠纷"掌上跑"代替"群众跑"，调用线上各类调解资源，"线上矛调中心"24小时不打烊，纵向打通市镇村、横向整合各部门，打造矛盾纠纷全量掌握、调解资源全面整合、调处机制更加高效的社会矛盾纠纷调处化解体系，让市民反映问题打破时空限制，及时解决市民烦事、难事、操心事，实现"小事不出村，大事不出镇，矛盾不上交"。四级走访量比上年下降53%，纠纷类警情比上年下降9.4%，诉源治理各项指标居杭州前列。

【社会治理创新培育】开展社会治理特色创新项目培育工作，通过年初申报、年中自评、年底晾晒的方式激活基层治理工作创新能力，形成大洋镇“网组+反向跑”、李家镇“干部下访，娘舅上门”、更楼街道“三调联动”、杨村桥镇“大脚板，巡调会”等一批特色基层治理做法。

【深化数字法治建设】组建数字法治工作专班，初步形成数字法治“1338X+Y”体系，推动数字法治场景应用高效建设。建德市13项特色应用被纳入省市级重大应用清单，形成28项理论制度成果，在杭州数字法治多跨场景比拼中，“疫情防控一张图”“心安护航”“供水安全风险识别与管控平台”“民事执行大数据监督平台”建设获得银奖，“建村钉”获得铜奖，“固废智治”“监管一件事”“数智哨兵”“矛盾纠纷‘网格+’平台”“全量信息视图”“心安护学”“17智水”等7项场景获入围奖。

【政法一体化办案体系建设】承接全程智能感知监管（非羁码）、全域数字法治监督体系建设中行刑衔接监督场景建设，创新运用大数据监督破解终本执行案件监督难题，在杭州数字法治场景应用建设第五次专题汇报会暨完善政法一体化办案体系专项组典型应用汇报会上，做重点场景介绍。

◎ 8月20日，市公检法“三长”联合签署《关于依法打击拒不执行判决、裁定犯罪实施办法》（王媛媛/摄）

【法学会工作创新发展】5月18日，召开法学会第二次会员代表大会，选举产生新一届理事会及其班子成员。围绕“数智”群团改革要求，集中关注“民呼我为”，解决市民“急、难、愁、盼”问题，开展“群团融合齐发力 法治护航促发展”宣传活动。同时，创新法官进网格新模式，打造“网格法官”特色法学会品牌，发挥员额法官专业优势，主动走出法庭、走进网格，变群众“上访”为法官“下访”，开展矛盾纠纷多元化解、法治宣传、法律服务。全年走访农户3000余户、企业86家，帮助解决涉法问题308个，参与矛盾纠纷化解167件，成功挽回经济损失4952万元。

【政法队伍教育整顿】扎实推进全市政法队伍教育整顿工作，开展政治轮训集体学等“八学”（即政治轮训集体学、“一把手”党课专题学、专家学者讲座学、克服工学矛盾补课学、观看职务犯罪庭审警示学、组织英模报告先进学、参观教育基地现场学、发放资料自己学），市委主要领导带头讲专题党课，召开专题民主生活会5场次，组织生活会56场次，举办政治轮训7期，各类教育96场次，组织干警参观学习1588人次，建立健全各类制度142项，开展谈心谈话1498人次，不断推动政法干警争当践行习近平新时代中国特色社会主义思想的排头兵。建德市教育整顿工作多次受到省委政法队伍教育整顿驻点指导组肯定，为群众办实事等做法受到杭州市委政法委主要领导肯定。

【“扫黑除恶”常态化斗争】2021年，“扫黑除恶”专项斗争转入常态化，建德市建立常态化工作专班，优化成员配置，结合政法队伍教育整顿切实做好线索摸排，并建立督导机制，细化交办、核查、反馈以及常态化跟踪督导程序，为切实做好常态化“扫黑除恶”斗争期间上级交办（督）办案件的核查反馈和依法处置工作提供保障。 **（程熙玉）**

法治政府建设

【概况】2021年，建德市人民政府坚持以习近平新时代中国特色社会主义思想为指导，深入学习贯彻习近平法治思想，严格落实《法治政府建设实施纲要（2021—2025年）》，勤勉务实履职，持续推进法治政府建设各项工作，不断提升依法行政水平，并获评“2021 年度法治浙江（法治政府）建设优秀单位”。

◎ 12 月 3 日，“小镇法官”服务队送法下乡（王媛媛/摄）

【法治政府建设监督指导】市政府制定《2021 年度法治政府建设（依法行政）工作考核细则》，进一步细化、量化法治政府建设各项指标任务。重点突出行政诉讼“两高一低”、依法行政工作措施落实不力等薄弱环节，推进年度考核问题短板整改。加强督查考核，将领导班子、主要领导履行法治建设第一责任、班子成员履行法治建设具体责任列入年度述职范畴，进一步发挥考核指挥棒对法治政府建设的导向作用。

【重大行政决策目录化管理】5 月，市政府制定出台《建德市人民政府重大行政决策程序规定》，健全科学、民主、依法决策机制。全面推行重大行政决策目录化管理制度，防控决策风险，出台涉及经济社会发展全局和人民群众切身利益的重大决策事项前，按规定编制重大行政决策事项目录，并在政府门户网站公布。重大行政决策事项承办单位严格依法按照重大行政决策程序开展决策前期工作，依程序提交市政府集体讨论决定。

【加强合法性审查】市政府依托“行政机关内部最多跑一次”平台，对于提交市政府常务会议和市长办公会议审议的议题，均由政府法制部门进行合法性审查。全年对市政府及政府办公室制定的规范性文件 14 件、市政府行政合同 7 件开展合法性审查。全面推进乡镇（街道）合法性审查全覆盖工作，把乡镇（街道）各项工作纳入法治化轨道。

【行政规范性文件管理】严格落实《浙江省行政规范性文件管理办法》，规范开展行政规范性文件制定和管理工作，严控发文数量，严格制发程序，推动行政规范性文件管理的制度化、规范化。加大行政规范性文件备案审查力度，14 件市政府及政府办公室规范性文件，均在规定时限内报送杭州市人民政府和建德市人民代表大会常务委员会备案审查。认真开展“烦企扰民”行政规范性文件清理专项行动，全年清理有关行政规范性文件 33 件，其中废止 18 件，拟废止 3 件，拟修订 10 件，已修订 2 件。

【落实行政执法“三项制度”】严格落实行政执法公示制度，完善阳光执法机制，行政执法行为事前公开、事中公示、事后公开。按照“谁执法谁公示”原则，明确公示内容的采集、传递、审核、发布职责，规范信息公示内容标准与格式。积极推行执法全过程记录制度，行政执法机关根据执法需要配备执法记录仪，发挥其全程留痕、证据固定作用。推进重大执法决定法制审核制度，对属于《报送市政府审批的行政执法决定事项目录》的行政执法决定，要求依规定报送市政府审批。

【“以案治本”专项行动】2021 年，建德市继续开展“以案治本”专项行动，以案释法、以案促改，规范重点领域权力运行，切实保障民众合法权益。全面梳理 2019 年以来办理的直接纠错的行政复议案件，以及市政府及政府部门和乡镇（街道）作为被告的行政诉讼败诉案件，加强城乡规划、房屋征迁和土地征收领域的依法行政工作。编印发放《征收集体所有土地房屋补偿安置工作指引》1700 余册，规范指引乡镇（街道）房屋征收程序，提升重点领域依法行政水平。

【行政争议化解】市行政争议调解中心开展行政争议事前、事中、事后全过程的系统性预防和调解工作，推进行政争议实质化解工作。建立行政争议化解周通报制度，市领导主持召开行政争议案件化解工作专题会议，压紧压实行政争议化解责任。全年共促成行政复议案件申请人撤回复议申请39件，调解率50%；行政诉讼案件原告撤诉47件，调撤率41.60%。

【行政复议工作】市政府认真履行行政复议职责，充分发挥行政复议化解行政争议主渠道作用，有效保护市民群众合法权益。全年市政府新收行政复议案件68件。其中，56件被申请人为市政府工作部门，12件被申请人为乡镇（街道）；审结案件61件（含结转案件7件），其中维持30件，申请人自愿撤回复议申请22件，依法驳回申请人复议申请3件，纠错6件（撤销2件，确认违法2件，责令履行2件），行政复议纠错率为9.84%。

【规范行政应诉行为】市政府严格落实《建德市行政机关负责人出庭应诉实施办法》，加强对行政应诉工作的督促指导，进一步规范行政机关行政应诉行为。全年两级法院共新收涉建德市行政诉讼一审案件112件。全年审结113件，判决行政机关败诉6件，行政机关败诉率为5.3%，行政机关负责人出庭率98.73%。

【"关键少数"学法用法】全年组织市委理论学习中心组全体成员学法2次，市政府常务会议集体学法7次，举办法治专题讲座和培训班100余场，组织93名新提任市管干部开展学法用法考试，合格率100%。7月22日，市委、市政府邀请浙江省司法厅副厅长蒋建森为市委理论学习中心组宣讲习近平法治思想，推进领导干部学法用法工作规范化、制度化，切实提升领导干部运用法治思维和法治方式开展工作、解决问题的能力。（章 琦）

公 安

【概况】2021年，建德市公安局始终坚持习近平新时代中国特色社会主义思想，围绕平安护航中国共产党成立100周年这一主线，按照"四个六"总体思路和"1532"重点工作思路，忠诚履职、担当作为，经受住"重大活动安保、维护大局稳定、护航经济发展"的政治考验，实现"六降三升"的良好势头，即总接警数、有效警情、刑事警情、治安警情、交通亡人事故、立案数比上年分别下降5.5%、6.5%、15.8%、2.8%、15%、17.9%；破案率、刑拘数、移诉数比上年分别上升2.8%、1.8%、8.3%；命案及五类案件连续12年全破，交通亡人事故连续5年大幅下降，出色完成市委、市政府和上级公安机关交办任务，群众安全感、获得感和满意度全面提升。提升执法管理中心效能，落实派出所负面清单，执法质量考评位居杭州地区第二，复议诉讼案件明显下降。做强网办中心，延伸"代办"服务，让群众享受最为便捷的公安政务服务。特色亮点工作17项得到上级领导批示肯定，28项在公安部、省厅、杭州市局简报及相关专栏刊发，"民案无大小、必破快破、案损快追"做法得到中央政法委专题报道，连续十二年获浙江省优秀执法单位，连续九年蝉联建德市优胜（满意）单位。

【打击各类刑事犯罪】坚持"人民至上"，破民案、办民事、解民忧、帮民忙、惠民利。纵深推进常态化"扫黑除恶"，全年刑拘各类犯罪嫌疑人722人，移诉818人，全破快破3起命案，抽调警力参与中央督导组下发线索、杭州市局提级侦办的"6·17"专案，采取刑事强制措施24人。打掉黄赌毒团伙9个，采取刑事强制措施85人；快侦快破侵财民生案件，传统侵财案件破案率、入室盗窃破案率比上年分别上升137%、86%。

◎ 7月，市公安局快侦快破电信网络诈骗案件

凝聚最大合力推进电信网络新型违法犯罪综合治理，先后推出“反诈流动公园”“巾帼反诈”“餐桌反诈”“方舱反诈”“一村一话吧”等做法，成功劝阻电诈案件70余起，避免群众损失1000余万元，全市电信网络诈骗案件发案下降8.91%；电诈案件破案数、强制措施数分别上升82.1%、113.79%，年内4起百万元以上电诈案件全部告破，案件三个犯罪环节实现全链打击。

【维稳安保工作】坚持“安保无小事、事事连政治”，扛起首要责任；全面系统谋划庆祝中国共产党成立100周年活动的维稳安保，“一办十一组”专班实体运作，以“忠诚”系列行动为载体，按照“夯基础、除隐患、保平安”三个阶段，波次推进。启动“忠诚护航中国共产党成立百年夏季平安大巡防”和公安武警联勤，投入社会面治安巡逻警力1万余人次，11个楔子岗亭、19个警务室高规格运转；针对突出风险开展50余次模拟报警和应急演练，动态推进清查整治，检查重点单位场所690余家；压实乡镇街道属地责任，排查化解各类矛盾纠纷892起，处置精神病人轻微滋事警情53起。全力支撑全国文明城市迎检复评，开展预测预警预防，当好平安建设“吹哨人”，报送《信息快报》34期，确保市、镇两级党代表换届选举。

【涉疫防控工作】健全六大工作机制，建立专业队伍、优化工作流程，扎实做好隔离点值守、入境人员转运等工作，牵头推进健康码扫码核验；组织开展流调专业培训，高效完成流调任务15批次，精准排查密切接触人员800余名，快速处置区域协查指令22000余人次，及时切断疫情传播渠道。特别是杭州“1·26”疫情发生后，面对复杂防控形势和恶劣冰冻雨雪天气，全局民辅警秉承“人民公安为人民”的初心使命，除夕当日103名警力迅速集结，赶赴富阳增援；市公安局流调专班，24小时“急诊式”待命，精准快速流调2155人，确保“第一时间切断传播链条”；其余警力全部部署在安保维稳第一线，确保全市疫情防控安全。

【重点企业和项目服务保障】连续五年深化服务保障“八大举措”，推进“一窗通办”“一网通办”改革，所有涉企行政审批均在2个工作日内办结。重点企业联络警官工作机制覆盖25家规模以上企业，快速侦破洋溪服务公司、康庆农庄非法集资、浙江新化化工股份有限公司被侵犯商业秘密等案件；协助处置“11·16”杭衢铁路在建隧道巨石掉落等涉稳事件，确保下涯之江村开发等重点工作顺利推进。

【综合治理品牌平台建设】结合“枫桥式派出所”创建，致力打造基层社会治理新格局，拓宽综合治理路径。加强“五小工程”建设，乾潭新营房正式启用，城东派出所实体化运作。紧扣“141”体系，推进警网融合，综治警网中心拓展应用，12年磨一剑“一村一警”做法巩固深化，新安江街道“小脑+手脚”、桂花村“微网格”初显成效；做大做强群防群治力量，发挥“新安义警”“警调衔接”等品牌效应。主动融入全市三级社会矛盾纠纷调处化解体系，全力推进信访积案化解攻坚，公开局长电话、“一把手”开门接访、局领导分片包案，以“五包”“三个至少”的工作标准以及“三解”工作法强力推进，累计办理疑难案件43件，该经验做法在全省信访工作会议上作介绍。探索推进快速反应机制、交通基层基础、道路精细化管理、重点车辆长效管理、交管科技信息化建设五大改革，全市道路交通亡人事故死亡人数比上年减少15%。

【数字公安建设】紧扣数字化改革，科学排兵布阵，有序推进技术、机制、体制变革，实现科技赋能

◎ 寿昌镇桂花村推行“桂花树下的微治理”

增效、警力无增长改善。与交通局深度协作,迭代升级“鹰眼”护航,全力打造“心安”护航,应用场景获省数字化改革优秀门户,并获建德市改革创新第三名。探索推进可视化一键报警、“数字哨兵”建设,整合全市1万余路摄像头资源,提高其感触角知灵敏度,打造“入圈预警”“民爆掌上管”“寄递双百通”等场景应用,形成《“数智哨兵”感知资源调用共享规范》等理论成果。推进系列“智安”建设,累计建成“智安”单位123家。完成执法办案管理中心、刑事侦查研判中心、情指中心打造并投入运行,组织开展全警警务操作系统培训比武,进一步提升运用能力。推进派出所勤务机制改革,“一室两队”日趋成熟;以乾潭派出所为试点,推进基层交治融合,设立侦查打击力量片区中队,提高打击专业化水平。专班化推进各项重点工作,实行每周通报、政务督查、红黑榜晾晒、局领导捆绑考核制度,常态落实每日视频调度、每周警情分析及重点工作推进、每月科所队长例会等机制,各所队协同作战,综合实绩每月通报均位居杭州前列。

【公安队伍建设】以学习贯彻习近平新时代中国特色社会主义思想为首要政治任务,着力淬炼“忠诚担当”的核心品质。深入推进党史学习教育、政法队伍教育整顿和“三能”(体能,技能即法律素养、警务技战术,智能即公安信息化应用基本能力)主题教育实践活动,开展“周日补给课堂”、主题研学、警队核心目标体系、最强党支部创建等系列,深入学习季越坎、谢志新等先进事迹,深刻汲取黄春光等反面典型教训,通过正反两方面教育,筑牢忠诚警魂。持续推进全警实战大练兵,组织开展春训冬训,建强最小作战单元,提升一线处置力。有4个集体、13名个人荣立三等功,3个集体、37名个人荣获嘉奖,发布“局长表扬令”18期、战时通报表扬43期,极大鼓舞全警士气;组织首个警察节、民警光荣退休仪式等活动,落实落细暖警惠警措施,增强队伍凝聚力、向心力、战斗力。

(吴月凯)

检 察

【概况】2021年,建德市检察院受理侦查机关提请批准逮捕案件163件289人,依法审查后批准逮捕114件197人;受理移送审查起诉案件517件843人,依法提起公诉310件463人。受理职务犯罪案件7件7人,提起公诉8件8人。办理生效裁判监督、审判程序监督、执行监督、支持起诉等民事案件80件。办理行政诉前案件43件,民事公益诉讼以及刑事附带民事诉讼案件16件,行政公益诉讼起诉案件1件。

落实人大及其常委会决议和决定,认真办理人大代表建议,向市人民代表大会及其常委会报告工作。主动接受政协民主监督,向市政协通报检察工作,听取民主党派、工商联和无党派人士意见。全方位接受社会各界监督,重视与代表委员经常性联络,邀请人大代表、政协委员、人民监督员、律师等各界人士参加专题座谈、检察开放日、公开听证等活动70余人次。深化检务公开,对外发布案件办理信息1010条,法律文书610份,权威发布重大案件信息95条。

【服务保障共同富裕示范区建设】贯彻落实建德市委十四届十次全会精神,将检察工作和推进共同富裕相融合。支持100余名农民工向法院提起诉讼,帮助追讨拖欠工资50余万元,并联合劳动监察部门在除夕前足额发放到位。推进企业合规管理制度建设,与建德市工商联出台《加强企业合规管理服务民营经济健康发展的意见》,办理阿某某侵犯商业秘密、陈某某侵犯商标权等侵害企业知识产权犯罪案件,保护企业的合法权益。高度关注因案致贫、因案返贫等重点对象,办理司法救助40件42人,发放司法救助金25.1万元,提供心理帮扶、就业指导4人次。

【参与社会综合治理】践行“少捕慎诉慎押”刑事司法政策,依法不批准逮捕92人,依法不起诉254人,比上年分别增长66.67%、64.94%,办理认罪认罚案件477件695人,制度适用率94.3%,审前羁押率和轻刑起诉率分别为38.7%和11.8%。进一步推进“12309”检察服务中心入驻矛调中心工作，针对轻微刑事犯罪多由民间纠纷引发的特点，全力开展检调对接，促使案件在诉前得以和解28件，真正实现“案结事了人和”。着眼共同解决“执行难”问题，对11名涉嫌拒不执行判决、裁定的失信被执行人依法提起公诉，涉案金额达800余万元。

◎ 6月8日，市检察院在航头镇罗源村召开检察听证会，邀请人大代表、政协委员参加，共同化解矛盾纠纷。(金婷/摄)

【贯彻落实中央意见】 深刻领会中共中央《关于加强新时代检察机关法律监督工作的意见》，主动向市委报送《2020年建德市法律监督工作年度报告》，积极发挥法治参谋作用。针对“行刑衔接”工作中监督信息不畅、数据共享不足等问题，联合建德市政府出台杭州地区首个《加强行政执法与刑事司法双向衔接的工作意见》，得到省检察院检察长贾宇批示肯定。督促卫健部门在“120”中国医疗急救电话系统中添加文字信息报送和呼叫功能并成功上线运行，得到杭州市院、杭州市无障碍创建办公室肯定；依法向建德市人民法院提起杭州市首例行政公益诉讼，督促建德市住建局积极履职整改。

【履行法律监督职能】 坚持在办案中监督、在监督中办案理念，依托派驻公安机关检察官办公室，提前介入重大疑难复杂案件、引导公安机关侦查18次，强化立案和侦查活动监督，监督意见均得到有效落实。依法办理涉非法买卖电话卡、银行卡，用于电信、网络诈骗案件68件146人、“3·9”缅北期货平台诈骗专案49人，推动网络空间治理。进一步强化刑事执行监督，依法对监管场所、社区矫正、刑罚交付执行等问题，向相关部门发出纠正意见3份，检察建议3份。

强化民事行政检察精准监督，与公安、法院合力开展虚假诉讼专项打击联合行动，注重从“套路贷”犯罪案件中深挖线索，办理虚假诉讼监督案件4件。在社会矛盾纠纷调处化解中心成立“支持起诉”维权岗，深化与人社、法院等部门的沟通协作，办理支持起诉案件16件，该办案机制入选2021年度杭州市检察机关创新项目。针对建德市争议较大行政诉讼案件，强化员额检察官联系镇街工作机制执行，与法院、司法局和乡镇(街道)协作配合，开展行政争议实质性化解专项行动，有效化解一批争议较大行政诉讼案件，促进依法行政。

关注红色资源、严州古城复兴建设保护等领域，开展公益诉讼专项监督，依托新安江生态环境资源保护检察官办公室，针对梅城镇“南北双塔”年久失修等问题，制发检察建议，督促职能部门积极履职。现场勘查建德辖区43处代表性革命遗(旧)址及烈士墓地，发现10余处红色军事文化史迹日常维护失管，向4家行政单位及乡镇发出检察建议，联合召开专题座谈会，推动问题整改。

【未成年人关爱保护】 与市民政局联合制订推进“儿童主任”工作的实施意见，通过“建村钉”嵌入检察监督模块，掌握已遭侵害、存在风险、家庭成长环境较特殊等情形，为其提供个性化、定制化走访保护方案，确保留守儿童全覆盖。联合市卫生与健康局、市教育局等部门推动侵害未成年人案件强制报告制度落实，严惩性侵未成年人犯罪，依法提起公诉5件5人，向市委、市政府报送《近五年性侵未成年人专题分析报告》。做好《中华人民共和国未成年人保护法》《中华人民共和国预防未成年人犯罪法》宣传，举办检察开放日活动、法治讲座10余次，受众3000余人。

【数智检察建设】联合市纪委、监委研发“数字检察监督应用场景”，通过数据比对发现“终本执行”案件被执行人有可供执行退休金，建议法院恢复执行，该做法被全省推广应用。依托“建村钉”数字平台，上线运行全省首个“建检钉”特色应用场景，向全市256个村（社区）开放检察业务模块，帮助解决涉法涉诉问题，助力乡村治理。参与杭州市检察院主导的全流程智能感知监管项目，实现非羁押人员数字监管与政法一体化系统高效协同运行，该场景项目入围全省数字化改革试点。

【检察队伍建设】建德市检察院以“清廉机关”示范点为契机，健全完善检务督查，严格落实个人重大事项填报规定，共填报过问、了解、反映司法办案情况39件。搭建“新安书社”检察文化平台，开展理论研讨、读书交流等沙龙活动，提升思维活跃度。在2020年度建德市级机关大党建考核中排名第一，第一党支部获杭州市政法系统“最强党支部”。2项工作获省、杭州市级领导批示肯定。获评最高人民检察院精品案例1个，省、杭州市级精品案例11个。获杭州市级业务竞赛能手、标兵5人。1名员额检察官获评全省优秀办案检察官，3名员额检察官入选杭州市检察机关专业人才库。

在检察队伍教育整顿专项工作中，市检察院成立教育整顿小组，出台《顽瘴痼疾专项整治方案》，确保各环节工作稳步有序开展。注重经验总结，出台完善规范司法办案、强化内部管理等3大类52项规章制度，3篇综合信息被建德市委政法队伍教育整顿《工作简报》转发。 （丁 凡）

法 院

【概况】2021年，建德市人民法院受理各类案件11574件，办结11445件，法官人均结案232件。13项（“八升五降”）省高级人民法院考核质效数据中，9项位居杭州前三，3项居全省首位，审判、执行质效长期保持良性运行。

【打击各类犯罪行为】严厉打击抢劫、抢夺、盗窃、故意伤害等犯罪行为，审判严重影响群众安全感犯罪案件83件，判处被告人93人，社会治安持续向好。加大对基层领域腐败惩治力度，审结贪污、受贿等职务犯罪案件5件5人，持续推进清廉建德建设。严惩非法吸收公众存款、集资诈骗等涉众型经济犯罪案件85件153人，其中审结电信网络诈骗案件59件108人，确保市民“钱袋子”安全。巩固深化“扫黑除恶”专项斗争成果，攻坚“黑财清底”，加快“黑恶势力”资产处置，执行到位635万元，追缴、没收违法所得72万元，退赔1859万元。

【深化家事审判方式改革】探索试行婚姻冷静期、家事情况调查、心理干预、案后回访等制度，审结离婚、继承、赡养抚养等家事纠纷案件589件，维护婚姻家庭关系和谐稳定；多角度参与反家暴综合防治网络，推动反家暴工作开展，全年签发人身安全令5份。加强劳动争议仲裁与诉讼衔接机制建设，定期与劳动仲裁部门召开联席会议，审结劳动报酬、工伤赔偿等纠纷案件120余件，促进劳资关系和谐稳定。针对“双减”政策可能引发的纠纷，加强部门联动与风险评估，与教育行政管理部门协同开展诉前化解工作，防止个案处理不当引发群体负面影响。密切关注涉恒大特定群体纠纷，在杭州地区首先适用依职权保全措施，防范区域性风险发生。

【支持监督行政机关依法行政】保护行政相对人的合法权益。制约和防范行政滥诉行为，对恶意诉讼、无理缠诉案件，依法裁定不予立案。强化政府、法院联动，定期召开联席会议，编制《行政案件司法审查动态》《行政拆违工作典型案例选编》等，归纳败诉风险点供行政机关参阅，预防和化解行政争议，行政机关败诉率从2017年的18.4%降至5.3%。推进行政机关负责人出庭应诉，出庭应诉率98%以上。充分发挥党委总揽全局、协调各方的领导核心作用，推进行政争议调解中心实质化运作，全年促成调解撤诉案件46件，协调撤诉率达41.6%。

【开展各类专项执行行动】持续加大执行力度，密集开展节前、夜间执行以及涉民生、金融等案件的系列专项执行行动，全年累计司法拘留58人，罚款643人，强制或引导腾退房产33处。联合公安、检察出台依法打击拒不执行判决、裁定犯罪实施办法，发布打击拒执公告，2019年至2021年，三年共移送公安机关立案侦查24件，审结拒不执行判决、裁定犯罪案件16件，判处有期徒刑以上的10件11人，形成打击拒执犯罪高压态势。积极贯彻善意文明执行理念，推行自动履行正向激励机制，优化执前督促程序，对符合条件的失信被执行人尝试信用修复，全年自动履行率达55.34%，位居杭州第四。

【数字法院建设】适应信息时代司法新模式，全面推行全流程无纸化办案办公模式。充分发挥浙江解纷码、移动微法院等智能化平台作用，实行网上调解、网上开庭、网上查控，全面实行精细化编目和无纸化归档，卷宗实现电子化，方便当事人和法官网上阅卷。积极参与智能“12368”司法信息公益服务号码语音改造场景、“凤凰智审” 数字化改革项目，进一步方便群众诉讼。上线“不动产处置一件事”平台，依托浙江政务网，将全市24家部门、乡镇进行数据归集，形成“一门联审、一窗办理、一网通办” 服务新模式。借助公共泊车车位收费系统，探索“数智查控一张图”特色应用场景建设，成功纳入杭州法院推进“浙江全域数字法院”第二批试点项目。

【提高诉讼服务效能】严格落实立案登记制，有案必立、有诉必理。加强诉讼服务中心建设，助推市镇两级社会矛盾纠纷调处化解中心建设，为当事人提供标准化、一站式、全方位、综合性诉讼服务。畅通多元立案渠道，提供网上立案、跨域立案、自助立案等多样化立案方式，满足不同人群需求。依托村社“微法庭”互联互通优势，以网格法官为抓手，结合法官专业知识与村干部、乡贤等农村工作优势，形成“下沉法官团队、前移化解关口、打造解纷闭环”的“小镇法官+微法庭”解纷新机制。对5名因遭受犯罪侵害或民事侵权而导致生活困难当事人给予司法救助8.79万元，对经济确有困难的当事人缓、减、免收诉讼费，确保困难群众“打得起官司”，依法维护自己合法权益。

【诉源治理新模式探索】积极助推市、镇、村三级社会矛盾纠纷调处化解中心实质化运转，将“万人成讼率”等指标纳入对镇街考核，从源头降低进入诉讼程序案件数。构建多元解纷模式，对接物业、金融、交通、家事等行业性、专业性调解组织，协同应用浙江解纷码，高效化解行业、条线纠纷601件。探索试行类案示范诉讼模式，引导个别案件先行示范诉讼，参照其裁判结果，带动批量案件的高效调处，全年6批类案涉及潜在百余件纠纷化解在诉前。诉前分流调解成功率、诉前委派调解成功率及诉中调解成功率三项诉源治理指标均在50%以上，位居杭州前四。

【优化法治化营商环境】积极参与营商环境评价工作，出台优化举措40条，联合市工商联出台服务民营经济健康发展实施意见。坚持以市场化、法治化为导向，以创新机制为动力，持续深入推进破产审判工作，服务保障供给侧结构性改革。全年共受理破产案件25件，审结37件，盘活账面资产3.15亿元，盘活国有土地资源6.93公顷，出清房产12万平方米，安置职工130余人，涉及债权总额10亿余元，有力促进企业“腾笼换鸟”、转型升级。率先在杭州地区探索个人债务集中清理工作，办结杭州地区首例个人债务集中清理案件，为个人破产制度推进提供“建德样板”，办理的“徐某、殷某个人债务集中清理案”入选杭州法院“善意文明执行、优化营商环境”典型案例。

【常态化疫情防控服务保障】坚持管控与服务发展并重，出台司法保障意见帮助企业应对疫情、健康发展，充分发挥审判职能作用，从严从快精准打击销售伪劣口罩、妨害公务、诈骗等涉疫情犯罪案件。高效便捷化解涉疫情防控、复工复产案件，对受疫情影响引发的买卖、租赁、加工承揽等合同纠纷，妥善适用公平诚信原则，准确把握不可抗力认定标准，综合考虑合同约定及疫情影响程度等因素，引导当事人互谅互让，共渡难关。审慎审理受疫情影响的中小微企业金融纠纷，引导金融机构不断贷，促成当事人通过展期、续贷、分期付款等方式达成和解。

【主动融入基层治理】2021 年，建德市法院围绕"新时代人民法庭"建设，办案和参与治理并重，人民法庭与其他部门单位、自治组织、调解组织广泛对接，开展巡回审判、以案说法、送法下乡进企等普法宣传，提升基层治理法治化、专业化水平。以"小镇法官"服务队走村入户、电视说法等平台，深度参与基层治理。其中，《"小镇法官"来说法》系列视频被"学习强国"平台录用和推介。

◎ 3 月 21 日，市人民法院法官在办理林地承包合同纠纷时实地勘察（王媛媛/摄）

【队伍教育整顿】开展政法队伍教育整顿活动，突出整治顽瘴痼疾，系统梳理问题短板，坚持治建并举，结合市委巡察反馈的具体问题，制定整改措施，制定完善多项规章制度。举办英模事迹报告会和警示教育大会，定期发送廉言警句，常态化做好廉政风险排查防控。严格落实防止干预司法"三个规定" 等铁规禁令，定制专属彩铃和来电名片推送，组织干警签订承诺书，以"零容忍"态度严惩司法腐败。教育整顿期间，5 人获建德市以上荣誉，其中 1 人获评杭州市政法系统模范个人。运用第一种形态（"咬耳朵、扯袖子，红红脸、出出汗"即提醒谈话引起警惕）处理各类轻微违规违纪问题 11 件，其中提醒谈话 9 人，诫勉 2 人。 （王媛媛）

司法行政

【概况】2021 年，全市各类人民调解组织累计调解矛盾纠纷 9842 件，小额矛盾纠纷累计涉及金额 2.5 亿元，有效推进诉源治理，助力信访矛盾减量，全市诉前纠纷化解率提升 13.4%、信访案件量比上年下降 17.0%。

全年律师人数增至 68 人，万人律师比率为 2。市法律援助中心办理各类法律援助 1519 件。其中，刑事法律帮助 1266 件、刑事法律援助 142 件、民事法律援助 109 件、行政法律援助 2 件，为困难群众挽回经济损失 920 多万元，接待群众来电来访咨询 5018 人次。

市公证处共办理各类公证案件 1751 件。其中，国内公证 1555 件（其中涉港澳台公证 13 件）、涉外公证 196 件。

全年接收社区矫正对象 223 名，期满解矫 270 名，收监执行 2 人，警告处罚 24 人次，训诫处罚 61 人次，实现全年无脱管、无漏管。接收"归正"人员 397 名，完成"必接必送"人员 23 人。

建德市司法局被评为 2016—2020 年全省法治宣传教育成绩突出集体、浙江省"枫桥式"司法所建设表现突出集体；杨村桥司法所获评省级"枫桥式"司法所；郑思被评为 2016—2020 年浙江省普法工作先进个人。

【市委全面依法治市委员会第三次会议】4 月 14 日，市委全面依法治市委员会召开第三次全体会议，审议《2020 年法治建德建设工作情况报告》和《2021 年法治建德建设重点工作清单》，部署 2021 年法治建德建设工作。制定出台《建德市贯彻落实习近平总书记在中央全面依法治国工作会议上的重要讲话精神任务清单》，重点对数字法治建设、基层社会治理法治化、社会矛盾纠纷多元化解等工作进行全面部署，贯彻、推进乡镇（街道）法治化综合改革试点工作，梅城镇入选省级试点，杨村桥镇入选杭州市级试点。

【“八五”普法启动】在认真总结“七五”普法工作经验基础，紧跟上级“八五”普法工作推进情况，建德市组建工作专班，深入调查研究，科学谋划制定“八五”普法规划。全面落实“谁执法谁普法”责任制，建立普法责任清单，推动形成党委领导、人大监督、政府实施、政协支持、各部门齐抓共管、全社会共同参与的普法工作格局。全市各普法责任单位开展法治宣传376场次；紧抓“关键少数”普法，组织市委理论学习中心组学法2次，市政府常务会议学法7次；开展全市公务员学法用法考试和新提任市管干部任职法律知识考试，共有2843名公务员和93名新提任市管干部参加考试，参与率和合格率均为100%。

【政法队伍教育整顿】深入开展政法队伍教育整顿活动，推动以案为戒、以案示警、以案促改、以案正风工作。健全正风肃纪长效机制3个、执法司法制约监督机制1个、干警素质能力提升机制3个和日常教育管理类机制2个。创新开展“红心践诺、争先夺旗”主题实践活动，该项工作获得省政法队伍教育整顿指导组肯定，在省委政法委、杭州市委政法委、杭州市司法局政法队伍教育整顿简报上专题刊登，并获得《浙江日报》报道推介。

【纠纷预防化解体系建设】2021年，市司法局搭建“4+1”模式人民调解组织纵向机制，即建立以基层网格员为“前哨兵”、村两委为“调度点”、乡镇调委会为“指挥所”、市社会矛盾纠纷调处化解中心为“指挥部”四级联调体系，遵循“管领域管业务必须管稳定”理念，加强行业调解组织建设，推动医疗纠纷、物业纠纷等8个行业调解组织实体化运作。联合市发改局成立全省首家市价格争议纠纷调委会，兜底各类涉价格纠纷调处，免费为争议双方提供专业的价格建议，以价格锚点推动纠纷高效化解。该项工作获杭州市委常委、常务副市长戴建平批示。

【人民调解基层基础保障建设】为调动人民调解员积极性和主动性，市司法局与财政局联合发文，在2013年“以奖代补”政策基础上制定新的《建德市人民调解“以奖代补”实施方案》，优化检查和发放程序，扩大奖补范围，简化分档标准并提升奖补金额。将人民调解工作相关法条和各地优秀调解案例汇总，新编写《人民调解指导手册》并印发3000册，供调解员日常借鉴；发放“人民调解（邻里篇）”宣传手册10000本，提高市民调解首选率，同时通过正反面案例倡导“以和为贵”理念，营造和谐氛围。开展优秀案例和案卷评选工作并推荐至浙江省人民调解协会，更楼街道调委会推荐的案例获优秀案例入围奖。

【《中华人民共和国法律援助法》宣传和实施预备】8月开始，组织全市法律援助机构工作人员、志愿律师、村（居）法律顾问、调解员2000余人学习《中华人民共和国法律援助法》，重点学习法律援助的形式和范围、程序和实施、保障和监督及法律责任等内容。12月，开展“《中华人民共和国法律援助法》宣传月”活动，开展集中学法活动2场，乡镇活动16场，村、社区活动32场。同时，修订《法律援助经费使用管理办法》，确定法律援助案件实行办案质量与办案补贴挂钩的差别补贴制度，适当提高律师值班补贴标准以及法律援助案件补贴标准，为该法律实施打好基础。

【开通公证“线上”服务】2021年，市司法局开通“建德云公证”在线办理平台，通过远程视频方式，解决当事人办理公证中需多次往返的实际困难，减轻其经济负担。实施“在线公证赋强”（赋予强制执行效力债权文书）落地，为海外及受疫情影响地区当事人办理放弃继承权声明书、房产委托等公证6件，办理在线金融赋强公证3件、赋予强制执行效力公证1件，实现“在线公证赋强”“零的突破”。

【“智慧矫正”建设】利用“互联网+社区矫正”监管模式，对社区矫正对象进行实时定位，做到有效巡查率100%。借助社区矫正综合管理平台，进行“线上”信息化管理，实现智能引导。依托政法一体化数据平台，对社区矫正调查评估、交付执行等数据流程进行标准化、规范化管理，实行全业务、全流程的网上协同监管，实现司法行政系统与政法系统其他各部门数据实时传递和即时共享。疫情防控一级响应期间，全市社区矫正依托“智慧矫正”精准发力，实现300名社区矫正对象全部在位可控、“零犯罪”“零疫情”。

【省级“民主法治村（社区）”建设】在各村（社区）设立公共法律服务点，提供法治宣传、法律咨询、法律援助和人民调解四大功能，实现村民共享法律服务零距离。将民主法治（村）社区创建与美丽乡村建设、乡村振兴战略有机融合，培育具有地方特色的法治文化，提升群众法律素养，形成敬仰法律、崇尚法治的社会风尚，提高社区（村）干部依法参与基层民主建设、依法管理基层事务能力，推进基层民主法治建设，全面提升基层社会治理法治化水平。大同镇永平村、航头镇航川村、大洋镇大洋村、下涯镇春秋村、三都镇松口村、洋溪街道友谊村、梅城镇葛家村和宝华洲社区创建为省级民主法治村（社区）。

（郑 思）

责任编辑：黄建生

军 事

Military

人民武装

【概况】2021 年,为更好地落实“一年两征”工作开展,建德市人武部在征兵宣传中横向全覆盖、纵向全链接,将辖内 16 个乡镇(街道)256 个村社区,分片包干,责任到人,扎实做好征兵宣传工作,确保群众了解征兵信息,适龄青年熟知征兵政策,下大力解决应征青年后顾之忧,切实激发参军入伍热情;开展预定新兵服役前教育和训练,如期、保质完成春季、秋季征兵工作。同时开展各类人民武装训练,加强女民兵队伍建设,通过组织赴洞头海霞先锋女子民兵连等外地先进典型单位学习考察方式,提高民兵特别是女民兵思想素质,通过组织参加各类集训、比武等,提高女民兵军事素质。开展调研民兵潜力数据、商讨民兵组建相关事宜,掌握全市高新技术单位情况,进一步明确编兵方向。

【练兵比武】8 月 12 日,建德市人武部部分干部职工及民兵 20 余人参加在富阳民兵训练基地举行的警备区第四届岗位练兵大比武,获得单位总评第 1 名的优异成绩(其中指挥所开设科目第 2 名、指挥通信科目第 3 名)。9 月 22—23 日,建德市组织全市 16 个乡镇(街道)武装部部长参加杭州市乡镇(街道)武装部部长军事训练考核,王剑飞实弹射击、吴海华 3000 米跑、郎登峰综合运用项目均获全警备区单项第三。

【专职人武干部集训】4 月 7—9 日,建德市人武部组织全市专职人武干部集中培训,按照省军区、警备区年度党委工作部署,区分参训人员的能力素质,科学组训,从基本队列、战术基础、3000 米考核等基础性课目入手,设立野外拉练、野外生存等训练。全程实行封闭化、军事化管理,按建制连队要求严格落实一日生活制度、请示报告、请销假制度,培养干部严明的组织纪律性和良好的工作作风。集训以评促学、以考促学,全过程学习训练进行量化评比,军地联合通报结业考核成绩,并作为组织部门对个人年终考评重要依据。

【开展资产大清查】2021 年,建德市人武部根据全军资产大清查任务部署安排及省军区工作推进会要求,成立资产清查工作领导小组,制定细化实施方案。2 月以来,由保障科牵头,各科协调配合,定责分工,按照政策规定开展资产清查工作。一季度完成资产原始账和实物账的收集盘点,后续按照上级要求探索完善资产管理机制,认真完成计价核算等阶段的清查任务,确保军队资产不流失。

【预定新兵役前教育训练】3 月 2—6 日,建德市人武部组织全市预定新兵封闭式管理役前教育训练。按照“模拟化组织、正规化训练、全程化淘汰”的原则,参照新兵训练大纲和部队一日生活制度进行教育训练,让预定新兵全面体验部队学习、训练、管理、生活“四个秩序”,用条令条例规范应征青年的言行举止,每晚召开班务会关注应征青年的心理动态,让“准新兵”体验军营生活、感受训练管理氛围,做好思想、心理、身体、生活“四个准备”。通过役前训练,及时掌握预定兵员的所学专业、身体条件、爱好专长等,有效助力下一阶段的定兵工作。同时最大限度地发现和解决兵员思想和身体问题,及时淘汰不合格人员,有效减少退兵问题发生,确保输送兵员优质。

9 月 2 日，建德市人武部组织预定新兵开展为期 7 天的封闭式秋季预定新兵役前教育训练。按照“模拟训练、封闭管理、全程淘汰”和“同吃、同住、同训、同教、同乐”原则，按建制连级模式编组进行队列基础、体能两项军事训练，模拟新兵连的管理训练生活；同时，配合开展廉洁征兵调查、检疫复查、签订服役承诺书、新兵病史确认、新兵问题排查等工作，围绕依法服役、入伍动机、部队常识、激励鼓励、思想准备、部队适应 6 个方面开展政治教育，力促预定新兵“零距离”感受真实军营生活，尽快融入部队氛围，打牢身体基础、提高适应能力，努力实现兵员征集由“满足数量”向“追求质量”转变。

【军车交通安全规范月活动】3 月 22 日至 4 月 22 日，建德市人武部开展“军车交通安全规范”活动，扎实组织集中教育、省军区集中授课、组织事故案例大讨论、交通安全知识学习考试和组织车辆安全隐患排查五项内容落实，强化统筹意识，做好牌证管理、车辆管理以及人员管理，结合文件和车辆事故通报学习，开展驾驶员集中教育和事故案例讨论，对照组织车辆安全管理隐患排查，做好驾驶证换发及地方号牌使用情况统计工作，提升军车交通管理的科学化制度化规范化水平。

【《之江千鹤飞》选送参加省军区文艺晚会】6 月 20 日晚，浙江省军区在嘉兴南湖举行庆祝中国共产党成立 100 周年文艺演出，建德市代表杭州警备区选送《之江千鹤飞》节目参演。该节目以千鹤女子民兵特有风采为红色元素，展示新时代女子民兵在旗帜引领下自强奋斗、创新创业、忠诚奉献，为巩固国防后备力量建设和支援社会经济发展作出的突出贡献。6 月 30 日，杭州警备区党委致送建德市委、市政府和市人武部感谢信，希望继续深度挖掘新时代“千鹤妇女精神”丰富内涵和育人功能，全面加强“千鹤”女子民兵连建设，并赋予其担当重要窗口责任，引领带动建德市国防后备力量建设再上新台阶。

【民兵应急连集训】6 月 21—27 日，建德市人武部组织全市民兵应急连队开展封闭式军事强化集训。市人武部根据《民兵军事训练大纲》要求，采取“集中管理、统一吃住、编组训练”的连队化管理模式，围绕政治教育、队列训练、卫生与救护、森林防火、水上救援、反恐维稳等训练课目展开，按照“战训一体、战训一致”的模式组织实施，进一步提高民兵的军事素养和思想觉悟，以及对新形势下基干民兵的重要性和紧迫性的认识，强化民兵应急应战意识，为抢险救灾、处突维稳等工作打下扎实基础。

【组织千鹤女子民兵赴省人武学院集训】6 月 20 日，建德市组织千鹤女子民兵连应急排首批共 18 名成员赴浙江省人武学院集中训练，为期 10 天，训练内容为民兵基本素质，包含军姿、队列、行进以及思想政治、国防知识等课目，并系统学习擒敌拳的技术动作。本次训练采取“专题辅导、教学示范、实装操作”方式，进一步锻炼女民兵的纪律意识、责任意识、大局意识，强化专业技能。

【组织开展学生军训】8 月 24 日至 9 月 25 日，建德市人武部组织开展 2021 年度学生军训工作，训练课目有军人队列动作、内务整理、军歌比赛、徒步拉练、队列会操等，共完成严州中学新安江和梅城校区、新安江中学、寿昌中学、育才中学、新安江职业学校、工业技术学校等 7 所高中的 3600 余名学生的军训工作。通过军训，提升民兵教练员能力和学生的国防意识。

◎ 千鹤女子民兵连

◎ 12 月 10 日，杭州市、建德市两级领导慰问荣立一等功的建德籍现役军人巫文重家属

【举行一等功送喜报活动】12 月 10 日，建德市在更楼街道于合村隆重举行一等功送喜报活动。杭州警备区，杭州市退役军人事务局及建德市委、市政府、市人武部等有关领导参加。建德籍一等功臣现役军人巫文重，2015 年 9 月入伍，现任某部队副班长，在 2021 年 1 月某次重大救援行动中，巫文重最早发现，处置迅即，不惧生死，四入火海，创造了“教科书”式的救援奇迹，被部队授予“一等功”一次。巫文重因参加上级比武考核任务无法亲临现场，军地联合慰问组领导为其父母佩戴绶带，送上“一等功臣之家”牌匾、证书和 10 万元慰问金，并与功臣家属交谈，了解其生活及家庭情况，感谢其为党和国家培养出一名优秀的军人，为部队送去一个好人才，为家乡赢得荣誉。（方美君）

武警建德中队

【概况】2021 年度，武警建德中队（以下简称建德中队）以争创“四铁”中队为目标，坚持以习近平强军思想为引领，深入学习贯彻习近平总书记“七一”重要讲话精神，全面贯彻落实依法治军、全面从严治党要求，着力在战斗力生成、铸魂育人方面下功夫，务实苦干，顽强拼搏，圆满完成上级赋予的各项任务。

【参与地方工作】2021 年，建德中队与建德市应急管理部门常态对接，做好台风、洪水等自然灾害的抢险救援准备，确保第一时间拉得出，冲得上，打得赢。7 月，中队出动多名兵力参加建德市社会面中国共产党成立百年公安武警联勤武装大巡逻，圆满完成各项任务。

【荣誉】2021 年，建德中队涌现出尊干爱兵典型徐敏烟、郑锐，百名好党员蒙文旺、林靖程，十大标兵干部徐敏烟、十大标兵士官徐成彬等先进典型。3 人光荣加入中国共产党，9 人被武警杭州支队表彰为“四有”优秀个人，10 人受嘉奖，二班荣立集体三等功 1 次。中队被武警杭州支队表彰为“先进基层党组织”“四铁先进单位”“执勤工作先进单位”。从 1999 年至 2021 年建德中队连续 23 年被武警浙江省总队评为“基层建设先进单位”。

（林靖程）

人民防空

【概况】2021 年初，建德市人民防空委员会完成指挥部成员调整，组织开展防空实战化演练和人防专业队骨干训练，强化组织，提高实战水平。定期对指挥所设施设备进行巡查、检修，对各要素房配备必要办公设备和必需生活物资做好战备。同时，推进警报补点建设，完善指挥通信系统，在洋溪、乾潭、梅城、寿昌等乡镇（街道）重要目标新装 6 台防空警报。

【防空设施维护与产权改革】2021 年，建德市人防办组织开展全市结建防空地下室维护管理监督抽查巡检工作。汛期开展辖区内所有防空地下室防汛和安全巡查，检查结建工程的管理台账、设施设备的运行状况。结合年度双随机任务抽检人防工程 4 处，对 2 处因整改不力单位移交市行政综合执法局。同时，学习海宁、临安做法，选择梅城危旧房改造项目作为防空设施产权制度化改革试点。

【宣传教育】3 月 1 日、5 月 12 日、9 月 18 日前后，建德市人防办在各社区大屏等处播放和悬挂各类

防空防灾宣传标语，在乡镇(街道)社区开展宣传活动，全市所有中小学校组织疏散演练活动。“5·12”全国防灾减灾日期间，20余组家庭参与体验馆体验教学活动，市人防办与教育局联合开展人防教育微视频摄制和宣传，组织“我与人防”征文比赛。市人防办、新安江第三小学、融媒体中心联合摄制《家庭火灾如何躲避》微课，投放教育网站各个学校进行点播。10月，建成体验馆二期项目“人防心理辅导室”；11月，在实验小学完成“简易防护用品制作”微课制作并投放教育平台，“防灾减灾无小事，珍爱生命我先行”短视频被杭州平台首页推荐至“学习强国”全国平台。 **(陈卫东)**

退役军人事务

【概况】2021年，建德市退役军人工作围绕“让军人成为全社会尊崇的职业”目标，有序推进退役军人各项工作任务。两次召开全市“双拥”工作领导小组会议，出台《建德市加强困难退役军人帮扶援助工作实施办法(暂行)》，部署和落实各项工作。扎实开展党史学习教育，强化思想政治根基；推进和完成“健康老兵”平台上线及数字化改革。做好安置就业工作并实现新突破，退役军人满意度持续提升；常态化落实双拥优抚机制，进一步营造浓厚的崇军氛围。年底，市退役军人事务局获评全国双拥模范城创建工作成绩突出集体；市退役军人服务中心获评省退役军人服务保障体系建设先进单位，安置科科长方凯被评为省退役军人全生命周期管理保障工作成绩突出个人；新安江街道、大同镇、莲花镇、寿昌镇望江社区4个单位获评全市首批“枫桥式”服务站，寿昌镇望江社区退役军人服务站站长何泉获评浙江省退役军人服务保障体系建设先进个人；退役军人胡健获评全国双拥模范城创建工作成绩突出个人，退役军人汪国云获评杭州市第三届“最美退役军人”。

【退役军人事务管理数字化建设】2021年，建德市将“健康老兵”服务平台(浙江省退役军人事务厅数字化改革试点项目)、“退役军人驾驶舱”“崇军商家”项目(杭州市退役军人事务局列为数字化改革试点项目)归并、整合资源统建。6月，“健康老兵”服务平台方案获专家评审通过。10月，市退役军人健康驿站实现与梅城镇、寿昌镇、乾潭镇、大同镇退役军人健康驿站联通。11月，该服务平台在“浙政钉”和“浙里办”两端上线运行，为老兵提供红外可视化系统免费体检、建档立卡、康养理疗、健康筛查等健康服务。

【退役军人就业安置】2021年，建德市转业士官分别安置于事业岗位、国有企业，转业干部均安置在行政岗位，并及时为自主就业退役士兵发放补助金。抓好退役军人创业扶持工作，认真开展就业信息调查，摸排军创企业百余家，帮助其中5家协调解决企业复工复产过程中遇到的运输难、用工难问题；在“人力资源市场”加挂“退役军人就业市场”牌子，设立退役军人就业专区，举办退役军人专场招聘会3场，发布线上专题招聘信息12期，“军中迷彩梦”项目获杭州市退役军人创业创新大赛三等奖。

【服务保障体系建设】2021年，市退役军人事务局印发《“服务保障能力提升年”活动实施方案》，健全工作机制，严格对标清单找差距、促整改、抓落实，通过考评导向确保镇、村两级退役军人服务站工作提质增效。分两批共推荐27家省级枫桥式服务站、62家全国示范型服务站和1家红色服务站申报创建，从6月底开始通过现地检查、网上抽查等形式，加强基层创建指导。10月，省级“枫桥式”、全国示范型和红色服务站接受省验收，其中大洋镇退役军人服务站被列为全省“百家红色退役军人服务站”创建单位，并被省厅官方公众号宣传推广。经最终验收，创建全国“示范型”服务站62家、省级“枫桥式”服务站23家，市退役军人服务中心被评为浙江省退役军人服务保障体系建设先进单位。年内，全面推广“轮值站长制度”，制定下发《关于建立村(社)退役军人服务站“轮值站长”制度的通知》，选树“轮值站长”924人，结对退役军人并为其提供政策宣传、跑腿办事、志愿服务等保障工作；全面启动市、乡镇、村（社区）退役军人志愿服务队组建工作，全市所有乡镇（街道）、256个村（社区）均组建退役军人志愿服务队。

【双拥优抚工作】2021年，建德市开展“一条双拥路、一个双拥小区、一条拥军街”示范点建设，探索新时代双拥共建新路，高标准迎接省级双拥模范城届中考评。春节、“八一”等重要节日，市四套班子领导带头走访慰问部队官兵、退役军人和军烈属，将建德籍师以上现役干部、军校学员家庭纳入走访范围，退役军人和其他优抚对象全覆盖送春联、送年画、送祝福，持续增强社会尊崇军人职业氛围。12月10日，杭州市警备区、杭州市退役军人事务局、建德市三地领导到更楼街道于合村一等功臣巫文重家中，为功臣家属戴红花、挂一等功牌匾、送上喜报和10万元慰问金。及时发放义务兵家庭优待金、大学生入伍一次性奖励金，为现役义务兵父母免费健康体检，提升优抚对象幸福感。提高优抚对象补助标准，及时发放重点优抚对象抚恤补助，高质量完成优抚对象年度确认工作。从1月1日起，对杭州市级医保统筹后优抚对象，按照杭州市标准、模式纳入一站式结算体系。按照“省级指导、市级统筹、县级执行”原则，根据浙江省退役军人事务厅会议记录《关于通报有关统计数据的函》以及杭州市退役军人事务局统筹意见（口头），及时调整全市就业帮扶退役士兵工资收入，并对福利待遇进行完善。

【典型选树和权益维护】2021年，市退役军人事务局持续加大典型宣传力度，开展第三届“最美退役军人”“最美军人家庭”“最美拥军优属个人”选树，经择优推荐、考察公示、网络投票及评选工作小组审定，评选出“三个最美”20名（户）并召开发布会，激励退役军人从先进事迹中汲取精神力量，永葆军人本色、永守卫国初心的使命担当。会同市检察院开展烈士纪念设施保护公益诉讼专项行动，对童汝良、余土根、胡健、汪俊余等12处零散烈士纪念设施进行修缮；启动乾潭镇烈士陵园建设，修订编印《建德烈士英名录》（收录烈士英名275名）；清明节、烈士纪念日（9月30日），社会各界2万余名干部群众纪念英烈，宣传烈士精神做法得到省厅6次通报表扬。

【党史学习教育】2021年，建德市退役军人事务局组织开展“听着故事学党史、跟着先辈明志向”活动，采写记录夏树奎、潘文达、王进林、汪建安、汪德康、宋元章等建德市抗美援朝老战士革命故事系列；实地开展“重走红军路、追忆石木岭”党课，祭扫红军烈士邵志熙墓；邀请“最美退役军人”关毅、军休干部汪德源上“微党课”；会同驻建德部队开展“军民鱼水一家亲·红船精神照我行”党史互学共建活动。

（邵志兵）

责任编辑：黄建生

农业·农村

Agricultural , Countryside

综 述

2021年,建德市农业农村工作围绕“绿水青山就是金山银山”的发展理念,以“两个示范”为载体,落实中央、省委、杭州市委农村工作会议部署,推进乡村振兴,推动共同富裕。全年实现农业总产值61亿元,比上年增长4.7%,全市农林牧渔业实现增加值38.65亿元,增长3.9%,增速排名杭州市第二。农村居民人均可支配收入33807元,增长9.9%。

2021年,全市有县级以上农业产业龙头企业102家,其中省级6家、杭州市级57家、建德市级39家。结合本区域产业发展实际,开展有特色产业提优、强化各项创建工作。杨村桥国家级草莓产业强镇、大同省级现代农业园区创建,各争取省级补助资金1000万元,争取杭州市大项目配套资金350万元。大慈岩里叶白莲省级特色农业强镇通过验收,争取省级补助资金500万元及杭州市级大项目配套资金175万元;建德市入围“三农”新型基础设施集成试点县,争取省级补助资金1000万元;三都镇(柑橘、西红花、香榧)、莲花镇(铁皮石斛、茶叶、粮油蔬菜)、大洋镇(水果、蔬菜)、大同镇(水稻、茶叶、油茶)、航头镇(草莓、禽蛋、粮油)等5镇入围杭州市“整乡镇推进山区农业产业发展”项目,争取杭州市补助资金2500万元。

建德市获全国农村人居环境整治成效明显激励县、全国县域农业农村信息化发展先进县、全国新时代美丽乡村示范县、全省深化“千万工程”建设新时代美丽乡村(农村人居环境提升)工作优胜县、全省提升农村人居环境(农村生活垃圾分类处理)工作考核优胜县、浙江省数字乡村建设试点县。承办全国农产品质量安全信用体系建设工作推进会、乡村振兴促进共同富裕大会。“建村钉”获全省农业农村数字化改革第一批“优秀应用”,“建德数智草莓”获数字经济系统第一批优秀地方特色应用。

◎ 美丽乡村航头镇

新时代美丽乡村建设

【概况】2021年,建德市深入贯彻习近平总书记关于"千万工程"系列重要指示精神,围绕打造美丽中国"建德样板"总目标,按照"全域推进、示范引领、产村融合、'三农'转型"的思路,推动新时代美丽乡村建设。

至年末,以"一廊十线"为主轴,累计建成省级示范乡镇11个、特色精品村23个、历史文化村落保护利用重点村8个、新时代美丽乡村达标村200个;杭州市精品村67个、精品示范线12条、风情小镇7个、杭派民居5个;建德市级示范村7个、特色村32个、达标村101个,打造之江、千鹤、松口、山峰等未来乡村,新时代美丽乡村建设实现全域覆盖、全域提升。

【农村人居环境长效管理】农村人居环境工作着力解决村庄公共空间、房前屋后、主道路沿线、公厕等重点区域的环境问题。检查整改农村人居环境问题点位1893处,全市229个村全部开展垃圾分类工作,715座农村公厕纳入日常管理,完成无害化户厕改造1165座,农村污水处理终端884座开展日常运维,累计建成农村道路937条1147.153千米,农村饮用水供水设施133处。

【新能源建设】全市共有沼气工程39处,总池容1.88万立方米。年产沼气量134万立方米,沼气用户77户,发电机组装机容量190千瓦。全年共完成沼肥利用9万吨,沼液使用面积526公顷。全年全市农作物秸秆可收集总量8.39万吨,其中水稻秸秆3.12万吨、油菜秸秆2.51万吨、小麦秸秆0.21万吨、玉米秸秆1.29万吨、豆类秸秆0.51万吨。全年利用秸秆总量8.09万吨,秸秆综合利用率达到96.4%,其主要利用方式为秸秆直接还田(肥料化)和饲料化利用。

农村经营管理

【概况】2021年,全市村集体经济总收入3.25亿元,比上年增长17.8%。其中,经营性收入1.59亿元,比上年增长19.5%。全市239个村(含涉农社区)实现"5030"全覆盖。其中经营性收入50万元以上的村99个,占比41.4%;经营性收入100万元以上的村34个、占比14.2%。12月,建德市列入第二批浙江省新时代乡村集成改革试点,为全省18个试点之一。入选省厅多跨应用场景——农村集体"三资"管理服务第一批"先行先试"单位。

【土地承包管理】加强农村承包地确权登记颁证后数据库管护,开展作业纠错,完善承包地动态管理机制。完成新安江、洋溪、更楼、莲花、梅城、三都、大洋、航头、李家、大慈岩、乾潭、杨村桥、钦堂13个乡镇(街道)已确权承包地调查、测绘和数据库建设、质检等工作,建成较为完整的农村土地承包经营权确权数据库,基本实现土地确权纸质档案资料规范化整理和数字化处理。

【农村产权交易】2021年,全市农村居民建房审批户数936户,批准用地面积10.21万平方米,完成13个乡镇(街道)土地确权颁证后数据库管护和作业纠错。农村综合产权平台网上交易成交11宗、交易额1696.9万元。其中,土地交易面积达178.1公顷,成交额1334.8万元;房屋租赁面积5682.32平方米,成交额362.1万元。

【"消薄"增收工作】2021年,全市按照因素分配法下拨村级组织运转经费409万元,由乡镇(街道)对各村进行分配。制定《建德市发展壮大村级集体经济巩固提升"消薄"成果五年(2021—2025年)行动实施方案》,以乡镇(街道)为单位,搭建集体经济发展平台项目,至年末,建成大洋小微创业园、杨村桥草莓车间、航头镇草莓标准地、乾潭工业园区公寓楼、大同工业功能区公寓楼等项目。

【农村集体资产管理】全市239个村（含10个涉农社区）全面完成财务核算上线、阳光公开更新、基础信息归集。对村集体经济组织所有资源性资产、经营性资产和非经营性资产进行清查核实，建立村级资产资源清册和合同清册，并在全国农村集体资产清产核资管理系统中完成录入。制定出台《建德市村社集体企业管理办法（试行）》，将村社集体企业财务纳入村经济合作社管理，规范和加强对村社集体企业管理。完成农村集体经济财务审计239个村（含10个涉农社区）、离任审计89个村。出台《建德市村级工程"一件事"智慧监管操作办法》，召开全市清廉乡村建设暨村级工程"一件事"智慧监管平台上线仪式，规范村级工程项目监管与监督，强化村级债务源头管控。建成村级工程全生命周期集成应用场景，同步开展覆盖全市镇、村系统实操培训260余人次。出台《关于纵深推进清廉乡村建设的实施方案》，开展清廉乡村建设大比拼，以红、黄榜量化评价清廉村居建设成效。三都镇镇头村、梅城镇千鹤村被评为杭州市清廉村居特色样板。

落实各项支农惠农政策，全年享受耕地地力保护补贴农户数9.8万户，补贴面积1.32万公顷，补助资金1385万元。直补资金由市财政局直接拨到市农商银行后打入农户"一卡通"，确保无截留、挪用、克扣等违规违纪现象发生。

【规范提升新型农业经营主体】推进家庭农场整体提升，出台《建德市创建省级家庭农场整体提升县实施方案》和《关于加快家庭农场整市提升的若干意见》。全年全市通过农安信用评定和标准绩效评价的示范性家庭农场达187家，新增注册登记家庭农场169家，新认定示范家庭农场132家，其中省级17家、杭州市级21家、建德市级94家，实现新增家庭农场、新认定示范农场超过100家。

开展农民专业合作社"空壳社"清理工作，对运行质量较好的合作社进行培育提升，全年全市工商注册专业合作社503家，比上年减少46家。监测通过浙江省级示范性农民专业合作社4家；监测通过杭州市级示范性农民专业合作社1家、取消建德市规范化农民专业合作社18家。全市规范化农民专业合作社达83家，其中杭州市级30家、省级4家。

全年全市工商登记注册家庭农场1286家，其中2021年度新增169家。新认定示范家庭农场132家，其中省级17家、杭州市级21家、建德市级94家，实现新增家庭农场、新认定示范农场双超百，新认定家数位居省、杭州市第一。

【农业政策性保险险种和参保面积】2021年，全市涉农政策性保险中，中央、省共保体承保险种及面积为：水稻2830.8公顷（比上年增长25%）、杂交水稻制种7.87公顷，小麦573.27公顷，油菜391.53公顷，大棚蔬菜22.36公顷、露地蔬菜5.33公顷，大棚西瓜0.8公顷、露地西瓜1公顷，生猪22.76万头（增长65%），能繁母猪1.29万头、奶牛270头，蛋鸡322.52万羽，公益林火灾险9.7万公顷、林木综合4620.53公顷。增加蔬菜价格指数险，建德市级地方特色险种"草莓"（154.59公顷）提升为省级地方特色险种。另有民宿（10家，保费1万元）纳入杭州市特色新型农业综合保险。

全市政策性农业保险保费总收入2720.55万元，各级财政补贴2235.86万元，其中中央省财政补贴1138.26万元、市县财政补贴1097.60万元。市（县）财政保障水平为40%，各级财政保障水平为82.87%。

全市农业从业人口9.26万人，涉农政策性保险密度为293.8元/人。第一产业增加值为37.15万元，保险深度为0.7%。生猪、水稻保险覆盖面分别为106.5%、47.4%。

农田建设

【概况】2021年，全市农田建设以新建高标准农田为主，同时开展已建高标准农田提升、粮食功能区提标改造、高标准农田后续管护、小型农田水利建设、中低产田改造、高标准农田示范区等建设。建德市获省厅批复2021年度新建高标准农田任务数1057.13公顷，计划投资8060.8万元。10月，全市16个2021年批复高标准农田新建项目全部完成招标并开工建设。

11 月,《建德市高标准农田建设“十四五”规划》通过规划方案评审,12 月正式实施。

【完成 2019 年高标准农田项目杭州市级验收】6 月,杭州市农业农村局委托第三方机构开展对建德市 2019 年项目(新建高标准农田建设 1963.4 公顷、高效节水灌溉农田 280.6 公顷,项目建设为期 2 年)验收,结果表明该项目实际建成面积 1914.4 公顷,完成率 97.5%;高效节水灌溉 280.6 公顷,完成率 100%。11 月,通过杭州市级验收。

【开展各类农田项目建设】2021 年,全市立项并实施高标准农田提升改造项目 8 个,改造面积 447.7 公顷,计划投资 600 万元。立项杭州市级中低产田改造市级示范项目 13 个,计划投资 670 万元,改造面积 547.7 公顷;高标准农田后续管护项目 19 个,计划补助资金 475 万元;小型农田水利建设立项 9 个,计划投资 210 万元。

【2 个高标准农田示范区建设】2021 年,建德市开工建设高标准农田示范区项目 2 个(均为 2020 年杭州市农业农村局批复立项)。包括:

农田建设职能划入农业农村部门后全市首个高标准农田示范区——寿昌高标准农田示范区涉及山峰村高田畈、刘家两个自然村,建设面积 69.33 公顷,项目总投资 2061.19 万元(其中工程投资 1701.35 万元),主要建设内容包括土地平整 30.4 公顷,增施有机肥 456 吨;新建灌溉渠道 18 条,长 4 千米;新建排水渠道 8 条,长 3.14 千米;溢水池 57 座、沉砂池 7 座、灌溉管道 547 米及其他配套设施。新建(修复)田间道路 9 条 2.87 千米、田间石塝 3 千米、土田埂 5.31 千米。新建生态景观水塘 2 个及休憩建筑 2 处等。该项目 4 月正式动工,至 12 月完成 95%的总工程量,示范区基本成形。

航头高标准农田示范区位于建德市航头镇灵栖村、南屏村、曹源村,建设区域面积 100 公顷。项目主要建设内容包括实施排水渠道 6.25 千米、灌溉渠道 3.75 千米、新建水闸 5 个、提升田间道路 4 千米、新建下田道路 10 处等基础设施建设;实施核心区块地块平整 20 公顷、深翻 20 公顷、水稻—西红花轮作 6.67 公顷、增施商品有机肥 100 公顷;实施秸秆综合利用;建设田间数字化中心一个;完善示范区农业公共服务中心、改造稻米加工烘干中心等配套设施。计划投资 1680 万元。12 月,该项目开始实施。

【建立并投运农业农村项目管理平台】2 月,对《建德市农业农村项目管理办法(试行)》进行修改完善,正式印发《建德市农业农村项目管理办法》。6 月,委托杭州云稻信息技术有限公司开发建德市农业农村项目管理平台软件。11 月,建德市农业农村项目管理平台正式上线运行。

涉农城乡区域统筹发展

【产业协作】2021 年,建德市继续拓展四地(“三区一市”即萧山区、临平区、西湖风景名胜区、建德市)层面协作共建。推进市级、镇街协作项目建设,做好产业转移项目跟踪服务工作,完善例会制度。第二区市协作组当年落实资金 1.02 亿元,深化区县协作机制,持续推进城乡区域统筹发展。推进中策橡胶(建德)有限公司春秋厂区改扩建等产业转移项目建设,全年完成投资 9.14 亿元。

【项目协作】全年共实施协作项目 32 个,其中建德市级重点项目 16 个、乡镇(街道)重点项目 16 个,至 2021 年末,大同镇草莓共富产业园二期工程、“6·6”里稻香农创线环境提升工程、建德市杨村桥镇路边村草莓小镇科创中心大楼、三都镇中心幼儿园迁建工程等项目完成年度投资计划。

【交流互动】积极开展“四地携手奔小康”活动,“三区”全年累计帮扶建德市低收入农户达 45 余户。同时,建德市针对“三区”市民免费开放七里扬帆、大慈岩、灵栖洞等“热点”旅游景区,推动四地居民更多交流往来。

粮油生产

【概况】2021年,建德市粮油作物种植面积和总产基本稳定。全市粮食作物播种面积1.26万公顷,基本与上年持平;总产量7.1万吨,比上年增长3.6%。其中水稻播种面积6240公顷,总产量4.28万吨,与上年相比略有减少。油菜播种面积5913.33公顷,总产量2.19万吨。

【粮食生产功能区提标改造及“非粮化”整治】2021年,对全市376.67公顷粮食生产功能区烘干中心、育秧中心等社会化服务生产设施进行提标改造,新建5个粮食烘干中心和2个水稻育秧中心,投入财政资金379.2万元。对全市191个粮食功能区粮田开展“非粮化”情况调查摸底,结果表明5333.33公顷粮食功能区“非粮化”面积1506.67公顷,比例达到28.3%。市农业农村局启动“粮食功能区非粮化整治”工作,至年末,整治粮食功能区“非粮化”面积546.67公顷,完成率36.3%。

【规范落实国家粮油惠农政策】2021年,继续从严落实中央、省、杭州市及建德市四级粮油规模种植补贴、粮食生产贷款贴息、实际种粮农民一次性补贴等种粮种油惠农补贴政策。全市规模种粮面积4513.33公顷。其中,水稻面积3533.33公顷、大小麦面积866.67公顷、旱粮113.33公顷,规模种油菜面积680公顷。对211户粮油规模种植主体发放粮油规模种植补贴金额2126.86万元,对50个规模种粮主体发放粮食生产贷款贴息补贴资金40万元,对9081个种粮主体发放实际种粮农民一次性补贴216.85万元。

【实施水稻绿色高质高效创建】2021年,全市创建粮食绿色示范区6667公顷,其中核心区527公顷,省级稻麦千(百)亩示范片11个、超级稻百亩高产攻关方1个、杂交籼稻百亩高产攻关方1个、旱粮高产高效百亩示范方3个。同时集成示范“水稻+”、稻鸭稻渔综合种养等多种“千斤粮万元钱”水稻绿色高质高效技术模式,改善和丰富了全市水稻高产基地建设结构。

◎ 10月16日,袁隆平巨型稻三都种植基地揭牌仪式

【土肥工作】全年全市推广配方肥和按方施肥1.01万吨,不合理施用化肥减量379吨,主要农作物测土配方施肥技术覆盖率达到90%以上。推广使用商品有机肥2.85万吨,推广应用面积7720余公顷。开展免费测土服务,完成取样检测499个,并制作样点分布图,为全市农户科学施肥提供依据。开展耕地地力监测和化验室土样化验和数据整理工作,持续深化土肥技术研究应用及指导。

经济作物

【概况】2021年,建德市经济作物种植保持稳定,产量和效益取得丰收。其中,大田经济作物本地草莓种植面积354公顷,每公顷产量20.25吨,总产量7168.5吨。大田及山地果用瓜种植面积1400公顷、总产量5.75万吨,与上年持平。

水果产业,全市各类水果种植面积1.10万公顷,总产量20.75万吨,与上年基本持平。其中,柑橘面积5113公顷,总产量12.1万吨;桃园面积716公顷,总产量8911吨;梨园面积352公顷,总产量5845吨。

茶叶产业,全市茶园面积4520公顷,茶叶总产量3216吨,总产值3.68亿元,分别比上年增长4.3%、3.6%、0.6%。其中,名优茶产量890吨,产值

3.21 亿元，分别增长 8.5%、1.3%，总体呈增产、增收态势。

中药材产业，全市中药材种植面积 1640 公顷，比上年增长 3.3%，总产量 2420 吨，总产值 2.84 亿元。其中，名贵中药材西红花种植面积 80 公顷，产值 3100 万元，继续保持全国规模最大的优势。

桑蚕饲养，全市桑园面积 137 公顷，比上年减少 32.5%；蚕种饲养量 1200 张（其中春蚕 718 张、秋蚕 482 张），减少 58.2%；蚕茧总产量 58 吨，减少 58.3%。桑蚕饲养业继续萎缩、低迷。

至年底，全市农产品有地理标志证明商标 4 个（建德苞茶、建德草莓、建德柑橘、建德西红花），有地理标志保护产品 3 个（建德苞茶、严东关五加皮酒、里叶白莲）。建德鸡蛋和建德兰花因建德市申报数量满限、相关部门不再受理申报，2021 年侧重做好其保护和提升工作。

【草莓产业数字化服务管理平台——“数智草莓”】 9 月 18 日，“数智草莓”平台上线，该平台覆盖草莓全产业链全生命周期，实施草莓产业全闭环安全监管。包括莓好管家、莓好服务、莓好产品、莓好基地、莓好品牌、莓好共富六大场景。该平台自上线后，入驻激活莓农数 9186 人，在全国 27 个省（自治区、直辖市）推广应用，覆盖全国 1.36 万建德籍莓农。12 月，获得省数字经济系统第一批优秀地方特色应用。

【“建德草莓”品牌建设】 3 月 4—5 日，召开浙江省农业重大技术协同推广项目“草莓新型育苗方式与健康栽培关键技术研究应用”启动会，省、市农技推广中心、科研院所、项目实施单位、农业主体等 40 余人参加。5 月 29 日，召开建德草莓四十年暨产业高质量发展大会，发布由浙江省农科院研发的草莓新品种“建德红”，省农业农村厅副厅长唐冬寿，杭州市农业农村局局长柴世民，以及建德市领导富永伟、叶万生、吴铁民、吕平、吴岳炎、袁思明出席大会。

12 月 8 日，在大同西乡草莓园举行第十四届建德新安江（中国）草莓节暨“建德红”草莓新品种发布会活动，以网上同步直播方式，展示建德市草莓产业“双强”成果和推广应用。该活动由浙江省农业农村厅、浙江省农业科学研究院、杭州市农业农村局、杭州市农业科学研究院指导，建德市政府主办，建德市农业农村局、大同镇人民政府承办。

【“建德苞茶”品牌建设】 在新安江街道健安社区举行以“爱在 17，与茶有约”为主题的全民饮茶日活动（4 月 20 日）。该活动由建德市人民政府主办，建德市农业农村局、建德市茶文化研究会和新安江街道承办，500 余名茶文化爱好者和市民参加活动。举行建德市第十一届敬老茶会，组织 20 多名市级离退休干部赴莲花镇林茶村实地考察建德市天羽茶业有限公司建德苞茶产业发展情况（4 月 23 日）。邀请浙江电视台摄制建德苞茶宣传片“好一个新安江——春·建德苞茶之旅”并在浙江电视台新闻频道播出（4 月 25 日）。建德苞茶农业开发有限公司组队参加第四届中国国际茶叶博览会（5 月 21—25 日），并举行“百年苞茶·香闻天下”建德苞茶区域公共品牌推介会（由建德市政府和杭州市农业农村局主办），启动建德苞茶“中白一号”“新安四号”产品首发仪式。浙江省农业农村厅副厅长唐冬寿、杭州市农业农村局副局长屠国兴、浙江省茶叶产业协会副会长徐云焕、浙江省茶叶集团股份有限公司总经理陈星、浙江省供销社茶叶处调研员毛群希、中国气象局首席气象服务专家、中国茶叶气候服务中心技术负责人金志凤、浙江省茶叶学会副理事长陆德彪、浙江省农业技术推广中心研究员俞燎远及建德市副市长袁思明等领导和专家应邀参加，在杭客商代表、市民代表、茶学专业学生以及新闻媒体 150 余人参加活动。组织建德苞茶赴青岛市参加 2021 年浙江绿茶博览会（10 月 16—19 日；浙江省农业农村厅主办），进一步在全国推介“建德苞茶”品牌。

【中药材基地、良种繁育基地规范化建设】 2021 年，全市除野生资源外，中药材种植面积 2306.67 公顷（其中莲籽面积 533.33 公顷），比上年增加 3.28%，总产量 2420 吨，总产值 3.34 亿元。全市从事中药材生产、加工、销售的企业、专业合作社、家庭农场及个人2600余家(人)。有星级中药材精品园6家,其中铁皮石斛精品园3家、西红花精品园1家、药食两用玫瑰精品园1家,其他中药材(黄精玉竹)精品园1家。形成以三都、杨村桥、寿昌、航头、大同为主的建德西红花种植基地,以莲花、寿昌、大同、洋溪为主的铁皮石斛大棚种植基地,以李家、大同、寿昌、三都、钦堂为主的玉竹、黄精、白及、浙贝种植基地,以梅城、三都、大洋为主的建德吴茱萸种植基地,以下涯、大慈岩、寿昌为主的三叶青避雨栽培和林下套种基地。吴茱萸面积增加,西红花、元胡、覆盆子、铁皮石斛等面积下降。引进并发展金线莲林下仿野生种植面积8公顷、枸杞子大棚种植面积13.33公顷。 (王 嫱)

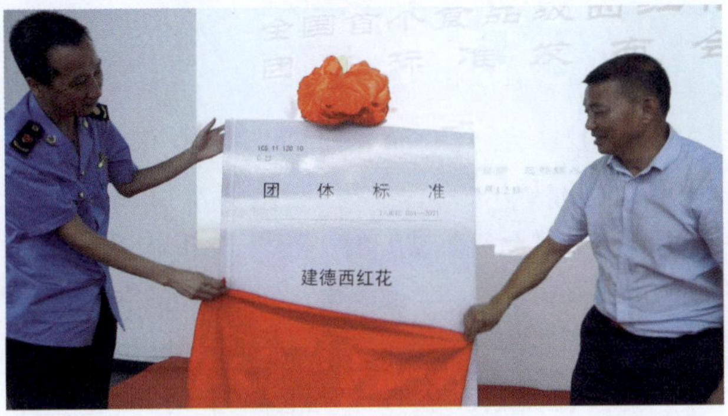

◎ 8月,全国首个食品级西红花团体标准发布

【"建德兰花"品牌建设】 建德市森林覆盖率达到76%,境内群山延绵,兰花资源十分丰富,兰花培植有800余年历史,所产兰花称"国兰"。据清代许鼐和所撰兰花专著《兰蕙同心录》记载,建德所产蕙兰"叠翠""仙蟾"向为上品,受世人追捧。

20世纪90年代以后,建德兰花野生兰花资源得到深度开发利用,兰花驯养、培植逐渐成为花卉园艺产业的主打产业之一。在积极引进传统品种的同时,各从业者努力发掘本地新品,发掘和培育春兰和蕙兰新品达百余种,形成春兰、蕙兰两大系列。前者以兰花界知名品种"九龙梅"为代表,包括玉林梅、祝蝶、国安荷、大洋梅、大慈梅、"新安春色",后者以名品"严州彩云"为代表,包括翠丰、展云蝶、云山梅、亚成梅、献芳梅、三江梅、严州梅等。

1993年,建德市兰花协会成立,当年即举办第一届兰花展。至2020年春,共举办26届兰花展,其中10届为专门的兰花节(2010年开始成为建德市九大农业节庆之一,2021年因疫情防控未举办)。来自全国各地包括港澳台地区以及日本、韩国的兰花爱好者和从业者,对建德兰花均给予高度评价,扩大了建德兰花知名度,促进兰花走向市场,实现产业商品化,为兰农增收开辟了新途径。在2014年全国销售产值1000万元以上10个兰花品种中,建德兰花占2个。

2013年10月,建德市出台《加快推进建德兰花产业扶持项目实施细则(试行)》,对全市兰园建设、品种引进、产品销售以及规范专业社、鼓励外出参展6方面,明确资金等方面扶持政策。2016年,择址洋溪街道青龙头,建设建德市兰花产业示范园。该园区规划面积33.3公顷,总投资2800万元,建有5000多平方米智能化玻璃温室,2000平方米兰花展览馆(交易厅)。2021年在园区内组建建德市叠翠兰花专业合作社,集中优势发展和培育建德兰花精品,对全市兰园规模化发展起到龙头带动作用。

至2021年末,入驻上规模、有档次兰园(苑)13家。有杭州市技能大师工作室1家,杭州市级D类人才1名、E类人才1名,科研能力得到极大提高。建德市兰花协会副会长沈宏被杭州市政府授予"杭州市首席技师"、被建德市政府授予"建德工匠"称号,浙江省兰花协会理事、建德兰花协会会员宋建萍被中共建德市委人才办评为"建德市首席技师"。

◎ 建德兰花基地

2021年，全市兰花产业克服疫情防控影响，在确保总资产基本保持与上年度持平基础上，实现产值5亿元，比上年增长19.1%，其中通过网络直播销售兰花5000万元。建德市杨村桥镇艺澜种植场为适应网络销售快递需要，开展各类专利研发设计，为建德兰花产业发展提供支持。其中带盆包装苗木包装盒、兰花包装箱和兰花包装防折盒获得外观专利授权，水培兰花花盆（自动补水式）获得外观专利授权，另有应用于兰花种植的育苗设备1项，获得实用新型专利证书。浙江省兰花协会主办的《国兰》期刊第4期，对建德兰花产业发展和建德兰花协会运作予以长篇幅推介。**（沈 宏）**

畜牧生产

【概况】2021年，全市年末生猪存栏20.56万头（其中能繁母猪2.6万头）、年内出栏21万头，比上年分别增长31.2%、22.4%；全年规模场出场生猪均价19.19元/千克，比上年降低16元/千克降幅45.6%。家禽存栏508万羽，出栏350万羽；其中专业化蛋鸡存栏446万羽，与上年基本持平；全年规模场鸡蛋均价9.29元/千克，提高3元/千克涨幅37%；禽蛋产量5.64万吨。全年畜牧业生产总值13.16亿元。

【发展绿色生态畜牧业】2021年，列入省厅当年度计划的6家新建猪场项目（其中杭州航大生态农业有限公司、建德农发牧业科技有限公司、杭州明大农牧开发有限公司、杭州同壮农业发展有限公司、杭州大黎脉养殖有限公司5家企业新建万头猪场）全部竣工投产，杭州明大农牧开发有限公司、杭州同壮农业发展有限公司被评为2021年杭州高水平生态美丽牧场。

开展兽药减量化和饲料环保化创建工作，至年末完成验收主体单位50家，建成兽药减量示范场1家（建德新希望），创建兽用抗菌药使用减量化养殖新模式，实现养殖场兽用抗菌药使用量“零增长”。开展畜禽养殖污染物“无废细胞创建”工程，全年开展该项工作无废畜禽养殖场52家。

【“建德鸡蛋”品牌创建】以建德市家禽产业协会为主体，继续开展“建德鸡蛋”品牌创建工作，制作统一鸡蛋包装大箱45万只，小包装14.7万只，引进鸡蛋打码机14台，并开展“建德鸡蛋”商标注册及地理标志申请工作暂时中止后各项品牌保护和提升工作。建德蛋鸡品牌包装中心项目作为建德市农产品信用工作的重要组成部分，项目成效得到农业农村部农产品质量安全监管司司长肖放批示。建德市宏羽家庭农场有限公司创建为蛋鸡标准化示范场，新建产蛋鸡舍（土建）1718平方米，引进蛋鸡养殖设备1套。

水产业

【概况】2021年，全市渔业总产出5.09亿元，比上年增加843万元，增长1.7%。全市水产品总产量1.01万吨，比上年增加345吨，增长3.5%。其中，养殖产量6914吨，增长3.6%；捕捞产量3186吨，增长3.4%。渔业产值2.24亿元，比上年增长5.7%。涉渔流通和服务业产值2.71亿元，比上年减少0.6%。

全市水产养殖面积1680公顷，与上年持平。其中，池塘664公顷、水库1016公顷。

【创建水产健康养殖示范场】2021年，杭州千岛湖渔业有限公司、建德市三都联洋水产养殖场通过转变养殖方式、改善养殖环境、强化规范管理和提升水产养殖设施化、标准化、生态化、数字化水平，成功创建浙江省水产健康养殖示范场（第三批）。至年末，全市水产健康养殖示范场增至10家，其中国家级2家、省级8家。

【创建首家省级稻渔综合种养示范基地】2021年，杭州博马农业开发有限公司创建为浙江省稻渔综合种养省级示范基地（第二批），为建德市首家。该基地位于大同镇上马村，面积13.33公顷，模式为稻—鳖综合种养，其中公鳖套养区块7.33公顷，母鳖套养区块2.67公顷，尾水处理稻田3.33公顷。经测产，生态甲鱼总产量9448千克，水稻亩产量626.8千克。

农业科技及农业机械

【农业科技】广泛开展瓜果蔬菜、水稻、油菜、玉米、大豆、马铃薯、甘薯等作物，以及高粱、小米等小杂粮农作物新品种试验与展示示范。全年引进试验、展示品种244个，筛选出宜种或扩大示范新优品种30个。主推甬优1540、甬优15、浙优18、嘉丰优2号等水稻品种，组织嘉丰优3号、甬优7872、甬优6711、浙优812等水稻新品种丰产示范；推广应用杭椒12、杭椒9号、玉龙椒等辣椒品种，杭茄2010、浙茄1号、浙茄8号等茄子品种，黄小可、绿宝石、浙樱粉1号等樱桃番茄，甜栗318、贵红、贵族等南瓜品种，金比特、拿比特小西瓜，金银208、雪甜7401水果玉米和钱江糯3号、天贵糯932、杭糯玉21、浙糯玉16等彩甜糯玉米，兴佳2号、中薯3号、中薯5号等马铃薯品种；浙薯13甘薯、心香小香薯、薯绿1号菜用薯等品种，以及川糯粱1号等高粱品种。同时，在全市范围开展糯米丝瓜、粉红一点红萝卜、圆梗油冬儿等种质资源保护工作。

【农业机械】2021年，全市新增农机装备800台(套)，报废高能耗农业机械40台。农业机械化总动力15.7万千瓦，共有耕作机械2440台、插秧机204台、排灌机械2.3万台、植保机械2206台、收获机械114台，其中联合收割机75台、粮食烘干机133台、茶叶加工机械3215台。机播面积6133公顷，粮食批烘干能力1336吨，稻麦耕作收综合机械化水平87.1%。新建1个农机社会化服务中心(杭州德林农机服务有限公司)，指导企业引进先进农机装备30余台(套)，开展农机社会化服务1000公顷。杭州航大生态农业有限公司(生猪饲养)被认定为全程机械化应用基地。

全年审核农机补贴申请表数253份，受益户数181户，补贴机具308台，总补贴365.63万元，其中中央补贴237.03万元、省补贴24.92万元、杭州市补贴75.3万元、建德市补贴28.38万元。对13台报废高能耗农业机械补贴资金8.95万元。

农业行政执法

【概况】除日常执法监管外，开展农资打假护农保春耕及“绿剑”春、夏、秋季执法行动，出动执法人员2365人次，检查生产经营单位454家次，检查农机设备325台次。立案查处案件56起(普通程序案件38起、简易程序案件18起)，罚款13.85万元，没收违法所得1.54万元。其中农药4起、肥料4起、饲料1起、兽药2起、农产品质量安全3起、动物卫生监督6起、渔业28起、农机5起、宅基地3起。共接到信访等各类投诉举报237起，其中涉及农民建房31起、渔业180起、动物卫生监督等26起，均办理答复。

开展农业投入品抽检175批次，其中种子22个、农药56个、肥料30个、兽药饲料67批次；开展水产品质量安全监督抽检51批次，包括部、省厅、杭州市局水产品质量安全监督抽检31批次，建德市监督抽检20批次，对抽检不合格的样品依法处置。

开展农资经营人员电子台账系统培训1次，参会人数120余名；开展“无规定马属动物疫病区建设”专题部署和培训会7次；分片组织渔民开展禁渔政策宣讲会8次；6月25日，邀请公安水上派出所、海事处等部门派员参与授课，开展全市渔民专业技能培训；联合水产技术推广站举办水产养殖培训班1期，培训人员100余名，发放各类资料150余份；开展水生野生动物保护宣传月活动，共出动宣传人员16人次、悬挂横幅2条，发放水生野生动物保护倡议书200余份。

【植物检疫和有害生物防除工作】全年全市共设监测点7个，监测面积127.33公顷。开展“加拿大一枝黄花”监控与防除工作，春、秋两季共发生28.93公顷，防除率100%。在全市范围内开展红火蚁疫情普查，共普查451.36公顷，未发现有红火蚁疫情在建德市域发生。

【畜产品安全监管】全年产地检疫出证 4194 次，检疫生猪 20.39 万头、家禽 132.88 万羽、牛和羊 66 只、犬猫 9 只、马 3 匹；屠宰检疫出证 3.25 万次，检疫生猪 9.65 万头、家禽 375.31 万羽，检出并集中无害化处理病害生猪 36 头、不合格生猪产品 67.09 吨、病害家禽 0.11 万羽、不合格家禽产品 1.92 吨。“瘦肉精”抽检 0.63 万头。备案报验 4092 批次，其中生猪 15.49 万头、家禽 405.83 万羽、畜禽产品 2995.14 吨。现场核查并集中无害化处理养殖环节病死猪 4.2 万头。定量检测猪尿、禽蛋、禽肉、牛奶、饲料等样品 410 个批次、现场定性检测生猪尿样 1450 批次、猪肉水分抽样监测 20 批次、猪肉兽药残留监测 18 批次、兽药饲料等投入品抽检 67 批次，除 1 批次不合格兽药产品外，均为合格。调处“12345”市长公开电话等各类投诉举报 26 次，开展动物卫生监督、畜禽屠宰、兽药、饲料、种畜禽等领域执法检查 180 余次，查处违法案件 9 起，罚没款 4 万余元。

【动物疫病防控】实施非洲猪瘟排查日报告和每日值班制度。加大非洲猪瘟实验室 PCR（聚合酶链式反应）检测力度，落实 3 家屠宰企业非洲猪瘟 PCR 自检，强化调运环节畜禽及产品非洲猪瘟、高致病性禽流感等重大动物疫病抽检，监测预警，阻断输入性疫情风险。建德市级兽医实验室全年开展非洲猪瘟、高致病性禽流感等重大动物疫病监测 2.0 万余份，合格率 95.0%；全年发放使用强制免疫疫苗 260 余万头份（毫升）、消毒液 280 箱、耳标 22 万只，完成春、秋季重大动物疫病集中防控行动和流感、布病、狂犬病等人兽共患病普查监测；指导完善新建万头猪场和大型鸡场（共 7 家）动物防疫条件。全年未发生重大动物疫病。

推进“无规定马属动物疫病保护区”建设，召开专题部署会，完成 2021 年度马病调查监测、强制免疫、调运管控和外来马属动物迁出等工作。推进无疫区验收台账建设，编印使用养殖场、乡镇（街道）、兽医实验室、屠宰、检疫等各类上墙制度 736 块、台账记录 2200 本。整理归集 2019 年 9 月以来“无规定动物疫病保护区”管理、运行、维持的档案资料和印证材料 200 余册。7 月和 11 月分别通过省农业农村厅、农业农村部专家组的现场评估验收。

【农业机械执法检查】全年完成对全市 800 余台重点农业机械安全检验。出动执法人员 50 余人次，排查存量变拖 22 台。签订安全生产责任书 180 份。办理拖拉机、联合收割机上牌 33 台，办理驾驶证 126 本，发放检验合格标志 231 台。

【钱塘江干流禁渔工作】禁渔期间，共出动执法人员 511 人次、执法车船艇 174 艘（辆），组织执法检查 164 次，收缴网具 171 副。其中，与市公安局、海事处、水上派出所、市场监管局和水利局开展联合执法行动 6 次，共出动 59 人次、车船艇 12 艘（辆），沿江巡查 161.8 千米。查处禁渔区内非法捕捞案件 5 起。6 月 25 日，举办 2021 年渔船安全生产知识培训班，全市渔民参加培训。

【增殖放流工作】在建德市富春江库区及辖区内公共水域内开展渔业资源增殖放流活动。全年共向富春江库区及辖区水域投放鱼种 4912 万尾，其中黄尾密鲴 1613 万尾、花鱼骨 809 万尾、长春鳊 545 万尾、细鳞斜颌鲴 1159 万尾、赤眼鳟 612 万尾、鳙鱼 38 万尾、鲢鱼 57 万尾、青鱼 7 万尾、草鱼 8 万尾、三角鲂 64 万尾、投入省级资金 40 万元，杭州市市级资金 40.5 万元以及建德市本级配套资金 40.5 万元，共计资金 121 万元。（王 嫱）

林 业

【概况】2021 年，建德市以全省千万亩森林质量精准提升工程为契机，坚持改革创新，统筹保护发展，提升质量效益，巩固“绿水青山就是金山银山”实践基础。全年实现林业总产值 44.7 亿元，比上年减少 16.3%。继续加大绿化造林力度，保障国家生态公益林面积和质量，全市森林覆盖率 76.36%，比上年提高 0.02 个百分点，活立木蓄积 1113.17 万立方米，增长 5.3%。

继续实施高效经济林建设，推广林业新技术应用，组织各类林产品参加高等级发布会、博览会并获得奖项，发展和巩固香榧、油茶等优势地方特色产业及其品牌。严格落实森林防疫、防火安全制度，确保全市林业生产和森林防火安全。完善和落实各类林业规划，开展涉林法律法规宣传，查禁非法捕猎和交易野生动物资源行为，加大野生动植物资源保护和湿地保护力度，促进森林环境绿色发展。

继续深化涉林改革，完善“最多跑一次”行政审批制度，加大数字化建设、场景应用力度，实现行政审批线上、线下有效结合，互相推进，确保各类审批行为公平、公正和公开、阳光。

获评“全省松材线虫病工作和全面禁止非法交易、滥食野生动物工作突出贡献集体”“国家无人机应用示范单位”“浙江省生态文化建设突出贡献集体”。森林浙江考核连续4年获全省优秀。

2021年，市林业局三家国有林场返聘及其他临聘人员有68人。

◎ 6月3-4日，浙江省千万亩森林质量精准提升工程启动现场会在建德召开

【造林和义务植树】2021年，全市完成山上绿化造林总面积786公顷，其中迹地更新造林473公顷。全省“新增百万亩国土绿化”工作完成313.07公顷。新增珍贵树种造林344.6公顷、森林质量提升1880公顷，建成“一村万树”示范村6个（大同镇管村桥村、大洋镇柳村村、航头镇溪沿村、乾潭镇姚村村、寿昌镇山峰村、杨村桥镇十里埠村），“山花烂漫”特色村6个（李家镇李家村、航头镇航川村、杨村桥镇长宁村、三都镇镇头村、梅城镇滨江村、大洋镇江东村）。

全年开展“双拥义务植树林”“成才林”“五水共治林”“亲子林”“机关先锋林”等多种形式的义务植树活动50余场次。新建义务植树点30个，面积33.33公顷，义务植树21.9万人次（含间接植树），植树65.7万株。

【全域绿化彩化】全年投入各类绿化资金5000万元，完成绿化面积413.13公顷。结合营造珍贵彩色森林245.07公顷，其中城镇村庄周边107.07公顷、高速高铁国道沿线70.33公顷、河流水库周边33.47公顷、景区周边34.2公顷。

【森林抚育经营和公益林管理】2021年，全市实施中央和省级森林抚育补贴项目266.7公顷，项目资金120万元，完成国家和省级2020年森林抚育项目检查和绩效核查。

全市保有省以上重点公益林总面积86467.6公顷，其中国家级66278公顷、省级20189.6公顷。2021年度征占用调整国家级公益林19.85公顷、省级公益林0.86公顷；同时，完成全国第三次国土调查数据与公益林、补助天然商品林数据优化融合。

【湿地保护与管理】2月2日，组织开展第25个“世界湿地日”的宣传活动。委托杭州全品林业技术服务有限公司开展湿地年度监测工作。至2021年1月，全市有湿地面积6085.14公顷（新增1.76公顷），其中纳入实际保护湿地面积3120.07公顷，湿地保护率51.3%。

【高效经济林基地建设】实施省级“千村万元”计划，建设完成寿昌林场、钦堂村2处林下中药材项目基地66.67公顷。完成省级粮油专项计划油茶造林113.33公顷，林业产业基地抚育2533.33公顷。发展林下套种中药材（黄精为主）100公顷，经济林产业基地套种茶叶、粮食等林下经济144.33公顷。香榧年总产量达210吨，比上年增长23.5%。创建1个省级林业特色产业强镇（李家镇）和2个省级林下道地中药材种植基地（建德市樵夫农业有限公司、杨村桥五棵松家庭农场）。

【林政资源管理】2021年，市林业局联同国家林业和草原局华东林业勘察设计院成立技术专班，对全市1088个涉林疑似变化图斑进行实地核查，对101个疑似违法违规图斑进行查处整改。同时，完成森林资源“一张图”更新工作，明确全市森林覆盖率76.36%、活立木蓄积1113.17万立方米。

全市共审批发证蓄积10.81万立方米（比上年减少16.5%），其中纳入采伐限额管理10.13万立方米，占年限额总量的64%，不纳入采伐限额管理0.68万立方米（采伐非林地和征占用林地上的林木）。全年核发林木采伐许可证781份，发证合格率100%，全部实现网上办证，审批采伐公示率100%。同时对2020年林木采伐许可、使用林地许可审批事项共计35件许可进行“双随机”检查。

全年共审核审批林地占用项目310宗，面积199.93公顷（比上年减少51.1%），涉及森林植被恢复费3333.44万元。其中长期征占用林地项目174宗、面积100公顷，临时占用林地项目98宗、面积67.82公顷，林业生产占用林地项目38宗、面积31.34公顷。

【自然保护地管理】开展自然保护地规划编制上报工作，《浙江富春江国家森林公园总体规划修编（2021—2030年）》通过省林业局批复，《富春江新安江风景名胜区新安江中部景群详规》通过国家林草局批复，《富春江新安江风景名胜区严东关景区详细规划》上报至国家林草局并完成二轮反馈意见修改。完成2021年风景名胜区检查工作，做好2021绿盾行动工作及中央环保督察工作，做好自然保护地内图斑核查及其他工作。全年共完成风景区内重大建设项目建设活动审批3件，其余自然保护地内项目建设活动审批22件。

【森林消防工作】全年全市发生森林火灾1起，发生火情11起。全年新建森林消防水池20个，新购置高压隔膜水泵4台及森林扑火装备。对涉及9个乡镇（街道）墓区80处62.3公顷开展墓区生态化改造。结合“双禁”工作要求，开展“3·19森林防

◎ 10月22日，2021年度建德市松材线虫病防治暨数字森防平台启用工作培训会

火宣传日”活动，进社区、进校园组织各类宣传活动15次，发送宣传短信10万余条，发放宣传用品、手册3000余份。

4月，建德市林业局被确定为全国森林草原防火无人机应用示范单位。7月，新购置3台新型无人机并开展无人机培训，使森林防灭火工作无人机达到15台、持证无人机飞手13人，创新开展“无人机+森林防火”新模式，推进无人机在森林防火日常巡护、宣传管控、火情监测、火场侦察等方面应用。全年使用无人机对自然保护地及周边山林巡护300余架次，总共飞行时间150小时。实行全天候监测，及时传达火场情况，有效提升森林资源管护巡查效率和质量，构筑生态“安全屏障”。

11月24日，在建德林场举办杭州市首次国有林场及自然保护地森林消防扑火技能比武竞赛，来自拱墅区、西湖区、余杭区、临安区、富阳区、建德市、桐庐县、淳安县等8支森林消防队伍共128人参赛，建德市获得第二名。

【野生动物保护与管理】全年开展野生动物救助和处置70起，开展“爱鸟周”“湿地日”和世界环境日等宣传活动，组织生物多样性进学校、社区，扩大市民对野生动物保护管理知晓度。组织狩猎队员参与杭州搜豹行动。作为国家试点，开展并完成国家林业和草原局“野猪致害”调研工作。完成全市植物资源调查工作，1月，《建德市常见植物图鉴》由浙江大学出版社正式出版。该书收录建德市常见植物280种，附图配有中文名、拉丁文名、科名、形态特征、生境与分析、主要用途等文字说明。

◎ 生物多样性宣传

【林业病虫害监测与防治防控】全年累计监测松材线虫病面积10.7万公顷,清理枯死松木1.36万公顷,共计3.02万吨,防治率100%。完成松材线虫病媒介昆虫松墨天牛喷药防治面积4040公顷。对新安江城区、梅城镇等重点区域实施松林树干注药防治天牛工作,施药数量7.34万瓶。完成全市古松树树干注药防治天牛工作58株,保护率100%。松材线虫病防控工作得到省人大常委会视察组表扬。

除松材线虫病外,全年累计发生其他林业有害生物面积3160公顷,防治面积3160公顷,防治率100%。市林业局组织技术人员,为山核桃、油茶、香榧、苗木等林农提供防治指导70起,为市民、企事业单位义务提供各类病虫害诊治防治服务150余起,免费防治各类白蚁68家。实施古树名木救护和健康体检48株。查处各类违法调运外来松木制品案件2起,没收违法木材19.7立方米,罚款0.4万元。

◎ 病虫害疫木集中处理

【行政执法】开展涉林违法行为打击行动,全年全市林业行政案件100起。其中盗滥伐林木15起、非法狩猎29起、毁坏林地48起、森林火灾5起、非法加工疫木3起,均予以及时查处,查处率100%。收缴野生动物及其制品20余只、非法猎捕工具铁夹100余件、电网2件,共计收缴罚没款98.6万余元。

【林场】建德市林业总场。2021年末在岗职工57人。建德市林业总场主要职能为监管、管理、协调,人事、财务、生产等职责由下属林场自行承担。

2021年,该总场完成全国森林经营试点工作任务。完成天然次生林质量提升26.93公顷、大径级优质良材建设26.2公顷、杉木林近自然林营造改造80.53公顷、良种培育工程建设39.67公顷、马尾松林阔叶化改造工程26.2公顷、森林水源涵养功能提升工程建设179.13公顷,同时,完成珍贵树种展览馆工程建设,该馆位于寿昌林场江山坪森林公园,展览展示馆面积360平方米,收集赤皮青冈、浙江楠、紫楠、华东楠等珍贵珍稀树种100种,省名特优经济林品种20种,集资源保护、科学研究、科普教育、休闲旅游功能于一体。

建德林场。2021年末在岗职工20人,全年总收入1933万元,比上年增长68.1%。

完成珍贵树种造林2.8公顷,浙江省新增百万亩国土绿化行动他灌改造项目15.6公顷;建设场院合作项目枫香试验林2公顷、乌桕试验林3.33公顷;持续开展濒危物种细果秤锤树和浙江安息香保护与培育,新增濒危物种迁地保护标准样地4个及珍稀濒危植物展示点1个,新增迁地保护物种夏蜡梅、百日青、长序榆、天目木兰4个;完成良种基地抚育51公顷,珍贵树种抚育86公顷,森林抚育153公顷。开展森林病虫害防治面积667公顷,注射甲维盐1万瓶,枯死松木清理面积974公顷。

完成富春江国家森林公园乌龙山景观提升工程,新建方门10万伏变压器1座;完成雷公庵至乌龙山顶2千米绿道提升建设；完成林区道路维修53.6千米，防火线维修102.52千米，新建消防水池1座。2021年，建德林场获得杭州市人民政府“最严格水资源管理集体”表彰，富春江国家森林公园森林康养基地入选浙江省森林康养基地。

新安江林场 。2021年末在岗职工21人，穆海鸿被评为建德市诚信人物。全年总收入1353万元，增长10.4%。

新建良种基地青冈试验林3.33公顷、榉树试验林3.33公顷、山桐子种质资源库1公顷。完成森林抚育66.67公顷、中幼林施肥抚育45.33公顷、“一造三年抚育”林12.47公顷。嫁接榉树、青冈试验用苗6000株，繁育榉树、青冈、山乌桕苗木6万余株。成功繁育中华水韭、细果秤锤树等濒危物种。森林采伐作业设计30.33公顷，活立木转让11公顷，成交70万元，世行项目采伐林木收入72万元，出售苗木40.8万元。清理枯死松木66吨。完成朱家埠郊野公园及森林康养概念性规划，第一期美丽林区提升项目投资93万元，通过项目竣工验收。

寿昌林场。2021年末在岗职工10人，绿荷塘林区胡秀忠获浙江省林业局“浙江省生态文明建设突出贡献个人”荣誉。全年总收入1263万元，比上年减少35.3%。

完成国家林木良种基地建设，与亚林所周志春以及浙江农林大学教授童再康、黄华宏等合作，严格按国家林木良种基地规划和实施方案收集种质资源，并进行精准设计、招标、施工，完成国家良种基地楠木种质资源库造林4.67公顷，杉木种质资源库造林7.87公顷。与浙江省林科院李因刚博士合作，在青冈无性系种子园内的林间空地营建乌桕彩叶测定林、营建枫香彩叶单一品系测定林，为选育优质彩叶树种奠定基础。

完成高标准国土绿化和森林质量精准提升项目，该项目为省级重点林业项目，省级资金1000万元，按照建德市政府批复同意方案实施造林，至2021年末，完成项目包括：新造林64.47公顷和当年抚育、珍贵树种提升53.53公顷当年抚育、大径材培育11.53公顷和当年抚育、景观廊道和景观节点建设、美丽森林规划设计及招标21.2公顷、珍贵树种精品园（树木园）建设、抚育施肥任务264.27公顷、林区道路硬化。

承办“我为美丽建德种棵树”活动，造林地块在滩下林区江山坪区块，该地块为全省互联网+义务植树点，面积10.53公顷，共有200户家庭和单位共千余人参与义务植树活动，该活动获得社会各界广泛认可与好评。完成林下经济种植项目，在滩下林区开展林下中草药种植，完成林下黄精、白芨种植，种苗量180万株，面积33.67公顷。

【林业企业】全市有涉林企业17家。涉及林业食品生产种植、销售、加工等。其中国家级林业重点龙头企业2家，省级林业重点龙头企业4家，比上年减少1家。

11月1—4日，组织10家农(林)企业参加第十四届中国义乌国际森林博览会，其中浙江久晟油茶科技股份有限公司、杭州大库湾生态农业有限公司、杭州依云生态农业开发有限公司、李家镇幽谷蜂王家庭农场、建德市三溪食品有限公司、杭州七桔家庭农场有限公司6家单位农(林)产品获得金奖。

杭州大库湾生态农业有限公司“大库湾”香榧品牌参评“浙江省十大香榧”品牌，杭州格林香料化学有限公司6种产品入驻省林业局林产品展陈大厅。杭州富鸿控股有限公司完成年度省级林业重点龙头企业监测。下涯镇之江村获“省级森林人家”称号，杭州依云生态农业开发有限公司、杭州市富鸿控股有限公司、罗村水库林场被命名为“浙江森林氧吧”，建德林场被命名为“省级森林康养基地”。杭州依云生态农业开发有限公司获评浙江省生态文化建设突出贡献集体。

（曾小翠）

责任编辑：胡政成

水资源管理与水利水电建设

Water Resources Management and Water Conservancy and Hydropower Construction

水资源管理

【水概况】建德市境内有新安江、兰江、富春江以及新安江支流寿昌江4条较大河流,38条中小支流。多年平均降雨量1343.8毫米,多年平均年降雨量为38.64亿立方米,降雨量时空分布不均,降水年内年际变化较大。春季、夏季降雨量占据全年降水量70%以上,短时暴雨以及汛期集中持续降雨常带来洪涝灾害;又因受常年副热带高压气团控制,夏季也常出现伏旱,造成部分区域生产生活用水困难。秋冬二季气候干燥雨量偏少,常遇秋旱、枯冬,造成小流域断流。根据新安江电站年统计成果综合分析,新安江电站多年平均径流量约97.30亿立方米,95%保证率的年来水量为45.51亿立方米。

2021年,全市用水总量1.98亿立方米。其中,新安江饮用水水源区现有公共供水户取水口性质的取水口1个,无建设项目取水口、排污口,设计年供水能力7300万立方米的自来水厂1座,该取水口总取水量4700万立方米,供水人口约30万人,占全市人口59%。

【实施"最严格水资源管理"制度】继续实施"最严格水资源管理"制度,全面落实水资源的节约和保护。继续推进农业水价综合改革,成功创建4个"五个一百"省级示范工程。加快对节水灌溉计量设备维修检查,运用自动化系统控制放水闸门和计量设施,有效降低管理成本,提升节水减排效果。落实省水利厅水资源费减免政策,确保水资源费足额征收。严格按照省、杭州市工作要求,及时完成16个乡镇(街道)取水设施的核查登记工作并及时对问题予以销号。淳安、建德取水交易权取得突破性进展,新安江生态流量保障实现率达95%以上。

依照《浙江省水利厅关于规范农村生活用水水资源费免征工作的通知》文件要求,市水利局会同市发改局、市财政局、市水务公司等相关部门,确认建德市1个联村供水工程、124个单村供水工程符合农村生活用水水资源费免征条件,上报市政府批复同意实施。

【节水型社会建设】2021年,建德市成功通过国家级节水型社会建设省级技术评估,巩固节水型社会达标建设工作成果。全面提升全社会节水意识,有序开展并完成节水工作,完成2家水产健康养殖示范场、1个节水标杆校园、1个节水标杆小区、2个节水标杆企业等节水标杆载体创建任务,并发挥其节水标杆示范引领作用,有序推进建德县域节水型社会达标建设工作,节水体制机制逐步健全,节水政策体系不断完善,节水载体建设持续推进,节水管理能力不断加强,节水宣传教育广泛开展,用水总量得到有效控制,用水效率明显提升,达标建设工作各项任务基本达到预期目标。12月,建德市成功通过国家级节水型社会建设省级技术评估。

【编制建德市节约用水"十四五"规划】为积极践行"节水优先"新时期治水方针,贯彻落实节水行动实施方案,推进节水制度、政策、机制创新,促进用水方式向更高水平的节约集约递进,根据《浙江省水利厅 浙江省节约用水办公室关于做好节约用水"十四五"规划编制工作的通知》,编制《建德市十四五节约用水规划(征求意见稿)》,为"十四五"期间全市水资源节约工作提供有力支持。

【水文工程建设】2021 年,根据"补短板、强监管、走前列,用于推进水利高质量发展"水文工程建设要求,市水利局结合水利数字化转型工作,以精准预报预警为主切入点,实施并完成预报双提升工程、通信双保障工程、站网优化工程、直属站示范工程和综合平台工程等五大工程建设,投资 800 余万元,购置遥测终端、北斗通信双保障模块、电波流速仪等先进设备,对全市 108 个水文站点实施防汛测报能力提升,增强水文监测能力。

【汛期报汛工作】汛期前对各水位站、雨量站仪器设备和监测环境进行检查,对各个雨量站水位站相关人员进行业务指导。汛期实现报汛无迟报、无错报,完成水文站测报工作,及时掌握雨量、流量、水位、蒸发等水文要素信息。汛期间共测流 45 次,测得最大洪峰流量 773 立方米/秒。汛期结束及时完成资料整编工作,对仪器设备妥善管理和养护。同时,进一步完善水文站网建设,确保建德市水文现代化建设稳步推进。 (周晓雷)

水利水电建设

【概况】建德市境内有 4 条较大河流及 38 条中小支流(其中流域面积在 100 平方千米以上的有 7 条)河道总长 1479.2 千米,其中省级河道 3 条 84.2 千米、县级河道 11 条 256.5 千米、乡镇河道 475 千米。全市堤防总长 674.07 千米,其中 50 年一遇标准防洪大堤(包括城防工程)11.8 千米,20 年一遇标准三江堤防 27.53 千米。除水库新安江水库外,有中型水库 1 座(罗村水库),有小型水库 138 座,其中小(一)型 25 座、小(二)型 113 座。

2021 年,全市完成各类水利建设计划项目 286 处,投资 6.1 亿元。完成水库除险加固 6 座,山塘综合整治 18 座,中小河流综合治理 6 处、治理长度 79 千米,农村河道整治 11 处。完成 4 座美丽

◎ "美丽河道"寿昌江航头段

水站建设、11 处单村供水站水源地改造,受益人口 1.67 万人。水土流失治理 17.1 平方千米。

【重点项目】建德市列入 2021 年度全省"幸福河湖"试点县建设名单(杭州市唯一)。同时,该建设项目列入 2021 年建德市政府十件民生实事。至 2021 年末,成功创建新安江—富春江国家级水利风景区,创建梅城古镇水系、三都后源溪 2 个省级"美丽河湖"水系项目,创建"水美乡村"4 个,池塘清淤整治 18 处。完成新安江水库九孔泄洪纪念碑建设。

"三江"治理提升工程。针对新安江水库九孔泄洪暴露问题,实施对"三江两岸"薄弱环节补短板及改造提升,总投资 12.5 亿元,该项目建议书获省发展改革委批复,至 2021 年底,启动兰江三河段、新安江洋溪大桥至严州大桥段提升改造。

【全面深化涉水改革】开展水利工程管理产权化、物业化、数字化"三化"改革,全面划定水利工程管理和保护范围,依法开展不动产登记,推行以大带小、县级统管等集约化管理和管养分离模式。深化"最多跑一次"改革,推进"互联网+政务服务""互联网+监管",全年共办理行政许可事项 125 件,水土保持方案审批 47 件、取水许可 57 件、涉河涉堤 21 件。通过提供"一口清""一纸清"和"容缺受理"等网上办理或现场办理服务,落实"最多跑一次"改革,提高效率。继续深化农业水价综合改革,成

◎ 寿昌江治理启动仪式

功创建4个“五个一百”省级示范工程。

【河湖空间管理】 市水利局完成全市水域调查，编制《建德市水域保护规划》；同时，深化河湖长制，加强涉河项目审批和批后监管，加大执法力度，严厉打击河湖“四乱”（乱占、乱采、乱堆、乱建）和非法采砂，全年共出动执法人员156人次，责令停止违法采砂行为8起，责令停止违法倾倒渣土行为3起，责令拆除违章建筑物3起。移交综合行政执法局查处违法采砂案5起，倾倒渣土案2起，处罚款13.3万元。排查水利部暗访“四乱”点位25起，排查其他暗访3处，处理各类河湖“四乱”问题28处，“清四乱”处置率100%。

【水利数字化改革】 2021年，完成县级水网建设、“幸福河湖”、城乡供水风险识别与管控、水利立法你来提等4个全省第一批水利数字化改革试点工作。完成水文五大工程二期项目建设。启动智慧河道2.0和“17℃智水”场景应用，打造全省智慧水利样板。

（周晓雷）

责任编辑：黄建生

工 业

Industry

综 述

【概况】2021 年，建德市深入贯彻高质量发展理念，坚持“工业强市”战略不动摇，完善和落实惠企政策，因地制宜发展建德特色工业产业，培育经济新增长极。实现“十四五”良好开局。全年实现规模以上工业总产值 641.9 亿元，比上年增长 27%，首次突破 600 亿元。数字经济“三化融合”考核杭州市第二，创历史最佳。“互联网平台+园区/产业集群解决方案试点示范”项目被评为工信部工业互联网平台试点示范项目，为浙江省唯一。化工大脑“智慧园区”数字化场景获浙江省副省长卢山批示肯定。建德市获评年度省数字化改革数字经济系统考核评价优秀县(市)。

【“新制造业计划”行动方案】制定实施工业经济高质量发展“十四五”规划，研究出台《建德市新一轮制造业“腾笼换鸟、凤凰涅槃”攻坚行动实施方案》。全年实现规上工业增加值 158 亿元，比上年增长 11.7%，实现连续六年增长；实现数字经济核心产业增加值 13 亿元，增长 18.5%，位列杭州地区第一。落地招引亿元以上制造业项目 22 个，总投资 58.5 亿元，制造业投资占固定资产投资总额的 32.5%，位列杭州地区第一；亩均工业增加值突破每亩百万元大关。

【重大工业项目建设】全年共实施计划总投资 5000 万元以上重大工业项目 62 个，合计总投资 224.6 亿元。其中当年新开工项目 18 个，实际完成投资 35.1 亿元。浙江通飞野马飞机(AG60)、易连生物工程(杭州)有限公司等一批优质项目成功签约。南方水泥绿色建材产业园一期等 12 个项目竣工投产。五星电动自行车配件、浙江诚盈新材料(集团)有限公司等 24 个转型升级项目加快推进。立邦建材、浙江麦子妈食品科技有限公司等 18 个项目开工建设。

【传统制造业改造提升】三大水泥绿色建材产业园加快推进，南方水泥绿色建材产业园一期项目顺利投产，总投资 58 亿元的二期项目投资协议已经签订。以李家镇工业园区为试点启动实施新一轮碳酸钙产业改造提升工作。引入建德正和纳米科技有限公司硅胶项目、浙江迪格新材料科技有限公司可降解塑料项目等碳酸钙下游项目 2 个，总投资 2.06 亿元。完成落后产能淘汰项目 7 个，低效企业整治提升 130 家。积极推进绿色低碳工厂建设，创建省级绿色低碳工厂 1 家，杭州市级绿色低碳工厂 8 家。开展工业企业水平衡测试 10 家，创建省级节水标杆企业 3 家，省级节水型企业 2 家，杭州市级节水型企业 5 家，高耗水行业节水型企业创建率 100%。审核企业清洁生产 16 家。

(郑怡婧)

行业发展

【概况】2021 年，全市十大工业行业有规模以上企业 379 家，完成工业总产值 641.94 亿元，比上年增长 27.1%，实现销售产值 633.19 亿元，增长 27.7%，出口交货值 84.78 亿元，增长 18.9%。

【生物科技行业】有规模以上企业 28 家，完成工业总产值151.05亿元,增长30.3%;实现销售产值148.21亿元,增长29.8%;实现出口交货值43.43亿元,增长15.3%。

【纺织服装行业】有规模以上企业48家，完成工业总产值25.91亿元,增长20.8%;实现销售产值25.19亿元，增长22.7%；实现出口交货值12.52亿元,增长2.9%。

【电子电器行业】有规模以上企业35家，其中低压电器企业26家,其他企业9家。完成工业总产值33.18亿元,增长72.3%;实现销售产值32.64亿元，增长78.1%；实现出口交货值10.85亿元，增长26.1%。

【建材水泥行业】有规模以上企业49家，其中水泥企业7家，其他企业42家。完成工业总产值110.16亿元,增长20.6%;实现销售产值110.38亿元,增长21.0%。

【金属加工行业】有规模以上企业27家，其中五金工具企业12家,冶金加工企业7家,其他企业8家。完成工业总产值25.79亿元,增长29.9%;实现销售产值25.08亿元,增长27.9%;实现出口交货值5.24亿元,增长34.6%。

【日用轻工行业】有规模以上企业65家，其中车业企业6家,工艺品企业1家,竹木板材企业10家，其他企业48家。完成工业总产值104.92亿元,增长20.4%;实现销售产值103.53亿元,增长21.8%;实现出口交货值7.10亿元,增长25.0%。

【机械制造行业】有规模以上企业37家，其中输送设备企业7家,节能环保企业10家,其他企业20家。完成工业总产值37.84亿元,增长36.8%;实现销售产值35.71亿元,增长32.7%;实现出口交货值5.27亿元,增长87.3%。

【食品饮料行业】有规模以上企业18家，其中酒业企业2家,农产品企业10家,饮用水企业4家,制茶企业2家。完成工业总产值53.71亿元,增长21.1%;实现销售产值53.38亿元,增长24.2%;实现出口交货值0.14亿元,下降10.9%。

【新材料行业】有规模以上企业60家，其中有机硅企业7家,碳酸钙企业28家,碳酸钙制造品企业19家,粉末冶金企业3家,其他企业3家。完成工业总产值70.09亿元,增长32.9%;实现销售产值69.79亿元,增长34.6%;实现出口交货值0.23亿元,下降28.8%。

【其他行业】有规模以上企业12家，完成工业总产值29.29亿元，增长15.9%；实现销售产值29.28亿元,增长15.9%。 **(郑怡婧)**

数字经济

【概况】2021年，建德市专门成立数字经济专班，紧紧围绕争试点、建场景、优门户三条主线,一手抓“产业大脑+未来工厂”重大任务,一手抓“多跨”场景建设,以数字经济系统门户为展示窗口,奋力打造数字经济系统“硬核”成果,全年实现数字经济核心产业增加值13亿元，比上年度增长18.5%,位列杭州地区第一。

数字经济系统列入省数字经济“7+24+X”跑道应用4个，获省级试点3个、杭州市级试点1个,杭州市级路演优秀场景2个,列入省级优秀重大应用1个,省级优秀地方特色应用1个。化工园区智慧化场景成为全省智慧园区唯一试点，并在建德召开省级现场会,该应用获副省长卢山、杭州市副市长柯吉欣批示肯定。

【化工园区智慧化场景应用项目建设】4月，在全省产业大脑建设推广会上，建德高新园被确定为全省首批化工大脑共建先行示范园。该园邀请浙江中控作为技术支撑，共同研究起草化工园数字化平台建设方案。6月20日前率先接入省化工大脑平台,为12个试点园区数据接口最多、数据质量最高。9月,建德高新园被确定为省级智慧化化工园区场景应用试点，并成功承办省级现场会，将建德市作为浙江唯一样板在全省 52 个化工园区推广。

◎ 数字经济省级样板——建德市智慧化工园区

【"未来工厂"培育建设】根据杭州市公布"未来工厂"体系培育企业名单，2021 年建德市共有 32 家企业入围培育，其中链主工厂 1 家(新安集团)、智能工厂 4 家(建德红狮水泥有限公司、建德南方水泥有限公司、浙江新安迈图有机硅有限责任公司、浙江新化化工股份有限公司)、数字化车间 24 家，数量仅次于钱塘区和萧山区。对列入杭州"未来工厂"培育名单企业，建立专人联系制度，及时掌握企业培育动态，组织企业负责人赴杭州参加"未来工厂"培训，邀请第三方机构予以现场指导。对照"未来工厂"认定办法，组织企业倒排进度，"链主工厂""智能工厂"和"数字化车间"认定通过率居杭州前列。

【建德数字经济综合门户和特色场景建设】按照杭州门户统建要求，建德重点做好特色创新应用的开发上线，至 2021 年底共上线"新企通"和"数智草莓"两个应用场景，其中"数智草莓"2.0 版完成系统迭代更新。同步开发碳酸钙互联网平台、数字化小微园等场景应用，通过本地特色创新应用推动数字赋能和产业转型。

除化工园区智慧化场景应用外，开展对"新企通""数智草莓" 和跨境电商集货仓三大特色场景应用攻坚。"新企通"获得省多跨场景应用三等奖，并列入全省推广目录，至 2021 年底完成场景开发并上线数字经济门户；"数智草莓"场景于 9 月 18 日正式对外发布，省经信厅、杭州市经信局数字经济专班领导参加发布会，该场景应用获评省级优秀地方特色应用；跨境电商集货仓列入省商务厅跨境电商全产业链创新应用试点，为"一本账"正式跑道中的试点项目，至 2021 年底，完成该场景实体部分搭建，政府侧场景和企业侧场景应用上线准备中。

(郑怡婧)

企业培育和管理

【概况】2021 年，建德市重点做好重点企业和市级培育企业的培育扶持工作，着力抓培育、创先进，擦亮建德制造"金名片"。坚持问题与需求两个导向，推出"书记市长有约"活动，实施和优化"三服务"2.0 版，全市 2250 名驻企服务专员累计走访 1.2 万余人次，问题办结率 99.9%。落实省市各级工业经济政策，兑现奖励扶持资金 2.28 亿元。全年减负降本 13.66 亿元，惠及企业 33 万余家次。

至年末，全市共有工业企业约 1450 家，其中规模以上工业企业 379 家，亿元以上企业 108 家(50 亿元以上企业 1 家，即中策橡胶 53.6 亿元，20 亿~50 亿元企业 3 家，10 亿~20 亿元企业 9 家，5 亿~10 亿元企业 9 家)。

【企业经营管理人才培训】2021 年，共组织企业专业技术培训 10 场，惠及企业员工 1000 余人。9 月 3 日，"建商学堂"揭牌暨建德市 2021 级产业提升发展赋能高级研修班开班。"建商学堂"作为建德市企业经营管理人才培训基地，以建设建德"家门口的高端商学院"为目标，旨在培养一支"政治上有方向、经营上有本事、责任上有担当、文化上有内涵"的企业经营管理人才队伍。

【工业功能区改造提升】建德市经信局结合国土空间规划，落实化工板块用地 867 公顷。梳理 M3 用地，腾出生物医药、有机硅新材料发展空间用地 200 公顷。制定出台《建德市小微企业园管理办法》和《小微园运行管理扶持政策》，新认定省级小微园 2 家，准入项目 62 个，五马洲小微园获评全省数字化示范小微园。通过收储利用、“腾笼换鸟”和技改提升等方式，强力推进亩均税收3万元以下低效工业用地处置，整治低效企业208家，盘活低效工业用地155公顷。 （郑怡婧）

品牌建设

【概况】2021年，杭州沈氏节能科技股份有限公司获评工信部专精特新“小巨人”企业，杭州三耐环保科技股份有限公司获评省“隐形冠军”企业；新安集团、浙江建业化工股份有限公司列入制造业“单项冠军”省级培育；建德市五星车业有限公司等17家企业获评省专精特新中小企业。杭州奥立达电梯有限公司超大载重智能安全载货电梯获评全省装备制造业重点领域首台(套)产品；建德鑫鼎纤维材料有限公司高硅氧纤维材料制品获省重点首批次新材料认定。

2021年，格林生物科技股份有限公司等6家企业参与浙江省级或国家级行业标准制定，具体分别是：格林生物科技股份有限公司T/ZZB 2194-2021《檀香208》、杭州新安江工业泵有限公司T/ZZB 2103-2021《变螺距螺杆型干式真空泵》、浙江欧感机械制造有限公司T/ZZB 2305-2021《自平衡法静载试验用荷载箱》、杭州屹通新材料股份有限公司T/ZZB 2595-2021《粉末冶金用高压缩性水雾化纯铁粉》、浙江天石纳米科技股份有限公司T/ZZB 2328-2021《硅酮密封胶用纳米碳酸钙》主导起草浙江制造标准。浙江天石纳米科技股份有限公司GB/T23957-2021《牙膏工业用轻质碳酸钙》、浙江斐凌工具有限公司GB/T 5356-2021《内六角扳手》主导起草国家标准。建德工业企业行业话语权、工业品牌影响力得以有力提升。

【经济发展十大突出贡献制造业企业】依据“2021年制造业企业对地方的经济发展贡献达1亿元以上”评比标准，评出以下企业为建德市经济发展十大突出贡献制造业企业：农夫山泉(建德)新安江饮料有限公司、建德海螺水泥有限责任公司、建德红狮水泥有限公司、浙江新安化工集团股份有限公司、中策橡胶(建德)有限公司、建德南方水泥有限公司、浙江建业化工股份有限公司、国际香料香精(杭州)有限公司、杭州东方雨虹建筑材料有限公司、浙江新化化工股份有限公司。

【“亩均绩效”优质制造业企业】根据企业亩均工业增加值、亩均税收、亩均利润等指标要求，评定农夫山泉(建德)新安江饮料有限公司等11家企业为2021年度“亩均绩效”优质制造业企业：农夫山泉(建德)新安江饮料有限公司、建德海螺水泥有限责任公司、建德红狮水泥有限公司、建德市五星车业有限公司、建德市朝美日化有限公司、浙江远力健药业有限责任公司、杭州屹通新材料股份有限公司、杭州沈氏节能科技股份有限公司、杭州龙驹合成材料有限公司、国际香料香精(杭州)有限公司、浙江振元安防科技有限公司。

【国家级专精特新“小巨人”企业】国家级专精特新“小巨人”企业是专精特新中小企业中的佼佼者，根据“上年度企业营业收入在1亿元至4亿元之间，近两年主营业务收入或净利润的平均增长率达到10%，细分市场占有率在全国名列前茅或全省前三位”标准，8月，工业和信息化部授予建德市杭州沈氏节能科技股份有限公司第三批专精特新“小巨人”企业的称号。

【市级重点制造业企业】根据企业2020年主营业务收入、利润、入库税收、专利数等指标进行评定，确定农夫山泉(建德)新安江饮料有限公司等50家企业为2021年度建德市级重点制造业企业。分别为：农夫山泉(建德)新安江饮料有限公司、建德海螺水泥有限责任公司、中策橡胶(建德)有限公司、建德红狮水泥有限公司、浙江新安化工集团股份有限公司、建德南方水泥有限公司、浙江新化化工股份有限公司、浙江建业化工股份有限公司、国际香料香精(杭州)有限公司、建德市朝美日化有限公司、浙江大洋生物科技集团股份有限公司、浙江新安迈图有机硅有限责任公司、格林生物科技股份有限公司、杭州东方雨虹建筑材料有限公司、杭州澳赛诺生物科技有限公司、杭州奥立达电梯有限公司、杭州玺匠文化创意股份有限公司、杭州屹通新材料股份有限公司、青岛啤酒(杭州)有限公司、浙江钦堂钙业有限公司、杭州朗索医用消毒剂有限公司、建德市五星车业有限公司、浙江远力健药业有限责任公司、杭州建铜集团有限公司、浙江天石纳米科技股份有限公司、杭州崇耀科技发展有限公司、杭州新安江工业泵有限公司、杭州龙驹合成材料有限公司、杭州福斯特药业有限公司、杭州沈氏节能科技股份有限公司、浙江斐凌工具有限公司、杭州正和纳米科技有限公司、杭州新马电梯有限公司、德爱威(中国)有限公司、杭州卡洛实业有限公司、浙江久晟油茶科技股份有限公司、建德市万家电器电缆有限公司、建德市耀欣针纺有限公司、建德市宏兴钙业有限责任公司、杭州凯特电器有限公司、建德市白沙化工有限公司、浙江深蓝新材料科技有限公司、浙江安伴汽车安全急救技术股份有限公司、杭州科龙电器工具有限公司、浙江振元安防科技有限公司、杭州三耐环保科技股份有限公司、杭州萧宏康美盛铝业有限公司、杭州高能结加改性材料科技有限公司、建德市勇华电器有限公司、杭州艺佳纺织品有限公司。

【市级培育制造业企业】根据企业2020年生产性投入、新产品产值率、专利数、利润率及产值增长等指标,确定浙江盈翔包装有限公司等40家企业为2021年度市级培育制造业企业。分别为:浙江盈翔包装有限公司、建德市新安江气动元件有限公司、杭州金迎新材料有限责任公司、浙江致中和实业有限公司、杭州德臻汽车配件有限公司、浙江宏都寝具有限公司、建德鑫鼎纤维材料有限公司、建德市恒力电器有限公司、杭州奥宇金属制品有限公司、浙江建业微电子材料有限公司、杭州旦洋无纺科技股份有限公司、浙江铁凝汽车用品有限公司、浙江百汇电气有限公司、建德华明高纳新材料有限公司、浙江励德有机硅材料有限公司、浙江东翼新材料有限公司、浙江中能变压器有限公司、建德市旋具有限公司、建德市飞洋家纺有限公司、建德市迪佳纺织品有限公司、浙江萌通实业有限公司、浙江欧感机械制造有限公司、杭州格睿特工具有限公司、杭州洁诺实业有限公司、建德市万鹏铝型材有限公司、杭州双马生物科技股份有限公司、建德市广鑫塑业有限公司、杭州稳健钙业有限公司、浙江罡罡机械有限公司、杭州特斯林网业有限公司、杭州派美宠物用品有限公司、杭州申邦净化设备有限公司、浙江布石新材料有限公司、杭州刚信科技有限公司、浙江普林艾尔电器工业有限公司、建德市双超钙业有限公司、建德市华宇纳米科技有限公司、建德市健丰钙业有限公司、建德市新裕塑胶材料有限公司、建德市美尔泰纺织有限公司。

(郑怡婧)

节能降耗

【概况】2021年,建德市继续坚持“节能降耗是高质量、可持续发展的必由之路”工业经济发展思路,将节能降耗持续作为促进转型升级、优化产业结构重要着力点,完善区域能评制度,加强重点用能单位节能监察执法,对新项目能源评估从严把关,强力优化建德市产业结构。市政府制定《关于印发建德市2021年度节能降耗目标责任评价考核办法的通知》,并与乡镇(街道)和重点用能企业签订目标责任书,明确综合能耗、单位增加值能耗及煤炭消费量等考核内容、考核结果运用,对未完成目标乡镇(街道)领导个人考评优等实行“一票否决”制,对未完成目标重点用能企业取消享受工业领域扶持政策。

【节能专项监察执法】2021年,根据省发改委印发的《省发展改革委 省能源局关于印发2021年全省节能监察工作计划的通知》和《省能源局关于转发国家发展和改革委办公厅进一步加强节能监察工作的通知》文件精神,建德市能源执法队通过互联网+监管系统,按照省、杭州市发改委节能监察任务,双随机抽取监察对象,通过现场监察执法,形成监察报告。共检查工业企业8家、数据中心1家,对批建不符、使用淘汰落后设备、能源管理员未取得能源管理员证书等问题,开展节能监察执法工作,摸清重点用能企业能源使用现状,提出节能整改方案，严查违法用能行为。

【高耗能项目管控】2021年，建德市严格项目准入和节能审查，完善项目准入审查制度，从源头控制高耗能项目，除新建项目外，对部分用能在1000吨标煤以上但未经节能审查的已建项目补办节能审查手续。全市节能审查项目39个，其中新建项目13个。对高能耗项目从严把关，限制高耗能行业进入，对单位工业增加值能耗在0.49吨标煤/万元以上及涉煤项目，要求提供能耗和煤耗等量或减量替代方案，推动建德市工业结构调整和产业结构升级。同时积极实施错峰生产，对44家省、杭州市监控重点用能企业及全市亩产效益D类企业安排错峰生产，将能源空间优先配置给能耗水平低、经济效益好、发展潜力大的企业，实现用能高效配置。

【"两高"项目排查整治】2021年，根据省、杭州市要求，建德市对全市2018—2021年通过节能审查的千吨以上"两高"（高耗能、高污染）行业项目进行排查整治。共排查"两高"项目34个，其中已建项目21个、在建项目9个、未建项目4个。未发现存在未批先建"两高"行业项目。同时，对"批小建大、越权审批"等省、杭州市要求自查并解释问题逐一复核，未发现有相关问题。

【节能宣传】在第31个全国节能宣传周（8月23—29日）期间，结合低碳生活等主题宣传，向全市各单位各部门发出2021年节能宣传周倡议书，倡议广大干部职工从个人做起，争当节能领跑先锋；积极培育，树立绿色发展理念；低碳创新，践行绿色生活方式。市发改局联合市委宣传部等10个部门在新安江文化广场、寿昌镇南门广场及新安江社区集中宣传，开展以"节能降碳，绿色发展"为主题宣传活动，发放节能宣传折页、节能小常识、环保袋、印有节能标语的一次性扣账等宣传资料5000余份，社会效应良好。

【"节约型"公共机构示范单位创建】2021年，建德市继续开展节约型单位创建工作，至年末全市共有51家（2020年19家，2021年32家）公共机构完成节约型单位创建工作。其中，建德市人民政府大院为国家级节约型公共机构示范单位，建德市妇幼保健院为省级节约型公共机构示范单位。

【能源数字化管理】2021年，建德市继续按照省发改委要求，督促省重点用能单位（10000吨以上）继续做好能源在线监测工作，并下发专项补助；做好重点用能单位（1000吨以上工业企业，100万千瓦时公建单位）填报杭州能源数字化管理平台能源报表工作；加强能源数字化管理，12月末，"建德市智慧能源管理系统"上线，为建德能耗"双控"、错峰生产、有序用电、企业运营监测、环保设施运行监测等工作提供实时数据，为部门决策提供基础依据。

（马子琛）

企业选介

【浙江新安化工集团股份有限公司】该公司创建于1965年，2001年9月上市，为中国制造业500强企业、中国化工500强企业、全球农化销售20强企业、中国氟硅行业领军企业，正通过绿色化、智能化、高端化、平台化、全球化的战略实施，向"制造+平台+服务"的现代企业转型。

集团主营作物保护、有机硅材料两个产业。作物保护开发形成以草甘膦原药及剂型产品为主导，杀虫剂、杀菌剂等多品种同步发展的产品群，同时以"农飞客"为平台，切入航空植保领域，提供作物保护解决方案，打造农业综合服务生态圈；有机硅材料围绕单体合成，搭建从硅矿冶炼、硅粉加工、单体合成、下游制品加工完整产业链，形成硅橡胶、硅油、硅树脂、硅烷偶联剂四大系列产品，广泛应用于生物科技、航空航天、医疗卫生、建筑材料、电子电气、新能源等多个领域，畅销全球100多个国家和地区，成为拥有全产业链优势的有机硅企业。

新安集团创新体系完善，是国家创新型企业、国家高新技术企业、全国知识产权示范企业，拥有集团国家认定企业技术中心为核心，涵盖三个子公司省级技术中心、多个事业部专业研发中心的创新组织体系，同时拥有国家级博士后科研工作站、省级企业研究院和全国模范院士工作站等科研平台。2021 年末，拥有高级职称人员 93 人(其中正高级经济师 1 人、正高级工程师 9 人)；享受国务院特殊津贴专家 4 人、国家百千万人才计划入选 1 人、浙江省有突出贡献中青年专家 2 人、浙江省万人计划青年拔尖人才 1 人、浙江省“151”新世纪人才培养计划入选 13 人、享受杭州市政府津贴 5 人、杭州新世纪“131”人才培养计划入选 43 人、杭州“521”人才 1 人、博士 16 人。

2021 年，新安集团建德本土 5 家公司产值 73 亿元，其中新安化工产值为 47.7 亿元。

【建德海螺水泥有限责任公司】该公司成立于 2001 年 11 月，注册资本 2 亿元，地处李家镇洞山脚下，占地面积约 35.33 公顷。拥有两条 5000 吨/日熟料生产线，配套 9000 千瓦余热发电，两台 CK490 水泥节能立磨系统，一套百万吨轻钙石生产系统，形成 360 万吨熟料、200 万吨水泥、100 万吨轻钙石产能规模。2021 年末有员工 480 人。

公司主导产品为“海螺牌”普通硅酸盐水泥和高标号商品熟料，符合海螺集团内控水泥熟料质量标准，商品熟料主要销往金华、衢州、丽水等地区，在用户中享有较高声誉。在拉动地方经济及相关服务业发展的同时，实现工艺、质量、设备、环保重大事故为零。公司秉承“至高品质、至诚服务”经营理念，坚持走资源节约型、环境友好型大型水泥企业路线，综合治理、节能减排、降本增效，注入高效管理模式，先后获得全国建材行业先进集体、浙江省节能减排先进企业、浙江省绿色企业、浙江省绿色矿山、全国绿色矿山试点单位。2021 年，公司实现产值 17.33 亿元，比上年增长 3.68%，连续十余年成为建德市纳税大户。

【浙江斐凌工具有限公司】该公司于 1999 年创立，致力于研发、生产及销售螺钉旋具、内六角扳手、警示带等产品。公司占地 4.3 万平方米，总建筑面积 2.3 万平方米。2021 年末，有员工 550 余人。年产螺丝批头上亿颗、各色螺丝刀 8000 万支。实现工业总产值 2.6 亿元，比上年增长 46.3%。

该公司在中国上海设立全球销售中心，以 OEM(原始设备制造商)和 ODM(原始设计制造商)形式将产品远销美国、英国、德国、法国、加拿大、墨西哥、日本及南美洲和东南亚等国家和地区，同类产品出口总量位居全国领先，海外市场占有率逐年增加。连续十五年被评为全市纳税大户。

该公司坚持“科技引领转型、创新驱动发展”，拥有全国螺钉旋具生产最先进的车铣数控复合机、全自动双色注塑成型机、自动进料和注塑机械手设备以及热处理淬火设备和电镀生产流水线，实现生产工艺和技术水平的精细化。本部设有技术研发中心和测试实验室，拥有 50 余名专业技术研发人才和中高级工程师。先后取得 100 多项自主专利，拥有 2 项发明专利和 30 多项实用新型专利的授权，主起草制定 2 个国家标准和 10 个行业标准。2014 年，被认定为国家高新技术企业。

【杭州屹通新材料股份有限公司】该公司成立于 2000 年 7 月，注册资本 1 亿元。占地面积 16 万平方米。公司主营水雾化铁基粉末冶金研发、生产、销售，系高新技术企业，是建德市首家经工信部认定的专精特新“小巨人”企业、建德市首家深交所创业板上市公司。

公司以各类废旧金属为原材料，通过熔炼、水雾化及还原等工艺流程，将废旧金属资源转化为具有高附加值的制造业基础原材料，拥有高性能纯铁粉、合金钢粉及添加剂用铁粉等系列产品，被广泛应用于交通工具、家用电器、电动工具、工程机械及医疗器械等终端行业，兼具变废为宝和节能减排双重属性。部分中高端产品主要性能达到国内外先进水平，初步满足下游客户对中高端金属粉体市场需求。市场占有率、年产销量居全国行业前三位，成为细分行业龙头企业。

公司配备国内先进检测设备，拥有行业一流的铁基粉体研发测试平台，设有省级高新技术企业研究开发中心、省级企业研究院、省级博士工作站等，并与合肥工业大学及中国有色金属工业粉末冶金产品质量监督检查中心等国内知名院所机构建立长期合作关系。至 2021 年末，有员工 190

余人,其中技术研发人员40名,包括博士4人、高级工程师3人。

2021年公司实现工业总产值5.2亿元，比上年增长50.1%。

【杭州福斯特药业有限公司】该公司成立于2001年9月,主要从事化学合成天然药物系列、抗肿瘤替尼系列、心血管系列、抗组胺系列、抗精神病药物、兽药等原料药和医药中间体的研发生产,是国家高新技术企业。产品主要销往韩国、中东、欧美等国家和地区，并与国内外多家知名药企建立长期合作关系,在业内有较高知名度和良好信誉。

公司有职工235人，其中大专以上学历科技人员99人,占企业职工总数的42%,直接从事研发科技人员40人,占企业职工总数的17%。公司设有省级企业研究院，拥有自主知识产权18项，其中发明专利9项,实用新型专利9项。

公司于2015年12月加入人福医药集团股份公司,成为该集团控股子公司。2019年5月,公司整体搬迁至高铁新区五马洲区块,新厂区占地4.8公顷,投资2.3亿元,建筑面积3.97万平方米,建有4个高标准多层立体式多功能车间，严格按照新版GMP(药品生产质量管理规范)标准设计建造,全部采用DCS(分散控制系统)自动化控制和管理。公司通过ISO9001质量管理体系、ISO14001环境管理体系、GB/T28001职业安全健康管理体系认证,具有较完整的GMP/FDA(美国食品药物管理局制造规范)标准质量保证体系,部分产品已通过美国FDA现场审计和国外DMF/COS（美国药物管理档案/欧洲药物注册申请证书)认证。

2021年公司实现工业总产值1.9亿元。

【杭州沈氏节能科技股份有限公司】该公司成立于2005年7月，坐落在建德市航头镇工业功能区，是一家从事微小型换热装备生产和节能产品技术开发的国家高新技术企业,微通道换热器、微通道反应器等高端装备主要应用于航天航空、精细化工、生物医疗等领域。也是工信部第三批专精特新“小巨人”企业,2021年度处于上交所科创板的辅导期内。公司拥有员工360余人,其中大专学历以上人员101人,占职工总人数28.1%,专职研发人员42人,占职工总人数的11.7%。博士1人、硕士5人,杭州市高层次D类人才1人、E类人才2人。

公司建有省级企业研究院、省级高新技术研发中心、市级企业技术中心等研发机构,与中国航空工业集团有限公司金城南京机电液压工程研究中心共建军民融合基地，与中国计量大学生命科学学院建立校企合作。已全面通过ISO9001:2015国际质量体系认证、ISO14001:2015环境体系认证、UL认证、RoHS认证、CRAA(制冷产品、空调性能第三方认证，中国制冷空调工业协会质量认证体系)认证、压力容器制造许可证、欧盟CE认证等各类资质认证,获得授权专利74项,其中发明专利18项。

公司拥有2个大型智能化生产车间和1个自动化生产大楼，同时配备以国内外引进的现代化生产加工装备100多台，辅以高效的智能管理系统,换热器年产能达到50万台(套)。

2021年公司实现工业总产值2.6亿元,比上年增长70%。

【杭州三耐环保科技股份有限公司】该公司成立于1997年6月,2015年7月在新三板成功上市,股票代码:833070。是一家专业生产乙烯基树脂整体浇铸电解槽及电解系统成套装置、氮氧化物废气处理系统等大型环保装备,集研发、设计、制造、技术服务为一体的国家高新技术企业，是省级专精特新中小企业。至2021年末公司拥有员工122人,占地面积3.7万平方米。

2007年，开发出乙烯基树脂整体浇铸电解槽，具有较高的国内外电解系统项目综合性服务能力,填补国内空白,打破国际垄断。2015年,该公司获省级研发中心,主持承担国家级项目2项、省级新产品项目27项、杭州市级科技项目2项。其中《新型镍钴电解槽及酸雾治理技术》课题项目被列入国家高技术研究发展“863”计划。2014—2021年,连续8年被评为国家高新技术企业。

2021年实现工业总产值2.4亿元，比上年增长237.7%。

【国际香料香精(杭州)有限公司】该公司简称IFF(美国香料香精有限公司)杭州公司,1993年12月成立,由原杭州新安江香料厂和美国香料资产有限公司(简称IFF)共同投资,为中外合资性质。公司占地面积16.5万平方米,注册资本7595.22万美元,其中外方拥有95%股权,中方拥有5%股权。该公司是IFF总公司在亚太地区投资最大的单体香料生产基地,在国内香料行业中属高科技、大规模、最具发展前途的企业。产品涉及香精、化妆品到香皂、清洁剂和其他家用产品,以及饮料、食品。产品95%以上直接销往欧美及亚太等国际市场,各项指标均达到国际先进水平。入选2021年浙江省省级新一代信息技术与制造业融合发展试点示范企业名单(网络协同制造方向)。

至2021年末,公司拥有员工196人,大专以上学历人员114人,占企业员工人数的58%;具有中、高级专业技术职称的45人,占企业员工人数23%。公司实现工业总产值13.51亿元,比上年增长26%。

【浙江天石纳米科技有限公司】该公司创建于1997年8月,其前身始创于清朝咸丰年间。至2021年末,企业占地6.7万平方米,员工230余人,拥有建德"282"人才1人、杭州市E类人才2人、杭州市D类人才3人。

公司主要从事纳米科技产品的研发,碳酸钙系列产品、氢氧化钙、氧化钙等系列产品的生产与销售。产品广泛应用于密封胶、牙膏、食品添加剂、卷烟纸、橡胶、塑料、建材等多个领域。拥有6条生产线,年产能20万吨。公司下辖浙江天一新材料有限公司、广西天石新材料有限公司、崇左天石纳米科技有限公司全资子公司3家,是建德市碳酸钙行业首家新三板上市企业,浙江省级专精特新企业。公司拥有省级特种碳酸钙研发中心,自行开发新产品,获得授权专利30余项。同时担任化标委无机化工—碳酸钙工作组组长,参与国家行业标准制修订近20项。2021年成功发布浙江制造标准,通过浙江制造"品字标"产品现场认证。

2021年公司实现工业总产值1.94亿元,比上年增长9.6%。

【建德市耀欣针纺有限公司】该公司成立于2002年1月,位于建德市大洋镇经济开发区。公司占地面积3.5万平方米,建筑面积2.6万平方米,2021年末有员工500余人。主要生产床上用品:被子套件,窗帘,靠垫等。公司拥有自营出口权,产品主要销往美国、加拿大及欧洲等地。2021年实现工业总产值1.8亿元。

公司通过ISO9001:2015质量体系、ISO14001:2015环境管理体系和OHSAS18001:2018职业健康安全管理体系认证、GRS(国际税务信息统一报告标准)认证、OEKO-10(国际环保纺织协会)0认证、BCI(瑞士良好棉花发展协会)认证等资质认证。先后获得杭州市外贸进出口百佳企业、建德市重点工业企业、外贸先进企业、高新技术企业等荣誉。公司为国外著名连锁卖场WalMart、Macy´s、Kohl´s等品牌设计、开发、加工产品。 **(郑怡婧)**

【新安江水力发电厂】新安江水力发电厂隶属国网新源集团有限公司。2021年底,新安江水库来水总量115.9亿立方米,年发电量18.24亿千瓦时。实现利润总额1.29亿元,连续8年保持在亿元以上。机组发电启动次数1994台次,启动成功率100%,等效可用系数90.2%,较计划高出1.34个百分点。实现连续安全生产7118天,全面完成年度安全目标。同时,该厂积极配合做好钱塘江流域防汛防台风抗旱、千岛湖配水工程、应急调水等方面工作,受到水利部太湖流域管理局和浙江省水利厅表彰。2021年末该厂被评为国家电网公司2020—2021年度东西人才帮扶工作先进集体,党委书记、厂长李建华被国资委党委授予中央企业优秀共产党员荣誉,童斌荣获"新时代浙江工匠"称号。

5月27日,在新安江电厂召开的"中国碳中和之路"座谈会(科普论坛)上,中国水力发电工程学会授予新安江水电站"全国水电科普教育基地"称号。新安江水电站于1960年4月建成发电后,在防洪、灌溉、航运、养殖和旅游等方面发挥了很大的社会和生态效益。水库蓄水60多年以来,由于水域面积的扩大，年渔获总量较水库建设前增加 50 多倍，而且还出现了“水库大头鱼”等新品种。在水库上游入口处，流入水库的水体为二、三类的水质，经过水库百余米沉淀和自然净化，大坝出口处水质变成优于一类水体。新安江水电站成为新中国水电开发带动社会经济和生态文明建设的成功典范。先后获评全国水电科普教育基地、浙江省“最美水利工程”、浙江省首批产业工人思想政治教育基地、浙江省关心下一代教育基地、浙江省党员教育培训基地、浙江省新四军历史研究会宣讲团红色传承教育点等。2021 年该厂全年接待参观人数 15 万人次。 **(诸葛争怡)**

建德经济开发区(航空小镇)

【概况】2021 年，建德经济开发区(航空小镇)建设发展目标定位为：打造“三地一窗”——通航产业浙江样板地、国家级通航产业综合示范地、国际知名航空休闲旅游目的地，努力成为展示社会主义制度优越性和建德高质量发展成果窗口，各项工作均取得新成效。全年完成规模以上工业总产值 64.9 亿元，固定资产投资 21.87 亿元，完成工业投资 12.98 亿元，自营出口 2.8 亿元，引进外资 4264.7 万美元。至年末，该小镇已引进通航人才团队 6 个，其中华奕航空获评浙江省领军型创业团队；评审认定航空高层次人才 70 名，其中国家高层次人才 5 名。同时该小镇获 2020 年度浙江省级特色小镇考核优秀，被授予杭州市“最具活力小镇”奖。

【航空小镇入选浙江省“红色根脉打卡地”】8 月，浙江省文化和旅游厅、省教育厅、省妇女联合会联合推出省 52 个“薪火相传跟党走——百万亲子家庭寻访红色根脉活动”打卡地。建德航空小镇以建德市唯一一家单位入选。该小镇以横钢纪念馆、“东方红号”火车主题广场、新联航空科普中心、大川航空爱国主义教育基地等红色文化景点为基点，涵盖意识形态宣传、工业文化遗存保护、历史文脉延续、群众文化集聚、社会综合服务等内容，建设综合性社会科学普及基地、爱国主义教育基地、产教融合基地，打造集教育、服务、活动为一体的红色精品路线，该小镇产学研基地入选浙江省爱国主义教育基地。

【参展第十三届中国国际航空航天博览会】9 月 28 日至 10 月 3 日，建德航空小镇作为浙江省内唯一以开发区平台和特色小镇身份参展第十三届中国国际航空航天博览会(珠海)，展示“建德本土制造”优质通航产品，包括：浙江通飞野马飞机公司设计和制造的 AG60 野马飞机、浙江华奕航空科技有限公司自主设计的无人直升机及相关核心部件产品、德翼高科(杭州)科技有限公司生产的航空级碳陶刹车盘、北航蜜蜂 3C 轻型运动飞机等，在约 40 个国家和地区的 700 家企业、数千件参展展品中脱颖而出。该展位接待知名通航企业、上下游产业链供应商 380 批次，专业观众 4100 余人次，通航爱好者上万人次。借助航展契机开展“航展招商”，展前启动沟通、展中进行有针对性地展示推介和商务对接，展后持续跟进落实，共收集有效招商信息 108 条，得到 30 余家主流媒体的集中采访、报道。据此，该小镇在浙江特色小镇传播力指数榜 9 月排名中，第一次以 100 分满分跻身全省首位。 **(童 燕)**

◎ 浙江通飞野马飞机公司研制的 B-OAUX 型直升机

建德市高铁新区

【概况】2021年,建德市高铁新区紧盯主要经济指标,科学施策,精准发力,保持经济发展高速增长态势。规模以上工业总产值突破300亿元大关,达到325.3亿元,比上年增长38.8%,占比首次超过全市50%;规模以上工业增加值65.9亿元,增速22.8%;完成固定资产投资28.09亿元,增长9.3%,其中工业投资完成25.87亿元,增长12.5%。

招商引资以新材料、生物医药、高端装备制造等目标产业为主要目标,通过上门招商、驻点招商和精准招商等方式,促使优质产业项目快速签约落地。全年共签约易连生物工程(杭州)有限公司、东方雨虹总部基地、浙江神耀石化科技有限公司(年产5000吨生物可降解暂堵材料项目)、浙江辛克奥实业有限公司[污水处理MBR(膜生物反应器)系统及固废处理设备生产项目)]、江西中科罗兰光电有限公司(新型深紫外杀菌消毒光源项目)等招商项目8个,总投资26.7亿元,其中10亿元以上项目2个,分别为易连建德生物医药产业基地(11亿元)、东方雨虹杭州建德总部基地(10亿元)。至2021年末,除浙江辛克奥实业、江西中科罗兰光电2个招商项目尚未入园外,其余均落地入园。

项目建设抓重大产业项目建设。全年共实施重大产业项目18个,总投资124亿元,年度投资8.5亿元,全部达产后可新增工业产值374亿元。其中,浙江新安迈图有机硅有限责任公司(浙江新安化工集团股份有限公司·浙江新安迈图有机硅有限责任公司5.2万吨/年高性能有机硅新材料改建项目)三期、杭州崇耀科技发展有限公司(杭州崇耀科技二期改性硅油项目)、浙江旺江新材料科技有限公司 、杭州星宇炭素环保科技有限公司(建德技改迁建项目)等4个新建项目均已开工建设;浙江东翼新材料有限公司(年产16万吨高强高导铜合金项目)、亿联新材料等续建项目有序推进;杭州茂元环保科技有限公司(年综合利用瓶砖10万吨含年产8万吨高性能差别化纤维项目)、杭州润通无纺科技有限公司(年产18000吨水刺无纺布工厂项目)等6个项目顺利建成投产;浙江坤孚智创科技有限公司 (建德亿联高新材料项目)、杭州禾太生物科技有限公司(年产10万吨速爆大豆和12000吨纯乳太项目)、浙江东大特种材料有限公司(年产3600万平方米铜及铜合金表面处理项目)、浙江亿洲源新材料科技有限公司(年产新型淋膜纸1.8万吨及新型纸制品0.4万吨项目)等10家企业进入规模以上企业。

人才队伍建设重点围绕人才招引、培育、申报等工作,打好“项目引才、企业育才、人才带项目”组合拳。全年完成国千人才申报6人,成功获评1人,实现建德历史上本土国千人才申报“零的突破”;省千人才完成申报10人;省万人才完成申报11人;杭州市“521”人才成功入选4人;完成杭州福斯特药业有限公司、杭州澳赛诺生物科技有限公司等院士专家站3家、博士后工作站2家。

深化“最多跑一次”改革,建立领导联片、干部驻企、服务上门机制,全力破解企业发展难题,打造一流营商环境。全年累计为园区企业提供审批代办、政策咨询等20余项服务,投资建设的马目、五马洲职工安置中心完成主体建筑,其中马目职工安置中心一期3月交付使用,成功破解企业用气难、宗地合并办证难、职工住宿难等系列问题。

【省级经济开发区(园区)认定】5月7日,浙江省政府办公厅发布《关于公布浙江省开发区(园区)名单(2021版)的通知》,高铁新区(高新园)被命名为浙江建德功能性新材料高新技术产业园,成为省级经济开发区(园区)。规划范围从105平方千米调整为106.08平方千米,辖区范围内有规模以上工业企业124家,拥有新安化工、建业化工、大洋化工、新化化工、深蓝科技等上市公司5家。

【全省智慧化化工园区场景应用推广建设现场会】2021年,高铁新区(高新园)启动智慧化化工园区场景应用建设,有效破解化工园区智慧监管服务难题。10月22日,全省智慧化化工园区场景应用推广建设现场会在建德召开,该新区作为承办单位,获省经信厅高度肯定,明确将“建德经验”向全省52个化工园区推广，并获得浙江省副省长卢山、杭州市副市长柯吉欣等领导批示肯定。同时，该新区还成功入选工信部“工业互联网平台+园区试点示范”名单(全国仅15家)。

【东方雨虹杭州建德总部基地项目开工建设】10月30日,东方雨虹杭州建德总部基地项目正式开工建设。该项目计划总投资10亿元,规划总建筑面积11.5万平方米,由两栋主楼及其附属裙楼构建而成,其中1号主楼总高165米,2号主楼总高123.88米。项目涵盖温德姆至尊豪廷大酒店、商业组团以及东方雨虹总部基地三大板块，建成后将完善新安江主城区“城市客厅”功能。

◎ 10月30日，东方雨虹杭州建德总部基地项目开工

【“五个一体化” 物流服务平台建成启用】9月26日,该新区“五个一体化”(安全监管一体化、危险源监控一体化、人流物流管控一体化、应急保障和医疗救助一体化）物流服务平台暨新安物流马目园区正式建成启用。该项目由浙江新安物流有限公司投资建设，占地3.7万平方米，总投资5515万元，建筑面积约9000平方米，室外停车场约1.35万平方米,可以为园区提供“五个一体化”物流服务。通过此项目可实现危化车辆进出备案、路上行驶监控、装卸信息互联、异常发现与处置、信息集成共享等全过程、智慧化管控,为园区规范化运行和安全生产提供坚强保障。

(蒋卫涛)

责任编辑:唐国强

商贸与招商引资

Trade and Investment Promotion

商 贸

【概况】2021年,建德市积极应对国内外经济形势复杂多变、经济内循环加快等现实状况,顺应人民提高生活水平各项要求,坚持"大力发展商贸服务业,构建国内国际双循环的新格局",以其作加快建德市商贸服务业发展,转变经济增长方式,融杭接沪、山海协作的必由之路,按照稳增长、调结构、转型升级的发展路径,围绕加快商贸服务业网点设施建设、产业结构优化、增长方式转变,提高商贸产业能级、服务能级、吸附能力与核心竞争力,努力将建德市打造成为浙西商业中心、杭州市西部重要的商业消费中心。全年实现社会消费品零售总额126.06亿元,比上年增长10.5%。全市新增限上商贸企业(主营业务收入2000万元以上商业批发企业、500万元以上商业零售企业、200万元以上住宿餐饮企业)35家,新增限上商贸行业个体工商户45家。

◎ 5月27日,在新安江举办首届中国建德豆腐包师傅擂台赛

【商贸安全生产管理】2021年,调整细化商贸安全生产责任书内容,印发安全生产责任制台账目录,与33家经营单位签订安全生产综合考评责任书。全年组织各类巡查检查340余次,出动检查人员840余人次,特别重点针对商超等人员密集企业进行检查,指导企业安全生产(消防)、平安创建、疫情防控工作、全国文明城市创建等重点中心工作,查看日常市场供应情况、维护现场购物秩序,确保各项工作落实到位,其中包括与市消防大队、市公安局、市市场监管局、市文明办等相关部门联合检查30次。接"110"应急联动出警25次,受理市长电话投诉交办件249件,其中涉及预付式消费投诉118件,办结249件,办结率100%。

【商贸扶持政策】组织申报2021年度建德市商贸服务业扶持资金兑现工作。出台《建德市促进商贸服务业发展补充实施细则》《建德市促进商贸服务业发展实施意见(修订版)》,在项目投资、品牌建设、企业做强做大、行业环境优化等方面落实鼓励措施,激励其深入实施"服务业兴市"战略,以进一步稳增长、促消费,营造良好的商贸服务业发展环境,推进全市实体商贸服务业发展。对35家符合申报条件企业、单位政策兑现总金额350.31万元,其中:鼓励企业做大做强137.31万元,鼓励个体工商户做大做强33万元,鼓励行业协会开展活动6万元,鼓励品牌建设14万元,鼓励各大商超扩大经营规模160万元。

【重大商贸项目建设】2021年,杭州阿弟汽车有限公司开展4S店建设,全年完成投资金额约1000万元。梅城严州时代之星商业综合体项目进展顺利,开展业态规划和招商工作。总投资8.34亿元的建德市悦荟“17℃”广场商业综合体项目，完成主体工程99.8%。

【特色街区打造】依托美丽城镇创建工作，推进严州古城步行街、寿昌中山路步行街申报浙江省高品质步行街工作。9月15日，下发建德市商业特色街申报通知，开展全市特色街评定工作，参照杭州特色街区评定规则，将双江特色街列为建德市特色街区培育街区。十一国庆节期间，大同老街正式开街，寿昌中山路和严州古城两条市级高品质步行街实现收入6300余万元，比上年增长26%。

【汽车销售】受疫情防控及城乡居民收入预期值降低影响，2021年，全市汽车类实现零售额5.24亿元，比上年减少24.9%。根据省、市“全面促进消费”的工作要求，推动汽车市场回暖，提振消费信心，建德市政府制定《2021年“钜惠建德”汽车消费券嘉年华活动方案》，规定：政府补贴政策通过浙A购车指标（非商用车）客户定向享受和未取得浙A指标个人客户抢消费券两种方式进行，按购置车辆的价格实行分档补贴（车价7万元（含）~10万元，补贴3000元；车价10万元（含）~15万元，补贴4000元；车价15万元（含）以上，补贴5000元）。该嘉年华活动7月23日至8月23日举行，累计销售各类车辆812台，累计销售额1.10亿元，占全年全市汽车消费零售额的21.0%。

【再生资源回收项目建设】2021年，建德市再生资源（东部）分拣中心迁至梅城镇姜山村（五马洲）和洋溪街道万奇太宝路1号厂房，面积1.7万平方米。全市再生资源累计回收量达8.85万吨。

（方　鹏）

【成品油销售】2021年，全市成品油供求状况、价格变动总体稳定，共有成品油网点66个，其中，加油站38个（中石化25个，中石油3个，浙能4家，民营6个），加油点33个。其中建德石油支公司25处成品油供应、销售网点，全年共销售成品油14.49万吨，比上年增长1.7%（销售汽油7.38万吨，增长11.9%，柴油4.87万吨，减少0.1%，商客全年共计销售油品2.24万吨，减少0.4%）。全年IC卡充值额为3.3亿元，增长18.2%，非油品完成销售额4129万元，同比增长12.4%。全年成品油共调价21次，有效维护全市成品油市场的稳定。

市政府出台《关于加强建德市企业自备油罐及装置管理的实施意见》，对企业设置自备罐进一步规范。开展成品油打非专项联合行动，组织多部门联合开展成品油销售现场执法20次，出动检查执法人员420余人次，共计整治、检查企业（点位）104家，查处流动加油车33辆。各职能部门针对无照从事成品油经营活动、违规改装车辆、流动销售柴油、销售伪劣柴油、违法占地经营等多种问题进行分类处置。

（单卫明）

【供销合作】2021年，建德市供销合作总社围绕为农服务办实事，大力推进数字农合联建设，全力助推乡村振兴。制定农合联改革新一轮扶持政策，评定2020年度基层农合联建设项目44个，落实扶持资金187.72万元。11月，注册成立建德市茶叶产业农合联，建成航头镇级农合联为农服务中心。全年新建三都镇松口村、大洋镇江东村、寿昌镇山峰村、大慈岩镇陈店村、莲花镇莲花村及昴畈村等村级综合服务社6家。完善农合联会员管理和扩容机制，新申请入会会员32家。指导航头镇农合联果蔬冷链分拣中心建设并争取杭州市专项资金补助50万元。成功获批全省数字产业农合联试点，以“建德苞茶”品牌打造推广为主线，打造“数智苞茶”平台，该平台八个基本模块（农合联、农合信息、生产服务、供销服务、信用服务、产业农合联、区域品牌、农产品溯源）完成开发并开始应用。大力推广莲花镇“戴农富”村社共建合作模式，推进航头镇、莲花镇村经济合作社全建制加入镇级农合联试点工作，联系大慈岩镇陈店村党支部直播带货拓宽莲农销售渠道。

完成2020—2021年淡季储备任务，全年储备各类化肥2600吨、农药50吨；完成农业专班下达的2021年农资应急储备任务，储备各类化肥1000吨、农药4吨。开展春耕备耕送农资下乡活动，为建德市16个乡镇（街道）市级农合联会员以及部分村经济合作社赠送价值10万元的实物农资(复合肥)。搭建春茶临时便民销售点,为零散茶农免费提供集中的售茶摊位,助力春茶销售。开展农合联会员培训6期,共计400余人次。组织建德农企赴杭州市民中心举办农产品展销活动,开设线上“宜品建德”公共店铺,与直播团队合作销售农产品助农增收,指导航头镇农合联建立5G孵化基地。持续加大农信担保支农惠农力度,全年完成涉农政策性融资担保9360万元。

落实全省供销合作社集体资产清产核资工作,开展总社本级社有资产及总社全资控股下属公司审计,核实、梳理、摸清企业资产财务状况。建立总社社有资产管理办法,成立社有资产管理委员会,加强社有资产监督管理,落实社有资产保值增值责任,促进供销合作事业发展。 **(韩 凌)**

【烟草专卖】全年销售卷烟2.23万箱,比上年增长5.7%;销售额11.69亿元,增长9.2%;单箱销售额5.25万元,增长3.3%。

业务营销拓展。深化品牌创建和巩固,全年云端系列销量52.57箱;中支乌镇销量16.32箱,比上年增长8.5倍;玉溪(创客)销量139.96箱,增长67.4%;国产雪茄销量83万支,增长53.3%,建成雪茄特色体验终端6家。深度应用“四香一钉”,“香溢购”累计销售非烟553.2万元,完成目标进度160.4%,全年开展线上直播6场,主副融合不断深化;“香溢通”使用客户913户,使用面达到32.2%;“香溢家”注册会员超13万个,比上年增长30.0%;“香溢坊”诚信互助小组157个,覆盖客户2592户,客户覆盖面90%以上。“钉钉移动平台”使用情况趋于稳定,月度拜访覆盖面和口袋账簿使用率均在80%以上。完善终端体系建设,累计建成加盟终端48户、三星终端71户、二星终端241户、一星终端298户,合计658户,现代终端比重达到23.3%,双屏机发放使用606户,占比21.5%。通过打造15家“香溢小店”农村示范零售终端,扩大“香溢零售”终端品牌辐射广度和深度。

专卖管理,全年共查获案件(本地)271起,比上年增长30.3%,共查获卷烟总量4.05万条。其中,本地查获违法卷烟3.60万条(真烟案件87起,假私烟案件184起,查扣卷烟3.0万条)查获杭州地区近十年最大违法烟丝案件1起,涉案烟丝3400千克。全年查办专车案件5起,查获卷烟1.92万条,有3起为假私烟专车案(省外卷烟无证运输专车案2起,查获省外流入真烟2140条、涉烟追刑29人)。“11·14”无证运输假烟案件涉案卷烟10040条,为建德查获专车案件涉案卷烟历史之最。同时,开展烟草专卖许可证专项治理,全年共清理62本许可证,新办准予许可29本,比上年减少72.1%,许可证总量呈稳中有降趋势。

继续落实“烟草惠民工程”,通过建德市慈善总会、建德市红十字会捐赠22.5万元,用于建德市的春风行动、社区共建、乡村振兴帮扶、社会困难救助、爱心助学等社会公益事业。 **(周福良)**

电子商务

【概况】2021年,以国家电子商务进农村综合示范创建项目及数字化改革为契机,提升协会服务水平优化电商发展环境,持续深化电商平台和园区建设,不断培育壮大电商企业队伍,推进全市电子商务产业发展实现新突破,内外双循环实现新进展,数字化改革应用场景建设取得新成效,为全市实现乡村振兴、共同富裕积极出谋划策贡献电商力量。全年全市网络零售额达247.3亿元(浙江省电子商务大数据公共服务平台公布数据),跨境电商出口额3.75亿美元,比上年增长20.4%,跨境电商进口0.31亿美元,增长3.5%;新增省级电商示范村3个、省级电商示范服务站点30个;开展各类电商培训76场,受训3000余人次。

建德市“传统产业转型电商新业态助力共富项目”被评为浙江省商务领域共同富裕试点项目;跨境电商国内集货仓成为省商务厅公布的首批4个数字贸易子系统“跨境电商全产业链创新平台”应用场景先行示范点,并被评为杭州市数字经济路演周优秀应用场景。

3月,建德市作为浙江省跨境电商招商推介会(深圳专场)协办单位在会上做典型推介发言。6月,建德市受邀为江苏省电子商务培训做跨境电商工作的经验推广授课。

【电商公共服务】2021年依托“国家电子商务进农村综合示范市”建设，完成浙西跨境电商园改造，设立选品中心、数据中心、公共直播间和培训中心，招标引进3个服务商，从人才体系建设、电商公共服务、品牌宣传等方面为全市电商产业发展赋能。成立建德市农村电商公共服务中心，为全市企业开展电商、直播电商提供硬件、产品、技术和服务支持。对电商服务站点实施提升改造，全市共设有村淘服务站和邮乐购420余个，共推动12个村创省电商专业村，6个镇、街道创省级电商镇，新增溪口村、洋溪社区、友谊村3个省级电商示范村，累计5个；新增大慈岩镇天猫优品服务站、大同镇彩娥烟酒副食品商行服务点、大同村农村物流服务点等30个省级电商示范服务站点，新增服务站点数量居杭州第一位，累计达到42个，全市建制村一级电商布局加快，居民生活便利度得以提升。设立阿里数字乡村实践基地、阿里村播学堂培训基地、钱江后浪电商学院培训基地，开展电商基础培训、村播培训、电子商务职业技能等级认证及跨境电商孵化提升培训，开发“建德电商学堂”微信小程序，精选课程上线，实现线上线下多渠道全天候培训，助推企业转型升级，壮大电商队伍，全年共举办各类电商业务培训共76场，受训3000余人次。开展电子商务法律法规及电子商务政策培训，普及电商法规知识，推动电子商务合规运营；积极兑现电子商务扶持资金，鼓励企业做大做强，累计兑现建德市级电商政策527.38万元(2021年兑付首批388.89万元，第二批138.49万元计划2022年兑付)。

【电商园区建设】完善电商园区配套服务，促进电商入园聚集。建德浙西跨境电商产业园以孵化培育、仓储物流等综合配套服务推动企业转型升级为目标进行升级改造，并引入园区服务管理团队，增设数据中心、选品中心、视觉中心、公共直播间等配套设施，积极打造数智园区，全年新增招引企业34家、园区跨境电商出口额逾3.29亿美元。

建德浙西跨境电商产业园杭州分园(位于杭州东方电子商务园区)，至年底入驻跨境电商企业5家，吸纳电商人才58人，园区跨境电商销售额突破4000万美元。

浙江省逸龙电商产业园以聚集、培育、帮扶初创型科技企业和初创型文化创意产业企业发展壮大为目标，至2021年底入驻电商企业44家、实现年销售额约2亿元。

乾潭电商园区，至2021年底注册企业约500余家，实现年度销售超2亿元，在全市天猫重点网店前50中有17家上榜，占总数的34%。

航空小镇电子商务园，主打浙西新零售产品物流仓储、浙西电商培训孵化等服务，至2021年底入驻企业31家，实现销售额1.2亿元，其中杭州逢群防护用品有限公司产能销售大突破，自主研发耳塞工艺技术全国领先，2021全年生产防护耳塞3000万对。

浙西农产品旅游电商产业园，以“电商+农业+旅游+物流”为核心，推进全市创新产业、新型服务业、乡村旅游、电子商务、物流中心等的建设与升级，至年底园区电商企业140余家，在全市天猫重点网店前50中有12家上榜，占总数的24%。

“1024”互联网电商产业园，集产业创新、技术服务、人才培育、创业辅导、市场推广、融资服务于一体的新型创新创业孵化平台，至2021年底入驻企业10家，实现营业收入1.2亿元。

【电商协会建设】建德市跨境电商协会在册会员单位共66家，该协会2021年与浦发银行杭州建德支行、宁波银行签订跨境电商收汇服务战略合作协议，为企业提供“零手续费”跨境收汇服务等金融服务方案；与卖家成长、上海中协等服务商达成战略合作，以优越的价格获取海外知识产权和税务、海外产品责任险等服务，帮助企业加大品牌建设力度和提升海外风险应对能力；与杭州市轻工技师学院合作成为电子商务职业技能等级鉴定分支机构，开展杭州首期三级电子商务师职业技能等级培训和鉴定工作，举办2期培训班，培训学员139名，通过鉴定125人，通过率89.9%；开展实操孵化和各类提升培训活动50余场，培训1600余人次，帮助企业对接平台和服务商资源，提升企业跨境电商运营能力；推进校企合作深度融合，实施浙江省优秀数字贸易人才培训基地建设。4月，与浙江长征职业技术学院创建“长征·勇华跨境电商创星工作站”和“长征·豪歌跨境电商新星工作站”两个省级跨境电商现代学徒制试点班，促进人才链、产业链与教育链衔接。

建德市新零售协会完成换届，有在册会员单位共35家。该协会积极推动企业电商转型，探索直播电商，组织协会会员单位深入直播机构游学，对接直播机构开展直播带货，组织开展直播电商培训。

【农村电商】依托“国家电子商务进农村综合示范市”建设，扎实推动农村电商助力乡村振兴、实现共同富裕。6月18日，正式启动电子商务进农村综合示范建设项目，招投标引进3个服务商入驻基地；改造提升浙西跨境电商产业园，设立选品中心、数据中心和培训中心，成立农村电商公共服务中心，为全市企业开展电商直播提供硬件、产品、技术和服务支持。开展“宜品建德”区域公用品牌建设，完成10大系列品牌包装设计，帮助传统企业电商化改造，并拍摄“宜品建德”品牌宣传品多渠道线上线下宣传推广。建立产品供应体系，在淘宝、抖音、快手、微店四大电商平台开设“宜品建德”公共店铺，推动本地农特产品上行销售，累计上线农特产品90余款销售10余万元。开展各类农产品资源对接活动、直播带货活动10余场，帮助本地产品通过互联网全网营销，销售本地农特产品60余万元。对接推动建德市品牌“麦子妈”、秋梅食品、里叶莲子上线“盒马鲜生”平台，拓展新零售渠道，帮助里叶莲子对接钱江合伙人社区团购平台，推动农产品上网进城。开展文旅行业互联网营销培训沙龙活动，帮助文旅行业利用互联网宣推促增收。

【跨境电商】2021年，全市新增跨境电商56家(至年底全市共有211家跨境电商企业，其中127家为转型而来)，新增店铺40余个，新增注册跨境电商品牌14个(累计81个)，年销售额1千万美元以上跨境电商企业6家(其中2家突破5000万美元)。浙江宏都寝具有限公司、杭州圣德义塑化机电有限公司、建德市勇华电器有限公司、杭州凯特电器有限公司、建德市天时伞业有限公司5家企业的品牌获浙江省跨境电商出口知名品牌认定。

12月，数字化改革应用场景建设项目——跨境电商国内集货仓上线运行，服务企业35家，帮助企业实现仓储运营增效10倍以上，仓储、物流等降本20%以上。

【直播电商】落地“阿里村播”实训基地，引进阿里数字云培、钱江后浪电商学院优化村播培训课程，培育孵化本地主播人才，全年开展村播培训18场，培训近1100人；开展各类直播、短视频培训35场，受训人员1700余人；邀请本地主播和网红主播开展“美好生活浙播季”、数字生活新服务等各类直播带货活动10余场；开展“宜品建德”直播大赛活动，培育选拔出31名主播和9个直播团队，并签订21名本地选手作为建德公益主播，推动本地产品品牌“网红化”发展；其中，10—11月组织开展2021年“宜品建德”直播大赛暨青年农创客电子商务技能大赛，通过以赛代训培育百余位市民直播带货，从中评选出一批优秀主播，为助农直播、带动本地特色产品线上销售；12月，筹备组织2021年“宜品建德”网上年货节活动，直播短视频探店、直播带货送福进社区。同时，开展短视频直播探店活动，邀请百万粉丝短视频探店达人助力，通过直播平台带领全网粉丝“云探店”“云品尝”，增强本地店铺曝光，促进消费，推动传统餐饮企业转型。

(方　鹏)

招商引资

【概况】全市共引进重点项目40个，其中制造业项目26个，10亿元以上项目4个，其中制造业项目2个。总投资达107.09亿元。全市实到外资1.3亿美元，目标任务完成100%。其中，高新技术项目实到外资7213万美元。

建德市赴上海开展以“携手17　遇建未来”为主题的生物科技产业对接会，举办理微医疗器械创业营·建德招商推介活动、杭州城西科创产业集聚区高层次人才建德行活动、“沪才回乡　杭商回家"在沪杭商走进建德活动等。举办2021年重大招商项目云签约仪式，共有8个重大项目参加集中签约仪式，总投资135.3亿元。

【签约项目】全年全市共签约项目38个，总投资203.5亿元，其中亿元以上项目35个、10亿元以上项目4个、20亿元以上项目1个，引进立邦新

表9　　2021年建德市1亿元以上招商引资项目情况　　单位：亿元

项目名称	新注册公司名称	产业类别	投资方单位名称	总投资
日产42000瓶/小时550毫升瓶装水生产线项目	浙江水益家饮用水有限公司	食品制造业	杭州市周兴祥等7名股东	1.1
年产8000吨聚乙烯蜡、5000吨生物可降解材料及2000吨静音管料建设项目	建德市蓝京新型材料有限公司	制造业	安徽省武海	1.055
心安文化小镇项目	杭州心安悦容实业有限公司	旅游休闲	深圳市毅德国际控股有限公司	20
年产2500万米高档仿真丝功能性面料项目	建德新锦纺织有限公司	制造业	嘉善县俞志龙	1.2
九村生态谷劳动与自然教育研学中心项目	建德市虚怀若谷文化发展有限公司	旅游休闲	浙江省道法自然生态环保技术推广中心、河北庞瑞涛	1.1
年产300台套PPH智能缠绕环保设备项目	杭州海纳环保设备有限公司	制造业	临海市李谦恩	1.3
年产60万立方米蒸压加气混凝土（ALC)板材及制品项目	浙江钜元新材料有限公司	制造业	杭州钜元企业管理有限公司、上海桦闳智能科技有限公司	3.2
麦子妈速冻预制菜肴生产及研发建设项目	浙江麦子妈食品科技有限公司	制造业	杭州丰颐贸易有限公司、Plutus Technology HK Limited	2.5
OTC钙制品及其它新产品项目	浙江省建德市正发药业有限公司	制药业	四川金石亚洲医药股份有限公司	1.2928
正创新材料年产1万吨硅酮胶建设项目	杭州正创新材料有限公司	制造业	台州市钟旭日等3人	1.2
年产150万件高中档服装生产线项目	杭州新聚龙服饰有限公司	制造业	上海欧融芝实业有限公司、徐翠芬	1.15
年产0.8万吨可降解植物纤维环保餐具项目	杭州通利博环保科技有限公司	竹、藤、棕、草等制品制造	杭州姜立中、香港吉安实业有限公司、成都正大文博纸业有限公司	1.2465
年产4000万双高端织品生产基地项目	浙江汉艮实业集团有限公司	纺织服装、服饰制造业	香港卓润国际贸易有限公司、李翠、杭州汉艮科技有限公司	1.125
立邦新型环保建筑材料华东区域生产基地项目	立邦新型材料（浙江）有限公司	制造业	上海立邦投资有限公司	14

续表 9

项　目　名　称	新注册公司名称	产业类别	投资方单位名称	总投资
年产 1500 万只相框生产项目	杭州丰捷供应链有限公司	制造业	宁波斌斌工艺品有限公司	1.2
涡轮发动机研发制造项目	浙江龙德涡轮动力有限责任公司	制造业	袁荒、青岛天航投资管理有限公司、江西中航科发技术有限公司、华控技术转移有限公司、杨俊杰	5
乐活农旅建设项目	杭州乐活岛文化旅游有限公司	旅游休闲	德州钧德文化创意有限公司	2
年产 2000 套高性能减速机建设项目	建德市赛腾机械制造有限公司	制造业	郑州市曾松	1.2
年产 5 万吨树脂钻白坯项目	杭州众星饰品有限公司	制造业	湖南省孟海明	1.05
石恋山居休闲度假村建设项目	杭州石井山生态农业旅游开发有限公司	服务业	丽水市徐美丹、杭州市姚影	1.005
建德海螺绿色建材年产 300 万吨熔剂灰岩综合利用项目	建德海螺绿色建材有限公司	制造业	安徽海螺水泥股份有限公司	1.086
年产 1 万套电梯及部件生产建设项目	西威电梯有限公司	制造业	杭州奥立达电梯有限公司、广西蒋正芳、冯儒斌	1.175
（戴福乐）莲漾滨水秘境建设项目	杭州星宏旅游开发有限公司	旅游休闲	安徽省尤洪秋等 4 人	1.2
LED 灯具配件产业项目	浙江斯肯迪科技有限公司	制造业	湖南省彭建勇等 4 人	1
翔宇航空实训基地项目	浙江航盾航空服务有限公司	通航产业	北京翔宇通用航空有限公司	1.5
野马轻型飞机生产制造项目	浙江通飞野马飞机制造有限责任公司	飞机制造	中航通用飞机有限责任公司、澳大利亚野马飞机有限公司	1.1
特种环保水性粘结衍物新材料创新研发及产业化项目	浙江浦展新能源科技有限公司	制造业	上海骧富新能源科技中心、蔡雪松	1.04
易连建德生物医药产业基地项目	易连生物工程（杭州）有限公司	生物医药	上海易连医疗健康科技有限公司	11
农产品批发贸易项目	农米（杭州）生态农业开发有限公司	服务业	Farmimi International Limited	1.921
东方雨虹杭州建德总部基地项目	浙江虹硕实业有限公司	服务业、总部经济	虹硕商业管理（杭州）有限公司	10
年产 10 万方混凝土预制构件项目	杭州乾元建筑构件有限公司	制造业	杭州丁建华、武汉李飞桥	1.13
环保新材料生产项目	浙江诚盈新材料（集团）有限责任公司	制造业	温州市朱为如等 5 人	2.5584

续表 9

项　目　名　称	新注册公司名称	产业类别	投资方单位名称	总投资
杭州大黎脉养殖有限公司建设项目	杭州大黎脉养殖有限公司	休闲观光活动	萧山区许水根、余杭区汤关表	1.3
年产 1000 吨汽车配件项目	杭州昶鹏科技有限公司	制造业	安徽省纪殿伟	1.1
“寿昌天宫”数字文旅 IP 打造及运营	杭州寿昌天宫数字科技有限公司	服务业	中视创意（北京）文化发展有限公司、杭州行在远文化科技有限公司、夏洲	1
大洋工业园热电联产建设工程项目	建德市大洋同创热电有限责任公司	服务业	浙江新化化工股份有限公司、浙江大洋生物科技集团股份有限公司	3.12
“筱隐”品牌农文旅融合发展项目	建德小隐文化创意有限公司	服务业	广东省黄冠杰、东阳市卢晓丽	1.33
建德城投特来电充电网建设项目	建德城投特来电充电网运营有限公司	新能源	建德市城投公司、特来电新能源股份有限公司	1.1272
建德江南游艇基地项目	杭州开世游艇观光有限公司	旅游休闲	大连开世游艇有限公司、大连水上科技有限公司、深圳高毅投资有限公司、华金枝	1
年综合利用 3 万吨活性炭项目	杭州星宇炭素环保科技有限公司	环保	杭州市徐卫星等 3 人	1.46

表 10　**2021 年建德市港资招商总投资 1000 万美元及以上项目情况表**

（单位：万美元）

项目（企业）名称	中方投资者	港方投资者	注册资金	实到资金
农米（杭州）生态农业开发有限公司		香港农米国际公司	3000	2994.5
农米（杭州）企业管理有限公司		香港农米国际公司	3000	1114.5
杭州优蚁科技有限公司		香港一柯国际贸易有限公司	3500	2064.7
建德经开实业有限公司	建德市资产经营开发有限公司	金投国际（香港）有限公司	5300	2200
建德市金益信息技术服务有限公司	建德市国有投资发展有限公司	建投国际（香港）有限公司	4162	1982.6
建德市易新技术推广服务有限公司	建德市国有投资发展有限公司	建投国际（香港）有限公司	4162	1941.5

（方　鹏）

型环保建筑材料华东区域生产基地、东方雨虹杭州建德总部基地项目、易连生物医药产业基地、涡轮发动机研发制造、乐活农旅等项目，涉及新材料、生命健康、先进制造、农旅等多个产业领域。

对外经贸

【概况】2021 年，境内外疫情反复、汇率波动、大宗商品价格上涨、国际物流供需失衡等因素持续冲击国际贸易，建德市克服出口基数较高、外部困难压力持续的不利影响，特别是在中美贸易争端中，持续协助涉美出口相关企业，就涉美信息、应对对策等制定预案，规避贸易风险；同时，建立市领导联系重点涉美企业制度，出台应对中美贸易战专项政策，帮助企业开展征税清单豁免排查，保障对美贸易总体稳定，从而确保对外经贸健康发展。全市自营出口实现逆势增长，全年实现自营出口额 86.56 亿元，比上年增长 13.3%，进口额 12.71 亿元，增长 82.6%。其中，第四届中国进口博览会浙江省重点项目——德通物产有限公司 5 亿元煤炭进口项目全年进口额 5.21 亿元，拉动全市进出口增长 6.2 个百分点，推动全市高质量发展指标(人均货物贸易和服务贸易总额)2.44 万元。

全市共有自营出口企业 1141 家，有自营进出口业绩的企业 371 家，新增备案登记企业 56 家。化工、家纺、五金工具、低压电器四大块状行业以美元计价的外贸出口额均实现正增长，增幅分别为 20.7%、0.9%、23.1%、40.8%。

【国际市场开拓】2021 年，建德市商务局制定重点展会目录，引导企业积极开拓新兴市场。与浙江远大、米奥兰特、杭州联亚四家国际会展公司开展合作，鼓励企业通过网上参展、代参展等新模式开拓市场，全年累计参展 158 家次。积极组织企业参展线下广交会，共计 16 家企业获得展位 31 个，有效展示建德外贸品牌。推广普及 RCEP(区域全面经济伙伴关系协定)，帮助企业抓住 RCEP 机遇开拓市场。

【出口市场】2021 年，全市外贸出口 156 个国家和地区，出口总额 86.56 亿元，其中北美市场 27.63

表 11　　2021 年建德市境外及中国香港特区投资情况表

项目名称	境内主体	投资国家/地区
浙江新安化工集团(阿根廷)分公司	浙江新安化工集团股份有限公司	阿根廷
阳光（加纳）农资有限公司	浙江新安化工集团股份有限公司	加纳
新安国际控股有限公司	浙江新安化工集团股份有限公司	美国
新安集团（香港）有限公司	浙江新安化工集团股份有限公司	中国香港特区
朱氏兄弟国际公司	建德市勇华电器有限公司	美国
凯特电器越南有限公司	建德市凯特电器有限公司	越南
杭州沈氏节能美国内华达州公司	杭州沈氏节能科技股份有限公司	美国
建投国际（香港）有限公司	建德市国有资产经营有限公司	中国香港特区
星联电动自行车配件有限公司	建德市五星车业有限公司	德国
光明电器制造有限公司	浙江耀恒光电股份有限公司	埃塞俄比亚
朗索医用消毒剂（欧洲）有限公司	杭州朗索医用消毒剂有限公司	德国
斐凌工具泰国有限公司	浙江斐凌工具有限公司	泰国

亿元，占31.9%；亚洲市场19.29亿元，占22.3%；欧洲市场18.51亿元，占21.4%；南美洲市场9.7亿元，占11.26%；大洋洲市场7.11亿元，占8.21%；非洲市场4.28亿元，占4.9%。出口规模前三位目标国为美国、澳大利亚、巴西。

【自主品牌建设】2021年，全市有浙江省出口名牌6个、杭州市出口名牌17个，其中年度新增3个。进一步完善出口名牌和境外商标培育企业名录，优化全市自主出口品牌梯度培育机制，1家浙江省出口名牌企业通过复核。

【境外投资】2021年，全市有境外及中国香港特区投资项目共13个，投资总额3174万美元。其中，新安加纳（西非）营运中心带动50余家企业开拓非洲市场，被评为浙江省境外综合服务体系。凯特越南公司、斐凌泰国公司正式投入运营，有效利用当地资源，降低成本，提升竞争力。科龙泰国项目正在建设中。市商务局全程指导境外企业开展精密智控工作，常态化落实疫情防控，确保境外投资项目进展和经营安全。

◎ 浙江新安集团（美国）新安国际控股有限公司

【破解海运困难】2021年，建德市商务局结合实际，积极帮助企业应对海运困难，全年走访企业86家次，解决问题107个。举办政企恳谈会，合作中远海运对接上海港、宁波港船运信息，协助企业争取舱箱运输资源。协调和促成宁波港和十里埠码头合作，推动海铁、海河等物流新模式发展，帮助企业应对物流成本上涨问题。

【"订单+清单"系统建设】全面落实浙江省"订单+清单"系统建设相关工作，全年上线填报企业194

表12　**2021年贸易摩擦（壁垒）涉案企业排查情况表**

时间	案件主题	可能涉案企业	应对情况
2020年12月24日	加拿大软垫家具产品反倾销反补贴调查	杭州文通工艺家具制造有限公司（2万美元）、建德市通达椅业有限公司（6万美元）	文通不应诉；通达椅业通过修改品名等操作已规避"双反"问题
2月26日	印度聚氨酯合成革反倾销调查	杭州佳康丽科技有限公司	未涉案
3月31日	美国对华手扶式扫雪机反倾销反补贴调查	建德泰弘橡胶有限公司	未涉案
5月19日	印度光伏产品反倾销调查	无	无涉案
6月18日	印度树脂粘合薄砂轮反倾销立案调查	无	无涉案
7月21日	越南办公桌椅及配件反倾销	杭州文通工艺家具制造有限公司、杭州胜奇纺塑有限公司	未涉案
8月5日	印度阿托伐他汀中间体(ATS-8)反倾销调查	格林生物科技股份有限公司、国际香料香精(杭州)有限公司、杭州大山化工有限公司	未涉案
9月18日	印度氧氟沙星及其中间体产品反倾销	杭州福斯特药业有限公司、国际香料香精(杭州)有限公司	未涉案

家，填报率100%；建立乡镇（街道）联络员工作制度，指导企业填报订单信息，“订单+清单”系统填报率保持在90%左右，响应率100%，排名杭州市前列。引导企业通过“订单”系统开通并绑定“智慧海外仓”应用，上线企业211家，率先完成平台上线任务。

【样本企业监测】2021年，建德市商务运行调查监测点共有省级重点联系企业100家，自营出口额占全市90%以上，涵盖建德化工、家纺、五金工具、低压电器等主要块状行业龙头企业和重点企业。样本企业填报月度常规调查问卷12份、临时问卷6期，上报率100%；监测点填报月度预测问卷12份。样本企业提供的第一手行业信息为研判国际贸易形势、科学决策提供基础数据支撑，在稳外贸、防风险、促发展方面做出贡献。

【公平贸易工作】预警点为全市27家化工类进出口企业、200余家贸促会会员企业以及70余家跨境电商企业，开展外贸预警、案件排查与指导、行业自律等方面服务企业。其中，重点关注化工龙头企业8家，主要监测产品有草甘膦、香料香精、有机胺和医药中间体等。建德市获评杭州市良好外贸出口预警点、省级合格预警点。

根据省、市商务主管部门要求，全市进行案件排查8起。结果表明，未涉案7起，占87.5%。

【出口信保工作】2021年，全市出口信保投保企业205家，为企业挽回损失合计176.86万美元，比上年增长251.7%。开展资信调查583件，增长23.5%，保单融资增信支持1990.17万美元。

【商事认证服务】全年办理各项商事认证1704件，其中原产地证1574件，对外贸易经营者备案130件。为减少疫情影响，让企业少跑路、不跑路，提升办事效率，持续推广企业“自主打印”服务。企业自主打印762份，占原产地证总量的49%。RCEP协定生效后，第一时间为企业提供办理指南和签发服务。

【海关事务】2021年，建德市进出口总值99.2亿元，比上年增长19.0%，其中出口86.56亿元，增长13.3%，进口12.71亿元，增长82.6%。钱江海关驻建德办事处全年共受理报关业务8623批，检验检疫进出口货物8521批、货值2.8亿美元，批次、货值比上年分别增长27.1%、37.2%；完成税款征收1640.5万元，增长7.3倍。

组织开展安全隐患排查，全年对3411批进出口危险货物包装进行使用鉴定，防范进出口危险化学品安全风险。开展出口茶叶种植基地、种苗备案，指导企业开展病虫害监测和分析，做好基地用药管理，全年共检验进出口食品化妆品1182批，植物产品2515批，比上年增长28.6%和29.4%，签发各类检验检疫证书3748份，增长10.9%，实现出口食品国外“零通报”。

拓展“单一窗口”功能运用，推广提前申报、自报自缴、汇总征税等通关便利措施，推动落实杭甬“双城记”首批海关惠民利企措施。开展新一轮跨境贸易便利化专项行动，扎实推广“两步申报”（企业凭提单信息，提交口岸安全准入需要的相关信息，进行“概要申报”；自运输工具申报进境起14日内完成完整申报）、“两段准入”（分段实施“是否允许货物入境”和“是否允许货物进入国内市场销售或使用”两类准入监管）模式，落实提前申报容错机制，辖区出口提前申报比例达96%，“单一窗口”应用率达100%。落实“不到场查验”、“7×24小时预约通关”等便利化措施，开辟农产品通关“绿色通道”，快速完成现场查验，做到“即报即检即

◎ 浙江新安集团阳光（加纳）农资有限公司

放”。推行企业备案“多证合一”,取消“报关企业注册登记”事前行政审批,简化出口食品生产企业及原料种植场等食品特定资质备案管理,实现全部行政审批事项“一网通办”。推动进出口食用农产品、种植养殖基地“多查合一”工作,用好“主动披露”制度,引入“互联网+”、联合执法等形式开展核查作业。积极推动以企业集团为单位的新型加工贸易监管模式,取消企业备案资料库审核、内销征税联系单等13个环节,全年新办理加工贸易手册30本,实现加工贸易进出口2.4亿美元,比上年分别增长66.7%和9.7%。推广原产地证书自助打印、“信用签证”,全面上线智能审核系统,实现16种原产地证书24小时全天候智能审核,全年签发原产地证书4616份,签证金额2.1亿美元,指导企业利用RCEP(《区域全面经济伙伴关系协定》)原产地优惠规则,享受国外关税减免共约840万美元。 **(储　超)**

集市贸易

【概况】2021年,全市5家农贸市场创建省级放心农贸市场、2家创建省级“五化”市场。2019—2021年全市共建成省放心农贸市场9家、四星级文明规范农贸市场1家、三星级文明规范农贸市场9家、二星级文明规范农贸市场2家,全市有证农贸市场实现星级文明规范创建全覆盖,大幅提升消费安全、愉悦体验。

【农贸市场疫情防控】全力压实农贸市场举办者主体责任,督促市场主体切实履行“四个一律”(市场一律清洗消毒、市场经营人员一律戴口罩、市场一律张贴和滚动播放防控宣传资料、市场主办方一律签订防控责任状)和“三个到位”(亮码+测温+戴口罩)等各项疫情防控措施。全年共组织疫情防控专题会议3次,出动检查5179人次,出具整改意见书3份,办结市疫情防控指挥部交办问题46份,全力强化部门监管责任,坚决守好市场小门。

【“五化”市场改造提升】2021年,新安江农贸市场、国大阳光家居博览中心2家市场按照“便利化、人性化、特色化、智慧化、规范化”建设要求,成功创建省级“五化”市场。以“立体式”“全方位”“高标准”着力打造高品质消费服务农贸市场,树立“五化”市场模范标杆的典型案例被省委改革办“浙里改”微信公众号“竞跑者”栏目刊发推广,新安江农贸市场成为省委改革办首批确认单位。

【省级“放心农贸市场”建设】2021年,新安江农贸市场、溪头农贸市场、寿昌市场、大同商贸市场、白沙农贸市场共5家农贸市场被评为省“放心农贸市场示范单位”。近三年(2019—2021年)全市共创建9家省“放心农贸市场”。严格按照“消费环境放心、食品安全放心、管理服务放心、价格计量放心、诚信经营放心”的高标准开展对标创建,全方位升级硬件设施、标准化提升管理水平,市场面貌显著改善。

◎ 省级“放心农贸市场”——新安江农贸市场

【乡村星级市场建设】2021年,继续巩固大洋镇秀昌农贸市场、洋溪街道农贸市场二星级文明规范市场创建成果,为创建三星级文明规范市场准备,乾潭综合市场创建三星级文明规范市场。市市场监管局联合多部门合力破解难题,积极解决李家农贸市场、航头镇溪沿农贸市场、莲花镇农贸市场、杨村桥镇农贸市场、钦堂乡农贸市场、大慈岩镇农贸市场办证问题,规范管理工作。持续巩固一星级文明规范市场,下涯镇便民菜场、乾潭永兴农贸市场通过一星级文明规范市场验收。

（胡依佳）

粮食购销及储备

【概况】2021年，建德市围绕保障粮食安全，促进农民增产增收两大主线，落实粮食安全县市长责任制考核各项要求，抓好粮食订单、新增储备、应急物资管理等相关工作，全市粮食安全保障水平和物资调配保障能力得以提高和巩固。

建德市涉粮收储试点“五优”联动（优产、优购、优储、优加、优销）示范县创建工作走在全省前列，2021年蝉联2020年度浙江省“五优联动示范县”称号。至年末，自2018年开始的“放心粮油示范县”创建工作进展顺利，累计创建放心粮油示范加工企业2家、示范配送中心1家、示范店19家。

◎ 杨村桥镇黄盛村水稻连片种植基地

【粮食收购】2021年，地方储备粮油管理账物相符、账表相符、账账相符，库存粮油全部安全、宜存，按要求完成省政府下达的地方储备粮规模任务。出台《2021年建德市订单粮食政策及实施办法》，确定2021年新上场小麦、早籼稻谷、中晚籼稻谷最低收购价每50千克分别为113元、125元、131元，优质粮食订单收购价格为每50千克142元。实行早籼稻谷订单全覆盖，每50千克奖励30元；小麦订单每50千克奖励30元；交售50千克中晚籼稻谷奖励20元，烘干费用按实际订单收购数量给予每50千克补贴4元。全市228户种粮大户、家庭农场、合作社签订“订单粮食”合同。

【储备粮油轮换】2021年，对2019年、2020年产的储备原粮和2019年采购的菜籽油进行轮换出库；储备成品粮按季进行轮换。8月，储备菜籽油由散装油改为小包装油，实行为期两年的包进包出动态轮换。储备粮补库粮源，由建德市收购符合国家中等质量标准的“订单粮食”轮换补库，不足部分通过省外粮源基地定向采购以及浙江粮油交易网公开招标采购。

【物资储备】2021年，建德市应急物资储备仓库在库物资品种共53个，其中，涉及帐篷、照明设备、取暖设备、生活用品等35个，涉及防疫物资18个。全年出库物资32次，共计5100余件。上虞疫情暴发期间，建德市快速响应，调出2200床储备应急棉被，连夜紧急运往绍兴。（方　鹏）

责任编辑：黄建生

交通运输

Transportation

综 述

建德市拥有全国县级城市中完备的“公、铁、水、航”“四位一体”的现代立体交通网络，浙西综合交通枢纽逐步成型。2021 年，建德市交通运输局向上争取各类奖励和资金 5.1 亿元。交通建设有实施类项目 27 项，前期类项目 15 项，谋划推进国道 320 线建德段改建工程、紫金大桥、桐溪大桥项目等重大(点)交通项目建设，全年完成综合交通投资 9.9 亿元。继续实施农村公路网提升工程，全年完成“四好农村路”新改建项目 137 个，其中通自然村“断头路”建设项目46 个 77 千米、低等级公路提升改造项目 47 个 81.3 千米，病危桥改造 18 座；实施路面大中修 95.79 千米、生命安全防护工程 10 千米，建成公路服务站 4 个，港湾式停靠站 20 个，创建农村公路管理站 1 个。杭衢铁路建德段、金建铁路建德段建设进展顺利，完成一批跨公路、跨江高架桥梁以及隧道建设。全年市域道路交通、水上交通安全形势总体平稳，水上交通、工程建设未发生亡人事故。

完成全市城乡公交国有化收购，打破城乡交通二元体制壁垒，降本增效，逐步实现服务均等化，最大限度满足市民出行需求。12 月，全市城乡客运国有化收购签约完成。大洋江东村、航头赤源村、新安江丰产村等多条城乡公交线网进行优化，加密班次，延伸线路，平均票价下降 34%，实现城乡公交一体化率 100%。

持续推进道路交通“最多跑一次”改革，推动效率与公平有机统一，使公共服务优质共享，全年受理办件 19890 件，实现“跑零次”“即办件”，满意率 100%。依托“浙里办”App 推行 11 类交通运输电子证照，打造高效阳光审批。深化交通领域“我跑替他跑”新方式，“四减一增”新方法(减事项、减程序、减环节、减材料、增速度)，试水容缺受理、联网查询无须提供材料的新做法，主动上门服务，破解瓶颈，打造一流营商环境。全年办理道路许可 82 件、超限许可 59 件，群众满意率 100%。

基础设施建设

【概况】2021 年，建德市公路总里程达到 2092.776 千米，公路密度 88.53 千米/百平方千米。其中，国道 250.724 千米(含高速公路 135.386 千米)、省道 45.93 千米、县道 443.258 千米、乡道 205.713 千米、村道 1147.153 千米。按技术等级分，高速公路 135.386 千米、一级公路 108.326 千米、二级公路 151.856 千米、三级公路 202.319 千米、四级公路 1494.9 千米。公路桥梁 675 座 49008.53 延米(其中高速 221 座 31533.72 延米)；公路隧道 54 座 35515.15 延米(其中高速 42 座 30955 延米)。

◎“四好农村公路”下涯至山边线

全年完成320国道建德杨村桥至会泽里段改建工程、临安至建德段高速公路省高网建德段工程、桐溪大桥工程、建德紫金大桥重建工程等重点项目年度建设任务。

开展国道351线兰溪马涧至建德大慈岩段工程(建德段)、国道330线大慈岩段改建工程、建德至武义高速公路(建德段)、国道330线建德莲花至洋溪段改建工程、汪黄至于合公路建设工程前期规划、设计、工程可行性论证等工作。

【国道320线建德市杨村桥至龙游县会泽里段改建工程】项目起点位于建德市杨村桥镇杨梅公路与国道320线交叉口,经杨村桥镇、梅城镇、下涯镇、更楼街道、寿昌镇、航头镇,终点位于建德与衢州龙游交界处,与正在建设的国道320线龙游段顺接。主线里程共计58.28千米,项目概算总投资77.65亿元,主线采用80千米/小时双向四/六车道一级公路标准(五马洲特大桥采用六车道标准建设),连接线采用60千米/小时双向两车道二级公路标准建设。至2021年末,完成投资1.0亿元。2022年1月24日,国道320线建德杨村桥至会泽里段改建工程涉铁先行段开工。

【临安至建德段高速公路省高网建德段工程】该项目起于建德、桐庐交界处的钦堂乡毛竹湾隧道,终于杭新景高速公路安仁互通。双向四车道高速公路标准,设计速度100千米/小时,路基宽度26米,全长4.2千米。建设工期42个月,全线计划于2023年建成通车。概算总投资14.6亿元。2021年完成投资3.0亿元,项目所涉征迁工作全部完成,桥梁下部结构以及路基工程基本完成。

◎ 建设中的临安至建德高速公路

【桐溪大桥工程】桐溪大桥工程起点位于规划省道311线奉化至江山公路建德段梓洲至马目段改建工程K24+800,与三将(三都镇—兰溪将军岩)路顺接,路线往西约460米后,设置745米长桐溪大桥跨越兰江后往西北方向与小大线顺接,桩号K26+700,路线长1.9千米。项目连接线起点位于主线桩号K25+241.711,主要沿三将线老路进行改造,全长0.4千米。概算总投资3.72亿元,合同总造价2.19亿元,合同工期30个月。2021年桥梁下部结构完成,主桥除主跨外,梁板架设完成,完成投资7000万元,自开工累计完成投资1.95亿元。

【紫金大桥重建工程】项目位于新安江大坝下游约1.5千米、建德市城区上游约4.5千米、原桥址处。新紫金大桥为独塔斜拉桥,主塔高度65米,项目全长约498米,其中主桥长230米,宽14米(不含拉索锚固区)。设计洪水位34.33米,设计梁底最低高程35.27米。道路设计标准为双向两车道三级公路兼顾城市道路功能,设计速度40千米/小时。桥头两侧设置引道落地。项目概算总投资1.4亿元,于2021年7月23日完成施工招投标,中交路桥华南工程有限公司中标,中标价10087万元,工期24个月,2021年完成投资2500万元。驻地建设、接线路基填筑工作基本完成,栈桥施工进行中。

【国道351线兰溪市马涧至建德市大慈岩段工程(建德段)】建德段起于里叶村北侧兰溪建德两地行政分界点,在陈店村南侧接回省道316线,直至终点龙游建德两地行政分界点。路线全长3.116千米,建设标准为一级公路,设计速度80千米/小时,路基宽24.5米,双向四车道。概算总投资为24434万元,建设安置费16950万元。至2021年末完成可行性研究及初步设计批复。 (毛丽晓)

行业管理

【概况】2021年,全市有道路交通建设监督中介

96家、工程设计26家、公路安评23家、工程监理37家、试验检测10家。有道路客运企业3家、客车541辆，出租车公司3家、出租车100辆(其中国有1家50辆)。有道路危险货物运输企业19家、车辆604辆，普货运输业户1730家、车辆4063辆。维修备案企业390家，其中一类10家、二类64家、三类233家；汽车快修56家、摩托车维修27家。租赁备案企业16家、备案租赁车辆19辆。

至2021年末，全市有快递业邮政、顺丰、申通等10个品牌11家快递公司，网点83个，配送车200余辆，从业人员728人。物流企业134家，从业人员2737人。网约车企业5家，从业人员565人。

【春运工作】2021年，春运道路旅客运输量84.79万人次（比上年增长124.8%），发班5.95万班次(增长56.6%)；旅客周转量共1268.95万人千米(增长1.4%)，其中长途客运量2.58万人次、周转量408.18万人千米，分别增长39%和82.5%；农村短途客运82.21万人次、旅客周转量960.77万人千米，分别增长129.3%和107.6%。包车共发出131班次。城市公交客运量161万人次。

春运期间共投入旅游船舶22艘、渡船3艘，客旅船舶1396客位，完成旅客运输量4672人次，3个渡口总共渡运5206人次。春运期间未发生旅游船安全事故和有责道路运输事故，未发生大规模客货滞留和积压现象，未发生无序竞争和重大服务质量事件，实现“安全、畅通、优质、和谐、有序”的目标。

【“五个一体化”危货公共停车场启用】9月，建德市首个危险货物运输车辆公共停车场建成并投入使用。该项目位于高铁新区马目区块，占地3.67公顷，建筑面积7908平方米，计划总投资5515万元。该项目通过建设物流服务平台公共服务功能，进行信息化统筹管理危化品运输车辆，为园区提供“五个一体化”(安全监管、危险源监控、人流物流管控、应急保障、医疗救助)物流服务，有效解决危化品工业园区散乱在厂外车道导致交通拥堵和危化品运输车辆自身重大安全隐患问题。

【城区交通治堵专项工作】新建改建城区公交停靠站点4个，漆划临时绿色停车位50个，新增15路公交线路，优化8路和12路公交车班次和时间，开通2条“暖心红”周末公交专线，新增“新安里”等区块公共停车位1100个，对望江小区等小区实施停车位改造提升，有效解决老旧小区停车难问题。

【推进“1+5+N”三级物流体系】开展全省客货邮样本县建设工作，应用数字化“通通带”场景，组织农村班车帮助农产品产销衔接，建成230个村级服务网点、2个镇中转仓，着力解决快递进村难、农产品进城难的快递物流上下行“最后一公里”难题，助力共同富裕建设。

【安全管理】全年查处安全相关违法行为226起，整改“两类”人员32处资质问题和铁路沿线安全环境治理147个隐患点位，淘汰57座以上营运客车4辆、“国三”柴油营运货车71辆。公共交通领域重点人员新冠疫苗接种达100%，货运领域达99.5%，快递领域完成定期频率核酸检测。实现全市危货道路运输企业总量减少1家。作为全省“浙运安”第一个试点，交通运输部安全质量管理司、山东省交通运输厅、山东省营口市交通运输局多次到建德开展交流学习。

【开展“信用交通”优惠活动】2021年，建德市交通局开展“钱江分”信用乘车优惠活动。“钱江分”650分以上(含650分)市民，在建德城区乘坐公交车可永久享受8折优惠。全年共计优惠6982人次，优惠金额1679.8元。 **(沈新诚)**

公路养护

【全省普通国道省道一级公路平面交叉治理现场会】建德市全力推进国道320线平面交叉专项治理工作，实现“小投入、大成效，老国道、换新颜”整体效果。5 月 20 日至 21 日，浙江省交通运输厅组织召开全省普通国道省道一级公路平面交叉治理现场会，建德市作为第一站观摩点位并作经验交流，得到上级充分肯定。

【全省普通国道省道公路全寿命周期养护试点】国道 330 线建德市段列入 2021 年全省普通国道省道公路全寿命周期养护试点工作。建德市作为杭州地区首个入选的县市，至年末完成招标工作，进入实施阶段。

【省级特色精品线】2 月 9 日，下（涯）岱（头）线获评省级特色精品道路。下岱线技术等级为四级公路，沿线自然环境优美，配套设施完备，是建德市新兴“网红路”和美丽经济交通走廊。同时，建德市获 2020 年度杭州市建设高品质 “四好农村路”考核第二名。

【开展应急演练】4 月 28 日，模拟突发山体滑坡，车辆人员被困，交通、公安、消防、卫健等部门在杨梓线开展公路应急抢险演练。通过此次演练，不仅检验和展示公路部门对公路突发事件的应急抢险能力，也提升了多部门联动与协同作战能力，为应急抢险工作积累经验。

◎ 交通应急演练

【公路养护】全年出动养护人员 34217 人次，机械设备 6680 台（套），清理垃圾 2150.9 吨，清扫路面 46937 千米，洒水 66812 千米；绿化补植面积 1547.5 平方米；中央隔离带绿化修剪 35980 平方米；行道树修枝 99.8 千米；修补路面坑洞 21395 平方米，清理抛洒物 101856 平方米，全面提升了路域环境。

（姜瑞宇）

信息化建设

【“心安护航”平台应用】“心安护航”平台在全国率先实现“人、车、企”捆绑融合管理，聚焦“治理”与“服务”，形成 22 个部门协同、杭金衢浙西共管共治新局面，相关做法获浙江省副省长高兴夫、杭州市副市长缪承潮批示肯定，被列入浙江省 2021 年交通数字化改革基层和社会“最佳实践”名单。平台场景应用后，覆盖企业 157 家、车辆 2638 辆、驾驶员 2727 人，货车亡人事故从之前年均 30 起降至 2021 年 1 起，为企业节省保费 1900 余万元，社会经济效益明显。至 2021 年末，该平台扩展至“两客一危”车辆。同时，借助该平台，城乡公交财政补助实现科学精准的“成本规制”，改变以往粗放式补助模式。

◎ 数字化建设——心安护航平台

【“掌上交通” 农村客运数字化场景】建德市倡导“出行即服务”理念，推进农村客运数字服务与监管试点县项目，农村客运数字化场景“掌上交通”在全省率先实现“手机端+电视端”实时查询功能，覆盖全市 46 条公交线路，全部接入“浙里畅行”农村客运“便民行”栏目，市民可提前预览出行线路，实现线点静态信息“任意查”、车辆动态位置“随时知”。

【道路交通“数智”管控】2021 年，建德市交通运输指挥中心有效处理110联动警情283起、数字城管案件283件、抽查联网联控平台车辆512次。在全市路面环境大整治中，通过“空地结合”主动巡查发现处置道路污染的案件474起，协助交通执法队、公安等单位查案41次。借助省危货管理子系统、省客运检测系统以及杭州交通卫星定位监控系统平台，共研判处理危货线索587条、客运线索576条。

【首创杭州交通类“1+N”远程多点异地评标】12月27日，建德市寿昌镇永嘉桥村委会至国道330线文山路口公路改建工程，作为杭州市首个交通类“1+N”远程异地多点评标试点项目，完成开标、评标。本次试点，构建了“专家随机抽取、远程分散评标、全程见证监督”评标新模式，有效规避贿赂、诱导评标和专家费不规范等问题。 **（沈月伟）**

交通执法

【概况】2021年，建德市交通运输综合行政执法队共计查处违法案件2239起，执行到位罚金799.25万元，发生行政诉讼1起，未发生行政复议。全年查处各类交通违法案件数量同比增长710%，但行政体执法类案卷质量大幅提高，荣获2021年杭州交通行政执法评议考核优秀单位，“KPI考核制度”获评杭州市交通运输行政执法“十佳工作法”。积极参加省、市各类执法比武，获省交通运输厅“执法知识线上答题”杭州市团体第三名，二季度50周岁以下执法人员法律考试团体杭州市第三名，“以案释法”微课堂比赛“最佳案例奖”。

【超限治理工作】4月25日零时起，启用不停车检测非现场执法系统，共计点位12处，涉及全市9个乡镇，实现周边相邻县市和市内主要节点非现治超全覆盖。全年开展货车联合执法行动100余次，其中建德、兰溪两地联合执法行动10次，处罚22辆，罚款23.19万元，卸货930.86吨。建德市辖区内现场查处超限超载车辆518辆，处罚362.84万元，非现场执法超限超载车辆464辆，处罚179.53万元。

【路域环境整治】以“迎亚运”为契机，全面落实路域环境整治工作。全年清除乱堆乱放600余处，拆除非公路标牌364处，查获抛洒车辆2658辆，现场整改1644辆，处罚924辆，约谈运输企业、车队、工地等共计112家(次)，清除马路市场百余家(次)。

巩固文明城市创建成果。全年发现整改文明问题146处，开展公交出租车检查140余次。以“爱家日”活动为依托，持续开展志愿服务活动，全面落实网格提升工作，有效提升市民获得感和幸福感。

【基层站所规范化建设】2021年，全市交通执法基层站所规范化建设投入资金160万元，完成寿昌中队、治超中队、杨村桥中队三个站所规范化建设任务。 **（郑雅婷）**

水路运输

【概况】2021年，建德市水运航道总里程98.4千米，航区共有在册营运普通货船96艘，计3.29万吨，在册营运客旅船舶18艘，计2056客位。港口吞吐量1025.41万吨，比上年增长18.1%。完成集装箱运输19552TEU(20英尺标准集装箱，即长20英尺×宽8英尺×高8英尺6吋，内容积为5.69米×2.13米×2.18米，配货毛重一般为17.5吨，体积为24~26立方米)，增长111.2%。完成客运量18.3万人次，减少12.4%；旅客周转量366.3万人千米，增长1.1%。建德航区过闸船舶3.34万艘次、载重1715.35万吨，分别增长26.9%和87.5%。

水上交通安全形势总体稳定，未发生沉船、亡人事故。发生水上交通安全事故5起，其中小事故4起、一般事故1起，启动“三防”应急响应7次。全年现场检查船舶5326艘次，巡查里程9320千米，实施行政处罚340起，比上年增长51.1%，进一步规范船舶航行秩序。

【水上安全监管】2021年，开展安全检查230次，严格查处不按规定办理船舶进出港报告、船舶报港及未开启船舶 GPS 或 AIS 等行为。检查船舶 2320 艘次，发送 GPS 警示教育信息 191 次，检查码头 164 家次，落实码头安全主体责任 12 家次。检查涉水工程、港口、客渡码头、客渡船、货船、航道等重点防汛处所 30 余处，排查整改隐患 8 处。

◎ 1 月，港航建德执法大队在景区维持水上交通安全秩序

【废旧无证小型船舶及浮动设施联合整治】2021 年，持续深化与农业农村、水利、公安、港航建德执法大队及相关涉水乡镇等部门的协作联动，深化废旧无证小型船舶及浮动设施联合整治。全年共出动执法人员 157 人次，整治无证船舶 35 艘次，做出行政强制 4 起。

【“非现场执法”工作】完成 36 个视频监控点位增设和布局优化，完成 3 家水运企业和港口码头重点点位的监控系统对接接入，辖区初步形成以 87 个监控点位为触动点、1 套水文监测系统为触发体、2 套截面监控系统为触及线数字化支撑系统。全年共开展电子动态监管检查船舶 12593 艘次，共实施非现场行政处罚 175 起，占行政处罚总数的 51.47%，行政执法精准度不断提升。

【完成三都锚泊服务区改造】2021 年，对该服务区船员休息室、阅览室，淋浴间、洗衣房、公共自行车、母婴室等硬件设施不断完善，启动杭州交通水运党群服务中心三都服务站提升改造，扩充涵盖基础设施、绿色节能、应急保障、党员志愿服务项目等多个服务区块内容。

【港口与船舶防污】港航建德执法大队开展长江经济带船舶和港口污染突出问题整治现场专项督查活动 2 次，以“燃油质量抽检”“防污染登轮检查”为重点，集中开展冒黑烟检查 810 艘次，发现冒黑烟船舶 234 艘次。开展船舶防污染登轮检查 111 艘次，发现并整改缺陷 58 项。在杭州航区率先圆满完成 14 家港口码头环境提升专项整治，在全省树立标杆。

所有货运码头均安装码头扬尘在线监测设施，“船 E 行”App 安装覆盖率达 100%，实现船舶水污染物“零直排”闭环管理，全年共开展船舶防污染检查 5692 艘次，整改船舶防污染相关问题 108 处，回收船舶生活垃圾回收 12395 艘次、23.1 吨，回收船舶生活污水 4252 艘次、822.4 吨，回收船舶油污水 284 艘次、21.27 吨。（刘　静）

铁路交通运输

【金千铁路建德段】金（华）千（岛湖南）铁路支线建德境内 K45+800（与兰溪市分界）—K78-500（与淳安县分界），全长 32.7 千米，分别设有排塘、寿昌、新安江南、新安江、朱家埠、千岛湖南 6 个车站，均属中间站，新安江南、朱家埠、千岛湖南站为货运站，排塘、寿昌、新安江站为非营业站，新安江南站核定为三等站，其他站均为四等站。各车站设有货运列车股道 2~4 条，受理全国各货运营业站货物到发业务，其中新安江南站设有龙门品 3 台，办理罐车（化工原材料及燃油）接卸业务专用线 2 条（未启用）。各车站货物运输业由金华货运中心新安江经营部承担务。

2021 年，坚持开展安全生产，深入专项整治活动，优化运输组织，持续推进货运增量行动，全年 3 个货运站货物到发量共计为 321.3 万吨、运输收入共计 2.36 亿元。（叶　芳）

【杭黄高铁建德站】2021年,杭黄高铁建德站旅客发送量71.26万人次,日均发客量1952人次,分别比上年增加19.1%、42.6%;。旅客到站量69.31万人次,日均到站旅客1899人次。 (叶定生)

【杭衢铁路建德境内段建设】杭衢铁路建德境内段正线长49.94千米(途经航头镇、寿昌镇、更楼街道、新安江街道、洋溪街道、下涯镇、杨村桥镇等7个乡镇街道),新建客站1个——建德南站。设计时速350千米/小时。2019年3月28日,在衢州市举行开工仪式,2020年建德段开始施工。2021年全线130.774千米(含建德段)全面开工建设。预计2023年底投入运营。

杭衢铁路建德境内共有隧道36座,共26.2千米,桥梁61座,共20.11千米。至2021年底,桥梁工程完成48%、隧道工程完成65%。

建德南站位于新安江街道新蓬村与更楼街道湖岑畈村交界,总建筑面积6000平方米,车场规模为2台6线,设置450米×12米×1.25米岛式站台2座,站内设置候车大厅、商务候车、旅客服务中心、售票办公等设施。

杭衢铁路(杭黄高铁建德站至江山站)项目是长三角城际快速交通网重要组成部分,承担沿线城际客流和分流沪昆通道杭州以远及衢州以远旅客交流,同时承担九江—景德镇—衢州铁路和杭黄铁路之间联络线功能。可缓解沪昆铁路衢州至杭州段运输压力,完善长三角城际铁路路网布局、增强路网灵活性。

【金建铁路建德境内段建设】金黄铁路金华至建德段(金建铁路)总投资约116亿元,南起金华市,北至建德市杭黄铁路建德站,途经金华市婺城区、兰溪市、建德市,线路南接沪昆客专金华站,北接杭黄高铁建德站。正线全长65.055千米,其中建德市境内30.854千米。设计时速250千米/小时,与杭黄铁路一致。全线共分布车站4处,其中新建2处,分别为兰溪东站及建德东站(大洋)。2021年3月建德段全线开工建设,预计2024年底建成通车,建德至兰溪缩短至15分钟,至金华缩短至25分钟。

金建铁路是国家快速铁路网中“黄山至金华”铁路通道组成部分,连接金丽温铁路与杭长、杭黄、京福等多条客运专线铁路,主要承担金、温、丽、台地区与中部腹地以及北部地区旅客交流,形成便捷客运通道及沟通东北、华北及西北地区快速客运辅助通道。金华、丽水、温州等地市民不用再绕道杭州,只需1个多小时便可直达黄山。

金建铁路建德段设工程隧道20.5座(毕家隧道进口有近300米在兰溪境内),总长度19千米有余,另有中桥、大桥、特大桥共28座,总长约10.94千米。2021年底,全线征地拆迁基本完成,金建项目部进驻建德,开展临时用地选址工作。

(刘 寅)

航空交通运输

【建德千岛湖通用机场改扩建项目完工】建德千岛湖通用机场改扩建项目总投资4.6亿元,主要建设内容:跑道从800米延伸至1200米;新建停机坪2万平方米,机场连接大道长度1.45千米、宽度50米;新建航站楼、候机楼、塔台等6000平方米;新建机库等配套设施2万平方米,可为游客出行提供便利。至2021年末,该小镇新建航站楼、塔台等47个,配备10大功能区域,拥有高度2700米以下5700平方千米固定低空飞行空域,在华东地区属最大,成为浙江省唯一拥有1200米跑道且配套齐全、功能完善的通用机场。同时该小镇积极推进国家级航空应急救援体系、低空飞行服务体系等试点建设。

【首次以数字化手段实施航空器起降远程指挥】9月30日,远程塔台技术首次应用于海岛航空器起降指挥,建德航空小镇省低空飞行服务中心完成对400千米外舟山嵊泗岛直升机场航空器起降远程指挥,浙江省以数字化手段解决海岛及偏远地区机场管制指挥难问题取得重大进展。12月7日,浙江省低空飞服中心完成对150千米外浙江大学第二附属医院滨江院区直升机起降点的航空器起降远程指挥。该技术除应用于海岛及偏远地

◎ 航空小镇通用机场主楼

区机场的管制指挥外，还可服务于航空应急救援、医疗救援等公共领域，远程塔台应用将为浙江海洋经济和航空应急救援的发展提供巨大助力。

【通航机场与甬温运输机场短途运输航线开通】12月15日，开通建德千岛湖通用机场飞往温州、宁波航线，首次实现浙江省内通用机场与“千万级”运输机场之间的通航短途运输飞行，浙江省“干支通”结合的低空航线网络形成。建德至温州短途航线为1小时15分钟(地面交通需4~5小时)，建德至宁波短途航线为50分钟(地面交通需4个多小时)，交通时间和距离大为缩短。至此，建德通用机场共开辟短途航线12条。与此同时，飞机途经七里扬帆、遂昌金矿、雁荡山等景区，旅游航线功能得以充分体现。 (童 燕)

责任编辑：吴树根

城市建设与管理

Urban Construction and Management

综 述

2021年，建德市全力推进“拥江发展”战略，全年完成拥江范围内绿道建设，建德境内拥江绿道实现全线贯通，新安绿道九景连珠段获评省级最美绿道；完善城乡建设各类详细规划，大洋、乾潭创成省级美丽城镇样板镇，大慈岩、大同、三都创成杭州市级样板镇。建德市获得全国农村人居环境整治成效明显激励县、“全球绿色城市”称号，获评2021年度全省深化“千万工程”建设新时代美丽乡村(农村人居环境提升)工作优秀县市。

完善供水、供电、供气以及排污管网等城市基础设施，深入推进“垃圾分类处理”，高标准建设“宜居城市”，巩固全国文明城市建设成果。

深化住房制度改革，完善城乡居民住房保障。全力保障建筑业、房地产业健康稳定发展，确保实现全市建筑业产值、税收以及房地产投资三项全面增长，为疫情期间全市经济增长做出重要贡献。

12月，根据省、杭州市统一部署，推进“大综合一体化”行政执法改革，成立建德市综合行政执法局，统一协调城市管理各类行政执法，原建德市城市管理局(建德市综合行政执法局)城市管理职能纳入新机构。

城市建设

【概况】2021年，建德市围绕“宜居建德、品质城市”建设目标，不断完善和落实各类城乡建设项目，严格执行“三改一拆”有关政策，如期完成上级部署任务目标。同时，加强城乡各类配套基础设施管理，保障生产、生活安全。

至2021年末城区建成区面积达10.60平方千米，城区道路长度138.92千米。建成区绿化覆盖率45.75%，比上年提高0.84个百分点。城区园林绿地面积486.23公顷，比上年增长2.1%；公共绿地面积251公顷，比上年增长4.2%；公园数17个，公园面积215.99公顷，增长8.3%。人均公园绿地面积17.85平方米，比上年提高11.8%。城市污水集中处理率97.1%，比上年提高0.23个百分点。

◎ 改造后的新林路小区

【“拥江发展”建设】2021年，围绕“拥江发展”规划，继续推进全市美丽城镇建设。重点开展梅城古镇—桐庐严子陵景区统一品牌建设、新昌路至古城山历史文化街区改造提升工程开工、美丽城镇建设、绿道建设、水环境治理、无障碍环境建设、亚运会宣传等七大板块。全年完成“拥江发展”范围内绿道建设9条，共60.6千米。完成辖区内3901处无障碍问题点位提升改造，6家信息交流无障碍示范点完成信息交流无障碍建设。乾潭镇、大洋镇、三都镇、大慈岩接受省级样板考核验收，大同、杨村桥、洋溪、李家、航头、钦堂接受杭州市初验，其中大洋、乾潭创成省级美丽城镇样板镇，大慈岩、大同、三都创成杭州市级样板镇。

【“三改一拆”工作】全年拆除违法建筑20.56万平方米，超额37.1%完成杭州市年度任务，拆后利用率68.7%。实施旧住宅区改造13.01万平方米，超额44.6%完成杭州市年度任务。省、杭州市下发交办建德市1002个“四边三化”问题点位全部完成整改。

【市政设施维修管理】全年完成绿化苗木补植48000平方米，城区绿地养护100万余平方米，清理绿地垃圾2500平方米，城区草花换植160万余株。修复、更换路灯1279只，城市路灯亮灯率达到99%以上。完成主城区“零直排区”创建工作，涉及2号、3号排口上游47个区块雨污管网实现全面升级改造。

（陈卫东）

供水 排水

【概况】2021年，杭州建德自来水有限公司取水量（地表淡水）4743万立方米，供水量4670万立方米，最高日供水量达到14.43万吨。其中主城区供水总量1978.51万立方米（其中生活用水1024万立方米）。年售水总量4091万吨，实现售水工业总产值（当年价格）6910万元，销售产值（当年价格）6052万元。

全年县级集中式新安江水厂水源地和备用白岭坑水库水源地水质达标率100%，18个200吨以上农村饮用水水源地水质达标率99.6%。

【供水系统扩容提标】3月，西线供水一期工程（新

表13 **杭州建德自来水有限公司城市供水到户价格表**

单位：元/立方米

用水类别			供水价格	污水处理费				到户价格			
				新安江	寿昌	梅城	乾潭	新安江	寿昌	梅城	乾潭
居民生活用水	户年用水量（立方米）	0~300（含）	1.22	0.95	0.4	0.4	0.4	2.17	1.62	1.62	1.62
		300~420（含）	1.83	0.95	0.4	0.4	0.4	2.78	2.23	2.23	2.23
		420以上	3.66	0.95	0.4	0.4	0.4	4.61	4.06	4.06	4.06
	非“一户一表”抄表到户的居民用户、居民合表用户和执行居民生活用水价格的非居民用户		1.25	0.40/0.95	0.40	0.40	0.40	1.65/2.20	1.65	1.65	1.65
非居民生活用水①	原非经营性用水		2.00	1.5	—	0.40	1.50	3.50	2.00	2.40	3.50
	原经营性用水		2.00	1.60	—	0.50	1.60	3.60	2.00	2.50	3.60
特种行业用水			3.50	2.00	—	0.50	2.00	5.50	3.50	4.00	5.50

说明：①非居民生活用水自来水水价执行建价〔2017〕17号文，污水处理费执行建价〔2011〕21号文。

安江第二自来水厂二期扩建工程）建成投入试运行，扩建后第二自来水厂供水规模由6万吨/日跃升至12万吨/日。12月，朱家埠取水泵站完成扩容改造投入运行，实现“单一管道输水管”扩增为“双管路输水”，供电保障由“双电源单回路”升级为“双电源双回路”保障，日取水规模由14万吨增加至20万吨。

8月，启动新安江第二自来水厂农村规范化水厂评选工作，在原有基础上对各项安全、应急预案制度，设备检查表，水源地保护、水质记录台账进行全面梳理，实现在供水范围内农村自来水与新安江城区“同质同源”用水管理目标，11月，获评“浙江省农村供水规范化水厂”称号。同时，完成大洋镇刘坞水厂提标改造工程和大洋镇供水管道联通工程，将大洋镇纳入统一供水范围，新增受益人口3万人。

【新安江至梅城主供水管网工程】2021年，实施完成建德市政府重点项目和民生重点工程——新安江至梅城主供水管网工程项目。该项目包括：新建杭新景高速新安江大桥东至城东污水处理厂DN800主供水管约5.7千米、新建608县道杨村桥至梅城黄栗坪大桥DN600主供水管网约7.5千米、对现状东线泵站进行扩容改造；新建新安江第二水厂至杭新景高速新安江大桥东侧DN1000主供水管、新建城东污水处理厂至东线泵站DN800主供水管、新建东线泵站至钟潭路口DN600主供水管。高铁新区、下涯、杨村桥、乾潭、梅城、三都镇和钦堂乡区域近远期发展用水需求得以满足。

【西线供水二期工程】西线供水二期工程系建德市重点项目，建设期限为2021年至2025年。主要建设内容为新建新安江第二自来水厂至寿昌、航头、大同、李家、大慈岩约70千米供水管网；新建5座加压泵站及高位水池；实施南线泵站清水池扩建；7座乡镇水厂提升改造；供水管网GIS系统建设等。至2021年末，按计划启动工程前期各项工作。

【千岛湖及新安江流域水资源与生态环境保护项目】“千岛湖及新安江流域水资源与生态环境保护”项目为浙江省重点项目。项目下分市政、水利、农业、林业四个子项。其中，市政子项计划建设工期为2018—2023年，建设内容主要为大同镇桥梁改造工程、航头镇湿地工程、森林消防应急通道、航头镇森林消防通道工程。水利子项计划建设工期为2018—2022年，建设内容主要为大同镇大同溪、镇源溪、清潭溪、冯家溪综合治理工程；航头镇航川段、乌龙溪、石木岭溪综合治理工程以及寿昌江流域监测系统。农业子项计划建设工期为2018—2023年，建设内容主要为养殖业污染防治工程、生态沟渠建设工程、种植业面源污染治理工程以及监测体系建设、农技推广人员队伍建设、技术培训。林业子项计划建设工期为2019—2023年，建设内容主要为大同镇、寿昌镇、航头镇、寿昌林场、新安江林场绿化造林和林相改造工程；森林健康管理以及监测体系建设、技术培训。

该项目作为浙江省实施的首个多学科、跨专业的综合治理项目，自2016年5月启动项目前期工作以来，经省、杭州市及本市三级共同努力，相继通过世行预鉴别、准备、预评估和评估程序，已进入全面建设实施阶段。至2021年底，项目完成75%。

【污水处理】2021年，杭州建德污水处理有限公司完成污水处理量1728万吨，日均处理量4.73万吨，运行负荷率为96.6%，出水水质100%达标排放。按照“安全生产二级标准化”要求，认真落实二级安标创建工作，两次邀请专家进行现场指导，梳理整改台账问题79项、安全隐患47项、设备问题28项。8月，通过二级安全标准化创建评审。

【主城区污水“零直排”建设】根据《浙江省“污水零直排区”建设行动方案》，4—12月，实施建德市主城区污水管网提升工程，对主城区2号、3号排口范围的雨污管网全面升级改造。范围东起健康北路程周坞，西至新安路、环城北路交叉口，南至江滨路，共涉及健安社区、新安社区、府东社区、府西社区、沧滩社区、罗桐社区等6家社区。该项目通过立管改造、混接管道改造、管道修复等措施，治理污染源头，从根源上解决雨污合流情况，减少排入新安江污染物，改善水环境质量。该项目实施完成，直接助力建德市“五水共治”工作夺得“大禹鼎”银鼎荣誉，助力建德市取得2021年度“五水共治”考核排名杭州市第一的优秀成绩。

（童　玲）

供电　供气

【概况】2021年，原“国网浙江建德市供电有限公司”更名为“国网浙江省电力有限公司建德市供电公司”。公司本部设有职能部室9个、业务支撑和实施机构3个，下辖更楼、洋溪、梅城、乾潭、寿昌、大同6家供电所和三都、大洋2家供电服务站，年末有全口径用工1326人，供电客户数约26万户。全年完成固定资产投资1.92亿元，资产总额15.81亿元。

全年建德电网全社会用电量42.66亿千瓦时，比上年增长10.7%。其中：第一产业用电量0.39亿千瓦时，增长48.3%；第二产业用电量32.83亿千瓦时，增长9.6%；第三产业用电量49.8亿千瓦时，增长22.7%；城乡居民生活用电量4.47亿千瓦时，增长4.92%。全社会最高负荷创下70.86万千瓦历史新高，比上年增长12.7%。全年投产10千伏及以上线路157.5千米。

继续完善管道天然气网络建设，实施旧管道改造，加强入户管道和供气表(箱)安全管理，改善城乡居民生活便利度，全年全市未发生工业、民用管道天然气安全生产和使用事故。

【电力生产】完成220千伏万松变等10座变电站综合检修、220千伏新杭线等13条，杭衢铁路线路迁改共1161项主配网作业。基本实现全域取消计划停电，完成带电作业1700次，户均停电时间首次缩短至1小时内。供电安全得到保障，周密部署迎峰度夏、抗台抢险，圆满完成庆祝中国共产党成立100周年大会等重大保电任务。成功应对两轮长时间缺电考验，最高压降负荷10.1万千瓦(占总负荷的28%)。开展“大慈岩火灾危及500千伏线路保供”陆空综合应急演练，提高涉电重大突发事件应对能力。

【电网发展】坚持源网荷储协同发展，高标准编制建德市“十四五”电网发展规划及能源互联网、配电网、光伏发展等专项规划。争取促成110千伏洋安变列入省电力公司“十四五”规划，助力建德城市东向发展。建成投运110千伏杨村桥输变电工程，新增变电容量10万千伏安，扩建投产110千伏中策等5个间隔。500千伏建德变取得核准，土方进场开工，110千伏大洋变现场具备开工条件。电网发展深入转型，高弹电网建设初具规模，完成77户秒级负控设备安装，签约负荷8.29万千瓦，占最大可调节负荷的46.6%。深入实施光伏倍增计划，新装光伏项目8个，储备容量19.75兆瓦。建成建德市智慧能源平台，完成169户企事业单位用能数据接入，助力能耗双控加快向碳排放双控转变。

【优化用电环境】2021年，国网建德市供电公司再次提升低压接入容量至200千伏安，实现小微企业接入“零投资”。推动延伸投资政策实质化落地，全年减轻企业负担1022万元。修订公司供电服务考核实施方案，提级管控敏感意见工单，万户工单数保持杭州地区最低。建立重大项目专员服务机制，保障南方水泥产业园、农夫山泉等10个市重点项目按期投运。以电力先行，促进乡村振兴。新建10千伏线路27条(151千米)、公变142台，10千伏线路联络率达100%，N-1通过率首次超过90%、绝缘化率接近70%。洋溪、寿昌、乾潭开展数智型“六好”供电所创建，建成1家A级、17家B级电力驿站，电力业务实现市域三级便民服务中心全覆盖，打造乡村供电服务“零距离”。

【电力企业经营】调整生产机构，实现专业化管理，建成省内首个县公司220千伏变电实训基地。投运35千伏湖塘变，增量配电市场改革进入实质化运作阶段。落实电力市场化改革举措，逐户上门、详细告知涉及市场化交易用户，完成2470户工商业用户代理购电及民生用电兜底。新研发全国首个高压“不停电无损计量装置”,取得4项发明专利,每年降损135万元。同期线损管理持续保持省内领先,11次入选国网公司“百强县”,2次排名全省第一。深化法治企业建设,首次获得浙江省“守合同重信用”AAA级企业,企业经营法治工作亮点入选国网公司专刊。 (王 英)

【供气】全年对燃气经营企业、供应点开展日常监督检查717站次,排除问题和隐患85处。高压管线S18-2(安仁至乾潭段)贯通。2021年末全市建成高压管15.3千米,中压管227.26千米,低压管278.63千米。全市天然气供气52125户,比上年末增加0.51万户,供气5948.97万立方米。

(陈卫东)

建筑业和房地产管理服务

【概况】2021年,建德市建筑业和房地产业,克服疫情防控期间各种不利因素影响,精密组织生产,加大投资,强化和改善服务,在推动全市经济恢复中发挥重要作用。全年实现建筑业国内产值65.43亿元,比上年增长20.5%;建筑业税收5.28亿元,增长22.0%。完成房地产投资37.15亿元,增长7.1%,增速位列杭州地区第八。受疫情防控影响,全年商品房预售批准面积、新建商品房成交面积均有较大幅度减少。

【建筑业管理】2021年,全市新增一级建筑企业1家,全年兑现奖励金额757万元。全年核发施工许可证137份,建筑面积276万平方米,比上年减少14.0%,施工合同金额为49亿元,减少20.0%。开展工地质量安全检查483次,检查工地1992个次,排除隐患4576处,进行简易处罚85起,一般行政处罚16起,对12家企业进行信用扣分处罚。浙江空港培训服务咨询有限公司航空产学研基地、建德市农村信用合作联社新建综合大楼工程2个项目获得浙江省“钱江杯”,浙江空港培训服务咨询有限公司航空产学研基地 、建德农商银行后勤保障中心大楼、明珠幼儿园建设工程3个项目获杭州市“西湖杯”,乾潭镇集镇棚户区改造安置房工程、杭州华恩卫生科技有限公司厂区改扩建工程、府前路区块旧城改造项目等10个项目获杭州市标准化样板工地,明镜小学改扩建工程、航空小镇寿昌区块安置房建设工程、新建年产2.5亿支螺丝批项目等11个项目获建德市新安杯,下涯镇和美家园安置房(三期)建设项目、浙江致中和实业有限公司易地搬迁技改项目 (提取车间)、建德市新安江电焊条有限公司新建6号厂房等15个项目获建德市标准化样板工地。

【房地产业管理】2021年,全市在建在售楼盘24个,至年末交付7个。房地产投资37.15亿元,比上年增长7.1%,增速位列杭州地区第八。全年核发预售证54份,批准预售面积42.79万平方米,比上年减少16.6%;新建商品房成交面积45.56万平方米,减少17.1%,住宅销售均价12453.88元/平方米,比上年增长2.1%。

【招投标管理】推进建设工程招投标全流程电子化交易,建德市成为杭州首个采用“全流程电子化+远程异地评标”模式的区县市。全年共完成建设工程招投标项目共268个,其中,71个依法必须进行招标项目,通过杭州招标平台完成,总计造价21.53亿元,本地企业中标率为25%;197个小型工程建设项目,通过建德市公共资源交易中心平台完成,总计造价1.93亿元。

【村镇住房建筑管理】完成大慈岩里叶村、大同镇上马村石郭源自然村、寿昌镇乌石村等31个传统村落,梅城镇、寿昌镇2个历史文化名镇和大慈岩镇李村村、双泉村、三都镇乌祥村等6个历史文化名村村内历史建筑和传统建筑普查。实施并完成农村困难家庭危房改造77户。开展农村房屋安全隐患排查“回头看”,共计排查6485幢,“回头看”复核完成率100%。

【设计(消防)管理】全年受理消防设计审查项目158件,其中消防验收备案112件,消防设计审查24件,消防验收22件。对建德辖区内各乡镇街道工业企业绿色通道补办项目消防现场指导6件。完成既有住宅电梯加装73台。其中新安江主城区55台、乾潭镇18台，市级补助资金1460万元。

（陈卫东）

住房制度改革和住房保障

【概况】2021年，建德市继续推进住房制度改革，加快各类安置对象的回迁，提速公有住房出售流程，完善低收入家庭住房保障方式；对回乡就业大学生及时兑现住房补贴享受政策。同时，继续实施对主城区老旧建筑外立面及楼道设施改造，推进居民住宅区“美好家园”建设工程；开展危房、旧房的排查和治理，确保城乡居民住房安全。

【住房保障政策落实】2021年，全市公共租赁住房（廉租住房）在保家庭共121户，其中实物配租63户，租金补贴58户（新增28户）。11月，5户第十一批廉租住房实物配租符合保障条件家庭完成选房。全年通过“亲清在线”平台，累计发放回（到）建德就业的大学生租房补贴993万元。完成42户公有住房出售审批工作。

归档各类房改档案598件，受理房改档案查询工作并出具查询证明1062份。房改房维修基金使用审批93个单位7189户，维修面积2.29万平方米，使用维修基金利息53.97万元。核批住房补贴132户，补贴面积5120平方米，补贴金额108.9万元。

【小区住房改造和危旧房排查】完成新安江主城区4个小区5个点位（新电路、翠薇路、老无线电厂、少年宫1区、少年宫2区）改造，涉及1411户居民，82幢楼，改造建筑面积13.01万平方米，总投资4000万元。印象名都、山水华庭、一江春水、百合园、蓝天雅苑、江城嘉苑等6个小区被评为杭州市2021年“美好家园”住宅小区。完成308户回迁提速棚改安置。

全年排查11.89万处，评估、鉴定房屋4309处，治理C级和D级危房共120处。同时完成危旧房排查“回头看”，共计排查6485幢，其中自建房3137幢，非自建房3348幢，回头看复核完成率100%。完成29家企业（个人）非住宅征迁联审。

（陈卫东）

【不动产登记】开启不动产登记“分钟制”办理模式，实施线上预购商品房预告登记、个人抵押权登记、个人抵押权注销登记等业务，实现45分钟内办结，全年共办理3119件业务。8月12日，不动产登记中心向浙江建德农村商业银行股份有限公司梅城支行颁发全市首张不动产权电子证明，全年共发放抵押登记、预告登记电子证明累计7739本。10月8日，在全市范围开展农房发证“民呼我为、为民办证”专项行动，以每个村户籍清册和“一村一表”为基础，选取试点村进行农房发证进度调查，形成农房调查清册，并实现所有建制村全覆盖，全年共发证8373户。出台《建德市人民政府关于公布建德市划拨土地住宅用房补办出让手续补交出让金标准的通知》，不动产登记中心与税务窗口、中国银行建德支行组建“出让金补交专窗”。通过延时服务、上门服务等方式，全年共完成房改房转出让登记542件、安置房转出让登记3335件。通过分期办、容缺办、上门办等方式，办理建德林溪郡一期587户商品房首次登记。为行动不便病患或高龄群体推出预约上门服务，全年共上门服务27次。通过“远程视频询问”方式，开展了4次跨区域、跨国业务办理。全年共计办理不动产登记事项61211件，其中不动产登记业务53368件，不动产登记信息查询7843件；“网上办”“掌上办”共计34149件。

（胡晓坤）

住房公积金管理

【概况】2021年底，杭州住房公积金管理中心建德分中心（以下简称建德分中心）资产总额28.88亿元，负债总额27.43亿元，净资产总额1.45亿元。

分中心积极推动建德市政府将住房公积金列入劳动合同、集体劳动合同及劳动工资集体协商范畴，扩大制度覆盖面。全年新增建制单位326

家，新增建制职工1.13万人，为年计划2.8倍；全市公积金建缴与社保匹配度50.4%，高于杭州地区28.4%平均水平。实缴职工人数4.62万人，比上年增加0.2万人，增长4.8%。全年归集11.1亿元，增长12.5%。全年提取9.08亿元，增长0.3%。历年累计提取住房公积金69.63亿元。

全年发放贷款812户，发放贷款额3.84亿元，分别比上年减少21.8%、25.6%。历年累计发放贷款63.71亿元。2021年末贷款余额31.38亿元，存量公转商后贷款余额27.09亿元，比上年增长1.2%。

全年住房公积金逾期贷款1.32万元，逾期率为0.0049‰，远低于省公积金监管办和杭州住房公积金管理中心逾期率控制指标。

个人住房公积金贷款比率119.1%，比上年降低2.2%。历年累计放贷2.1万户。2021年末存量贷款0.91万户。全年住房公积金增值收益2654.32万元，收益比上年降低10.0%。上缴建德市财政2021年度城市廉租住房建设补充资金1825万元，累计上缴市财政廉租住房补充资金1.84亿元。

【落实公积金贷款新政策】立足“房住不炒”定位，公积金贷款政策进一步向购买首套住房和无房刚需群体倾斜。首次公积金贷款申请占比68.4%，购买中小户型住房人群贷款占比95.5%。完善政策、扩大制度普惠性，及时调整二手房贷款指导价格，实行差别化贷款政策。全面贯彻落实浙建金监〔2020〕56号文件精神，实施省内购房提取“全省通办”、既有住宅加装电梯提取、支持老旧小区改造、提高租赁提取限额等政策。

【完善窗口服务】创新留单业务办理机制，避免客户“折返跑”。对因地域或时间期限无法当场办理业务，或线上操作存在困难的客户，只需签署业务办理授权书并提交服务事项所需相关材料供工作人员现场扫描存档后即可离开。业务办结后，工作人员会第一时间电话告知，避免客户“异地跑”“折返跑”。建立大厅人员预审机制，提前审核客户材料，对符合掌上办理条件客户进行一对一指导，即办即走减少客户等待时间。实施全体干部轮班轮岗制度，组建周末志愿服务队开展周末无休志愿服务。通过开展周末延时服务和线上操作指导，公积金工作事项实现“7×24小时”全天候“不打烊”服务。全年窗口办理留单业务1500余笔，开展周末服务1000余人次、受理办件超700笔。预审材料8000余人次，指导客户数字化办结业务3000余人次，提取业务网上办理占比96.5%。

（潘　迎）

市容管理

【概况】2021年，建德市城市管理局以“增强城市管理功能，提高城市治理能力”为目标，开展环境攻坚，推进城市管理工作提档升级、提质增效，推动全面“宜居建德”建设。

全年共办理各类案件2.71万件，其中一般程序案件2582件，罚款994.38万元；违停车辆抄告2.09万辆，受理各类举报投诉2029件；数字城管立案交办问题11.78万件，问题及时解决率96.9%，最终解决率100%；办理各类行政审批事项4427件，办结率100%；办理“两代表一委员”提案建议26件，其中主办11件。

按照浙江省、杭州市推进“大综合一体化”行政执法改革部署，建德市城市管理局（建德市综合行政执法局）更名为建德市综合行政执法局，增挂建德市城市管理局、建德市综合行政执法指导办公室牌子（协调、指导除公安条块以外涉及城市管理所有行政执法工作），仍作为市政府工作部门。12月27日，举行建德市综合行政执法指导办公室挂牌仪式，建德市综合行政执法局开始运行。

【开展全域美丽环境整治大比拼活动】以全域美丽环境整治大比拼为载体，常态长效推进城乡环境综合治理，高标准打造美丽宜居新建德，共完成50条国、省、县道的全覆盖清洁，92条主次干道的路面设施清洗，147个居民小区的环境清理，17325个乡村庭院的整理提升。在“美丽杭州”创建暨“‘迎亚运’城市环境大整治、城市面貌大提升”专项比拼行动中，建德市先后13次位居区(县、市)同组周排名首位，荣获2021年杭州市环境大整治“环境优秀奖”(第一名)。创新推行“三位一体”联动闭环管理模式，推进全域美丽环境整治大比拼工作，得到杭州市政府副市长缪承潮的批示肯定，并在杭州市环境整治培训会上作交流发言。建德市城市管理局被杭州市委、市政府授予集体三等功。

【实施“17清”废装修(大件)垃圾不落地双循环智治项目】针对装修（大件）垃圾“无处投”“随处堆”，社会车辆“无序收”“乱偷倒”，资源化处置“无力接”“处置弱”等问题，创新实施装修(大件)垃圾处理投放、收集、转运、处理内循环和跨部门联动监管、协同处置外循环体系的“17清废”装修(大件)垃圾不落地双循环智慧治理项目，实施过程化市场服务、立体化监管运用、集约化多元处置，疏堵结合，提高城乡环境治理水平。9月，“建德垃圾管家”(居民端)上线，打造智能收费方式，开辟“定时定点投递+预约到点收运”和“实时称重+计量收费”多元化便民服务模式。首创国内智慧称重系统，实现投放装修垃圾准确称重、计量分析、数据传输与付费报单，该做法获副省长高兴夫批示肯定，并入选浙江省行政执法改革工作“监管一件事”优秀案例。

【推进“先离场后付费”全覆盖工作】2021年，全市28个收费停车场6757个停车泊位，17条道路778个停车泊位均完成“先离场后付费”平台数据接入工作，开通率100%；实际功能可用率100%，实际使用率45.8%。同时，在大润发超市停车场、盛德国际广场停车场等6家车流量较大场库，增设ETC设备并接入城市大脑，扩大“先离场后付费”使用范围和使用率，缓解场库停车难问题。

【工程渣土“三严”整治行动】2021年，建德市成立工程渣土治理工作专班，统筹推进全市工程渣土“三严”(严查、严管、严罚)专项整治行动。制定工程渣土专项整治方案，规范工程渣土运输企业分级管理和市场准入，强化多渠道督管，规范全链条管理，充分利用“智治网”大数据平台，全面升级渣土管控。全年对全市51家工程渣土运输企业、2835辆次工程渣土运输车辆实施车容车貌准入检查。查处渣土相关违法行为394件，处罚金额210余万元，其中涉及渣土运输企业及车辆264件、建筑工地24件、渣土非法入境倾倒和夜间非法运输等行为73件。

◎ 市容严管街——主城区新安东路

【生活垃圾分类工作】2021年，建德市根据省、杭州市要求，构建“全方位覆盖、全时段发力、全链条监管”垃圾分类闭环治理体系3.0升级版，推进垃圾分类工作。全年全市累计处置生活垃圾10.45万吨，比上年减少0.8%，以生活垃圾分类覆盖率、资源化利用率、无害化处理率三项100%，实现生活垃圾“零增长、零填埋”成果持续巩固。新创省级高标准分类示范村2个、省级高标准分类示范小区15个，新创省级示范预备村43个、省级示范预备小区36个。继2020年之后，建德市再次获评“2021年度浙江省农村生活垃圾分类处理工作优胜县(市、区)”称号。同时，获得“2021年度浙江省生活垃圾分类工作优秀县(市、区)”称号。建德市城市管理局党组书记、局长沈小来被评为2021年度浙江省生活垃圾分类工作成绩突出个人。

【打造高标准保洁区域】选择新安路、新安东路、严州大道、紫薯绿道(建德大桥—白沙大桥)、新安江广场作为高标准保洁(道路)区域标准。保洁模式“人工+机械”，在增加人力保洁基础上，新投入使用新能源扫路车、道路养护车、电动快速保洁垃圾清运车、智能磨地机等多种智能设备，以2辆雾炮车增加道路洒水和抑制道路路面扬尘。作业时间“白天+夜间”，采取“夜间大面积冲洗、白天精细化保洁”保洁模式，配齐精细化保洁、深度保洁使用工具，改变“一把扫帚扫到底”传统作业模式，加强剖面深度保洁和纵深保洁。在夜间人少车稀时间段，着重开展大面积机械冲洗、顽固性污渍洗刷，增强“高标准保洁”区域创建工作实效。全年共清洗垃圾桶6.95万只、果壳箱4.74万只、城市家具3.83万处、隔离护栏685.23千米、道路积泥350余处，清理“牛皮癣”、小广告2.3万处；清运装修垃圾4978车，约2.25万吨；清理卫生死角143车，约477.5吨；清理化粪池251只，疏通窨井1264只，管道6.58千米；打捞江面和沿江垃圾135吨，清理江堤杂草25吨。

【广告安全整治】全年多次组织对新安江主城区户外高空广告安全隐患排查，共拆除相关高空广告105处，总计2325平方米，高空广告风险问题实现销号“清零”。强化广告业主安全监管责任，录入广告本底台账4486家；签订户外广告安全承诺书3071份；拆除城区各类交通护栏广告1021处，面积2288.9平方米。

◎ 8月，市医保局开展慰问环卫工人活动

【环卫工人表彰】10月25日，建德市召开庆祝浙江省第二十五个环卫工人节暨表彰大会。赵志荣、何瑞洪、汪华瑛等市领导，及市总工会、市住建局等部门单位和16个乡镇(街道)分管领导、相关负责人及80名先进个人出席表彰大会。董宏江被评为2021年度浙江省城市市容环境卫生工作成绩突出个人，建德市市容环卫保障中心环卫110小分队被评为2021年度杭州市市容环卫先进作业集体，胡资萍、王建华、来刚、蒋智仙被评为2021年度杭州市优秀城市美容师，施俊、董凌蓉被评为2021年度杭州市优秀环卫工作者。同时，表彰莫及于、黄德敏等10人为建德市“十佳城市美容师”，汪法珍、郑爱娟等30人为建德市“优秀城市美容师”，施冬兰、王雪娟等23人为建德市“优秀村庄美容师”，许万梅、周秀珍等17人为建德市“优秀垃圾分类督导员”。会上举行“建德市关爱一线环卫工人专项救助基金”揭牌。同时对建德市汇金大酒店、农夫山泉(建德)新安江饮用水有限公司建德分公司、杭州怡生堂大药房连锁有限公司、浙江建德农村商业银行股份有限公司等四家“爱心企业”进行表彰。

(方银海)

责任编辑：吴树根

生态环保和自然资源

Ecological and Environmental Protection and Natural Resources

生态建设

【概况】2021年,建德市深入实施“生态立市”重大战略,编制完成《建德市生态环境保护“十四五”规划》《建德市水生态环境保护“十四五”规划》和《建德市工业固体废物污染防治工作“十四五”规划》,以“碳达峰”和“碳中和”愿景为引领,深入污染治理,实施生态修复,保障环境安全和改善环境质量,生态环境保护主动融入经济社会发展全过程。生态优势持续呈现,全国首个气候宜居城市“品牌效应”不断扩大。

【生态文明示范市创建】2021年,建德市全面启动国家生态文明建设示范市(县)创建工作,围绕“生态立市”发展战略,建立健全创建体制机制,完成《国家生态文明建设示范市(县)规划》修编工作。对照国家生态文明建设示范市35项创建指标,形成建德市生态文明示范市建设的总体目标和重点任务。组织创建指标培训,开展疑难和新增指标分析研判,并将各指标、任务落实到相关责任单位。组织编制《建德市创建国家生态文明建设示范市评选材料》,积极开展国家级生态文明建设示范市(县)申报工作。

同时,创新开展有机食品生产赋能生态环境保护及“两山”转化探索实践,7月13日,举办全国有机示范村建设现场研讨会,并启动大同镇、三都镇圣江村、下涯镇之江村、钦堂乡葛塘村全国首批有机食品生产与农村生态环境试点建设。至年底,共创建浙江久晟油茶科技股份有限公司、建德市天羽茶业有限公司等8家国家级有机食品生产基地。全力做好长江经济带大保护和“绿盾2021”自然保护地强化监督工作,完成生态环境损害赔偿案例磋商2起(新安江街道依灵建筑设备租赁行环境损害赔偿案和俞海波、夏永辉非法狩猎赔偿案)。

【“无废城市”创建】2021年,建德市制定“7+17”建德特色“无废城市细胞”(指社会生活中“无废城市”建设涉及的各个组成单元,包括机关、企事业

◎“无废工厂”示范点——农夫山泉股份有限公司

单位、饭店、商场、集贸市场、社区和乡镇等)建设工作,提标扩面推广“无废”理念,完成五大类42项指标、4张清单任务建设,完成500余个“无废城市细胞”创建。

【大气污染防治】2021年,建德分局制定《建德市环境空气质量精细化管控方案》和考核细则,重塑工作流程机制,压实部门乡镇责任,强化扬尘、秸秆焚烧等巡查督查,全年交办并处置问题5974个;强化服务,积极争取国家和省、杭州市资金3288万元支持项目建设,推进水泥行业完成超低排放改造;完成杭州龙驹合成材料有限公司、建德建业资源再生技术有限公司等20家挥发性有机物治理任务;制定出台全域国Ⅲ及以下柴油车限行政策,强化对移动污染源管理;完成高新技术产业园有毒有害气体环境风险预警体系试点等全域监测感知数字化建设,安装挥发性有机物监测设备36套,实现全域高空瞭望全覆盖,建设高位监控47套。

【固体废物、土壤、辐射和噪声污染防治】落实土壤环境污染重点监管单位风险隐患排查、有毒有害物质排放报告、自行监测等制度,实现杭州杭新固体废物处置有限公司等24家重点单位全覆盖。严格执行收储前地块土壤污染状况调查及污染地块修复调查;提升危险废物监管水平,落实危险废物全过程管理,确保危险废物从产生到利用处置全程安全;同时,开展第二次全国污染源普查产污单位动态更新,“固废”信息网上监管984家。对化工电镀等行业、尾矿库等重点场所、危险废物集中利用处置单位和重点产生单位,开展多部门联合专项整治行动。强化放射源管理,制定辐射重点监管单位名录,完成辐射企业全面摸排,督促企事业单位完成年度辐射数据核查问题整改,整改问题80余个,整改率100%,全市所有辐射单位持证经营,实行持证上岗。开展中考、高考期间“绿色护考”专项行动,加强夜间施工管理,全年核发建筑施工夜间作业许可64件。

【生态文明宣传】2021年,围绕“6·5”世界环境日主题,结合生态文明示范市创建、“无废城市”创建、污染防治攻坚战等各项工作,在全市范围内开展广场联动咨询宣传、环保公众设施开放、环保业务专家讲座、社区宣传等活动50余场次,营造全市生态环境保护工作良好舆论氛围。开展“6·5”世界环境日暨全国生态文明示范市、“无废城市”创建攻坚启动、共同富裕“浙”样干、有机示范“建”未来、生物多样性保护、排污许可条例等10余个专项宣传。设立新闻专题专栏,开展环保公众设施开放周、企业讲座等活动,深入推进生态文明多绿系列创建工作。创建杭州市级绿色教育基地1个(三都镇春江源村),创建杭州市级绿色学校3所(安仁中心学校、寿昌第一小学、建德市实验幼儿园)。

【生物多样性保护】2021年,启动全市生物多样性基础信息调查,摸清家底,完善生物多样性数据库,开展水生生物多样性基础调查,推动生物多样性保护工作有序开展。全面开展重点流域水生态环境状况调查评估,推进重点区域河湖生态缓冲带划分及生态修复,提升水生态系统完整性和生态服务功能。

【水污染防治】强化饮用水水源地保护,开展集中式饮用水水源地环境保护隐患排查,完成遥感疑似问题销号,完成县级饮用水水源地有机物全指标分析和应急预案修编;完成新安江街道金山湾等29个居民生活小区污水“零直排区”建设,在乾潭工业园区黄立垟区块等5个工业集聚区实施高

◎ 莲花镇昂畈村5号农村生活污水治理示范点获评国家级典型案例

新技术产业园“污水零直排”标杆示范园区创建；开展国控断面走航监测，排查入河排污口，完成国控断面“一点一策”方案编制并落实相应整改要求；完成410个20吨以上农村生活污水处理设施标准化运行维护，新建乾潭镇沛市村8号、航头镇曹源村4号、莲花镇昴畈村5号等农村生活污水处理设施5个，提升改造设施30个，完成提升改造项目竣工验收300个；完成三都镇三江口村、乾潭镇下梓村、下涯镇施家村、航头镇石屏村、李家镇沙墩头村、钦堂乡葛塘村等农村生活污水“零直排”村建设6个。

【生态监测体系建设】2021年，建德分局建立健全生态监测体系，完善生态监测装备，运用卫星遥感监测、无人机巡查等手段，定期开展自然保护地内生态遥感监测，做好问题图斑核查与整改。

【建设生态数字化】2021年，依托省厅协同平台、杭州市生态智卫大场景以及一体化数据平台，建德分局迭代升级数字治气应用，强化全域感知体系建设。建成高空瞭望遥感监测系统41处、化工园区挥发性有机物在线监测等系统34个。结合行业整治，推进矿山、碳酸钙行业空气微站、工况监控建设，并与喷淋降尘设备联动，开展秋冬季激光雷达平扫、无人机巡航监测，不定期利用移动走航车开展重点区域巡航监测，提升污染溯源时效。

（叶黎青）

环境保护

【概况】2021年，建德市以打好污染防治攻坚战为重点，深入实施“生态立市”战略，抓好环保督察反馈问题整改，巩固生态建设成果，环境质量持续稳中向好。建德市入选2020年度农村人居环境整治成效明显的激励候选县、浙江省“无废城市”数字化县级改革试点，获“全球绿色城市”、浙江省“五水共治”工作先进集体称号，以及浙江省数字化改革最佳应用和改革突破奖银奖。

6月8日，中共杭州市机构编制委员会确定杭州市生态环境局建德市分局（以下简称建德分局）为杭州市生态环境局派出机构，机构级别为正科级，同时在该分局增挂建德市生态环境保护综合行政执法牌子，实行“局队合一”体制。

【环境监测】2021年，全市获取水、气、噪声等常规数据10万余个，区域大气环境数据管理应用系统数据55万余个，省控地表水交接断面监测系统数据5.2万余个，饮用水水源地水质监测系统数据3.2万余个。定期发布环境空气质量日报和预报365份，污染源及饮用水信息公开简报4期。完成主城区噪声自动站建设7个。

【环境质量】水环境：县级集中式新安江水厂水源地和备用白岭坑水库水源地水质达标率100%，18个200吨以上农村饮用水水源地水质达标率99.6%。全年跨行政区域河流交接断面水质考核优秀，7个县控以上地表水水质监测断面达标率100%，优于Ⅲ类比例100%，其中Ⅱ类水质断面占比85.7%，Ⅲ类水质断面占比14.3%。

大气环境：主城区环境空气质量达到国家环境空气质量二级标准，细颗粒物（PM2.5）浓度持续下降。全年环境空气质量指数（AQI）范围为18~142，年均值为54，空气质量优良天数为356天，优良率97.5%。二氧化硫（SO_2）、二氧化氮（NO_2）、细颗粒物（PM2.5）、可吸入颗粒物（PM10）四项主要污染物年均浓度分别为6、27、23、45微克/立方米，一氧化碳（CO）日均浓度第95百分位数1.1毫克/立方米，臭氧（O_3）日最大8小时平均浓度第90百分位数130微克/立方米。酸雨率13.6%，pH值范围为5.1~7.3，年均值为5.9，建德市域属于非酸雨区。全年主城区降尘量1.28吨/（平方千米·30天），比上年下降0.34吨/（平方千米·30天）。

声环境：全年主城区各类声环境功能区噪声均符合低于相应功能区标准要求，城市区域环境噪声昼间等效声级57.8分贝，比上年上升2.7分贝，城市道路交通噪声均值63.6分贝，比上年下降0.6分贝，以交通噪声和生活噪声为主。

【固体废物排放】2021年，全市城镇生活垃圾收集量12.26万吨，比上年减少1000吨，处置量12.26万吨。工业固体废物产生量34.38万吨，比上年减少6.84万吨。固废综合利用量34.08万吨(其中综合利用往年贮存量100吨)，贮存量300吨，处置量2900吨(其中处置往年贮存量100吨)。工业企业危险废物产生量4.14万吨，利用处置量4.18万吨（其中利用处置往年贮存量1400吨），贮存量1000吨。

【建设项目环评审批服务】2021年，建德分局结合“区域环评+环境标准”改革，推进航空小镇、钦堂小微园区等规划环评，实现项目审批与规划环评联动在省级以下工业园区的应用。全年完成建设项目环评审批125件，登记表网络备案82件，排污许可证审核发证216件，环境影响后评价备案1件，“零土地”技改项目审批3件，承诺备案项目11个。

【环境法治建设】全年查处立案环境违法案件54件，下达行政处罚决定54件，罚款508万元，其中移交公安行政拘留2人，刑事拘留2人。依申请公开政府信息件5件，完成环境重点管理单位环境责任保险签订11家。

全年开展联合执法行动16次，“零点行动”检查企业56家次，“双随机”抽查企业487家次，环境安全专项行动现场检查企业2842家次。开展排污许可证核发与质量检查，抽查填报质量154家，检查执行报告43家。

【涉环境信访和提议案】全年受理环境信访365件，办结率100%，回复率100%，满意率98%以上。办理各类环境提案议案16件，满意率100%。，其中第二轮中央生态环境保护督察交办信访件48件，办结率100%；实现省委生态环境保护专项督察工作重点办件、重大舆情、责任追究“三个零”，省委交办建德市信访件4件(仅占杭州市2.4%)，顺利通过省委督查。

【环境管理体系认证】全年完成杭州崇耀科技发展有限公司等17家企业清洁生产审核，完成建德市新安江气动元件有限公司等93家企业ISO14001环境体系认证、建德市大海厨房设备有限公司等3家企业环保产品认证、浙江普林艾尔电器工业有限公司等3家企业节能产品认证。

国土规划和自然资源管理

【概况】2021年，建德市共召开规划委员会专题会议12次，审议规划、方案等重大议题88个，同时根据分级管理机制，报审签一般类议题26个。继续实施全域土地综合整治工作，该项工作获评省政府激励事项，奖励新增建设用地指标6.67公顷；耕地保护、土地要素保障工作获评杭州市“优秀”，其中耕地保护目标考核居各区(县、市)首位。全市土地出让、指标调剂、矿业权出让三项基金收入实现80.25亿元，创历史新高。其中，土地出让收益达51.81亿元，其中工业用地出让81.87公顷，超额完成杭州市下达任务。全市入选省级全域土地综合整治试点项目10个，居全省前列，其中三都镇全域土地综合整治与生态修复工程入选省级精品工程，建德市代表杭州市在全省乡村全域土地综合整治现场会上作典型发言。

根据《杭州市历史文化名城保护规划》专题会议要求，开展全市域历史文化资源普查。经过对全市1007处全国第三次历史文化资源普查点、180处历史建筑、166处新增资源点逐一审核，11月，通过杭州市专班的成果验收。

【国土空间规划】2021年末，阶段性建德市国土空间规划包含五个方面：

战略定位，立足产业发展、城乡空间、交通网络，提出三大战略，在总规层面中落实“大杭州绿色增长极、钱塘江生态人文展示窗口、浙西综合交通枢纽”功能定位，构建“幸福美丽宜居江城”。

城镇发展格局，继续优化提升“一主两副两组团”(一主：中心城区；两副：梅城副城、寿昌副城；两组团：乾潭组团和大同组团）市域城镇空间格局，构建沿江城乡融合发展带，强化资源市域统筹，推动资源向城乡融合发展带配置。

◎ 钦堂乡全域土地综合整治项目

乡村单元划分：全市划分45个乡村单元，引导实现片区村庄资源共享、设施共建、功能互补，指导后续开展多规合一村庄规划编制。

专项设施空间规划布局，通过农业、林业、工业、交通等各相关部门开展27项专题研究和成果对接，基本形成市政、公用设施、防灾减灾、道路交通等空间布局。

“三线”(三类空间划定的生态保护红线、永久基本农田保护红线、城镇开发边界)划定，全市生态保护红线面积455.06平方千米(4.67万公顷)；根据二轮试划规则及杭州统筹要求，划定永久基本农田面积1.7万公顷，占“三调”稳定耕地的92.7%，占杭州市的17.1%；按照“划大边界，划精集建”，过渡期划定城镇开发边界10020公顷。第二轮“试划”划定城镇开发边界1万公顷，其中集建区8427公顷，集建区内占用稳定耕地806.67公顷；两大平台及中心城区集建区6213公顷，其中建德经济开发区2473公顷、高铁新区(高新园区)2653公顷、中心城区1087公顷，占全市集建区的73.7%。

【城区重点区块和专项规划编制】2021年，完成洋溪街道新城高速出口区块、桥南江村埠区块、洋溪街道洋安窑上16-15号地块、建德市汽车东站区块等城市重点区块“城市有机更新”规划研究编制，包括《建德市桥南—更楼区块城市设计》《建德市桥南单元控规》《建德市更楼单元控规》。同时，开展并完成《建德市更楼水产业单元》《建德市新安江流域（新安江水电站—七里扬帆）两岸风貌管控规划》《建德市岭后全域整治策划规划》《建德市消防专项规划(2021—2035)》《建德市寿昌镇西华(单元)村庄规划》等专项规划编制，其中《建德市寿昌镇西华(单元)村庄规划》入选2021年自然资源部国土空间规划优秀案例。

【工业用地“一地一码”数据库建设】完成全市工业用地“一地一码”数据库建设，城乡规划、建设用地规划融合数据、乡镇街道控规、两江一湖风景区规划和乡镇街道村庄行政区划界线等30个规划图层的更新与调整。完成三维规划辅助平台，导入建德洋安N-14-2-1、N-14-2-2地块、更楼G-7-1地块和江村埠地块等建设方案模型展示，实现规划编制成果与实际地形、现状环境有机融合。

【农转用报批】全年安排农转用（征收）项目105个、面积121.67公顷，其中新增用地103.6公顷，中心城区和两个平台新增面积85.33公顷，占比82.4%。对金建铁路和建德500千伏变电工程，单独选址。农民建房指标实行实报实销制，全年共报批164个地块、面积68.7公顷。

【地质灾害防治】完成1:50000地质灾害风险普查工作，根据普查结果核定，初步拟定191处风险防范区，其中重点防范区7处，次重点防范区7处，一般防范区177处。完成大慈岩镇1:2000地质灾害风险调查评价项目。完成15个专群结合监测试验点建设，至2021年底全市29处投入运行自动化监测点全部纳入省、杭州市地质灾害预警平台。完成“十四五”地质灾害防治规划编制并印发全市。完成全市农村切坡建房排查，排查158处欠稳定点，31处拟纳入地质灾害风险防范区管理。开展地质灾害和不稳定斜坡勘察设计3处、地质灾害工程治理和不稳定斜坡治理4处。完成避让搬迁4处,验收3处,投入资金607.36万元、消除地质灾害隐患6处,减少地质灾害威胁人数74人。

【矿政管理】有序推进“十四五”矿产规划修编,并按照“大型矿山比例占比由‘十三五’的55.56%升至81.82%”规划目标,严格落实“关小开大”,继续关停中小型矿山。根据省自然资源厅要求,申报“绿矿智用”中“码上申报”和“码上监管”应用场景,以建德海螺水泥有限公司为试点,实现“绿矿智治”多跨场景应用。严格按照矿业权管理规范要求,办理建德市安联矿业集团寺家蓬石灰岩矿等采矿权许可(缩小矿区范围)1件,建德海螺水泥有限公司洞山矿、建德市红狮水泥有限公司石灰岩矿等采矿权许可(延续)2件;办理建德市安联矿业集团寺家蓬石灰岩矿等矿业权抵押备案1件;办理建设项目压覆矿审核72件。9月,根据《浙江省自然资源厅关于开展历史遗留矿山核查工作的通知》要求,启动对部、省、杭州市下发的废弃矿点112个图斑和建德市新增若干图斑的核查工作,查明全市历史遗留废弃矿点分布、权属、损毁土地面积和存在的主要生态问题,为下一步矿山生态修复规划编制提供决策支撑。

【生态修复】制订《建德市耕地保护与监督创新管理行动实施方案》,选取三都镇、大洋镇试点应用“浙政钉”“耕地保护监督”,选取三都镇和村村建立耕地保护协会,充分发挥基层群众的力量。落实国土规划和自然资源部耕地卫星影像图片监督检查工作,坚决遏制耕地“非农化”,严格防止耕地“非粮化”。

开展设施农业用地大清查,全市符合条件297宗、面积91.67公顷全部上图入库。完成全市耕地“非农化”调查上报工作,围绕“三区三线”(三区是指:生态、农业、城镇三类空间)划定,核定全市即可恢复潜力2860公顷。开展全市面上耕地功能恢复工作,开工372.2公顷,恢复完成206.8公顷,投入资金1316万元。2021年全域土地综合整治工作继上年度再次获评省政府激励事项,争取新增建设用地指标13.33公顷。三都镇全域工程获评省级精品工程,建德市作为杭州市唯一县市(区)代表,在全省乡村全域土地综合整治现场会上作典型发言。

全年共上报并获得批复标农置换项目共计3个批次,共办理置换项目22个、面积4.1公顷,占用标农4.1公顷;核减项目3个、面积0.6公顷,确保五马洲界龙(产业用地项目)、临金高速安置地、寿昌镇西华村便民服务配套设施项目顺利实施。持续推进杭州市“迎亚运”山体修复景观提升专项行动,全年共完成367个点位整治,总体进度98.9%。继续做好钱塘江源头区域山水林田湖草生态保护修复工程牵头工作,中期绩效评价获全省第一。

【自然资源确权】开展“三调”数据、图件、文字等成果编制以及县级数据库和管理系统建设,“三调”成果通过国家级核查和省、杭州市级验收。同步开展2020年度国土变更调查,完成国家下发更新图斑3435个,2019年度同一时点更新复核图斑59个,完成两轮国家互联网+核查,在线互联图斑16个,变更总面积1533.3公顷。编制全市重要自然资源确权三年实施清单,争取省级试点1个(富春江国家森林公园),杭州市级试点1个(洞山石灰岩矿),数据成果通过省市复核。完成《建德市基础测绘“十四五”规划》编制与发布,并结合全市过渡性城镇开发边界,完成1:500地形图新测13.49平方千米,更新50.95平方千米,获取2021年度0.2米、0.5米数字正射影像各1次,2米遥感监测影像4次。开展“土地码”协同审批、“读地云”“供地云”等县级数据目录梳理与省、杭州市统建场景推广使用。开展全市溶洞资源调查与评价工作,基本查明全市溶洞资源数量、位置、形态、规模及洞内岩溶景观类型等状况。组织实施全市地下市政基础普查,完成地下人行通道、人防设施、公共停车场等地下空间普查及三维建模。完成全市94个省级测量标志点位的分布、权属、使用状况等信息核查。 **(胡晓坤)**

责任编辑:吴树根 唐国强

安全生产与应急管理

Safety Production and Emergency Management

综 述

2021年，建德市围绕应急工作全链条、隐患治理全过程、突发事件全周期管理，坚持“遏重大、控较大、减总量、提本质”原则，不断完善大安全、大应急、大减灾体系，实现全市安全生产形势总体稳定，全年未发生较大以上安全事故，防汛防灾措施有力，各类自然灾害得到有效防治。

全年各领域发生生产安全事故12起、死亡9人。其中，道路交通运输事故11起、死亡8人，占全部事故及死亡人数的91.7%、88.9%；工矿商贸事故1起、死亡1人；水上交通和消防领域未发生亡人事故。事故起数与死亡人数分别比上年减少29.4%、10%。

自然灾害灾情总体平稳，较往年偏轻。全年共启动防汛防台Ⅳ级应急响应5次，为应对超强台风“烟花”启动Ⅲ级应急响应并提升至Ⅱ级应急响应，抗雪防冻Ⅳ级应急响应1次。成功处置梅汛期系统性降雨、短历时强降雨、小流域山洪、地质灾害险情、城市内涝、超强台风“烟花”等灾害和应急事件。

全市紧急转移安置受灾人员8001人，未造成人员伤亡。农作物受灾面积39.6公顷，其中成灾面积24.6公顷、绝收面积3.7公顷。造成直接经济损失370万元，其中农林牧渔业损失192万元、基础设施损失153万元。全年共接警森林火灾火情12起，总过火面积14.7公顷，受害面积4.8公顷。其中，森林火灾1起，过火面积12.7公顷，受害面积4.8公顷。

安全生产

【概况】2021年，建德市围绕安全生产综合治理三年行动、“遏重大”攻坚战，突出“遏重大、提本质”治理理念，夯实部门、镇街、企业联动基础，企业安全生产风险普查、大排查大整治、燃气专项整治、一厂多租及有限空间专项整治、住宅小区(高层建筑)消防隐患治理等统筹推进。同时，立足危险化学品、矿山及一般工贸等监管领域，依法精简审批、加强安全文化建设、强化安全监管，实现危险化学品、矿山等直接监管领域安全生产亡人事故“零发生”。全年，市应急管理窗口共办理各类事项245件，其中，危险化学品经营许可65件、生产经营单位应急预案备案127件、烟花爆竹(批发)经营1件，危险化学品建设项目安全条件审查9件、建设项目安全设施设计审查10件、非煤矿山安全设施设计审查4件，其他事项29件。组织并参加项目审查会70余次。

继续开展“百万员工大培训”工作，全年实际完成人数8226人，其中，线上培训完成人数9440人，线下培训完成人数13429人。完成杭州市下达年度任务指标数的122.8%。

【安全生产责任落实】2021年，建德市调整安委会成员单位，新设立危化矿山、消防、工业企业、商贸、建设施工、城市运行、职业病防治、交通运输、旅游、农机渔业10个专门委员会，开展“‘遏重大’攻坚年”工作。制定出台《关于印发〈建德市安全生产委员会及各安全生产专业委员会工作规则〉的通知》等规则性文件，明确安委会、专委会运行机制。同时，推进基层应急管理体系建设，完成16个乡镇(街道)应急管理站挂牌工作,并下发《关于印发建德市应急管理局做好基层应急管理体系和能力建设任务分解的通知》《关于印发〈基层应急管理体系和能力建设考核办法〉的通知》等文件,明确基层应急管理组织架构,确保省委、省政府决策贯彻落实到位。

【重点领域隐患治理】2021年,市安委办全面推进安全生产综合治理和重大风险隐患整治。统筹全市重点领域安全生产综合监管工作,全年组织召开安全生产会议8次,梳理会议性通报8份,印发安全生产工作通知类文件32份。牵头组织重点领域隐患治理,在全市范围内开展安全生产风险普查、大排查大整治、燃气专项整治、一厂多租及有限空间专项整治等专项行动15次;牵头制定《建德市重点领域生产安全事故"遏重大、控较大、减总量、提本质"攻坚实施方案》,组建"三年行动"专班,全年10个专项累计排查并整改一般隐患14030处,行政处罚1048件。全年开展隐患暗访曝光工作5次,挂牌督办5期,挂牌108家企业(点位),发现并整改隐患383处。市安委会组织或参与隐患治理协调会40余次,梳理情况通报12份,印发风险提醒单2份,开展督查暗访2次、隐患治理"回头看"工作6次,下发隐患交办单29份。完成杭州市安委办挂牌的建德市企业(点位)13家29条隐患整治。

【安全生产行政执法规范化建设】2021年,市应急管理局开展内部案卷评查工作3次,共评查6个科室22个行政处罚案卷,案卷评查覆盖率达17%。重新修订《建德市应急管理行政执法程序规定》,规范安全生产行政执法行为。共检查危化、矿山、一般工贸领域企业489家,检查发现并完成整改相关企业隐患2525条,实施行政处罚170起,检查处罚率34.8%;责令停产停业整顿9家。

【企业安全生产风险普查】参照杭州市安全生产委员会、杭州市减灾委员会要求,制定建德市安全生产风险普查工作方案,开办风险普查培训班3次,以乡镇为实施单位,9家中介机构专家为核验单位,通过深化风险普查和大排查大整治专项行动,摸清全市危化、工矿领域1468家企业风险底数,并经科学评估,分级分类生成风险"四色图"和安全地图,切实提升安全风险管控能力。

【危险化学品安全监管】2021年,以"坚决防范危化品安全生产事故和有较大社会影响的事故"为工作目标,持续加快危化三年整治重点工作,核查企业相关人员学历和专业777人,专业要求符合率71.6%。对未满足要求者责令提升整改。督促13家重大危险源化工企业积极落实安全包保责任制,制定出台《规范建德市危化矿山企业承包商准入退出制度的指导意见》《建德市危化企业特殊作业监护人安全管理指导意见》等多项文件,从严规范危化企业特殊作业及承包商管理,并开展专项检查,抽查危化企业20家次,共发现并整改隐患154项,立案查处承包商2家,专项督查新化化工新华基地设备设施拆除现场;加快化工园区安全监管、危险源监控、人流物流管控、应急保障和医疗救助一体化建设,10月底,物流"五个一体化"服务平台完成建设,投入试运行,9家危化生产企业、110家危货运输企业的749辆车完成基础数据录入和备案工作。

【矿山安全监管】对全市矿山企业、外包工程开展安全生产大检查、大排查,专项检查矿山企业"六严禁、三严格"专项措施落实、尾矿库"遏重大"工作措施落实情况,以及外包工程施工队伍安全措施落实情况,对未达要求企业落实约谈制度,督促企业履行安全生产主体责任。杭州建铜集团有限公司采矿权证2021年6月12日到期,有关部门按规定停止采矿权续延,收回安全生产许可证,落实停产措施,该集团尾矿库闭库工作要求于2022年底前完成。

【工贸行业安全监管】开展对全市18家金属冶炼企业(高温熔融金属作业企业)落实安全生产承诺制度情况检查与督促,对28家涉爆粉尘企业开展专项整治执法工作,对全市涉及污水罐(池)企业120家、污水池495处落实污水池清理作业安全整治措施，对萧宏康美盛铝业等4家企业开展排查并整改隐患54项。督促建德鑫港船舶修造厂和建德市兰江船舶修造厂提升安全管理水平。对全市涉及油漆(稀释剂)危险化学品喷涂作业工贸行业46家(其中规模以上企业21家、规模以下企业25家)喷涂作业场开展整治，排查并整改隐患共计125处。

【社会化服务】2021年，通过公开招投标，由杭州安全生产科学技术有限公司对建德市28家危化生产企业、使用医药化工及带储存经营危化企业开展社会化服务，发现并整改安全隐患303项；由浙江兴达安全科技有限公司对全市13家矿山企业开展两轮社会化服务工作，发现并整改安全生产隐患问题114项；由浙江润和安全技术有限公司对全市130家“三场所三企业”和危化品使用重点企业开展两轮社会化服务，发现并整改隐患问题507条。 **(胡蔓菁)**

应急管理

【概况】2021年，建德市推进自然灾害风险普查，提升自然灾害防治效能，多角度加强防汛防台体系规范化建设，加快“全灾种、广协同”应急救援处置能力建设，推进应急联动体系建设，强化应急救援力量，常态化开展应急预案管理及演练。全年启动防汛防台Ⅱ级应急响应1次，Ⅲ级应急响应1次，Ⅳ级应急响应5次，抗雪防冻Ⅳ级应急响应1次。成功应对梅汛期系统性降雨、短历时强降雨、小流域山洪、地质灾害险情、城市内涝、超强台风“烟花”等灾害和应急事件。

【基层防汛体系建设】扎实抓好防汛防台统筹，完成全市防汛大检查和防汛责任落实，共组织2800人次参与防汛大检查，排查点位1900个，督促隐患整改26处。落实基层责任人3000余人，公布行政责任人273人。牵头多部门宣传与培训工作，组织水利、规划资源、气象等部门开展广场宣传、进社区宣传7次，组织汛前部门联合培训500人次。更新防汛形势图256张。组织莲花镇齐平村防汛演练1次。

【救灾和物资保障】全年完成16处避灾安置场所规范化建设，乡镇级避灾安置中心规范化率达到100%。完成98处避灾安置场所安全鉴定工作和120处避灾安置场所可视化建设。完成更楼街道石岭村综合减灾示范社区创建工作。全年争取上级救灾保障补助资金310万元，市、镇、村防汛(救灾)物资增储400余万元，全力落实多灾易灾乡镇防汛“三大件”(防汛防台卫星电话、水泵、发电机)全覆盖。开展58处新建工程和区域地震安全性评价抗震设防检查，监测可能影响地震观测的规模以上爆破49次。全力保障自然灾害民生救助保险承保与理赔，在杭州地区率先增加自然灾害保险对因灾造成部分财产损失赔付，全年共赔付28户受淹受灾农户家庭财产损失20余万元。

【“数智防汛”应用场景】借助数字化改革契机，推出“数智防汛”应用场景，实现跨层级、跨部门、跨业务的数据整合，制订“预报+实测”风险识别标准，实现乡镇(街道)风险五色等级自动研判。应急响应期间，该场景共计自动研判风险120余次，实时风险信息推送至镇村防汛责任人，成功识别和提醒“6·30”山洪风险与“7·24”台风暴雨风险。

【自然灾害综合风险普查】5月，全面实施第一次全国自然灾害综合风险普查，建德市第一次自然灾害综合风险普查领导小组办公室（简称市灾普办)协调市财政局，督促应急管理、水利、规资等8个部门共计投入普查资金3000余万元，对水旱灾害、地质灾害、气象灾害、内涝灾害、森林火灾、地震灾害以及各类承灾体、历史灾害综合减灾资源(能力)、重点隐患等自然灾害风险进行普查。同时，根据建德市实际，增加大型机械、非星级宾馆、景区、“农家乐”等自然灾害风险普查，开展部分成果应用。

【应急值班值守体系建设】2021年，中共建德市委、市政府值班室运行逐渐成熟有序，以点带面推进全市值班值守规范化。规范全市值班室建设，全市各乡镇街道、I级联动单位均建立“浙政钉”值班群，统一头像、名称，完善信息发布制度，形成完整的值班体系。完善应急信息“统筹收集，统一报送”体系，全年汇总重大敏感信息170余条，上报“两办”“浙政钉”工作群90余条；全年开展督查50余次，定期抽查各单位值班值守情况、上级值班部门号码记录情况；组织全市重大节日联合值班值守5次，确保重要节点整体形势稳定。

【应急响应及应急预案演练】2021年，全市完成专项应急预案修编7个、总体预案1个，收集部门专项预案43个（完成率93%）、乡镇综合应急预案16份（完成率100%）。全年应急演练253次，应急演练覆盖率92%；开展全国水上应急演练及比赛、货船救援应急演练、游船救援应急演练、危化品事故应急演练、建德市危化企业应急救援技能竞赛等大型应急演练、应急宣传活动6次。

【应急救援力量建设】依托航空应急救援队伍体系建设，通过建立社会救援队伍24小时应急值班制度、出台管理办法、开展空地协同救援训练等方式，带动应急救援队伍全面发展。2021年新增社会救援队伍2支。全市8支社会救援队伍全年开展救援行动76次，应急救援交流4次，组织队伍参加长三角国际应急救援博览会1次。全市5支危化应急专职队伍举办技能提升培训班1期。10月10日，德胜通航进驻杭州市常态化备勤点，并落户建德千岛湖通用机场。

（胡曼菁）

森林消防

【概况】2021年，建德市进一步重视森林防灭火能力提高。严密监测预警，常态化宣传野外用火安全，积极推进森林防灭火数字赋能，利用24个高空瞭望探头全天候严密巡查监测森林火情，全年共计发现并制止野外用火行为2934起；严管野外火源，落实“2+2”（巡查+值守、应急+预案）管理，在重点路段、路口、墓区等1300多个重要点位，落实3200多名值守人员网格化、精细化巡查值守，组织318个巡查组，巡查管控1617个值守点位，督查各村工作落实情况；严格落实应急处置，高火险天气期间，各乡镇（街道）及相关部门坚持24小时值班值守和领导带班制度，各森林消防队伍靠前布防、随时应战，确保灾情快速反应、情况及时上报。全年共接警森林火灾火情12起（其中应急管理局接警9起），总过火面积14.7公顷。其中，森林火灾1起，过火面积12.7公顷，受害面积4.8公顷。

全年新建森林消防水池20个，新购置高压隔膜水泵4台及森林扑火装备；开展墓区生态化改造，共涉及9个乡镇（街道）的墓区80处62.3公顷；开展“3·19森林防火宣传日”活动，进社区、进校园组织活动15次，发送宣传短信10万余条，发放宣传用品、森林消防宣传手册3000余份。承办杭州市首次国有林场及自然保护地森林消防扑火技能比武竞赛，建德市（惠民森林消防救援队）获得第二名；4月，建德市林业局被确定为全国森林草原防火无人机应用示范单位。

【国家森林草原防火无人机示范单位建设】2021年初，建德市配备森林防灭火工作无人机15台，持证无人机飞手13人，开展无人机培训和样机展示共2次；4月，建德市林业局被确定为全国森林草原防火无人机应用示范单位。7月，新购置3台新型无人机，创新开展“无人机+森林防火”新模式，发挥无人机在森林防火日常巡护、宣传管控、火情监测、火场侦查等方面的作用。全年使用无人机对自然保护地及周边山林巡护300余架次，总共飞行时间150小时。实行全天候监测，及时传达火场情况，有效提升森林资源管护巡查效率和质量，构筑生态“安全屏障”。

（曾小翠）

消防救援

【概况】2021年，全市火灾防控和救援形势总体稳定向好，未发生较大（含）以上或有较大社会影响的火灾事故，火灾发生次数比上年下降8%。建德市消防救援队伍内部保持安全稳定，实现“零责任事故、零犯罪案件、零重大违纪、零负面舆情”目标。市消防救援大队在2021年杭州市消防救援队伍全员岗位大练兵暨专职消防队伍业务技能比武竞赛中获第六名。徐如喜在浙江省消防救援队伍二级“四会”政治教员考评活动中被评为“2021年度优秀政治教员”。

【险情处置】2021年，市消防救援大队共接警出动482次，出动车辆969辆、警力6031人，成功处置“5·26”大慈岩新约包装有限公司火灾、“10·10”新安江街道舜达材料科技有限公司火灾、“11·16”寿昌镇金桥村建设中的建衢铁路岩塘山隧道坍塌等险情，较好地完成救援任务。

【消防队伍建设】2021年，市消防救援大队继续坚持“3+1”组训制度，多层面训练队伍实战能力。针对高层建筑、企业厂房、交通隧道等火灾事故扑救难题，召开战评会、研讨会、微课堂41次。坚持每周三“熟悉演练日”制度，演练重点单位132家，修订预案202份，制作重点单位三维数字化预案3份。建立实行每月最后一周“全员岗位练兵比武考核周”，严格落实体能不达标人员对账销号制度。选派消防指战员56人次参加各类专业救援培训，6人次新取得机动车、无人机、摩托艇等资格证书。联合民间救援组织开展水域救援技术交流，对6支专职消防队、39支志愿消防队、354个村（社区）级和重点单位微型消防站，加强管控管理和调度调动，每周至少对30家微型消防站进行电话视频拉动和实地拉动指导，每季考核通报专职消防队工作开展情况，每半年组织专职消防队队员赴大队集中跟班轮训。开展创人民满意的消防队伍活动，“双随机、一公开”事项覆盖率和完成率达到100%，及时处置“12345”市长公开电话、“96119”举报投诉案件，群众满意度达100%。

【消防治理体系建设】2021年，市消防救援大队开展“平安护航建党百年”消防安全隐患大排查大整治行动等专项活动，检查单位1549家，督促整改火灾隐患663处，下发责令整改通知书515份、行政处罚决定书130份，临时查封单位34家，责令“三停”单位28家，罚款107.94万元。联合市应急管理局、市场监督局、市住建局、市教育局等部门办理开业检查51份，其他检查32次。对在役各类高层建筑442幢，提请市政府召开高层建筑隐患整治推进会，对乡镇（街道）高层网格员、楼长（消防安全经理人）开展业务培训。联合市住建局、市综合执法局开展打通“生命通道”专项整治，集中整治消防车通道被占用、消防登高场地违法停放车辆等行为，张贴提示海报2.66万份，宣传曝光67处。在新安江街道开展将部分消防行政处罚事项委托给乡镇（街道）执法处置的试点，缓解基层消防监管力量不足与消防隐患存续量大的深层矛盾，打通消防安全“最后一公里”。

【消防宣传】2021年，市消防救援大队联合市委宣传部深化文明创建办公室常态化开展消防宣传。依托建德电视台、《今日建德》报纸等媒体，跟踪报道消防安全行动信息；利用市区主干道和繁华商业区大型户外LED显示屏，以及辖区内14家银行和4家通信机构、100余处网点，滚动播出消防公益广告、视频短片；利用户外视频、公交移动电视、楼宇视频系统、社区报栏等平台，播放电动车消防安全提示性标语。全年在重点区域张贴和发放电动车消防安全管理通告和海报4085份，联合开展定点宣传19次。开展消防蓝码申领工作，重点人群申领蓝码总量4.09万人，发展消防志愿者3141人，发布志愿者活动60场。在寿昌镇宋公园内建成消防主题公园，该园占地面积9500平方米，内设“消防器材展示、消防文化展示、消防游戏活动、消防文化长廊”四大主题区域，形成消防宣传“地标性”阵地。

（许　怡）

责任编辑：唐国强

金 融

Finance

综述

2021年，全市有金融行业管理、监管机构2个(浙江银保监局建德监管组、中国人民银行建德市支行)，有银行业金融机构19家，其中政策性银行1家(中国农业发展银行建德市支行)、商业银行16家、新型农村金融机构2家(浙江建德湖商村镇银行、建德市大同镇桑盈农村资金互助社)，有保险业机构34家，非金融机构证券公司2家，小贷公司3家。2021年末境内上市公司总数达6家，其中当年新增上市1家(屹通新材)，由浙江银保监局建德监管组代为监管融资行为。

年末金融机构本外币各项存款余额713.49亿元，比上年末增长10.6%，其中人民币存款余额增长11.0%。住户本外币存款余额386.37亿元，增长11.8%。金融机构本外币各项贷款余额684.28亿元，增长21.2%，其中人民币贷款余额增长21.0%。中长期本外币贷款487.51亿元，增长23.1%。

全年保险业保费收入7.94亿元，比上年增长13.5%。其中，财产险保费收入7.55亿元，增长10.8%；人身险(健康险和意外险)保费收入0.39亿元，增长115.3%。各类赔款及给付4.99亿元，增长4.8%。其中，财产险赔付4.90亿元、人身险赔付900万元。

中国人民银行建德市支行

【概况】中国人民银行建德市支行，简称人行建德市支行。2021年，建德社会融资规模余额851.39亿元，较年初增加174.75亿元，同比增长23.3%。其中表内贷款余额684.28亿元，新增119.73亿元，同比增长21.2%。传统表外融资余额94.57亿元，新增14.96亿元，同比增长15.3%；发行债务融资工具72.48亿元，新增40亿元，同比增长65.6%；各项存款余额713.49亿元，新增68.19亿元，同比增长10.6%。全年金融业增加值达26.99亿元，对本年度GDP贡献率6.3%。

【信贷政策落实】为促进信贷稳定增长，该行举办银企对接、改善区域信贷环境、推进货币政策工具运用等优服务举措。坚持数字赋能，将“贷款码”推广与“首贷户”拓展结合推进。注重中小微企业金融服务能力提升和共同富裕示范区建设，开展“贷动小生意，服务大民生”专项行动，突出对小微企业、乡村振兴、个体工商户的信贷支持。全年辖内新发放企业贷款加权平均利率5.3%，比上年下降33个基点，其中新发放普惠小微企业贷款加权平均利率5.8%，下降22个基点。累计向2666户普惠小微企业实施阶段性延期还本付息政策，延期本金达22.41亿元，累计向7030户普惠小微企业及个体工商户发放信用贷款17.44亿元。累计向企业让利1.18亿元。

【信用体系建设】2021年，该行与市农业农村局、市场监管局等部门联合发文《建德市实施农产品质量安全信用联合奖惩措施提升农产品质量安全水平的十条意见(试行)》，拓展征信运用。进一步拓展信用报告查询渠道，在梅城镇新布放1台征信自助查询机，实现个人征信乡镇自助查询。持续开展省级“信用村、信用镇”建设，累计创建省级信用村(社)12 个,省级信用乡(镇、街道)5 个,创建数居杭州七县(区市)第一。

【金融风险防控】积极防范化解房地产金融风险,着力做好恒大项目处置,协调辖内浙商、建行、浦发和邮储四家银行按照“保交楼、保民生、保稳定”的要求,对符合按揭条件的贷款做到“应放尽放”,累计发放按揭贷款 4872.8 万元,确保恒大项目正常复工。有效防范电信网络诈骗,联合公安开展打击电信诈骗“百日攻坚”行动部署会和银行卡治理推进会,推进“断卡”行动,落实劝阻、止付、查扣冻结响应三项机制。持续开展金融风险监测,确保全市金融稳定,全市不良贷款额 2.56 亿元,比 2021 年初下降 3600 万元,不良贷款率 0.37%,比年初下降 0.15 个百分点。

【外汇管理和服务】开展“外汇联络员暖心助企”活动 153 次,解决问题 135 个,汇率避险产品签约金额合计 6.65 亿美元,比上年增长 108.14%。综合运用“线上+线下”两种方式开展汇率知识、汇率避险产品宣传推介,联合建德市商务局、中行建德支行等开展 3 次汇率讲座、避险产品线下培训。召开金融机构座谈会,将辖内未购买过汇率避险产品的 325 家进出口企业清单发给 13 家外汇指定银行,在中小微企业中大力推进汇率避险工具的运用。

【金融治理和服务】强化对银行量化考核,推动移动支付扩面增量,创建梅城、寿昌古镇移动支付示范街区。深化反洗钱监管,梳理疑似电信网络诈骗交易、账户开户资料、可疑交易等特征,配合公安破获“帮助信息网络犯罪活动罪”案件 2 起。深化现金服务示范区建设,统筹做好建德、桐庐、淳安现金供应。强化窗口服务,主动接受群众监督,落实政务服务“好差评”制度。 (朱永鹏)

银行保险业监管

【概况】2021 年,浙江银保监局建德监管组紧贴建德“融入开放、跨越赶超”发展战略和金融服务实体经济工作大局,依法从严开展监管工作,引领辖内银行保险机构高质量服务地方经济发展。

深化银行业保险业“三服务”活动,重点走访服务民营小微企业、科技型企业、制造业企业、“三农”、外贸企业等,对企业进行跟踪服务。发挥监管引领作用,确保银行信贷投放总量保证、机构优化。建德市银行业金融机构各项贷款同比增速继续在杭州辖内位居前列。继续深化融资畅通工程,加强首贷户培育,深化无还本续贷,信用贷款、中长期贷款增量扩面,督促各银行机构认真落实进一步延长普惠小微企业贷款延期还本付息政策和信用贷款支持政策,进一步加强个体工商户金融服务,服务好“六稳”“六保”。

严格落实中央“房住不炒”等监管政策要求,持续优化信贷结构,将资金引导到符合国家产业政策,高效发挥作用的方面,重点督促法人机构控制房地产贷款集中度,严格根据压降计划完成落实。引导信贷资金更多流向制造业、普惠型小微企业、涉农领域等。

全力推广浙江省金融综合服务平台,协调推进总对总线上抵押登记办理,按月通报平台使用情况,促进进一步推广运用浙江省金融综合服务平台。推动各银行机构切实落实“让数据多跑,客户少跑”的精神,推进数字化场景应用。

做好困难企业帮扶,防控风险。做好辖内银行信贷风险、企业资金链风险监测,防控信用风险。重点参与恒大公司在建德两个楼盘风险处置专班工作,协助相关方面推进整体妥善处置。

【法人机构监管】做好法人机构月度、季度非现场信息系统数据的审核上报,及时发现和纠正机构的数据错误;撰写季度非现场监管报告、风险评估报告及年度监管意见书(初稿),指导做好信息披露工作。

督促法人机构完成上级部署的相关工作事项:做好清理银行机构员工违规持股工作;做好辖内义务教育阶段校外学科类培训机构及民办中小学融资情况统计;督促建德农商行、建德湖商村镇银行做好普惠小微企业延期还本付息贷款压力测试，报告测试情况；做好员工违规持股排查清理；上报《规范银行业金融机构对民营企业贷款保证担保的实施意见》工作落实方案和实施情况。

配合省局农银处对建德市大同桑盈农村资金互助社开展风险管理及内控有效性现场检查，两次约谈建德市大同镇桑盈农村资金互助社理事长等负责人，严肃要求该社扎实做好省局现场检查发现问题整改，同时要求举一反三、深刻反思，研究制定完善内控机制、内控制度建设的切实措施，完善内部制约，提高内控风险防控能力。认真研究农村资金互助社经营环境变化产生的影响，评估可持续中面临的困难，分析、制定确保稳健经营的具体措施。

【金融消费者权益保护】浙江银保监局建德监管组与建德市司法局、人民法院等部门沟通衔接，在建德市社会矛盾调解中心挂牌统一的银行保险纠纷调解机构。妥善处置日常群众上门咨询、投诉甚至信访，引导群众通过合理的投诉渠道（如“12378”银行保险消费者投诉维权热线等）反映诉求，均妥善解决问题，全年累计接待130余例，涉及金额近2000万元。会同人行建德市支行、建德市政府金融办部署银行保险机构联合开展“金融知识普及月”活动：联合制定《建德市2021年度“金融知识普及月”活动方案》，督导辖内银行保险机构宣传普及活动，全年辖内银保机构开展宣传130余次，走访企业200余家，进校园活动12次，到农户上门宣传近1万户，累计发放宣传资料1.2万分。指导银行保险业做好防范电信网络诈骗，联合建德市公安局召开辖内保险业反诈联盟工作会议，对保险机构负责人及联络员开展反诈培训，建立日常宣教工作机制。

【保险机构保险保障作用落实监督】积极组织推动杭州市商业补充医疗保险（西湖益联保）在建德市扩大覆盖面，督促各承保机构广泛动员，做大政策知晓面，提升参保率，更多惠及老百姓，助力建德市参保率居杭州全辖前列。

推动政策性特色农业主体综合保险基本覆盖建德市草莓、藏红花等种植业以及畜禽养殖等主要品种，并涵盖自然灾害等基本保险责任，助力粮食生产和生猪养殖等。拓宽农业保险服务领域，稳步推广茶叶气温指数保险试点扩面。

【完成金融机构第七轮安全评估】2021年，浙江银保监局建德监管组会同建德市公安局实施建德市银行业金融机构第七轮安全评估工作。召开专题工作会议，部署现场评估工作。开展第七轮安全评估专家培训，学习、讨论新评估标准，统一评估事项。组织银行安保专家组人员，分3个小组开展建德辖内银行业第七轮安全评估的现场评估，完成对辖内80家银行机构的现场评估。

【涉金融“数治殡”试点】浙江银保监局建德监管组牵头组织辖内银行保险证券机构，开展建德市数字化应用场景“数治殡”（已故存款人涉财账户查询）试点工作。多次研究、讨论、会商，基于现行法律法规和银行业务监管制度提出相关意见，部署推进，建立工作联系机构，推进群众身后“一件事”联办数字化改革，受到社会各界高度肯定。

（童小芳）

银行

【中国工商银行股份有限公司建德支行】简称工行建德支行。内设综合管理部1个、风险管理部1个、市场经营部3个，外设营业网点6个（新安江城区4个、寿昌、梅城各1个）。年末本外币各项存款余额71.67亿元，较2021年初新增3.71亿元；本外币各项贷款时点余额47.26亿元，较2021年初新增6.20亿元；全年实现安全经营，未发生重大差错事故和声誉风险。

2021年，工行建德支行加强网点阵地和重点客户营销，强化代发市场拓展，新拓代发工资单位149户，新增代发人数12319人，实现代发业务22.41亿元。关注土地招拍信息，争揽矿产收益权资金，加强客户拓面，新开机构客户98户。积极营销重点项目，实现投放信贷项目3个，投放信贷4.76亿元；推进优质法人客户流贷投放，新增法人信贷客户4户，投放流动资金贷款7.99亿元；持续落实普惠金融政策，推进“e抵快贷”“e企快贷”“兴农贷”等工作，新增普惠贷款3.85亿元。个人按揭贷款业务稳步发展，投放个人贷款17.88亿元，较2021年初新增1.77亿。全力销售重点产品，其中全年实现“E分期”1.01亿元，比上年增长25.4%。（孙文强）

【中国农业银行股份有限公司建德市支行】 简称农行建德市支行。该行内设综合管理部、风险管理部、个人金融部、公司业务部等4部，外设营业网点8个（新安江主城区4个、乡镇4个）。2021年末，在册员工149人；本外币各项存款余额67.42亿，比年初减少12.61亿元，减幅15.7%；各项贷款79.84亿元，比年初增加12.84亿元，增幅19.2%；贷款总量在2020年四行第一的高起点上，持续保持总量第一；年末不良贷款余额451万元，不良率0.056%。全年实现安全经营，未发生案件、重大差错事故、声誉风险。

该行年度继续大力发展普惠金融，服务“三农”，累计发放7笔乡村振兴带头人贷款。12月，全市首个惠农服务点（杨村桥镇惠农金融服务点）成功启用。通过择优打造4个惠农通样板，推进数字乡村建设，建立健全村级金融生态圈。2021年末农户及农村生产经营性贷款余额6.65亿元，惠及3000户农户；小微企业贷款2.79亿元，惠及企业超300户，平均利率低于市场水平。

积极参与政府重大战略项目，全力支持当地基础设施建设。全年累计为政府重大战略项目发放贷款10.28亿元。支持实体经济发展，重点投向制造业领域，全年制造业贷款新增7419万元，日均新增14336万元。

落实省市分行“服务升温工程”，完成市本级营业中心和梅城支行一点一景打造，其中营业中心被建德银监组评定为无障碍银行样板网点，梅城支行获杭州市巾帼文明岗，被评选为市级文明单位培育对象。在人行对银行业金融机构综合评价及外汇业务合规与审慎经营评估中该行均获A等级。（徐晨）

【中国银行股份有限公司建德支行】 简称中行建德支行。内设综合管理部、业务发展部、营业部3个部门，外设新安、新广场、城东、梅城、寿昌5家营业网点，2021年末在职员工99人。至年末，该行本外币存款日均余额73.88亿元，较年初新增14.24亿元，增幅分别为23.9%、11.7%；本外币贷款日均余额65.37亿元，较年初新增6.87亿元，增幅11.7%。在四大行中，存款、贷款市场份额分别为28.6%、25.6%，位列第一、第二。

2021年，该行与建德市政府签署战略合作协议，充分发挥国有大行资源整合能力，在信贷政策、授信规模以及资源配置上给予全面支持，为建德奋力打造“重要窗口”和共同富裕“县域样板”贡献力量。累计为当地政府16个重点项目授信支持22.8亿元，新增绿色金融贷款2亿元；落实“六稳”“六保”，成功开发《建德支行“乡村振兴共富贷”服务方案》，累计为300余家中小微企业提供授信支持15亿元。

该行积极发挥外汇特色优势助力企业发展。至2021年末，国际结算业务量4.3亿美元，跨境人民币结算业务达6600万人民币；与建德人行联合举办外汇避险沙龙2场，为客户上门送教20余次；为近30家外向型企业叙做汇率避险保值业务8.42亿美元，比上年增长81.4%，切实帮助企业规避汇率波动带来的经营风险。外汇业务合规和审慎经营评估考评为A级。（刘玮琦）

【中国建设银行股份有限公司建德支行】 简称建行建德支行。2021年，该行设综合管理部（党务工

◎ 建行建德支行工作人员现场走访农户

作部、安全保卫部)、业务管理部、公司客户部、个人金融部、普惠金融部(乡村振兴部),下辖营业部、新安江、新广场、寿昌、梅城、乾潭、大同7个网点型支行。2021年末在册员工126人。一般性存款时点余额48.70亿元,其中,对公时点存款余额27.52亿元,个人时点存款余额21.18亿元;中间业务净收入6143.1万元,位居四大国有银行第一。全年为杭州建德江投资有限公司实现PPP(政府和社会资本合作)贷款投放5.37亿元;联动建信理财有限责任公司,实现国有企业债券投资3.8亿元;实现建德市国有资产经营有限公司12亿元北金所债权投资计划发行。

2021年,该行积极推进"智慧政务",与建德市农业农村局签订智慧村务综合平台合作协议,成为全省率先签订"浙里乡"数字村社综合服务平台协议支行,在杭州辖区银行中首次达成区域化智慧村务战略合作。参与建德农业农村局"草莓一件事"项目平台开发和农创客金融PLUS助力计划,为全市草莓产业协会授信5亿元,向农创授信10亿元;为建德莓农打造"莓好贷",全年为251户莓农投放贷款6390万元;为全市莓农提供"1元购100元建信意无忧保险"莓农险(可赔付10万元);为大洋江东村销售滞销柑橘15吨,农户实现收入6万元;通过"1元购"方式助力大慈岩镇提高莲子知名度;扶持乡村振兴人才,为农创客主体投放贷款7户、总额1000万元。

全年,建行建德支行普惠贷款发放15.09亿元,较年初新增7.36亿元,增幅95.2%。普惠客户1322户,较年初新增450户。在全市铺设"裕农通"服务点共259个,服务农户数8165户。"裕农通"日均存款3.44亿元,较年初新增0.46亿元,时点存款3.54亿元,较年初新增0.8亿元,增幅分别为15.4%、29.2%。通过创新开展"党群服务中心+裕农通+乡村钉"合作模式,入驻206家村委乡村钉,发放"共富贷"434户、总额3.12亿元。通过"裕农通+整村授信"新模式,与187个村签署文明助农e贷合作协议,授信874户、总额1.08亿元,发放贷款591户、总额6189万元。

2021年,该行成为建德第三代市民卡项目新一轮合作银行之一,为市民减免十余项服务费用,专为老年人提供卡折配套服务。为助力"最多跑一次"改革,实现线上或柜面办理社保代扣代缴业务,提供第三代市民卡"一站式"服务。 **(俞 潇)**

【交通银行股份有限公司杭州建德支行】简称交行建德支行。该行设有业务发展部、个人金融部、综合部、普惠金融事业部,下辖1个二级支行新安支行。2021年末在册人数41人。

年末各项存款28.86亿元,其中对公存款时点余额20.13亿元,人民币对私存款时点余额8.73亿元。各项贷款余额22.05亿元,比上年增加3.31亿元,增幅17.7%。全年监管两增口径贷款户数319户,增加111户,贷款余额4.24亿元,增加1.01亿元,增幅29.6%。年末不良贷款22万元,不良贷款率0.001%。该行被建德人民银行综合评价为A类行。

运用金融科技力量新增线上抵押贷款提款金额2.39亿元,比上年增加6341万元,客户数97户,增加51户。支持实体经济,新增小微贷款户数105户。 **(周崇华)**

【建德农商银行】2021年末,建德农商银行在册员工475人,内设营业网点41家,其中1个营业部、18家支行、22家分理处。各项存款余额220.86亿元,比年初新增31.07亿元,增幅16.4%;各项贷款余额184.56亿元,增加32.29亿元,增幅21.2%;存贷规模首破400亿元,存贷规模继续保持市场首位。全年纳税1.2亿元,连续四年突破亿元,纳税额位居全市首列。加快财富管理转型,全年财富客户2809户、总资产12.2亿元。年度获"浙江农信系统业务成长十佳单位""2021年度全省农信系统考核一级(优胜)单位"、省级农户小额普惠贷款推广"组织工作奖"、市级创建全国文明城市"先进单位"等荣誉。

积极围绕降低门槛、简化审批、扩大规模、减费让利"四个倾斜",该行开展"走千访万""1717工程",普惠授信总额达133.8亿元,个人经营性贷款余额为69.6亿元。开展清单式走访,全年走访对接小微企业18728家,新增对公授信762户,新增对公贷款18.0亿元。为企业推出首贷户拓展

◎ 建德农商银行工作人员走访农创客，了解需求（黄慧/摄）

服务方案，全年发放公司类首惠贷311户、总额6.9亿元。不断拓宽企业担保渠道和范围，全年发放“政银担”“杭融担”贷款258户2.9亿元。设置行长让利权限，全年审批行长让利413户、让利781.0万元。大力支持企业技改、清洁生产、低碳改造等节能减排项目，全年试点碳排放权抵押授信1000万元。成立异地莓农服务专班，设立1亿元抗击疫情专项信贷资金，助力在外莓农复产复工。落实年轻群体增长计划，推出新IP形象“小七”以及“一起让金融更简单”的口号。

积极投入数字改革。参与建设电子劳动合同场景应用、农产品质量安全信用体系、智慧医疗、“数智殡”等民生金融服务场景项目；协助市农业农村局上线农村集体三资监管系统，全年完成239个村（含涉农社区）基础数据归集工作。完善贷款全流程线上办理体系，推广纯线上贷款产品“税银贷”“豆腐包贷”“共富劳动贷”“共富农安贷”。开展网点无纸化运行，提高智能柜员机覆盖面，全年新增15台智能柜员机，柜面无纸化覆盖达100%。成立电话营销中心、放款中心，建立马鞍岭小微专营机构，实现金融服务的提速增效。开展线上赋强公证业务，持续完善风险处置机制。

（叶许婷）

【浙商银行杭州建德支行】浙商银行股份有限公司杭州建德支行（简称浙商银行建德支行）于2017年12月成立，内设综合管理部、公司业务部、小企业业务部、零售业务部、营业部，2021年末在册员工20人。年末各项存款余额9.17亿元，比年初减少1.03亿元，减幅10.1%；各项贷款余额12.03亿元，比年初增加2.89亿元，增幅31.7%。其中小微企业客户新增60户（普惠型小微企业57户），贷款余额4.02亿元，比上年增加1.55亿元，增幅62.8%。

充分利用人才支持贷、政采贷、省农担、省担保抵押提额等创新金融产品，进一步支持初创型、成长型科技企业发展，加大人才创业创新金融。全年新增人才支持贷客户2户、授信金额500万元，“省农担”1户、授信金额50万元；省担保抵押提额7户、授信金额482万元。

积极落实《浙江省小微企业和个体工商户“首贷户拓展三年行动”方案（2020—2022年）》，主动对接“无贷户”名单，优先向信用良好、经营正常、有融资需求小微企业和个体工商户无贷户提供融资支持，提升首贷户比例。全年新增首贷户客户20户，授信金额7100万元，占小微企业新增贷款比重45.8%。积极开展“百地千名行长进民企送服务”专项活动，主动宣传金融支持民营企业发展的各项优惠政策，通过走访、宣传、对接，为民营企业送上金融服务。全年走访民营企业和小微企业160户，已解决或部分解决问题68条，为民营企业和小微企业解决融资金额2.43亿元。**（方　晟）**

【浙江建德湖商村镇银行】2009年11月成立，是为建德当地农民、农业、农村经济发展提供金融服务的股份制地方性银行，注册资本1.5亿元。内设综合管理部、业务管理部、风险管理部等7个职能部室，下设营业部、梅城、乾潭、寿昌、大同等12家支行，2021年末有员工134人。2021年末各项存款余额13.63亿元，比年初增加1.4亿元，各项贷款余额14.84亿元，比年初增加2.02亿元，增幅分别为11.4%、15.8%。

该行围绕战略“乡村振兴”，积极担当“三农”服务重任，加强对农户、小微企业信贷投放力度。至2021年末，涉农贷款余额14.79亿元，占比99.66%，比2020年增加2.0亿元，增幅15.7%，户均贷款余额21.23万元。该行加快农村地区网点布局,加大走访宣传力度,持续推进"增户扩面"工作。至2021年末各项贷款户数6986户,增加467户,增幅7.2%;小额贷款户数6627户,增加377户,增幅6.0%,占总贷款户数的94.9%;同时积极完成小微企业"两增两控"指标,召开银企会议,加强银企沟通,优化信贷管理制度,创新信贷产品,让利小微企业。

推行30万元以下小额信用贷款授信无纸化审批流程,移动Pad营销上门办贷,最快30分钟办结。推行手续简、操作便、期限长的"惠农卡"农户小额信用贷款业务,至2021年末授信户数10798户、授信金额17.58亿元,用信户数5140户、用信金额8.06亿元。9月,推出聚合支付扫码业务,将支付宝和微信融合成一个二维码,实现"一码多付",至2021年末聚合支付商户1772户,交易金额2022万元。同时,该行积极开展各类普惠金融活动,结合"征信宣传日""金融普及月"等,向周边群众宣传反诈骗、反假币、反洗钱等各类金融知识,履行金融机构社会责任。 (张丽丽)

【杭州银行建德支行】2006年8月成立,为建德市第一家入驻商业银行。2021年末有2家分支机构,在册员工56名;存款余额25.22亿元,比年初减少2.2%;表内外贷款余额60.42亿元,其中新增美元债投资9000万美元;全年缴纳增值税及其他税收1211.48万元,增长11.6%。

该行对接辖内小微企业,全面推行小微贷款无还本续贷,按照"应延尽延"原则,免去小微企业调头转贷负担,并不定期对符合要求客户发放减息免息券。做实"小经济大服务"业务,与部门单位联合走访辖区内个体工商户,全年走访个体工商户600余户,发放个体工商户贷款154户、总额4600万元。

以"党员先锋贷"带动业务发展,2021年办理党员经营性贷款150户、总额1800万元,累计减免利息36万元。继续推动"亲清在线"平台业务发展,对接建德市相关部门,与13家单位建立合作并实现兑付金额累计约1.75亿元。 (邵 璐)

【中国农业发展银行建德市支行】简称农发行建德市支行。该行内设综合部、客户部,2021年末在册员工14人。年末贷款余额12.84亿元,比年初增加5.99亿元,增幅87.4%;年末各项存款余额4.1亿元,比年初增加0.65亿元,增幅35.0%。

该行立足基本职能,做好县级储备粮油轮换,共发放2021年储备粮油贷款8259.19万元,粮油收购贷款858.27万元,同时加强库存监管,做到账实相符。全年审批投放项目4个,授信金额20.5亿元,当年投放6亿元。融资项目包含农田垦造、安置房建设、生态流域治理、公交一体提升建设、航空小镇产业园拆迁建设等内容。积极响应国家小微企业扶持政策,新投放小微企业贷款770万元。连续三年成功中标财政定期存款1000万元。

(苏 川)

【上海浦东发展银行杭州建德支行】简称浦发银行建德支行。该行共有支行本级、建德新安社区支行两个网点,2021年底在册员工25名。年末各项存款余额20.78亿元,比上年增加4.19亿元,增幅25.3%。其中对公存款余额15.32亿元,新增2.9亿元,增幅23.3%;储蓄存款余额5.46亿元,新增1.29亿元,增幅30.9%。各项贷款余额45.26亿元,新增9.88亿元,增幅27.9%。其中,对公贷款余额24.38亿元,新增5.25亿元;个人贷款余额18.08亿元,新增2.05亿元,增幅分别为27.4%、12.8%。年度获2021年度"货币信贷综合评价"二等奖;被人民银行建德市支行评价为A类机构。

全年重点发展普惠贷款和绿色信贷,绿色贷款余额占比达到近50%。推出科技快速贷、双保贷、银税贷、房抵快贷等全系列小微专营产品,有效降低企业融资成本。给予信贷客户多样化、个性化的还款方案,对存量"房抵快贷"客户给予授信年审制。 (邓舒阳)

【中信银行杭州建德支行】2016年6月成立。内设公司银行部、零售业务部、营业部及综合管理部共计4个部门。2021年末在册职员23人。年末支行各项存款余额18.6亿元,比年初新增3.4亿元,各项贷款余额28.5亿元,新增7亿元,增幅分别为

22.4%、32.6%。

该行认真贯彻执行银行业各项方针、政策，充分发挥中信集团金融"全牌照"综合优势，以成为"有担当、有温度、有特色、有尊严"的"最佳综合金融服务企业"为战略目标，综合运用多元化产品和渠道支持实体经济，助力地方经济发展。2021年度再次被当地监管机构评为建德市金融机构综合评价A类行，成为蝉联该项荣誉的唯一一家股份制银行。全年贷款保持"零不良记录"，未发生案件和各类责任事故。（胡 俊）

【宁波银行杭州建德支行】2019年11月成立。内设行长室、办公室、业务管理部、公司业务部、零售业务部、个人业务部、运营部等7个部门。2021年末，在册员工26人。年末存款、贷款规模均突破10亿元，其中存款规模11.31亿元、表内贷款规模19.13亿元，分别增长5.5%、46.7%，全面完成各项经营指标。（徐姣姣）

【台州银行股份有限公司杭州建德支行】2017年2月成立，是一家以"中小企业的伙伴银行"为市场定位的城市商业银行。在新安江街道、梅城镇共设有网点2家，2021年末在职员工30人。年末各项存款2.20亿元，较年初增加0.38亿元，增幅20.9%；各项贷款2.56亿元，增加0.77亿元，增幅43.0%；不良贷款104.8万元，不良贷款率0.41%，信贷资产质量优质。

该支行通过创新产品、下沉服务，为"三农"群体提供优质金融服务，通过扫码贷、兴农卡、兴居卡等产品，送金融服务入村居，助推乡村产业高质量发展；推广低息专享贷以及无还本续贷等产品，支持小微企业复工复产；开发"生活圈"平台，组织助农助企直播，协助生活圈商户提高市场占有率；推广移动工作站、移动营业厅等工具应用，为客户提供更加方便、快捷的金融服务。至2021年末，涉农贷款总计1.89亿元，户均27.66万元；投放信用贷款1.13亿元，比上年增长4224.43万元，增幅59.6%。（程 晨）

【中国民生银行杭州建德支行】2014年1月成立。其定位为"民营企业的银行、敏捷开放的银行、用心服务的银行"。内设小微业务部、对公业务部、营业部和综合部。2021年末在职员工19名。年末各项存款余额8.12亿元，较上年末增长1.28亿元，增幅17.7%，全年日均存款增长2.33亿元；人民币各项贷款余额6.4亿元，较上年末增长1.37亿元，增幅27.2%。债务融资工具表外余额7亿元，比年初净新增7亿元；主承销特色品牌业务建德国资发债余额12亿元。全年运行总体平稳，资产状况良好，无重大安全事故，实现全年安全经营。

开展"一对一、面对面"服务，通过上门开卡、办理手机银行、网上银行等便民业务，提升惠民金融服务。全年服务个人有效户900多户，发放普惠小微贷款71户，发放小微企业贷款6433万元，通过减费让利为建德企业融资直接节省了306万元利息。（章珉希）

【浙江民泰商业银行杭州建德支行】简称民泰银行建德支行，2011年12月成立，专事小微金融服务。内设行长室、综合部、营业部和3个业务部，有建德市本级和乾潭小微专营支行2个营业网点。2021年6月，支行本级乔迁至洋溪街道洋安路31号，年末在编职员40人。年末各项存款余额6.78亿元。比上年增长24.2%，贷款余额5.03亿元，增长45.4%，贷款资产转让及核销1.11亿元，与上年基本持平。全年无安全事故。

运用人行"延期还本付息"及"普惠小微信用贷"两项政策工具，加大首贷户、信用贷、政策性贷款等的投放力度；大力推广"再生循环贷""农惠通""亲情宝"等主打产品，推广移动平台，"技术+支撑"双轮驱动优化小微客户体验。同时优化特色小微信贷模式"根据地"建设，深层挖掘存量群组客户。

2021年，民泰银行建德支行被上级行设立为乡村振兴示范网点，该行成立工作专班，制定2021年支持乡村振兴实施方案，明确授信业务优先支持乡村振兴战略相关客户；建立村居"伙伴银行"机制，建立乡村振兴伙伴村居合格16个、达标村居14个，打造支行金融服务标杆示范村石屏村，超额完成该项考核任务。同时多渠道推介“三农”好产品，推进“发现好店”主题活动，通过“民泰银行”公众号、“民泰小百合”订阅号、“民泰惠生活”App 等平台为“三农”产品客户提供免费的品牌推广、产品宣传。 （朱玉琪）

【泰隆银行股份有限公司杭州建德支行】简称泰隆银行建德支行。2014 年 1 月成立，入驻新安江街道。该行市场定位为普惠金融服务，专注“两民”及小微客户。除传统存贷款业务外，支持办理银行卡、信用卡、电子银行、理财、保险、贵金属、个人存款证明等业务。内设 3 个普惠部和综合部、小企业部、营业部各 1 个，下辖梅城、大同等经营型支行 2 家，2021 年末，建德区域在册员工 60 人。

2021 年末各项存款余额 6.51 亿元，比年初增加 0.6 亿元；贷款余额 12.77 亿元，增加 1.45 亿元，增幅分别为 10.2%、12.8%。2021 年度获小微企业“最满意银行”等荣誉。 （蒋洁心）

【中国邮政储蓄银行股份有限公司建德市支行】简称邮储银行建德市支行。内设综合业务部、综合管理部、风险合规部，下辖支行营业部、新安江支行、梅城镇支行等 3 家自营网点和 17 家代理网点。2021 年末在职员工 53 人（不含代理网点）。年末存款余额 54.55 亿元，比年初增加 6.26 亿元，增幅 13.0%；贷款余额 23.55 亿元，增加 5.33 亿元，增幅 29.3%；其中零售贷款总结余 20.03 亿元，比年初净增 4.69 亿元；小微企业贷款余额 3.52 亿元，增加 0.64 亿元，增幅 22.2%。不良贷款率 0.1%。

全年 VIP 客户净增 851 户，财富客户净增 183 户，私行客户净增 1 户。新增手机银行激活客户 1933 户，累计活跃客户 4269 户；快捷支付客户 3680 户，收单商户 372 户。

发挥金融服务地方经济血脉作用，加大“三农”和乡村振兴服务力度，全年共新建信用村 115 个、信用户 2714 户，发放小额贷款 3575 笔、贷款金额 8.7 亿元。持续强化小微企业扶持力度，深化“极速贷”“小微易贷”“E 捷贷”等线上产品与服务，全年发放“极速贷”2055 笔、贷款金额 4.8 亿元，“小微易贷”16 笔、贷款金额 0.18 亿元，“E 捷贷”支用 3568 笔、贷款金额 8.6 亿元。 （姜建军）

【建德市大同镇桑盈农村资金互助社】简称大同桑盈互助社。2011 年 1 月 11 日成立。该社经浙江银监局核准，依托大同蚕桑专业合作社组建，由该合作社理事会牵头、社员及家庭成员自愿入股，当年注册资本 391 万元，社员 136 人。2012 年 8 月注册资本变更为 598.8 万元，新增社员 652 人（含 3 家农村经济组织和农村小企业），总社员人数增至 788 人。2020 年 11 月，经中国银保监会浙江监管局批复同意扩股不增资，新增社员 212 人，总社员人数增至 1000 人。

该社社员单人持股最高 28.9 万元、最低 0.1 万元，分别占比为 4.8%、0.017%。严格按照相关监管规定采取封闭式经营，主要业务为存款和贷款。至 2021 年末在册员工 8 人，其中管理层 3 人（理事长、监事长和总经理各 1 人）、职工 5 人（信贷员 1 人，综合管理员 1 人，会计 1 人，临柜 2 人）。

年末各项存款余额为 9876.83 万元，比年初增加 244.64 万元，增幅 2.5%；各项贷款户数 186 户 338 笔，贷款余额 8314.74 万元，比年初减少 407.4 万元，减幅 4.7%；不良贷款户数 5 户金额 79.04 万元；表外挂账利息 57.18 万元；年度实现净利润 303.77 万元。

该社开业至 2021 年末，累计业务借方 12.07 万笔，发放贷款额 8.27 亿元；贷方 11.01 万笔（其中支持社员 435 户、放贷款笔数 3615 笔），总发生额 50.65 亿元；总开户笔数 2.75 万笔，总销户笔数 2.19 万笔；累计实现未分配利润 1258.13 万元；累计提取盈余公积金 135.57 万元，一般装备金 209.36 万元。 （黄 斌）

保 险

【中国人民财产保险股份有限公司建德支公司】简称人保财险建德支公司。在建德市域除公司本级外，设寿昌、梅城、大同、乾潭、大洋和桥南等营业网点 6 个，2021 年末在册员工 100 余人。

对接“服务乡村振兴、智慧交通、健康养老、绿色环保、科技创新、社会治理”六大战略服务，2021年市场份额继续提升，家用车市场份额约占全市60%。成本持续优化，业务保持稳定健康发展，全年赔款支付8806万元。其中，车辆险赔款8347万元，财产险赔款459万元。

实施农网服务发展提档升级，组织员工培训57期，与16个乡镇街道签署战略合作协议，深入一线了解客户保险诉求，签发全省首单生猪期货价格保险和全市首单政府扶贫救助保险；为辖区内首期21家农创客提供财产、雇主责任、农产品质量等一揽子风险保障；持续推广杭州市政策性特色农业主体综合保险，在草莓、石斛、莲子等农产品上提供6.5亿多元农业风险保障，赔付农户300余户，赔款500余万元。

全年新增梅城、寿昌两家营业网点的“警保联动便民服务中心”，累计5处便民中心实现电动车上牌、保险投保等功能一站式服务。 (吴　菲)

【中国平安财产保险股份有限公司建德支公司】简称平安财险建德支公司。2021年，该公司设车商业务部、车代服务部、客服理赔部、个代业务部和综合管理部5个部门，年末在册员工20人。全年业务保持稳定健康发展，市场份额继续提升，成本持续优化，全年保费实收1.35亿元，与上年度持平。

2021年，该公司继续强化“数据科技”意识，围绕“金融+科技”战略，助力“乡村振兴”大发展，深度布局综合金融场景和多元生态场景，为客户提供专业、贴心、便捷的保险服务。同时积极响应新冠肺炎疫情防控，全力配合反洗钱、反诈骗等多项宣导，配合政府做好社会基层治理工作，为车主、企业客户的生命财产安全保驾护航。(陈　甜)

【中国太平洋财产保险股份有限公司建德支公司】简称“太平洋产险建德支公司”，隶属中国太平洋财产保险股份有限公司杭州中心支公司。在建德市域除公司本级外，设乾潭镇营销服务网点。经营业务范围包括财产损失保险，责任保险，信用保险和保证金保险，短期健康保险和意外伤害保险，经营上级机构在银行保险监督管理机构批准业务范围授权的其他业务。公司内设综合管理部、业务管理部、车商部、渠道部、电网销部、交叉互动部、企业法人综合部、团车部(新设)等8个部门。企业法人综合部，主要负责拓展公司业务、政保业务、银保业务和农险业务等非车险业务，其余各部主要负责拓展公司、个人等车险业务。

2021年末，公司在册员工40人。全年累计完成保费1.95亿元，比上年增长29.4%，总赔付支出1.10亿元。 (苏　彬)

【中国人寿保险股份有限公司建德市支公司】简称人寿建德支公司。内设综合部、团体业务部、银行保险部、营销发展部、收展发展部、培训部和客户服务中心7个部门。2021年末有员工38名、业务员1021名。全年实现总保费5.26亿元，比上年增长11.4%。其中新单保费1.7亿元，同比增长16.4%，首年期交保费1.19亿元、增长24.0%，保障型产品保费0.33亿元、减少19.5%，短期险保费0.51亿元，与上年持平，处理理赔案件1.2万件，给(赔)付0.92亿元、增长19.5%。

2021年，该公司推出“E投保”“E理赔”等智慧服务，实行“五免理赔”服务，通过“理赔直通车”项目赔付385人次、总金额44万元，通过“重疾一日赔”项目赔付81人次、总金额380万元。

该公司2021年度开始承接“西湖益联保”项目，助推建德市“西湖益联保”参保率达成61.9%，在杭州市位列前三。公司该项目全年理赔3237人次，赔付2962万元。 (陈荣统)

【中华联合财产保险股份有限公司建德支公司】简称中华财险建德支公司。内设办公室、理赔部、车商科、业务科4个部门，下辖乾潭营销部1个。2021年末在册员工21人。全年完成保费收入3457万元，比上年增长13.5%，考核利润325.07万元，保费规模在建德保费市场占比5%以上，在财险14家主体中保费规模位列前五。开展历史未决赔款清理，全年共支付赔款2446万元。2021年度主要指标考核优秀，获得省公司“先进基层机构”荣誉称号。

推进“车险智能一体化”系统推广和使用,加强车险电销团队建设,提高车险业务。同时,积极推动发展非车险业务,重点发展工程保函类业务,工程履约保函类业务得到快速发展。全年完成非车险保费765万元,比上年增长19.3%。开展对私家车主增值服务,加强“车驾管”服务、滴滴代驾服务、非道路事故救援服务、代办年检服务等,客户服务能力得以提升。 **(雷建祥)**

【中国人寿财产保险股份有限公司建德市支公司】简称国寿财险建德支公司,2008年4月成立。内设互动、车行、银行、重客/政保、创新电子、农村业务、理赔/客服分中心、综合部9个部门。2021年末在册员工33人。主营车险、财产损失保险、责任保险、信用保险和保证保险、短期健康保险、意外伤害保险以及经中国银保监会批准的其他保险业务。2021年实现保费收入9505万元,财险市场份额占建德市11.97%;服务客户4.56万人次,提供风险保障436.89亿元,支付赔款8943.85万元。

通过面向客户提供“全国道路救援”服务,防灾防损顾问式检查,开展“星光守护”交通安全宣传,以差异化、全方位服务帮助客户提高风险预防能力,减少事故发生概率。面对新冠肺炎疫情,创新推出线上视频查勘及快速理赔服务。开展反洗钱、防范非法集资宣传,竭力创造并维护健康、安全、稳定的发展环境。 **(全伟超)**

证券

【中国银河证券股份有限公司建德新安路证券营业部】简称银河证券建德新安路营业部。该公司前身为中国银河证券有限责任公司杭州中河中路证券营业部建德证券服务部,2001年8月成立,2009年2月经中国证监会浙江证监局批准正式成立现名。其业务主要代理开立沪、深股东账户卡;电话委托、网上交易提供集合竞价隔夜委托以及24小时账户查询;依托银河基金超市,代销所有的开放式基金产品;取得代办股份转让主办券商资格,提供三板股份确权、交易和过户等。

2021年末,该营业部有正式员工9人,客户经理5人,劳务派遣(含保安、保洁)用工5人,共19人。全年营业收入2397.8万元,比上年减少0.8%;实现税前利润1098.4万元,减少13.7%;累计股票交易量为620.6亿元,与上年持平。客户总资产为52.4亿元(含限售市值15亿元),新开户数为3006户,年末有效客户数1.3万户。

2021年,该营业部实施传统通道服务转型,开拓多元化收入,推广现金理财产品,增加客户闲置资金使用率和收益率;推广公司固收类产品及“雪球”类结构化产品,精细拓展融资融券业务;持续开展“了解你的客户”活动,推广财富星—配置(闲置现金产品)、财富星—基金管家(公募基金投顾产品)、财富星(银河牛人选股,证券投顾产品)。 **(吴文涛)**

【财通证券建德严州大道证券营业部】简称财通建德营业部。财通证券股份有限公司是大型综合性证券集团,2007年6月提升为省直属国有企业,10月在上海证券交易所上市,股票代码601108。财通建德营业部位于建德市新安江街道江滨中路201号聚龙大厦一楼,内设财富管理部和综合管理部。2021年末有在册员工12人。主营证券经纪、证券投资咨询、证券承销与保荐、融资融券、证券投资基金代销、代销金融产品等。2021年末,该营业部客户编号存量总户数10970户,全年实现营业收入816万元、利润433万元,市场占有率0.0052%,代理买卖证券金额(股票+基金)284亿元。

5月,该营业部与建德市政府签订战略合作协议,通过公司“三服务、三走进、三助力”活动,全方位为辖区企业提供金融服务,辖区内规模以上企业责任全部到人,按照企业及个人实际情况,提供个性化理财建议,做好企业与个人“金融管家”。重视私募基金业务服务工作,为高净值客户打造个性化的全生命周期的综合服务生态圈。加强与辖区内上市公司沟通与交流,其中与大洋生物、天石纳米、奥利达等达成深度合作。同时走访拟上市公司,为下一步包装上市做好铺垫。 **(郑 倩)**

小额贷款企业

【建德市新安小额贷款股份有限公司】简称新安小额贷款公司，2009 年 1 月经省政府批准成立，注册资本 2.0 亿元。该公司由“新安股份”(浙江新安集团股份有限公司)为主发起人，联合建德市 6 家民营企业和 8 名自然人共同投资组建，系杭州市小额贷款协会会长单位。公司内设业务一部、业务二部和综合部 3 个部门，办公营业场所设在洋安社区金塘小区。

该公司坚持“支农支小、服务小微”发展主旨，2021 年末，拥有存量客户 1271 户，比年初增加 133 户，增幅 11.7%；贷款余额 3.83 亿元，比上年增长 14.4%。全年放款 7070 笔，金额 13.74 亿元，增长 9.9%。公司逾期贷款 659.97 万元，逾期率 1.72%，创历史新低。全年实现利润总额 3528.59 万元，增长 3.3%。公司自成立以来累计发放贷款 154 亿元，服务客户数 6.4 万户。连续 11 年被建德市人民政府、建德市国税局评为“重点纳税大户”“纳税大户”，监管评级为 A(含)级以上。

(林　鹏)

【建德市白沙小额贷款有限公司】简称白沙小额贷款公司。2013 年 7 月成立。建德市白沙化工有限公司为主发起人，注册资金 1.0 亿元，在建德市范围内依法办理各项小额贷款、办理小企业发展、管理、财务等咨询业务及经政府批准的其他业务。2021 年末在册员工 8 名，经营地址位于新安江街道水韵天城 108 幢 202 室。

自 2013 年以来至 2021 年 12 月 31 日，该公司累计发放贷款 39.34 亿元，累计缴纳税款 4882.46 万元。

2021 年末，该公司时点贷款余额 2.32 亿元，共 253 户 326 笔，比年初增加 4937.2 万元，增幅 27%。根据贷款担保方式分类，其中质押贷款余额 27.7 万元、抵押贷款余额 2960 万元、保证贷款余额 2.02 亿元。根据贷款服务对象分类，小微企业贷款 1.21 亿元、农户及个体户贷款 1.11 亿元。全年贷款利息收入 3234.51 万元，缴纳各项税款 715.76 万元。

该公司秉承“小机构、小客户、小贷款”市场定位，发挥“支农支小”“小、快、活”经营优势，对接建德市经济建设，拓展城乡市场，普惠金融服务“三农”，为当地金融机构拾遗补阙。全年累计发放涉农贷款 596 笔 333 户、总金额 5.01 亿元，其中对种养殖业如草莓、铁皮石斛、莲子、茶园及农产品加工等农业企业贷款 231 笔 1.44 亿元。特别服务残疾人、退伍军人、大学生、下岗工人等弱势群体，全年累计发放贷款 354.5 万元，自开业以来，此类贷款累计发放 2391.63 万元。(吴　娟)

【建德市建业小额贷款股份有限公司】简称建业小额贷款公司。2012 年 7 月 10 日成立，注册资本 1.3 亿元。公司市场定位为“服务三农、支持中小企业发展”。经营地址位于建德市新安江街道严州大道秀水华庭 35 号。2021 年末有员工 8 人。年末总资产 1.75 亿元、净资产 1.63 亿元；年末贷款余额 1.69 亿元，比上年减少 6.1%。

全年发放贷款 394 笔、贷款金额 4.24 亿元。全年贷款业务收入 2283.85 万元，年纳税总额 818.65 万元，净利润 1422.59 万元，净资产收益率 8.7%；不良贷款余额 639.1 万元、不良贷款率 3.64%；拨备覆盖率 101.77%。

自公司成立至 2021 年 12 月 31 日，累计放贷客户 924 户、4632 笔，发放贷款金额 38.93 亿元；累计实现营业收入 2.28 亿元；累计缴纳各项税款 6822.24 万元。公司连续九年被浙江省地方金融监管局考核评为省 A 级优秀小贷公司。(胡　芳)

责任编辑：唐国强

财政·税务

Finance，Taxation

财 政

【概况】2021年，建德市财政总收入66.61亿元，比上年增长19.7%，其中一般公共预算收入38.50亿元，增长12.5%；全年一般公共预算收入分别占地区生产总值和财政总收入的8.9%、57.8%；税收收入34.4亿元，占一般公共预算收入的89.4%。全市一般公共预算支出63.67亿元，增长7.3%。全年财政收支平衡。

建立财税统筹协调机制，推进开源增收工作，向上争取政策、资金支持，完成开源增收各项考核任务，向上争取资金25.70亿元。加强土地出让金、土地指标款等非税收入征管，进一步推进财政电子票据和非税收缴一体化改革。全市征收非税收入66.47亿元，比上年增长79.3%，其中纳入一般公共预算管理的非税收入4.10亿元，增长3.1%。

【经济扶持政策落实】落实减税降费政策，全年全市减免税费20.47亿元。在全省率先推出政府采购网上超市竞价采购模式，创新“政采贷”服务，支持中小企业发展。加大政策扶持，联合主管部门修订出台13项扶持政策，全年兑现扶持资金5.0亿元。发挥中小企业转贷专项资金作用，办理企业转贷4.2亿元。重组建德市融资担保有限公司，实现国有控股，优化和增强支农支小融资担保服务。发挥产业基金引导作用，推进基金运作，累计出资2.16亿元，在投企业项目8个。支持地方特色产业，全年文化旅游体育与传媒支出1.21亿元，重点支持“十大碗”“建德豆腐包”等特色品牌建设。

【民生支出保障】全年民生支出48.10亿元，增长7.1%，占一般公共预算支出的75.6%。

全年城乡社区支出3.96亿元，支持改造老旧小区4个，既有住宅加装电梯73台，新建、提升绿道70.73千米。

全年教育支出11.44亿元，支持学前教育、义务教育、素质教育均衡发展，保障“智安校园”“阳光厨房”等护校安园建设，为“双减”政策落地营造良好教育生态。

全年社会保障和就业支出7.11亿元，推进星级“残疾人之家”建设、婴幼儿成长驿站建设。实施适老化改造工程，提高优抚对象保障水平，支持退役军人健康驿站建设，推进、建成首个固定爱心献血屋。

全年卫生健康支出6.6亿元，推进医共体和公共卫生保障体系建设，保障疫情防控、核酸检测及实验室建设、新冠疫苗免费接种经费等1.37亿元，为市民免费接种新冠疫苗近90万人次。

全年农林水支出8.31亿元，推进高标准农田建设，落实粮油增产补贴、生猪增产补贴、政策性农业保险等政策，支持主要农产品稳产保供。争取到2021年省级乡村振兴集成创新示范建设县试点、2021年基层政策性农业信贷担保服务创新试点、2022“一事一议”财政奖补助推美丽乡村建设项目等补助资金1.06亿元。获评浙江省生猪增产保供成绩突出集体。

【财政事项改革】坚持因地制宜、守好底线、强化激励原则，出台《关于调整乡镇(街道)财政管理体制的通知》，重构乡镇财政管理体制。完善以绩效为核心的集中财力办大事政策体系，建立“以我为主、专家辅导”重点绩效评价体系，提高预算执行进度，深化存量资金盘活。推进数字化改革，完成预算一体化、国企信息化、核算云系统等建设、运行；向上级争取到集中财力办大事应用建设、“浙里报”系统扩面、政府采购数字化共建共享等3项改革试点。创新国资股权投资和“资本招商”模式，完成国企“十四五”规划编制。为企业发展减负拓宽融资渠道，完成44.7亿元债务融资工具以及1.30亿美元债券发行。

【财政监管】财政监督，深化“巡财审”联动工作机制，开展政府采购政策执行情况、农村环境连片整治示范项目等专项检查。行政事业单位内控建设，完成行政事业单位内控评级199家。绩效管理，出台《项目支出绩效评价管理办法》，开展全方位多层次绩效评价，完成单位自评项目73个，重点绩效评价项目6个。国资管理，完成1735处国有资产权证补办工作，首次推出国有资产处置网拍新模式，完成罚没物资、房产等29件拍品拍卖工作，成交额1040万元。政府投资项目管理，完善审核制度，推进政府投资项目投资资金管理的重心前移和全过程管理。推进“两直”（直达市县基层、直接惠企利民）资金落地，加强资金使用情况跟踪监控，全年拨付“两直”资金3.69亿元，支付进度99.6%。建德市财政管理工作获2020年度省政府督查激励事项；市财政局获评2021年度全省财政管理绩效考评优秀单位。

【风险防控】实施债务全口径统计监督，采取限额管理、预算管理、风险预警管理、债务公开等措施，严防债务风险。2021年度债务化解任务完成121.1%，地方政府债务率处于可控范围。坚持“三保”（保基层民生、保工资、保基层运转）支出在财政支出中优先顺序，加强重点领域支出需求保障，增强“三保”保障能力，兜牢“三保”底线。完善社保风险预警机制，争取到城乡医保、城乡养老两项上级转移支付资金1.55亿元。

【“荷美小镇”乡村振兴集成创新示范项目】3月31日，经全省竞争性评审，大慈岩镇“荷美小镇”乡村振兴集成创新示范项目从61个申报项目中脱颖而出，获得省财政最高档补助资金7000万元。该项目以人居环境提升和美丽经济高质量发展为基础，通过整合资源要素、提升基础设施、创新产业形态、深化绿色发展、优化运行体制等，推进荷莲产业发展，打造集观光游览、休闲度假、旅游服务等为一体的综合型产业体系。通过集成创新示范项目建设，将“荷美小镇”建设成全省乡村美丽经济发展新典范、全国莲产业发展新标杆、全国特色乡村休闲度假旅游目的地。

【省“一事一议”财政奖补工作】2021年末，通过省财政厅多轮评选，建德市获得2021年省“一事一议”财政奖补工作成绩突出县称号。此项荣誉十年评选一次。2010年，全市实施“一事一议”财政奖补项目1122个，实现229个建制村全覆盖，受益人口达141.93万人次。各类项目总投资7.61亿元，其中中央及省级财政资金2.65亿元，地方财政累计投入2.52亿元。通过“一事一议”项目实施，涌现出一批“村富、业新、景美、人和”善美乡村，基本建成“三生三美”（生态优美、生产富美、生活和美）美丽建德。 （吴文碧）

国有资产经营

【建德市城市建设发展投资有限公司】简称建德市城投公司。2021年，该公司营业收入突破39.1亿元，比上年增长82.4%，实现营业利润2.12亿元。完成土地出让5宗，出让总额18.61亿元。争取融资授信额度23.93亿元，融资到账20.93亿元。12月，与杭州特来电新能源有限公司合资成立建德城投特来电新能源有限公司，下属“混改”子公司总数6家，营业收入达27.19亿元，增长108.1%。全年销售住宅82套、商铺46间、车库（位）和柴间160间，实现销售收入1.82亿元。全力推进安置房办证工作，全年共完成安置房办证980套，累计完成7702套，完成总量的94.1%。处置危废14786.56吨，处置达标率100%。

2021年，该公司承担政府投资建设项目任务

31 项,其中重点投资项目 26 项,完成固定资产投资 12.21 亿元,城市空间、功能、景观得到改善和提升:府前路旧城改造项目府前广场建成对外开放;明镜小学改扩建和培智学校迁建工程完工并交付使用;市图书馆、市妇青幼活动中心正式对外开放;更楼街道南方产业园搬迁安置房、江村埠安置房项目开工建设并顺利推进,洋溪老街安置房主体结顶,梅城镇棚户区改造安置房一期项目建成并完成分房工作;新安江大城区慢行系统二期、三期和绿道白小线完成项目建设,新安江大城区慢行系统(总里程 32 千米)全面贯通;新安江至梅城主供水管网工程、西线供水一期项目完工,城乡供水保障能力进一步加强;寿昌污水处理厂一期项目、主城区污水管网二号、三号排口“零直排”工程先后完成建设,城乡污水处置能力有效提升。

积极推进数字化改革,提升公司运营、管理和服务水平。建立集高效、便捷、监督和规范于一体的 OA(办公自动化)办公系统,推进清廉国企数字化建设;建立城乡饮用水数字化信息管理系统,对全市 125 个单村供水站和多处水源地进行全流程监管;建立危废管家智能服务平台,打造数字化危废处置体系,实现危废处置“服务+大数据收集分析+精准定位+专项处置+反馈”的链条化管理。

(翁晓财)

【建德市交通发展投资有限公司】简称建德交投公司。2021 年,市委、市政府下达该公司项目任务 23 个,其中新增项目 5 个、续建项目 3 个、预备类项目 5 个、前期类项目 10 个。全年计划完成投资额 6.7 亿元(含杭衢铁路建德段、金建铁路建德段资本金各 1 亿元),实际完成年度投资 8.52 亿元(杭衢铁路建德段资本金 1.68 亿元、金建铁路建德段资本金 1.9 亿元),完成率 127.1%。5 月,该公司成功发行中信 PPN(非公开定向债务融资工具)8 亿元。共完成融资授信 50.7 亿元(包含金建铁路政府专项债 8 亿元),融资放款 32.6 亿元。完成固定资产投资 2.44 亿元,招企引税 349 万元,开源增收 8438 万元。市三江河道清淤采砂有限公司年度完成营业收入 8438 万元,实现营业利润 6500 万元;市大众客运有限公司完成营业收入 539 万元,营业利润负 124 万元;市通达机动车综合检测有限公司完成营业收入 552 万元,营业利润负 21 万元。2022 年 1 月 1 日,建德市公共交通运输有限公司、建德市交通运输发展有限公司成立,投入运营。

8 月 1 日,紫金大桥重建工程开工建设。项目总投资约 1.4 亿元,全长 498 米,主桥全长 230 米,为独塔斜拉桥,桥宽 14 米,桥梁采用双向二车道三级公路标准,设计时速 40 千米,工期 28 个月。至年末,完成项目部驻地、工地试验室等临建设施,完成路基填筑 120 米,完成栈桥搭设四跨,引桥灌注桩 2 根,完成投资 2500 万元。

8 月 30 日,杭衢铁路建德南站站前广场及连接线工程开工建设。新建站前广场,包含广场、公交首末站、社会停车场、出租车蓄车场及网约车停车场、长途客运站、配套办公、场内道路及桥梁等设施,总用地面积约 6.96 万平方米,总建筑面积 2.98 万平方米。新建站前管理用房,包括办公、安保、公安、防爆、消控、监控等用房,总用地面积约 0.96 万平方米。机动车停车位 260 个,非机动车停车位 220 个。新建连接线道路,包括更邓线、站前大道、规划道路、企业连接线道路、小古洞村道接线、铁路附属用房接线,总用地面积约 8.12 万平方米。施工图设计基本完成,项目采用 EPC(设计、采购、施工总承包)模式。至 2021 年末完成 EPC 招标、农转用报批、临时用地报批,完成投资 2.16 亿元。

7 月 31 日,通达机动车综合检测站迁建工程

◎ 建德市公共交通运输有限公司、建德市交通运输发展有限公司成立揭牌仪式

开工。项目总用地3.45公顷，总投资1.13亿元。建外观线6条、安检线3条、环保线8条、摩托车线1条，新建生产用房（检测车间四栋）共计6985.62平方米，配套有变配电房、气泵房、地下消防水池、泵房、综合服务办公楼、传达室等共计5126.51平方米，停车位279个。至年末，完成办公楼、安检、环检及外检车间的主体结构，投资6000万元，计划于2022年6月底建成并投入使用。 （翁 姗）

【建德市资产经营投资有限公司】简称建德资投公司。2021年，该公司完成营收8.16亿元，完成固定资产投资1.8亿元。完成梅城镇危旧房改造工程等4个政府投资重点项目，累计完成投资1.9亿元，财务支付数2.4亿元。完成B04-6地块（大塘坞农贸市场）土地收储工作，完成筱隐品牌农文旅融合发展项目（筱隐梅城忆精品民宿）引进，完成招企引税219万元。完成年度任务银行授信18亿元，放款11.3亿元。

强化经营性房产管理，签订租赁合同共计632份。完成直管公房专项清理规范扫尾工作，分类处置直管公房1318户，处置率100%，实现处置收入2.81亿元。寿昌佳和公寓通过4次公开拍卖创收8346万元。全面启动剥离资产清理处置工作，对全市325处剥离资产进行入户调查摸底，并对承租资格进行审查，开展房屋租金评估等工作。实现资产管理信息化，完成资产管理智慧平台一期验收并上线使用，结合数字化改革目标，继续推进系统二期优化及私有化部署，进一步提升资产管理能力和水平。

拓展公司所属子公司业务。保安公司员工增至1200余人，服务资质提升至安保二级。物业保洁公司全年营收比上年增长83%。民爆公司营收创历史新高，比上年增长95%。公共资源公司成功追缴停车欠费192万元，抓住数字化改革机遇，推进停车综合管理服务平台建设；同时引进共享电单车运营企业，于1月初在主城区投放运营1000辆电动单车，缓解城市交通压力，增加企业营收。

投资3.58亿元完成杭州滨江区世包中心集团浙江网络技术有限公司股权收购，投资4亿元竞得新安江千岛湖皇冠假日酒店在建工程及土地使用权，成立资投酒管公司，于2022年1月1日正式接管。投资1.79亿元参与恒大林溪郡资产收购工作。 （宁慧婷）

【建德市新安旅游投资有限公司】简称建德旅投公司。2021年，该公司紧扣全市文旅发展任务，开拓进取、与时俱进，有效推进国有旅游产业开发及经营管理工作。

2021年，该公司坚持“硬核防疫、暖心服务”原则，在全市酒店、景区设立“17微服务驿站”，为市民游客提供旅游咨询、景区推介、防疫宣传等“一站式”公益旅游咨询服务，直接服务市民游客300余人次。

3月，该公司整合2020年度社会各界对大型山水沉浸式实景演艺项目《江清月近人》评价，进一步深挖建德历史人文，全面优化演艺剧情，提升演艺场景，推出《江清月近人》2.0升级版，并于3月20日首演。全年共演出256场，接待游客6.02万人次。获“浙江最受欢迎原创演艺节目”“浙西文旅融合示范项目”等荣誉，成为建德夜经济旅游主导产品。

配合全市党史学习教育活动，利用千鹤妇女红色教育基地，举办“百名党员重走革命路”等系列主题活动。至2021年末，该基地接待游客13万余人次，10月24日和27日承办第三届全球女性发展论坛、浙商女杰企业发展联合会两个大型会议，该基地获全国妇女爱国主义教育基地、浙江省爱国主义教育基地等荣誉称号。同期推出新叶“红色剧本杀”、三都渔村乡村游等系列项目，助力村集体、村民增收，加快推进乡村振兴发展。

围绕双江街改造提升工程、破解消防等难题，采用立体式布局，建成地下娱乐休闲、地上餐饮、沿（新安）江音乐休闲、后公园儿童游乐四大区块为主的“吃喝玩乐”网红街，引进G20酒吧、双江汇等十多家商户，举办“17嗨街”开幕式、青岛啤酒节等特色活动，活动期间日均超1万人次。至年末，街区商户增至25家，商铺出租面积2.15万平方米，入驻率92%。

该公司投资2.9亿元成立建德市交通运输发展有限公司，历时半年完成建德市全域城乡公交

◎“江清月近人”(2.0 版)获 2020 浙江最受欢迎原创演艺节目

收购工作,收购长运、腾飞、和通等 5 家客运公司 600 余辆汽车、28 处场站、千余件电子设备等全部资产,同步完成与 5 家公交公司原有 890 名员工劳动合同签订。2022 年 1 月 1 日,建德市交通运输发展有限公司正式挂牌运营。

全年投资建设一批特色旅游项目,大慈岩景区投资 2100 万元升级新索道,新增观光电梯,形成“流动景观走廊”。灵栖洞景区投资 920 万元引进飞天三部曲,包括“飞天魔毯”“极速滑道”等项目。通过对老旧景区提升改造,直接促进景区整体人次营收“双增长”,全年景区人次比上年增长 15%,景区营收比上年增长 21%。

该公司推出“国韵建德,潮玩十一”“17 避暑到建德新安江抖音大赛”等“原创国潮”主题活动,发布各类原创视频 115 条,原创视频累计浏览量超过 600 万次,关注量比上年增长 180%。引入来自福建福州、厦门、漳州和安徽黄山等地赏花、研学、红色旅游等系列大型千人旅游团队及高铁旅游专列 8 批次,活跃建德市旅游市场。 **(谢文卿)**

【杭州建德高铁新区投资发展有限公司】简称建德高投公司。2021 年,该公司建设项目计划财务投资额 87.42 亿元,固定资产计划投资 7.7 亿元,实际完成 8.07 亿元,完成率 118.2%。公司资产总额达 60.87 亿元,负债总额 41.09 亿元,所有者权益 19.78 亿元,资产负债率 67.5%,公司资产规模增长 29.1%。全年实现营业收入 8644 万元,完成年度任务的 132.8%,营业利润 4248 万元,实现扭亏为盈。

全年共有建设项目 28 项(其中新增重点实施类 5 项、续建重点实施类 16 项、一般类项目 7 项),总估算投资 87.42 亿元。完成中策橡胶仓储项目土地收储 26.7 公顷以及丰和区块、五马洲区块、大洋区块场地平整约 20 公顷;落实“拥江发展”战略,推进“三江”治理提升改造工程,完成洋溪大桥至严州大桥绿道建设,三河段和兰江段堤防建设完成 80%总工程量。全面完成新安江综合保护工程和“独流入海”工程建设,新安江综合保护工程下涯至岱头绿道获评浙江省第五届“最美绿道”。大洋安置房、黄东坞安置房、下涯和美家园三期以及南峰、马目职工中心保障房等民生项目建设进展顺利,其中马目职工中心一期 157 套住房年底完成装修、投入使用。

子公司建德市三江生态管理有限公司全年完成营业收入 1640.2 万元,比上年增长 12%;杭州建德高景建设有限公司实现营业收入 4086.8 万元,实现利润 386 万元。 **(吴延丰)**

【杭州两山建设开发有限公司】简称两山公司。该公司主要承担全市垦造耕地、“旱改水”及建设用地复垦等土地整治项目实施工作。2021 年,两山公司全年完成开源增收指标款 17.2 亿元,增长 56.4%;完成固定资产投资 6.2 亿元,增长 82.4%;融资授信 4.5 亿元,实际放款总额 8.2 亿元;全年实现营业收入 3.8 亿元,减少 24.8%;营业利润 6807.5 万元,增长 34.8%。

2021 年,全面完成“空间拓展”土地整治项目,全年验收水田项目 66 个,新增水田 270 公顷;完成建设用地复垦项目 31 个,新增耕地 31 公顷。两山公司获 2021 年杭州市人民政府全域土地综合整治和自然资源要素保障工作集体嘉奖。

2021 年,该公司开展浙江省首个改良新垦造水田试点。在试点中,运用自然资源部国土整治中心专利技术——木本泥炭快速提升优质耕作层技术,提升新垦造耕地生产能力。10 月,召开大同镇黄垅村项目现场测产观摩会,实测水稻亩产 640 千克。打造“建德市垦造耕地数字化生态管护提升工程”,开展新垦造耕地土壤本底调查,实现动态溯源管护。以科技赋能、数字赋能保护土壤生态安全，提升新垦造耕地综合效益，实现新垦造耕地“数量、质量、生态”三位一体保护。

全年继续开展低效用地收储工作，投入1407.9万元开展乾潭镇安仁村红狮地块低效用地收储。盘活低效土地资源，腾出用地、用能和发展空间，为建设“共同富裕”安仁联合体绿色产业园项目奠定基础。

子公司青润农业接力后续管护，对新垦造耕地进行统一流转、种植、管护、经营，打造新垦造耕地特色生态大米品牌。全年流转23个土地整治项目田块近133公顷，种植早稻80余公顷、晚稻约47公顷，产量570余吨。子公司青丰矿业参与涉矿工程资源处置拍卖，助推建设工程顺利开展，确保国有资产保值增值。 **（郑佳敏）**

税务

【概况】2021年，国家税务总局建德市税务局以全力深化税收征管改革为目标，开展税务各项工作。全年税费收入101.4亿元，比上年增长30.8%，首次突破百亿大关。其中：税收收入64.8亿元，增长23.7%；构成地方财政收入34.4亿元，占全市地方财政收入的89.4%；社保费收入27.9亿元，增长24.5%；职业年金1.2亿元，增长8.8%；非税收入7.4亿元，增长363.3%。

该局在杭州市税务系统绩效考评中再次被评为第一等次单位。精准监管相关工作得到国家税务总局和浙江省税务局肯定性批示。新安江税务分局获评省级文明单位，第一税务所获评全省税务系统先进集体。4月28日，该局税务部门服务“我为群众办实事”案例被中央电视台《新闻直播间》详细报道。

【落实减税降费政策】该局落实制造业中小微企业缓缴政策，实施“点对点”精准辅导确保纳税人税惠应享尽享，充分发挥出台政策“减、免、退、缓”逆周期调节作用。全年实现减税降费10.5亿元。共有2115户企业享受税费缓缴8411万元；加速办理各项退税12.5亿元，其中出口退税6亿元、增量留抵退税2.3亿元、其他退税4.2亿元。

【开源增收项目】重点关联交易及上市企业税收管理20家合计贡献税收22.6亿元（含新安化工、新化化工、大洋生物3家企业限售股解禁个税3857万元），约占全市税收收入1/3，完成预期目标的103.8%；外来建筑税收管理实现税收5.5亿元，完成预期目标122.3%；碳酸钙行业“以石控量（税）”项目实现税收1.6亿元，完成预期目标109.2%。农夫山泉有限公司、新安化工集团、浙江新化化工等12家企业超额完成预期目标。

【城乡居民基本养老与医疗保险费征缴】建立“政府主导、部门协作、基层参与、绩效考核”城乡居民“两费”征缴工作机制，税务部门和人社、医保、财政等相关部门及各乡镇街道在政策制定、信息共享、业务衔接、征缴核算等方面协作配合，完成全市城乡居民养老保险缴费对象2.68万人、城乡居民医疗保险缴费对象25.9万人“两费”征缴任务。

【非税收入划转工作】全年划转税务部门征收非税收入共10项，其中建德市涉及6项。全年入库国有土地使用权出让收入2877笔，合计5.64亿元，其中以招拍挂协议方式出让土地使用权收入25笔，入库3.50亿元；个人补缴土地出让金2853笔，入库2.14亿元。

【增值税专用发票电子化试点】落实一户式全流程闭环运转机制和《增值税专用发票电子化试点网格化服务和管理工作规范1.0版》。开展新办纳税人增值税电子专用发票同步核定试点，至2021年末，纳入试点纳税人共833户，核定专票833户，推行比例100%，其中开具电子专票441户，开具率为83.0%。

【企业所得税与个人所得税汇算清缴】2021年，全市应参加企业所得税汇算清缴企业11160户，实际参加11129户，汇算清缴率99.7%，实现企业所得税17.43亿元，比上年增长38.8%，其中预缴企

◎ 市税务局干部赴航空小镇实地宣传税收政策

业所得税 13.68 亿元，汇算清缴补税 3.56 亿元。按照国家税务总局口径，全市应参加个人所得税汇算清缴 26387 人，申报率 106.4%，退税办结率、补税办结率、补税入库率均为 100%。

【土地增值税清算】全年完成土地增值税清算项目 17 个，其中应补土地增值税项目 9 个，应补税款 2.07 亿元，应退土地增值税项目 8 个，应退税款 6391 万元。

【依法治税工作】完善“税法协作”机制，推进破产清算企业和民事执行企业债权申报、清偿入库，以及职业放贷人税费征收信息交换、案件跟踪、税费入库、数据统计等工作，全年主张税收债权共计 8948 万元。落实《长江三角洲区域申报发票类税务违法行为行政处罚裁量基准》《长江三角洲区域税务轻微违法行为“首违不罚”清单》，开展疑点自查 29 条。制定印发《国家税务总局建德市税务局重大税收执法决定法制审核目录清单》，开展行政处罚和行政许可案件评查。配合做好审计署上海特派办进驻审计工作。开展数智综合监督管家试点工作。“同行·童心”普法宣讲团被列为浙江省第三批社会大普法“六优”培育行动计划优秀名单。

【提升办税缴费便利度】大力推广“非接触式”办税，加大网上办税宣传指导，加强行政服务中心自助办税区辅导力量，做到办税指南“一单清”，帮助企业适应“线上办、掌上办”新常态。全年网上办税率达到 98.3%。全年办理出口退税平均时限控制在 1 个工作日以内。平稳实现财产行为税“十税合一”申报和城建税与增值税消费税合并申报。建立建德二级集中处理中心，该中心自 10 月正式运行，至年末受理《二级集中处理事项清册》内业务 11494 笔，清册外业务 2475 笔，共计 13969 笔，日均受理量 279 笔。

【优化税收营商环境】建立“好差评”工作机制，全年实现实名回访率 100%，总的差评率和主动评价率指标均处于杭州市税务系统前列。深化纳税评价及结果运用，按时完成年度纳税信用评价，做好数据监测和动态调整。深化“银税互动”合作，全年共发放小微企业银税合作贷款 52780 万元，惠及 1040 户小微企业。加强涉税专业服务监管，推行实名制管理。

【税收风险管理】建立“特征库”“指引库”“招商库”，推动税收风险管理长效化、制度化。开展“平台经济”企业专项治理，核查符合特征纳税人 9039 户。开展百万元版发票核查，对无实际需求及风险企业 46 户作“降版”处理。建立招商项目涉税风险特征指标评价机制，对招商项目进行涉税风险指标评测，实施 11 个事项申报监控等后续监管举措，组建招商引资服务专班，加强招商引资税收政策宣传。摸底全市涉税中介代理机构 29 户，重点约谈 6 户，源头防范代理记账风险。该项工作得到国家税务总局局长王军和浙江省税务局党委书记龙岳辉的肯定性批示。（李齐超）

责任编辑：唐国强

经济管理

Economic Management

发展规划

【概况】2021 年,建德市纳入国民经济和社会发展年度计划预期指标 12 项,达到市第十六届人民代表大会第五次会议通过的预期目标或杭州市下达的考核目标者 9 项,未达标者 3 项(第三产业增加值、固定资产投资、工业投资)。全年实现地区生产总值 430.60 亿元, 增长 7.5%。其中农业增加值 38.65 亿元, 增长 3.9%, 第三产业增加值 175.70 亿元,增长 6.6%。规模以上工业增加值 158.47 亿元, 增长 11.7%。社会消费品零售总额 126.06 亿元, 增长 10.5%。自营出口 86.56 亿元, 增长 13.3%。固定资产投资 154.48 亿元,下降 12.3%;其中工业投资 62.06 亿元,下降 12.9%。实到外资 1.30 亿美元,下降 10.9%。地方财政收入 38.50 亿元,增长 12.5%。城镇居民人均可支配收入 60183 元, 增长 9.5%; 农村居民人均可支配收入 33807 元,增长 9.9%。新增城镇就业人数 11278 人,户籍人口基本医疗保险参保率 99.5%。

【规划编制】编制《建德市 2021 年规划编制计划》提交市政府常务会议审核通过, 市政府以建政办函〔2021〕26 号文件下文实施。列为 2021 年编制计划的规划和课题研究共 48 个, 比上年增加 7 个;编制费用 661.4 万元,比上年减少 211.8 万元。其中上年结转编制 34 个, 共 481.6 万元;2021 年新增编制 14 个,共 179.8 万元。2021 年市级财政安排规划编制经费 430 万元。4 月,《建德市国民经济和社会发展第十四个五年规划和二〇三五年远景目标纲要的通知》印发实施。

【重点项目建设】2021 年,建德市列入省重点实施类项目 2 个,总投资 26.6 亿元,年计划投资 6 亿元。至年末, 均已开工建设 (其中南方水泥已投产),完成投资 6.9 亿元。列入杭州市重点实施项目 16 个,总投资 194.7 亿元,年计划投资 15.9 亿元;至年末,16 个项目均已开工建设(其中 6 个项目完成建设),完成投资 20 亿元。市政府投资重点实施项目 100 个(其中新增项目 35 个,续建项目 65 个), 总投资 350.6 亿元, 年计划投资 55.5 亿元;至年末,除国道 320 线预计 2022 年 1 月开工建设外,其余项目均已开工建设(其中 36 个项目已基本完成)。完成年度投资 60 亿元,为年度计划的 108.2%。

(刘　旻)

【社会信用体系建设】完成编制并印发《建德市“十四五”社会信用体系建设规划》,全面开展信用镇街监测,明确“十四五”期间社会信用体系建设的目标任务和实施路径。全方位开展“信易+”信息共享,实现信易游、信易租、信易批、信易购等信用应用场景 24 个,场景数量居杭州地区前列。2 月,中央宣传部、国家发展改革委联合发布 2020 年“诚信之星”, 浙江省建德市乾潭镇陵上新村卫生室乡村医生吴光潮成为浙江唯一上榜个人。

(郑伊琳)

经济体制改革

【概况】2021 年, 建德市继续推进经济体制改革, 优化营商环境。同时,着力深化小城市培育,乾潭镇通过全省小城市培育试点考核。全力争取梅城、寿昌、大同三镇列入省、杭州市“千年古城复兴”试点以及企业债发行和日常监管等工作内容。完善政策，妥善处置企业改制后遗留历史问题，全年办理退休人员死亡后供养直系亲属享受生活补助费审批32人。开展和推进三项试点（建德市列入全省公办幼儿园办园体制改革创新配套政策试点、梅城镇列入乡镇街道法治化综合改革省级试点、建德市列为全国县域共青团基层组织改革试点）并取得成效。在全省乡村全域土地综合整治与生态修复现场会上作经验介绍。

【推进经济体制改革】2021年，对历年来经济体制改革中形成的信访积案工作，深入调阅相关档案资料，市领导领衔接待职工代表并面对面沟通，依法合理答复代表提出问题；对改制企业“车改”遗留问题，做好接待处理工作。按月审核改制企业离退休人员遗属供养资格，协调对新化化工、洋溪搬运站部分职工、原建铜集团员工、新桥宾馆、化工设备厂、梅城电子管厂、林场等信访处置。

【营商环境评价】2021年，建德市政府将优化营商环境工作纳入部门年度考核，拟定营商环境专项考核办法，制定出台《建德市2021年优化营商环境重点任务清单》，组织部门赴先进地区考察学习营商环境工作，定期召开例会研究，下发工作交办单20份，提醒单15份。完成全市市场准入负面清单落实情况自查、贯彻落实《优化营商环境条例》创新举措借鉴及问题自查整改情况、营商环境评价工作自查自纠报告、省发改委隐性壁垒调查、杭州市优化营商环境问题整改清单，组织相关部门参加各级营商环境培训。经评价，建德市2020年营商环境评价在全省53个县市中排名第十，连续三年在省评价中排名前十。

同时，市发改局牵头推进在杭外来务工人员补助工作，兑付符合现金补贴条件外来务工人员5515人、总金额551.5万元。牵头推进“亲清在线”政策上线工作，累计上线建德市级政策51条，杭州政策14条，累计线上兑付资金2.11亿元，在杭州地区排名第三。营商环境持续改善。

【争取“千年古城复兴”试点】2021年，成立建德市“千年古城”复兴试点创建工作领导小组和办公室，制定《千年古城复兴试点工作方案》，组织乡镇参加省、杭州市“千年古城”调研考察活动，推动梅城镇、寿昌镇被列为省级千年古城复兴试点（全省两批21个试点中，建德市为唯一双试点单位）。大同镇列入杭州市级千年古城复兴试点。同时，协调全市力量，配合在梅城召开全省千年古城复兴工作推进会暨千年古城复兴论坛，“智在严州”方案获得省发改委认可。

【企业债发行和日常监管】2021年，全市完成仍在存续期的2个企业债券存续期管理和本息兑付风险排查报告、资金使用情况调查，两家企业债券均进入还本周期，每年需兑付本金5亿元。召开全市企业债券培训会，摸排企业债储备情况。协调部门帮助拟发债公司梳理补充申报材料，争取国家发改委审批通过。完成2家政府出资产业投资基金绩效评价，完成季度中小微企业融资问卷监测。

（厉 莹）

区域合作

【概况】2021年，浙江省开启新一轮浙川东西部协作“县县结对”，建德市与甘孜州乡城县开展对口支援结对。此外，继续深化建德市与重庆市涪陵区江东街道对口支援工作，以及与长春市德惠市对口合作工作。全年安排对口支援项目资金4154万元（其中建德市支援1500万元），实施对口支援项目9个。其中苹果、藏猪等产业支援项目3750万元，乡村振兴、民生、医疗、教育和“交往交流交融”类项目资金304万元。捐赠财政计划外资金120余万元。

【对口支援四川乡城县】开展“万企兴万村”活动，促成建德市20家企业和3家社会组织与四川乡城县23个村结对，捐赠款物344.06万元。协调捐赠教学设备22台（套）、书籍2000余册，捐赠医疗设备12台（套）。选派2名党政干部及12名专技人才组成"智援乡城"团队,举办"智援乡城"专题培训10次,培训人员1060人。两地联合举办文旅行业互联网营销培训班,培训两地文旅从业人员50余人。两地5家学校、3家医院结对,开展线上研讨活动5次。助力乡城引进"建德红"等草莓新品种6个,每亩可增收3000元。发挥浙江数字化改革先发优势,数字赋能产业升级,在该县建成数字农业园区1个、数字养殖场2个,实现"一屏掌控、一键直达"。帮助乡城县3家企业产品上架"宜品建德"淘宝网。引导建德市3家企业到乡城考察投资。两地联合举办金秋招聘会,11家建德企业提供招聘岗位480个,帮助四川省农村劳动力704人到建德就业。联合助推公益性岗位开发,帮助219人在乡城就近就业。联合举办产业技能培训班1期,培训121人次。设立扶贫车间1个,实现8人就近就业。两地政府先后开展9批78人次互访考察。签订对口支援、旅游、职工疗休养、教育、助残、学校、卫健、医院等合作协议15份。组织两地民族团结模范和党员干部等代表100余人实现互访,组织建德职工疗休养团队8批278人赴乡城县疗养。

【对口支援重庆市涪陵区江东街道】2021年,建德市落实对口支援三峡库区援助资金46.2万元,着力推进重庆市涪陵区江东街道经济社会发展。

【对口合作】积极推进建德市与长春德惠市对口合作工作,克服疫情防控带来的不利影响,加强和畅通线上日常沟通交流渠道,探索与德惠开展经济发展、人才培养等全方位、多层次的合作。

(许茜楠)

公共资源交易管理

【概况】2021年,杭州市公共资源交易中心建德分中心全面推行电子化招标和网上业务办理,进一步规范和完善公共资源交易监管制度,确保国有资产保值、增值、不流失。全年全市完成各项交易1464个,交易金额47.08亿元,节约(增收)金额7.47亿元。其中,建设工程1088项,交易金额38.72亿元,节约资金6.27亿元;采购(含政府采购)285项,交易金额2.9亿元,节约资金2486.95万元;产权交易91项,成交金额5.4亿元,资产增值9441.7万元。

【电子化招投标与网上业务办理】2021年,按照杭州要求,建德市在住房建设、市政设施、交通、水利、园林绿化工程建设项目和政府采购项目领域,全面实行全流程网上电子招投标,实现招标文件发布、质疑(异议)提交、答复、投标文件递交、开标、公示全程网上办,全流程无纸化,全年完成全流程电子招投标工程项目327个,政府采购项目43个。利用腾讯"云直播"系统,向全社会公开开标过程,在杭州各区(县、市)较早实现工程建设项目远程异地评标,全年采用远程异地"1+1"模式评标的项目74个,完成建德市首个政府集中采购远程异地评标项目。

【规范公共资源交易监管】由市公共资源交易管理委员会办公室牵头开展政府投资项目联审联查,全年开展联审联查8次,检查政府投资项目共16个,出具联审联查报告和季度通报9份,及时将问题报告反馈至行政监管部门和建设单位,收到整改报告6份。完善内部交易平台检查机制,全年共组织招投标项目档案管理检查7次,开评标区域检查3次,强化对村级工程项目管理的监管力度。在杭州市公共资源交易中心建德分中心门户网站设立"曝光台",及时更新招投标领域单位及个人不良行为记录,全年公示不良行为记录5条,11家企业被限制参与建德市招投标活动。

(方金娟)

审计

【概况】2021年,建德市审计局完成审计和专项审计调查项目22个,其中,财政审计项目6个、领导干部经济责任审计项目5个[含同步实施领导干部自然资源资产离任(任中)审计3个]、专项审计和审计调查项目8个。

审计查出问题金额10.06亿元，其中违规金额0.98亿元、损失浪费金额32万元、管理不规范金额9.08亿元。审计处理处罚1.30亿元；移送司法机关、纪检监察机关和有关部门处理事项9件，移送处理人员20人，移送处理金额0.37亿元。审计促进整改落实有关问题金额2.47亿元，审计促进拨付资金到位278万元，审计后挽回(避免)损失0.27亿元。出具审计报告和专项审计调查报告28篇；提交审计信息108篇，被批示、采用71篇。市审计局获2021年度杭州市审计工作综合考核优秀，获评2021年度浙江省优秀县级审计机关。

【财政审计】2021年，分别实施市本级预算执行和其他财政收支情况审计，新安江街道、莲花镇、钦堂乡财政决算审计，市住建局2020年度预算执行审计和下涯镇之江村乡村振兴工程预算执行审计。同级审发现，3家企业欠缴土地出让金5554万元、滞纳金1025万元，36家单位4329.87万元非税收入未及时划缴国库，821万元非税收入未及时清算，1534.08万元部门单位上缴结余资金未纳入预算统筹使用，2987.58万元结余资金未上缴市财政等问题。财政决算审计揭示，相关乡镇(街道)在财务报告编制、财政预决算管理、财政财务收支管理、公务支出公款消费、国有资产管理、内部控制管理等方面，存在规范欠缺。预算执行审计发现市住建局、下涯镇之江村乡村振兴工程项目有关问题。

【经济责任审计】2021年，共完成新安江街道、莲花镇、钦堂乡3个乡镇(街道)及市司法局、市农业农村局2个部门领导干部8人的经济责任审计，其中离任审计1名、任中审计7名。审计结果揭示，上述单位领导干部在重大决策、内控制度建设与执行、专项资金管理、工程建设监管、国有资产管理等方面还存在履职不到位情况，审计查出管理不规范金额7133.44万元，违规金额682.17万元。结合审计结果，推动出台完善制度8项。实施廉政联审工作1987人次，指导领导干部离任移交接工作46人次。

发挥审计“防未病”作用，通过电话解答、定向培训等方式，提供财务、工程、内审咨询指导服务累计48次；聚焦服务市、镇两级领导班子集中换届工作，修订编印2021版《领导干部履行经济责任风险防范清单》，梳理常见风险点82个，列明相关案例13个，对走访的69家单位现场发放，推动领导干部规范权力运行的思想自觉和行动自觉。

【自然资源资产审计】2021年，对新安江街道、莲花镇、钦堂乡3个乡镇(街道)领导干部6人任职期间自然资源资产管理和生态环境保护责任履行情况进行审计，重点审计土地、水、森林等自然资源和相关生态环境保护情况，其中离任审计1人、任中审计5人。审计发现，新安江街道在水资源治理提升、工程项目和专项资金管理等方面，莲花镇在资源利用管控、环境污染治理、资金项目管理等方面存在问题，钦堂乡在耕地保护资金下拨、农村生活污水设施运转、耕地抛荒、土地整理、非法采矿案件发生等方面存在问题。

【政府投资审计】3—11月，对高投公司、莲花镇、梅城镇、新安江街道4家单位建设管理的部分公共投资项目工程价款结算情况进行专项审计调查，重点关注价款结算审核及工程款支付情况。审计发现，65个工程结算不真实，涉及造价241.63万元；61个工程结算未及时送审；13个工程未按合同约定价格方式进行结算审核；2个工程超进度支付工程款42.58万元等问题。

3—4月，开展高铁新区投资发展有限公司2020年度资产负债损益情况审计，发现高投公司在工程管理、征地拆迁、财务核算、资产管理、内部控制执行及下属公司管理等方面存在问题。

5—7月，开展部分市级医院项目管理及运营情况专项审计调查，审计查出管理不规范金额4074.30万元，主要为项目建设到位资金不足(涉及资金2050.09万元)，项目投入使用多年但项目贷款1300万元尚未归还、未按立项批复落实资金来源(涉及资金579.58万元)等。

【政策跟踪审计】3—10月，对全市采购资金管理进行专项审计调查，查出主要问题涉及金额7984.31万元，向司法机关及有关部门移送处理事项4件，移送处理人员20人，移送处理金额3438.37万元。

3—7月，开展“美丽建德”建设专项资金审计，对3个“美丽经济”项目重复申报、多拨付补助资金30.37万元，做收回处理；发现部分项目补助资金被占用，涉及金额268.67万元，向有关部门移送处理事项3件，移送处理金额179.71万元。

9—11月，开展部分乡镇美丽城镇建设项目跟踪审计，查出管理不规范金额2.4亿元，涉及3个项目超投资估算；发现违规招投标签订合同32份，逾期未建成项目20个等。

11月，开展建德市第二十一次“春风行动”募捐资金收支审计，未发现贪污、截留、挪用资金等违法违纪现象。

10—12月，对建德市2018—2020年养老服务体系建设情况进行专项审计调查，结果揭示，相关养老服务体系建设在政策建立落实、资金使用方面，机构养老和居家养老服务运行管理方面、部门和乡镇养老服务工作推进方面存在问题。

表14　建德市2021年度审计项目表

项目名称	级次
2020年度建德市本级预算执行和其他财政收支情况审计	省定
建德市钦堂乡党委书记邹泉自然资源资产任中审计、原乡长王志平自然资源资产离任审计	省定
建德市新安江街道办事处党工委书记吕鹏云、主任程斌自然资源资产任中审计	省定
建德市莲花镇党委书记叶姣、镇长应永江自然资源资产任中审计	省定
建德市新安江街道2020年财政决算审计	省定
建德市莲花镇2020年财政决算审计	省定
建德市钦堂乡2020年财政决算审计	省定
建德市住房和城乡建设局2020年度预算执行审计	自定
建德市司法局局长巫海武任期经济责任审计	自定
建德市农业农村局党组书记、局长邱剑娟任期经济责任审计	自定
建德市新安江街道办事处党工委书记吕鹏云、主任程斌任期经济责任审计	自定
建德市莲花镇党委书记叶姣、镇长应永江任期经济责任审计	自定
建德市钦堂乡党委书记邹泉、原乡长王志平任期经济责任审计	自定
建德市部分乡镇美丽城镇建设项目跟踪审计	自定
建德市部分公共投资项目价款结算管理情况专项审计调查	自定
建德市部分市级医院项目管理及运营情况专项审计调查	自定
建德市下涯镇之江村乡村振兴工程预算执行审计	自定
杭州建德高铁新区投资发展有限公司2020年度资产负债损益情况审计	自定
建德市养老服务体系建设情况专项审计调查	自定
建德市美丽建德建设专项资金审计	自定
建德市采购资金管理专项审计调查	自定
建德市第二十一次春风行动募捐资金收支审计	自定

（罗　文）

统计

【概况】2021年，建德市统计局紧紧围绕市委、市政府中心工作，以数字化改革为牵引，强化统计分析监测服务，开展各类统计普查调查核算，并及时形成《建德市第七次人口普查主要数据公报》等成果报告；同时，完善统计基层基础建设，开展统计改革创新，为市委、市政府科学决策提供统计支撑。

第七次全国人口普查工作获省级先进1人、杭州市集体三等功荣誉1项、杭州市级个人三等功1名。

【统计服务】认真履行党政领导助手、部门工作帮手、企业发展推手等统计职能，精准有效服务各类决策。重点研究高质量发展、“双碳”核算、共同富裕示范区等指标体系，分析解读建德市发展现状，有针对性提出参谋建议。全年共印发快报16期、专报20期，获市领导批示12篇，建德市委《领导参阅》和市政府《政务参阅》上刊登大稿9篇。扎实开展“统计联心、数为民用”主题行动。汇编《统计“四上单位”入库锦囊》、微信发布统计知识12篇；制作400余份规模以上工业企业档案卡及20家重点企业个性化统计分析报告，服务企业精准定位、高质量发展；制作乡镇（街道）个性化发展报表，助力基层找准优势短板，拓宽发展思路。紧扣时间节点，编印《统计预报》《统计快报》《统计月报》《统计专报》等统计刊物，面向全市各级领导、“两代表一委员”发放，并同步通过“今日建德”等媒体对全市经济社会发展情况进行解读，实现数据发布及时有效。

【统计调查】人口普查工作。完成建德市第七次全国人口普查，及时发布《建德市第七次人口普查主要数据公报》。运用普查成果，撰写《查准查实出生人口的思考》《创新培训方式，切实做好第七次人口普查培训工作》等分析报告，为党委、政府决策提供统计数据参考。

常规统计调查。全年高标准完成一、二、三产业及项目等80余张统计报表，涉及4万多个具体指标。完成600多家“四上单位”全面报表，及涉及规下工业、规下服务业、两项收入等1500余家“四下单位”抽样调查工作。

民意调查。围绕党政领导关心、社会公众关切的问题，完成营商环境、服务业转型升级、民营企业发展环境、全面从严治党等各类民情民意调查12项，其中编制和开展“民呼我为·千名干部访万家”问卷调查报告，为巩固深化文明城市建设提供有效建议对策。

【统计监督】防惩责任体系建设。出台《关于进一步加强和规范统计管理提高数据真实性的通知》，明确十项举措，贯彻《关于深化统计管理体制改革提高统计数据真实性的意见》《统计违纪违法责任人处分处理建议办法》，夯实巩固基层统计基础。

统计执法监督。以国家统计督察为关注点，积极做好省市迎检准备工作，配合做好上级统计部门的巡查督导工作。全年度共执法检查单位57家（其中“双随机”抽查单位29家），接受省、杭州市统计执法“双随机”检查30家企业（项目），共立案查处统计违法行为单位8家、罚款4.43万元。

统计法治建设。借助“统计开放日”“宪法宣传日”等活动载体，做好统计普法宣传工作。全年开设统计法律法规知识学习讲座15场，完成政府工作人员、统计员法治培训1000余人次。通过“建德统计”微信公众号开展2次线上统计法治有奖竞答活动，参与人数达1.5万人次。依法开展统计工作意识和工作水准均有提高。

【统计改革创新】打造统计数字化改革标志性成果。以企业“减负”为立足点和出发点，基于建德企业服务数据通平台开发“一键入库”。该项目从入库事项的现实需求入手，优化统计入库流程，实现企业上规、项目开工指标触线推送，部门资料直接一键调取，将服务企业关口前移。该项目被纳入省发改委跑道，12月10日在“浙政钉”正式上线运行。扎实推进统计网格规范化工作，以夯实统计业务，提升数据质量为目标，按照“四上企业”和“区域+产业”相结合，建立17个统计网格驿站，划分

28个网格片区，开展网格活动81次，企业统计“传帮带”作用得以有效发挥。 （陈丽云）

市场监督管理

【概况】2021年，全市市场监管工作围绕上级决策部署，对标共同富裕示范区“县域样板”建设，以数字化改革为牵引，以“三比一讲”竞赛为动力，严守安全监管底线、筑牢疫情防控防线、赋能经济高质量发展；持续打造优质营商环境、放心消费环境和公平市场环境；重点指标实现重大突破，市场监督管理局在全省市场监管系统综合考评中获优秀等次，获全省市场监管系统“三比一讲”竞赛一等奖，全年无重大食品药品特种设备安全事故发生。

【商事制度改革】强化数字赋能，积极推动杭州试点项目商事登记“智能审批”应用场景落地。以大数据和人工智能技术改造的方式，通过重塑业务流程，实现无人工干预、商事登记智能“秒批”。营业执照、申领发票、公章刻制、员工参保实现“一个环节”办结和“25分钟”办结，“分钟制”办结率、设立登记“网上办”通过率、“零见面”比例等数据均位居杭州第一。分类推进“证照分离”改革，全年累计办件2284件，其中优化审批893件、实行“告知承诺制”1119件、审批改备案268件。应用场景“电子化”加快，全年完成电子营业执照下载42642家，市场主体覆盖率近80%。全年全市新增市场主体逾10000户，比上年增长18.8%，累计市场主体数达54275户，有效激发经济动能。

【市场监管行政执法】2021年，建德市市场监管局查办各类案件632件，比上年增长79.6%，罚没款687.55万元，增长63.9%，其中大要案53件、涉刑移送案件4件。在全省首创“行刑衔接”反向移送机制，对于符合条件、确有行政处罚必要的部分刑事案件，由检察机关“反向移送”至市场监管部门作后续处理，破解检察机关不起诉后对被不起诉人移送行政处罚的缺位。制定出台《“行管衔接”工作暂行办法》，强化业务科室与基层站所、执法办案单位的互联互通，实现监管和执法的闭环管理，全面提升执法效能。加大执法力度开展成品油市场乱象整治，检查点位95个、抽检油品37批次，处置各类涉及成品油案件45件，罚没款总数160余万元，辖区内成品油市场乱象基本得到遏制。

【公平竞争审查】全年清理存量文件334份，审查增量文件84份，督促整改排除、限制市场准入问题9件，全部整改到位。加大反不正当竞争执法力度，对全市所有房地产企业开展虚假宣传、价格违法等的“全科检查”，全年查处案件5件，罚没款164.85万元，个案最高罚款近百万元。

【“放心消费”商圈创建】推进消费维权窗口前移，建设基层维权联络站点35个，全年受理各类举报投诉信访5374件，全部按期处理完毕，“12345”（市长公开电话受理中心）效能指数考核优秀，群众满意率超90%。挖掘地域特色，因地制宜打造“放心消费”商圈，高质量培育梅城古街“梅红”、三都渔村“水蓝”、更楼国大阳光“红色”、绿城美好广场“绿色”四大“放心消费”特色商圈，全方位营造品牌氛围，年度打造“放心消费”单位1521家、放心工厂187家、无理由退货承诺单位691家。

◎ 市场监管部门定期发放“放心消费梅花榜”

【质量标准建设】推进首席质量官制度，组织4家企业高管参加首席质量官培训，推动企业导入卓越绩效等先进质量管理方法，增强质量管理竞争能力，至2021年底共有47人获得首席质量官证书。发挥政府质量奖获奖企业标杆示范作用,指导13家建德市政府质量奖企业评审。开展块状产业风险隐患排查,带动产业质量提升,开展食品相关产品质量风险排查,通过质量提升培训、上门走访服务、产品质量全覆盖抽检、品牌创建引导等,助力地区食品产业全面提升质量管理水平。

主起草国家标准2个、行业标准2个、团体标准7个,指导制定建德豆腐包团体标准,牵头起草出台全国首部西红花食品团体标准,填补国内无专用食品级西红花标准的空白。率先完成标准在线管理应用,组织319家企业上线“标准在线”,42家企业开展对标达标。优化“浙江制造”品牌培育服务机制,“浙江制造”标准申报通过率100%,全年发布浙江制造标准5个,12家企业完成“品字标”认证。

【食品安全监管】 全面落实党政同责,完善食药安全工作机制,设立市食品药品安全委员会,由市长担任主任,成员单位增至31个,制定《建德市食品药品安全委员会工作规则》和《2021年度建德市食品药品安全工作考核评议细则》,进一步优化治理体系、健全考评指标体系。推动乡镇(街道)食安办创星升星,新培育建设三星8家、四星2家,实现乡镇(街道)食安办三星级建设全覆盖。

全力推进“抽检分离”改革,抽调骨干人员、选优配强抽检队伍实行实体化运作,加大投入力度、配齐硬件设施落实精准化保障。累计在国抽系统抽样完成1612批次,完成检验1513批次,实现食品抽样自主采样100%。坚决筑牢冷链“物防”,“浙冷链”系统上线后累计激活216家冷链食品经营单位,扫码入库7万余件、赋码入库1.1万余件,扫码率、赋码率均达100%。组织进口冷链食品经营单位全覆盖检查,确保“全受控、无遗漏”闭环管理落实到位。持续推广“外卖在线”,网络餐饮一件事改革见成效,全市餐饮商店上线接入平台789家,网络餐饮“阳光厨房”在线率突破90%。完成33家农村家宴“阳光厨房”、88所学校智能“阳光厨房”建设,实现全市学校食堂“阳光厨房”全覆盖。完成第二届建德高层次人才创业大赛、乡村人才振兴共同富裕大会、第三届全球女性发展论坛、浙江省严州中学120周年校庆庆典等重大活动餐饮环节保障监督工作,确保重大活动餐饮食品安全“零事故”。

【药品药械安全监管】 全年共检查药品生产企业4家次、医疗器械生产企业16家次,整改处理4家次;飞行检查企业40家,跟踪检查2家次;检查市级医疗机构14家次、乡镇卫生院及医院类医疗机构19家次、其他医疗机构110家次。结合重点防疫产品,对全市医用口罩生产企业进行全面检查,检查企业9家次,抽检医用口罩4批次,主动停产2家次,整改2家次,立案查处1家次。开展药械质量抽检,全年抽检药品211批次、医疗器械23批次。全年上报药品不良反应监测报告645例、医疗器械不良事件报告217例。建成4家民生药事服务站,切实为群众提供“一站式”贴心药事服务。

【特种设备安全监管】 推行特种设备安全管理和作业人员证“全流程网办”,通过优化许可事项、细化办事指南,实现材料清单化、流程图样化,全年新证发证数1108人次,复审发证数1364人次。打通特种设备生产、施工、使用、检验、监管等环节,全面应用“浙江特种设备在线”系统,累计办理施工告知768起,使用登记658起,变更登记、设备状态变更291条。借力“遏重大”攻坚战等专项行动,持续深化特种设备安全风险管控和隐患排查治理,全年出动执法人员801人次,检查使用单位362家次,排查隐患112项,发出安全监察指令书38份,立案14起,罚没款到位38万元。全年全市整体特种设备安全形势持续稳定,未发生重特大安全事故,未出现重大负面影响事件。至2021年底,全市共有实际在役特种设备使用单位1132家,在册特种设备共计10748台(套),其中在役9208台(套)。

【产品质量安全监管】 有序推进许可企业监管,按照“谁审批、谁负责”原则,严格重要工业产品生产许可审批,证后首次监督检查、纳入监督抽检覆盖率均达100%,落实企业产品质量主体责任。强化辖区内危化品、危包获证企业证后监管,坚持“教育与整改、企业自律与部门监管、集中整治与日常检查”相结合原则，强化企业源头质量意识，提升产品质量安全水平。市市场监管局牵头全市电动自行车综合治理集成改革，凝聚多方力量齐抓共管，全面摸排摸清底数，135家主体100%上线注册“浙江e行在线”，100%完成诚信承诺书签订和公示，确保“应上尽上”“应签尽签”“应赋尽赋”。严格推进电动自行车领域专项执法，坚持问题导向，指导企业逐项对标自查自纠、查漏补缺，规范电动车行业有序发展。

【市场主体信用监管】多种途径宣传年报规范，微信、短信累计推送10万余条，企业、个体工农商户、农专社年报率分别达93.3%、91.9%、85.9%。开展长期未经营市场主体清理、吊销，拟吊销企业59家、农专社1家，依职权注销清理个体工商户79家，对符合吊销未注销的416家企业强制注销。全市67家企业上榜省级“守合同重信用”榜单，其中AAA级15家，AA级22家，A级30家，强化对违法失信企业的动态管理，营造守信激励失信惩戒的市场氛围。

牵头推进“互联网+监管”平台，落实“双随机、一公开”，全年累计开展双随机执法检查次数5488次，掌上执法14939次，完成春节前“你点我检”等本部门计划153个，掌上执法率、抽查事项覆盖率、双随机抽查任务完成率均达100%。强化部门协作，有序推进各项部门联合随机抽查计划任务落细落实，与多个部门制定并开展82个跨部门双随机检查，跨部门监管率16.7%。

【价格监督检查】全年办结价格类案件11件，罚没款84.76万元。开展粮食购销、房地产市场、校外培训机构等多领域价格专项检查，累计出动执法人员220余人次，检查主体90家次。其中粮食购销领域立案1件，房地产市场领域查处4家，罚没款80余万元。持续落实“转供电”政策，深化“转供电”环节价格整治，全年累计检查转供电主体35家，完成清退120万元，3000余家终端用户受惠，确保国家惠企降价政策不打折扣。

（胡依佳）

知识产权保护

【商标品牌建设】2021年，建德市新增地理标志证明商标“建德西红花”，指导新申报地理标志证明商标“建德鸡蛋”、区域公共品牌“宜品建德”“建德豆腐包”，持续打响建德品牌。指导建德市航头锦风家庭农场等66家单位商标注册，全年商标注册申请量6153件，比上年增长102%，注册量5645件，增长138%。落实企业商业秘密保护工作，以行业协会为纽带，吸纳协会会员单位合力创建省市级商业秘密保护示范点，建德市化工行业协会创建首个浙江省级商业秘密保护示范指导站，另有3家公司创成杭州市级商业秘密保护示范点。

【专利工作】市政府出台有关政策，支持企业知识产权专职人才队伍设置，推动企业与专家共同合作，助力主要指标实现快速增长，全年获得专利授权1987件，比上年增长78.5%；发明专利授权首次突破百件大关，达136件，增长88.9%。科所联动组团赴企“三服务”，每季度举办知识产权专题业务培训，200余家（次）企业获益。同时，抓好企业专利工作重点示范，建立专利示范试点企业创建培育库，全年全市9家企业被认定为杭州市专利示范及试点企业，新认定企业数再创历年新高。

【知识产权保护管理和宣传】持续搭建政银企对接平台，加强与农商行、泰隆银行等本地金融机构对接，通过举办知识产权质押宣讲会，提高企业对知识产权质押融资的知晓度与认可度。全年完成6家企业商标权质押登记，授信7270万元；完成专利权质押登记7笔，质押金额1.43亿元，有效帮助企业缓解资金周转及融资压力。多部门联合开展多元宣传，通过行业协会主题沙龙、重点场所大屏宣传、重要时段广场宣传等形式，进一步构筑知识产权保护优良生态，提升知识产权运用和保护的良好氛围。

（胡依佳）

责任编辑：黄建生

人力资源管理和社会保障

Human Resource Management and Social Security

综 述

【概况】2021年,市人力社保局在坚决守好"红色根脉"、忠实践行"八八战略"、奋力打造"重要窗口"、推动高质量发展建设共同富裕示范区的新征程中,聚焦目标任务、明晰关键举措,着力抓实抓好民生保障、招才引智、维护和谐等重点工作,以改革突破制约、以创新重塑优势,推动人力社保事业攀新峰、走在前。

【数字化改革惠企利民】按照浙江省、杭州市、建德市政府推进数字化改革的部署要求,加强顶层设计,成立以"一把手"为组长的数字化改革工作专班,挂图作战、全力推进。坚持"数字赋能、惠企利民、精准服务",抓早抓小、唯实惟先,以"小切口、大场景"理念,推进部门间数据互通共享,打造整体智治的建德"数智人社"多跨应用场景。成功争取"电子劳动合同""幸福就业""工匠学堂""数智订单学徒"4个省级试点和"智慧企退""数智就业""社保'智办大厅'"等8个杭州试点。其中"电子劳动合同"应用进入省重大应用"一本账S1"的"浙里就业"和"关键小事",列入杭州市数字社会首轮"揭榜挂帅"榜单,获评建德市改革创新项目,相关经验做法被浙江省委改革办《数字化改革》专刊登用,被浙江省人社厅网站等平台宣传报道,获浙江省人社厅领导批示肯定。在全国首创出台《建德市电子劳动合同管理办法》,为合同签订合法有效等方面提供制度保障,实现在部门间、部门与企业间共享互认,为下步省级层面制定电子劳动合同共享互认的地方性法规提供试点经验。在建德市数字化改革大比拼中,综合排名榜、特色亮点榜五进红榜。

【成立建德市人力资源发展促进会】10月,成立建德市人力资源发展促进会,由市委组织部副部长,市人力社保局党组书记、局长章明担任会长。成立该促进会,旨在搭建起政府和企业之间的桥梁,提升企业人力资源管理和服务水平。成立后,组织开展第一期人力资源管理提升高研班,80余名企业人事干部参加培训,为期三天。

人力资源管理

【概况】8月,出台《关于出台高质量建设技能人才队伍的实施办法》,9月,出台《关于高质量打造最优人才栖息地高水平引领"宜居建德"建设的实施意见》。

全年通过"遇建未来"云聘会、送岗位下乡等线上线下各种平台,开展招聘会43场,发布招聘岗位2.2万多个,新增就业人数11278人。城镇失业登记率控制在2.59%以内。

全年新增大学生创业企业105家,新引进高校毕业生2103人,其中海内外高层次人才125名。为742名高校毕业生兑现杭州、建德一次性生活补贴1135.5万元,为15名高层次人才审核购房补贴90万元,为123名高层次人才办理人才居住证,为414名大学生发放大学生"青荷礼包"。全年兑现应届高学历毕业生一次性生活补贴899万元,人才购房补贴95万元,兑现应届高校毕业生工作津贴14.16万元。为3名人才办理车辆上牌补贴,办理人才参观卡87份、旅游券1659份。组织174名高层次、高技能人才参加健康疗休养，组织1398名高层次、高技能人才参加健康体检。

首次启动市高层次急需紧缺人才招引工作。全年招聘党政储备人才、事业人员、编外人员、国企人员等445人。完成7663名事业人员工资正常晋升工作，完成2025人次各类岗位变动工资调整工作，办理524名工作调动、机构改革人员转隶及新录用人员的工资关系接转工作。

【创建农创客中心】2021年5月通过杭州市人社局和科技局的联合考核验收。深化建德“农创品牌”，以农创客中心为平台，举办第二届农创日活动。成功创建杭州市大学生创业园（建德农创客中心），为大学生创业提供场地支持、政策扶持等优质服务。该园区的创建将有力促进大学生从城市走向农村，掀起农村创业创新热潮。

【实践就业扶贫“建德模式”】以加强劳务协作、技能培训为重点，签订就业扶贫合作协议，赴贵州、安徽、甘肃等地区开拓劳务基地，组织本地优质企业赴对口地区招聘，建立岗位信息定期推送机制，在全国建立劳务协作基地12个，帮助中西部22省脱贫人口到建德市就业1026人，帮助四川劳动力到建德市就业704人。

【人才培养】2021年，新增博士后工作站3家（浙江耀恒光电科技有限公司、杭州福斯特药业有限公司和杭州澳赛诺生物科技有限公司），全市累计

◎ 许建茹“全国优秀农民工”证书颁发仪式

达到13家（其中国家级2家，省级优秀1家）。新进站博士后5名，全市共30名。新增专业技术人才1265名、高技能人才1622人。持续开展柔性引人，新引育认定杭州市高层次人才262人，其中D类以上人才33人（包括B类1人、C类1人）。杭州九仙生物科技有限公司总经理许建茹被国务院农民工作领导小组评为“全国优秀农名工”。

【技能培训】2021年，建德市根据实际需要制订各类劳动技能培训计划，开展电商培训、养老护理员培训、家庭照护者培训等，共培训192期，为1.16万人发放补贴474.78万元。其中，开展互联网营销师等新业态从业人员培训7期，为355名新业态从业者提供技能培训服务，发放职业技能培训补贴35.52万元。全年累计职业技能培训1.46万人次。新增杭州市技能大师工作室2家，新增职业技能等级认定备案试点企业31家，全年273人次参加认定，获证252人次。

【招引优秀党政储备人才】启动第四批面向“双一流”高校（学科）引进党政储备人才工作。择优从2260名应聘考生中筛选出144名硕博研究生入围面试。创新采用“个人素质评价+撰写调研报告+无领导小组讨论”等方式，确定拟聘用党政储备人才26名。

【公开招聘事业编制人员】2021年，全市共计招聘事业编制274名，其中全市部分事业单位招聘事业人员29名、教育系统招聘教师125名、卫健系统招聘128人。委培生定向培养分配工作正常进行，教育系统拟分配委培生18名，卫健系统拟分配临床专业委培生28名，乡镇拟分配委培生2名，合计拟分配委培生48名。公开招考招聘工作实现“零投诉”。

劳动保障

【概况】2021年，民营职介所共提供就业岗位7000余个，求职登记3500余人次，介绍成功1300

余人次。为3500余人次发放就业创业补贴797余万元。

基本养老保险参保率99.11%。职工基本养老、工伤保险新增参保3900人、9982人。办理各类退休8535人，为194.83万人次发放各类养老金41.36亿元，向省、杭州市争取各类补助11.32亿元。受理工伤认定申请1046件，作出工伤认定结论992件，结案率94.84%。工伤职工劳动能力鉴定597人次，因病劳动能力鉴定82人次。

落实社保费返还及失业保险费(稳岗补贴)返还，全年为2382家企业返还1405.22万元，涉及职工8.5万人。开展“展翅行动”，全年发放技能提升补贴512笔910万元。实施阶段性降低失业保险费率政策，为企业减负5240余万元。

完成特殊工时审批业务80宗，涉岗员工11098人，完成劳务派遣许可审批13件，完成全市109家样本企业的薪酬调查工作。处置化解欠薪等各类劳资纠纷案件2371件(其中劳动监察处置2124件、劳动仲裁处置247件)，涉及人数5589人，为劳动者挽回损失5396万元，纠纷化解量占全市各类纠纷的32.9%。

【人力社保业务“家门口”办】依托社银合作和乡镇街道便民服务中心，下放35项人力社保民生事项，事项下放率达94.5%，真正实现老百姓在家门口办理人力社保业务。在社保大厅、审批中心、乾潭、梅城分中心等窗口积极做好121项政务服务事项全面接入政务服务2.0平台，实现“一网通办”。

【内控稽核工作】依法依规办理各项社保业务，加强内审内控和部门间数据比对，全面开展多领待遇追缴行动，严格保证基金安全。开展企业职工基本养老保险提前退休问题专项核查、养老保险基金管理风险排查、2021年度省级社会保险基金安全评估、建德市社保基金安全第三方审计等各级各类基金安全审查，根据检查发现的问题，落实责任、及时整改、举一反三、定期“回头看”，形成基金安全闭环管理。

【欠薪监管处罚】通过外网书审、智慧预警、智慧执法等手段强化监管，完成线上书审2088户，夯实监察工作基础信息，比对筛选预警信息112条，实现分类处置。联动推进线下容缺受理和线上“安薪帽”，打造无障碍全天候维权途径，有效维护劳动者合法权益。

【处理各类信访件】成功化解信访积案12件，占历史积案的85.71%；化解处置各类信访案件2.8万件，占全市信访案件的33.7%，其中“12345”(市长公开电话)来电总量2.81万件，交办1442件，网上信访215件，其他各类来信31件，接待来访990人。市长公开电话效能指数均在95分以上。

【养老保险审核】全年审核符合退休条件的档案953份（其中审核通过新申请特殊工种277人次），无档案人员办理退休2273人，失地人员办理退休1438人，保留渠道人员企业办退63人；合并计算工龄审批、各项工龄证明及农村籍退伍军人军龄视同64人；供养直系亲属生活补助费审核联合认定46人；退休人员信息修改认定12人；特殊待遇审核13人；女职工、高级专家延期退休审核11人。 （钱　敏）

【建德市工业技术学校】建德市工业技术学校创建于1979年4月，隶属于建德市人力资源和社会保障局，是建德市第一所职业教育学校。该校是一所集学历教育、社会培训、技能鉴定为一体，培养中高级技能人才的综合性技工学校。学校占地8公顷，建筑面积5.1万平方米。2021年末，该校有专任教师98人，其中硕士研究生6人、高级技术职称29人，在校学生1719人。学校课程设置，有机电技术应用、数控机械加工、化工分析与检验、航空机务、航空服务、无人机操控及维修、汽车钣金与涂装、电工电子、护理等9个专业，其中机电、数控、化工3个专业被评为浙江省技工院校品牌专业。办学层次包括普通三年制中级工班、大专学历五年制高级工班、高职高考升学班三个层次。学校党总支获2021年度“杭州市先进基层党组织”称号。2021年，该校创新培训模式，开展百万员工安全培训20期、特种作业人员培训48期、移民(民政)培训17期、各级各类技能鉴定463人,培训人数达8721人。加强“数字化+培训”服务能力,提升培训效率,线上报名系统全面启动,300余人通过平台成功报名;全面上线实践操作场地人脸识别及网络打分系统,助力安全生产培训考核发证“最多跑一次”。

◎ 4月27日,时任市委副书记、市长富永伟(右)调研建德市工业技校

在教科研浙江省、杭州市级比赛中,教师获奖22人次、学生获奖8人次;在技能竞赛浙江省、杭州市级比赛中,教师获奖11人次、学生获奖2人次;5名教师被评为第十八届建德市教坛新秀;2018级单考单招考试中,学生上线率和录取率达100%,考取本科院校1人。积极拓展建德市外招生渠道,强化校企合作,确保高质量就业。2021年,与新化化工合作开展全市首个企业新型学徒制班(职工学徒)培训工作,录取195人;精选校企合作单位,获43家企业提供722个实习就业岗位,234名实习生全部完成实习就业,其中146名学生服务建德本地企业,实习就业率达100%。10月13日,市政府成立领导小组,市长富永伟担任组长,启动建德市工业技校创建技师学院工作。至2021末,完成创建方案优化完善、领导小组会议筹备等相关工作。 (钱 敏)

医疗保障

【概况】2021年,建德市医疗保障工作坚持以人民健康为中心的发展思想,把增进人民福祉作为一切工作的出发点和落脚点,不断增强人民群众获得感、幸福感、安全感。全市基本医疗保险参保人数43.69万人,其中职工医保17.99万人、城乡居民医保25.7万人,户籍人口参保率99.6%,基本实现全民医保,应保尽保。职工医保基金收入9.71亿元,支出10.35亿元,当期赤字0.64亿元,累计结余0.80亿元;城乡医保基金收入6.24亿元,支出5.91亿元,当期结余0.33亿元,累计结余0.45亿元。

【医保体系建设】按照“制度政策统一、基金统收统支、管理服务一体”的要求,制定杭州市级统筹工作计划,做好碎片化政策梳理和基金测算,按时完成政策调整,实现从2022年1月1日起实施医保杭州市级统筹,建德市参保人员职工医保门诊报销待遇提高5%~10%,城乡居民医保门诊待遇提高15%~25%,杭州市域内相同等级医疗机构报销比例一致。推进商业补充医疗保险“西湖益联保”,全年参保人数27.03万人,参保率61.92%,位居杭州市县(市、区)排名第三,其中政府补助持证人员参保1.62万人,补助金额238万元,累计赔付2456.04万元,赔付率为60.6%。

【医保重点领域改革】2021年,建德市继续完善住院按疾病诊断相关分组(DRGs)结合点数付费改革,开展国家谈判药品集中带量采购工作,全市7家医疗机构全部带量采购使用国家谈判药品,涉及223种产品,价格平均降幅52%,最高降幅96%。至年末,带量采购药品共计1598.06万元,落实国家耗材带量采购任务,其中国家冠状动脉支架平均降幅为93%,冠状动脉介入球囊、人工髋关节中选产品平均降幅分别为62.7%、34.6%,为患者减轻看病负担,患者获得感得以提升。

【医保基金监管】对市内所有定点医药机构开展

自查自纠医保违规行为工作,重点打击侵害、漠视群众利益行为。发现违规收费10.59万次,各项自查自纠追回违规费用合计254.65万元。市医保局与市场监管部门开展“双随机、一公开”检查工作,共解除医保服务协议1家,暂停医保服务协议7家,移送市场监管1例,追回医保基金297.97万元;与建德市疾病预防控制中心数据共享,及时办理建德户籍死亡人员停保业务及医保账户清算,累计办理停保业务3888人次;与建德市人民法院数据共享,及时暂停建德市判刑人员医保待遇,累计处理204人次,切实维护医保基金安全。

【探索经办服务“跨域通办”】按照数字化改革理念,聚焦群众“关键小事”,探索异地办理业务合作,试点建德市、浦江县医保经办服务“跨地区通办”,4月19日,建德市、浦江县两地医保部门正式签署意外伤害核查互认合作协议,开展异地办理业务合作。有效解决两地群众异地办事“多地跑”“折返跑”堵点难点问题,实现26个医保事项的跨地区全程网办、线下通办、代收代办,全年“跨域通办”业务办件量共计3743件,其中住院报销637件、门诊报销2996件,参保、个账清算、基础信息修改等110件。7月,建德市被省医保中心列为全省医保经办服务“跨域通办”数字化改革省级试点。

◎ 4月19日,建德、浦江两地签署意外伤害核查互认合作协议

【探索医保数字化服务】梳理“网上办”“掌上办”医保经办事项,通过优化经办流程提升线上政务服务效率,2021年累计线上办理比例达99.53%,其中网上办理企业医保业务91244件,办理出生一件事业务2654件,办理身后一件事业务3091件。推进长三角医保一体化建设,通过“长三角跨省基本医疗保险关系转移接续平台”内部数据推送,实现长三角地区双向医保关系转移接续的“一网通办”,2021年累计办理业务670件。建德市共29家定点医疗机构开通跨省异地就医刷卡结算,2021年共方便全市就诊5568人次,涉及医疗费用1188.45万元。

【打造“30分钟医保服务圈”】在梅城镇、乾潭镇、寿昌镇、大同镇等镇级便民服务中心设立医保业务窗口,将医保零星报销等25个事项全部下沉。利用金融机构“网点多、分布广”优势,与工商银行、中国银行、农村商业银行等机构合作,推出“医保+银行”新合作模式,将医保参保、异地就医备案等13项高频医保业务下放至银行网点,与乡镇便民服务中心形成协同互补的服务网格,实现就近办、网上办、自助办、一次办,打通医保办事服务“最后一公里”。 (王雨奇)

责任编辑:吴树根

教 育

Education

综 述

【概况】2021 年,根据《建德打造高质量发展建设共同富裕示范区“县域样板”行动计划工作的通知(2021—2025 年)》,编制《建德市教育事业发展“十四五”规划》《义务教育及高中学校布局规划(2021—2035)》《学前教育布局规划(2021—2025)》,大力推进社会公共服务优质共享,深化教育体制机制改革,以建设“美好教育”建德样板为目标,扎实推动教育工作稳步前进。建德市获评杭州市教育工作业绩考核优秀单位、全省教育工作业绩考核优秀单位。

根据省级公报,2020 年度全省县域教育现代化发展水平监测总得分、全市教育公众满意度均高于省均分,至 2021 年,教育公众满意度连续 3 年高于全省平均水平。在浙江省 2021 年基础教育生态监测中位列杭州市第一(杭州为全省第一),获评 A 等。省政府对建德市政府履行教育职责情况总体评价为 A 等。2021 年创建省现代化学校 3 所,累计 6 所。

2021 年,市教育系统开展党史宣讲“五团六进”活动 300 余场,发放红色乡土教材《红旗飘飘》1.40 万余册。6.2 万名师生参加“讲四史,共筑教育梦”思政课大比武活动,领办 219 件“民呼我为”教育实事。梅城中心小学的“‘13918’红色领航”被评为杭州市教育系统党史学习教育优秀案例。实施“育建美好”红创工程,推进公办民办协同发展的教育格局。

至 2021 年末,全市共有教育系统所属学校 98 所,在职在编教师 3718 人,学生 56026 人。其中普通高中 5 所(含民办高中 1 所),职业高中 1 所,初中 19 所(含九年一贯制学校 3 所,民办初中 1 所),小学 30 所,幼儿园 41 所(含民办 16 所),电大 1 所,特殊教育学校 1 所。另有市人力资源和社会保障局所属职业高中 1 所(建德市工业技术学校)。

全市教育总投入 13.49 亿元,其中预算内教育经费拨款(含预算内其他经费拨款)12.07 亿元(其中教育事业费 11.29 亿元,其他一般公共预算安排的教育经费 0.79 亿元,政府性基金预算安排的教育经费 0.92 亿元)。各项事业收入 5008.7 万元。人员经费支出 14.41 亿元(含社保经费支出本年起从个人家庭补助调整到人员经费),公用经费支出 2.93 亿元。

全市 55 所中小学校电脑总拥有量 2.0 万台,生机比 2.51:1;有多媒体 2781 套,其中交互型多媒体数(交互式电子白板、交互式一体机型、智慧黑板)1559 套,普通教室交互型多媒体数覆盖率达到 100%。有各类实验室和学科教室 301 个,其中创新实验室新增 18 个,教学仪器配备全部达到配备标准。所有学校均建有主录播(微格)教室。有学校图书馆(室)的学校 54 所,中小学馆藏纸质图书 210.05 万册(不含电子图书),学生人均 52 册,当年学生人均添置纸质图书 1.2 册。

2021 年,采用学前教育免保育费、义务教育段学生营养餐、寄宿生生活补助、非寄宿生生活补助、普通高中免学费、国家助学金、在园幼儿教育补助、职业高中免学费、职业高中国家奖学金等多种形式资助学生 1.11 万人次,资助金额 977.26 万元。利用“全国学生资助管理信息系统”,运用“数据找人”“一键直达”等数字技术,实现“零次跑、零距离、零压力”数字化精准资助,获得社会好评。

◎ 12月17日，在市政服务中心设立校外培训机构转登专窗，实现一站式办理服务

【教育项目建设】2021年全市在建续建教育项目17个(其中重点项目4个)，总投资3.75亿元(其中当年计划投资1.66亿元)。月亮湾幼儿园叶家园区投入使用，寿昌新城幼儿园、实验幼儿园秀水园区、明珠幼儿园田坞园区改扩建、培智学校迁建、明镜小学改扩建完成并投入使用，新安江第二小学一期完成，三都中心幼儿园迁建主体结顶。完成暑期维修和零星工程项目63个，投入资金1781万元。

【落实“双减”政策】认真贯彻落实中共中央办公厅和国务院办公厅印发《关于进一步减轻义务教育阶段学生作业负担和校外培训负担的意见》，建立“双减”工作专班，制定并实施《建德市教育局等九部门关于进一步做好义务教育阶段学校课后服务工作的通知》，坚持以“内优化、外治理”工作思路，重点突出专班联动、教学变革、课后服务、校外机构治理“四重保障”，第一时间实现课后服务“两个全覆盖”，义务段在校学生总数3.27万人(不含民办寄宿制学校)，参加课后服务2.77万人，参与率84.7%；全市教师2559人，参与课后服务2377人，参与率92.9%。开展校外培训机构治理工作，出动检查1080人次，检查培训机构572次。完成32家营利性机构“两转一注销”和原非营利性机构的清理规范工作，全市拥有教育部门颁发办学许可证由62家压减至16家。

【共建“美好教育”】召开全市教育大会，成立美好教育基金会，创设良好社会助教氛围，接受爱心企业捐款1100万元。10月2日，举办严州中学120周年校庆，20余家省级媒体进行报道转载，校友捐款2400余万元，捐物近400件，推动集聚校友资源为家乡服务。

深入推进新名校集团化，全市5所高中，梅城镇所有中小学、幼儿园与杭州优质学校结对，加盟名校集团，实现理念共享、资源共享、成果共享、优势互补、共同提高，推动城乡学校均衡和谐发展，共建共享“美好教育”。

【体育教育获佳绩】2021年，杭州市体能素质检测中建德市列八县市第一，实验小学获全国少儿小排球比赛冠军，寿昌二小获杭州市“市长杯”校园足球比赛冠军并入围“省长杯”。11月，举办建德市第五届“市长杯”青少年校园足球联赛。建德市获评“杭州市2021年度校园足球工作先进市”。至年末，全市有杭州市级及以上足球特色学校(园)38所，其中全国足球特色学校(园)10所、省青少年校园足球特色学校(园)9所。获评“杭州市校园足球优秀教练员”3人。组队参加2021年杭州市“市长杯”获小学男子甲组冠军、女子组季军，参加2021年杭州市“市长杯”校园足球精英联赛暨小学男子组最佳阵容联赛获A级组第二名。获评杭州市“市长杯”年度校园足球联赛“最具潜力”球员1人。

【助力全国文明城市建设】继续实施“最美礼仪1平方米”“最美书香1平方米”“最美健康1平方米”“最美生活1平方米”“最美公益1平方米”五大行动，培育和践行社会主义核心价值观，着力提升建德教育“最美1平方米”教育特色品牌，深入推进未成年人思想道德建设工作。开展文明校园创建活动，至2021年末，有全市文明校园53所，其中杭州市文明校园21所、省级文明校园1所。

【高标准推进省市县三级民生实事】2021年，完成寿昌新城幼儿园建设并投入使用。完成幼儿园分园阳光厨房建设9家、中小学和幼儿园“智能阳光厨房”建设88家。统筹推进“共建型”教共体建设，建设义务教育“共建型”教育共同体15个，确定核心学校15家，依托“之江汇”等线上教育平台开展城乡同步课堂300余节，开展校际教师网络研修150余次，累计3万余名师生参与学习。

（郑锦杰）

【校园安全数字化改革】围绕学生上下学服务，开发“新安护学”（智安校园——学生上下学服务系统）场景建设，99所学校完成“智校车”“智防疫”“智护学”等模块建设，建立教育、交通、公安、综合执法、卫健等多部门协同共管机制，实现学生上下学全过程动态管理。该应用被列入浙江省教育领域数字化改革第一批创新试点项目，并纳入全省数字化改革重大应用“一本账S1”“浙里校园安全应用”跑道，11月4日在“浙政钉”数字杭州门户上线。12月31日，国务院新闻办直属媒体《中国报道》报道建德市数字化改革项目“心安护学——学生上下学服务系统”。

（李　斌）

学前教育

【概况】2021年，全市41所幼儿园（法人单位41所，园区共有75个）。其中，教育部门主办幼儿园23所、集体主办幼儿园2所、社会力量举办幼儿园16所。在园幼儿总数1.37万人，其中公办幼儿园在园幼儿人数1.04万人，占全市76.0%。全市普惠性幼儿园在园幼儿人数1.34万人，普惠率97.7%。全市省等级幼儿园覆盖率达到100%，名园集团化覆盖率达到76.0%以上，城乡幼儿园互助共同体覆盖率达100%。3~5周岁幼儿入园率96.4%，毛入园率105.1%。

全市幼儿园教师持有资格证比率98.5%，园长持有上岗证比率100%；幼儿园教师学历合格率100%，其中大专及以上学历98.9%。

全市非编有证教师补助标准为人均7.91万元/年，民办园奖补资金484.87万元，奖补资金用于民办园非编教师工资补助、安保设置、教学仪器用具添置、校舍维修改造等。

◎ 寿昌幼儿园邀请篾匠手艺人现场演示、传授竹编技艺

【推进学前教育“五大工程”】以“五大工程”为支点，积极推进学前教育优质、均衡发展，共建美好教育新样态。“青禾”骨干教师培养工程，遴选160名青年教师组建“青禾联盟”，整合资源，以内容项目化、形式多样化培养骨干教师，促进全市幼儿教师专业化发展；“安吉游戏”推进工程，围绕“幼儿在真游戏中得到真快乐、真发展”宗旨，以省市两级示范基地带动，建立网状互动式辅导站41个，实现区域连片推进；“乡情教育课程”推进工程，围绕“增进幼儿亲自然、亲社会、爱家乡的美好情感，引入乡土文化、传统技艺入园区，全面推进幼儿乡情教育区域品牌建设”目标，以“德文化”为背景构建魅力新安、灵韵古镇、风情小镇、未来新城等四项乡情教育课程；“3~6岁儿童行为习惯培养”工程，优化幼儿园“主题融合式”“一日生活渗透式”“项目式”三大模块内容，奠定幼儿终身发展基础；“家庭教育指导”工程，通过专家讲座、家教沙龙、育儿分享、亲子活动等形式，普及幼儿家庭教育新理念，提升全市幼儿家长科学育儿能力。

【“幼儿园上等级”工作】以创省等级为抓手，提升办园品质。全年共创建省二级幼儿园（园区）7所，复评通过省一级幼儿园1所、省二级幼儿园8所。至2021年末，全市75个园区中有省一级园区5个、省二级54个、省三级16个，省等级幼儿园比率达到100%，其中优质资源（省一、省二）覆盖率达到90.5%。

【开展阳光宝宝展示活动】全市共有60支队伍参赛,240名幼儿参赛,其中两个项目6支队伍推荐参加杭州市阳光宝宝参赛活动。承办杭州市阳光宝宝活动,建德市教育局获"优秀组织奖",下涯中心幼儿园、白沙幼儿园、机关幼儿园、明珠幼儿园等均获单项一等奖。 (刘显芳)

义务教育

【概况】2021年,全市初中学校19所(含民办1所、九年一贯制学校3所),在校学生10392人,比上年增加143人。小学学校30所,在校学生23135人,增加514人。全市初中、小学适龄儿童入学率及巩固率均达100%,初中升高中比例99.7%。全市义务教育阶段省标准化学校达100%。

【举办中小学生科技节】3—12月,开展建德市2021年中小学生科技节,举办编程、纸飞机、无线电测向等比赛。全市55所中小学校5000余名学生参加模型、赛车、机器人等三大类别11个项目的比赛。6—12月参加杭州市2021年中小学生科技节,建德市共获奖109项,其中一等奖21项、二等奖35项、三等奖53项。建德市教育局被授予优秀组织奖。

【学生近视防控工作】落实浙江省、杭州市儿童青少年近视防控会议精神,对全市学生近视情况进行4次筛查,为77所中小学校(幼儿园)配置屈光仪,并对工作人员进行培训。2021年建德市学生常见病项目儿童青少年近视调查为54.3%,比上年下降1.1%。

【开展研学旅行项目】2021年,全市共有研学旅行基地(营地)32家,其中省级2家、杭州市级9家。市教育局开展杭州市中小学生研学旅行相关项目申报工作,在国网浙江省电力有限公司浙西分中心设立建德市中小学生电力体验中心并开展活动,认定2个市级优秀基地(营地)、2门市级研学旅行活动课程、2条市级精品线路、2位优秀研学导师、3所市级优秀学校、3个优秀研学服务机构(旅行社)、13个优秀研学案例和17个优秀研学成果,参加研学旅行活动2.3万人次。

◎ 新安江第一小学学生在范德格拉夫起电机上感受静电

【组织传统文化、德育实践活动】开展"中国共产党成立百年 童心向党"党史学习教育活动,组织全市3.5万余名学生参加主题班会和先烈祭扫等活动。举办市第八届中小学生经典诵读大赛,参与学生近300人。举办市中小学师生书法大赛,推荐作品1643份,340名师生参加现场决赛。全市中小学全员参加"百年潮涌·红星闪闪放光彩"主题演讲比赛,明镜小学章欣然代表建德参加杭州市比赛获小学组一等奖。开展"婺剧进校园"活动12场,大洋中心小学等16所学校开展"武术进校园"活动,大慈岩中心小学入选第三批全国中小学中华传统文化传承学校。

【义务教育均衡化发展行动】全市义务教育阶段学校城乡教育共同体结对覆盖率达到100%,其中初中成立新安江一中、新安江二中、新安江三中3个共同体,小学成立实验小学、明珠小学、明镜小学、新安江一小、新安江二小、新安江三小6个共同体。从行政、业务两个层面,落实全市义务教育均衡化发展工作,召开建德市2021年小学、初中教育教学研讨会,全市义务教育阶段学校校长、分管副校长、教务主任、政教主任参加会议;同时,举行全市义务教育学校教学管理干部能力提升专题研修。

【初中提质强校行动】明确新安江第三初级中学、梅城初级中学为杭州市公办初中提质强校行动首批试点学校，推荐新安江第一初级中学、新安江第二初级中学为第二批杭州市试点学校；狠抓教育教学常规管理，蹲点调研初中学校6所，强化教育教学水平提升。（储建伟）

高中教育

【概况】2021年，全市共有普通高中5所(含民办普通高中1所)，职业高中1所。普通高中在校学生7249人，比上年增加167人；职业高中在校学生1501人，增加28人。全市初中毕业生升入高中学生3389人，初升高比例99.7%，其中升入普通高中2486人(占73.4%，比上年增长18.2个百分点)，升入职高(含市工业技校)903人。

【2021年高考成绩】2021年建德市普通高中高考特殊一段及体育艺术上线人数667人，其中一流大学建设高校录取63人、一流学科建设高校录取110人。严州中学新安江校区特殊一段及体育艺术上线人数364人，上线率55.8%。新安江中学特殊一段及体育艺术上线人数131人，寿昌中学特殊一段及体育艺术上线人数85人，严州中学梅城校区特殊一段及体育艺术上线人数69人，育才中学体育艺术上线人数18人。

【高职高考与师生职业技能大赛】2021年，建德市新安江职业学校在杭州市中等职业学校师生职业能力大赛中参与13个类别26个赛项，共计获12银20铜；获浙江省中职学生文明风采展览类二等奖1个；在“全国中小学信息技术创新与实践大赛”决赛人形机器人任务挑战赛项目高中组获一等奖。

新安江职业学校参加浙江省高等职业技术院校考试，上线率达99.20%，其中上本科线12人，比上年增加8人。

【产教融合】深入推进产教融合，积极探索校企共同育人新模式。新安江职业学校开设幼儿保育、旅游服务与管理、高星级饭店运营与管理、中餐烹饪、西餐烹饪、园林技术、电子商务、会计事务、数控技术应用等9个专业，与30家企业、行业协会、幼儿园等单位对接，采用校外实训、引企入校等方式开展现代学徒制活动，占学校总专业数90%。学生参与会务、茶歇服务、西点DIY体验、大型活动服务等教学实践共41场。（李国承）

成人教育·民办教育

【概况】2021年，全市有省标准化乡镇成人文化技术学校16所。有社区学院1所、社区教育中心6所、社区教育教学点10个，形成“一院十点六中心”社区教育机构格局。稳步推进“学习共同体”“送教进社区”“学分银行”“学习平台”“老年人智能技术运用”“社区教育进农村文化大礼堂”等工作，开展党史宣讲、家政服务、养老护理、垃圾分类、茶文化、村监会干部、美丽庭院、女性形象设计、讲解员、安全员、中式面点师、健康养生、民宿管理、法律知识等各类培训，全年完成社会培训29万人次。

【创建社区教育品牌】市社区学院组织开展社区教育进文化礼堂“三师五艺四季行”活动416场，2.87万人次参加，《社区教育进文化礼堂“三师五艺四季行”实践研究——以建德市乡镇成校推行三师五艺四季行活动》课题在杭州市立项。针对“老年人数字技术利用困难”问题，自编教材8本，开展“享学银铃 数智365”系列活动175次。开展“建德豆腐包”师傅培训17期，取得结业证书838人，为推动全市旅游+美食产业融合发展提供有力支撑。新安江街道及梅城、杨村桥、寿昌三镇创建杭州市(乡镇)街道30分钟市民学习圈，新安江成校在全国首创社区共学养老模式——“新安江模式”，梅城成校“严州小吃”培训项目创建浙江省成人教育品牌项目，新安江成校创建为2021年浙江省现代化学校。

全市创杭州市社区示范性学习型社团3个、杭州市年度最佳社区学习共同体1个、杭州市终身学习品牌项目1个。声乐类作品《再见了，大别山》获国家开放大学首届全国老年教育教学成果展声乐类（小节目）二等奖，老年教育书法社被评为“全省老年教育优秀社团”，市老年大学教师汪爱君获评全省老年教育优秀班主任。

【民办学校准入审核管理】严格民办学校（培训机构）准入审核和年检管理，着力完善民办教育制度建设。全年完成80所民办学校（培训机构）年检工作并予以通告。6月，公布65家经教育部门审批、拥有办学许可证校外培训机构白名单。除民办幼儿园16所，民办初、高中2所之外，全市有学科类校外培训机构16所。全年拨付民办幼儿园、初高中教育发展专项资金593.175万元。（潘李美）

师资队伍

【概况】2021年，建德市继续拓宽教师招聘渠道，通过进高校直接招聘和委托培养等方式进行招录，共招聘新教师125名（校招33名，社招74名，学前教育定向委培生18名），其中招引研究生学历23名。同时继续定向培养招生小学全科教师10名（录取分数在高考一段分数线以上），定向培养招生学前教育教师5名。

至2021年末，全市有专任教师4393人，其中幼儿园1087人、小学1438人、初中1019人、普通高中707人、职业高中124人、特殊教育学校18人。幼儿园、小学、初中、普通高中专任教师学历合格率均达100%。小学专任教师专科以上（含）学历、初中专任教师本科以上（含）学历分别为99.8%、96.3%。完成学年度3803名在编教职工考核工作，其中优秀533人、合格3264人，分别占教职工比例的14.0%、85.8%。（朱烨琛）

【教师专业技术职务评审和资格认定注册】对照教师岗位设置管理，评聘结合原则，继续实行教师职称结构比例、中高级职称评审指标控制，确保取得中高级职称人员全部得到聘任。全年认定二级教师136人、三级教师16人、研究实习员1人、助理讲师2人，取得一级教师职称63人、助理研究员职称2人、讲师职称1人、高级教师职称44人、高级讲师职称6人。全年共完成教师资格认定130人、教师资格注册130人，补发换发教师资格证16人。

【师德师风建设】制定下发《建德市中小学教师组织或参与有偿家教行为处理办法（试行）》和《建德市教育局关于开展中小学有偿补课和教师违规收受礼品礼金问题专项整治工作的通知》。3月下旬，在全市教育系统开展师德师风集中教育“回头看、再深化”行动，重点围绕“五自查、三结合、三报告、一抽查、两运用”环节展开，全市中小学3200余人签订拒绝有偿补课承诺书；8月，各校开展以“学党史、守初心、育新人”为主题的暑期师德培训活动，推动师德师风建设工作。

【中小学教师继续教育培训】2021年，全市中小学教师继续教育培训工作由建德市教师进修学校组织实施。该校全面实施、高质量完成主体培训项目28个，教师总选课7588人次，其中选省项目1584人次、选市项目348人次、选县项目5656人次（占74.5%），90学时及以上集中培训完成总人数578人次，教师培训总学分33.3万分。教师自主选课实际参训率98.14%，对教学机构的“教学评”完成率100%，对授课专家教师的“学评教”满意率98.2%。全市13所学校完成第一期“浙江省中小学信息技术提升工程2.0”培训任务，其中建德市明珠小学信息化工作案例入选浙师大《网络教育与实践展望—提升工程2.0专刊》。省级课题《指向未来教师核心素养的全人培养路径设计与实践研究》（夏喜成主持）获省级成果二等奖。

（罗小燕）

【优秀教师典型】大力推进“四名工程”建设，获评浙江省教坛新秀2人、杭州市优秀教师13人、杭州市优秀班主任6人、杭州市优秀校长2人、杭州市优秀教育工作者5人、杭州市农村教师突出贡献奖3人、杭州市杰出教育工作者6人,获评建德市第四届教育贡献奖38人,入围“最美杭州人——感动杭城十佳教师”二十佳候选人2人,获评“建德好人”3人。对上述优秀教师,在全市开展师德先进典型宣传,促进形成重德养德良好风尚。

【人才认定与骨干教师培养】2021年,继续开展杭州市高层次人才分类认定工作,认定建德市自主培育教育系统D类人才3人、E类人才61人。至年末,全市教育系统共有C类人才4人、D类人才24人、E类人才790人。

坚持“强本提质、双线并推”教师培养工作模式,健全教师培养培训体系。全年开设各类培训班29个,培训教师5046人次。所有项目均实现分层分类,且“教评学”完成率达100%,各校开设校本研修申报项目55个。

【帮扶支教行动】7月,7名援疆教师、1名援藏教师、5名援黔教师圆满完成支教任务返回建德,另有1名仍在支教岗位。9月,新派出2名教师援疆、3名教师援川、3名教师赴杭州主城区挂职。10月,市教育局赴四川省乡城县开展2021年教育结对帮扶工作,促进两地在教育理念、师资培训、校园文化等领域开展交流合作。

【名师工作室建设】持续推进建德市名师工作室建设,设有建德市名师工作室20个,招收学员教师165人,实现名师培养学科全覆盖目标。积极推广“名师公开课”、“智慧课堂”等教学形式,促进名师对全市乡村教师的引领与培养。

【培育杭派新安名师】建德市教育局和杭州师范大学合作,开展“杭派新安名师”培养项目,为期三年,每年培训经费150万元,依托杭州师范大学优质教育资源及省内外知名专家力量培养“杭派新安名师”。选拔11名“新安名师”,为建德教育培养省特级教师或正高级教师进行重点培训;为初中学校主要学科培养50名师德师风正、教育理念新、科研水平高、业务能力强、发展潜力大且能在学科教研中起领衔作用的“新安慧师”;通过轮训200名主要学科骨干教师,为初中培养一批“新安能师”。2021年,1名“新安名师”取得正高级教师职称。

【教育科研成果】2021年,建德市教育科研课题立项414项、杭州市教育科研立项课题49项。白沙幼儿园《走读新安江:幼儿实践学习项目的开发与实践》获2021年浙江省教育科学规划课题立项。新安江第二小学《目标导向:“双减”背景下校本学评手册的设计与应用研究》获浙江省教育科学规划“双减专项”认定性课题。全市获杭州市2021年教育科研优秀成果一等奖4个、二等奖11个、三等奖16个。浙江省严州中学梅城校区《严中样本:农村高中育人新视界》正式出版,并参加杭州市第三届教育科研重大课题成果发布会。全市共有9个课题获得杭州市基教教研课题立项,其中大慈岩中心幼儿园《慈岩印象:幼儿园美丽乡村“游记式学习”新探索》和教研中心《三式·三促:生态背景下“正确价值引导”新德育行动研究》获得2021年浙江省教研课题立项。共有53篇论文在2021年杭州市中小学和幼儿园教学研究(基教)评比中获奖。

(郑锦杰)

高等教育

【概况】2021年,建德市高等教育院校三所,即浙江广播电视大学建德分校、杭州科技职业技术学院严州校区和国网浙江省电力有限公司培训中心浙西分中心。其中,浙江广播电视大学建德分校是建德市唯一公办成人高校,另两所学校分别承担学前教育专业、电力技能培训等教育工作,分属杭州市、浙江省电力公司管辖。

【浙江广播电视大学建德分校】该校为成人高等学历继续教育学校,始建于1979年7月,1998年与市教师进修学校合并挂牌,校园面积5909平方米,房屋建筑面积5050.52平方米,2021年末,有教职工22人(其中研究生学历1人,高级职称11人),外聘教师11人。

在校学生635人,其中开放教育504人、奥鹏教育131人。学校引进浙开大“博士服务团工作站”,为中青年教师提供职业生涯规划服务,助推中青年教师专业发展。2021年,学历教育成立“新安云支部”,进村入企开展“师生共讲党史课,校村(企)同话共富路”活动。章旭红获全省开放教育系统思想政治工作育人奖。 (罗小燕)

【杭州科技职业技术学院严州校区】2021年,杭科院严州校区(严州师范学院)下设综合办公室、后勤科等科室,在编教工6人、非编人员30人,学前教育学院派驻严州校区教学和管理人员5人。校区承担学前教育、早期教育和婴幼儿托育服务三个专业一年级学生教育培养工作,上半年有2019级学生420人,下半年有2021级新生550人。

2021年,学校开展多种形式庆祝中国共产党成立100周年系列活动;加强平安校园建设,修订并层层签订校园安全目标管理责任书,组织校卫队员开展常态化消防拉练活动,配合校保卫处开展学生逃生演练,对监控系统进行全面维修、改造和升级,更换部分失效应急灯和到期的灭火器。重视校园文化建设和课外文体活动。举办“班级文化建设”“绽放青春活出真我”女生节、“育才杯”诗词大赛,校大学生职业生涯规划大赛等。校史校友工作常态化,接待校友来访,协助组织校友同学会10余次。 (钱志翔)

【国网浙江省电力有限公司培训中心浙西分中心】国网浙江省电力有限公司培训中心是国网浙江省电力有限公司直属的教育培训学校,由杭州本部和浙西、富春江、湖州三个分中心组成,主要承担国网浙江省电力有限公司系统干部职工培训、科研开发、各类技术技能比武、技能鉴定、大型会务承办及部分电厂职工培训和电力企业管理咨询服务等。

浙西分中心为组成该培训中心的四校区之一,位于建德市新安江街道,由东、西两个校区组成,其中东校区位于新安路241号,西校区位于朱家东路99号,总占地面积约7.67公顷。2021年末,有教职员工102人,其中硕士研究生及以上学历16人、大学本科以及上91人;双师型人才36人,专职培训师31人。建有输电线路运维与检修、变电运维与检修、安全作业与抗灾抢修、新能源技术等四大实训基地,下设各类实训场(室)37个,总工位数约1000个。可开展电力员工技术技能等级培训和安全培训,以及电力系统员工职业技能等级鉴定和能级评价等工作。

全年累计办班309期,培训1.27万人次。完成中国电力企业联合会技能等级认证707人次。高效承办国网浙江省电力有限公司级及以上大型竞赛3项、调考2项。

开展“四首”成果培育计划,“基于无人机带电检修作业技术的示范应用”和“高空电力作业人员受困施救研究与应用”完成培育目标,“高沉浸式多旋翼无人机巡检仿真培训系统”获得全国无人机电力巡检技术金巡奖,“高空电力作业人员受困施救”科技项目获中国安全生产科技进步二等奖,安全警示教育培训基地培训成果代表浙江公司在国网公司展示推广。围绕加强蓝领队伍、浙电工匠培养工作要求,通过引入战略宣贯、电力四史等课程,深化传统教育进课堂,完成输电线路专业发展史开发和教学应用。加强各培训专业建设,完成浙江公司二、三类教科研项目16项,获专利授权3项,公开发表论文3篇,公开出版教材2本、系列课件223个。

与建德市政府联合成立建德市中小学生电力安全体验中心,开展中小学电力安全教育。该体验中心设立安全用电教育区、交通安全教育区、电力事故体验区、电力知识科普区、火灾消防教育区和DIY动手实验区六大区域,可以通过学、观、体、查、赛的形式激发学生兴趣,引导学生主动了解电、会用电、懂安全。 (王 磊)

责任编辑:吴树根

文化·旅游·体育

Cultural , Tourism and Sports

文化

【概况】2021 年，建德市按照建设文化强市目标，加大财政扶持力度，发展文化产业，创新体制，深入推进文化、旅游、体育融合，文化事业取得出色成绩。严东关五加皮酿酒技艺入选“国遗”，严州文化入选首批“浙江文化标识”培育项目名单，梅城、寿昌入选全省千年古城复兴试点，大同镇镇源村(婺剧)入选第二批浙江省戏曲之乡。图书馆新馆投入使用，完成寿昌、大同 2 家杭州书房及 2 家 24 小时图书馆建设。浙江省基层公共文化服务评估排名跃至全省第 20 名，为历史最佳水平。完成 7 处地块考古勘探，完成 2020 年 13 处历史建筑项目验收，推进 2021 年 8 处历史建筑项目维修，梅城古镇获评杭州市“最佳文物建筑保护利用案例”。

举办庆祝中国共产党成立 100 周年主题系列活动，以红色印记为主题，开展百年党建红色活动——“红色印记 镂金剪彩”“非遗”传承剪纸培训班；组织“小小讲解员”和“红领巾宣讲团”，宣讲建德历史与红色故事；举行建德市庆祝中国共产党成立 100 周年歌词歌曲征集大赛、“追寻红色足迹、传承红色文化”主题书展等活动。编排大型群舞《千鹤嫂》,《千鹤女人》列入庆祝中国共产党成立 100 周年优秀舞台艺术作品展演。

开展各类专项整治行动，出动日常检查 3249 人次，检查网吧、KTV、景区等场所 1734 家次；处理涉及娱乐场所未按规定建立从业人员名簿、营业日志等违规行为 4 起。办结简易程序 3 件，一般程序立案 5 件，结案 6 件，其中，重大案件 2 件。全年处没收违法物品 4878 件、警告 1 件、吊销许可证 1 件；窗口受理行政许可(审批)办件 277 件；处理文广旅体市场投诉 210 件，营造规范有序的市场环境。

◎ 9 月 23 日，杭州市人大常委会党组书记、主任李火林(右二)到建德开展《文物保护法》执法检查

【专题文化活动】2021 年，市文化和广电旅游体育局结合形势和宣传工作，组织开展各种专题文化活动，包括：《唐音铿锵——永陵“二十四伎乐”音乐文化展》《晨晓的色彩世界油画作品展》《新安江水力发电厂藏品展》等临展，文化暖冬行、“留在建德过大年 博物馆里品年味”、红色印记 百年正青春博物馆主题系列、第二届少年“非遗”说、首届三江渔火节暨建德市第八届农村文化节开幕式活动、第九届戏曲周、第五届“婺韵飘香”婺剧音乐演奏大赛、“文化和自然遗产日”“领读浙江 寻路初心”中国共产党成立百年主题阅读活动等系列活动。开展“文化惠民进礼堂”活动 276 场，农村文化活动氛围日趋活跃。

【文化标识打造】对千鹤妇女精神、新安江水电站等16个重点文化元素分析解码，提炼基因，形成具有辨识度的文旅IP。“千鹤妇女”“严州古城”“宿建德江”入选了文化基因解码“优秀解码项目”名单。“严州文化”成为首批“浙江文化标识”培育项目。

【考古与文保工作】 6月，建德市拟定《关于印发严州古城墙联合申遗筹备领导小组工作方案的通知》，完成古城墙考古方案制定，推进申遗考古工作站建设，邀请南京大学教授贺云翱现场指导申遗事项。积极落实“5万平方米以上建设用地考古前置”相关要求，推动市内土地出让前考古前置程序，确保地下文物安全。完成界龙、梅城五马洲兰博士、洋溪天石湾、下涯杭橡等7处地块考古勘探。继续推进历史建筑保护，完成2020年13处历史建筑项目验收并推进2021年8处历史建筑项目维修。梅城古镇获得杭州市“最佳文物建筑保护利用案例”。

◎ 大同镇塆头遗址B区断面及陶片

【“国遗”“非遗”保护与创建】 2021年，严东关五加皮酿酒技艺入选国家级非物质文化遗产名录（简称“国遗”），实现建德市“国遗”“零的突破”。完成新叶昆曲等14个省级非物质文化遗产（简称“非遗”）抢救性记录拍摄工程；有序推进钱塘江诗路（富春山水）文化传承生态保护区的创建工作，完成创建实施方案。“17℃建德新安江·爱在一起之旅”旅游线路列入杭州市首批杭州“非遗”主题旅游线路。严东关五加皮酿酒技艺体验馆等3家单位被列入首批杭州市“非遗”体验点。大同镇镇源村（婺剧）入选第二批浙江省戏曲之乡。

【推进数字化改革】 围绕“文有所化”“体有所健”“游有所乐”三大板块推进数字化工作。博物馆云览、云听板块上线；推进智慧阅读，实现4个中心乡镇（梅城、乾潭、寿昌、大同）24小时自助图书馆芯片回溯加工及防盗设备安装；加入“一键借阅”杭州地区线上服务一体化平台（含悦借、悦读、数字阅读）；实现长三角“一卡通”借阅功能；紧盯文保监管难题，将全市227个文保点全部纳入智慧园文系统，安装“智慧用电”系统65处，实现智慧文保巡查全覆盖；新增“30秒入住”酒店9家，至2021年末全市共有“30秒入住”酒店27家。

（吴京攀）

【严州文化研究】 2021年，建德市严州文化研究会抓住严州古城千年古城复兴项目被列入浙江文化传世工程契机，在严州历史文化研究方面，为一批文化遗迹保护提供智力支撑，同时，集本土专家和外来高层次专家学者力量与智慧，倾力挖掘宋韵文化，为宋韵严州文化品牌打造做出积极贡献。

全年参加严州府衙、瓦子街区建设方案等古城重大项目论证会10余次，在建筑如何展示宋代神韵风采方面提出专业意见。为开展古城文旅活动提供古城历史建筑风貌、历史故事传说等材料，供文旅等部门参考。撰写推进严州宋韵古城建设等方面建议案，供各级领导决策参考。

针对严州宋韵文化，特别是史学、理学、严州宋代人物等开展专题研究并形成一批成果，包括对宋代严州理学脉络梳理（陈立群主持），对寿昌文化专题研究（汪国云、沈伟富），范仲淹在睦州课题研究（朱睦卿），撰写《浙江文史记忆丛书·建德卷》初稿（方韦、王娟），出版《罗村梦忆》（罗嘉许著），为宋韵严州古城推进打下基础。

◎ 建德市图书馆新馆中庭(汤峥嵘/摄)

开展严州文化品牌建设,大力传播严州文化。全年研究会接待各类媒体采访近百次,接待各级专家学者来访及各地学术团体参观考察几十次。参加各类讲学活动、授课近百场次,接受与严州文化的相关电视访谈多次,宣传严州,扩大严州文化品牌影响力。(蒋秀英)

【建德市图书馆】9月30日,建德市图书馆新馆正式启用。新馆由A楼、B楼两幢建筑组成,具有强烈的现代建筑特色。建筑面积11568平方米,其中A楼建筑面积3769平方米,B楼7799平方米。新馆集藏、借、阅、休闲于一体,体现多元化服务理念,环境舒适、设施先进、功能完备。

2021年,建德市图书馆总购书经费170万元,新增图书4.05万册,送书下乡4.01万册,总藏书量87万余册。全年接待来馆读者人数共55.3万人次。全市各级图书馆(室)外借图书44.2万册次,外借书刊借阅9.82万人次,人均借阅图书4.5册。

组织开展线上线下讲座、培训、展览、书展、宣传栏图片展、阅读推广等各类读者活动260场,参加人数6.7万人次。完成千鹤书房、图书馆新馆两家24小时自助图书馆建设。举办“领读浙江 寻路初心”中国共产党成立百年主题阅读活动暨全民阅读月颁奖典礼活动。建德市图书馆入选浙江省第一批“满意图书馆”达标名单,获2021长三角地区公共图书馆阅读马拉松大赛优秀组织奖和2021浙江省公共图书馆全民阅读月优秀组织奖。(黄 晖)

【浙江建德市新华书店有限公司】全年实现销售码洋(全部图书定价总额,下同)为5075.61万元,比上年增长76.64万元,增幅1.53%。全店实现营业总收入4796.6万元,增长312.85万元,增幅7%;其中主营业务收入4350.98万元,增长317.22万元,增幅7.9%。全年完成利润446.8万元,剔除2020年政府土地征收补偿款因素,增长10.8万元,增幅2.5%。

公司完成中小学教材、文教、职高教材销售总码洋2313.13万元,比上年增长229.23万元,增幅9.9%。全年幼儿教材共完成销售码洋165.65万元,增长41.38万元,增幅33.3%,全市教材、文教图书发行稳定。

积极组织、策划、开展教育系统第七届“书香校园 智慧园丁”教师读书及征文活动,建德市85所中小学及幼儿园,共征订图书12378册,实现销售实洋(码洋按一定比例剔除折扣后总额)65余万元。

全年 政治读物销售码洋达378.54万元,其中《习近平新时代中国特色社会主义思想学习问答》等“四史”书籍就达11.65万册,销售码洋327.33万元。(方 艳)

旅游

【概况】2021年,市文广旅体局以庆祝中国共产党成立100周年为主线,以“数字化改革”“亚运城市行动”等重点工作为突破口,统筹推进文广旅体发

◎ AAAA 级城镇景区——新安江城区段彩虹桥景观

展，为“十四五”开好局、起好步。全年梳理重点文旅项目 43 个，完成投资 14.51 亿元，建成德扬乐活岛、富春蝶来江月湾乡村酒店、黄饶半岛朴宿等重点文旅项目。全面启动“微改造、精提升”，全年投入 6.1 亿元，完成涉旅项目 202 个。建德市入围 2021 年全国县域旅游综合实力百强县，并通过“浙江省全域旅游示范市”复评。严州古城成功创建国家 AAAA 级景区，多个乡镇、村落创建为 A 级景区。实施“建德豆腐包”品牌全国推广战略并取得重大实效。全市接待游客 1128.19 万人次，实现旅游收入 117.67 亿元，均比上年减少 14.5%。

完成《建德市文化和广电旅游体育业“十四五”发展规划》编制。按照“一轴引领、四区驱动、多点发力”新格局，链式带动全域发展，科学谋划、指引全市文旅融合发展。

做好防疫治理工作，累计出动日常检查 3249 人次，检查网吧、KTV、景区等场所 1734 家次，持续性督促行业场所疫情防控工作落实，制定并实施新冠疫情市级集中隔离点资金支付联审制度，与 90 家全市主要文广旅体经营单位签订安全生产责任书；累计处理文广旅体市场投诉 210 件，营造良好市场环境。

【乡镇 A 级旅游景区提档创建】2021 年，全市扎实推进乡镇 A 级旅游景区创建工作。除严州古城成功创建国家 AAAA 级景区外，大同镇、大慈岩镇获评 AAAA 级景区镇；三都镇、杨村桥镇获评 AAA 级景区镇；三都镇新和村、前源村等 8 个村获评 AAA 级景区村。

【“建德豆腐包”品牌建设】2021 年，深入实施“建德豆腐包”品牌全国推广战略，在全国各地完成豆腐包店（点）建设 289 家，其中示范店（点）271 家，带动豆腐包相关产业就业人员 1300 余人，店均年收入超过 30 万元，通过“小包子”促进“共富裕”作用持续显现。建德市“‘小包子’激活大产业”做法被副省长朱从玖批示肯定。“建德豆腐包产业大脑”列入杭州市文旅系统第二批比学赶超表彰项目。同时，打造建德“十大碗”，创建“百县千碗”省级体验店 10 家，豆腐包、严州干菜鸭等 7 道菜获评杭州市百县千碗金牌美食。

【假日主题营销】2021 年，以春节、“五一”、端午、暑期、“十一”等时间为节点，策划“心安之处是新安，爱在 17 过大年”“五一穿越时光，一起环游建德”“‘龙’情建德，17 放‘粽’”“清凉 17℃，避暑到建德新安江”“国韵建德，潮玩十一”等主题活动，出台景区优惠政策，对在建过春节外来务工人员、高层次人才免门票。中央电视台《新闻联播》《新闻直播间》、新华社等主流媒体对建德特色做法给予关注和专题报道。

【旅游消费大提振】2021 年，建德市举办 2021 杭州 17℃建德新安江文化旅游(福州)推介会、2021 杭州·建德文化旅游(上海)趣玩夜市集，参加“爱在 17℃潮玩季”、2021 文旅市集·杭州奇妙夜、2021 未来旅游嘉年华，有效提升疫情防控下旅游消费市场需求。至 2021 年末，引进福建旅游专列 4 列。成功举办 2021 建德新安江旅游奖励大会暨红色旅游产品发布仪式，兑现 56 家旅行商 2020 年度建德旅游客源引进奖励 365.53 万元。推出红色旅游精品线路 3 条，建德市被长三角三省一市旅游协会授予“长三角自驾游示范目的地”称号。全年达成散客专线、研学旅行等战略合作签约项目 66 个。

【疗休养市场开拓】成功举行杭州市一线职工疗休养首发团(建德)欢迎仪式,全年引进以工会系统为主体的疗休养团队 1189 批 4.34 万余人次。航空小镇、严州古城、农夫山泉等主要研学旅行基地接待研学学生 8.3 万人次。 (吴京攀)

【举办建德通航文旅品牌新闻发布会】9 月, 建德通航文旅品牌新闻发布会在杭州举办, 浙江广电新媒体联合建德市文化和广电旅游体育局、建德经济开发区(航空小镇)管委会,共同推出 2021 建德通航文旅品牌活动。活动充分整合建德区位、资源、政策优势和浙江广电内容、品牌、渠道优势,打造一系列线上线下、大小屏联动的宣传项目。发布会上,中国蓝电信电视“建德航空小镇”“奔跑吧！少年”两大线上专区正式发布,并首次展示“2021 建德通航产业展览会暨航空嘉年华”“奔跑吧！伐木累”音乐节等线下活动,该小镇被浙广新媒体授予“浙江广电新媒体研学示范基地”。全年累计开展“奔跑吧！少年”“小小飞行家”等系列活动 50 余场(次)。航空小镇接待游客达 100 万余人(次),实现“航空小镇热起来,通航市场旺起来,通航飞机飞起来,航空产业升起来”的航空梦。 (童 燕)

【文旅重大项目建设】2021 年,全市重点文旅项目 43 个,年度计划完成投资 17.28 亿元。全年完成投资 14.51 亿元,完成率 84.0%。大慈岩镇飞凤心灵农场(2 幢民宿)、杨村桥镇德扬乐活岛、三都镇富春蝶来江月湾乡村酒店、寿昌镇卧龙峡漂流、下涯镇黄饶半岛朴宿以及梅城镇龙山书院、范公祠等一批文旅项目建成。根据浙江省文旅厅等 6 部门联合印发《浙江省旅游业“微改造、精提升”五年行动计划》全面启动建德市旅游业“微改造、精提升”工程,全年投入 6.1 亿元,完成项目 202 个。市“非遗馆”、梅城镇列入省级试点项目。密切关注国家相关政策,积极争取省市各项资金,全年向上争取资金总额达 2361.64 万元。

体育

【概况】2021 年,建德市围绕第十九届(杭州)亚运会,开展“亚运城市行动”各项工作,开展全面“攻坚战”;继续推进全民健身,完善体育运动网络。完成寿昌镇全民健身中心、乾潭镇牌楼村全民健身广场、新安江健安社区多功能运动场、白沙社区体育设施进公园、更楼湖岑畈体育健身公园以及 9 个农村百姓健身房,1 个五人制足球场、10 个小康体育村升级工程。建成之江旅体融合区标准 11 人制足球场、2 片网球场、1 片五人制足球场, 亚运观赛空间主会场完成初步设计, 洋安江滨亚运主题公园完成 4 片网球场建设。落实全市中小学体育场馆全开放政策, 各类拥

◎ 德扬乐活岛建德养生度假项目

有体育健身场地设施社会机构100%纳入全民健身电子地图。至年末，全市有各级各类体育场地设施1422处，体育场地面积达117万平方米，人均2.64平方米，实现全市乡镇(街道)、村(社区)体育设施、健身点(苑)普及率100%，基本形成了市、镇、村(社区)三级全民健身网络。

全市全民体育活动日趋丰富，竞技体育取得新成就。全市累计开展"建德17℃新安江"马拉松等各类较大型赛事活动54场，参与人次近万人。举办各类培训26场，参与人次3000余人。举办"亚运四进"(进学校、进社区、进社团、进机关)活动180余场，参与人次5.3万人次。青少年体育成绩斐然，共获得金牌、银牌、铜牌89.5枚。4人入选杭州市队名单，1人入选浙江青年男子排球队。

完成《建德市武术五年发展编制规划》初稿，建设武术展示馆，正式启动建德市"全国武术之乡"创建工作。航空小镇获得国家航空飞行营地示范工程、浙江省群众体育重点训练(航空模型)单位等国家级、省级荣誉。乾潭镇"山水极限运动小镇"入选第四批省级运动休闲乡镇培育名单，乾潭勇峰山地自行车公园成功申报省级优秀项目。

全年完成笼式足球场、乡镇级全民健身中心、体育公园、村级全民健身广场、百姓健身房、小康村体育升级工程、网球场及儿童娱乐设施、"3项体育设施(篮球场 健身步道 健身路径)进公园"建设。完成新安江体育馆服务提升工程，投资430余万元。将公共体育设施建设与村容村貌整治相结合，充分利用高速桥下空间建设体育场地18处，面积约7万平方米。

【实施"亚运城市行动"】2021年，结合第十九届(杭州)亚运会各项筹备工作，市文化和广电旅游体育局制定印发《建德市亚运城市行动计划纲要》《2021年建德市亚运城市行动任务清单》，举行亚运比学赶超现场会，努力提升城市发展能级。举办2021建德17℃新安江马拉松、"迎亚运·中国共产党成立百年"2021建德市第二届"爱在一起"17℃17千米绿道赛、"宜居建德新安润肺跑团117km团体挑战赛"、迎接杭州亚运会倒计时一周年、"午间半小时"健身气功、木兰拳教学、亚运文体展演等活动，营造亚运气氛。开展"庆元宵·迎亚运·猜灯谜""迎亚运·百支社团绿道毅行迎亚运""巧手妙笔绘纸鸢，逐梦蓝天迎亚运""心心相融迎亚运·乐享畲韵献党礼"等"亚运四进"活动180余场，5.3万人次参与。相关活动被"学习强国"平台报道20余篇次，并在杭州电视台亚运频道宣传报道。

【全民健身深入推进】2月，受新冠疫情防控影响，全市暂停开展室内体育活动。3月至8月，新安江体育馆被征用作为新冠疫苗接种场所，9月至12月，体育馆进行装修改造，市级大型室内体育活动中止。全市各级体育社会组织通过大力举办户外健身活动，积极寻求突破。同时动员乡镇学校、老体协小型体育场馆，举办室内体育比赛活动。先后举办巾帼红色马拉松欢乐跑、中国共产党成立百年庆典·迎亚运文体展演活动、第六届健身气功站点联赛、职工气排球比赛、建德市亚运观赛空间试运行暨2021年全国百城千村健身气功交流展示活动等群众体育活动。此外，积极承办省市体育比赛，先后举办杭州市第九届老年人运动会健身球操比赛、浙江省武术教练员培训、杭州市第二十届运动会青少年散打比赛。助推全市全民健身运动开展恢复常态。

【青少年竞技体育】2021年，重新认定10所2020—2023周期建德市市级体育传统项目学校，全年输送试训运动员4人，分别为排球2人，乒乓球1人，举重1人；派出运动员223余人次参加省、杭州市等多项青少年比赛，共获得金牌35.5枚、银牌28枚、铜牌26枚。4人入选杭州市队名单，1人入选浙江青年男子排球队。

【运动休闲体育产业】依托山水优势，积极拓展运动空间，先后建成一批体育公园、飞行营地、水上运动基地。2021年，航空小镇获评国家航空飞行营地示范工程、浙江省群众体育重点训练(航空模型)单位等国家级、省级荣誉。成功创建浙江省级运动休闲旅游示范精品线路1条（江南大冰洞攀岩—航空小镇高空跳伞—汽车公园卡丁车及漂移等项目）。编制《乾潭山水极限运动休闲乡镇发展

◎ 2021 浙江建德 17℃新安江马拉松赛现场

规划(2020—2025 年)》。

3 月，乾潭山水极限运动小镇入选第四批省级运动休闲乡镇培育名单；乾潭勇峰山地自行车公园获评省级优秀项目。

【体育安全生产监管】 深刻吸取“5·22”甘肃白银马拉松事故等教训，进一步做好体育赛事活动安全监管工作，结合平安护航中国共产党成立百年安全大检查要求，以疫情防控、安全生产、规范经营为重点，开展全市高危体育经营场所、体育场馆、公共体育设施日常管理和专项检查，推进体育市场日常监管工作。全年累计出动检查 150 人次，检查高危体育场所 74 家次，发放宣传册页、笔记本等物料 3000 余份，受理体育市场(瑜伽、健身房、武馆)预付式消费投诉 86 件，当面调解 3 次，排查隐患点位 45 处，整改率 100%。

【2021 浙江建德 17℃新安江马拉松赛】 10 月 17 日，在新安江鸣哨开跑 2021 浙江建德 17℃新安江马拉松赛。本次马拉松赛以“爱在 17·为爱奔跑”为主题，设置全程马拉松、半程马拉松和欢乐跑三个项目，赛道沿途经过白沙大桥、新安绿道、双江特色街、建德之江亚运体育公园、黄饶半岛花海等特色地标，终点设在严州古城城墙。来自国内 31 个省市专业运动员(跑者)和美国、德国、加拿大等外籍运动员（跑者)，以及建德市马拉松项目爱好者近万名选手参加。100 多家国家、省(市)媒体对该赛事进行报道，新华社、“央视频移动网”“美丽浙江”等大型媒体平台进行全程直播，播放量超 1200 万次，进一步宣传了建德市良好的生态环境与城市风貌，通过“体育+旅游”模式，打响“17℃建德新安江——爱的原乡，爱在一起”旅游品牌；同时，活动吸引了大量马拉松运动爱好者、赛事观光客、旅游者集聚建德，进一步释放建德市文旅产业消费潜力。

(吴京攀)

责任编辑：吴树根

科学技术与气象服务

Science , Technology and Meteorological Services

科学技术

【概况】2021 年,建德市以“创新兴市”为引领,全面实施创新驱动发展战略,创新环境持续改善,创新能力明显提升,科技支撑市域经济作用进一步凸显。全年科研经费 9.11 亿元,比上年增长 21.7%,占地区生产总值比重为 2.12%。国家高新技术企业、省科技型企业新增数完成率分别为 250%和 258.3%,增长均居杭州前列。创新活力不断增强,全市研发费用归集突破 14 亿元,比上年增长 60%以上;软投入、规模以上企业有研发机构者占比提升度分别位居杭州市第三、第四;新增杭州市研发中心 7 家;成功申报杭州市级创新联合体 2 家;获省科技进步二等奖 1 项;争取省“尖兵”“领雁”研发攻关项目 1 项;新安化工成功创建首个省级重点企业研究院;引进技术转移中心 2 家,建德市首家农业领域技术转移中心揭牌;高层次人才项目有效申报比上年增长 212.5%;“揭榜挂帅”完成度 360%,位居杭州第三;“建德智立方”入选浙江省数字经济“飞地”示范基地;国科大杭高院建德研究生暑期实践基地正式挂牌;组织中国创新挑战赛、建德高层次人才创业大赛等大型科技活动 8 场,其中省级以上 2 场;省级通航产业创新服务综合体建设相关做法获杭州市副市长胥伟华批示肯定。

【科技创新主体培育】优化企业梯队培育,全年举办国家高新技术企业认定管理、税收优惠等专项培训 9 期,培训企业 500 余家次,新认定浙江贝家生物科技有限公司、杭州睿道医药科技有限公司、建德市亚力达工具有限公司等国家高新技术企业 45 家,认定数比上年增长 25%,为年度任务 2.5 倍;2021 年末累计高新技术企业达到 148 家。新增杭州恒新农业规划设计有限公司、杭州弘陌科技有限公司等省科技型中小企业 124 家,新增数为全年任务 2.6 倍;年末累计 546 家。实施重点企业研发归集攻坚计划,全年全市企业研发费用归集量 15.78 亿元,比上年增长 49.5%,大企业支撑作用持续显现。全面落实研发费用补助政策,兑现研发费用后补助政策 116.2 万元。引导企业开展研发费用加计扣除,累计加计扣除额 12.57 亿元,为企业减免所得税 3.14 亿元,高企减免所得税 16569 万元。通过“亲清在线”平台兑付资金 2505 万元,惠及企业达 157 家。深入实施“新制造业计划”,全市高新技术产业增加值达到 69.95 亿元,比上年增长 11.9%,占规模以上工业增加值比重 44.14%。高新技术产业投资额 13.28 亿元,增长 24.8%。全市软投入 21.62 亿元,占综合投资比重为 10.94%,增长 3.6%。

【科创平台建设】发挥公共创新平台优势,鼓励平台吸引外部资源,加大优质项目招引。浙江创新院引进孵化锂电池项目成功落地航空小镇,并获首轮千万级天使融资;升级重点实验室——浙江省通用航空运行技术研究重点实验室联合浙江省交通科学研究院,开展无人机交通管理系统研发、测试与验证重点项目攻关;有机硅研究院调动团队优势着力攻关 8 个行业技术难题;国家超细粉末研究中心浙江分中心参与全市碳酸钙产业转型升级工程。新安硅谷研究院成功申请“海外优青”依托单位,全年申报“火炬计划”1 人、省高层次人才计划 3 人。新认定爱博家具市级企业高新技术研究开发中心、浙江贝家结构脂技术市级企业高新技术研究开发中心、帝华功能性玻璃制品制备技术市级企业高新技术研究开发中心等杭州市级高新技术企业研发中心7家，新安化工成功创建首个省级重点企业研究院，实现全市“零的突破”。2021年末杭州市级以上高新技术企业研发中心121个，其中省级以上50个。科技企业孵化器11家，其中省级1家；众创空间3家。

鼓励上下游企业融通发展，组织新安化工、杭州三耐环保科技股份有限公司成功申报杭州市级创新联合体。新化化工“高效电催化二氧化碳还原催化剂的开发及示范化应用”课题进入2022年度省级“尖兵”“领雁”研发攻关计划拟立项项目清单。新安化工“特种有机硅清洁生产过程资源集约利用技术创新及产业化”项目获得省科技进步二等奖。

着眼飞地孵化器建设，重点推进“沪杭”飞地布局，探索飞地运营模式，建立滨江飞地管理体系，搭建企业画像图谱库，实施“一企一档”、月报季报制度，形成入孵企业优化淘汰机制。“建德智立方”成功入选浙江省数字经济“飞地”示范基地。

对标省级创新服务综合体建设考评体系，建德市全力推进省级通航产业创新服务综合体建设，在年度现场考核中获得一致好评，《集聚创新资源 助力高质量发展 建德市全速打造省级通航产业创新服务综合体》专报获杭州市副市长胥伟华批示肯定。

【产学研合作】校地合作稳步推进，深化与浙江大学、西湖大学等“双一流”高校合作，召开对接研讨会40余场次，加快推进高能级平台建设。以乡贤资源为纽带，推进与西湖大学产学研合作。上海应用技术大学技术转移中心成功落户建德。结合“三服务”，“菜单式”推送高校资源，为校企合作牵线搭桥，鼓励校企共建研究院。建德海螺水泥有限责任公司联合中国科学技术大学打造新型能源梯级利用实验室浙江工作站；新安化工分别与山东大学、浙江工业大学共建研究院；浙江电联集团有限公司正式成立全市首家企业研究院——杭州绿联研究院，并聘请浙大专家团队开展联合攻关，企业创新主体地位持续巩固。

全年专利授权量1987件，其中发明专利授权量136件，分别增长78.5%和88.9%。浙江新化化工股份有限公司与南开大学围绕新材料技术难题开展联合攻关，申请国家发明专利3项以上；杭州容耀科技有限公司与西北大学围绕陶瓷材料优化改性达成深度合作；浙江深蓝新材料科技有限公司与吉林大学现场签署合作协议。全年共兑现产学研合作项目15项，成果拍卖项目2项，政策金额共计340余万元。

◎ 4月7日，国科大杭州高等研究院建德研究生实践基地揭牌仪式

【科技成果转化】举办各类科技创新挑战赛和成果发布会，促进科研成果转化，实现最大市场价值。举办2021建德产业创新讲堂——传统行业改造提升活动、有机硅行业科技成果发布会等科技活动9场，依托杭州师范大学有机硅重点实验室发布最新技术成果12项。举办2021年“揭榜挂帅”技术需求发布会暨国科大杭州高等研究院绿色化工专场技术交流大会，现场签署“国科大杭高院建德研究生实践基地”合作协议。举办第六届中国创新挑战赛(浙江)暨碳达峰碳中和首场行业现场赛，建德华明科技有限公司发布的难题“纳米氢氧化钙脱硫剂”被现场揭榜，揭榜金额80万元。举办全国乡村人才振兴促进共同富裕大会、2021建德高层次人才创业大赛、建德大学生“农创日”暨第二届杭州市农创客大赛等大型赛事。

依托“三服务”密切走访企业，全年共征集新材料、先进制造、生物医药等产业技术难题87项。

通过“揭榜挂帅”、高校技术转移中心、产学研合作等模式达成合作意向27项,其中“揭榜挂帅”平台张榜46项,总金额8201万元,至2021年末,揭榜难题4个,总金额2460万元,完成全年任务360%。杭州睿道医药科技有限公司、浙江深蓝新材料科技股份有限公司作为企业代表亮相杭州国际人才项目交流大会现场,针对技术难题现场路演,浙江深蓝新材料科技股份有限公司与吉林大学现场签署合作协议。

【科技支农】培育农业科技创新主体,全年新增浙江葆元牧业有限公司、建德市建坤农业开发有限公司等农业类杭州市级高新技术企业研发中心2家,杭州筱予农业设施有限公司、建德市果蔬乐园旅游发展有限公司、杭州山淳农产品有限公司、建德市益民农业设施有限公司、建德万禾兴农业科技开发有限公司、建德市飨荟萃农产品有限公司、建德市大疆农业开发有限公司、建德市杨沙口休闲农业开发有限公司等农业类浙江省科技型中小企业8家,杭州建德天堂有限公司等农业类国家高新技术企业1家。6月,建德市首家农业领域北京紫荆创新农业研究院技术转移中心揭牌。“建德草莓小镇星创天地”列入2021年省级星创天地备案名单。

全年共组织申报省级重点研发项目1个、杭州市项目25个,落实各级农业科技经费667.46万元。开展科技特派员工作,第八批科技特派员项目成果通过验收,圆满收官。启动第九批科技特派员项目实施方案,争取省级团队特派员2个、杭州市团队特派员1个;选派个人特派员17名,其中杭州市科技特派员10名。全年开展特派员项目20个,落实资金151万元。建德市农业农村局严百元获“浙江省科技先进工作者”荣誉称号。

【科技人才队伍建设与服务】全年申报国家海外高层次人才计划7人、省海外高层次人才11人,其中3人省海外高层次人才进入答辩环节。1名俄罗斯专家入选杭州市“521”计划。杭州市“115”引智计划申报项目29个。全年申报省级高层次人才计划14人,其中经过杭州审核向省里推荐3人,其中1人进入最终答辩。2名杭州市高层次人才成功入选,并完成杭州市D类人才认定材料申报工作。高质量开展高校暑期实践。以建德高校技术转移中心为纽带,不断拓展与高校合作范围,全年共引进暑期实践硕博20人,其中浙江大学博士研究生9名,上海第二工业大学相关工作获实践单位高度肯定。

(王文娇 朱晓卿)

气象服务

【概况】2021年,建德市气象工作完成“十四五”气象事业发展规划和气象探测环境保护专项规划,顺利通过“中国气候宜居城市”复评。全年天气预报准确率87.3%,做好春运、全国两会、中考和高考、新安江旅游节、17℃新安江马拉松等重大活动及台风“烟花”“灿都”防范气象保障服务工作。

【公共气象服务】编制印发《2020年建德气候宜居指数白皮书》,建立集数据监控和新安江雾预报模式为一体的立体气候宜居城市气象服务系统。10月26日,通过“中国气候宜居城市”复评,继续保留“中国气候宜居城市”称号。

全年出现12次较大范围强降雨天气过程,启动暴雨、强对流、寒潮、台风应急响应11次,发布各类专题气象服务材料130期,各类预警信号123次,其中暴雨预警信号38次、雷电预警信号31次、大雾预警信号18次、大风预警信号14次、高温预警信号5次、寒潮预警信号2次、霜冻预警信号7次、低温预警信号3次、台风预警信号5次,发送灾害性天气预警短信330余条约190万人次。全年气象窗口共受理办结行政许可事项22件,其中“防雷装置设计审核与竣工验收”事项20件,“升放无人驾驶只有气球、系留气球作业许可”事项2件。气象证明服务17件,保险理赔自助查询175件。

【气象现代化建设】开展气象综合业务一体化平台建设,做好亚运气象保障服务前期工作。实施气象监测预报能力提升工程,全年完成49套暴雨精细化自动气象监测站建设，网格密度达到4.4千米，由乡镇(街道)承担建设经费和运维保障。至2021年末，全市设有自动气象站119个，实现易灾区建制村全覆盖。推进乌龙山X波段雷达建设项目前期可研批复、方案论证、林地审批等工作。

【农业气象服务】2021年，新型农业主体1312家，接收气象灾害预警信息1万余条。农业灾害保险蓝莓出险2次，共理赔13.64万元。春播春耕、草莓、柑橘和茶叶等关键农时发送专题材料18期；农业气象灾害(暴雨、强对流、台风等)发送专题材料6期，通过微信群发送各类灾害性天气预报预警信息100余次；农作物病虫害防控发送病虫害情报2期。与建德市融媒体中心合作创办新节目《农事气象站》在建德市电视台播出，每周一期，每期时长1分40秒左右，全年累计36期。

【气象数字化】加强与市数据管理局、农业农村局、应急管理局等部门合作，共同打造"数智防汛"信息系统。"建德天气"城市大脑App应用场景成为建德市数字经济 "三化融合"10个创新应用场景之一。完成全市69家防雷重点单位"防雷安全风险码"动态信息化管理。开展气象"数字驾驶舱"应用专题培训及推广，运用"掌上执法"开展双随机、专项、跨部门等检查78次。

【气象防灾减灾工作】开展2次气象协理员、信息员及网格员线上线下培训，做好人员管理、预警信息传播、气象灾情汇总上报工作指导。持续推进"网格+气象""建村钉"推广应用，活跃度达80%以上。完成33个省级气象防灾减灾标准化村(社区)创建，覆盖率100%。完成气象防灾减灾一张图信息更新工作。

【人工影响天气工作】全年在下涯、杨村桥、三都、更楼、大同等作业点开展人工增雨作业6次，发射火箭弹36枚，作业面积1250平方千米，增水量135万吨，有效缓解饮用水库容短缺和森林防火压力。

【气象科普宣传】2021年，市气象局组织线下科普活动10次，受益2100余人，发放材料6000余份。建德市委宣传部、建德市气象局联合印发《关于进一步加强农村文化礼堂气象科普点建设的通知》，进一步发挥农村文化礼堂在基层气象灾害防御工作中重要作用。编写地方标准《小学"气象社团"建设管理规范》(GB330182/T 045-2020) 发布并实施，与市教育局、市科协联合发布《关于推进小学"气象社团"建设工作的通知》，年内完成5所小学申报，编印发放《气象探秘》教材1000余册，辅导气象社团老师20余人次，开展校园科普讲座30余场次，受众学生5000余人次。 (赵建光)

责任编辑：胡政成

通信与新兴媒体

Communications and Emerging Media

综 述

2021 年,市内三大通信网络运营商和铁塔公司,加大信息业基础建设投入,强化和提升服务水准,继续加快企业数字上云,推动全市数字产业化、产业数字化、城市数字化“三化融合”工作。全年新建 5G 基站 848 个,基本实现全市村一级行政区域 5G 网络全覆盖,为确保全市新冠肺炎疫情防控、社会治安部署推进,以及城市建设各方面实现有条不紊的大数据调控,奠定基础。邮政事业进一步拓展新型业务,加快改革,从传统报刊发行向金融领域和物流业相关产业延伸、转型。数字电视、融媒体以及微信公众号、抖音公众号等新兴媒体,不断完善信息传播平台,丰富传播方式,为全市精神文明建设和对外宣传做出新贡献。

全年电信业务总量 5.82 亿元,与上年基本持平。2021 年末移动电话用户数 50.98 万户,固定电话用户数 10.04 万户。互联网用户 73.27 万户,增长 7.6%,其中移动互联网用户数 52.32 万户,增长 8.2%。邮政业务总量 1.19 亿元,比上年增长 11.8%。邮政特快专递业务 18.66 万件。

通 信

【中国电信股份有限公司建德分公司】简称电信建德分公司。2021 年末,该分公司有从业人员 316 人,其中合同制员工 112 人、外包员工 121 人、代理人员 103 人。有专业技术人才 50 人。下设 4 部(综合部、市场部、网络部、政企部)、11 个支局(新安江支局、城东支局、政务支局、大企业支局、城郊支局、寿昌支局、梅城支局、乾潭支局、大同支局、高铁新区支局、洋溪支局)、2 个中心(智云护航中心、DICT 中心)。全年完成业务收入 1.48 亿元,比上年增长 9.7%。

该公司坚持推动 5G 建设走深走实,基站建设深入农村,与中国联通达成共建共享战略,承建建德区域范围除梅城、乾潭、三都以外的基站,2021 年新增 5G 基站 400 个(其中 372 个为与中国联通建德分公司共建共享),5G 信号覆盖率达到 85%,4G 共享站点 532 个,4G 网络覆盖率 98.8%,基本实现城区、高速公路、国道 320 线、乡镇一级人口活动密集区域信号覆盖。在高速光网建设中,出口宽带达到 360G/秒,利用率约 60%,基本实现网络轻载。完成宽带承载网络的 IPv6 改造,建德城区实现宽带千兆入户接入全覆盖,329 个村全部具备宽带千兆接入能力。光纤接入网络 FTTH(光纤到户)覆盖接口能力 25 万个,其中百兆及千兆以上用户占比 88.2%。至年末,宽带用户数达到 8.2 万户,比上年增长 1.2%;移动电话用户数达 17.2 万户,净增 2.09 万户,增长 1.2%。固定电话总数保持在 5 万户,与上年度基本持平。

该公司参与 2021 年度建德市政府产业数字化改革,接应省市公司“152”数字化改革(“1”即一体化智能化公共数据平台;“5” 即 5 个综合应用,分别是党政机关整体智治综合应用、数字政府综合应用、数字经济综合应用、数字社会综合应用和数字法治综合应用,包含“产业大脑+未来工厂”“城市大脑+未来社区”等核心业务场景;“2”即数字化改革的理论体系和制度规范体系),党政机关整体智治平台;建成新安江智慧安防小区一期、二期,推进智慧小区建设;对接市市场监督管理局,

"阳光系列" 接入500户餐饮商家、9家隔离酒店厨房、4家特种设备工厂;承接公安和乡镇等治安监控"雪亮工程"建设;呼叫中心推动传统通信模式转型,承接政府"12345"市长公开电话热线;开展"5G+"工业互联网研究,利用云、5G、物联网等新一代信息技术推进安联矿业卡车调度系统,监测监控系统等5G应用落地。全年安装防疫监控182个,完成市委、市政府交办的新冠肺炎疫情防控通信保障工作。 (叶政韬)

【中国移动通信集团浙江有限公司建德分公司】简称建德移动。该公司建德市本级设4部(市场部、政企部、网络部、综合部),下设新安江、梅城、寿昌、大同、乾潭、高铁新区6个网格。2021年末在册员工97人。全年通信服务收入2.78亿元,完成率100.05%,移动通话用户总数达到33.96万户,其中,5G终端用户数10.19万户,宽带用户数同比增长10.2%。

全年建德移动网络投资4300万元,累计开通5G站点393个,完成新安江主城区、乡镇街道以及主要工业园、高铁站等区块5G信号覆盖,建制村5G覆盖率达60%以上。积极开展F5G(第五代终端网络)网络建设,完成OLT(光线路终端)新入网10套,OLT改造升级40套,实现主城区和主要乡镇千兆接入全覆盖。高效完成党群服务中心、两馆两中心等重要区域的网络覆盖。完成新安江啤酒节、中国共产党成立100周年庆、17℃新安江马拉松、严州中学校庆等大型活动网络保障。配合市政府民生工程,提升建德农村人居环境,助力开展美丽城市、老旧小区改造,有效整治驻地网光缆、小区皮线,包括50部电梯及1900余户用户线缆整治。同时该公司依托云、物联网、大数据、5G等新技术的销售和端到端服务,积极参与数字化改革,持续推进面向各行各业的信息化服务。

该公司响应国家提速降费要求,推出1元5G特惠包等产品,满足大流量客户需求;聚焦"智家"场景,强化千兆网络覆盖,满足高带宽网络需求;配合参与建德市市场监管局组织阳光厨房工作,安装并对接"浙食链"(浙江省食品安全信息追溯企业平台)350余户。充分运用大数据手段,通过警示教育、实名制管控、日常监督等手段强化"断卡"管理,挤压电信诈骗空间;联合派出所、村委、乡镇街道开展"机伶"公益防诈宣传服务80余场次,推广"国家反诈骗中心"App的下载安装,累计安装3000多用户,有效遏制电信诈骗涉案量。

在疫情防控期间,该公司积极响应建德市政府防疫举措,快速解决集中隔离点信号弱覆盖问题,并提供流量保障。同时,输出大数据能力,协助升级健康码,提供"神灯·疫扫""出入通"等小程序和"移动灵瞳"、云MAS(中国移动短信平台)等防疫产品,为疫情精准防控提供有效手段。配合发送防疫提醒短信200余万条,并为全市3000多名防疫一线工作人员开通流量"温暖礼包"。 (叶　敏)

【中国联合网络通信有限公司建德市分公司】简称联通建德市分公司。该公司下设办公室(包含网络部)、政企客户部、市场部(包含乡镇支局、新安东路营业厅、寿昌营业厅、大同营业厅、乾潭营业厅、梅城营业厅)。2021年末,有员工44人。全年完成主营收入5113万元,比上年增长15.1%。

2021年,联通建德分公司重点开展移网、固网建设,共计网络投资2000万元。与电信建德分公司实现网络共建共享,完成5G共建共享站点372个,自建5G站点55个,4G站点448个,4G共享站点532个,覆盖范围近600个小区,包括三都镇、梅城镇、乾潭镇、钦堂乡,大洋镇、洋溪街道、莲花镇、下涯镇、杨村桥镇9个乡镇。完成新安江主城区、梅城、更楼街道25个小区固网建设,小区新建后形成端口1946个。实现工业园区商务楼宇全覆盖,包括互联网产业园、明珠商务大厦、乾潭商会大厦、浙西电商产业园等。对全市OLT进行传输双路由、设备用电双路由进行摸查,其中对下涯OLT、寿昌大塘边OLT进行传输双路由改造、对12个机房OLT进行二次下电检查改造,同时对7500传输、M6000进行设备升级及替换。全力配合相关部门开展并完成10余个社区飞线整治工作,完成城区新林路、府西路等老旧小区杆线梳理及上改下工作,改善社区(小区)立体环境面貌。

2021年,全面配合建德市产业数字化、高端化、集群化、融合化推进和政府社会数字化转型工作,将大联接、大计算、大数据、大应用、大安全落到实地。实施并完成5G智慧人大、梅城大数据平台及葛家村垃圾分类、城市管理局防违控违平台项目建设。完成大同黄山头村、梅城葛家村"乡村钉"平台及大同冷水坑数字牧场建设。为杨村桥、梅城马目、五马洲等工业园区提供专线、综合布线、信息化项目建设业务。

组织人员进社区开展防范电信网络诈骗宣传工作,正确引导社区居民安装"国家反诈中心"App,申领"反诈骗"绿码,全面加强社区居民反诈骗防范和识别能力。 **(饶剑霞)**

【中国铁塔股份有限公司杭州市分公司建德办事处】以下简称铁塔建德办事处。2021年末,该办事处管理市域内基站总数1278个,其中塔类基站1243个、室分35个。通过资源共享,移动建德公司、联通建德公司、电信建德公司三家运营商基站共享率达95%以上。

2021年,铁塔建德办事处积极配合建德市委、市政府及通信运营商开展5G通信基础设施建设,贯彻落实市政府办公室《关于加快公共资源开放,推进移动通信基站建设的指导意见》和市经信局等八部门《关于印发〈建德市5G基站建设"一件事"集成改革实施方案〉的通知》精神,全年完成5G基站新建及改造建设406个,进一步增强5G信号覆盖厚度。此外,进一步发挥铁塔站址资源及高位优势,配合杭州市生态环境局建德分局深化环境监测工作,助力完成环境监测平台的升级和多个乡镇监控点位补盲工作。 **(何 俊)**

邮 政

【概况】2021年,中国邮政集团有限公司浙江省建德市分公司(简称邮政建德市分公司)有代理金融网点17家、寄递营业部(兼支局)7家、支局2家。拥有通信生产运输用汽车50辆、摩托车18辆、电动自行车1辆、电动三轮车13辆。共有投递道段总条数82条,总长度3167千米(单程),妥投点50873个。其中,城市投递道段38条、农村投递道段44条,全市229个建制村全部通邮。城区每日平均投递1.66次,农村每周投递6.14次。

邮政各项金融及普遍服务覆盖全市各乡镇。全年实现业务收入1.37亿元,完成杭州市公司下达计划98.54%,完成率居杭州市第三位;比上年增长17.1%,增幅居杭州市第一位。其中,金融收入7768万元,完成率100.5%,比上年新增903万元,增长13.16%;寄递收入3516万元,增长11.94%(特快收入985万元,增长16.1%;国际收入1407万元,增长34.8%;快包1119.27万元,比上年减少10.12%);2022年度报刊大收订流转额目标1221.59万元,完成率103.6%;2022年度集邮收入220.78万元,其中新邮预订完成50.7万元,完成率101.4%;函件收入116.59万元。公司KPI获杭州市分公司战略绩效考核连续三年杭州地区第一,成为杭州地区唯一获评A档单位;获评杭州市邮政普服工作先进单位。公司职工杨海云获新时代"浙江工匠"称号。

【储蓄保险业绩】2021年,邮政建德市分公司有邮政储蓄网点17家,年末网点存款余额47.35亿元,年增4.99亿元。乾潭、杨村桥、白沙3家网点余额超过4亿元;洋溪、横铁、三都、城东等4家储蓄网点余额超过2亿元;乾潭、洋溪、横铁3家网点总资产比上年增长5000万元。公司提前5个月达成全年标保目标,期交保费完成率175%,位列全省第七。

【硬件设施改造】2021年,完成储蓄网点大洋、洋溪、桥南3个营业所装修改造,完成12个普遍服务网点转型,其中综合型7个、纯邮务5个,分别叠加警医邮(警邮)、中邮驿站、充电宝、社区团购、旅游门票销售、邮特惠、邮政商超、烟草零售等业务。11月12日,公司首家省级网点桥南储蓄所转型标杆店开业。 **(刘小飞)**

数字电视网络

【建德华数数字电视有限公司】建德华数数字电

视有限公司，简称建德华数。2021年，该公司落实建德市委、市政府和华数集团的决策部署，积极应对内外部环境变化，统筹推进疫情防控和生产经营“双线作战”，实现营销收入1.01亿元，比上年增长2400万元。年末有线电视用户终端10.63万个，华数宽带终端突破4万个，固定资产原值达2.14亿元。公司获评2021年度有线广播电视运营服务省级优秀单位，获得“杭州市敬老文明号”“中国共产党成立百年安播保障先进单位”等荣誉称号。

2021年，建德华数完成“村级工程一件事”232个村(含涉农社区)全覆盖，村民群众可以通过手机端、电视端、触摸屏参与村(社区)9大板块的清廉监督，提升农村基层民主管理水平；推出“心安护学”学生上下学服务，确保学生安全上下学，家长实时观察孩子上下学情况；履行广电惠民职责，城乡低保家庭实现有线电视初装费和试听维护费“双减免”，对全市重点优抚对象实施有线电视试听维护费减半收费政策；“96371”客户服务热线24小时开通，接收群众业务受理和咨询；实施“承诺服务制”和网格员上门受理、安装、维护、收费“一站式”服务。

完成全市华数应急平台提升改造，实现防台、防汛应急预警时刻播报，提升市域应急管理水平；按照省、杭州市相关部署，积极配合建德市农村人居环境提升工作，全年投入资金1680万元，完成56个村光纤网络改造、完成23个村网络整治。投入400万元，完成13个村级机房改造，结合“宜居建德”和“美丽乡村”建设，同步完成13个村“光纤入户”工程。

完成大同镇“云上稻香”平台、寿昌镇“数字寿昌”平台、乾潭镇“智慧乾潭”平台建设。三个镇平台包括数字驾驶舱、可视化平台、云上(线上)调解，寿昌909街云共治等子模块。各平台依靠大数据智能分析，研判社会矛盾纠纷等级，形成预防调解工作形式，实现智能化云端调解，以及集镇管理AI功能，从政治、文化、社会、经济、生态文明五大领域，全面助力政府数字化改革。

完成建德市“17℃新安江艺术节”“中国共产党成立百年大型晚会”“17℃新安江马拉松大赛”“乡村人才振兴促进共同富裕大会”等大型活动信息传输保障任务；新冠肺炎疫情防控期间，配合全市医疗机构、隔离点、重点区域上线监控和生活小区封闭管理的设施建设，推出“零接触服务模式”，为全市疫情防控作出华数贡献。 (傅 瑜)

新兴媒体

【建德市融媒体中心】2021年，市融媒体中心紧紧围绕市委、市政府中心工作和重点任务，积极探索传统媒体和新兴媒体融合深层次运用，构建以“电视、广播、客户端、微信公众号、抖音短视频”为一体的全方位、多层次、多声部县级融媒体传播体系，掌握新闻舆论主导权、主动权，弘扬主旋律，传播正能量，为建德市“十四五”高质量现代化发展、高标准打造“宜居建德”、高水平推动跨越赶超，实现建德新崛起提供思想舆论支撑。全年开设“走向共同富裕”“聚焦乡村振兴 建设美丽乡村”“转型升级在建德”等50多个栏目，播出刊发广播电视、网站、报纸新闻稿件8000余条，民生资讯、监督曝光、党建类栏目200余期，微信微博抖音短视频制作7000余条。多个专题获得省、杭州市级奖项。

全年外宣口径在杭州市级以上媒体刊播报道2960余篇，其中中央级媒体323篇(中央电视台《新闻联播》9条，含头条2条；《人民日报》20篇，含头版2篇)、省级媒体1317篇。推出“献礼中国共产党成立百年”建德城市形象宣传片《建德故事》，播放量超过3200万次。参与完成浙江卫视新闻客户端、蓝媒号直播20场，其中入选央视新闻客户端5场，入选央视微博大直播间2场。首创并顺利运行“学习强国”全民供稿机制，建德供稿中心供稿获得8个单月第一名，实现全年考核第一名。全年“学习强国”建德供稿中心录用稿件4342篇，其中全国平台720篇、浙江平台774篇。建德“全民供稿”做法得到杭州学习平台充分肯定。

开展庆祝中国共产党成立100周年系列宣传，开辟党史学习教育、红色歌曲传唱、红色记忆类、活动类四个板块，把握正确舆论导向、营造社会氛围。开展浙皖两省三地(浙江建德市、淳安县与安徽歙县）新安江流域共庆中国共产党成立百年大型融媒直播活动，以“寻红色根脉、看锦绣新安”为主题，选取歙县狮石、郑村镇棠樾村、中洲中国工农北上抗日先遣队纪念馆、下姜村、新安江水电站、梅城镇6个代表性点位，重温红色记忆，累计收看人次30余万人次，直播间评论区集纳网民留言1.2万条；推出“沿着红色足迹 追寻真理的味道”栏目，走近中共建德小组纪念馆、“双童”烈士纪念馆、建德抗日自卫队纪念馆，寻访红色历史见证者和记录者，用影像再现中国共产党在建德早期活动历史，共采制相关红色点位20余篇；以“奋斗百年路 启航新征程”为总栏目，下设“百年潮涌 浙里看党史”“述党史·话建德”等10余个子栏目，累计刊播相关报道500余篇，刊发专版20余个，制作短视频10余个。同时针对不同年龄段社会群体开设红色专题“童心向党”“乡村牛人”等专栏，引导青少年“扣好人生第一粒扣子”，宣传在建德农村基层一线为乡村振兴发挥积极作用的“牛人们”事迹。

全力做好疫情期间防控宣传和舆论引导工作，根据市疫情防控指挥部部署，“科学控疫情 统筹谋发展”栏目采制播出《把好冷链食品安全关 筑牢群众健康防护网》《“安心返”上线！返建人员务必要做好这些事！》等6期访谈节目。《今日建德》报纸、建德新闻网持续刊载《利用大数据推动疫情精准防控》《严格落实疫情防控举措 严守疫情防控安全底线》等与防疫宣传有关报道264篇。

完成三期(3月29日、7月19日、11月2日)《建德问政零距离》，以曝光问题、现场问答、通报进度、后续监管为手段，直击基层“顽瘴痼疾”、关注群众“急难愁盼”，促使被问政乡镇(街道)和部门以此次问政为契机，立行立改，以整改成效回应群众诉求和社会期待，在社会各界引起强烈反响。节目被新华社、人民网、《浙江日报》、浙江经视等10余家上级主流媒体报道，刊发相关报道40余篇，仅新华社客户端阅读量即超过300万人次，新浪、网易、搜狐等多家社会类“头部”媒体转发量超10余万人次。

【新媒体平台】2021年，充分发挥新兴媒体平台作用，“今日建德”微信公众号、“建德发布”“我的建德”App、“宜居建德”抖音号、“建德融媒”抖音号等平台传播优势逐渐彰显，“建德发布”覆盖面达60%，“今日建德”覆盖面达40%。在“建德发布”“今日建德”微信公众号、“今日建德”视频号、“我的建德”App、“建德融媒”抖音号等平台直播热点事项40余次，“澄清门下道澄清”“第九届建德7017新安江青岛啤酒节暨双江街17嗨街嗨夜启动仪式”“建德草莓四十年暨产业高质量发展大会”“建德市庆祝中国共产党成立100周年文艺晚会”等直播同时在线观看人数超5万人次。“世界级荣誉！刚刚，建德获评全球绿色城市！骄傲到飞起”“建德第二座高铁站来啦！杭衢铁路建德南站站前广场正式开工！”等50余篇微信公众号文章阅读量超过1万人次。

“今日建德”视频号日均浏览次数3万人次，其中，“面对洒满地的钱，他们的态度截然不同，当看到胸前的那枚徽章时，一切都明白了！”等10条内容阅读量超10万人次，3条获得腾讯推荐。“建德融媒”抖音号每周保持2个视频被“美丽浙江”抖音号转载。建德市融媒体中心获浙江政务短视频联盟优秀组织奖。

(周碧辉)

责任编辑:唐国强

卫生健康

Health and Hygiene

综 述

【概况】 2021 年，全市有各级各类医疗卫生机构 406 家，其中市级医疗卫生单位 11 家(市一院、市二院、市中西医结合医院、市四院、市妇保院、市卫生监督所、市疾控中心、市卫校、市血站、建德中医院、国网职业病防治院)，乡镇卫生院、街道社区卫生服务中心 16 家(洋溪街道社区卫生服务中心在建设中)，社区卫生服务站 14 家(减少 4 家)，一体化管理村卫生室 193 家(增加 1 家)；民营医院、门诊部和个体诊所等机构 176 家(增加 14 家)。医疗卫生单位共核定事业编制 3039 个，在岗在编 2294 人，在岗不在编 1175 人；医生 1430 人、护理人员 1682 人，医护比 0.85，结构比例基本合理。每千人口床位 6.49 张(每千人口减少 0.03 张)；每千人口执业(助理)医师 3.20 人，注册护士 3.76 人，分别增长 7.0%、3.4%。

2021 年卫生事业投入达到 4.42 亿元，比上年增长 26.3%，卫生支出占财政支出比为 7.0%。全年基本公共卫生人均经费为 68.75 元，增长 1.7%。全年医疗机构诊疗总数 386.93 万人次(增长 10.3%)，急诊 14.08 万人次(增长 15.2%)，健康体检 27 万人次(增长 26.1%)，入院 6.76 万人次(下降 6%)，出院 6.76 万人次(下降 5.9%)，住院病人手术 2.74 万人次(下降 9.1%)。医疗机构总收入 18.84 亿元(其中医疗收入 15.91 亿元)，总支出 18.19 亿元，分别下降 8.6%、11.4%。

继续推进公共卫生工作，加强疾病预防控制，全市未发生重大公共卫生事件。运用数字化技术，有序强化高铁站、高速公路出口、公交车站、大众型企业、建设工地等重点场所新冠肺炎疫情防控工作，全市未发生新的感染患者；按照省、杭州市统一部署，腾出部分宾馆，接受部分密切接触者隔离管控。强化妇幼保健工作，孕产妇死亡率 0/10 万；开展“两癌筛查”，保障妇女身体健康。严格精神障碍患者管理、治疗以及救助程序，将严重精神患者全部纳入统一规范管理。继续深化家庭医生签约制度，对糖尿病、高血压等老年疾病开展普查和登记造册，建档管理，并登门访问，确保老年人身心健康安全。

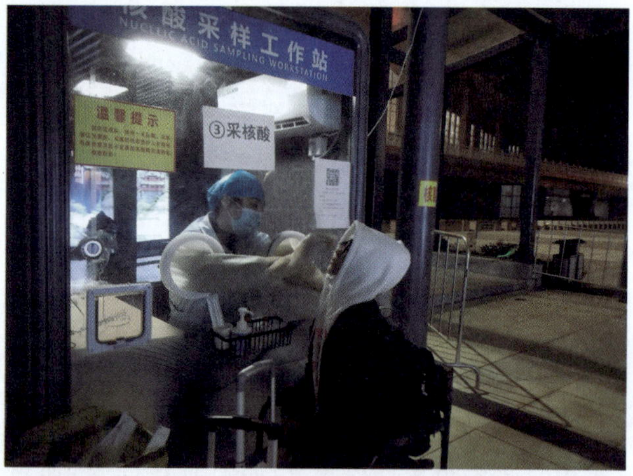

◎ 市卫健局医护人员在高铁站核酸采样

【综合医改】 综合医改稳步提升，持续加强控费管理，五家公立医院全年医疗总费用增长 8.2%，门诊均费比上年减少 0.8%，住院均费增幅 0.8%，远远低于省控目标增幅 (5%)；医疗服务收入占比 35.2%，持续上升；百元医疗收入的医疗支出 110.97 元，低于省平均标准，药占比、检查化验收入占比、资产负债率持续下降，公立医院总收支均略有盈余。2021 年建德市级公立医院综合改革所有考核指标均达要求，总得分与余杭区、临平区、富阳区、临安区、淳安县并列第一。

【“智慧”医疗】开展数字化“健康智治转型年”活动，围绕清廉医院、互联网+诊疗、智能医疗服务三大任务打造“心安智医”场景，依托县域健康治理平台，汇聚医疗机构、医保、供应商等方面数据，构建“健康大脑+智慧医疗”的“1+N+X”应用体系（1个健康大脑、N家医疗机构、X个应用场景），解决耗材领域乱象、基层缺医少药、群众看病难看病烦等问题，重塑医疗服务模式，优化资源配置，提升服务效果。

【医共体全医疗供应链治理场景】2021年，全市20家公立医疗机构采购配送权均全部顺利移交国药器械公司，医用耗材使用不良事件发生频次较上年减少15%，带量采购产品用量增长6%，百元医疗消耗占比减少3元，收支结构更优化，百姓看病更优惠。

【医疗机构一站式结报】2021年，全市医疗机构为低保、低边人群10万多人次提供减免服务255.75万元，为献血减免人群350人次提供减免53.6万元，为已结案385笔老年人群意外伤害险报销到个人账户43.49万元，既减轻患者经济负担，也在理赔兑现流程上减少办理时间，提高财政资金使用效率。

【医疗“智能三服务”运行】实现层级、系统、业务、部门多跨，融医疗服务、医疗救助、行政监管于一体。全年为市民提供就诊提醒、报告调阅、智能引导等服务370万多人次，减少重复检查检验费用71万多元，医疗闭环管理247次。

【“未来乡村卫生室”试点运行】通过“互联网诊疗+智能药柜”探索并解决乡村一级缺医少药现状，下涯镇之江村、大同镇镇源村、大慈岩镇上吴方村等卫生室试点运行，全年有355人使用健康管理一体化设备自我检测，312人通过云诊室与各中心卫生院全科医生复诊，现场智能药柜取药238次。（方　慧）

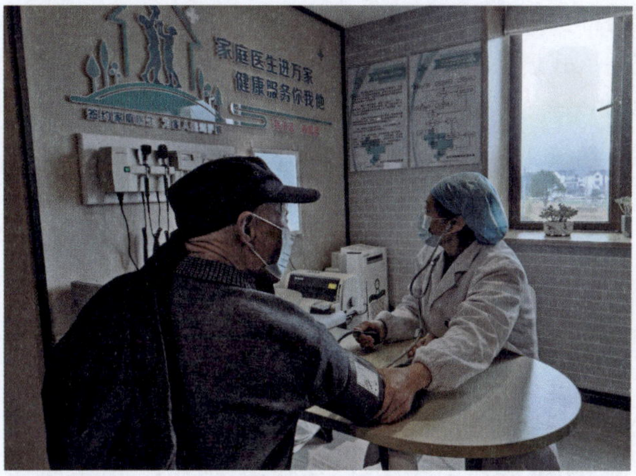

◎ 智慧化村卫生室给百姓带来就医新体验

公共卫生

【概况】2021年，全市共有公共卫生专业机构5家、医共体牵头医院3家、医共体成员单位16家（其中乡镇卫生院13家、街道社区卫生服务中心3家）、村卫生室（服务站）210家。每千名城市常住人口公共卫生人员数1.22。以城市常住人口为基数，全年基本公共卫生人均经费为73.97元，在杭州市基本公共卫生年度考核中位列14个区（县、市）第五。

全年居民电子健康档案建档率93.1%，使用率70.1%；新生儿访视率99.0%，0~6岁儿童健康管理率98.74%、系统管理率96.2%；早孕建册率99.4%，产后访视率98.8%，孕产妇系统管理率97.9%。65岁及以上老年人城乡社区规范健康管理服务率64.3%，电子健康档案建档率98.1%；高血压患者基层规范管理服务率67.2%，管理人群血压控制率60.0%，Ⅱ型糖尿病患者基层规范管理服务率60.1%，管理人群血糖控制率55.1%；社区在册居家严重精神障碍患者健康管理率87.3%，严重精神障碍患者稳定率94.0%；肺结核患者管理率99.6%，规范服药率94.8%，老年人中医药健康管理率66.9%，0~36个月儿童中医药健康管理服务率85.6%；传染病疫情报告率和卫生监督协管信息报告率均为100%。

开展医疗机构专项检查，监督检查医疗机构400余家次。开展校园卫生健康行动，监督检查中小学校16家次、幼托机构78家次、校外培训机构5家次；开展环境卫生、饮用水监督监测，其中对6家集中式供水单位、8家二次供水单位进行卫生监督监测，监测件数165件。组织开展洽滩、明珠、溪头等3个社区生活饮用水卫生监测示范项目。

全市231个文化礼堂均开展健康活动服务。发放健康礼包269种2061件，开展健康讲座476场、健康活动195次、健康服务202次、中医药活动243次，受益人数5.5万人。

【家庭医生签约】进一步推进家庭医生签约服务工作，全年完成常住人口签约21.82万人，常住人口签约覆盖率48.8%，其中10类重点人群签约17万人，签约覆盖率92.2%。65岁以上老年人签约7.6万人，签约覆盖率94.6%。

【健康体检与死亡原因报告】2021年，全市参加城乡居民保险26.62万人，其中60周岁及以上参保居民9.68万人，共完成体检14.22万人，其中60周岁及以上老年人共6.25万人，中小学生体检人数4.31万人，超额完成0~6岁儿童、在校中小学生体检工作。共检出异常人员总计6.01万人次，其中高血压1.66万人次、糖尿病0.70万人次、高脂血症者0.75万人次、肝功能异常0.28人次、肾功能异常0.27万人次、恶性肿瘤及良性肿瘤0.05万人次、胆囊炎（胆石症）0.27万人次、泌尿生殖系统疾病0.47万人次、慢性阻塞性肺疾病0.06万人次、精神疾病0.14万人次、肺结核0.01万人次、其他疾病1.36万人次。

全市报告死亡3643例，粗死亡率7.16‰。前五位死因依次为恶性肿瘤（1.87‰）、脑血管病（1.34‰）、心脏病（1.09‰）、呼吸系统疾病（0.87‰）、损伤与中毒（0.84‰）。居民人均期望寿命为83.39岁，其中男性81.09岁，女性85.96岁。脑卒中报告年发病率592.29/10万，冠心病急性事件报告年发病率100.45/10万，糖尿病报告年发病率365.04/10万，肿瘤报告年发病率453.90/10万。

【疾病预防控制】2021年，全市无甲类传染病报告，乙类传染病报告12种779例，报告发病率为175.96/10万，发病率比上年降低4.1%。报告因传染病死亡7例（艾滋病4例、肺结核3例）。丙类传染病4种1687例，报告发病率381.07/10万，发病率下降35.8%。

全年接到疑似传染病突发应急事件报告47起，共派出突发事件应急小分队和流调人员669次，采集标本1.86万件，消杀面积8210平方米。全年排查境外输入新冠肺炎确诊病例21例，排查密切接触者（本地及外地协查）人员565名，排查次密切接触者（本地及外地协查）人员195名。全市犬伤门诊接诊人数5372人。应急事件调查率100%，及时处置率100%。全年上报突发公共卫生事件2起。

【免疫规划】全市上报基础接种率分别为：卡介苗99.8%、脊灰99.8%、麻苗99.9%、百白破99.8%、乙肝疫苗99.8%（乙肝首针及时率99.7%）、流脑99.8%、乙脑99.8%、甲肝99.9%。对上报疑似接种不良反应210例及时进行调查处置，调查处置率达100%。70周岁老年人免费接种流感疫苗1.55万针次。

【重大传染病防治】登革热防治。充分发挥政府领导，联防联控，群防群控机制，通过环境卫生综合整治，清除蚊媒孳生地。4—11月，在全市开展伊蚊幼虫密度调查工作，共调查3270户居民房屋，阳性户数225户；调查容器1803个，阳性容器346个。布雷指数（BI）10.6%，容器指数（CI）19.2%，房屋指数（HI）6.9%。布雷指数（BI）比上年增加1.44个百分点。容器指数（CI）、房屋指数（HI）分别减少0.95个百分点、0.4个百分点。同期，在上述监测点同时开展双层叠帐成蚊帐诱指数监测，每个监测点布帐两顶，间隔100米以上。共布帐64顶，捕获白纹伊蚊22只，帐诱指数为0.7%。全年无登革热报告病例。

艾滋病防治。全市共筛查HIV抗体7.39万人次，新发现报告艾滋病病毒感染者和病人22例，全部按现住地址纳入新增管理对象。至2021年末，全市登记在册管理艾滋病感染者和病人231例(死亡31例、存活200例),HIV/AIDS患者治疗且坚持治疗者184人(含儿童1人),治疗覆盖率92%。全年重点人群监测8395人。

结核病防治。2021年,新发现活动性肺结核245例,结核性胸膜炎23例,其他肺外结核41例,发现病原学阳性肺结核病人166例，其中新病原学阳性病人150例，病原学阳性患者密切接触者194例均进行筛查。全年非定点医院转诊肺结核475例,转诊到位462例,转诊到位率97.3%;转诊追踪282例，追踪到位269例，追踪到位率95.4%。肺结核病人治疗成功率86.3%(251/291)。全年完成对6所学校(单位)学生(学员)肺结核疫情密切接触者筛查处置,包括严州中学梅城校区、新安江中学、寿昌中学、乾潭第一小学、杭州科技职业技术学院、爱李德教育培训有限公司,共筛查密切接触者348人,依据《中国学校结核病防控指南(2020年版)》采取相应治疗和预防措施。2021年因受新冠肺炎疫情影响，总共开展移动结核门诊2次,共计入户施行诊察患者9例,对患者取痰化验,3例患者继续治疗,1例送药上门。启动高中和寄宿制初中新生入学结核菌素筛查试验，完成24所学校6208名入学新生结核病筛查，发现肺结核病人1例。

【地方病防治】开展“四热病人”血检,血检人数为465人，未发现本地病人。通过新冠肺炎疫情防控,在隔离点发现2例境外输入病例。全市春季查螺总面积达74.41万平方米，投入人工2298人次,未发现钉螺。全年报告布鲁氏菌病1例,共开展重点人群布病抗体检测28人，结果均阴性,未监测到布病阳性动物。

【卫生监测】成蚊密度为7.01只/小时，蝇平均密度为0.7只/笼，鼠平均密度为0.59只/夹·夜，蟑螂平均密度为指数0.21只/张。蜱类共监测各类动物40只,其中阳性动物5只,抓获蜱虫33只,蜱指数为0.83。

消毒质量监测。对全市6家市级医疗单位、16家乡镇社区卫生服务中心以及5家幼托机构开展消毒质量监测，采集样品数量分别为187件、190件、110件,合格率分别为97.3%、92.6%、100%。

水质监测。完成枯、丰水期水质监测,监测点覆盖人口达25.19万人,共采集水样100件,3300项次,其中城市生活饮用水合格率100%,农村生活饮用水合格率92.1%。

食品安全风险监测。完成食品中化学污染物及其有害因素和微生物及其致病因子监测采样505件；报告食源性疾病病例551例，填报率100%;上报医院就诊腹泻病例数1.04万例,其中就诊腹泻病例中住院数263例,死亡0例;开展食源性疾病病原体监测,共报告病例305例,检出沙门氏菌阳性12例。

◎ 新安江农贸市场落实食品污染源头防控措施

职业卫生。上报各类报告卡526张。完成尘肺病调查250人,其中死亡21人,存活229人,无失访。对全市36家企业开展工作场所职业病危害因素监测工作,完成其中10家企业自主检测和6家企业职业危害风险评估工作。

【健康教育】结合省级慢病示范区复评、医疗机构考核、健康单位、无烟单位建设等工作,市卫生健康局组织开展健康教育工作技术指导，全年共指导109家次。全年9所学校申报健康促进学校银牌建设,2所学校申报健康促进学校铜牌建设,中心组织3家银牌申报学校参加杭州市健康促进学校建设培训,对11所学校开展现场督导和集中汇报指导2次；对建德中医院开展健康促进医院创建督导。

全年完成4个乡镇街道640人的居民健康素养监测调查，结果初步分析标化后健康素养水平为31.9%，较2020年健康素养水平28.5%提高3.4%。全年共开展健康讲座200余场，包括2场省级巡讲、6场杭州市级巡讲，受益人数1.38万人次;《今日建德》报刊登健康文章190篇;发放健康教育资料7.22万份，其中新冠防控资料1.95万份；开展卫生宣传日活动共11次，受益3300人次，《今日建德》、建德电视台、微信公众号等媒体报道活动共计26次。

【学生口腔窝沟封闭工作】6月，杭州市口腔办对建德市“学生口腔窝沟封闭项目”完好率进行抽查，复查学生448人，完好率88.0%，达到省市完好率(85%)要求。9月，启动2021学年学生口腔窝沟封闭，11月，医共体开始入校开展现场窝沟封闭工作。

【公共卫生监督】2021年，全市持证公共场所1214家，集中式供水单位7家、二次供水单位10家、学校60家，持证各类医疗机构406家，持证放射诊疗机构47家，持证消毒产品生产企业10家，持证餐饮具集中消毒单位2家。全年出动执法人员1545人次，监督检查医疗机构300余家次，公共场所1245家次，助力巩固全国文明城市、卫生乡镇、两会保障等工作。开展“双随机”监督单位443家，其中国家级监督203家，省级监督243家次，完成率100%。行政处罚案件512件，共罚没款127.07万元。

【精神卫生】2021年，全市严重精神障碍患者(精神分裂症、情感性精神障碍、偏执性精神病、分裂情感性精神障碍、癫痫所致精神障碍、精神发育迟滞)在册2565人，全部纳入日常规范化在控管理，规律服药率83.4%。市政府加大精神障碍患者救治救助力度，将严重精神障碍纳入基本医疗保险门诊特殊病种保障范围，全年新增门诊免费52人，全市纳入保障范围1273人。困难严重精神障碍患者享受住院补助27人，共计2.16万元。共收治森林防火潜在肇事精神障碍患者58人，共计补助费用33.03万元。“三无”精神障碍人员在院13人，共计补助费用19.58万元。全年开展在册、长期不服药、有肇事肇祸倾向患者专项排查5次，排查2565人次，有关医院组织专家组对新发现疑似精神障碍患者进行复核诊断，全年共计复核诊断疑似患者40人、确诊10人，全部纳入社区个案管理，并及时与公安系统重点名单对接上报。

(王惠明)

妇幼保健

【概况】2021年，全市孕产妇系统管理率97.9%，住院分娩率100%，高危孕产妇住院分娩率100%，产后访视率98.4%，孕产妇死亡率0/10万。7岁以下儿童保健覆盖率98.6%，0~3岁儿童当年系统管理率96.5%，新生儿疾病筛查率99.3%，出生缺陷发生率30.6‰，新生儿先心病排位第一。婴儿死亡率2.39‰，5岁以下儿童死亡率3.07‰。新生儿破伤风发生率为0。

婚登婚检实行“一站式”服务，婚检率85.5%。全年出具婴儿出生医学证明2708份，办理补证110份。深化“最多跑一次”政务改革，全面开展出生医学证明多证联办，全市助产机构共办理出生医学证明多证联办业务1949份，其中办理邮寄209例。

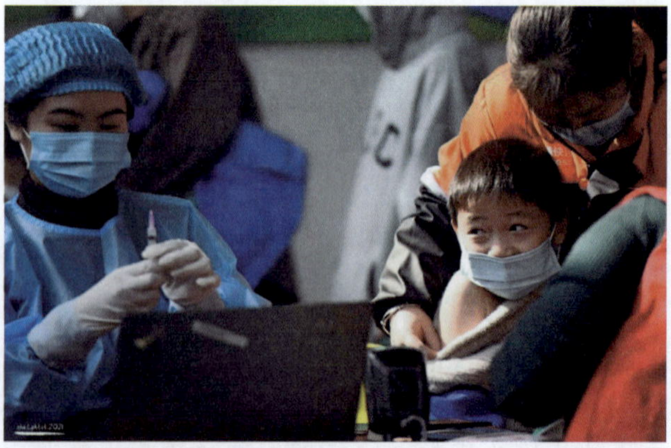

◎ 儿童常规疫苗接种

【孕产妇管理】设置5个高危孕产妇筛查点，定时定点开展筛查工作。全年县级水平筛查率为99.7%，建德市户籍2901名产妇参加产前筛查

2844人,筛查率98.0%。建立危重孕产妇抢救视频系统,实现与省、杭州市专家的现场视频实时对接。全年未发生孕产妇死亡。

【托幼机构管理】全市托幼机构保教人员体检1851人,体检率100%,合格率100%,23名保健教师获杭州市妇幼保健院所颁上岗资格证,举办一期保健人员提高培训班,受训36人。5家甲级幼儿园、54家乙级幼儿园卫生监测合格率100%,其他14家幼儿园(包括分园)合格率100%。

【计划生育管理】2021年,组织乡镇卫生院药具管理人员平台操作及相关业务知识培训5场,乡镇及村级药具、国免管理人员培训1场,全年培训人次254人。2月开始,全市落实免费避孕手术服务,至11月实施免费避孕手术1895例,落实率100%。孕前优生检查3419人,确诊高危人群603例,孕前优生检查率101.1%,追踪随访指导1800余次,随访率100%。发送孕前优生宣传资料1500份,优生指导3932人次。全市注册药具网点305个,其中人工网点287个,自助网点18个(新增2个),发放免费避孕药具2.27万人次。其中18台自助发放机发放计生药具3696人次。

【母婴"艾梅乙"消除工作】加强预防艾滋病母婴传播宣传和管理,严格执行省市文件精神及《建德市消除艾滋病、梅毒、乙肝母婴传播实施方案》。全年共开展艾滋病检测4126人(含婚检),检出1例阳性女性患者(婚检);梅毒检测共2611人,检出阳性7例,均进行孕期用药;在建德市内助产机构住院分娩梅毒阳性孕产妇15例。乙肝检测共2611人,在建德市内助产机构住院分娩乙肝阳性孕妇130例,其新生儿132例均免费注射乙肝免疫球蛋白针,乙肝母婴阻断率为100%。

【"两癌"筛查】继续开展"两癌"(宫颈癌、乳腺癌)筛查工作,严格执行高质量检查、质控标准,完善追踪管理流程,提升"两癌"筛查社会效益。全年完成新安江街道、大同镇、钦堂乡等乡镇35~64周岁参保适龄女性筛查,包括宫颈癌初筛7935人、乳腺癌初筛7987人,查出宫颈癌4人,乳腺癌4人,宫颈高度癌前病变46人,低度宫颈病变161人,均进行临床治疗。

【新生儿先天性心脏病筛查】作为杭州市2019年民生实事项目,应对先天性心脏病患儿早发现、早诊断、早治疗落实到位,结合工作实际,2021年,制定《建德市先天性心脏病筛查实施方案》,全年累计筛查2547人,筛查率99.4%,查出阳性儿童327人,阳性率12.8%,阳性儿童心脏超声检查率99.7%,确诊先天性心脏病251人,阳性儿童均予建档随访,管理率100%。

【婴幼儿照护服务】2021年,新增1家社会举办婴幼儿照护服务机构,2家托幼一体化的幼儿园,共新增托位100个,收托幼儿73人;新建示范型婴幼儿成长驿站4家,基础型婴幼儿成长驿站1家,在各驿站及照护服务中心开展公益课堂41场,普及养育和儿童潜能开发知识,受益家长达758余人次。

(廖爱军)

爱国卫生

【概况】2021年,围绕各级卫生乡镇创建等重点工作,落实省、杭州市各项目标任务,巩固深化国家卫生城市创建成果,积极开展各类卫生单位创建,大同镇、李家镇、航头镇、莲花镇4个省级卫生镇复评全部通过了省爱卫办暗访。完成了50个省级卫生村达标村初审和上报,并全部通过现场核查。同时,提升病媒生物防制水平,推进全民健康促进行动。

【改水改厕】完成杭州市下达的改厕任务,完成新增无害化户厕1165座,无害化卫生厕所普及率100%。完成梅城镇洋程洋山自然村供水站、更楼街道邓家村邓家单村供水站、大慈岩镇新叶村儒源、李村村白山后3个改水项目,均通过验收。

【病媒生物预防制】组织冬春、夏秋季灭鼠工作,确保辖区内灭鼠工作全面达标。组织多部门,对全市各乡镇(街道)病媒生物防制(预防和控制)情况进行摸底排查和督察,发现问题及时督促有关部门进行整改,全市病媒生物密度水平控制C级以上。率先完成全市公共环境除“四害”技防设施排查摸底、信息录入工作。开展除“四害”村建设,莲花镇林茶村、三都镇新和村、三都镇松口村开展省级除“四害”样本村建设,李家诸家村开展省级除“四害”村建设,至2021年末,全部通过杭州市审核,等待省级验收。

【“健康细胞”培育】以“健康建德”建设为载体,积极培育“健康细胞”。完成大慈岩镇、大洋镇、更楼街道、梅城镇、乾潭镇、下涯镇、寿昌镇、钦堂乡8个省健康乡镇和101个省健康村申报,等待评审;经综合评定,2021年,全市健康家庭达标3904户。同时继续开展2家社区、11家学校、1家医院健康创建工作,市级健康单位现场指导覆盖率100%。 (汪思涵)

中医中药

【概况】2021年,在常态化新冠肺炎疫情防控大背景下,市卫生健康局坚持中西医结合理念,坚守中医医疗质量和安全底线,开展新技术应用推广,培育中医药名家,持续发挥中医药疫情防控作用,坚决打赢疫情防控攻坚战,中医药事业稳步发展。

【疫情防控】在疫情防控中发挥中医药的独特作用,重点面向防疫工作人员、密接、次密接等重点人群,累计发放中药预防汤剂、中药颗粒等3300余份,发放防疫茶饮3600包、中药香囊300余只,向隔离人员介绍中医八段锦50余次。

【“中医药促进健康”专项行动】开展中医药促进健康专项行动,广泛宣传中医药文化,开展中医药文化进校园、进文化礼堂、进军营等活动十余次,利用视频号、浙江在线、“学习强国”等App平台进行中医药养生保健宣传60余次,整合全市中医资源,开设沧滩中医夜门诊,集中中医药专业特色为群众服务。

【技术推广】举办第16期“西学中”培训班,全市各级医疗机构100名西医师接受中医培训。加强建德市中西医结合医院浙江省适宜技术推广基地建设,举办面向乡村医生的第八期适宜技术培训,81名乡村医生顺利通过4项适宜技术考核,具备开展相关中医药业务资质。以适宜技术推广基地为基础,在市中西医结合医院建设中医日间诊疗中心,发挥中医药简便验廉优势,减轻患者负担。

【中医科教】建德市中西医结合医院内分泌科(中西医结合)获评杭州市区域共建学科,建德中医院、建德市中西医结合医院全年申报浙江省医学会临床科研项目1项、杭州市卫生科技计划1项、建德市农业与社会发展项目6项。在2021年杭州市中医住院医师技能比武中,建德市获团体二等奖,建德市中西医结合医院1名学员获个人三等奖,荣获青年岗位能手荣誉称号;在杭州市首届中药养生膏方制作大赛中,建德市中西医结合医院汪英获三等奖。

【名医名家培育】不断培育中医人才,强化名医效应,新增设“省级名中医工作室”1个(陈洪宇,中医肾病科),新评定杭州市名中医1名(建德市中西医结合医院王国民)、杭州市基层名中医2名(建德市中西医结合医院肖林秀、建德市妇幼保健院施亚楠)、杭州市青年名中医1名(建德市第二人民医院刘冰)。 (张威振)

职业安全

【概况】2021年,全市纳入职业卫生监管平台用人单位700余家,省级职业病危害申报平台完成申报企业680余家,累计收到职业健康检查报告书用人单位400余家,涉及职业健康检查人数1.45万人次。全年组织督查职业病危害用人单位70家,其中省级“双随机抽查”(随机抽取检查对象、随机选派执法检查人员)44家。

【职业病重点行业治理】为巩固尘肺病三年攻坚行动成果，对全市10家矿山企业全覆盖监督检查，累计出具卫生监督指导意见书8份，立案并完结2家，共计罚款人民币5.55万元。对36家重点企业进行全覆盖督查，出具卫生监督意见书36份，立案5家，执行到位罚款10万元。

【重点企业专项治理】市卫生健康局联合市住建局对全市15家二级以上建筑公司、10家混凝土及建筑构件企业开展建筑行业职业卫生专项治理培训，同时联合乡镇街道对5家二级以上建筑公司、10家混凝土及建筑构件企业开展了职业卫生专项督查执法，共立案2家，其中一般程序1家、简易程序1家。

【职业安全执法】指定专人负责职业病危害申报平台、杭州市职业健康培训平台的数据管理，实行用人单位职业健康检查信息分类监控处置，结合用人单位申报、培训、体检、检测等基础档案信息，对550家已申报(安监申报数据)建档的用人单位进行职业病危害风险研判，将职业病危害严重、职业病危害检测超标、近三年未收到过职业健康检查报告的企业作为执法重点对象，有效缓解当前职业卫生执法对象多、执法人员少、执法车辆不足和执法区域覆盖不平衡等突出问题。

(王惠明)

国家电网公司职业病防治院

【概况】国家电网公司职业病防治院(以下简称职防院)创建于1965年，集职业病防治、综合门诊、工伤康复、健康管理、健康体检为一体，参照二级甲等综合性医院管理，是浙江省、杭州市及建德市基本医疗保险和工伤医疗保险定点医疗机构。

职防院占地面积共4.19万平方米，建筑面积约1.48万平方米，核定床位300张。全口径用工166人，其中中高级以上卫生专业技术人才81人，杭州市高层次人才15人。核准设立一级学科19个，二级学科34个，其中职业病科、康复医学科、综合内科(呼吸内科)、健康管理为重点发展特色专科。

职防院主动适应医疗卫生体制改革和市场竞争新形势，秉承“服务国家、服务社会、服务企业”宗旨，努力为电力系统员工及周边市民提供健康保障。积极开展肌骨疼痛治疗等新技术临床应用，工伤康复工作服务质量、服务能力及综合满意度得到浙江省、杭州市工伤社保部门及地方服务对象的认可和好评，影响力进一步扩大。

2021年，实现总收入7871万元，全年无安全生产、重大医疗差错、纠纷和医疗事故发生。1项新技术获中国电力企业联合会2020年度电力职工技术创新奖二等奖，2项科研项目获国康集团立项。协助浙江省健康促进与教育协会常务理事会在建德召开。

【疫情防控工作】主动承担社会职能，抽调25名医务人员支援建德市集中隔离医学观察点疫情防控工作，服务隔离观察对象1680人次；安排8名医务人员协助建德市政府完成680人次的核酸采样；设立一站式核酸采样服务站，满足地方群众核酸检测需求。联合国康杭州公司，协助电力系统单位疫情防控和复工复产，完成国网浙江公司相关单位核酸检测1.3万人次。3名员工获“建德市抗疫先进个人”表彰。落实常态化疫情防控工作要求，实现“零确诊”“零疑似”的“双零”目标。

【职业卫生工作】参与行业职业病防治制度修制订，与北京大学等院校、单位合作职业卫生项目研究。联合开展《中华人民共和国职业病防治法》宣传指导活动，分发宣传手册500余份，全年完成属地1.12万人次的职业健康检查，累计收治行业45家单位职业病人268人次。完成国家电网公司职业卫生线上授课培训任务，针对不同职业病危害元素，为电力系统单位分类制作《中华人民共和国职业病防治法》电子版宣传手册。顺利通过省、市卫生监督行政管理部门联合质量专题检查。

【门诊诊疗工作】坚持“三个服务”宗旨，利用现有资源为社会人群和电力职工提供优质服务，全年接诊门诊患者8.81万人次。拓展体检业务，完成建德市高校招生体检及社区企退人员体检，全年体检3.16万人次，比上年增长23.7%。继续开展与浙江省人民医院康复医学科、杭州市第一人民医院心内科合作。落实职防院特色专科发展规划，职业病科入选国康集团（第一批）临床重点（特色）专科培育项目，耳鼻喉科入选国康集团（第一批）名医工作室。

【医疗保障工作】践行为民初心，“电力+医生”志愿服务项目入驻建德市党群服务中心，挂牌3家志愿服务站，获2021年第二届浙江省新时代文明实践志愿服务项目大赛铜奖、杭州市志愿服务项目大赛银奖。联合国网建德公司，赴建德市福利院、企业、学校、社区、农村等常态化开展现场义诊、用电宣传及入户健康检查、安全用电指导等组合打包式服务9次，组织开展献血活动1次。联合国网浙江培训中心浙西分中心成立建德市中小学生电力安全体检中心。完成国网浙江公司健康驿站建设，新增流动健康驿站6个，完成杭州水澄、电科院2家“小通”诊所挂牌。完成驰援郑州抗洪防汛救灾等重大保电医疗保障55批次，服务覆盖15773人次。（吴思幸）

责任编辑：吴树根

社会生活

Social Life

民政工作

【概况】2021 年,建德市紧扣建设共同富裕美好社会目标,落实政策,提高标准,不断完善社会救助、养老服务体系建设;运用数字化技术,推进基层社会治理和各项社会事业改革;大力开展《中华人民共和国民法典》关于婚姻登记内容的宣传,改善全社会婚姻环境;发展慈善事业,推进爱心社会、和谐社会建设。

“数智殡”应用场景建设做法得到省委书记袁家军、副省长王文序的批示肯定。建德“数智殡”做法被收入全省《数字化改革专报》,并被建议在全省推广。移民小微园建设经验被列入全国水库移民后期扶持典型案例选编,市民政局在全省移民工作会议上作经验交流。寿昌镇桂花村被列入全国村级议事协商创新实验试点单位,市民政局获得全省民政工作先进县(市、区)民政局、杭州市民政工作先进考核优秀等次,被列入全省殡葬数字化改革试点单位和全省民政共同富裕示范区—殡葬综合改革试点单位。大同镇汪国云被评为全国留守儿童关爱保护和困境儿童保障工作先进个人,为杭州市唯一入选个人。

◎ 7 月 29 日,省民政厅党组书记、厅长王剑侯(左二)到建德市调研民政领域数字化工作

【社会救助】2021 年末,全市在册享受低保人员 8392 户 10181 人,特困人员 400 户 402 人,低保边缘家庭 699 户 1102 人;散居孤儿 15 人,事实无人抚养儿童 67 人,留守儿童 1709 人。全年发放各类民政补助 1.2 亿余元,惠及 1.2 万余人。低保标准(每人每月标准)从 12 月 1 日起提高至 1102 元,特困标准提高至 1837 元。开展“暖巢行动”,对 23 名困境儿童开展一对一帮扶,并按 5000 元/户标准帮助困境儿童改善家庭学习环境。开展“幸福清单送达”和探访关爱服务,累计送达服务 1.3 万次、探访关爱 2.2 万余次;精准关爱“一老一小”工作在杭州市争当浙江高质量发展建设共同富裕示范区城市范例领导小组办公室会议上作经验交流发言。加大社会救助对象动态管理力度,全年新增低保对象 981 名,新增特困对象 50 名;退出低保 1478 人,退出特困 37 人;开展残疾人单列户对象核查和专项检查,取消不符合低保政策残疾人 310 人。

【养老服务】2021 年,全市投入 400 余万元完成困难老年人适老化改造 500 户,建成、提升乡镇示范型居家养老服务中心 6 家,完成乡镇级敬老院提升改造 2 家,新增养老床位 320 张。融合推进医养康养,建成康养联合体 3 家,5 家养老机构拥有独立医疗机构,养老机构实现医疗服务全覆盖。开展养老护理员考级培训,组织培训和认定养老护理员职业资格 1380 名,与人力资源和社会保障局协作完成杭州市区域性养老护理员竞赛。至年末,全市每万名持证养老护理员人数达到25人，超额完成18人要求。全年新增养老护理员技师6名、高级养老护理员100余名、初中级养老护理员200余名 。

开展“亲情手牵手 关爱百分百”活动，招募儿童(家庭)与100户以上适老化改造家庭困难老人结对，结对家庭共同开展10件小事打卡活动，营造全社会关爱老年人氛围。深化助餐服务，2020—2021年，全市累计送餐上门达20万余人次，大洋“党员爱心灶”、杨村桥“敬老宴”等得到老人和社会一致好评。

推进“浙里养”系统改革和应用。录入、更新系统数据信息10余万条，提出“浙里养”系统问题及改进建议30余条，完成全市2万余80周岁及以上高龄老人高龄津贴数据核对迁移和纳入民生直达系统发放，发放生活津贴1348余万元。承接杭州市民政局数字化改革试点项目，争取财政资金290万元，开发建立“亲情直通车养老服务关爱系统”，探索以数字化手段解决农村老年人的养老服务问题，在华数电视端为有需要农村老年人安装“亲情直通车关爱系统”500套，安装老年人防跌倒产品50套。2021年养老服务民生福祉考核位列杭州地区第一梯队。

◎ 10月11日，杨村桥镇长宁村举办重阳节敬老宴

【养老社会化体系建设】2021年，全市共有养老机构18家，除建德市社会福利中心和航头镇敬老院(计划2022年转型)外，其他所有机构均已公建民营或民营，社会化率88%，其中工商登记机构5家、民办非企业11家、事业单位登记2家。全年养老机构营收2681.8万元，比上年增长50%，其中营收超过100万元8家。全年“推进养老事业补助”金额1250.93万元，比上年增长15.3%。

建立市级养老服务体系建设领导小组，实行联席会议制度。市民政局设立养老服务指导中心，16个乡镇(街道)建立养老服务中心，负责指导辖区居家养老服务工作；各村(社区)建立居家养老服务站，通过基层老年协会骨干、社区助老员、低龄健康老人志愿者和社会组织开展服务，基本实现全覆盖。加强行业管理，调整充实市养老服务行业协会理事班子，修订协会章程，将会员扩大到所有养老服务相关领域单位。建立全市养老服务行业党建红色联盟，首批联盟成员32家机构签订共建协议。建立健全养老机构综合监管制度，联合消防、市场监管、应急、卫健等部门全年开展联合检查4次，落实整改问题80余处，约谈养老机构1家，发放整改函3份；开展养老机构消防设施标准化试点建设工作，全年向财政争取养老机构消防提升改造资金27万元，至年末有9家民办养老机构动工提升；深化落实食品安全工作，全市18家在运营机构均按照要求建立健全“阳光厨房”工程，养老机构食品经营许可证100%持证。制定出台《建德市已建成住宅小区居家养老服务用房配建工作方案》，成立工作专班，有序推进小区养老服务用房配建工作。全市未达标服务圈18个，需补足面积4370平方米，至年末配齐1280平方米。完成率30%。推进社区康复工作，建成运行市康复辅助器具租售中心，并结合乡镇(街道)19个示范型居家养老服务中心辅助器具租赁点开展康复辅助器具社区租赁业务，累计为困难老人提供租售业务200余人次。

【基层社会治理】2021年，全市建成省级社会工作站3家、杭州市级社会工作站7家、建德市级社会工作站6家，城市社会工作室实现全覆盖。继续推进大慈岩镇“新时代·邻里睦”省级社区治理和服务创新实验区任务。

新登记成立社会组织20家，其中社会团体8家、民办非企业单位9家、基金会3家。10家社会组织通过 AAA 等级以上社会组织等级评估，其中 AAAAA 等级 1 家、AAAA 等级 2 家。对全市 37 家行业协会和 21 家商会开展行业协会商会收费检查和规范工作。开展“僵尸型”社会组织专项整治行动，注销社会组织 49 家。2021 年，建德市癌症康复协会获评浙江省品牌社会组织，邹耀东、刘杭生获评浙江省社会组织领军人物。建德市心安驿站心理健康服务中心被评为杭州市品牌社会组织，邹耀东获评杭州市社会组织领军人才。

◎ 社区事务数字化平台建设

开展社会组织党建集中攻坚行动，通过单建、联建和派驻党建指导员实现社会组织党建“双覆盖”，社会组织党建基础进一步夯实；强化社会组织党务工作，召开全市社会组织党务工作者培训班，全市各部门、乡镇(街道)和社会组织支部共 130 余名党务工作者参加培训；在市社会组织综合党委新成立 4 个社会组织党支部，一并对下属 5 个党支部加强管理，实现社会组织党建与机关党建“同活动共管理”。全年组织社会组织开展孵化培育、教育培训、交流联谊等活动 37 场，1735 人次参加，其中党建活动培训 6 场 140 人次。市健康志愿者协会、太极拳协会、养老服务业协会等 3 家社会组织承接杭州市民政局公益创投项目 4 个、资金 78 万元，本市社会组织发展 13 个项目、专项资金 69 万元，服务内容涵盖养老服务、社会治理、培育孵化、困难帮扶等各领域。各社会组织积极参与东西部协作和对口帮扶工作，4 家社会组织与四川省乡城县开展村社结对共建，捐赠资金 5.3 万元。8 家社会组织主办“社团迎亚运”活动 11 场 1150 人次参加，宣传亚运理念。

【殡葬改革】2021 年，完成全市骨灰堂建设项目布点规划，整治大坟大墓 326 座，公益性墓地生态化改造 19 个。深入推进移风易俗，丧事简办理念深入人心，全面遏制大操大办、隆丧厚葬、封建道场等现象。市桃坞公墓成功创建“无烟陵园”，推行经营性墓地不保留骨灰生态安葬，生态安葬率 12%。推进殡葬领域数字化改革，“数智殡”成功被列入一本账 S1“浙里逝安”重大应用跑道，并在“浙里办”“浙政钉”和个人 PC 端同步上线，已故人员存款余额清退实现“零的突破”、群众身后事办理实现“零次跑”、部门数据共享实现“零障碍”。获杭州市民政系统数字化改革评选第一、杭州市数字化改革项目评审第三；“数智殡”门户被评选为省优秀门户。

【婚姻登记】2021 年，全市婚姻登记总量 17558 件，其中结婚登记 2570 对(其中复婚 213 对，补办 397 对)，比上年减少 168 对；离婚登记 729 对，减少 658 对；补领婚姻登记证 14259 件，增加 13340 件。自 2021 年 1 月 1 日离婚“冷静期”实施以来，共受理离婚申请 1492 对，“冷静期”内主动撤回 24 对，其中，581 对到达登记结束时仍未共同到婚姻登记机关办理离婚手续，视为“自动撤回”离婚申请。夫妻在提出离婚申请后放弃办理离婚登记者占 43.4%，离婚“冷静期”实施成效明显。

优化婚姻辅导，设置婚前家庭辅导室和离婚关系调解辅导室，通过购买服务，引入社会工作者、法律工作者、心理咨询师等专业社会力量进驻婚姻登记服务中心，为婚姻当事人提供法律咨询、情感辅导、心理疏导、矛盾劝解、离婚劝和等服务。全年共为 1108 对婚姻当事人提供免费婚姻家庭辅导，其中婚前辅导 556 件、家庭关系和离婚调适辅导 552 件，辅导满意率 100%。市民政局婚姻登记服务中心联合社会组织“新安驿站”在新安江街道府西社区设立婚姻会客厅，为社区居民提供婚姻家庭咨询和婚姻辅导服务。11 月 9 日起，根据浙江省民政厅文件，在婚姻登记事项办理中试行应用省内“电子居民户口簿信息”，进一步为群众提供高效、便捷政务服务。11月10日，结婚生育户口一件事联办切换启用政务2.0系统，全年共办理婚育户一件事1837件。

【婚俗改革】继续推进省级婚俗改革试点工作。优化阵地建设，按照AAAAA级婚姻登记机关标准，新建现代颁证厅和户外颁证场所，扩大中式颁证厅和候登大厅，配备相应礼服，为新人提供庄重神圣、温馨浪漫的颁证服务，强化提升婚姻登记合法性和仪式感。新建婚俗文化馆、民间婚俗展厅和文化长廊，增加优秀婚俗文化产品、服务供给。在常态化颁证基础上，特邀人大代表、政协委员、最美人物、道德模范等，组建颁证师队伍，引导新人树立“重领证、轻婚宴”新时代婚嫁观念。全年共为1663对新人免费颁证，颁证率85%。市婚姻登记服务中心联合市妇联在婚姻登记服务中心开展“家风传承 七夕有爱”——正确婚恋观家庭观主题宣传活动。将婚俗改革和建德市打造“爱在17”旅游品牌活动相结合，举办“爱在17”脱单交友会暨民俗婚礼文化体验活动，为全市单身青年搭建实名制青年婚恋交友平台，为6对新人举行集体中式婚礼，弘扬传统民俗婚礼。

利用村规民约修订契机，引导各村社将婚俗改革纳入村规民约、社区公约，制定出台《建德市婚姻领域移风易俗指导性标准》，从酒席金额、彩礼礼金、桌数婚车等方面提出倡导性标准。充分发挥历史文化和生态环境优势，在梅城、三都、航空小镇等地打造户外婚礼基地，为举办集体婚礼、婚纱照拍摄等提供服务。

6月，在全市全面启动集中补领、补办婚姻登记证工作；8—12月，在乡镇街道轮流进驻设立补证临时巡回点，共巡回服务6个乡镇107个村(社区)，服务群众2.19万人次。全年补发结婚证14259对，比上年增加13340对，增长1776%，增加件数及增长比例均居杭州地区第一位。

【移民扶持】2021年，建德市共向上级争取各类移民资金1.32亿元，用于全市农村移民人口直补资金发放及移民村项目扶持。全年全市登记在册享受移民直补人员23364人，发放直补资金1400余万元。实施水库移民后期扶持项目83个，其中，美丽家园建设项目65个、占78.3%，产业专项升级项目16个、占19.3%，就业创业能力建设项目和监督检查项目各1个，分别占1.2%。集中60个移民村后扶持资金8000万元，实施建德移民航空产业园“通航设备制造厂房”项目，总建筑面积为38923.87平方米。至年末，完成工程桩基基础。

【地名公共管理与服务】2021年，全市命名大型建筑物和住宅区28处、道路24条，设置住宅区地名标志3500余块；办理门牌证2400余本；处理数字城管案卷205件，解决率和及时解决率均达100%。推进不规范地名整治及整改3处。大同镇溪口村、李家镇遥岭古道获批纳入杭州市第三批地名文化保护名录。深入挖掘宣传红色地名故事8篇；开展与衢州市边界联检。

【慈善事业】开展第二十一次春风行动，共募集捐款837万元。春节期间走访慰问城乡贫困户、特困人员、优抚对象、困难党员、下岗职工等，发放各类慰问款和救助款共计670余万元。开展各类助医、助学工作，发放救助款120余万元。

全年开展福彩助医9人、农商银行助医100人20万元、春风大病助医389人205.18万元。对困难家庭学龄子女积极实施助学援助活动，全年资助560名学生212.6万元。

继续推进“造血型”扶贫基地建设，对乾潭鑫莱石蛙养殖基地、三都前源果蔬基地等扶贫基地，开展“助苗款、送技术、赠肥料”活动。其中乾潭鑫莱石蛙养殖基地，通过发展养殖业、种植业，组织土地流转、开垦和种植，实现56户困难户脱贫致富。三都前源果蔬专业合作社，通过吸收入股扶持种植业(无偿提供苗木、有机肥，提供种植技术培训和辅导)，扶持64户困难家庭脱贫。

9月5日，在新安江、梅城、寿昌、大同、乾潭等地开展“汇聚慈善力量，助力共同富裕”第六个“中华慈善日”广场慈善嘉年华活动，现场发放慈善宣传资料1070余份，服务群众2800余人次。

(刘小红)

人口与计划生育

【概况】全面落实《中华人民共和国人口与计划生育法》《中共中央 国务院关于优化生育政策促进人口长期均衡发展的决定》《浙江省人口与计划生育条例》等法律法规，实施一对夫妻可以生育三个子女政策，并取消社会抚养费等制约措施，清理和废止相关处罚规定。全年出生人口3405人，出生人口性别比105.74:100，出生人口比上年减少461人，减幅11.9%。全市共为2953对夫妇办理生育服务登记。健全计生优抚机制，落实法定奖励扶助政策，全年新增奖扶对象817例，新增特扶对象87例，新增农村独生子女父母养老保险补贴1652例，发放计生公益金82人次，全年合计发放各类扶助金2159.3万元。落实好计生特殊家庭“计划生育特殊家庭双岗联系人、全科医生签约服务和计生特殊家庭就医绿色通道制度”三项制度。

【标准化母婴设施建设】2021年，全市新建建德图书馆、市青妇幼活动中心2处独立母婴室。至年末，全市建成标准化母婴室28家，实现二级以上医疗机构母婴室设置全覆盖。

【计划生育依法行政】2021年，根据《国家卫健委办公厅关于转发清理社会抚养费有关政策的通知》要求，全面取消社会抚养费。1月，市卫生健康局主动对接建德市人民法院，主动提出不再立案，并撤回强制执行申请457件，“清零”历史积案。开展相关评估工作，对与人口发展形势不相适应的法规、政策、措施，经评估，宣布失效和废止，并通过官方网站“行政规范性文件”栏目进行公示。

【生育服务证改革】根据《中共中央国务院关于优化生育政策促进人口长期均衡发展的决定》和《浙江省人口与计划生育条例》，实施“三孩生育”政策后取消再生育审批，对一对夫妻生育三个以内孩子者实行生育登记，发放生育登记服务卡，由家庭自主安排生育。2021年，建德市全面启用生育登记网上办理和手机“浙里办”App自主办理，24小时内办结。全市共办理生育登记2953件，其中一孩生育登记173件、二孩生育登记1163件、三孩生育登记53件。生育登记中“浙里办”手机App办理2474件，婚育联办420件，98%实现线上办理，比上年提高21%。 （周春梅）

【计生特殊家庭关心关爱】在全市49周岁以上计划生育特殊家庭中继续开展暖心慰问，保证重大节假日、生日、生病住院时“四必访”，落实慰问资金95万元；发放杭州市计生公益金9.5万元、建德市计生公益金25.1万元，合计34.6万元。为全市每户计生特殊家庭建立电子信息档案，配有1~2名镇村联系人和家庭医生。以市第四人民医院专家为骨干，成立特殊家庭心理援助团队，全年为计生特殊家庭提供心理疏导服务40余次。

【计划生育宣传与青春服务】拓展网上阵地，以“数智群团”和“五色桥”平台积极开展计生工作。风采展示36篇，浏览人数达到36万人次。“五色桥”平台暖心行动记录开展暖心行动947人次。4月，线下“暖心家园”投入使用，开展“品香茗话家常共健身”等活动9场，做到月月有活动。洋溪街道人口家庭协会跨境园服务示范点为流动人口开展计生政策宣传、卫生健康培训、维权救助等服务近20次；青春健康教育基地把青春健康教育纳入课堂，开展各类线上线下青春健康培训103场，培训青少年31863人次，同时开展“青春健康沟通之道家长课程”52场，受益家长7122人次。开展师资培训2期，培训70人次，通过师资培训提高骨干师资教学水平。 （叶 昕）

老龄工作

【概况】截至2021年12月31日，按户籍人口统计，全市年末总人口50.75万人，60岁（含）以上老年人口数13.3万人，占总人口的26.2%，比上年同期增加8358人；65岁（含）以上9.68万人，占总人口的19.1%，增加6429人；70岁（含）以上老年人 6.11 万人，占总人口 12.1%，;90 岁(含)以上老年人 2432 人，占总人口 0.47%，100 岁(含)以上老年人口数 17 人，比上年同期减少 1 人。老龄化程度高于全国、全省和杭州市平均水平。

【老年人服务】2021 年，市财政为全市 13.18 万人支付老年意外伤害险保费 39.50 万元。老年电大注册学员 1 万余人，全市建有市级老年教育办学点 1 个(老年大学)、镇街级办学点 16 个、村社区级 245 个，共有 2 万人次老年人参加学习。组织开展重阳节慰老、“老年宣传周” 等慰老志愿服务活动 158 余场(次)，服务老年人 1.76 万人次，下拨慰问资金共 22.26 万元。为老年人提供法律援助案件 29 件，解答法律咨询 1000 余人次，调解各类矛盾纠纷 1430 人次。寿昌卫生院横钢分院加入以杭州市肿瘤医院为指导中心的杭州市级安宁疗护联合体。

梅城镇王叶坤被评为浙江省敬老爱老助老模范人物，新安江街道沧滩社区潜素芳被评为杭州市级敬老爱老助老模范人物;市一院袁敏、市二院周立英、市中西医结合医院赵九生被评为杭州市级最美敬老爱老助老医护者，明珠社区创建为杭州市级老年友好型社区。

◎ 丰富的老年人文化娱乐生活(朱永标/摄)

【老年友善医院创建】在建德市开展老年友善医院创建活动，其中建德市第一人民医院被评为省级老年友善医院，市中医院、市中西医结合医院被评为杭州市级老年友善医院，新安江街道社区卫生服务中心等 9 家乡镇卫生院和康复医院、汇泉医院等 2 家医养结合机构被评为建德市级老年友善医院。

(何　源)

民族宗教工作

【概况】2021 年，全市共有 37 个民族，其中少数民族户籍人口 7286 人，人口数最多者为畲族。全市共有少数民族村 5 个，少数民族自然村 19 个，少数民族小学 1 所(大同镇第一小学)。

引导全市宗教场所开展法治、平安等各类创建活动，增强宗教团体和宗教活动场所自我管理的能力。深化宗教团体建设年活动，引导宗教团体积极开展团体内宗教法规和团体章程建设，健全完善宗教团体管理各项制度。同时，完成市佛教协会换届，新增班子成员 3 名，全部为 50 岁以下，其中本科以上学历班子成员 1 名。

【民族团结创建工作】以迎亚运会提升城市风貌为契机，根据杭州市民宗部门统一部署，开展全市清真饮食店标识标牌优化提升工作。市委统战部、市民族宗教局、市综合行政执法局、市市场监管局、新安江街道等部门单位，联合开展对主城区范围内 9 家涉及清真饮食店标识拉面馆走访和思想动员，统一更换为带杭州特色的清真标识，增加店面辨识度。以深化文明城市建设为契机，铸牢中华民族共同体意识为主线，围绕“中华民族一家亲、同心共筑中国梦”总目标，开展民族团结进步宣传教育“进机关、进企业、进社区、进乡镇、进学校、进宗教场所”活动，以府东社区、沧滩社区、建设银行等单位为城区宣传重点，通过图片展示、现场发放宣传资料、宣传标语等多种形式，开展宣传活动，营造良好氛围。依托大同镇第一小学平台，组织学生开展民族团结手抄报比赛、民族团结进步知识问答等活动，让民族团结进步教育走进校园。

【宗教法治化建设】继续深化“国旗国歌、宪法和法律法规、社会主义核心价值观、传统文化、平安创建”进宗教活动场所，组织在宗教场所开展“迎国庆·升国旗”活动，增强宗教界人士和信教群众的国家意识。贯彻落实《中国共产党统一战线工作条例》《宗教事务条例》《浙江省宗教事务条例》《中华人民共和国安全生产法》《杭州市宗教活动场所消防安全标准化管理规定(试行)》等法律法规，开展宗教团体、宗教场所法制宣传。组织市佛教协会和市基督教协会开展条例学习和相关法律法规学习。乌龙山玉泉寺获得“2021 年全省宗教活动场所消防安全标准化管理百优争创活动优秀单位”，西竺山万福寺被命名“2021 年省级宗教法治宣传教育基地”。

【少数民族村振兴发展】2021 年，全市共争取少数民族扶持资金 60 万元，(其中省级扶持资金 20 万元)，重点扶持实施并完成 3 个乡镇道路建设、水利设施建设、畲族文化传承等 4 个民族项目。全市民族村全部完成消除薄弱村任务，村级经营性收入普遍达到 20 余万元，2021 年人均可支配收入超过 3 万元，其中团结村被评为 2021 年全省民族乡村共同富裕示范点。

◎ 洋溪街道团结村畲族民族风情表演

【平安宗教建设】落实宗教活动场所属地管理、平安宗教活动场所“1+9”指标考核、省“掌上宗教”App 巡察工作机制、全市宗教活动场所危旧房安全整治和消防安全大排查等专项工作措施，有效破解基层宗教治理难点问题。坚持宗教场所疫情防控不松懈，严格落实宗教场所各项防疫规定。根据疫情防控新形势新要求，于春节期间、年末实行宗教场所“双暂停”管理，杜绝因人群聚集带来疫情传播风险。同时，2021 年初下发关于在全市宗教界领域人士免费接种新冠病毒疫苗倡议书，倡导教职人员和广大信众用科学防控方式阻断病毒传播。其中全市宗教教职人员疫苗接种率达 100%。

(姚　媛)

关心下一代工作

【概况】2021 年，全市共有关心下一代教育基地 63 个，涵盖红色教育、法治教育、禁毒教育、科普教育等。全市各级关工委组织“五老”宣讲共 225 场次，受教育人数 6.8 万人次。全年共创办“假日学校”57 所，参加学习和实践体验活动学生 2000 余人次。对各类困难学生 2780 余人次发放助学金 1035 万余元。新组建建德市实验小学、大慈岩中心小学红领巾宣讲团并进驻关心下一代教育基地，结合党史学习教育，开展宣讲活动。全年在建德市及以上媒体发布宣传信息 160 余篇，其中“中国火炬”平台子栏目“今日关工事”微信公众号平台录用 66 篇，中国火炬网录用 24 篇，浙江关心下一代新闻网录用 60 篇，“学习强国”App 三级平台录用 6 篇。

建德市关工委获评全国青少年普法教育工作先进集体，新安江水电站被命名第三批“浙江省关心下一代教育基地”。市关工委“五老”宣讲团团长韩春荣被省关工委授予“红船精神优秀五老宣讲员”称号；新安江第一初级中学学生李欣逾被授予“浙江省青少年英才·红船好少年”称号。

【市关工委成立 30 周年纪念活动】9 月 28 日，建德市召开纪念建德市关工委成立 30 周年暨全市关心下一代工作表彰大会，全市 18 个关心下一代工作先进集体和 81 名关心下一代工作先进个人受到表彰。市关工委常务副主任洪国根作工作报告。朱欢、吕平、徐拥军、郑志华、严凌云等建德市领导，市关工委原主任陈桂女、市关工委名誉主任葛彰生，市关工委成员单位分管领导，各乡镇(街道)相关负责人和工作人员，以及市关工委“五老”同志等百余人参加会议。杭州市关工委常务副主任吴春莲出席会议并讲话。

为纪念市关工委成立30周年，拍摄关工委30周年宣传片《守初心抔土蹲苗三十载 担使命再育新人迈征程》，编写收集近年来全市各级关工委和广大“五老”同志涉及青少年思想道德建设、法制教育、关爱帮教以及关工委组织建设等方面的宣讲和调研文章。编写《春风化雨育新人——纪念建德市关心下一代工作委员会成立30周年文集》。

【主题教育宣讲】 4月8日，建德市举行青少年“红心向党·薪火赓续”主题教育活动启动仪式。该活动内容为：通过“德道·五老课堂”“百年潮涌 我心向党青年说”“童心向党·红色百年行”等载体，实现“历史重现+动情宣讲”，带领广大青少年“寻访”红色足迹，“打卡”革命圣地。同时，引导青少年通过参观考察建德市青少年红色教育基地，开展党史学习教育活动，守好“红色根脉”，传承“红色基因”。至2021年末，共开展“百年大党的伟大成就与感悟”“长征精神，永放光芒”“剿匪英雄潘三友”“十九届六中全会精神解读”等宣讲主题教育活动29次。

4月23日，“童心向党·红色百年行”杭州青少年红色大寻访活动在建德拉开序幕，试运行“红色百年行”建德青少年红色教育基地线上体验平台，通过“五老”、青年、红领巾等宣讲员线上讲解，实现建德11个红色场馆“一站式”参观学习体验。同时，专题拍摄“红色百年行”红色文化基地之新安江水电站宣传片在浙江电视台少儿频道，省、杭州市关工委微信公众号等媒体播出。

4月至6月，市关工委宣讲团在大慈岩、三都、杨村桥等乡镇（街道）辖区内的学校开展党史宣讲活动。

7月至8月，“童心向党·争做新时代好少年”建德市红领巾宣讲团走进假日学校系列活动，先后到新安江街道、三都镇新和村、大同书院、新安江实验小学开展活动。

【关爱与帮教工作】 2月，市关工委对大洋镇麻车村、航头镇航川村2名长期结对帮扶对象进行慰问，赠与学习用品、生活用品以及慰问金。9月3日，市关工委为32名品学兼优学生发放助学金9万元。12月，浙江省“爱心圆梦”助学活动暨“关心下一代·温暖来敲门”捐赠活动共帮助建德市籍学生282人，发放助学金39万元、捐赠物资3万元。

11月，市关工委联合市司法局、乡镇（街道），开展“心向阳光”社区矫正、吸毒青少年关爱帮教工作，组织“五老”同志对全市286名社区失足、失范人员进行分片区集中结对帮教。 （张小平）

责任编辑：胡政成

乡镇(街道)

Township (Street)

新安江街道

【概况】新安江街道是建德市政治、经济、文化中心。2021年,街道行政区域面积110.84平方千米,辖11个社区、4个村,年末户籍人口83881人。全年出生530人,死亡505人,人口自然增长率0.36‰。全年完成社会消费品零售总额56.1亿元,比上年增长9.2%。财政总收入10.83亿元,其中地方财政收入2.98亿元,分别增长36.5%、33.4%。城乡居民人均可支配收入分别为60183元、33807元,分别增长9.5%、9.9%(注:从2020年起,建德市不再分乡镇统计城乡居民人均可支配收入,采用全市统一数据)。

有规模以上工业企业(本类目以下简称规上企业)总数24家,其总产值、销售产值分别为58.89亿元、59.05亿元,分别比上年增长22.4%、26.0%;其工业增加值18.53亿元,增长15.7%。全年自营出口2.11亿元,增长25.2%。全社会固定资产投资13.59亿元,其中工业投资2.1亿元,分别下降35.9%、68.8%。全年工业供地106.67公

◎ 紫金家园居民住宅小区(朱永标/摄)

顷，盘活处置低效用地76公顷。全年自营出口2.11亿元，增长25.2%。2021年末实到外资600万美元。

全年招商引资项目主要有：建德市新安江街道“朴宿呆住”建设项目，总投资1.01亿元；建德口腔医院有限公司投资项目，总投资1.4亿元。企业创新步伐加快，全年新增国家级高新技术企业4家、省科技型中小企业8家。完成新安江资产经营有限公司架构重组和模式创新，在全市率先实现乡镇国有公司改革试点。

有耕地207.4公顷。农业总产值2.04亿元，比上年增长3.6%。经济作物播种总面积798.13公顷，增长2.9%。油菜籽等油料作物播种面积40.73公顷，总产量119.6吨，面积和产量分别减少20.3%、33.5%。特色经济作物甘蔗面积5.13公顷，总产量289吨。蔬菜（含菜用瓜）面积599.73公顷，增长4.8%，总产量17784.3万吨，增长5.4%。果用瓜面积111.46公顷，总产量3628.6吨，分别增长4.4%、7.4%。中草药材面积8.4公顷，总产量28.8吨，分别增长5.9%、8.7%。花卉草木种植面积18.53公顷，盆栽类园艺37.3万盆。村庄美化零星植树700株，造林面积3.9公顷，森林抚育面积66.7公顷（含新安江林场），新种珍贵树种浙江楠、榉树和赤皮青冈3.9公顷。社保覆盖质量不断提升，城乡基本医疗保险参保率达99.63%，新增低、残保家庭34户。临时救助67人，发放金额总计76400元。

全面推进未来社区“三化九场景”打造，明珠社区成功入围省级试点，一表通、数字就业、垃圾智治等一批项目进展顺利。年末，有街道所属九年制义务教育阶段学校6所（小学3所、初中2所、职业教育机构1所），幼儿园11所（民办8所），有专任教师748人（小学205人、初中191人、职业教育机构11人、幼儿园341人）。街道所属社区卫生服务中心1个、社区卫生服务站10个、村级卫生室4个，有卫生技术人员94人。

【招商引资】2021年，新安江街道坚持招商引资生命线工程，紧扣水饮料、文旅等产业，先后赴杭州、台州、安吉等地外出招商20余次，接待客商40余批次，对接招商项目26个，注册落地企业10家，总投资21.2亿元。其中1亿元以上制造业项目1个，1亿元以上服务业项目2个，实到外资600万美元。

【重点项目推进】2021年，新安江街道全力推进农夫山泉水产业基地打造，全年实现销售产值42.3亿元，35千伏同塔四回路、好运岛旅游用水管网施工全面完成，五期项目主体开工。

【老旧小区综合改造】新安江街道扎实推进主城区有机更新，府前路旧城改造等项目主体完工。实施新电路等5个区块老旧小区改造，完成改造13.01万平方米，惠及居民1411户。全年实施既有住宅加装电梯101台，投入使用60台。改造内容包括立面、环境（景观环境）、管网、“污水零直排”等内容。2021年成功获评杭州市“洁美示范单位”和“洁美杯”，全年6次获评杭州市“优胜街道”，实现住宅小区整体环境全面提升。

【无障碍设施建设】街道推动辖区内“红色阵地”无障碍设施建设与改造工作，为残障人士以及有特殊需求的人士提供便利，改造共涉及无障碍设施120余处。

【打造美丽宜居环境】全年拆除违章建筑1.5万平方米，拆后土地利用率93%。城区“污水零直排”建设稳步实施，完成6个社区改造修复任务。“四边三化”全面推进，整治点位27处。农村人居环境提升行动持续深化，垃圾分类覆盖率达100%、准确率达95%以上，完成山体修复20万平方米，“两路两侧”、抛荒田整治等工作稳步推进。

【精神文明建设】2021年，新安江街道深入实施文化惠民工程，实现新时代文明实践站所、文化礼堂全覆盖。依托新安江AAAAA级景区城创建，成功举办全民饮茶民俗旅游文化节和“穿越仙境，品味人间”等活动。

11月10日，微电影《中国大坝》在第三届“玉琮杯”清廉微电影微视频大赛中获“玉琮杯”评委会特别奖、最佳导演奖和最佳摄影奖三项大奖。该影片由建德市纪委、监委和新安江街道党工委、街道办事处联合出品,讲述我国第一座“三自”大型水力发电站——新安江水电站的建设故事。

【助老服务】2021年,投入40万元完成50家适老化改造任务。加强社区养老服务设施与文化、体育等活动场所的功能衔接,整合公共空间2100平方米,投资75万元的明珠社区和汇泉馨安获评省级民生实事示范型养老中心。依托汇泉馨安家园内汇泉医院的医疗资源,推进居家养老与医疗保健相结合,为周边老年人提供助餐、助浴、助洁、助医、助娱的“五助”服务。建成老年食堂和助餐服务点10家,探索开展特困失能失智老人常年助餐配送服务,健安社区依托辖区医疗资源优势,实现老年人慢病防治“一人一方案”的营养药膳餐配送。开展“享学银龄·数智365”助力老年人跨越数字鸿沟培训活动,举办培训70余场,受益老年人2700余人,沧滩社区老年电大创成省级示范点。推进110余户老年人亲情直通车改革试点,为高龄老人、独居老人与在外亲友视频通话搭建通道。

【基层治理】坚持党建引领多元智治,打造基层社会治理示范小区12个,新成立小区业委会15个、业主监督委员会8个。积极推广使用“建村钉”“村事云管家”,覆盖率100%。深入推进全科网格规范化建设,积极打造智享新安治理模式,夯实“小脑+手脚”治理微细胞,创新开展新安义警活动。2021年,纠纷类警情同比下降11.7%,下降幅度高出全市平均3个百分点,万人成讼率同比下降128.07%,降幅位居全市前茅,实现了基层治理效能大幅提升。出台《关于在小区治理中推行“民呼我为办实事”暨小区居民意见收集处理反馈制度的通知》,通过微信业主群和小区党群驿站线上线下两平台,收集群众“急难愁盼”问题11条,涉及路灯、道路、停车等方面。

【美好教育建设】9月,出台《关于加快推进街道教育优质均衡发展建设美好教育的实施意见(实行)》。积极推动城区教育资源扩容提质、增加学位供给,全面改造提升新安江中心幼儿园、明珠小学、明镜小学、新三小、新二中基础设施,加快推进塘坞幼儿园新建、新一小改扩建、新一中原址新建、新三中扩建等工作,启动桥南新城、东站等区块教育布局研究和实验小学扩建前期工作,继续推进新二小改建等工作。 **(刘伟峰)**

更楼街道

【概况】2021年,更楼街道行政区域面积81.35平方千米,辖14个村、2个社区(更楼、更化社区),年末户籍总人口22967人。全年出生180人,死亡183人,人口自然增长率-0.1‰。全年实现社会消费品零售总额4.08亿元,比上年增长0.9%。实现财政总收入1.98亿元,比上年下降6.74%,其中地方财政收入6548万元,增长0.11%。

有规上工业企业14家(年度增加4家),其工业总产值、销售产值分别为16.03亿元、15.82亿元,分别比上年增长8%、8.2%。工业增加值6亿元,年增速4.0%。全年固定资产投资9.86亿元,下降27.6%;其中工业投资5.18亿元,增长30.6%。全年自营出口2101万元,增长38.2%。

耕地面积964.4公顷,林地面积6138.86公顷。农业总产值22607.11万元,增长1.07%。全年粮食作物播种面积706.7公顷、总产量3970吨;其中水稻播种面积263.93公顷,旱杂粮播种面积309.06公顷。油菜种植面积430.5公顷,油菜籽产量1253.8吨。经济作物播种面积1198.5公顷,其中蔬菜992.33公顷、产量2.85万吨,西瓜112.67公顷、产量3414.3吨,草莓49公顷、产量1622.1吨,果用甘蔗1公顷、产量59.7吨。2021年末生猪存栏2541头、家禽1.65万羽。

年末,有街道所属初中、小学各1所,在校学生1141人、教职工122人;幼儿园2所,在园幼儿675人、教职工88人。有卫生院1所、村卫生室(站)12个,卫生技术人员39人。

全年完成困难群众住房改造6户,发放市、街道二级专项补助资金11.42万元;完成市第二轮农村危房治理改造31户。开展特殊家庭帮扶活动

◎ 更楼集镇

4次，慰问救助特殊家庭15户，开展各类志愿服务20次，新增低保家庭46户，办理困难救助证52人，累计发放各类救助款136万元。对困难退役士兵等军人进行慰问，发放慰问金计2.5万余元。推进社区矫正规范化建设，未发生有关管理对象脱管漏管现象。实现村社微型消防站全覆盖，建成智慧安防小区2个。

【高铁南站站前广场项目开工建设】8月30日，杭衢铁路建德南站站前广场工程在更楼街道湖岑畈村举行开工仪式。杭衢铁路建德南站站前广场及连接线工程位于新安江街道和更楼街道交界处，距国道320线300米，项目占地15.87公顷，总投资7.56亿元，主要建设内容包括站前广场、停车场、连接线、配套管理用房及部分商业用房等，站房建筑面积6000平方米，设2台6轨。

【南方绿色建材产业园一期项目点火】位于更楼街道石马头区域的南方绿色建材产业园，列入"152"工程和浙江省重大传统产业转型升级项目。一期建设内容为建设一条5000吨/天熟料水泥生产线，配套纯低温余热发电及200万吨/年水泥粉磨生产线，总投资金额20亿元。8月，该项目建成投产。

【省级4号线绿道更楼段建设】省级4号线绿道更楼段(梅坪至高田畈村)建设工程归属于建德市中心城区片区，位于绿道南北发展纵轴市域4号绿道之上，属于一级绿道支路。该工程起于更楼街道黄畲大桥北段，北接新安江绿道，终点至溧宁高速，南连寿昌绿道，总长约6.6千米，总投资约2500万元。整条绿道沿寿昌江而建，途经更楼滨江公园、更楼集镇、更楼新市村及于合村，由步行慢综合跑道和独立步行道组成，设有二级驿站两个及三级驿站一个。绿道项目总体定位为打造一条以"江、山、田、村"为自然基底，"仁丰文化"为文化特色，集运动休闲、亲子娱乐、文化体验、观光村旅多元体验为一体的城市型绿道。根据总体构思，绿道项目分为"一环三带"，具体为江埠小镇休闲绿环、活力田园观光带、水岸山居体验带、滨水山色运动带四大主题段落。绿道建成后能有效串联滨水景观、传统村落、更楼特色老街、沿江田园风光等景观资源，更好地展现更楼美丽风景，推广特色农产品，同时带动生态旅游发展，改善生活环境,提高百姓生活质量,满足百姓健康休闲需求。

【新的仁丰桥工程开工】老仁丰桥位于建德寿昌江更楼渡口段,因服役年限超期,日益老化,成为危旧桥梁,无法适应更楼街道人口、交通发展实际需要,于2020年拆除。新的仁丰桥在原址复建,桥面连接更楼老街与黄畬村,桥体横跨五孔,总长达120多米,拱桥式,高6米。该项目总投资1300多万元,2月开始施工,至年底完成主体工程建设。

【4个工程涉地征迁完成】2021年,完成心安未来小镇项目、杭衢铁路建德南站站前广场及连接线工程、黄畬大桥至城西连接线工程、南方水泥安置地建设4个项目涉及征迁任务,为街道发展腾出可用空间36.8公顷。杭衢铁路建德南站红线内征迁实现"清零"。

【水利基础设施建设】2021年,更楼街道水利工程项目合计投资1114万元,其中,总投资306.1万元的寿昌江流域(于合段)综合治理工程项目完成建设。投资742万元的拦河闸项目完成主体工程建设。

【民生项目建设】结合党史学习教育,高标准推进民生项目。4个入股航空小镇项目的移民后扶村进入正常投资阶段,至年底分红达20余万元。街道"残疾人之家"顺利通过杭州市三星级验收。投资150万元建成人大代表联络站、街道居民议事厅。争取资金465万元完成包括邓家、桥岭、洪宅等五村的联合亮灯工程在内的4个民生项目,惠及更邓线村民2091户,村民夜间出行交通安全得到保障。

【"美丽乡村" 建设】持续推进更楼街道花果沟美丽乡村示范带建设,骆村村杭州市特色村项目申报成功,开始规划设计。邓家村美丽乡村"微改造、精提升"项目有序推进,计划于2022年1月建设完成。持续开展村庄清洁行动,发动群众,通过评选"最美庭院""最美家庭"等活动,建立完善美丽乡村长效管护机制,环境整治工作取得实效。

【村社级"矛调中心"全覆盖】2021年,更楼街道加强村社会矛盾调处化解中心建设,创新调处化解机制,着重培育形成更化社区"小更哥"调委会、新市村"新武德"调委会、洪宅村"姐妹"调委会等特色村级调委会组织。至年底实现16个村(社区)村级调委会全覆盖。

(沈恒阳)

洋溪街道

【概况】2021年,洋溪街道行政区域面积74.84平方千米,下辖4个社区、2个村,年末户籍总人口16821人。全年出生158人、死亡102人,人口自然增长率3.41‰。全年实现社会消费品零售总额6.77亿元,比上年增长18.4%;财政总收入2.27亿元,其中地方财政收入7822万元,分别比上年增长11.2%、19.7%。

有规上工业企业总数13家,其工业总产值、销售产值分别为15.78亿元、14.91亿元,分别比上年增长25.6%、25.7%;规模以上工业增加值3.30亿元,年增速25.4%。其中,杭州三耐环保科技股份有限公司荣获建德市首家省级"隐形冠军"企业。全年自营出口1.38亿元,比上年下降3.4%。全社会固定资产投资23.41亿元,其中工业投资2.02亿元,分别比上年增长43.5%、180%。招引投资引入1亿元以上制造业项目1个。企业专利申请量达55个,杭州玺匠文化创意股份有限公司列入杭州市未来工厂数字化车间培育名单,人工智能场景上报2个,规上数字化改造覆盖率100%,5G基站实际完成24个,培育数字经济企业1家,新认定国家高新技术企业2家、省科技型中小企业16家。实施低效工业用地再开发,收购、签约搬迁企业2家,盘活低效工业用地0.67公顷,保障万洋众创城开工建设。

全年新引进各类大学生270人,培育高技能人才110人,吸引青年人才返乡创客14人。

农业总产值9068万元,比上年增长3.5%。有耕地141公顷,林地6400公顷。农作物播种面积292.75公顷,其中粮食作物播种面积94.05公顷,总产量425吨,水稻播种面积27.3公顷,总产量

205 吨，油菜播种面积 53.76 公顷，产量 156.3 吨。蔬菜播种面积 89.78 公顷，产量 2574.5 吨。年末，生猪存栏 1063 头，出栏 3301 头，家禽存栏 50286 羽，年内出栏 5.79 万羽。流转耕地 107 公顷，治理抛荒农田 9.72 公顷。全年造林抚育面积 70 公顷，森林抚育面积 20 公顷，完成经济林造林 5 公顷，完成林区道路建设 1 千米。

2021 年共有低残保户 149 户、低保边缘家庭 11 户，发放各类救助资金 20 多万元，救助 235 人次。居家养老服务中心运行良好，老年食堂规范运行。团结村文化礼堂入选“公共文化场馆服务功能拓展先行先试单位省级试点”。

年末，有街道所属小学 2 所，在校学生 1700 人、专任教师 100 人；幼儿园 3 所，在园幼儿 973 人、教职工 84 人。7 月 1 日，洋溪小学整体搬迁至建德市培智学校（新校区）过渡办学。原址新建洋溪小学和幼儿园，计划新建规模小学 36 个班、幼儿园 9 个班及办公楼、多功能教室等。该项目总投资 2.2 亿，9 月开工，计划 2024 年 2 月交付使用。

辖区有医疗卫生机构 5 所，分别是建德市妇幼保健院、富春骨伤科专科医院、建德市康复医院、朱池社区卫生室和友谊村卫生室，共有医疗卫生技术人员 280 人。

【国家级电子商务进农村综合示范项目建设】6 月 18 日，“宜品建德，嗨翻 618”暨建德市创建国家级电子商务进农村综合示范项目启动仪式在跨境电商园举行。活动由浙江省商务厅、杭州市商务局指导，中共建德市委、建德市政府主办，省商务厅党组副书记、副厅长韩杰，杭州市商务局副局长郑永标和建德市领导朱欢、夏喜生等出席活动。

启动仪式上，建德市农村电商公共服务中心、阿里数字乡村建德实训基地和钱江后浪电商学院建德培训基地先后揭牌，建德浙西跨境产业园管委会与杭州企拓教育咨询有限公司签订园区委托运营管理服务协议，为开展电商人才、电商主体培育孵化引进平台和服务资源；杭州钱江后浪网络科技有限公司、浙江梦马电子商务有限公司以及杭州授渔文化传媒有限公司等三家 MCN（多频道网络）机构与建德市签订战略合作协议，为建德提供直播资源导入和本地化直播电商服务；盒马鲜生与建德“麦子妈”品牌签订上线协议，帮助建德企业拓展新零售销售渠道，使电子商务成为建德农业农村发展的新动能、新引擎，为全面实现乡村

◎ 洋安新城（朱永标/摄）

振兴提供强劲动力。

洋溪街道获评2021年度浙江省电商镇,青龙头社区、洋溪社区、友谊村获评2021年度浙江省电商专业村。

【环境整治】对标美丽中国“建德样本”要求,以“美丽杭州”环境整治作为总抓手,以周通报、旬专报、月亮榜,专班推进全域环境整治,2021年获评杭州市“美丽杭州”优胜榜街道6次,被认定为2021年度杭州市“城市环境大整治、城市面貌大提升”“洁美杯”单位。

推行“433”垃圾分类模式,创建省级垃圾分类示范小区3个、杭州市级垃圾分类示范村2个、示范小区8个,垃圾分类考核在全杭州93个街道中两次位列第七,被评为2021年度杭州市生活垃圾治理工作优胜街道。

全力推进“五水共治”,落实“河长制”“红色沟渠长制”“民间河长制”,全域水环境有效提升,域内11条省、市、街三级河道水质全部在三类以上,2021年多次被中央电视台、新华网、中国新闻网等媒体宣传报道。

【文旅融合】深入挖掘畲族代表蓝银花的人物故事,塑造“蓝妈妈”文旅IP形象,强化文化特色。举办团结村“三月三”畲族民俗文化节,通过和“蓝妈妈”卡通形象合影、尝一尝畲乡乌米饭、观看巴乌迎宾队表演等,扩大畲族文化影响力。借助“村企联建”活动,与秋梅食品等3家农业龙头企业代表以及光大国际旅行等3家旅游企业签订了“村企联建”协议,为团结村乡村旅游提供产品支持、特色产品打造、游客引流等服务。2021年,团结村接待旅游人数8660人次、旅游收入75.9万元,被评为浙江省AAA级景区村。

【基层社会治理】以访源治理、积案化解和信访维稳为主要内容,开展平安护航中国共产党成立百年活动,丰富“平安洋溪”和平台建设,重点化解10年以上信访积案,实现杭州市级及以上积案件全部化解。深化“15日工作法”和“四查”联动,开展各类安全生产专项整治26次,消除道路交通、建筑施工、消防等领域安全隐患484处,交通事故发生数比上年减少46%。

优化全科网格,推动社会治理“人往格中去,事在网中办”,全年网格流转处置办结事件2484件;完成“建德一品”等3个“智慧安防小区”和建德市数字法治试点项目“网格管家”建设任务。

【征迁“清零”】2021年,街道征迁项目12个、面积7.85公顷,涉及农户19户。其中,科创一号地、新安江高速口2户征迁历时13年,万洋众创城1户历时15年,均实现征迁“清零”。

【“最多点一次”应用场景】团结村建设“未来乡村、数智团结”智慧大屏,开发“最多点一次”应用场景。其模式为:居家老人通过电视遥控器按钮发出点单式需求,村社干部、网格员、志愿者上门提供相关服务。数据中心亦可通过该应用场景,在遭遇突发情况时与老年人进行视频连线,切实解决老年人因不会使用智能手机导致无法共享数字化便利“最后一公里”难题。全年共完成点单服务144次,解决各类问题112件。 **(刘恒烁)**

莲花镇

【概况】2021年,莲花镇行政区域面积86.12平方千米,辖6个村,年末户籍总人口10353人。全年出生60人、死亡80人,人口自然增长率-1.9‰。全年实现社会消费品零售总额0.95亿元,比上年增长11.8%。全年财政总收入1671万元,其中地方财政收入620万元,分别比上年增长5.0%、9.15%。

全镇有工业企业31家,其中规上工业企业3家,主要涉及家纺、母料、农产品加工等行业。规上工业总产值2.14亿元,减少3.0%;销售产值2.12亿元,增长0.7%。规上工业增加值3205万元,比上年下降29.4%。自营出口8063万元,增长60.8%。全社会固定资产投资5587万元,其中工业投资1049万元,分别比上年下降22.2%、46.6%。招商引资新增签约亿元以上项目1个。

有耕地 367.7 公顷，林地面积 7443 公顷。农业总产值 3.0 亿元，同比增长 5.0%。全年粮食及油料作物播种面积 207.5 公顷，其中旱杂粮 146.7 公顷、水稻 30 公顷、油菜 40 公顷。完成抛荒复耕农田 3.7 公顷，完成“非粮化”整治 8.7 公顷。特色经济作物铁皮石斛种植面积 30 公顷、产值 4100 余万元。全年森林抚育 106 公顷，造林抚育面积 27 公顷，完成绿化造林 36 公顷，其中珍贵树种造林 26.7 公顷，补植杉木苗 9.3 万株。完成 1000 头生猪保供任务。全面完成畜禽退养及养殖房拆除复耕工作，实现“低小散污”养殖场全面清零。争创垃圾分类省级示范片区并通过建德市初验，垃圾分类工作走在全市乡镇前列。

全镇新增低残保 11 户，新增残疾人两项补贴 12 人，发放临时救助款 6.6 万元。完成残疾人无障碍改造 5 户，老龄适老化改造 16 户。新增老年食堂助餐点 5 个，实现老年人送餐服务全覆盖。完成计生家庭（含 2 女户）计生奖扶申报 193 人，完成独生子女父母社保补贴初审上报 57 人。全年办理便民事项（代办）4920 件。深入推进“最多跑一次”改革，全面落实上级权限下放事项“就近办”，持续优化村级便民中心“代跑代办”服务，不断提升服务质量和办事效率，全年办理便民事项（代办）5000 余件。

2021 年末有镇属小学 1 所，在校学生 237 人，专任教师 26 人；幼儿园 1 所，在园幼儿 171 人，专任教师 16 人。投入 30 余万元完成幼儿园操场改造提升，并将小学综合楼改建及幼儿园外立

◎ 昂畈村“戴富农”农博园向日葵观光景区

面整治项目纳入计划。有卫生院 1 所，卫生技术人员 16 人；规范化卫生室 5 个，乡村医生 6 人。完成卫生院发热筛查诊室建设，提升基层诊疗服务水平。全年镇卫生院家庭医生签约总人数 3603 人。全年城乡居民医保参保 6149 户，参保率 99.4%，在全市率先完成大城乡医保、西湖益联保参保目标。林茶村被杭州市爱卫办推荐为浙江省“无蚊蝇”样板村。莲花镇“全国卫生镇”创建通过了浙江省爱卫办初步验收。

【完成镇两代表一委员换届选举】 2021 年 10 月 27 日，召开中共建德市莲花镇第十六次代表大会。出席大会代表共 48 人，其中，女性代表有 16 人。大会听取和审议通过李可大所作的镇第十五届委员会工作报告《凝心聚力 实干担当为全力推进高质量发展建设共同富裕新莲花而努力奋斗》，选举产生新一届镇党委、镇纪委组成人员。镇党委书记李可大、党委副书记沈翀、章洁，党委委员 5 名；镇纪委书记谢跃红、纪委副书记雷振耀、纪委委员 3 名。

12 月 23 日，召开莲花镇第十八届人民代表大会第一次会议。参加会议代表 52 名，其中，女性代表 20 名，非中共党员代表 18 名，大专以上学历代表 21 名，连任代表 8 名。大会听取、审议通过丁能权所作的《人大工作报告》和沈翀所作的《政府工作报告》，选举产生新一届镇人大主席团、新一届镇政府组成人员，镇人大主席丁能权，镇长沈翀，副镇长 3 名。

【产业项目加速落地】 制定低效企业盘活出清“一企一策”方案，完成低效工业企业出清任务 2 家、碳酸钙闲置厂房地块盘活 2 家。切实加快“强链”“延链”步伐，紧盯重点项目推进，完成三意农业二期开发项目建设，新增生产线 3 条，总投资 2400 万元；物产京安扩能改造项目完成并投入试生产，总投资 600 万元；美尔泰二期厂房扩建工程（投资 2000 万元）、东科新材料项目前期工作（投资 5000 万元）有序推进。

【招商引资提质增效】 2021 年，莲花镇坚定不移把

招商引资作为"头号工程",常抓不懈,着力引进旅游休闲、养老养生等关联性企业。全年镇主要领导带队赴杭州、苏州等地招商29次,接待客商洽谈康养、旅游等项目30次,赴杭州举办招商引资推介会,成功签约亿元以上项目1个,招引年税收超1000万元以上企业1家,有序推进森林教育基地、戴家民宿三期四合院等项目招商洽谈。

【现代农业加速发展】该镇立足资源优势和产业基础,实施整乡镇推进山区农业产业发展项目,重点培育茶叶、铁皮石斛、粮油蔬菜三大特色产业,种植面积占总涉农面积的65%,同比增长12.6%。完成天羽茶叶建德苞茶产业园改造,启动"戴农富"农业产业园建设,协办全国农产品质量安全信用体系建设现场会。坚持以党建引领为核心,形成"镇+公司+村+低收入农户"的"1+1+6+x"的"戴农富"党建联盟新模式,6个村全部入股"戴农富"公司,全镇52名低收入农户纳入用工。成功种植26.7公顷水稻和13.3公顷茶山,流转60余公顷闲置农田打造现代化智慧农业,核心区大棚试种无土栽培蔬果已取得较好成效。公司运行以来,为村集体节约资金90余万元,实现盈利35万元,实现低收入农户和村集体经济双增收。

【乡村旅游提档升级】完善康乐小镇研学旅游线路策划,开展"探仙草秘境,寻奇果奥秘"研学活动,成功创成建德市中小学研学旅行教育基地。参加全省第二届乡村民宿伴手礼大赛,戴家玉米粿获最佳贡献奖。推进镇重点文旅项目建设进度,一品养生谷项目第3幢民宿主体建设基本完工,美食商贸街项目建设完成。创新"民宿+旅游+农业"的农旅结合模式,高标准打造新型农业特色型美丽城镇、莲花镇居家养老服务中心、"一站式"社区服务中心等10个项目完工并投入使用。

【人才振兴工作】2021年,该镇紧盯人才振兴,多措并举,加大与高校、科研院所的联系与合作,为浙江大学研究生社会实践提供农业技术创新岗位2个,成功申报3处见习训练基地。鼓励重点企业积极引才,引进大学生39人、D类人才2人,鼓励、引导和扶持青年返乡创业17人。举办"匠心莲花·献礼百年"木匠文创产品设计大赛,开展电子商务、民宿服务等人才培训4次,培训300余人,培育乡土人才60余人、高技能人才35人。

【社会基层治理】该镇建立信访问题领导包案机制,推动信访积案化解。全年受理并参与行政调解12起,调处成功率达100%,涉案金额180余万元。开展各类安全检查300余次,发现并整改隐患307个。统筹运用"智慧管家""得舍之间"工作室、"1镇+6村"两级矛调中心等平台资源,构建信访"联解"、矛盾"联调"、工作"联动"的多元共治的"大信访"格局。开展信访源头治理督查,镇村矛盾调处吸附率达92.6%,村级63.2%,确保"小事不出村、大事不出镇、矛盾不上交"。健全完善矛盾纠纷隐患滚动排查和分析预警机制,对重点案件和疑难信访积案实行每周研判、动态交办、集中化解,销号矛盾风险隐患化解清单事项18项。历史遗留问题山水大厦高层建筑消防隐患整改得以解决,莲花酒业公司地质灾害点治理进展顺利。

(翁竹红)

梅城镇

【概况】2021年,梅城镇行政区域面积154.89平方千米,辖13个村、5个社区,年末户籍总人口40276人。全年出生265人、死亡342人,人口自然增长率-1.90‰。全年社会消费品零售总额7.87亿元,增长8.6%。财政总收入2.82亿元,其中地方财政收入0.91亿元,分别比上年增长20.5%、29.4%。

工业企业325家,其中规上工业企业68家(新增15家,退出2家;亿元以上企业21家),总产值94.06亿元,销售产值91.92亿元,分别比上年增长49.6%、49.1%。规上工业增加值增29.19亿元,年增速28.9%。完成外贸自营出口17.09亿元,增长28.12%。全社会固定资产投入13.2亿元,其中工业生产性投入8.75亿元,分别增长21.8%、38.5%。全年招引固定资产投资亿元以上项目2个(制造业1个、服务业1个),年末实到外资309万美元。实施规上企业数字化改造,全年完成数字化改造攻关项目5个、数字化车间4个、机器换人项目9个。新增省高新技术企业6家,新增省科技型中小企业21家。推进“低散乱”企业整治,全年征收企业4家,拆除企业违建26处、1.6万平方米。加快五星电动产业园、勇华产业园建设,一期主体施工基本完成,加快万家电器电缆厂房扩建项目审批,推进项目建设。完成21个项目征迁安置清零,共征地45.8公顷,拆迁79户,安置936户。加快土地收储6.77公顷,完成低效用地再开发36家企业。

耕地面积992公顷,林地面积9300公顷。农业总产值4.59亿元,增长3.1%。农作物播种面积2078公顷,其中粮食作物916公顷,粮食总产量4286吨;水稻播种面积203.8公顷,产量2936吨。油菜种植面积268公顷,油菜籽产量736吨。高山蔬菜30公顷,茶叶426公顷,渔业养殖面积260公顷。完成滨江村“山花烂漫”项目1个,种植珍贵树种5.93公顷,香榧种植17.33公顷。保障农业生产,完成粮食功能区“非粮化”及抛荒田清理整治161.3公顷,其中吴茱萸整治83.7公顷。年末生猪存栏3200头、家禽7.0万羽。

深化水环境治理,全面完成农村生活污水处理设施提升改造,率先完成三年农村饮用水提标改造任务。完成1座山塘除险加固及洋尾溪滨江段综合整治。

大力建设美丽乡村,龙泉村、龙溪村、姜山村、顾家村、利群村获评省级新时代美丽乡村,南峰村通过杭州市精品村竣工验收。完成望山村、利群村、伊村村农田道路提升,101.33公顷标农提升项目进场施工,持续完成杭州市绿色品质农业综合示范基地创建。发展特色农业,推进农旅融合,完成“鹤彩乐园”项目建设并投入使用,打造千鹤嫂创业街,着手创建“千鹤一线红”共同富裕示范区及千鹤村未来乡村,完成龙泉民宿群创建。存量违建基本清零,高质量通过杭州市“无违建镇”考核,完成“厕所革命”改造5座。持续打响垃圾分类攻坚战,新建垃圾中转站1座,垃圾分类达标村创建实现全覆盖。

深化“联乡结村”“一户一策”扶贫行动,落实移民帮扶资金800万元,超额完成年度“3050消薄增收”任务。全年新办理低(残)保46户、低保边缘困难家庭14户、临时救助29户、残疾人两项补贴新办123人,完成困难群众住房改造2户,共发放各类慰问金、救助金300余万元。梅城镇居家养老服务中心成功创建三星级养老机构,完成千鹤村、龙泉村老年食堂建设。

8月26—28日,由建德市公证处现场公证,梅城镇第一批棚改安置房项目对2017年征迁的808户棚改安置户进行安置(房源共1030套,共落实安置房869套)。

辖区有杭州市属大专院校1所(杭州科技职业技术学院),在校学前教育专业学生540人,教职工38人;市属高中1所,在校学生1312人,教师142人;镇属初中1所,学生908人,教师82人;小学2所(其中梅城中心小学设2个校区),在校学生2153人,教职工163人;公办幼儿园1所(设4个分园),民办幼儿园1所,在园幼儿共1196人。入园率、入学率均达到100%。

辖区有市级医院1所,卫生技术人员310人;有卫生院1所、村卫生室9家,共计卫生技术人员89人。全镇城乡基本医疗保险参保率99.53%,基本养老保险缴费率99.9%。

中共梅城镇委员会荣获“浙江省先进基层党组织”称号;获评全省千年古城复兴试点、“艾里缇斯”国际大奖、“最美中国文化旅游镇”、浙江省第二批商贸特色镇、省级法治化综合改革试点镇等荣誉,入选浙江高质量发展建设共同富裕示范区城市范例首批试点、浙江省旅游业“微改造,精提升”行动“景区镇”试点单位,“千鹤乡村”入选省文旅厅第二批创建省级文化和旅游IP。漫珊瑚酒店、筱隐民宿等一批酒店民宿完成装修并开放营业。全年接待游客218万人次,实现旅游总收入2.9亿元。

【完成镇两代表一委员换届选举】10月27日,召开中共建德市梅城镇第十五次代表大会。出席大会代表90人,其中,女性代表33人。大会听取和审议通过邹泉所作的镇第十四届委员会工作报告

《忠诚干净担当筑铁军队伍 宜居宜业宜游谱共富华章为高质量实现千年古城全面复兴而接续奋斗》,选举产生新一届镇党委、镇纪委组成人员。镇党委书记邹泉、党委副书记周向阳、程小波,党委委员8名;镇纪委书记徐剑飞、纪委副书记雷国刚、纪委委员3名。

12月23日,召开梅城镇第十九届人民代表大会第一次会议。参加会议代表73名,其中,女性代表31名,非中共党员代表27名,大专以上学历代表35名,连任代表16名。大会听取、审议通过汤志文所作的人大工作报告《聚焦主责主业 凝聚民心民力 为千年古城全面复兴贡献人大力量》和周向阳所作的《政府工作报告》,选举产生新一届镇人大主席团、新一届镇政府组成人员,镇人大主席汤志文,镇长周向阳,副镇长6名。

【入选全省首批千年古城复兴试点】2月,梅城镇入选浙江省第一批千年古城复兴试点建设名单。近年来,梅城依托独特的历史基因脉络,实施古镇水系综合整治、棚户区改造、镇域环境综合整治等各类重大项目34个,逐步实现古城传统格局、整体风貌、空间尺度、文化形态等有效保护,内修气质外修颜值,全面开启千年古城复兴新路径。根据规划,梅城镇将实施古城AAAAA级景区创建、三江口旅游集散中心建设两项系统工程,重点建设老虎湾、朝京门、瓮城景点。同时,实施总府街及府前街北段环境综合整治、府衙遗址公园建设等40余个项目,总投资约21亿元。

◎ 严州古城城墙重建(防洪堤坝表层剥离后)

【举办全省首场千年古城复兴论坛】5月8日,浙江省千年古城复兴工作推进会以及千年古城复兴论坛在建德市梅城镇召开,11个试点古城、18个储备试点单位以及浙江师范大学、中国范仲淹学术研究会、阿里巴巴集团等单位的专家学者与会,共探古城复兴计划。同日,梅城镇正式启用《智在严州——千年古城复兴试点应用场景建设梅城方案》,全面打造和迭代完善千年古城游客结构在线分析、古建筑保护数字化和游览资源小程序导引等功能。

【龙山书院复建竣工对外开放】5月7日,龙山书院复建完成,并对外开放。龙山书院原位于梅城北门外乌龙山麓,为严州(府)第一所官办书院,由范仲淹创办。复建后的龙山书院,占地面积5000平方米,建筑面积4200平方米,总投资约7000万元,配有综合会议厅、藏经阁、大成殿、潇洒楼、范公祠及4个办公楼。除作书院展示,兼具承办大型会议活动、论坛以及研学、旅游、文创等功能。中国范仲淹研究会会长范国强(范仲淹三十世孙,北京大学历史文化研究所所长、教授)向书院捐赠范仲淹铜像。

【打造"澄清文化"品牌】2021年,梅城镇完成数字监察指挥中心建设,实现村社监督数字化、可视化、可查化、可量化,清廉乡村智慧管家"监督一点通"线上平台应用覆盖人数21615人。推动基层小微权力网上监管平台的部署使用,村级资产、补贴发放、物资采购、工程管理、务工实施等内容,全流程纳入平台监督。全年收到"监督一点通"群众线上反馈问题318件,镇纪委第一时间响应处理并反馈,群众满意率达100%。7月29日,杭州市纪委、监委在梅城镇澄清门举办"澄清门下道澄清"活动,启动2021年第三届"澄清正名撑腰鼓劲"宣传周活动。梅城"澄清文化"影响力继续扩大。

【浙江大学与建德市签订校地合作协议】8月23日,建德市政府与浙江大学在梅城镇正式签订地校合作协议。根据协议,建德市将全力打造高质量的浙大校史校情教育基地,浙江大学在科研、人才等领域，将其优势带到建德。围绕古城复兴、产业科研、人才教育等方面开展共建，并围绕共同富裕、乡村振兴等重大理论和现实问题联合开展课题研究，全方面扩大建德的吸引力、影响力。至2021年末，浙大西迁校史校情教育基地、学生实习实践基地等共建项目启动建设。

【严州古城入选国家AAAA级旅游景区】11月，经浙江省文化和旅游厅验收及公示，梅城镇严州古城景区入选国家AAAA级旅游景区。在创建国家AAAA级旅游景区工作中，严州古城完成辑睦坊、里仁坊等15座古牌坊复建，修缮老建筑30余幢，打造历史街区5条，元末明初古城墙300余米完成保护性修复。恢复玉带河、龙山书院等文化地标，推出"知府巡街"、开城大典、虾灯等7项民俗展示活动，复原南宋严州繁华的街景，成功举办全国州府文化论坛及两届钱塘江诗路梅城诗词大会，大力提升梅城千年古府的知名度和影响力。同时积极推进古城核心区业态提升，积极培育打造区域文创平台，肯德基、严州府等知名业态入驻，筱隐、漫珊瑚等16家酒店民宿基本建成，进入运营阶段。同时邀请专业团队进行合作，专业化高效推进景区运营相关工作。（施　瑜）

杨村桥镇

【概况】2021年，杨村桥镇行政区域面积134.14平方千米，辖13个村，年末户籍总人口20760人。全年出生170人、死亡153人，人口自然增长率0.91‰。全年实现社会消费品零售总额6.78亿元，增长9.0%。财政总收入1.27亿元，其中地方财政收入3885万元，分别比上年增长33.4%、18.7%。

有规上工业企业18家，其工业总产值16.0亿元，销售产值15.58亿元，分别比上年下降13.8%、13.7%。规模以上工业增加值2.7亿元，下降24.0%。自营出口1.14亿元，下降76.0%。固定资产投资4.9亿元，下降6.0%。其中，工业投入2.57亿元，增长49.0%。新增国家高新技术企业2家，申请专利6件，新产品产值率达71%。

有耕地面积836.73公顷，林地面积1.13万公顷。农业总产值6.1亿元，比上年增长22.2%。农作物播种面积1884.74公顷，其中粮食作物播种面积521公顷、总产量1563吨；水稻播种面积234公顷，产量2585吨。油料作物播种面积267公顷、总产量950吨。完成652.23公顷耕地地力保护补贴发放，计4912户、资金68.48万元。全镇草莓种植2324户、种植面积5473.4公顷、产量2.5万吨，产值12亿元，其中：本镇草莓种植653户、种植面积200公顷、产量13680吨、产值2.5亿元。蜜梨种植面积223.4公顷，产值3351万元。茶园面积91.7公顷，茶叶产量19.6吨，其中白茶种植面积36.67公顷、产量2吨、产值300万元。西红花、铁皮石斛、蓝莓种植面积14.8公顷，产值550万元。完成珍贵树种造林项目43.3公顷、林下经济发展项目30公顷。

开展金建铁路建德段、杨村桥土地整理二期、高铁门户区场地平整及综合整治一、二、三期等5个项目征收安置工作，全年征收土地15.33公顷、房屋13幢（其中企业7家）、安置18户。为百旗家园安置户办理房产证108套。龙源水库建设项目总投资2773万元，大坝已结顶。杨村桥安置房项目总投资1736万元，完工主体工程。全年完成水利工程项目建设6处，总投资800万元。"四好公路"建设总里程3.6千米，总投资501.3万元。

全年新办理低保对象25户、低保边缘户9户，临时救助39人次。共发放各类慰问金、救助金393.23万元，惠及455人。开展"幸福清单送达"和探访关爱服务298次，探访关爱弱势人群770次。建成儿童之家和镇级未成年人保护工作站，"杨村桥镇残疾人之家"被评定为四星级。13个村级老

◎ 杨村桥草莓标准地

年食堂持续第六年常态化运营，并举办重阳节敬老宴。全年爱心送餐上门1025次。为100余户农村留守老人建立“亲情直通车”养老服务关爱平台,完成16户老年人家庭适老化改造。

年末有村级文化礼堂13家,杨村桥村文化礼堂被评为浙江省五星级文化礼堂。通过浙江省文化强镇复评。年末,有幼儿园、小学、初中、成人学校各1所,在校师生人数1319人。投资30万元,完成杨村桥中心幼儿园绪塘分院提升工程。

有卫生院1所,村卫生室12个,卫生技术人员45人。成立人口家庭协会,建成杨村桥镇社会工作站。完成“两癌”筛查1936人次，完成率82.0%。实现杭州市健康村创建全覆盖。农村居民参加城乡居民基本医疗保险参保率99.99%。

全年接待游客14.51万人次，比上年增长14.2%;实现旅游收入1857.59万元,比上年增长20.1%。杨村桥镇被评为浙江省AAA级景区镇。

【完成镇两代表一委员换届选举】10月26日,召开中共建德市杨村桥镇第十七次代表大会。出席大会代表60人,其中,女性代表18人。大会听取和审议通过苏晓明所作的镇第十六届委员会工作报告《凝心聚力开新局 砥砺奋进谱新篇 为高水平打造“建德新门户、草莓新天地、共富新标杆”而努力奋斗》,选举产生新一届镇党委、镇纪委组成人员。镇党委书记苏晓明、党委副书记诸葛杰成、郑雷骏,党委委员7名;镇纪委书记叶璘、纪委副书记吴剑雄、纪委委员3名。

12月24日，召开杨村桥镇第十八届人民代表大会第一次会议。参加会议代表59名,其中,女性代表22名,非中共党员代表20名,大专以上学历代表29名,连任代表13名。大会听取、审议通过赖如平所作的《人大工作报告》和诸葛杰成所作的《政府工作报告》,选举产生新一届镇人大主席团、新一届镇政府组成人员,镇人大主席赖如平,镇长诸葛杰成,副镇长4名。

【发展草莓产业】成立“莓美与共”草莓产业党建联盟,组建民宿、餐饮、种植、销售、金融等五个“莓好”产业共建小组,建立资源共用、销路共通、信息共享、工作共推、人才共育“五共”机制。投资1500万元,在绪塘、路边、岭源、黄盛、长宁等5个村建立草莓标准地共32公顷。通过统一流转土地、统一规划整治、统一产业布局、统一招商引资、统一生产销售模式，每亩标准地增加村集体经济收入2000元,增加村民收入1.5万元。种植草莓新品种“建德红”3.33公顷,最高销售价240元/千克。开展“草莓大学堂”线上线下培训350余人次,新培育“草莓师傅”56名。建设全国首个“数智草莓”应用场景,列入第一批全省多跨场景重大应用“一本账”S0,并在“浙政钉”“杭州城市大脑”App上线运行。投入1000万元,建设建德草莓创业园,占地面积10000平方米;投入1500万元,建设草莓科创中心大楼并完工主体工程，建筑面积7000平方米。杨村桥镇入选第三批省级农村产业融合发展示范园创建名单。

【亿元以上重点项目建设】德扬乐活岛建德养生度假项目总规划用地面积80公顷,计划总投资6亿元,由度假酒店、养生度假公寓(租赁)、田园、文旅四大板块组成。总建筑面积52公顷,规划有1栋主楼、113幢独栋建筑。拥有潘型塘、里塘垄2座水库,水域面积18公顷。至2021年末,一、二、四期建成开业,文旅板块、农业板块投入使用,三期建设正在筹备中。医用防护用品产业园项目占地面积5公顷、建筑面积95公顷、计划总投资3.5亿元,至年末完成主体工程,完成投资1.99亿元。

【创成省级“枫桥式”司法所】12月,建德市司法局杨村桥司法所被浙江省司法厅命名为“枫桥式”司法所,为建德市首家。该司法所占地面积510平方米,投资200万元,拥有独立的办公用房和开放式服务大厅、规范化的执法服务办公场所(调解室、宣告室、集中教育室、心理咨询室、24小时“法超市”等),保障公共法律服务、档案管理、值班备勤等司法所履行职能和日常工作需求。内设“大脚板巡调会”展示区,展示“巡回调解”“指尖上的户主会”等基层治理融合模式杨村桥特色。“大脚板巡调会”为异地莓农提供“上门调解”服务,化解农田征租、交通事故、医疗事故等矛盾纠纷。至年末,调解员共赴3省5市开展巡回调解10次，调解成功率达100%。

【试点全市村级工程“一件事”智慧监管平台】3月，启动村级工程“一件事”智慧监管平台试点工作，将村级项目管理分为12个环节(项目立项、预算、招投标管理、合同、变更、建设管理、质量、监督、验收、审价、支付清单、归档)，均纳入数字化管理。平台实时抓取相关数据并进行分析、关联、碰撞，实现分级预警提示。通过实行“一项目一二维码”制度，将项目从立项到付款的所有环节进行公开。村民使用“乡村钉”或“智慧管家”手机端扫描二维码，可实时查看项目全流程信息，实现数字化信息公开。在“智慧管家”“指尖上的户主会”板块，村民通过手机端扫描二维码，对项目进行星级评定并发表意见建议，实现有效互动。至2021年末，全镇201个项目均纳入全流程数字化管理。

【杨村桥卫生院体检中心建成】该项目总投资87万元，占地面积160平方米，项目于2021年3月开工，6月底完工。完成体检中心外立面及场地改造、体检中心心电图室、B超室等12个功能区建设、医疗设备购置及等候区配套设施建设。主要承接疫苗接种、全民体检和征兵体检等民生工作。至年末，体检中心完成城乡居民健康体检6027人次，60岁以上老年人体检2729人次。

【“互助长宁”展陈馆改造提升】6月，“互助长宁”展陈馆完成改造提升。展陈馆位于长宁村党群服务中心一楼，占地面积24平方米，在原展陈馆的基础上，投入14万元，对内部陈列进行改造提升，分为引言、背景、整顿互助组的经验、批阅及影响、荣誉、精神延续等板块。1955年5月，“浙江省建德县长宁乡整顿互助组、推动当前生产的情况”报道文章在收入《中国农村社会主义高潮》一书时，得到毛泽东主席的肯定，并亲手改报道标题为“整顿互助组的经验”。长宁村将该批示精神融入村庄发展和乡村治理，提炼出“互助长宁”品牌，成立“农业农产、旅游康养、寻味美食、电商产业”四个新时代互助组，以村干部为组长，各支部党员和村民代表为组员，构建起互助合作推动共同富裕的新模式。同时，推出“来尝宁”品牌小吃，盘活闲置房屋开办农产品展销厅、“来尝宁”小吃体验馆、公社广播站线上直播间，打造“田园隐逸、长寿长宁”乡村打卡点。

（王　赛）

下涯镇

【概况】2021年，下涯镇行政区域面积161.78平方千米，下辖11个村。年末户籍总人口27276人，全年出生216人、死亡193人，人口自然增长率0.84‰。实现社会消费品零售总额5.84亿元，比上年增长13.6%。财政总收入3.14亿元，其中地方财政收入1.01亿元，分别比上年增长20.5%、20.5%。

有规上工业企业34家，其总产值151.7亿元(占全市比例23.6%)，销售产值151.22亿元，比上年分别增长45.4%、47.6%，工业增加值31.65亿元，年增速26.6%，总量和增速均创历史新高。科研经费支出2.33亿元，完成比例123%，增长1.59倍，增速全市排名第一。自营出口13.98亿元，增长11.1%。固定资产投资额12.97亿元，其中工业投资12.52亿元，分别下降11.4%、9.0%。中策橡胶(建德)有限公司全年固定资产投资额突破5.8亿元。引进并落地赛腾机械制造项目，总投资1.2亿元，实现本土招商“零的突破”。

有耕地面积973.135公顷，林地面积12930公顷，园地304公顷。全年造林面积35公顷，幼林抚育128公顷，审批林木蓄积采伐量3415立方米。农业总产值6.45亿元，比上年增长2.2%。全年水稻播种面积200.67公顷，总产量1655.5吨。油菜籽播种面积367.53公顷，总产量995.0吨。2021年末全镇生猪存栏3406头，蛋鸡存栏23.45万羽。11个村全部实现经营性收入20万元以上，其中春秋、下涯、之江、联和、马目、施家、丰和7个村村集体经营性收入达50万元以上。

全年新增最低生活保障农户42户。基本医疗保险参保率达99%以上。西湖益联保综合参保率75.92%，位列全市第二，为全市唯一一个完成

75%目标任务的乡镇。建成社会工作站和未成年人保护站。推进家庭医生签约、适龄妇女“两癌筛查”、妇幼“两免”、计生特殊家庭“暖心行动”等普惠性政策落地落实，累计发放各类保障金160余万元。全年完成城乡居民健康体检7997人次;办理医疗救助等临时救助32户、残疾人两项补贴676人次,补助金总额179余万元。推进黄饶半岛为核心的全域旅游,共接待游客70万人次,增长15.6%,实现旅游收入4800万元,增长20.03%。

2021年末，有镇属义务教育阶段学校2所,镇中心小学1所,学生567人,教师40人;马目中心学校1所(内设小学和初中),学生183人,教师40人。幼儿园4所,其中镇中心幼儿园、马目分园、大洲分园,共有在园幼儿350人,教职工57人;民办幼儿园1所,有在园幼儿82人,教职工14人。

卫生医疗机构有卫生院1所，村卫生室9个(一体化8个、非一体化1个)，有卫生技术人员38人。

2021年,下涯镇获杭州市第七次全国人口普查集体嘉奖。

【完成镇两代表一委员换届选举】10月27日,召开中共建德市下涯镇第十七次代表大会，出席大会代表66人,其中,女性代表23人。大会听取和审议通过蔡新春所作的中共下涯镇第十六届委员会工作报告《扛起共同富裕新使命 启航“一区四地”新征程 奋力打造建德高质量发展示范窗口》,选举产生新一届镇党委、镇纪委组成人员。镇党委书记蔡新春、党委副书记诸葛林、吴燕婷,党委委员8名;镇纪委书记蒋宇涵、纪委副书记朱昱,纪委委员3名。

12月21日，召开下涯镇第十九届人民代表大会第一次会议。参加会议代表63名,其中,女性代表22名,非中共党员代表17名,大专以上学历代表24名,连任代表15名。大会听取、审议通过徐利平所作的《人民代表大会工作报告》和诸葛林所作的《下涯镇人民政府工作报告》,选举产生新一届镇人大主席团、新一届镇政府组成人员,镇人大主席徐利平,镇长诸葛林,副镇长4名。

【阳光征迁“五公开”】2021年，下涯镇深化推行“阳光征迁”五公开(评估结果公开、安置人口信息公开、房屋合法面积公开、房前屋后公开和签约进度结果公开)工作法,完成建德市三江治理提升改造工程、马目园区螺蛳坞基础设施工程、摄影小镇埠头村村落提升改造工程、中策橡胶建德仓储中心基础设施工程、西湖畈基础设施工程、马目胡家畈区块、之江村乡村振兴工程、杭橡新上110千伏外线工程等项目的年度征迁任务，年度考核双清任务完成率100%,完成房屋拆迁91户,企业拆迁5家,土地征收53公顷。

【安置房建设】2021年，之江安置房一期完成分房，二期工程开工建设；春秋安置房二期完工验收。黄东坞安置房、建衢铁路征迁安置房等工程进展顺利。

◎ 建设中的下涯黄东坞安置房项目

【创新智慧农房建设管理】2021年,下涯镇举办杭州市农房建设暨数字赋能现场会，为建德市首个试点乡镇。试运行杭州市智慧农房系统,联合农村信用社推出“幸福贷”,实现村民选房实景化、审批进程可视化、建房质量严监管。全年共完成农村审批建房86户,占地面积7240.7平方米,建筑面积26877.5平方米。

【“建村钉”建设】该镇实施设立“建村钉下涯版”措施,打通联结群众“最后一公里”。镇村干部网格化分组包干，做好在家群众“钉钉”安装指导，成立“莓农促进协会”，实现异地莓农关系网全覆盖，全年完成7782户，100%入驻，激活人数15900人，日均活跃率76%以上。植入“六务”信息公开、新冠疫苗接种、“空巢”老人关爱等基础模块，及时解决村民上报问题80多个，实现过程可追溯、提问有回音、事事有反馈。创新推出“4+钉功分”，涵盖美丽、文明、平安、爱心四大基础功分加个性功分，在11个村全面推广，与超市合作实现积分兑换，提升村民参与村庄治理积极性。建立“功分人才库”人才评价体系，推进村企共建新模式，将“钉功分”与人才输送相结合，通过指标量化、综合排名，向企业推荐优秀人才，实现村民家门口就业。该场景在春秋、马目、丰和、下涯、施家村应用，全年输送人才53名。

【基层社会治理模式创新】2021年，下涯镇丰富村企联建内容，创新基层社会治理新模式。全镇有6个村和村域企业签订村企共建协议，企业通过村委会发布用工信息，帮助村民家门口就业。全年全镇就近在新安化工、中策橡胶、IFF等企业就业人数2600余人。春秋村以“发展迎朝阳，善治写春秋”为目标，积极发展物流产业、物业出租，建好杭橡配套停车场，实现机制、产业、治理三融合；之江村紧密衔接高铁新区、高投公司发展农文旅产业；乌驹市村将原村委办公楼改造成企业员工宿舍；联和村将废弃茶厂出租给乡贤等返乡创业。强化村企共治，矛盾内部化解。建立村企联席会议制，双方轮流担任议事长，定时召开会议，及时化解矛盾。丰和村创新“围墙里议事法”，村企矛盾化解在“围墙里”，帮助辖区内企业解决用工、用地等矛盾纠纷200余起。全年村企联建经营性总收入比上年增长129万元，带动就业数增长21%。

【美丽乡村建设】突出自然村落特色挖掘，持续开展“三化”整治、美丽乡村“一廊十线”、农村人居环境提升百日攻坚等行动，推进景区提升与美丽乡村协同建设，完成马目、施家、联和等5个特色村，以及江湾田园综合体、春秋—之江特色风情产业带等美丽示范带建设；打造美丽庭院等农村人居环境示范带33条，完成美丽宜居示范村、善治村、景区村等创建。

【“未来乡村”建设】之江村成功申报杭州市“未来乡村”试点村、杭州市数字乡村样本村。创新驱动数字化改革建设，落地“五化十场景”，重点打造邻里、健康、文化、治理四大特色场景，完成“黄饶乡集”建设，落地之江村基础设施提升和配套软件，形成集成化场景+应用运行模式。依托“建村钉”整合各类系统平台，形成综合治理体系，以“一图感知”系统分级分层展示治理成效，以大数据分析智慧辅助领导决策，以点单式O2O(online to offline)推动治理从线上到线下的处置闭环，因地制宜走景区、产业、康养、文化+乡村旅游等多种路径，打造未来乡村示范样板。成立全市首家村投公司，以“村民变股民”等新型乡村经营模式，配套乡村餐饮、民宿、文创等新型业态，打造农文旅融合发展样本，实现强村富民。2021年，之江村集体总收入突破120万元，其中经营性收入占比76%。

（刘学琛）

大洋镇

【概况】2021年，大洋镇行政区域面积223.92平方千米，辖19个村，年末在册户籍总人口33347人。全年出生227人，死亡266人，人口自然增长率-1.16‰。实现社会消费品零售总额2.04亿元，比上年增长11.2%。财政总收入9523万元，其中地方财政收入3367万元，分别比上年增长53.9%、61.9%。

有工业企业38家和三产服务业企业50家。规上工业总产值37.08亿元，销售产值36.05亿元，分别比上年增长8.3%、4.2%。规上企业增加值7.45亿元，下降9.1%。固定资产投资总额6.17亿元，其中工业投资3.02亿元(统计口径发生变化，投资增速不做与上年对比)；全年实现自营出口5.94亿元，比上年下降34.1%。年末实到外资5.0万美元。

招商引资落地西威电梯有限公司年产1万套

电梯及部件生产建设项目,计划投资1亿元以上,大洋工业园热电联产建设工程项目(服务业,计划投资1亿元以上)。推进本地产业升级,培育新增规上工业企业1家(建德市神龙电梯有限公司)。大洋生物科技有限公司年产2.5万吨碳酸钾和1.5万吨碳酸氢钾两个技改项目累计完成投资1.07亿元,杭州关亨智能家居有限公司年产5万套工程木门暨整木家居建设项目累计完成投资4257万元,浙江新化化工股份有限公司4万吨/年合成氨(制气单元)新型煤气化综合利用技术改造项目(水煤浆项目),杭州中荷环境科技有限公司对建德市新化综合服务有限公司58100吨/年废酸、11600吨/年废碱、10000吨/年废有机溶剂资源化综合利用迁建项目完成迁建并投产。奥立达电梯超大载重智能安全载货电梯(AEF200)获浙江省省内首台(套)装备认定。新化化工智能工厂创建成功,新化化工、大洋生物获评浙江省专精特新中小企业。

有耕地面积1580.98公顷,林地面积18189.8公顷,农业总产值5.63亿元,增长3.9%。全年粮食作物播种面积2541.35公顷、总产量13475.7吨,分别增长6%、5.2%;其中水稻播种面积365.5公顷,总产量2871吨。油菜籽等油料作物播种535公顷,减少18.4%,总产量1554.30吨,减少32.7%。茶园面积756.3公顷,总产量503.1吨,增长0.24%。橘园面积179公顷,总产量1.40万吨。特色水果枇杷园面积476.3公顷,总产量2137吨。杨梅园面积598.3公顷,总产量1839吨。柑橘、枇杷、杨梅果园面积及总产量基本与上年持平。2021年末生猪存栏1.42万头,家禽存栏63.5万余羽,其中蛋禽40.7万羽。

全年实施垦造水田项目6个,至年末完成垦造水田40.67公顷、旱地改水田21公顷,建设用地复垦2.67公顷,完成2.87公顷新增项目的政策处理和招标工作。

年末,全镇纳入收入型低保18户、残保62户。全年对各类困难户34户34人发放临时救助7.86万元。危房改造4户,发放补助15万元。城乡养老保险参保率99.12%,城乡医保参保率99.73%。特困人员养老保险参保率96%。

年末,有义务教育阶段学校4所。其中,初中1所,在校学生404人、专任教师45人;小学3所,在校学生821人、专任教师61人。中心幼儿园1所,2所分园,在园幼儿486人、教职工46人。胡根旺老师荣获2021年杭州市杰出教育工作者,三河小学获杭州市示范儿童之家,三河小学、麻车小学获评杭州市健康促进学校(铜牌)。

全镇有卫生院1所,下属麻车、三河2家服务站,村卫生室13个。卫技人员49人,其中高级职称3人、中级职称7人。

◎ 6月26日,在大洋镇举行第四届万人太极比赛(章乐怡/摄)

【完成镇两代表一委员换届选举】 10月27日,在大洋镇召开中共建德市大洋镇第十七次代表大会。出席大会代表70人,其中,女性代表43人。大会听取和审议通过徐建新所作的镇第十六届委员会工作报告《守好红色根脉 书写时代新篇 以中心镇使命担当为高质量建设新时代美丽大洋 打造"宜居建德"展示窗口而努力奋斗》,选举产生新一届镇党委、镇纪委组成人员。镇党委书记徐建新、党委副书记练超、王金郎、王晓静,党委委员7名;镇纪委书记吴量、纪委副书记俞露霞,纪委委员3名。

12月23日,召开大洋镇第十九届人民代表大会第一次会议。参加会议代表67名,其中,女性代表27名,非中共党员代表24名,大专以上学历代表28名,连任代表19名。大会听取、审议通过蒋一新所作的人大工作报告《大洋镇人大主席团报告》和练超所作的《政府工作报告》，选举产生新一届镇人大主席团、新一届镇政府组成人员，镇人大主席蒋一新，镇长练超，副镇长4名。

【交通和水利基础设施建设】 2021年，全镇投资2000余万元，完成庆丰—罗塘坞、乾福沙厂—外梓坊等农村道路改造提升13.5千米，完成后仇—下王、小大线旭阳砖瓦厂—桐溪等农村道路大中修公路13.7千米。

实施水库除险加固工程1座，完成投资257万元；实施山塘除险加固工程3处，投资221万元。实施山塘水库标准化维修养护24处，投资177万元。4月，完成三河区块堤防工程主体建设任务，项目概算总投资8582万元。

【美丽城镇新样板镇创建】 巩固"无违建市"创建成果，在省级美丽城镇建设达标基础上，争创美丽城镇省级样板镇，45天建成总长16.5千米大洋兰江绿道，创建成效获《人民日报》头版报道，以杭州组第一的成绩创建浙江省样板镇。"五水共治"工作被推荐为2021年全市唯一省级优秀乡镇。

【"共同富裕"建设】 依托"联乡结村"落地柳村蔬菜基地等帮扶项目，成功实施枸杞"南移"，鲁塘村成为"江南枸杞第一村"，其经验做法被省组工刊发。推出"掌上大洋"线上平台，直播带货27场，营业额超2000万元，辐射带动120余户农户就业。19个村全部完成"5030"目标，14个村提前4年实现年经营性收入50万元任务，2个村达到100万元以上。其做法被获杭州市委常委、常务副市长戴建平批示肯定。

【乡村治理数字化】 持续放大"最多反映一次"发源地的治理优势，依托"乡村小脑"试点，创新"网组+反向跑"工作法，上线"有事找村里"应用模块，实现"小事不出组、大事不出村、难事不出镇"，实现连续5年进京"零信访"，为全市唯一乡镇。9月10日，建德市社会矛盾纠纷调处化解中心工作现场会在该镇召开。 **（陈晓笑）**

寿昌镇

【概况】 2021年，寿昌镇行政区域面积155.07平方千米，辖23个村、4个社区，年末户籍人口44862人。全年出生272人、死亡388人，人口自然增长率-2.57‰。实现社会消费品零售总额6.99亿元，比上年增长13.9%。财政总收入3.24亿元，其中地方财政收入1.05亿元，比上年分别增长14.9%、27.0%。

全镇（含建德市经济开发区）有规上工业企业27家（镇7家、开发区20家），比上年新增5家。规上企业总产值34.49亿元，销售产值34.30亿元，比上年分别增长3.6%、3.9%。规上企业增加值13.02亿元，比上年降低7.0%。自营出口0.87亿元，下降15.0%。固定资产投资额15.76亿元，其中工业性投资7.12亿元，分别下降20.5%、14.4%。规上数字经济企业（尚辉科技）实现"零的突破"，成功入围数字化攻关项目3个、数字化车间1个，培育规上数字经济企业1家（中策科技）。2021年末实到外资312万美元，其中高技术外资291.6万美金，实现自2017年以后外资"零的突破"。

重大项目有序推进，航空产业创业园三期投入使用，航空航天复合材料研发制造项目一期、通航信息产业园、年产6000千米铜芯矿物氧化镁新型防火电缆等项目落地建设，累计投资11亿元；红狮粉磨二期项目竣工投产，投资1.2亿元；建德市环境能源项目完成投资4.76亿元。卧龙峡漂流项目完成投资0.9亿元，实现全面运营。新引进浙江钜元建筑科技有限公司年产60万立方蒸压加气混凝土（ALC）板材及制品工程设计采购施工（EPC）总承包项目（总投资3.2亿元）和浙江麦子妈食品科技有限公司预制菜研发生产基地及新零售总部建设项目（总投资2.5亿元），至2021年末，麦子妈项目完成一期主体结顶。

有耕地1638.82公顷，林地1.06万公顷。农业总产值4.19亿元，增长2.7%。粮食播种面积1200公顷，粮食总产量1.36万吨；油菜播种面积577.13公顷，总产量232吨；果用瓜种植面积129

公顷，总产量3490.5吨；蔬菜种植面积705.5公顷，总产量20424.3吨。年内生猪出栏5975头、家禽出栏9.3万羽；年末生猪存栏2480头、家禽存栏8.86万羽。

新建高标准农田68.4公顷，完成抛荒田和“非粮化”整治108.67公顷，建成高标准农田示范区66.67公顷，区内土地流转率达100%；成功创建省级水产健康养殖示范场1家（杭州千岛渔业有限公司）、杭州市级示范性家庭农场1家（建德市南祥家庭农场）、建德市级示范性家庭农场10家；培育省级林业乡土专家1名、杭州市级乡土产业技能大师1名、农创客80名、农村实用人才540名。

全年完成低（残）保、低边人员854户1006人信息核查，开展各类困难群众慰问1850余人次。发放残疾人重度护理补贴906人、250.4万元，困难生活补贴608人193.1万元；发放慈善大病救助金、“福彩暖万家”救助金11户2.7万元，临时救助金17户6.42万元。发放困难学生助学金19人6.2万元。全年完成706栋自建房、非自建房安全评估鉴定，完成6户困难群众住房改造。山峰村、城北村生态墓地配套工程建成，实现乡镇首例“花葬”。全年参加城乡居民基本医疗保险人数22730人，参保率为99.3%。

年末有镇属中小学校4所，中心幼儿园2所，分园5所，民办幼儿园1所，在校学生3916人，教师327人（含幼儿园学生及教师）。新城幼儿园建成交付使用，寿昌一小篮球场完成改造。“大鼻子”专用校车实现全覆盖。寿昌初中获省级“数字家长学校”称号，寿昌二小获杭州市“市长杯”足球联赛男甲组冠军，童家小学被评为“中国校园健康行动护眼亮眼工程”科普宣教示范学校，寿昌幼儿园获浙江省足球特色学校称号，新城幼儿园获杭州市示范妇女之家称号。

年末有卫生院2所、社区卫生服务站2所、一体化村卫生室14所、非一体化村卫生室4所、牙科等个体诊所9所，养老院1所。卫生院有职工90人，其中医卫技术人员76人（其中正高职称1人、副高职称3人、中级职称22人）。

2021年，寿昌镇获得浙江省第二批千年古城复兴试点、浙江省第三批社会大普法“六优”培育行动优秀普法项目、2021年度浙江省园林式居住区（单位）、2020年度杭州市平安创建（市域社会治理现代化）先进集体、2020年度杭州市最美绿道（城镇休闲型）、杭州市乡村振兴（城乡区域统筹发展）工作成绩突出集体、杭州市疫情防控表现突出单位、杭衢铁路（建德段）2020年劳动竞赛征迁工作先进集体、杭州市第一批千年古城复兴试点、浙江省电商镇等13个创建荣誉。

◎ 古城寿昌焕发新貌（黄兆钧/摄）

【完成镇两代表一委员换届选举】10月26日，召开中共建德市寿昌镇第十六次代表大会。出席大会代表89人，其中，女性代表31人。大会听取和审议通过骆旭华所作的镇第十五届委员会工作报告《凝心聚力干事业 奋勇争先创一流——全力开启千年古城复兴和市域副城发展新篇章》，选举产生新一届镇党委、镇纪委组成人员。镇党委书记骆旭华、党委副书记徐斌、穆亚琴、翟二龙，党委委员7名；镇纪委书记钱江鹏、纪委副书记张先强、纪委委员3名。

12月23日，召开寿昌镇第十九届人民代表大会第一次会议。参加会议代表77名，其中，女性代表27名，非中共党员代表29名，大专以上学历代表49名，连任代表13名。大会听取、审议通过沈龙所作的《人大主席团工作报告》和徐斌所作的《政府工作报告》，选举产生新一届镇人大主席团、新一届镇政府组成人员，镇人大主席沈龙，镇长徐斌，副镇长6名。

【集镇建设】继续实施美丽城镇建设各项目，完成寿昌派出所门前道路白改黑修复，完成西湖水系生态修复工程解放南路至西湖拦水板段水草种植，新建旅游标识系统、游客接待中心等基础配套设施18类，改造旅游公厕5处。落实人居环境长效管理，成功创建省级垃圾分类示范小区2个、杭州市级示范小区3个。全年完成房屋征收72幢、土地征收6.93公顷，希望路延伸、火车站区块、中鑫区块等7个项目实现征迁“清零”。深化“无违建”创建工作，严控新违建，监管农民建房153户，拆除违建1.5万平方米，核查卫片点位134个。

【新农村建设】三岩村、陈家村、金桥村、南浦村、乌石村、卜家蓬村6个村高质量建成省级美丽乡村示范村，山峰村获浙江省“一村万树”示范村荣誉、入选浙江省“一事一议财政奖补十周年”成绩显著村、成功申报杭州首批“i”文旅共富场景建设单位。投资609万元提升改造农村生活污水处理设施，打造美丽池塘3处、整治水库山塘3处、建成堤防11千米，推进农村饮水和生活污水长效管护全覆盖，成功创建杭州市“水美乡镇”。投资1800万元完成省级民生实事项目——寿昌江流域寿昌镇段综合治理。完成14个“联乡结村”帮扶项目，共计投入1537万元。成功争取上级“一事一议”“区市协作”“生态修复”等各类项目补助资金2766万元，配套路灯亮化、渠道修建等农村公共基础设施，改善居住品质。

【举办首届“百姓日”活动】5月4日，寿昌镇首届“百姓日”活动在南门广场正式举行，将5月5日设为“百姓日”，邀请99名参与寿昌解放和建设的老一辈人相聚南门广场，共同忆古思今谈变化、讲党史感党恩，实地游览寿昌，感受寿昌发展巨变。5月5日，寿昌镇百姓日系列活动“长寿宴”在“909”美食街开席，推出以寿昌九大碗（九种寿昌传统家常菜）、九小样（九种寿昌点心和小吃）、九糕点（九种寿昌传统糕点）为主的“寿昌长寿宴”。33桌330名外地游客、本地市民齐聚一堂，享受美食盛宴，在品尝中体会寿昌源远流长的美食文化。

【“十里寿昌江”农村综合改革项目建设】“十里寿昌江”农村综合改革集成建设项目获省财政厅中期评估的高度肯定，构建“1+3+X”(1指千年古镇，3指山峰村、桂花村、大塘边村，X指其他村社)产业发展布局，出台农业产业扶持政策，打造寿昌农旅产业品牌，实现“产业、产村、村村”融合发展。根据规划，发展目标为：实现23个村全覆盖，每年村集体经济收入不少于5万元。至2021年底，绿荷塘村等7个村完成以资金、资源入股产业平台各项工作。

“一镇一业”——农业精品生态园项目一期招引乡贤汪建国回乡创业，运用数字技术实施水肥一体化、智能温控等，破解建德市冬季无法种植圣女果的难题；项目二期连栋大棚完成搭建，开展农业招商，计划作为农创客培育和农村实用人才现场教学点，着力于低收入农户种植产业和农民身份转型升级。

【入选省级第二批千年古城复兴试点】2019年以来，围绕争取省级千年古城复兴试点，寿昌镇成立寿昌文化研究中心，开展《寿昌风物》《寿昌名人》《寿昌古迹》等8册文化系列丛书撰写工作；修复洪家厅、翁宅等10余处历史建筑，改造提升周宣灵王庙为怀旧老茶馆，将《寿昌镇志》活态化融入建国路主路；西湖水街沿线设置磁带墙、小卖部等复古点位6处，统一打造竹篾、弹棉花、铁艺等10余家老手工艺店铺，塑造怀旧复古网红打卡新街区。融历史文化于特色活动，固化五龙献瑞闹元宵、寿昌百姓日等特色活动6个；融民俗文化于节庆活动，开展新年、“五一”、中秋等文旅融合活动20余次。新增水雾灯光秀、水幕电影、喷泉等常态化夜间观景设施，开展寿昌古镇全国摄影大赛，在文化长廊全天候展示获奖作品，传播古城文化。12月，寿昌镇成功入选浙江省第二批千年古城复兴试点建设单位。

【数字化项目打造】依托数字赋能，推出数字909“智由消费”系统，打通游客、商户、政府三端，2021年10月系统上线以来，完成线上交易8967笔，销售额超100万元。依托“互联网+智慧旅游”，推进

"科技+文化+旅游"有机融合,与清大文产(北京)规划设计研究院合作,打造"寿昌天宫"数字文旅IP,同步开发系列周边文创产品,通过数字孪生模式,带动文化产业12家。

【社会治理成就】镇矛调中心接待529批1685人次,受理矛盾纠纷176件,成功化解165件,涉"民转刑"风险事项5件;化解信访积案13件,连续五年实现"零进京非正常访";"最多反映一次"1219件全部办结,满意率100%,指导辖区各调委会化解矛盾纠纷847件;深化平安村社创建,多渠道开展反诈宣传,建成杭州地区首家数智安防体验馆,开设建德市唯一的"96110"全国反诈专线,10000余人次接受教育。

【乡贤统战工作】依托乡贤平台、院校资源开展寿昌镇招商引资暨招才引智宣传推介会,促成浙江理工大学与侨资企业双马生物科研合作;充分发挥乡贤智力参与古镇复兴,组织乡贤参与寿昌文化系列丛书编撰、"千年古城"IP等七大项目;各村充分利用村级乡贤会邀请乡贤参与村级治理各项工作,将乡贤作用进一步延伸,其中桂花村凭借"1+1+X"村级议事协商机制获全国村级议事协商创新试验试点单位;民盟寿昌支部获民盟杭州五星级支部荣誉。

(王晓羽)

大慈岩镇

【概况】2021年,大慈岩镇行政区域面积86.58平方千米,辖12个村。年末在册户籍总人口20495人。全年出生125人,死亡223人,人口自然增长率-4.75‰。全年实现社会消费品零售总额1.90亿元,比上年增长12.5%。财政总收入6737万元,其中地方财政收入2297万元,分别比上年增长26.07%、24.23%。

2021年,大慈岩镇获评浙江省"小升规"优秀集体。有规上工业企业13家,年度新增1家。规上企业总产值13.35亿元,销售产值13.03亿元,分别比上年增长27.4%、32.2%;规上工业增加值3.41亿元,增长18.3%。完成固定资产投资1.23亿元,其中工业投资8937万元,分别比上年下降56.7%、59.7%。自营出口1216万元,增长12.9%。屹通新材在创业板上市,为全市唯一,该企业新增省先进金属粉体研究博士后工作站1个。引进杭州众星饰品有限公司(制造业项目,计划投资1亿元以上)。年末实到外资2万美元。

2021年,大慈岩镇获评浙江省特色农业强镇。有耕地面积991.5公顷,林地面积5524公顷。全年粮食作物播种面积580公顷、粮食总产量4218吨。其中谷物播种面积353.3公顷、总产量2915吨;豆类播种面积95.5公顷、总产量378吨;薯类播种面积97.9公顷、总产量750吨;油料作物(油菜籽为主)种植366.8公顷,总产量880.3吨。主要经济作物有白莲、西瓜、香瓜、柑橘、茶叶、蚕桑等,其中白莲种植512.6公顷("十里荷1号"种植面积253.3公顷),莲子产量520吨,产值7000余万元。

全年临时救助38人,发放困难残疾人生活补贴388人150.6万元;享受发放重度残疾人护理补贴433人21.35万元;创建浙江省三星级残疾人之家,解决残疾人辅助性就业15人,第三代智能化残疾人证(卡)共发放818人;为城乡居民免费体检2736人次。

实施全域土地综合整治,分3年实施(2019—2021年),完成规划编制并报杭州市审批。实施檀村村新坟头19.13公顷、檀村村峰殿坞19.13公顷、里叶村乌竹坞25.55公顷、吴山长扇坞5.8公顷、汪山周坪3.47公顷、李村叶坞山0.8公顷(12

◎ 农旅融合项目——新叶村七彩油菜花田

亩)垦造水田项目。实施并完成陈店振清石矿建设用地2.69公顷复垦项目、双泉等6村建设用地复垦0.33公顷(5.01亩)项目。

年末,有镇属义务教育阶段学校2所,初中、小学各1所,在校学生596人、教师59人;镇中心幼儿园1所,在园幼儿256人、教职工50人,其中教师29人。出台《大慈岩镇加强教育工作激励办法》,年度拨款42.72万元,用于教育激励。大慈岩中心小学入选第三批全国中小学中华优秀传统文化传承学校。

全镇有卫生院1所、村级卫生工作站(所、室)9个,医疗卫生技术人员41人(含8名乡村医师),其中中级职称7人、高级职称1人。创成国家卫生乡镇,双泉村获评杭州市健康村。

2021年,大慈岩镇成为首批省级传统村落数字化平台建设试点单位,"乡村小脑"建设入选杭州市建委试点、村级工程"一件事"智慧监管平台试点。

【完成镇两代表一委员换届选举】10月27日,召开中共建德市大慈岩镇第五次代表大会。出席大会代表58人,其中,女性代表19人。大会听取和审议通过倪浩群所作的镇第四届委员会工作报告《践行初心使命 砥砺奋进前行 为实现荷美大慈岩高质量发展而接续奋斗》,选举产生新一届镇党委、镇纪委组成人员。镇党委书记倪浩群、党委副书记刘光星、葛博浩,党委委员9名;镇纪委书记李爱萍、纪委副书记陈红、纪委委员5名。

12月24日,召开大慈岩镇第五届人民代表大会第一次会议。参加会议代表55名,其中,女性代表20名,非中共党员代表19名,大专以上学历代表18名,连任代表15名。大会听取、审议通过周明所作的《大慈岩镇人大主席团工作报告》和刘光星所作的《大慈岩镇政府工作报告》,选举产生新一届镇人大主席团、新一届镇政府组成人员,镇人大主席周明,镇长刘光星,副镇长4名。

【农文旅融合发展】2021年,接待游客53.21万人次,实现旅游收入7583万元。创成浙江省特色农业强镇和AAAA级景区镇,高分通过省园林城镇验收,入选第一批文旅特色型美丽城镇杭州样板。热门综艺节目《最后的赢家》取景新叶,进一步扩大古村旅游影响力。

【推进乡村善治】打响"新时代·邻里睦"乡村善治德治治理品牌,其内容包括:通过打造公共服务基层阵地、做细村民自治最小单元、架起干群沟通心联心桥梁,打造基层自治"邻里舍";通过抓平台机制建设、抓源头问题化解、抓重点问题督办,助力矛盾纠纷"邻里办";通过延伸服务内容、下沉人员队伍、激励邻里村民参与,推动志愿服务"邻里助",通过引援"新邻里"下乡服务、发展"新邻里"参与共建、扩大"新邻里"振兴产业,引援乡村善治"邻里兴"。该模式通过第三批省级社区治理和服务创新实验区中期评估,平台建设工作获杭州市委常委许明批示肯定。里叶村、陈店村获评省级善治村,双泉村获评全国文明村。

【打造"荷美小镇"平台】"荷美小镇"人居环境美丽经济集成创新示范建设项目排名全省第六,获省级财政7000万元顶格奖补。该项目以吴山村为起点,里叶村为终点,突出吴山、新叶、陈店、双泉、里叶5个村。规划总面积为5平方千米,核心区范围2平方千米。项目建设期限为2021—2022年,投资2亿元。建设目标为:推进大慈岩镇荷莲产业的发展,打造集观光游览、休闲度假、旅游服务等为一体的综合型产业体系。其具体内容为:通过改善乡村人居环境、扩大荷莲种植面积,增加区域游客数量,提升莲产业和文旅产业等美丽经济规模。充分利用莲与荷的特性,提升产业层级,延伸产业链,同时串点成线,装扮美丽乡村,植入新型业态,形成荷美产业经济,将"荷美小镇"打造成全国莲子产业标杆地。充分挖掘莲与荷"出淤泥而不染"特质,在各类农文旅产品中突出人文关怀,江南韵味、清廉文化。用文化来填充产业内核,使"荷美小镇"成为钱江诗路交汇地、水乡旅游目的地、清廉文化传承地。至2021年末,完成荷美绿道、旅游观光车采购、美丽生产园等项目,开工建设大慈岩镇莲子农业服务中心、千荷园等项目,完成投资9495.5万元(超额年度计划28%)。

【"四好农村路"项目】2021年,实施"四好农村路"项目6个:李村至三石田、檀新线至湖塘、官陈线(吴山段)3个线路大中修项目,官陈线—狮山水库、上吴方—白山后(汪山段)2个道路新建工程,泉山—小泉低等级公路提升改造项目,新建(改造、提升)道路11千米,总投资697.69万元。

【杭金衢三地联动发展"美镇集群"】依托美丽城镇省级样板创建工作,牵头杭金衢三地联动,充分利用自身天然区位优势,借助美丽城镇创建平台,整合杭金衢三地周边1个浙江省AAAAA级景区镇、7个AAAA级景区、2个全国乡村旅游重点村、1个AAAA级景区城、14个全国重点文物保护单位,以及数十个中国传统村落。通过旅游资源共享、基础设施共用、区域品牌共赢、传承发展共谋、基层社会共治、城乡携手共育,深入推进"六大旅游集群"发展,建设"美镇集群"。在2021年杭州市级现场会上,大慈岩镇代表建德市作交流发言,其经验材料被省委办公厅刊发。 (韩 冰)

航头镇

【概况】2021年,航头镇行政区域面积157.76平方千米,辖18个村,年末在册户籍总人口34486人。全年出生259人,死亡292人,人口自然增长率-0.96‰。全年实现社会消费品零售总额6.24亿元,比上年增长18.1%。实现财政收入7746万元,其中地方财政收入3367万元,分别比上年增长17.7%、32.4%。

全镇14家规上工业企业总产值13.5亿元,销售产值13.92亿元,分别比上年增长33.8%、32.1%。规上工业增加值4.44亿元,年增速18.2%。完成固定资产投资1.48亿元,其中工业性投资7618万元,分别比上年下降67.3%、67.0%。自营出口1.89亿元,增长78.1%。杭州沈氏节能科技股份有限公司联合中海石油气电集团有限责任公司研制首套国产大型高效紧凑湿天然气冷却器(PCHE)经CCS船级社检验认证合格,正式量产海工领域大型印刷板式换热器,沈氏节能自油吸壳管换热器获评"2021中国制冷展创新产品",该公司获评工信部专精特新小巨人企业、省级管理5星企业、杭州市未来工厂培育企业。浙江布石新材料有限公司碳酸钙产品获"品字标浙江制造"认证。

有耕地面积1557.87公顷,林地面积1.2万公顷,农业总产值4.17亿元,增长21.9%。村集体经济总收入1985.67万元,增长14.3%;18个村经营性收入全部实现"5030"全覆盖,其中4个村超过50万元、2个超过100万元。粮食播种面积1866.7公顷,总产量0.89万吨,粮食功能区最高亩产达到980千克。油菜种植面积867公顷,总产量2402.8吨。甘蔗种植面积48.6公顷,总产量2716.6吨。茶园面积120公顷,总产量270吨,面积、产量分别增长12.5%、5%。油茶、果园种植面积552公顷,总产量8851.2吨,其中桃园312公顷,总产量3245.7吨。生猪年出栏量达5.5万头,约占全市生猪出栏量的25%,家禽年出栏91万羽,年末存栏99万羽,禽蛋年产量1.21万吨,均占全市供应量的20%左右。

开展耕地"非粮化""非农化"点位全面排查摸底和整治,整治110余公顷。全年完成垦造耕地27.3公顷、建设用地复垦2公顷,完成66.67余公顷粮田苗木迁移。

充实低保户、低保边缘户、残疾人"两项补贴"、临时救助、春风助学等各类社会救助,低保救助首次人均超过1万元。村级居家养老服务照料中心实现全覆盖,镇"残疾人之家"获评省四星级"残疾人之家"。开展危旧房、地质灾害点位排查,全面落实10处欠稳定点位,10处C级和D级危房巡查整治;结合该项工作,完成困难住房改造176户。

持续推进文化惠民工程,开展品牌节庆、文化走亲、"非遗"展示等各类活动42场次,隆重举办庆祝中国共产党成立100周年"以德领航 头雁逐梦"文艺晚会、知识竞赛等系列活动。引入"三江画院"入驻航头村文化礼堂,完成彭家村百姓健身房、航头镇综合文化站健身房建设。彭家村成功创建浙江省AAA级景区村,溪沿村环境提升、东村精品村东高线、绿道等项目全面竣工，石屏特色村项目完成规划设计，珏塘村、航头村历史文化村落保护利用项目顺利推进。

10 月，开工建设建德航头村道至淳安石林连接线工程，项目估算约 4000 万元，全长 3.9 千米，始于曹源村寿李线交叉口，终于淳安县仙洞村，与淳安县村道仙源线相接。

该镇入围 2021 年度浙江省扶贫开发工作成绩突出集体，为建德市唯一。获评杭州市级"在突发疫情处置工作中表现突出的单位"荣誉，为建德市两个乡镇之一。彭家村获评 2021 年浙江省高标准分类示范培育村和高标准农村生活垃圾分类示范村；航川村吴国民获评杭州市垃圾分类达人，为建德市唯一。

年末，辖区有初中 1 所，教职工共 66 人、学生 445 人；小学 3 所，教职工数 89 人、学生 806 人；幼儿园 3 所，教职工有 72 人、在园幼儿 440 人。

卫生医疗机构有镇卫生院 1 所、石屏分院 1 所、村卫生室 16 所，卫生技术人员 58 人，其中卫生院在编 35 人、聘用 9 人，村卫生室 14 人。

◎ 航头集镇

【完成镇两代表一委员换届选举】10 月 26 日，召开中共建德市航头镇第十七次代表大会。出席大会代表 67 人，其中，女性代表 17 人。大会听取和审议通过黄伟斌所作的镇第十六届委员会工作报告《紧扣"高质量发展"主题 加快推进"一区一地一小镇" 总体定位 为建设共同富裕示范区贡献航头智慧和力量》，选举产生新一届镇党委、镇纪委组成人员。镇党委书记黄伟斌、党委副书记郑雄、邱锦平，党委委员 7 名；镇纪委书记陈卫荣、纪委副书记陈琳、纪委委员 2 名。

12 月 24 日，召开航头镇第十九届人民代表大会第一次会议。参加会议代表 69 名，其中，女性代表 25 名，非中共党员代表 21 名，大专以上学历代表 31 名，连任代表 21 名。大会听取、审议通过李伟锋所作的人大工作报告《航头镇人大主席团工作报告》和郑雄所作的《政府工作报告》，选举产生新一届镇人大主席团、新一届镇政府组成人员，镇人大主席李伟锋，镇长郑雄，副镇长 4 名。

【现代数字科技助推农业转型】以"规模化、产业化、标准化、品牌化、数字化"为发展导向，招引优质农业企业落户，完成建德市绿博农业发展有限公司收购，打造航景村、航川村、航头村特色农业精品园，草莓扩面工程、"玉见"水果玉米新基地等项目开工建设，莼菜产业园一期建成并投入使用。促进产业平台集约化发展，形成珏塘村粮食功能区、以石木岭与大店口村为主的畜禽保供区、以大店口村与彭家村为主的六村"共富区"，积极争创省级现代农业产业园区。航头镇率先启用浙江省农村集体经济数字化管理系统。

【举办首届水果玉米采摘节】10 月 16 日，举办"智农启航 共同富玉"水果玉米采摘节。活动获得央视《新闻直播间》《朝闻天下》及省市主流媒体关注报道。航头镇航大生态农业有限公司被农业农村部评为 2020 年畜禽养殖标准化示范场(为杭州市唯一，浙江省仅 3 家)。

【农业科创服务中心投入使用】投资 4200 万元建成航头农业科创服务中心，总占地 1200 平方米，总建筑面积 9125.48 平方米。主要承担政府公共服务、农创客培育、小镇客厅、农业展示以及农业科技孵化等功能。成功招引大鱼文化创意有限公司、浙江惠明集团有限公司、蔬果冷链分拣中心等农业企业入驻，搭建"收购—冷藏—包装—销售"一体化农产品产销服务平台，改变原有粗放型低价销售模式。

【珏塘村历史文化村落保护】珏塘村历史文化村落保护利用项目，完成珏塘村73户房屋收购；完成第一批28幢古房屋专属修整保护方案定制；完成第一期10幢损毁严重、形势危急、历史价值大的房屋抢救性修缮工作。珏塘省级美丽宜居示范村项目进入施工阶段。

【拓展江南喀斯特旅游资源】3月，航头镇江南大冰洞景区溶洞温泉项目开工建设，为长三角地区首个同类项目。10月，江南喀斯特景区(原江南大冰洞)新增百池瑶台水上项目，包含悬崖无边泳池、流水森林、野奢露营基地、彩虹天坑等子项目。

【农文旅深融旅游新业态】石井山石恋山居民宿、云间揽月等项目建设进展顺利，开拓蔬果采摘、溶洞书法研学、“非遗”项目沉浸式体验、“军中梦”军事训练等全域旅游新业态，丰富旅游载体。全镇接待游客24.2万人次，旅游收入1885万元。

【浙西美丽城镇集群化联动发展启动仪式】9月27日，在航头镇举行“大地稻香在浙李 共同富裕新启航”浙西美丽城镇集群化联动发展启动仪式。实现与大同镇、李家镇美丽城镇集群化联动，围绕“党建、产业、旅游、文化、智治”等方面，探索环境共美、资源共享、营销共推、产业共荣、群众共富抱团发展新路径。省、杭州市美丽城镇办相关领导应邀参加活动，市人大常委会主任叶万生、市政协副主席严凌云参加活动。

【社会基层治理】依托“建村钉”、云上“村小二”平台，完善“钉功分”模块，创新“银杏币积分兑换”“银杏小店”“非遗青狮”等应用，引导村民共同参与村庄治理。强化网格化社会基层治理，创新“点单式调解”模式，以人民调解、司法调解、行政调解“三调” 联动机制调处邻里矛盾等各类纠纷1500余起，群众满意率95.6%。擦亮“锋平义警”队伍建设品牌，壮大义警队伍，建设锋平义警分队两处。推广“十支队伍”建设经验，形成水韵山川、香遇彭家、珏塘古村等善治品牌。 (王 苓 王露菡)

大同镇

【概况】2021年，大同镇行政区域面积172.21平方千米，辖34个村，年末在册户籍总人口54808人。全年出生382人、死亡451人，人口自然增长率-1.25‰。全年完成社会消费品零售总额7.69亿元，比上年增长13.6%。财政总收入2.62亿元，其中地方财政收入1.02亿元，分别比上年增长44.7%、62%。

有规上工业企业18家，其总产值22.11亿元，销售产值21.36亿元，分别比上年增长28.2%、26.9%；实现规上工业增加值6.31亿元，年增速10.2%。全年完成社会固定资产投资5.2亿元，其中工业投资2.94亿元，分别下降15.2%、40.0%。自营出口1.37亿元，增长102.5%。

全年完成低效用地整治19.6公顷，镇工业功能区内新增国家级高新技术企业2家，省级中小微科技型企业7家，新增申请专利4项。丝绸产业园项目（总投资5亿元）累计完成投资约1.3亿元，开始招企入驻；超启研学项目(总投资7000万元)初步建成，开始试营业。杭州正和纳米科技有限公司纳米钙和氢氧化钙生产线、杭州卡洛实业有限公司能耗优化、晓艺饰品扩能等工业项目有序推进。安联矿业获评国家级绿色矿山示范企业，形成碳酸钙粉体、碳酸钙新医药、新型管道管件下游企业群，碳酸钙产业链、价值链初步构建，块状产业优势日益凸显。

耕地面积3754.2公顷，其中水田2333公顷。林地面积1.2万公顷，其中经济林中竹林面积3333公顷，油茶面积2000公顷，是毛竹、油茶产业全市最大基地。农业总产值4.58亿元，比上年增长4.3%。粮食播种面积2350公顷，粮食总产量1.55万吨。经济作物播种面积1832.92公顷，总产量3.05万吨。其中油菜籽播种面积869.7公顷，总产量1430吨；茶园面积341.6公顷，总产量502.4吨；蔬菜和食用菌种植面积561.4公顷，总产量1.62万吨；瓜果面积201公顷，总产量5104吨。

全年出栏生猪4.5万头、家禽70万羽，年末存栏生猪5万头、家禽82.1万羽。其中规模饲养蛋禽78.6万羽,产值1.57亿元,大同镇为全市现存少数几个规模养殖蛋禽基地之一。

全年在建垦造项目21个,其中完成验收项目17个,新增耕地面积61.31公顷,在建建设用地复垦项目4个,完成验收4个,新增耕地面积3.99公顷。实施高标准农田建设项目115.27公顷,新建泵房共3座,河道整治21千米,山塘除险加固5座,水库、山塘安全鉴定19座,改善基本农田水利基础设施条件。完成万兴、下湖等生态清洁型小流域水土流失综合治理项目。

种植抚育珍贵树种约100公顷,完成联合国世界银行项目林相改造749.47公顷。开展枯死松木除治工作,累计清理枯死松木面积133公顷,运送处理疫木2800吨。

完成田布山脚—潘村、朝阳—毛家、大长线—万兴、淞溪—富塘、永盛—杨龙源、盘山村南泥坞—西陇等共计9.5千米路面大中修续建工程和道路绿化改造工程,完成竹源村、小溪源村、丰畈村、江头村道路硬化。

全年共1375户1730人纳入最低生活保障及残疾人生活保障体系,发放补助金1992万元;全年发放临时救济160人次22.26万元;统筹发放困难学生资助金113人、34.1万元。发放困难户建房补助30户50.6万元。完成城乡医疗保险参保人数约3.45万人,参保率99.6%,投入城乡医保镇级配套资金538万元。大同镇示范型居家养老服务中心溪口颐养院入住养老人员92人,其中国家集中供养27人,社会自理费用人员65人。建成大同镇残疾人之家。推进殡葬规范化建设,26个村实施节地生态公墓建设项目。

年末有镇属义务教育阶段学校4所(初中1所、小学3所),在校学生2091人、教师196人。有幼儿园5所,在园幼儿773人、教师78人。完成大同初中食堂、中心幼儿园的厕所、上马小学教师宿舍提升改造工程并投入使用。

有镇卫生院1所,卫生服务站(村卫生室)31所,医疗卫生技术人员128人(包括持有乡村医生证21人)。家庭医生签约26039人。各卫生机构常年开展医疗服务进校园、进企业、进家庭"三服务"活动,全年提供服务6000余人次。

◎ 大同镇举行第三届"稻香节"活动

2021年,大同镇入选浙江省AAAA级景区镇,永平村获评AAA级景区村庄,实现A级景区村建制村全覆盖。永盛村文化礼堂入选2021年度杭州市四星级农村文化礼堂。

【完成镇两代表一委员换届选举】10月27日,召开中共建德市大同镇第十六次代表大会。出席大会代表86人,其中,女性代表23人。大会听取和审议通过杨成军所作的镇第十五届委员会工作报告《一任接着一任干 久久为功促共富 奋力打造高质量发展建设浙西共同富裕示范区"重要窗口"》,选举产生新一届镇党委、镇纪委组成人员。镇党委书记杨成军、党委副书记徐净、徐峰平、廖卫忠,党委委员6名;镇纪委书记钟小娟、纪委副书记吕建荣、纪委委员3名。

12月23日,召开大同镇第十九届人民代表大会第一次会议。参加会议代表83名,其中,女性代表31名,非中共党员代表31名,大专以上学历代表31名,连任代表23名。大会听取、审议通过吴峰所作的《人大主席团报告》和徐净所作的《政府工作报告》,选举产生新一届镇人大主席团、新一届镇政府组成人员,镇人大主席吴峰,镇长 徐净,副镇长5名。

【浙江农林大学农创客培养基地落地】6月6日,大同农创客中心举行浙江农林大学农创客培养基地揭牌仪式暨首期农创客培训活动。通过与浙江农林大学继续教育学院达成党建联盟战略合作,共建浙江农林大学农创客培养基地,整合技术和人力资源,开展农创客知识技能、创新创业、市场拓展等培训,提升创新能力。

【农创客创业创新21条扶持政策发布】6月28日,大同镇出台2021年《农创客创业创新扶持政策》,助推乡村人才和产业振兴。扶持政策共有21条,扶持对象为大同镇青年创新创业者,包括涉农(含农旅融合等农业衍生行业)创业者、非涉农电商创业者以及其他创新性领域创业者,扶持政策包括公共服务、资金补助、资金奖励等。

【中共严衢工委纪念馆开馆】6月29日,中共严衢工委纪念馆开馆,该馆位于建德大同镇镇源村牙坑自然村,面积约200平方米。严衢地区指旧时严州、衢州两府之兰江以西、衢江以北地区,包括原寿昌县、原建德县南部、龙游、衢州北部,是解放前夕金萧支队重要活动地区。纪念馆展馆由"黎明前的黑暗""播撒希望的火种""开辟严衢地区""严衢全面解放"四个篇章组成,展出照片、文稿、模型、实物、采访影音百余件,展示1949年解放军南下前夕,中共严衢工委在严衢地区(以大同为中心)革命活动历史。该馆建成开放后,成为杭州市级党史教育红色基地之一。

【2021长三角第三届美丽乡村稻香生活节】9月22日,2021长三角第三届美丽乡村稻香生活节暨建德大同第五届开镰节活动开幕。开幕式上,表演歌伴舞《美丽家园》、情景宣讲《禾下乘凉梦》等文艺节目。之后,举办"大地稻香共同富裕"系列活动,包括"稻香小镇2021美丽乡村动起来"主题活动、古街"夜夜夜夜"开街活动等,为期15天。为农民搭建舞台,丰富农村文化生活,全面展示建德大同乡村新变化、农业新发展和农民新风采。

【举办"大地稻香同迎亚运"活动】9月25日,在大同稻香小镇举行"大地稻香、同迎亚运"活动。杭州2022年第19届亚运会组委会纪检监察和审计部副部长,杭州2022年第19届亚运会组委会宣传部副部长杨猛,游泳世界冠军吴鹏等领导嘉宾出席。活动主题为"迎亚运·稻田生态跑",以大同镇标志性"6·6骑行稻路"为主线,从大同镇农创客中心出发,途经溪口村、徐韩村、郎家村、永盛村、三村村和大同老街,全程约10千米。参加活动者有:杭州亚组委"杭州2022跑团"、浙江广电集团"浙江广电跑团"、建德跑团以及来自全省各地共数百名运动爱好者。

【首届中国·建德稻香小镇绿色农产品包装设计大赛】9月26日,在杭州良渚"梦栖小镇"举行2021首届中国·建德稻香小镇绿色农产品包装设计大赛决赛。大赛以"绿色设计创新赋能乡村振兴"为主题,旨在充分发挥工业设计在推动建德农业产业融合中的创新引领带动作用,通过绿色农产品包装设计,提升"稻香小镇"品牌知名度和美誉度,推进农业农村现代化,助力建德大同乡村振兴,助推共同富裕。赛事于5月17日启动作品征集,至7月20日,共收到来自全国17个省(自治区、直辖市)、46所高校、近50家设计公司和企业、独立设计师或设计团队有效原创参赛作品220件。经评选,其中12件设计作品入围决赛并参加终审答辩,产生金奖、银奖、铜奖及优秀奖。其中,"喝山泉的大米"包装设计作品获得金奖。

【省道305线大同段改造完成】9月,大同镇省道305线道路改造二期工程竣工,正式交付使用。该路段为杭新景高速互通出口与省道305线相交处至大同卫生院附近黄家线路口,全长1.6千米,项目建设内容包括道路交通工程、雨污水工程、路灯照明工程、绿化工程等配套附属设施,总投资4302万元。改造后,道路由7.5米平均拓宽至19米,沿路两侧绿化带宽度为3米,以无球悬铃木作为行道树。沿路农村人居环境、投资环境和运输条件得以明显改善。

【镇源村入选浙江省第二批戏曲之乡】11月,大同镇镇源村入选第二批浙江省戏曲之乡。镇源村作为大同镇婺剧发源地,戏曲表演文化积淀深厚、特色鲜明、代代相传,村民几乎都会演唱婺剧,向来有"一家子就是一个戏班子"说法。2021年,该村创作表演《移风易俗新气象》等剧目,并被"学习强国”App 平台采用。

【农创客中心获评省级示范性青创农场】 12 月,大同镇农创客中心获评 2021 年度省级示范性青创农场。该中心为创业青年孵化基地,2017 年进行改建提升,2019 年 10 月正式投入使用,总建筑面积 3000 余平方米,累计投入资金 1600 余万元。功能主要包括农产品展示展销、会务接待、农创客办公场所、直播间等,具备一站式创业服务能力,内含杭州市首家“双千”直播空间点、建德市首家“同德 e 创”网络文化家园,服务能力全省领先,被评为杭州市大学生创业园,被授予“建德市青年人才驿站”和浙江农林大学“大学生农业创业实训基地”“大学生社会实践基地”等称号。

【开展“古城大同”文化研究】 大同镇注重书香文化建设,发掘本地文化资源,组织开展古城文化研究工作。先后对 6 处遗址进行复查,采集石器、陶片等 200 多件,发现古墓葬 5 处,出土 22 件古文物,完成古碑拓印 9 块。编辑出版《亘古大同》丛书(包含《古建辑》《村坊记》《诗文萃》《古城史话》4 种专著),从乡村当代文化、古建筑、古诗词、古城历史四个方面发掘大同乡村文化。同时,在大同集镇老街打造“稻香奇妙夜”特色街区品牌,推出“品夜宵、逛夜市、赏夜景、听夜曲”主题活动,国庆期间吸引游客达 12.8 万人次。 (陈 吻)

李家镇

【概况】 2021 年,李家镇行政区域面积 104.97 平方千米,辖 10 个村,年末在册户籍人口 19886 人,全年出生 155 人,死亡 160 人,人口自然增长率-0.25‰。全年实现社会消费品零售总额 1.97 亿元,增长 11.7%。财政总收入 3.27 亿元,其中地方财政收入 1.04 亿元,分别比上年增长 27.1%、36.7%。

有规上工业企业 17 家,其总产值 28.7 亿元,销售产值 28.50 亿元,分别比上年增长 11.1%、10.7%;规上工业增加值 12.46 亿元,年增速 6%。全年完成固定资产投资 5.2 亿元,其中工业性投资 4.9 亿元,分别增长 12.8%、11.4%。率先启动碳酸钙产业改造提升,关停淘汰 6 家企业,腾出土地 11.33 公顷。杭州海拓钙业有限公司等 3 个亿元项目建成投产,建德海螺水泥有限责任公司新能源光储一体化项目一期全面完工。新增国家高新技术企业 1 家(建德市双超钙业有限公司,复评),省科技型中小企业 2 家,建德海螺水泥有限公司列入杭州市第一批“未来工厂”创建试点。中科大、海螺新能源联合设立“新型能源梯级利用工程实验室浙江工作站”。

持续推进低小散企业和碳酸钙产业整治,自该项工作启动至 2021 年末,累计拆除 46 家灰钙厂房,兼并重组 8 家,碳酸钙产业向价值链中高端迈进。累计招引落地建德市健丰钙业有限公司产业项目 8 个,总投资 6.8 亿元,其中亿元以上项目 4 个。累计新增国家高新技术企业 6 家,投资 7.34 亿元完成建德海螺窑系统等 14 个技改项目。

有耕地面积 726.7 公顷,林地面积 816.85 公顷。农业总产值 2.36 亿元,比上年增长 4.5%。全年粮食播种面积 866.67 公顷,粮食总产量 6823 吨。整治抛荒田 18 公顷。新增李家镇年好家庭农场、李家镇徐里吕家庭农场、李家镇宗平家庭农场 3 家杭州市级示范性家庭农场,申报建德市级示范性家庭农场 5 家。发展山茶油、中药材等林下经济 133.3 公顷,成功创建省林下经济特色产业强镇。完成珍贵树种造林 253.33 公顷,除治清理枯死松木 866.67 公顷。

全镇共有低保 468 户 575 人,低保边缘家庭认定 20 户 36 人,其中年度新增低保 50 户 63 人、低保边缘户 3 户 10 人。发放各类救助金、补贴 300 余万元。城乡医保参保 1.64 万人。完成困难农户危旧房治理 12 户,新增适老化改造 19 户,实施无障碍进家庭改造 30 户。完成初中学生宿舍改造提升,三星级残疾人之家投入使用,实施龙桥村、三溪村文化礼堂升级改造,完成白马、新桥村卫生室标准化建设。李家、沙墩头村开展“枫桥式”退役军人服务站工作。

年末,有小学 2 所,在校学生 458 人、教师 50 人;初中 1 所,在校学生 279 人、教师 34 人。幼儿

◎ 长林村组织学生学习党史

园 2 所(中心幼儿园和长林分园),在园幼儿 267 人、教职工 50 人。

有镇卫生院 1 所、村卫生室 8 所,共有卫生技术人员 37 人,其中副主任医师 1 名、主治医师 8 名;床位 19 张,基本用于骨伤科。

【完成镇两代表一委员换届选举】10 月 26 日,召开中共建德市李家镇第十六次代表大会。出席大会代表 56 人,其中,女性代表 16 人。大会听取和审议通过何洪宇所作的镇第十五届委员会工作报告《立足新起点 抢抓新机遇 推动高质量发展建设浙李共富示范区》,选举产生新一届镇党委、镇纪委组成人员。镇党委书记何洪宇、党委副书记董风、姚飞,党委委员 6 名;镇纪委书记徐三凯、纪委副书记周有仙、纪委委员 3 名。

12 月 24 日,召开李家镇第十八届人民代表大会第一次会议。参加会议代表 59 名,其中,女性代表 24 名,非中共党员代表 19 名,大专以上学历代表 23 名,连任代表 16 名。大会听取、审议通过陈向阳所作的《人大主席团工作报告》和董风所作的《政府工作报告》,选举产生新一届镇人大主席团、新一届镇政府组成人员,镇人大主席陈向阳,镇长董风,副镇长 4 名。

【城乡环境综合整治】投资 5600 万元建成美丽城镇项目 19 个,镇居家养老服务中心等投入使用,省级美丽城镇创建顺利通过考核验收。新建"四好农村路"2.7 千米,新增省道路灯 116 盏,排查整治道路交通安全隐患 230 余处,建成 1 个镇级交通治理中心、7 个村级交通治理站和 10 个村级微型消防站。开展非法倾倒工程渣土等专项治理,完成环境整治点位 1066 个。投资 7000 万元实施小城镇环境综合整治,提升入镇口景观,整治主干道,改造背街小巷,建设西塘蓬诗画街区和文化展陈馆,成功创建为省级样板镇。

全年生活垃圾总量比上年减少 21.7%,长林村、新桥村和新联村获评杭州市垃圾分类示范村。完成 5 个村美丽庭院示范带建设,新桥、龙桥村通过 AA 级景区村验收,A 级景区村实现全覆盖。实施厕所、垃圾和庭院等革命,完成公厕提标改造 21 座。至年末,创建省美丽乡村特色精品村 2 个,杭州市精品村、特色村 8 个,AAA 级景区村 2 个,杭州市垃圾分类示范村(小区)4 个,美丽庭院示范带 27 条。

【平安建设】稳步推进扫黑除恶、"三防"巡查、"三严"整治等专项行动,强化安全生产、消防、食品药品、禁毒等公共安全领域监管。创新"干部下访、娘舅上门"矛调机制,积案化解率 100%,获得市领导批示肯定。网络诈骗专项整治行动实现连续 181 天"零发案",获全市首个"反诈表扬令"。

【五水共治】投资 3000 余万元完成平岗岭等 3 座水库除险加固。投资 4000 余万元实施小源里、大坑源等农民饮用水工程,实现全镇所有村自来水供水全覆盖。投资 750 万元完成寿昌江流域李家段等综合整治。投资 2800 万元完成建成区、工业园区和 10 个村生活污水提标改造。深化"三改一拆"工作,拆除违建 14.54 万平方米,腾出土地 1.14 万平方米,拆后利用 1.1 万平方米。开展"迎亚运"山体复绿和废弃矿整治,建设绿道 10 余千米。李家镇获评杭州市"污水零直排镇"、杭州市五水共治(河长制)"二十佳"镇等荣誉称号。

【三产融合建设】拓展文化旅游深度结合平台,"建德人"遗址创成杭州市中小学生研学旅行基地,王根凤展馆创成建德市中小学生研学旅行基地。建成斐济果基地33.3公顷，龙桥村猕猴桃、花海桑田采摘园等基地实现扩建；举办山茶油开榨节、斐济果开摘品尝节等活动，发放全国首家乡镇级消费券，推动乡村旅游发展。举办网红直播培训，开展直播带货、户外乡游直播。全年接待游客15.3万人次，实现旅游收入1600余万元，带动销售农特产品800余万元。

【公共服务与文化建设】全镇所有村建成标准化村级便民服务中心，镇村两级全年办结各类事项1.65万余件，办结率、满意率达100%。建成10个儿童之家，改造提升5个村级党群服务中心、2个村文化礼堂，总投资2000万元。社会保障日趋完善，发放困难人员救济金35万元，2800余人次受益。投入城乡医保镇级配套资金200万元，完成困难群众住房救助82户。开展卫计服务活动40余次，组织技能培训28场。完善“5+N管家”治理模式，以“建村钉”为载体，搭建“村村有超市，户户有管家”智慧平台，注册线上管家3000余人，组建管家队伍70余支，群众参与互动4100余次，沙墩头、长林和新联村获评省级善治村，新桥村获评省级文明村。 （洪钰莹）

乾潭镇

【概况】2021年，乾潭镇行政区域面积368.44平方千米，辖内24个村、1个社区，年末户籍总人口44197人。全年出生290人，死亡369人，人口自然增长率-1.78‰。全年实现社会消费品零售总额7.87亿元，增长14.2%。财政总收入2.62亿元，其中地方财政收入9472万元，分别比上年增长40.8%、243.2%。

有规上工业企业76家，其总产值45.68亿元，销售产值44.87亿元，分别比上年增长22.9%、23.9%。规上工业增加值8.46亿元，年增速12.4%。完成全社会固定资产投资8.78亿元，下降22.2%；其中工业投资6.2亿元，增长15.7%。实现自营出口13.15亿元，增长18.4%。对标先进制造业、旅游休闲业，签约建德市佳桐纺织科创有限公司科创园、杭州萌辰科技有限公司、杭州千页工具有限公司等亿元重点制造业项目以及马岭天观佛手桥项目。2021年末实到外资580万美元。

有耕地1438公顷，林地面积26012公顷，其中公益林13292公顷。全镇有农民专业合作社58个（其中示范性专业合作社7个），家庭农场116家(其中示范性家庭农场4个)。全面完成733.33公顷粮食功能区及4600多个上级下放点位核实摸排。启动粮食功能区抛荒及花卉苗木鱼塘等“非粮化”整治，共整治24.67公顷。同时开展高标农田建设改造，提升种植条件。启动安仁区块、前陵区块、胥江区块等千亩共富草莓产业园建设，夯实草莓产业发展基础。

实施胥溪河道综合治理一期二标段(下包、邵家段)、胥溪河道综合治理二期工程等涉农涉水项目建设。推进美丽牧场建设，完成杭州大黎脉养殖有限公司乾一村芝峰自然村养殖场前期有关工作，进行基础框架施工，完成投资4000万元。杭州市越浩蛋鸡养殖有限公司陵上新村徐家湾养殖场完成前期审批及场地整理，完成投资400万元。

继续推进美丽乡村建设，完成2020年杭州市美丽乡村精品村沛市村项目，后山村成功申报2021年杭州市美丽乡村特色村项目，总投资1100万元。建成A级以上景区村落24个，乾潭镇获评2020年度浙江省AAAA级景区镇。

按照人居环境“洁化、序化、美化”的要求，聚焦问题短板开展环境长效整治，整改点位570余个。常态化实行农村生活垃圾分类通报机制，启动下梓、安仁、新程、下包等省、杭州市级垃圾分类示范村建设，提升居民垃圾分类质量。完成乾潭镇总体规划修编和包家畈文旅区块控规方案编制。投资350万元打造胥溪水环境灯光提升工程。罗村“善治小区”建设完成加装电梯19台。

25个村(社区)最多反映一次代办制覆盖率100%，代办员队伍增加至120余人，全镇共受理信访代办件1197件，办结1195件，办结率99.8%。完成信访积案化解11件，完成率100%。深化“平安创建”，完成员工安全生产培训1780人，开展粉尘、油漆、家纺、燃气等重点安全生产专项检查，排查摸底消防社会面三小场所500余家次,完成工矿领域企业风险普查 422 家,排查整治安全生产重大隐患点位 17 个。

年末有学校 4 所(小学 2 所、初中 1 所,小学、初中九年一贯制学校 1 所)。其中,安仁中心学校,在校学生 601 人,教师共 57 人;乾潭一小,在校学生 1044 名、教师 64 名;乾潭二小,有学生 976 人、教师 66 人;乾潭初中,在校学生 834 人、教师 81 人。幼儿园 3 所,乾潭中心幼儿园(浙江省二级幼儿园,全市单体规模最大)在园幼儿 735 人、教师 62 人,育苗幼儿园在园幼儿 136 人、教师 12 人,万乐幼儿园在园幼儿 270 人、教师 21 人。乾潭成校,有教师 5 人、职工 1 人。

乾潭镇卫生院共有技术人员 109 人,全镇有卫生室(站)22 个、医疗技术人员 32 人。中、高级职称以上 35 人。家庭医生签约总数 20995 人,重点人群签约率 109.4%。

【完成镇两代表一委员换届选举】2021 年 10 月 26 日,召开中共建德市乾潭镇第十五次代表大会。出席大会代表 95 人,其中,女性代表 31 人。大会听取和审议通过王一叶所作的镇第十四届委员会工作报告《风劲扬帆正当时 凝心聚力开新篇,为高质量建成现代化“杭州都市圈生态健康城”而努力奋斗》,选举产生新一届镇党委、镇纪委组成人员。镇党委书记王一叶、党委副书记朱言、胡风华、黄辰,党委委员 6 名;镇纪委书记徐利翔、纪委副书记夏源,纪委委员 3 名。

2021 年 12 月 16 日,召开乾潭镇第十九届人民代表大会第一次会议。参加会议代表 76 名,其中,女性代表 30 名,非中共党员代表 28 名,大专以上学历代表 32 名,连任代表 15 名。大会听取、审议通过许文权所作的《人大主席团工作报告》和朱言所作的政府工作报告《砥砺“乾”行开新篇 久久为功促共富》,选举产生新一届镇人大主席团、新一届镇政府组成人员,镇人大主席许文权,镇长朱言,副镇长 5 名。

【“镇+联合体+村”共富新模式】2021 年,乾潭镇划定安仁片 6 个村,组建共同富裕先行区·安仁联合体,围绕“党建共领、事务共议、项目共建、数智共治、区域共享”建设思路,打造区域可复制、群众可感知的“镇+联合体+村”共富新模式。按照总体思路要求,系统谋划、分部先行,实施并完成集镇外立面环境整治、后坞线道路改造、高速口绿化提升、后山村美丽庭院风情带打造、清渚溪沿线整治等 13 个项目。7 月 6 日,杭州市委主要领导高度肯定乾潭共富做法,并批示“可发各地学习、借鉴”,得到《人民日报》、人民网、浙江电视台、杭州电视台等 10 多家媒体关注。

◎ 安仁共同富裕联合体启动仪式

【全域“幸福河”建设】2020 年以来,乾潭镇以胥溪、清渚溪两条河道为主轴,开展流域内“幸福河”建设,完成乡镇级以上河道 7 条共 57 千米规划方案,概算总投资超 1.5 亿元,实现串河成网全域“幸福河”项目全覆盖。至 2021 年末,投资 4000 余万元完成胥溪综合治理一期工程建设,打造“水美、景美、村美”风情绿道 20 千米,助力乾潭镇创建成为杭州市“乐水小镇”。其中,胥溪一期重点标段“彩虹绿道”成为杭州市“拥江办”重点宣传推介项目,被“学习强国”App、“杭州发布”微信公众号等平台报道 8 次,全域绿道日均吸引游客及镇村居民 1000 余人。坚持“技管”“人管”相结合,建立镇、村、民间热心市民三级“河长”机制,开展河道保洁物业化管理试点,发挥“智慧河道云平台”作用,安装河道监控 32 处、河道水质实时监测设备 6 台,实现“幸福河”长效美丽。

【旅游产业提质升级】做强“韵动乾潭”品牌,设计乾潭运动小镇 LOGO,承办“5·19”中国旅游日、浙体产业沙龙第五期暨2021乾潭山水运动节等活动，获相关媒体报道18次，浏览量超100万次。完善旅游配套设施，重点打造泷江路至旅游码头段景区灯光秀等新场景。至2021年末，共投资800余万元，完成文旅类综合提升项目29个，新增停车位200余个，35家民宿房间数445间、床位712个。完成梓洲村AAA级，安仁村、前陵村AA级，牌楼村、仇村村A级景区村创建，至年末全镇共有AAA级景区村落5个、AA级4个、A级6个。乾潭镇创建为AAAA级景区镇，列入浙江省首批山地休闲度假试点培育名录。

做好"内整外联"文章，整合推出"艺术采风之旅""静修研学之旅""冬日祈福之旅" 等5条旅游线路；健全与桐庐县富春江镇、浦江县虞宅乡"三地三镇文旅融合联动"机制，打造浙西特色旅游板块，旅游综合接待能力得以提升，全域旅游日趋发展。全年共接待游客77.44万人次，实现旅游收入1.43亿元，比上年分别增长7%、41.1%。

【落实"千亩草莓园"计划】2021年，乾潭镇贯彻"草莓东进"方针，落实乾潭"千亩草莓园"计划，以安仁联合体草莓园一期项目为模板，加快推进安仁联合体草莓园二期、胥江草莓园建设。安仁联合体6村联合成立建德市安民富村发展有限公司，统一流转20公顷土地，建设乾潭镇共同富裕草莓园。项目总投资1350万元，计划新建大棚16万平方米，以标准化、规模化的现代农业园区吸引资金、技术和人才回流从事"三农"工作，实现"两进两回"目标。至年末，建成一期5.33万平方米大棚，并由常年在江苏南通经营草莓种植的建德莓农承租。同时，承接召开市"草莓东进"现场会，对接意向莓农20余人。

【污水"零直排"建设】2021年，针对部分小区由于管网设施落后，现有污水处理设施和能力无法满足集聚人口生活排污，导致经常发生污水满溢现象，委托上海碧兰环保技术开发有限公司、浙江创世纪环保科技有限公司开展排水设施（雨污管道网络）排查摸底，重点对镇域辖区内生活小区、公建单位、"六小行业"商铺、工业企业等进行源头污染排查。联合浙江省环境工程有限公司成立技术指导小组，制定"雨污管道分流"项目建设方案，同时，强化现场指导、跟踪服务和监督管理，确保污染源头治理项目"建一个、成一个"。至年末，污水"零直排"工作基本完成。 （王　蔚）

钦堂乡

【概况】2021年，钦堂乡行政区域面积55.47平方千米，辖7个村，年末户籍总人口8614人。全年出生45人，死亡66人，人口自然增长率-2.43‰。全年实现社会消费品零售总额1.38亿元，比上年增长8.6%。财政总收入8051亿元，减少26.8%；其中地方财政收入3124万元，分别比上年下降27.5%、17.2%。

有规上工业企业17家，年度新增2家（浙江杭木杜鹃防火门有限公司、建德市凌宇工具有限公司）；规上企业总产值12.54亿元，销售产值12.20亿元，分别比上年增长27.6%、25.2%。规上企业增加值3.47亿元，年增速14.5%。自营出口1.0亿元，增长5.9%。全社会固定资产投资1.29亿元，其中工业投资1.19亿元，分别比上年下降38.3%、28.7%。2021年末实到外资24万美元。

全年盘活闲置厂房2万平方米，报批低效用地7.47公顷。传统产业转型升级步伐加快，浙江钦堂钙业股份有限公司、建德市浩盛塑料材料有限公司等一批产业项目稳步实施。浙江钦堂钙业、浙江钦堂振红塑化材料有限公司完成未来工厂及智能化应用场景申报，实现数字经济"零的突破"。浙江斯肯迪科技有限公司LED（发光极管）全产业链（年度招商引资落地签约项目）、浙江钦堂钙业超细碳酸钙技术改造、杭州万晟实业有限公司防火门、杭州安钦新型建筑材料有限公司建材等一批重点产业项目建设加快推进。小微企业园一期项目完成建设，新建厂房6幢，二期项目开工建设，招引入驻企业10家。2021年末实到外资23万美元。全乡企业新获发明专利3项，浙江耀恒光电科技有限公司建成省博士后工作站，建德市建坤农业开发有限公司建成杭州市专家工作站。

有耕地面积621.6公顷，林地面积4517.75公顷。全年粮食播种面积347.66公顷，总产量2231吨，水稻种植面积153公顷，总产量1000吨。油料作物128公顷，总产量373.2吨。年末蛋鸡存栏1.59万羽，鸡蛋产量140吨。完成宅基地整理0.85公顷，垦造水田2.3公顷。完成珍贵树种造林6.67公顷，油茶产业造林规划2.67公顷，发展林下经济12公顷。全面完成松材线虫病危害除治面积540公顷，清理枯死木379.65吨。建德市建坤农业开发有限公司被全国妇联授予“全国巾帼现代农业科技示范基地”称号。

深化美丽乡村建设，通儒葛塘线被列入杭州市美丽乡村示范风景带，庄丰村干坞公厕获评省级星级公厕，庙前村和谢田村获评省级新时代美丽乡村达标村，入乡口环境提升、溪西老桥维修、葛塘“污水零直排”建设、公路徐七线(桐庐钟山乡徐家埠至富春江镇七里泷)钦堂境内段边坡治理惠民项目全面完成，葛塘村老年食堂建成运营、陈怀白纪念馆建成开馆并成为第二批党史学习教育实践点。7个村全面完成年度经营性收入“5030”目标。有序推进农村“四好公路”建设，完成改造提升5千米，提升交通发展基础。

推进政务改革，完善“最多跑一次”“就近办”“最多反映一次”等各项便民服务，全年接待群众办事3600余件，领办解决群众微心愿94件。全乡有纳入最低生活保障体系207人，全年发放各类困难补助214.67万元，临时救济金4.36万元。完成残疾人家庭医生签约310人，完成比例83.8%。完成钦堂乡“残疾人之家”建设并通过杭州市级验收。组织开展应急知识业务培训及村微型消防站防灾减灾应急大比拼活动，提升辖区内应急处置能力。因地制宜探索“建村钉”场景应用，大溪边村被评为全市“建村钉”示范村。

坚持文旅深度融合，大力发展生态观光、农事体验等旅游新业态，完成大溪边村、庙前村A级景区村创建工作，以及省“非遗”“跳净童”复评和综合文化站定级工作。举办第六届国际稻香节暨杭州国际日系列活动，打响“爱在一起、钦堂等你”全域旅游特色品牌。推进共同富裕先行区建设，建立“通儒葛塘”乡村振兴和“稻香清渚”村企共建两大党建联盟，通儒葛塘产业发展公司正式挂牌，吸引叁江六和文化发展有限等公司入驻，开拓乡村游、研学、民宿等市场。

年末有义务教育阶段学校1所，在校学生108人、教师16人；幼儿园2所，在园幼儿177人、教职工22人。

年末有乡卫生院1所，村级卫生室7个，医疗卫生技术人员16人，其中中级职称以上5人。

◎ 钦堂乡无花果园亲子游

【完成乡两代表一委员换届选举】10月27日，召开中共建德市钦堂乡第十五次代表大会。出席大会代表51人，其中，女性代表19人。大会听取和审议通过金鹏飞所作的中共钦堂乡第十四届委员会工作报告《聚焦多产融合 聚力美丽宜居 奋力打造高质量发展建设共同富裕先行区》，选举产生新一届乡党委、乡纪委组成人员。乡党委书记金鹏飞、党委副书记陈黄琴、翁玲，党委委员5名；乡纪委书记汪会良、纪委副书记汪发林，纪委委员3名。

12月24日，召开钦堂乡第十八届人民代表大会第一次会议。参加会议代表51名，其中，女性代表16名，非中共党员代表16名，大专以上学历代表20名，连任代表12名。大会听取、审议通过徐志强所作的人大工作报告和陈黄琴所作的政府工作报告，选举产生新一届乡人大主席团、新一届乡政府组成人员，乡人大主席徐志强，乡长陈黄琴，副乡长3名。

【重大产业项目集中开工】5月8日，钦堂乡重大产业项目集中开工启动仪式在浙江耀恒光电科技有限公司举办。本次活动共有4个项目集中开工，投资总额达3.3亿元，涉及LED光源、新材料、机械制造等多个领域。

【葛塘村老年人食堂建成开业】5月24日，葛塘村老年人食堂完成建设，投入运营，总投资15万元。该食堂为本村70岁以上独居老人以及80岁以上老人提供服务，标准为每人每餐2元，每天提供中晚两餐。

【大溪边村"婆婆妈妈"志愿服务队成立】5月25日，大溪边村成立"婆婆妈妈"巾帼志愿服务队。该志愿服务队由该村16名妇女组成，在矛盾纠纷化解、环境整治、民生服务代办等方面发挥作用。市司法局、市妇联有关领导为该服务队授旗。

【党建联盟授牌暨"共同富裕感恩党乡村振兴再出发"启动仪式】6月25日，钦堂乡在葛塘村举办党建联盟授牌暨"共同富裕感恩党乡村振兴再出发"启动仪式，为党建联盟和建德市通儒葛塘产业发展公司成立授牌，钦堂乡与杭州叁江六禾文化发展有限公司就农文旅产业发展签订战略合作协议，建德农商行为建德市通儒葛塘产业发展公司授信1000万元。

【开展庆祝中国共产党成立100周年系列活动】5月8日，在钦堂村文化礼堂举办"忆初心·担使命"主题演讲比赛。来自钦堂乡机关、部分企事业单位、村24名参赛选手通过预赛，选出12名选手进入决赛。

6月4日，在钦堂村文化礼堂举办"百年华诞、党旗飘扬"党史知识竞赛。共有10个代表队进入决赛。乡机关代表队获一等奖，钦堂中心幼儿园、谢田村代表队获二等奖，浙江耀恒光电科技有限公司、钦堂村、杭州艺佳纺织品有限公司代表队获三等奖，蒲田村、钦堂乡卫生院、钦堂乡中心小学、葛塘村代表队获得优秀奖。

6月29日，在蒲田村文化礼堂举办钦堂乡庆祝中国共产党成立100周年"唱支红歌给党听"大合唱比赛。共有13支队伍参赛。葛塘村获一等奖，大溪边村、浙江钦堂钙业有限公司、钦堂文教卫获二等奖，谢田村、庄丰村、庙前村获三等奖，钦堂村、蒲田村获优秀奖，市女企业家协会钦堂分会获得最佳表演奖。

【陈怀白庆祝馆开馆仪式】6月29日，在钦堂乡谢田村举行陈怀白庆祝馆开馆仪式。市政协副主席程旭和陈怀白亲属共同为纪念馆揭牌，陈怀白亲属向陈怀白教育基金捐款。陈怀白系钦堂乡谢田村人，先后求学于浙江省立杭州高级中学、浙江大学外国文学系。在浙大求学期间，参加"读书会"、中华民族解放先锋队等进步组织，积极投入革命活动。1938年7月加入中国共产党。1939年负责创办《浙江妇女》和《东南儿童》刊物，后任皖南新四军军部战地文化服务处编译员，在苏北行政公署、苏中一分区、苏皖边区政府、华中行政干校从事文教和编辑工作。解放后，致力于编辑、出版事业，兼任上海语文学会副会长和上海编辑学会顾问。1983年离休后，继续担任《语文学习》主编。

【第六届"稻舞田间"稻香节暨杭州国际日系列活动】9月25日，在葛塘村举办第六届"稻舞田间"稻香节暨杭州国际日系列活动。本届活动以"感党恩、庆丰收、共富裕"为主题，由杭州市外办与建德市政府共同主办。旨在让乡村更好对接城市，让城市更好融入大自然，将吸引更多市民和国际友人走进钦堂、认识建德。杭州市、建德市有关领导出席开幕式，葡萄牙驻沪总领事视频致辞。开幕式上进行农文旅项目签约、农产品发布、实践基地揭牌等仪式。本届稻香节设置"农耕体验""乡村旅游""果蔬采摘""长桌共宴""稻田书法""钦力挑战"六大板块，海外友人、青年农创客、乡贤、游客五百余人参加活动。

（朱 飞）

三都镇

【概况】三都镇位于建德东部，地处"杭州—富春江—新安江—千岛湖—黄山"黄金旅游线中段。全镇行政区域面积186.03平方千米，辖19个村，2021年末户籍总人口24481人。全年出生157人，死亡258人，人口自然增长率-4.10‰。全年实现社会消费品零售总额2.21亿元，比上年增长13.7%。财政总收入3352万元，其中地方财政收入1130万元，分别比上年增长51.9%、31.4%。

有规上工业企业14家，年度新增2家。规上企业总产值8.98亿元，销售产值8.87亿元，分别比上年增长5.0%、10.4%。规上企业增加值1.19亿元，比上年下降9.3%。自营出口值3.76亿元，增长18.0%。完成固定资产投资9922万元，其中工业投资4588万元，分别比上年下降66.5%、70.59%。成功招引亿元以上项目1个（宁波斌斌工艺品公司家居类工艺品生产项目）。2021年末实到外资4万美元。新增科技型中小微企业1家（杭州金智企业管理咨询有限公司），新增国家高新技术企业1家（杭州景都木结构工程有限公司），完成“机器换人”项目3个。规上企业数字化改造覆盖率100%，企业数字化程度不断提升。年度招商引资项目杭州星辰蔓居酒店开工建设，“欢萤光林”生态旅游项目和相框生产项目完成签约。

有耕地面积1978.36公顷，林地面积15341公顷。全年实现农业总产值7.58亿元，比上年增长6%。全年粮食播种面积595公顷，总产量3175吨，面积和总产量分别比上年增长57.0%、27%。油菜籽播种面积268.4公顷，总产量764.56吨。优势特色水果柑橘果园面积1888.6公顷，产量4.25万吨，产值1.7亿元。全镇橘子种类达到17种，采摘季从9月可持续至次年5月。

名贵中药材西红花种植146.9公顷，产量1.32吨，产值2644.8万元；珍稀干果香榧基地1622.73公顷，总产量151.5吨，产值3333万元。新增土地流转61.87公顷，流转总量达到868.73公顷，农村土地流转率达到73%，主导产业农业占比加大。全年累计实施项目56个，其中省级以上项目8个、杭州市级26个、建德市级22个；总投资1.254亿元，争取各级补助资金1.01亿元，其中中央资金1118万元、省级奖补资金3088万元、杭州市级4038万元，实现投资补助双增长。

开展消灭抛荒田及严守粮食生产功能区大行动，全年完成土地整治62余公顷。结合农田“非粮化”“非农化”治理目标，以农业综合开发有限公司为运行载体，探索以农村土地整合为基础、现代农业园区建设规划为核心、土地分类利用为价值增长点的“土地银行”共富新模式，2021年末有果园山林133.3公顷。建设柑橘、西红花、香榧现代农业示范园6个，实现平台公司营收超100万元/年。19个村实现“5030”全覆盖，全年完成经营性收入1006万元。

开展危旧房“回头看”排查行动，困难救助共上报3户，8处疑似危房腾空处置。全年审批农户建房45户、建筑面积14648平方米。走访慰问230余户困难家庭，完成27户困难老年人家庭适老化改造。发放贫困家庭临时救助金12.9万元、困难学生慰问金20余万元、困难残疾人生活补贴162.75万元。农保缴费比例99.60%。

完成文化中心改造提升、文化站星级评定工作。松口村文化礼堂被评为五星级文化礼堂，圣江村文化礼堂被评为四星级文化礼堂。《江南瑶》节目获得建德市第十三届农村文化节金奖。推进百姓健身设施建设，绿源村创建成为建德市小康体育村。

有镇属初中、小学各1所，幼儿园2所，三都镇中心小学学生548人，教职员工64人；初中学生280人，教职员工49人；镇中心幼儿园在园幼儿196人，教职工42人；上街幼儿园在园幼儿155人，教职工18人。三都初中风雨球场建成。少先队建德市三都中心小学获评“浙江省成绩突出少先队集体”，三都中心小学获评浙江省课外导读先进集体、建德市武术教育基地。梓里分园获评“浙江省二级幼儿园”。

◎ 三都集镇新貌

全镇有医疗卫生机构19家，包括1家卫生院、1个民营卫生院(梓里卫生院)、3家私人诊所、14家村卫生室，共有卫生技术人员62名，其中高级职称5人、中级职称7人。

2021年，三都镇获评“浙西十佳风情小镇”、省级文明乡镇、省级特色农业强镇、全省治水百强镇、杭州市五水共治先进集体、杭州市治水“二十佳”乡镇、杭州市“无违建乡镇”、杭州市美丽城镇样板镇等荣誉称号。

【完成镇两代表一委员换届选举】10月27日，召开中共建德市三都镇第十六次代表大会。出席大会代表66人，其中，女性代表19人。大会听取和审议通过方睿所作的镇第十五届委员会工作报告《扬帆破浪　砥砺前行　奋斗打造共同富裕示范区“镇域样板”》，选举产生新一届镇党委、镇纪委组成人员。镇党委书记方睿，党委副书记程璐、黄丽芳、吴杰，党委委员8名；镇纪委书记李昕昀、纪委副书记胡斌，纪委委员3名。

12月24日，召开三都镇第十九届人民代表大会第一次会议。参加会议代表63名，其中，女性代表23名，非中共党员代表40名，大专以上学历代表27名，连任代表9名。大会听取、审议通过张晓勇所作的人大工作报告《三都镇人大主席团五年工作报告》和程璐所作的《三都镇人民政府五年工作报告》，选举产生新一届镇人大主席团、新一届镇政府组成人员，镇人大主席张晓勇，镇长程璐，副镇长4名。

【土地综合整治与生态修复】完成全域土地综合整治和生态修复三年行动计划，以全省第四、杭州第一优异成绩入选2020年度乡村全域土地综合整治与生态修复省级精品工程名单。至2021年末，435.87公顷高标准农田、64.64公顷宜耕后备土地资源开发、25.39公顷旱地改水田、4.64公顷农村建设用地复垦完成建设并通过验收。

【美丽城镇建设】巩固“无违建”创建成果，完成拆违治危隐患点位整治、亚运山体修复和景观提升点位验收。对标“五美要求”，完成宋氏文化园、邻里中心、污水“零直排”、集镇亮灯等项目建设。强化城管、交警、环卫等多部门联合协作，探索无物业小区联防巡查，开展消防安全执法检查72次，整改隐患问题591个。整治沿街商铺立面和店招300余家，集镇90%区域内杆线完成上改下。投入240余万元提升改造安置房小区环境，改善居民生活品质。新建小区健身场所1处、儿童活动场所1处、电瓶车充电棚4个、小区电瓶车停车场15处。投入80余万元建设邻里中心，内设图书阅览、棋牌书画、儿童托管、心理咨询、小区物管、妇女中心等活动场所，丰富小区居民文娱活动。投入50余万元，在三都村村委会门口建设健身广场，改建篮球场1座，新增羽毛球场、健身器材、乒乓球场各1个。完成“三改一拆”50处，拆除建筑面积1.25万平方米；完成没收返租10处，面积0.82万平方米。

【美丽村镇创建】2021年，完成AAA级景区镇创建，通过杭州市级部门验收。19个村全部完成景区村庄创建，其中5个村成功创建AAA级景区村庄。打造三江诗路线、橘香休闲线、烂漫樱花线3条全域旅游精品线路。全年乡村旅游接待达80万人次，比上年增长16%，旅游收入突破7600万元。

【乡村善治】成立乡村善治工作专班，强化考核导向，浓厚比拼氛围，召开各级动员、培训会议26次，发放倡议书8500余份，全镇入驻“乡村钉”平台入驻率达106.7%，激活1.18万人、日活跃0.5万人，户激活指数、活跃指数分别为148.2%、63.6%，实现村户全覆盖。相关做法获得杭州市政协主席潘家玮肯定。推广“美好账本”赋分兑换机制，推进生活垃圾分类“三整治、三提升”行动，激发群众参与环境整治热情。全年清运垃圾425吨，回收厨余垃圾30余吨，整治庭院、公厕、田园、水体、堆放903处，垃圾中转站日均处理量下降6%，农村生活污水运维连续四年全市第一，村庄环境面貌显著改善。通过全民参与数字治理，村风民风持续向好，群众矛盾化解成功率95%，信访案件同比下降20%，历史结案全部清零。松口村“美好账本”做法获得《人民日报》《杭州日报》、浙江电视台等媒体宣传报道，三都镇在杭州市数字乡村建设现场会上做典型发言。

【中心幼儿园迁建】4月，三都镇中心幼儿园迁建工程(位于三都镇翁村新街与三江路交会口)开工建设,工程占地0.85公顷,总建筑面积6550平方米,工程内容包括1号教学楼、2号综合楼、门卫及配电房、幼儿园室内装饰和室外活动场地及办公设施、厨房设备采购等,容纳15个班级。工程总投资3961万元。12月,工程主体完工。

【举行巨型稻合作签约仪式】10月16日，三都镇举行“稻丰收 话共富”巨型稻合作签约仪式暨“袁隆平生态水稻种植基地”授牌活动,发布2022年镇村企党建联盟“巨型稻”种植计划,举行共富座谈,推出“土地银行”共富模式。“巨型稻”平均每株水稻植株高达1.8米左右,高度是常规稻2倍。穗长粒多,单穗最高实粒数达到500粒左右。亩产可达900~1000千克,较普通稻亩产增加200~300千克。此为袁隆平团队的合作伙伴、中国科学院夏新界研究员团队研发的“巨型稻”品种首次在浙江成功试种。

(潘佳棋)

责任编辑:吴树根 黄建生

人　物

Persons

一等军功获得者

【巫文重】 男，汉族，浙江建德人，1996 年 12 月出生，2015 年 9 月入伍，2020 年 6 月入党，某部队副班长，中士军衔。

他砥砺血性胆气，争做精武尖兵，时刻保持高度警觉，处置行动果敢高效，能够熟练掌握消防灭火、战场救护等 8 项专业技能，娴熟驾驶操作 4 型消防车和 5 类 12 种灭火救援设备，先后参加应急救援消防演练 50 余次，消防应急保障近千场次。在 2021 年 1 月某次重大救援行动中，最早发现、迅即处置，不虑生死、四入火海，创造了"教科书"式的救援奇迹。同月，所在部队授予其一等功 1 次，所在班级荣立集体一等功。

全国诚信之星

【吴光潮】 男，1946 年 6 月出生，中共党员，浙江省建德市乾潭镇陵上新村梅塘卫生室乡村医生。1966 年，年仅 20 岁的吴光潮成为一名"赤脚医生"。50 多年来，他扎根偏远乡村，每天起早贪黑，手机 24 小时开机，随时接听、随时出诊，为村民解决病痛，治愈的疑难杂症患者上万名。他既是医生，也是村民的亲人，为全村每一位村民都建立了健康档案，做到每一个病例都了然于心，基本实现了小伤、小病不出村，常见病、多发病都能在卫生室解决。从 1983 年至今，他坚守"一元钱看病"的承诺，诊疗、注射、包扎等每次只收 1 元钱，被村民亲切地称呼为"一元钱医生"。不仅如此，为让村里的贫困户少花钱，他还经常自掏腰包、贴钱看病，经常自己上山采草药，免费发放给他们。他始终践行着实诚立身、尽诚坚守的信条，甘于清贫和寂寞，多次放弃去大医院和当私人医生的赚钱机会，坚守在极其简陋的乡村卫生室，践行了一名共产党员为老百姓竭诚服务的初心。他常对人说，"国家培养我就是为了给老百姓服务，村民离不开我，国家需要我，那我就不能走"。如今他已退休十余年，但仍坚持早上四五点钟开门出诊，一如既往地服务和奉献着，践行着村民"健康守门人"的职责。2021 年 1 月，中央宣传部、国家发展改革委联合授予其"全国诚信之星"称号。

2021 年 12 月"中国好人"、第十七届杭州市道德模范（平民英雄）

【王国平】 男，1974 年 4 月出生，中共党员，籍贯浙江建德，浙江大洋生物科技集团股份有限公司研发中心主任。他从最艰苦的生产一线开始锻炼，一干就是 28 年。为精进业务知识，他曾"蜗居"在实验室旁 5 平方

米的小房间里。科研虽苦，但他始终不忘科研报国初心，深耕循环经济、绿色发展，推动我国碳酸钾制造和钾资源利用水平在全球领先。他牵头建立企业博士后科研工作站，通过传、帮、带，尽心为建德及周边地区培养专业技术人才1000余人次。2020年初，作为建德化工协会副秘书长，他积极调研全市化工企业存在的困难，为复工复产提供了技术性建议与保障。**12月，被中共杭州市委、市政府授予2021年12月"中国好人"、第十七届杭州市道德模范（平民英雄）称号。**

2021年3月"浙江好人"

【季越坎】 男，1987年3月出生，中共党员，生前为建德市公安局乾潭派出所副所长。从警12年，他始终扎根基层、以所为家、埋头工作，共主办刑事案件217起，抓获犯罪嫌疑人400余名，为群众挽回经济损失上千万元。扫黑除恶专项斗争打响后，他克服妻子临产的困难，逐条梳理、逐件研判，共核查线索300余条，带领专案组把潜藏当地一个黑社会性质犯罪组织连根拔起，该组织也成为建德市打掉的首起黑社会性质犯罪组织。先后荣立个人三等功2次、个人嘉奖4次，获得杭州市"优秀青年岗位能手"等荣誉称号。2021年1月28日，季越坎在侦办辖区系列盗窃案期间突发心脏疾病，经抢救无效不幸牺牲。3月，被授予2021年3月"浙江好人"称号。

第九届"最美杭州人"

【吴年平】 男，1978年2月出生，中共党员，籍贯浙江建德，建德市航头镇航川村村委、村治保主任、建德锋平义警队长。他是烈士吴锋平的后人，2017年7月1日，他传承先人精神组建锋平义警志愿队，多次协助警方制服携刀械歹徒，并带领队伍开展火场救人、隔离点服务保障、深山失联人员搜救等工作，守护着一方平安。五年时间里，村里未发生一起人员意外伤亡事故。此外，他创新推出"急救人员在身边"活动，义务组织村民开展急救技能培训，实现所在村方圆500米内就有1名急救队员建设目标。12月，被中共杭州市委、市政府授予第九届"最美杭州人"称号。

附　录

Appendix

2021年度建德市优秀共产党员

吴向前　新安江街道纪工委副书记、派出监察办副主任

吴　敏（女）　新安江街道府东社区党委书记、居委会主任

郑迎春（女）　新安江街道府西社区党委书记、居委会主任

叶素莲（女）　新安江街道岭后社区党委书记、居委会主任

揭永康　新安江街道新蓬村党总支书记、村委会主任

傅胜红　新安江街道罗桐社区党委委员、居委会副主任

章建龙　农夫山泉(建德)新安江饮料有限公司、农夫山泉华东基地副厂长

王子英（女）　新安江街道溪头社区巴萨名门党支部书记

姜慧娟（女）　新安江街道新安社区山水华庭小区党支部书记

姜健勇　新安江街道叶家社区新月党支部党员

金义丰　更楼街道人武部副部长(援黔)

罗　强　更楼街道卫生社区服务中心党支部书记、院长

邓美红（女）　更楼街道桥岭村党支部书记、村委会主任

吴燕婷（女）　洋溪街道办事处副主任

邵国强　洋溪街道农业和农村工作科负责人

应思斌　新化化工股份有限公司党委副书记、常务副总

钱樟元　梅城镇葛家村党总支书记、村委会主任

柯　丹（女）　梅城镇梅花社区党委书记、居委会主任

徐竹清　梅城镇顾家村党总支书记、村委会主任

卢　雷　梅城镇重点项目办负责人

陈　建　梅城镇四级调研员

冯　烈　建业化工股份有限公司党委书记，董事长、总经理

秦熙萍（女）　五星车业有限公司党支部书记

徐　敏　寿昌镇镇商会党委书记、经发办负责人

董如平　寿昌镇陈家村党总支书记、村委会主任

何　泉（女）　寿昌镇望江社区党委书记、居委会主任

童志伟　建德红狮水泥有限公司党支部书记

蒋智仙（女）　寿昌镇环卫所所长

余　亮　寿昌镇在杭流动党总支书记

方荣良　大同镇人大副主席

郎有金　大同镇退休干部

汪燕平　大同镇公共服务办主任

谢建平　大同镇枫树岭村党总支书记、村委会主任

余顺生　大同镇朝阳村党总支书记、村委会主任

黄剑芬（女）　大同镇黄家村党总支副书记

龚余峰　杭州巧峰电子商务有限公司董事长

吴建军　乾潭镇党委委员、人武部部长

吴飞剑　乾潭镇经发办主任

王卫新　乾潭镇专职消防队队长

王钦钦（女）杭州胜奇纺塑有限公司党支部书记、总经理

陈天飞 乾潭镇下梓村党总支书记、村委会主任

黄建振 乾潭镇姚村村党总支书记、村委会主任

黄金珠 乾潭镇安仁村第三党支部党员

吴建辉 三都镇村镇建设办负责人

黄 伟 三都镇三江口村党总支书记、村委会主任

许正红 三都镇和村村党总支书记、村委会主任

周艳雯（女）杭州博雅家居有限公司党支部书记、总经理

赖如平 杨村桥镇人大主席

范罗星 杨村桥镇林技员

林锦祥 建德市朝美日化有限公司董事长

洪神安 杨村桥镇徐坑村党支部副书记

戴 文 下涯镇卫生院党支部书记、院长

方樟林 杭州新安江工业泵有限公司党支部书记、董事长

张美芳（女）下涯镇丰和村党委书记、村委会主任

朱 昱 下涯镇纪委副书记、市纪委派出监察办副主任

诸葛杰成 大慈岩镇党委副书记、政法委员

吴士庆 大慈岩镇吴山村党支部书记、村委会主任

陆新荣 航头镇农业农村工作办公室主任

宁德良 航头镇航川村党总支书记、村委会主任

陆建强 建德市建珂养殖有限公司经理

钱兵保 杭州沈氏节能科技股份有限公司党支部书记、执行总经理

周文芳（女）李家镇机关党支部委员、党建办负责人

马志军 建德海螺水泥有限公司党总支委员、总经理助理

王国平 浙江大洋生物科技集团股份有限公司监事、研发中心主任

徐 斌 大洋镇党委副书记、政法委员

蒋利光 大洋镇贺宅村党总支书记、村委会主任

童显明 大洋镇庆丰村党支部书记、村委会主任

余江涛 莲花镇莲花村党委副书记

廖会元 钦堂乡党建办主任

叶 珊（女）浙江新安化工集团股份有限公司研究室主任

许 剑 中策橡胶(建德)有限公司党委副书记、工会主席、纪委书记

王 近 市档案馆信息化和电子档案管理科科长

蒋樟茂 市红十字会副会长

胡 玮（女）市委党校社会培训科科长

陈 晖 市财政局直属机关第五党支部书记、债务管理科科长

章红顺 市新安旅游投资有限公司工程总监、工会主席

陈 斌 新安江环境卫生管理所党支部书记、市容环卫保障中心主任

陈 赟（女）洋溪街道人大工委副主任、高铁新区(高新园)党工委委员、管委会副主任

楼志军 杭州市生态环境局建德分局环境监察大队大队长

乐 骏 市经济和信息化局数字经济科科长

蒋 恺 市商务局外经贸科科长

吴 晶（女）市发展和改革局综合规划科科长

徐剑飞 市委办公室秘书科科长

赵亚光 市人大常委会办公室信访科科长

陈舞燕(女) 市审计局政府投资审计中心主任

徐炎敏 市科学技术局高新技术产业科科长

厉 璟 经济开发区(航空小镇)管委会招商引资局负责人

赵玲玲（女）市农业农村局农业技术推广中心经作站站长(援黔)

周 密 市文化馆工作人员

汪 源 市委宣传部文明指导科负责人

刘 军 市人民法院党组成员、副院长

沈梦飞(女) 市委政法委政治处副主任

黄仕军　市司法局行政复议应诉科科长
黄玉琴（女）市卫生健康局党委委员、副局长
谢启平　市第一人民医院党委副书记、院长
夏际夫　市卫生健康综合行政执法队工会主席
谢一春（女）新安江第一小学教师
方燕青　新安江第二初级中学教科室主任
邵国英（女）寿昌新城幼儿园园长(援黔)
刘显红　大同第二小学教师

——根据 2021 年 6 月 25 日市委发〔2021〕29 号文件《中共建德市委关于表彰建德市优秀共产党员、优秀党务工作者和先进基层党组织的通报》

2021 年新任建德市领导简介

富永伟　男，汉族，1973 年 6 月生，浙江杭州人，1993 年 6 月加入中国共产党，1994 年 8 月参加工作，中央党校研究生学历。现任中共建德市委书记(保留杭州市正局长级)。

曾任：共青团萧山市(区)委副书记、书记，楼塔镇党委副书记、镇长，淳安县副县长、县委常委、纪委书记，下城区委常委、纪委书记、副区长，杭州市统计局党组书记，建德市委副书记、代市长、市长(保留杭州市正局长级)等职。

王新锋　男，汉族，1977 年 9 月生，浙江浦江人，1999 年 6 月加入中国共产党，1999 年 8 月参加工作，大学学历。现任中共建德市委副书记、代市长。

曾任：金华市经济与信息化委员会副主任、党委委员，义乌市副市长、市委常委，兰溪市委副书记、代市长、市长等职。

俞伟　男，汉族，1971 年 9 月生，浙江建德人，1995 年 4 月加入中国共产党，1990 年 8 月参加工作，中央党校大学学历。现任中共建德市委副书记，建德市政协主席提名人选。

曾任：建德市檀村镇党委委员，石屏乡党委副书记、纪委书记，大同镇党委副书记、副镇长、镇长，新安江街道党工委副书记、办事处主任、党工委书记，中共临安市委常委、组织部部长，中共杭州市临安区委常委、组织部部长，中共建德市委常委、副市长等职。

陈文岳　男，汉族，1973 年 5 月生，浙江宁波人，1995 年 4 月加入中国共产党，1995 年 8 月参加工作，在职研究生学历。现任中共建德市委常委、副市长提名人选。

曾任：杭州市农业科学研究所农作物研究中心副主任、主任，杭州市农业科学研究院农作物所副所长、所长，研究院副院长、党委委员，建德市副市长、市委常委等职。

方飞燕　女，汉族，1980 年 5 月生，浙江淳安人，2008 年 12 月加入中国共产党，2003 年 8 月参加工作，大学学历。现任中共建德市委常委、组织部部长。

曾任：桐庐县委办公室副主任、县委政策研究室主任，县妇联党组书记、主席，桐庐县合村乡党委书记，淳安县副县长等职。

徐军飞　男，汉族，1978 年 11 月生，浙江淳安人，2004 年 3 月加入中国共产党，2001 年 8 月参加工作，在职研究生学历。现任中共建德市委常委、纪委书记。

曾任：共青团淳安县委副书记、书记、党组书记，梓桐镇党委副书记、镇长、党委书记，县纪委副书记、县监察局局长、县监察委员会副主任。

周　密　男，汉族，1981年8月生，浙江海宁人，2004年7月加入中国共产党，2009年7月参加工作，研究生学历。现任中共建德市委常委。

曾任：浙江工业大学材料科学与工程学院教师、院长助理、副教授，杭州市科学技术协会党组成员，副主席（挂职）等职。

郑泽挥　男，汉族，1970年11月生，浙江建德人，1995年2月加入中国共产党，1991年8月参加工作，中央党校大学学历。现任中共建德市委常委。

曾任：建德市委组织部部务会议成员、办公室主任，机关事务管理局党组书记、局长，市委办副主任、市府办副主任，市卫生和计划生育局党委书记、局长，市委组织部副部长、市委两新工委书记、市委组织部常务副部长等职。

蒋哲远　男，汉族，1987年11月生，浙江义乌人，2008年11月加入中国共产党，2008年7月参加工作，在职研究生学历。现任中共建德市委常委。

曾任：共青团建德市委副书记、书记、党组书记，航头镇党委副书记、镇长，杨村桥镇党委书记，市政府办公室副主任（正科长级）等职。

程星火　男，汉族，1979年11月生，浙江建德人，2001年12月加入中国共产党，2002年8月参加工作，省委党校研究生学历。现任中共建德市委常委、宣传部部长。

曾任：建德市对外贸易经济合作局党组成员、副局长，莲花镇党委副书记、纪委书记、政协工委副主任、镇长，大慈岩镇党委书记，建德经济开发区（航空小镇）党工委副书记、管委会主任，市政府办公室党组书记、主任等职。

邱生权　男，汉族，1972年11月生，浙江龙游人，1999年5月加入中国共产党，1995年7月参加工作，大学学历。现任建德市人民检察院党组书记、代检察长。

曾任：杭州市拱墅区人民检察院党组成员、副检察长、党组副书记（正处长级）等职。

戴朝阳　男，汉族，1970年5月生，浙江杭州人，1998年5月加入中国共产党，1993年8月参加工作，大学学历。现任建德市人民法院党组书记、代院长。

曾任：临安市於潜镇党委委员、纪委书记、副镇长、党委副书记、镇长，临安区於潜镇党委副书记、镇长、党委书记，锦城街道党工委书记等职。

2021年建德市组织机构及负责人名录

【市委和市委工作部门、直属单位】

中共建德市委员会

书 记:童定干(1月免) 朱 欢(1—11月)
富永伟(11月任)
副书记:朱 欢(任至1月) 富永伟(1—11月)
王新锋(11月任) 周友红(6月免)
吕 平(12月免) 俞 伟(12月任)
常 委:俞 伟(任至12月)
周萍英(女,11月免)
张早林(12月免) 何亦星(11月免)
朱春根(11月免) 夏喜生(12月免)
陈文岳 陈信超(7—12月)
方飞燕(女,12月任) 徐军飞(12月任)
周 密(12月任) 郑泽挥(12月任)
蒋哲远(12月任) 程星火(12月任)

市委办公室(政策研究室、保密局、台办、综合考评办)

主 任(保密局局长、档案局局长、台办主任、机要局局长):黄朝光
副主任:李 俊(女,9月任) 吕鹏云(9月任)
方 华(9月任) 乐照明(兼)
舒志强(7月免) 苏晓明(兼,9月免)
江 涛(9月任) 张 宏(7月任)
周义盼(4月任)
办公会议成员:曹剑波 方学勤(12月任)
台办专职副主任:陈晓峰(12月免)
方学勤(12月任)

组织部

部 长:何亦星(12月免) 方飞燕(女,12月任)
常务副部长:郑泽挥
副部长:章 明(兼) 郑芳华(兼) 叶宏清
李 佳(女)
部务会议成员:孙宁春(女) 赖艳芬(女)
黄英杰(12月免)
陈 迁(女,12月任)
人才办主任:何亦星(12月免)
方飞燕(女,12月任)
人才办副主任(公务员局局长):李 佳(女)
两新工委书记:叶宏清(4月任)
两新工委副书记:赖艳芬(女)
直属机关工委书记:何亦星(12月免)
方飞燕(女,12月任)
直属机关工委专职副书记:黄英杰(12月免)
党员教育服务中心主任:陈 迁(女,12月任)

宣传部

部 长:朱春根(12月免) 程星火(12月任)
常务副部长:鲁 斌(4月免) 胡卫明(4月任)
副部长:吴元标 陈立刚(12月免)
陈晓峰(12月任)
部务会议成员:谢黎琴(女,4月免)
许珍红(女,4月任)
钟利平 郎 栋(兼) 钱航军
徐玲莉(女,9月任)
文创办主任:谢黎琴(女,4月免)
文创中心主任:许珍红(女,4月任)
文创中心副主任:张胜良(12月任)
文明办主任(新闻办主任):吴元标
新闻办副主任:钱航军
精神文明建设指导中心主任:徐玲莉(女,9月任)

统战部

部 长:张早林
常务副部长:陈友明(7月免) 陈正清(7月任)
副部长:吕一华(兼,2月免) 方新卫(兼,2月任)
骆志春(4月免) 龚志坚
郑广明(9月任)
民族宗教事务局局长(侨办主任):龚志坚
侨联主席:陈友明(8月免) 陈正清(8月任)
侨联专职副主席:叶 晔(女)

老干部局

局 长:郑芳华(9月免)
副局长:傅卫红(7月免) 吴 琴(女)
郑 胜(12月任)

政法委(综治办、维稳办、防范和处理邪教问题领导小组办公室)

书 记:吕 平(兼)
副书记:俞 伟(兼) 王 伟 叶志平(7月免)

舒志强(7月任) 许柏生
汤志文(9月免) 冯慧超(12月任)
委　员:毛志军(兼) 高　翔(兼,4月免)
邱生权(兼,4月任) 黄朝光 朱春福
张成刚(2月任)
政治处主任:张成刚(2月任)

市委改革办

主　任(政策研究室主任、最多跑一次改革办公室主任):叶孝富
副主任:杨　强 严　俊

市委编办

主　任:唐正彪(9月免) 马永红(9月任)
副主任:余　丹(女) 黄英杰(12月任)

市委巡察办(组)

主　任:陈小龙(2月免) 吕坚(2月任)
副主任:李锡斌 唐治平(9月免) 李　俊(9月任)
第一巡察组组长:黄园凤(女)
第一巡察组副组长:张建楠 朱　军(4—7月)
胡益标(7月任)
第一巡察组副局级巡察专员:朱　军(4月免)
第二巡察组组长:邵永明(2月免)
宁卫珍(女,7月任)
第二巡察组副组长:汪建平 陈宏水(4月任)
第二巡察组副局级巡察专员:陈宏水(4月免)
第三巡察组组长:章红兵(4月任)
第三巡察组副组长:曾向阳(4月任)
罗志光(9月任) 钱晓黎(女,9月免)
第三巡察组副局级巡察专员:曾向阳(4月免)
第四巡察组组长:傅殿红(12月免)
雷庆红(12月任)
第四巡察组副组长:郎忠魁(2月免)
赖江平(4—9月) 方建卫(9月任)
潘丽萍(女,9月任)
第四巡察组副局级巡察专员:赖江平(4月免)

信访局

局　长:苏晓明(9月免) 乐照明(9月任)
副局长:刘建成 王　新 陈　钢(9月免)
副局级信访督查专员:高　飞

社会科学界联合会

主　席:郎　栋
专职副主席:厉　璟(8月任)

【市人大和人大常委会机关】

市人大常委会

主　任:叶万生
副主任:童文扬 赵志荣 吕建月(女) 吴岳炎
徐拥军 杨福泉

市人大常委会办公室

主　任(机关党组书记):黄卫平(12月免)
官建强(12月任)
机关党组成员:王　煦(4月免) 刘新奎(2月免)
黄宣人 吴学东(12月免)
王　坚 仇康君(4月任)
包海洋(4月任) 应永江(9月任)
汪建勋(12月任)
副主任:唐晓东(10月任) 王姚丹(女)
陈　彬(10月免)

监察和法制司法工作委员会

主　任:王　煦(4月免) 周伟清(4—12月)
黄宣人(12月任)
副主任:张　蕾(12月免) 黄　伟(12月任)

财政经济工作委员会

主　任:刘新奎(2月免) 包海洋(4月任)
副主任:辛国红

教科文卫和民族宗教工作委员会

主　任:周伟清(4月免) 仇康君(4月任)
副主任:邵春英(女,7月任)

城建环保工作委员会

主　任:黄宣人(12月免) 应永江(12月任)
副主任:吴红忠

代表工作委员会

主　任:吴学东(12月免) 汪建勋(12月任)
副主任:汪建勋(任至12月) 刘爱莲(女,10月任)

农业和农村工作委员会

主　任:王　坚
副主任:张建平(10月任)

社会建设工作委员会

主　任:吴　霞(女)
副主任:余小群(10月任)

【市政府和政府工作部门、直属单位】

市人民政府

市　长：朱　欢（2月免）　富永伟（2—11月）

副市长（代市长）：王新锋（11月任）

副市长：俞　伟　钱晓华（女）　郑志华　王　伟
　何瑞洪　袁思明

市政府办公室

主　任（数据资源管理局局长、外事办主任）：
　程星火

党组书记：程星火（12月免）　龚　鑫（12月任）

副主任：蒋哲远（10月任）　龚　鑫（10月任）
　叶　姣（女，10月任）　王路达
　周　治（5月免）　吴勇富　杨志瑜
　徐晓路（5月免）　王　波　徐卫军
　钱　媛（女，10月任）　黎　源（5月任）
　羊樟金（5月任）

党组成员：姜自力（12月免）　钱海山（12月任）
　王路达　周　治（4月免）　吴勇富
　杨志瑜　徐晓路（4月免）　王　波
　徐卫军　钱　媛（女，9月任）
　黎　源（4月任）　羊樟金（4月任）

副局级组织员：刘　丽（女）

行政审批服务管理办公室

党组书记：俞　伟（兼）

主　任（公共资源交管办主任）：马永红（10月免）
　肖　虎（10月任）

党组副书记：马永红（9月免）　肖　虎（9月任）

副主任：方红月（女，5月免）　刘晓鸿（9月任）
　董　风（10月免）　徐锡平
　甘　雯（女，12月任）

党组成员：方红月（女，4月免）　刘晓鸿（7月任）
　董　风（9月免）　张胜良（12月免）
　徐锡平　叶　浓（12月任）

公共资源交易中心主任：张胜良（12月免）
　叶　浓（12月任）

发展和改革局

党组书记：徐　俊（9月免）　蒋建成（9月任）

局　长（金融办主任、对口支援和区域合作局局长）：徐　俊（10月免）　蒋建成（10月任）

副局长：郑子清（10月免）　傅　佳（女）
　郭顺洪（10月任）　胡　敏

党组成员：郑子清（9月免）　傅　佳（女）
　郭顺洪（9月任）　胡　敏

经济和信息化局

党组书记：何来信（9月免）　林益平（9月任）

局　长：何来信（10月免）　林益平（10月任）

副局长：许文权（3月免）　徐峰平（5月免）
　张　鲲（9月任）　傅胜英（女，10月任）
　吴　勇

党组成员：许文权（2月免）　徐峰平（4月免）
　张　鲲（7月任）　傅胜英（女，9月任）
　吴　勇　邵卫明（4月任）
　叶剑云（4月任）

总工程师：叶剑云（5月任）

正局级组织员：邵卫明（4月任）

教育局

局　长（党委书记）：包海洋（4月免）
　胡国正（4月任）

党委副书记：程　璐（女，7月免）
　赖忠林（12月任）

副局长：陈向阳（10月免）　赖忠林（12月免）
　蒋羽剑（女，10月任）　李益民（12月任）
　张光荣

党委委员：罗志光（9月免）　陈向阳（10月免）
　赖忠林（任至12月）　杨红军（9月任）
　蒋羽剑（女，9月任）　李益民　张光荣

副局级组织员：李益民（12月免）

科学技术局

局　长：叶　强（2月免）　吴　雯（女，2月任）

党组书记：赖红芳（2月免）　吴　雯（女，2月任）

副局长（党组成员）：吴　鹏　朱　珊（女，5月任）

公安局

局　长（党委书记、督察长）：王　伟

政　委：翁磊松（3月免）　汪永刚（3月任）

党委副书记：翁磊松（2月免）　汪永刚
　叶志平（7月任）

常务副局长：汪永刚（3月免）　叶志平（9月任）

副局长：陈建平　赵　斌（5月免）　吴中华
　邱伟军（3月任）

党委委员：陈建平　赵　斌（4月免）

娄卫星(2月免) 陆 勇 吴中华
邱伟军(2月任) 余 峰(2月任)
方祥林(7月任)

政治处主任:陆 勇

交警大队大队长:赵 斌(兼,5月免)
邱伟军(9月任)

刑侦大队大队长:唐 辉(3月免)
阮镇江(3月任)

刑侦大队教导员:吴 昊

巡特警大队大队长:吴 竣

巡特警大队教导员:饶应忠

治安大队大队长:吕 晶(3月免)
乐军飞(3月任)

治安大队教导员:江海波

指挥中心主任:方祥林

森林警察大队教导员:潘 弘(2月免)

正局级组织员:蒋文忠(3月免) 陈建平(7月任)

副局级组织员:钭志强 翁益明
方建标(12月免) 娄卫星(2月任)

保留副局长级干部:胡秋法(12月免)
夏卫诚(12月免) 潘 弘(2月任)

民政局

局 长(党组书记、移民局局长):娄樟锡(12月免)
蔡爱珍(女,12月任)

副局长:徐志强(5月免) 蒋建强(5月免)
胡早明(5月任) 俞利海
吴建新(5月任)

党组成员:徐志强(4月免) 蒋建强(4月免)
胡早明(4月任) 吴建新(4月任)
朱月琴(女)

副局级组织员:朱月琴(女)

司法局

党组书记:朱春福(4月免) 周 治(4—12月)
裴 坚(12月任)

局 长(行政复议局局长):巫海武(12月免)
周伟清(12月任)

党组副书记(副局长):张成仁

副局长(党组成员):何武军

党组成员、政治处主任:樊江平

财政局

局 长(党组书记、国资办主任):陈 刚

副局长:孟 洁(女,9月免) 陈 善
张奕涛(12月免) 杨 涛(12月任)

党组成员:孟 洁(女,7月免) 季建平(9月免)
陈 善 方明明 李 鹏
华爱民(9月任) 杨 涛(12月任)

总会计师:方明明

国有资产服务中心主任:李 鹏

人力资源和社会保障局

局 长(党组书记):章 明

副局长(党组副书记):夏金庚

副局长:陈 茜(女,12月免) 蓝建荣
姜 雯(女,10月任)

党组成员:蓝建荣 姜 雯(女,9月任)

住房和城乡建设局

党组书记:周献锦(9月免) 倪国芳(9月任)

局 长(人防办主任、民防局局长):
周献锦(10月免) 倪国芳(10月任)

副局长:潘向阳 黄 伟(12月免) 邵 炯
詹铁凡(10月任)

党组成员:潘向阳 黄 伟(12月免) 邵 炯
詹铁凡(9月任)

总工程师:吕建军(9月任)

交通运输局

局 长(党组书记):高建军(2月免)
赵 斌(4月任)

交通运输综合行政执法队队长:高建军(3月免)
赵 斌(5月任)

副局长:冯慧超(12月免) 王晓静(女,10月免)
吕建忠(10月任) 范铁锋(10月任)
唐 涛

党组成员:冯慧超(12月免) 吕建清(7月免)
王晓静(女,9月免) 翁献忠(兼)
徐旭飞(7月任) 吕建忠(9月任)
许来富(12月任) 范铁锋(9月任)
唐 涛

交通运输综合行政执法队专职副队长:
冯慧超(12月免) 许来富(12月任)

公路与运输发展中心主任:吕建清(9月免)

徐旭飞(9月任)

农业农村局

局 长(党组书记、农业综合行政执法队队长):

邱剑娟(女)

副局长:卢梅富(12月免) 郑朝红(12月任)

邹宗根 盛 夏(女,12月免)

侯崇林(12月任)

党组成员:卢梅富(12月免) 郑朝红(12月任)

邹宗根 盛 夏(女,12月免)

王毅锋 何建红 唐明杰

诸葛翀(4月任) 侯崇林(12月任)

总农艺师:何建红

畜牧兽医局局长、农业综合行政执法队专职副队长:王毅锋

农技推广中心主任:诸葛翀(5月任)

林业局

局 长(党组书记):傅定辉

副局长:宣永培(12月免) 唐良忠

党组成员:唐良忠 麻建强

总工程师:麻建强

水利局

局 长(党组书记):金 斌

副局长:钱向军 郑朝红(12月免)

赖建军(12月任)

党组成员:钱向军 郑朝红(12月免) 赖建军

总工程师:赖建军(12月免) 钟万余(12月任)

商务局

党组书记:谢照昌(12月免) 周 治(12月任)

局 长(投资促进局局长、粮食和物资储备局局长):谢照昌(12月免) 叶 鹃(女,12月任)

副局长:孙 巍(10月免) 孙 健

蒋华平(5月免) 游大川(10月任)

韩 博(5月任)

党组成员:孙 巍(9月免) 孙 健

蒋华平(4月免) 郭 敏(女) 韩 博

总经济师:郭 敏(女)

文化和广电旅游体育局

局 长(党组书记):谢黎琴(女,4月任)

文化市场综合行政执法队队长:

谢黎琴(女,5月任)

副局长:许宏斌(5月免) 王献萍(女)

黄 辰(5月免) 宋良宏(5—12月)

陈为新(10月任) 顾伟梁(12月任)

党组成员:许宏斌(4月免) 王献萍(女)

邵永忠 黄 辰(4月免)

宋良宏(4—12月) 陈为新(9月任)

顾伟梁(12月任)

文化市场综合行政执法队专职副队长:邵永忠

卫生健康局

局 长(党委书记):王 田

党委副书记:雷庆红(12月免)

黄玉琴(女,12月任)

副局长:俞早荣(9月免) 黄玉琴(女)

周旭芳(女) 邵 纯(9月任)

党委委员:俞早荣(7月免)

黄玉琴(女,任至12月)

熊卫国 邵 纯(7月任)

退役军人事务局

局 长(党组书记):饶建平

副局长(党组成员):许来富(12月免)

罗清武(12月任) 邵志兵

应急管理局

党委书记:蔡新春(9月免) 郑子清(9月任)

局 长:蔡新春(10月免) 郑子清(10月任)

副局长:张成刚(3月免) 余 岩(3月任)

吴宽宏 应晓农

党委委员:张成刚(2月免) 余 岩(2月任)

吴宽宏 应晓农 郑雷骏(9月免)

罗晓明(12月任)

总工程师:郑雷骏(10月免) 罗晓明(12月任)

审计局

局 长(党组书记):吴水星(6月免)

孟 洁(女,6月任)

副局长:刘晓鸿(9月免) 宁卫珍(女,9月免)

朱 军(9月任) 赖文武(9月任)

党组成员:刘晓鸿 (6月免) 宁卫珍(女,6月免)

朱 军(6月任) 赖文武(6月任)

黄国英(女) 苏巧玲(女)

总审计师:苏巧玲(女)

经济责任审计工作联席会议办公室主任:

黄国英(女)

统计局

党组书记:李海芳(12月免)
郑建霞(女,12月任)
局　长:叶　鹃(女,12月免)
郑建霞(女,12月任)
副局长:赖文武(9月免)　张　蕾(12月任)
占晓红(女,9月任)
党组成员:赖文武(7月免)　张　蕾(12月任)
黄　寅(12月任)　徐　峻(4月任)
占晓红(女)
社会经济调查队队长:黄　寅
总统计师:徐　峻(5月任)

医疗保障局

局　长(党组书记):蔡爱珍(女,12月免)
黄卫平(12月任)
副局长:王　珏(女)　夏献军(12月免)
邵亦宏(12月任)
党组成员:夏献军(12月免)　邵亦宏(12月任)

市场监督管理局

局　长(党委书记)):胡国正(4月免)
叶胜平(4月任)
知识产权局局长、市场监管综合行政执法队队长:
胡国正(5月免)　叶胜平(5月任)
副局长:胡早明(5月免)　邵亦宏(12月免)
雷国军(5月任)　徐进荣(10月任)
叶　萌(女,5月任)
党委委员:胡早明(4月免)　邵亦宏(12月免)
雷国军(4月任)　徐进荣(9月任)
叶　萌(女,4月任)　程晓晖　胡小平
市场监管综合行政执法队专职副队长:程晓晖
副局级组织员:胡小平

城市管理局

局　长(党组书记):方新卫(2月免)
沈小来(2月任)
综合行政执法局局长:方新卫(3月免)
沈小来(3月任)
副局长:罗清武(12月免)　吴志兵　陈　飞
徐晓刚(10月任)
党组成员:罗清武(12月免)　吴志兵　陈　飞
徐晓刚(9月任)　许宏斌(4月任)
正局级组织员:许宏斌(4月任)

经济开发区(航空小镇)

党工委书记:陈文岳(兼)
主　任:林益平(10月免)　唐正彪(10月任)
党工委副书记:林益平(9月免)　唐正彪(9月任)
副主任:陶国强(9月免)　王素平(女,9月任)
兰胜平　郎贤平
党工委委员:陶国强(7月免)
童志云(女,12月任)　兰胜平
郎贤平　江　涛(9月免)
厉　璟(12月任)
正局级组织员:童志云(女,12月任)

高铁新区(高新园)

党工委书记:夏喜生(兼)
经济发展中心主任:黄　炜(12月免)
张奕涛(12月任)
党工委副书记:黄　炜(12月免)
党工委委员:方　向(12月免)　李　炜
陈　赟(女)　徐旭飞(兼,7月免)
余昊雯(女)　孙　巍(9月任)
副主任:方　向(12月免)　陈　赟(女,10月免)
经济发展中心副主任:方　向(12月免)
余昊雯(女)　陈　赟(女,10月任)

严州古城管理委员会

主　任:何瑞洪(兼)
副主任:唐黎明　姚钟书

【市政协和政协机关】

市政协

主　席:吴铁民
副主席:汪华瑛(女,2月任)　程　旭　严凌云
徐亚娟(女)　王百金　叶　强
秘书长:蒋智鸿
副秘书长:胡文静(女,2月免)
李　静(女,2月任)　胡晓华
王素平(女)　徐月芳(女)　倪宪红
俞利海

市政协办公室

主　任(机关党组书记):蒋智鸿(12月免)

谢照昌(12 月任)
机关党组成员:厉红寿(12 月免)
邵益文(12 月免)　吴康福(12 月免)
施树康(12 月免)　谢伟东　方　韦
叶晓敏(女,9 月任)　方　向(12 月任)
副主任:傅　宇(女,12 月任)　李林山
祝红芳(女)

法制财金民宗港澳台侨委员会

主　任:厉红寿(12 月免)　巫海武(12 月任)
副主任:吕建清(9 月任)

城建资源环境委员会

主　任:吴康福(12 月免)　方　向(12 月任)
副主任:张建华

经济科技委员会

主　任:邵益文(12 月免)　叶晓敏(女,12 月任)
副主任:吴元福(6 月免)　邵仪鹏(12 月任)

文史和教文卫体委员会

主　任:方　韦
副主任:周建兵

提案工作委员会

主　任:施树康(12 月免)　陈　茜(女,12 月任)
副主任:蒋华平(6 月任)

委员工作委员会

主　任:谢伟东

中共建德市纪律检查委员会(监察委员会)

书　记:周萍英(女,12 月免)　徐军飞(12 月任)
副书记:刘国金(11 月免)　徐建新(8 月免)
叶　姣(女,12 月任)　吴建军(12 月任)
常　委:吴建军(任至 12 月)　黄园凤(女,2 月免)
钱海山(12 月免)　吕　坚
夏成毅(2 月任)　李建军(9 月任)
陈美华(12 月任)
监委主任:周萍英(女)
监委副主任:刘国金　徐建新
监委委员:王光辉　吕　坚(2 月免)
陈小龙(2 月免)　吴建军
办公室主任:钱海山(12 月免)
李建军(兼,12 月任)
干部室主任:钱晓黎(女,9 月任)
宣传教育室主任:陈琪芳(女,12 月任)
党风政风监督室主任:夏成毅(9 月免)
张仲建(9 月任)
信访室主任:赖江平(9 月任)
案件审理室主任:黄　翔
案件监督管理室主任:王文军
纪检监察一室主任:李　玲(女)
纪检监察二室主任:陈美华
纪检监察三室主任:项　栋
纪检监察四室主任:唐　辉(2 月任)
派驻第一纪检监察组组长:曹剑波
派驻第一纪检监察组副组长:王志强
李　俊(9 月免)　叶月玲(女,9 月任)
派驻第二纪检监察组组长:姜自力(12 月免)
钱海山(12 月任)
派驻第二纪检监察组副组长:胡志斌　徐建明
派驻第三纪检监察组组长、市直机关纪工委书记:
孙宁春(女)
派驻第三纪检监察组副组长:范红杰
吴建卫(9 月任)
派驻第四纪检监察组组长:钟利平
派驻第四纪检监察组副组长:陈永平(9 月免)
徐军潮(9 月任)　朱文献
派驻第五纪检监察组组长:唐明杰
派驻第五纪检监察组副局级纪检员:阎洪伟
派驻第六纪检监察组组长:季建平(9 月免)
华爱民(9 月任)
派驻第七纪检监察组组长:熊卫国
派驻第八纪检监察组组长:罗志光(9 月免)
杨红军(9 月任)
派驻市法院纪检监察组组长:章菊芳(女)
派驻市检察院纪检监察组组长:黄曙光
派驻市公安局纪检监察组组长:娄卫星(2 月免)
余　峰(2 月任)
副局级纪检员:王毅生

【人民武装】

人武部

部　长:(略)
政　委:(略)

【检察、审判机关】

检察院

党组书记：高　翔（3月免）　邱生权（3月任）
检察长：高　翔（4月免）
副检察长（代检察长）：邱生权（4月任）
常务副检察长（党组副书记）：胡建强
副检察长：张碧林　夏育宏（12月免）
　　庄子珺（女）
党组成员：张碧林　范艳春　夏育宏（10月免）
　　黄曙光　庄子珺（女）
政治处主任：范艳春
检察委员会专职委员：叶建强　徐红春
　　方　艳（女，3月任）

法院

党组书记：毛志军（11月免）　戴朝阳（11月任）
院　长：毛志军（11月免）
副院长（代院长）：戴朝阳（11月任）
常务副院长（党组副书记）：许　勇
副院长：刘国平（6月免）　仇　盛　吴建辉
　　刘　军（6月任）
党组成员：邹向东　刘国平（5月免）　仇　盛
　　吴建辉　胡永红　章菊芳（女）
　　刘　军（5月任）
政治处主任：邹向东
执行局局长：胡永红
审判委员会专职委员：沈小明（5月免）　章荣生
　　王纲强
梅城法庭庭长：俞　颖（女）
寿昌法庭庭长：刘展宏
乾潭法庭庭长：花林昌

【事业单位】

市委党史和地方志编纂研究室

主　任（党组书记）：严卫华
副主任（党组成员）：张永祥　李寿根

市委党校（社会主义学院）

校　长：吕　平（兼）
社会主义学院院长：钱晓华
常务副校长（社会主义学院副院长）：
　　仇康君（4月免）　鲁　斌（4月任）
社会主义学院副院长：
　　陈友明（7月免）　陈正清（7月任）
副校长：王　平　蒋秀英（女）

融媒体中心（集团）

主　任（党委书记）：章晓腾（9月任）
总编辑（党委副书记）：朱　言（9月免）
　　陈立刚（12月任）
副总编辑（副主任）：钟清鸿　吴时力
　　余　锋（7月免）　吕冰峰
党委委员：钟清鸿　吴时力　余　锋（7月免）
　　吕冰峰　周　芳（女，7月任）
董事长：章晓腾（9月任）
总经理：陈立刚（12月任）
副总经理：周　芳（女，9月任）

机关事务服务中心

党组书记：胡卫明（4月免）　徐晓路（4月任）
主　任：胡卫明（5月免）　徐晓路（5月任）
副主任：黎　源（5月免）　张　勇
　　张　炜（女，12月任）
党组成员：黎　源（4月免）　张　勇　张　炜（女）

档案馆

馆　长（党组书记）：刘自强
副馆长（党组成员）：蒋富华　傅卫红（7月任）

杭州市住房公积金管理中心建德分中心

主　任：陈淦涛

数据资源服务中心

党组书记：郑建霞（4—12月）　李　刚（12月任）
主　任：徐新平
党组副书记：李　刚（9—12月）
副主任：张　鲲（9月免）　余　锋（9月任）
党组成员：张　鲲（7月免）　余　锋（7月任）

【民主党派和工商联】

民革建德市委员会

主任委员：徐拥军
专职副主任委员：李　静（女）

民盟建德市委员会

主任委员：钱晓华（女）

民建建德市委员会

主任委员：巫海武

专职副主任委员：王素平(女，7月免)
姚根伟(7月任)

民进建德市委员会

主任委员：叶强

专职副主任委员：徐月芳(女，7月免)

工商联

党组书记：吕一华(2月免) 方新卫(2月任)

主 席：潘余明(9月免) 沈子恒(9月任)

副主席：吕一华(9月免) 方新卫(9月任)
倪宪红 李永祥 包江峰(兼，9月免)
吴康孟(兼，9月免) 胡益飞(兼)
项建平(兼) 徐竹清(兼，9月免)
吴利钢(兼) 张 毅(兼) 傅水芳(兼)
吕益民(兼，9月任) 朱加勇(兼，9月任)
吴严明(兼，9月任) 应思斌(兼，9月任)
汪志荣(兼，9月任) 钟 平(兼，9月任)

党组成员：倪宪红 李永祥

【群众团体】

总工会

主 席：吕建月(女，兼)

党组书记(常务副主席)：余小途

副主席：廖文平(3月免) 汪为骏
程志红(11月任)

党组成员：廖文平(2月免) 汪为骏
程志红(9月任)

团市委

书 记：郑 雄(女，4月免)

副书记：孙陆炜 邵慧婷(女，9月免)
顾 洋(7月任) 孙陈如(女，12月任)

妇女联合会

主 席(党组书记)：童志云(女，12月免)

副主席：盛 夏(女，12月任) 卢 萍(女)
王思群(女，11月免)
朱旭敏(女，11月任)

党组成员：盛 夏(女，12月任) 卢 萍(女)
王思群(女，10月免)
朱旭敏(女，10月任)

科学技术协会

主 席(党组书记)：洪树华

副主席(党组成员)：钟德智 李 成

文学艺术界联合会

党组书记：丁能权(2月免) 徐国平(7月任)

主 席：丁能权(9月免) 徐国平(9月任)

副主席：朱旭敏(女，12月免) 唐晓晖(12月任)
袁 红(女，12月任)
王献萍(女，兼，12月任)
余子龙(兼) 王拥军(兼，12月任)

党组成员：朱旭敏(女，10月免) 唐晓晖(9月任)
袁 红(女，9月任)

残疾人联合会

党组书记：官建强(12月免) 傅殿红(12月任)

理事长：官建强

党组成员：余志林(2月免) 王培森
俞早荣(7月任)

副理事长：余志林 王培森

供销合作总社

主 任(党组书记)：王志平

副主任：韩建强(8月免) 陈根良
陶国强(8月任)

党组成员：韩建强(7月免) 陈根良
陶国强(7月任)

红十字会

会 长：郑志华(兼)

常务副会长：徐军潮

党组副书记：徐军潮(9月免) 郑勇军(9月任)

副会长：乐照明(兼) 杨志瑜(兼) 叶宏清(兼)
蒋樟茂

【企业单位】

城市建设发展投资有限公司

董事长(党委书记)：吴小龙(12月免)

总经理(党委委员)：章晓行

副总经理：汪旭飞 陈庆军

党委委员：汪旭飞 陈庆军 马艳霞(女)

纪委书记：马艳霞(女)

新安旅游投资有限公司

董事长(党委书记)：郑希平

总经理：刘光星(9月免)

副总经理：谢双明 胡志丰(9月免)

骆燕君(女)
党委委员:刘光星(9月免) 谢双明 胡志丰
骆燕君(女)
纪委书记:胡志丰(7月任)

资产经营投资有限公司

董事长(党委书记):项智东
总经理:徐 强
副总经理:王建强 杨 涛(12月免)
潘 祺(12月任)
党委委员:徐 强 王建强 杨建红
杨 涛(12月免) 滕益芳(1月免)
潘 祺(12月任)
纪委书记:杨建红

交通发展投资有限公司

党委书记:游国平(7月任)
董事长:游国平(9月任)
总经理:唐建锋
副总经理:陶庭震
党委委员:陶庭震 刘旭东 许有平(9月免)
纪委书记:刘旭东

高铁新区投资发展有限公司

党委书记:徐旭飞(7月免)
董事长:徐旭飞(9月免)
总经理:饶 斌
副总经理:王新宇 吴 峰 李文德(12月任)
党委委员:饶 斌 王新宇 吴 峰 陈志宏
李文德(12月任)
纪委书记:陈志宏

两山建设开发有限公司

副总经理:甘 伟 徐京山 王良来
党委委员:甘 伟 徐京山 王良来 刘屹洋
纪委书记:刘屹洋

【双重和垂直管理单位】

国家税务总局建德市税务局

局 长(党委书记):方新平

建德市规划和自然资源局

局 长(党委书记):姜建生

杭州市生态环境局建德分局

局 长(党组书记):占志忠

钱江海关驻建德办事处

主 任:俞仁贤

杭州港航建德执法大队

大队长:翁献忠

建德市邮政局

局 长:潘羽华

建德市烟草专卖局

局 长:庄一庆

建德市气象局

局 长:丁卫华

建德市供电公司

执行董事(书 记):朱卫东(9月免)
总经理:安晓军(9月任)

中国人民银行建德市支行

行 长:沈云松

浙江银监局建德监管组

主 任:童小芳

中国工商银行建德市支行

行 长:倪 锋

中国银行建德支行

行 长:王 浩(3月免) 陈 星(3月任)

中国农业银行建德市支行

行 长:罗正进(5月免) 邱振凯(5月任)

中国建设银行建德市支行

行 长:叶孝丰

交通银行杭州建德支行

行 长:任冠群

建德市农村商业银行股份有限公司

董事长:王锦芳(女)
行 长:程银川

中国农业发展银行建德市支行

行 长:杨 敏(1月免) 严 寒(女,7月任)
副行长(代履行职务):叶晓君(女,7月免)

中国邮政储蓄银行建德市支行

行 长:胡光红(3月免) 林健萍(3月任)

杭州银行建德支行

行 长:陈 骏

浙江建德湖商村镇银行

行 长:饶卫东

浙江民泰商业银行杭州建德支行
行　长：李功林（10月免）　陈志江（10月任）
中国民生银行杭州建德支行
行　长：刘　扬
泰隆商业银行建德支行
行　长：钱凯峰
上海浦发银行建德支行
行　长：叶欢庆
中信银行杭州分行建德支行
行　长：汪建康
台州银行建德支行
行　长：金敬挺
中国人民财产保险公司建德支公司
总经理：程　俊
中国人寿保险公司建德支公司
总经理：郑红月（女）
中国电信股份有限公司建德分公司
总经理：金　波（4月免）
副总经理（主持工作）：洪武罡（4月任）
中国移动建德分公司
总经理：胡晓东
中国联通建德分公司
总经理：吕继军（12月免）　马其峰（12月任）
建德华数数字电视有限公司
总经理：苏　卫（女）

【乡镇（街道）】

新安江街道
党工委书记：吕鹏云（9月免）　程　斌（9月任）
党工委副书记：程　斌（任至9月）
徐国平（7月免）　傅　欣（9月任）
黄光辉（7月任）
谢晓君（女，9月任）
党工委委员：雷国军（4月免）　严　华
宋国平（9月免）　邱伟军（2月免）
王剑飞　章红兵（4月免）
李　炜（9月免）　吴海华（9月任）
封菊珍（女）　吕　晶（2—9月）
唐治平（9月任）　蒋　挺（12月任）
詹聪颖（女，9月任）
政法委员：徐国平（7月免）　黄光辉（7月任）
纪工委书记（派出监察办主任）：章红兵（4月免）
封菊珍（女，9月任）
人大工委主任：陈　刚（10月免）
徐　俊（10月任）
人大工委副主任：谢林伟（10月免）
何　凯（10月免）　刘复文（10月任）
办事处主任：程　斌（10月免）　傅　欣（10月任）
办事处副主任：雷国军（5月免）　严　华
傅胜英（女，10月免）　何　凯（10月任）
祝旭阳（10月任）　李承泽（10月任）

更楼街道
党工委书记：王一叶（9月免）
游佩芝（女，9月任）
党工委副书记：倪浩群（9月免）　郑芳华（9月任）
陈黄琴（女，9月免）　宋晓华（9月任）
党工委委员：邵卫明（4月免）　徐进荣（9月免）
黄松霖（9月免）　宋良宏（4月免）
吴海华（9月免）　阮镇江（2月免）
邵丽娟（女，9月免）　王　峰（9月任）
谢作华（9月任）　何　明（9月任）
周小堂（9月任）　吴成梁（9月任）
翁仙红（女，9月任）　饶　军（2月任）
郎忠杰（9月任）
政法委员：陈黄琴（女，9月免）　宋晓华（9月任）
纪工委书记（派出监察办主任）：
邵丽娟（女，9月免）　翁仙红（女，9月任）
人大工委主任：程新炉
人大工委副主任：余小群（10月免）
江　徽（10月免）　黄松霖（10月任）
办事处主任：倪浩群（10月免）　郑芳华（10月任）
办事处副主任：邵卫明（5月免）
徐进荣（10月免）　傅　宇（女，10月免）
王　峰　叶　薇（女，10月任）
郑海娣（女，10月任）　邵　帅（10月任）

洋溪街道
党工委书记：蒋建成（9月免）
叶　莲（女任至9月任）

党工委副书记：叶 莲（女，~9月） 吕 晶（9月任）
邱锦平（9月免） 陈 钢（9月任）
党工委委员：张建平（9月免）
徐序红（女，2月免） 陈伟强（9月免）
叶月玲（女，9月免） 张 宏（7月免）
诸可静（女，9月任） 童孝廉（9月任）
邓建江（9月任） 王建辉 李建伟
张建辉（7月任） 吴学鹏（9月任）
李文频（9月任）
政法委员：邱锦平（9月免） 陈 钢（9月任）
纪工委书记（派出监察办主任）：李建伟
人大工委主任：李 刚（10月免）
蒋 华（10月任）
人大工委副主任：邵仪鹏（10月免）
陈 赟（女，10月免） 李 炜（10月任）
办事处主任：叶 莲（女，10月免）
吕 晶（10月任）
办事处副主任：张建平（10月免）
徐序红（女，3月免） 范铁锋（10月免）
吴燕婷（女，10月免）
诸可静（女，10月任） 刘 潇（10月任）
金 玲（女，10月任）
邵 瑜（女，10月任）

梅城镇

党委书记：龚 鑫（9月免） 邹 泉（9月任）
党委副书记：沈小来（2月免） 周向阳
练 超（9月免） 郑 雄（女，4—9月）
程小波（9月任） 杜立恒（9月任）
党委委员：陈明芳（9月免） 李建军（9月免）
程小波（任至9月） 蒋 挺（12月免）
邹林红（女） 陈 彬（9月任）
方建标（12月任） 朱 锐 胡庆华
徐剑飞（7月任） 胡媛媛（女，9月任）
胡斌航（9月任）
政法委员：周向阳（2月免） 练 超（2—9月）
程小波（9月任）
纪委书记（派出监察办主任）：李建军（9月免）
徐剑飞（9月任）
人大主席：蒋 华（12月免） 汤志文（12月任）
人大副主席：章秋松（2月免） 胡建芳（12月免）
孙 巍（12月任）
镇 长：沈小来（2月免） 周向阳（2月任）
副镇长：夏育宏（2月免） 吴 杰（12月免）
邹林红（女，12月任） 陈 彬（12月任）
陈韵之（女） 张继宏 陆庆华（12月任）
徐惠珠（女，12月任）
副镇级组织员：于书印（9月免）

寿昌镇

党委书记：倪国芳（9月免） 骆旭华（9月任）
党委副书记：骆旭华（任至9月） 徐 斌（9月任）
穆亚琴（女，4月任） 翟二龙（9月任）
党委委员：穆亚琴（女，任至4月） 江 涛（9月免）
胡益标（7月免） 关 诚（9月任）
邵慧婷（女，9月任） 吴 炜（9月任）
汪 栋（女） 姜 雯（女，9月免）
郎登峰 周锡生（9月任）
钱江鹏（7月任） 徐 敏（9月任）
政法委员：翟二龙（9月任）
纪委书记（派出监察办主任）：胡益标（7月免）
钱江鹏（7月任）
人大主席：宋有军（12月免） 沈 龙（12月任）
人大副主席：徐国友（12月免）
周锡生（1—12月） 吴瑞华（12月任）
镇 长：骆旭华（12月免） 徐 斌（12月任）
副镇长：方 鸣（12月免） 关 诚
穆亚琴（女，7月免） 邵慧婷（女，12月任）
杨文超 沈冰波（7月任）
章志琳（女，12月任） 王微雅（女，12月任）

大同镇

党委书记：方 华（9月免） 杨成军（9月任）
党委副书记：杨成军（任至9月） 徐 诤（9月任）
郑建霞（女，4月免）
徐峰平（4月任） 廖卫忠（9月任）
党委委员：吴建新（4月免） 方 聪（9月免）
何 明（9月免） 黄光辉（7月免）
饶 军（2月免） 廖卫忠（任至9月）
方荣良（9月任） 钟小娟（女，9月任）

汪海峰 盛 浩(9月任)
郑 莹(女,9月任) 臧晓冰(9月任)
政法委员:方 聪(4月免) 徐峰平(4月任)
纪委书记(派出监察办主任):何 明(9月免)
钟小娟(女,9月任)
人大主席:周继发(12月免) 吴 峰(12月任)
人大副主席:苏雪平(12月免) 方荣良(12月免)
方 鸣(12月任)
镇 长:杨成军(12月免) 徐 诤(12月任)
副镇长:吴建新(7月免) 钟小娟(女,12月免)
方荣良(12月任) 杨建功
蓝 燕(女,1月任) 汪唯佳(女,7月任)
应 尉(12月任)

乾潭镇

党委书记:李 俊(女,9月免) 王一叶(9月任)
党委副书记:肖 虎(9月免) 徐利平(2月免)
朱 言(9月任) 胡风华(4月任)
黄 辰(4月任)
党委委员:章万林(9月免) 王 琳(女)
吴建军 余 岩(2月免)
沈 灵(女,9月免) 宋晓华(9月免)
陈勇华(7月任) 赖双月(女)
徐利翔(9月任) 方 宇(9月任)
吴飞剑(9月任)
政法委员:徐利平(2月免) 章万林(2—4月)
黄 辰(4月任)
纪委书记(派出监察办主任):宋晓华(9月免)
徐利翔(9月任)
人大主席:陈观宝(2月免) 许文权(2月任)
人大副主席:程志红(12月免)
沈 灵(女,12月任)
镇 长:肖 虎(12月免) 朱 言(12月任)
副镇长:章万林(12月免) 包 韩(女,2月免)
胡风华(7月免) 王 琳(女,12月任)
陈 浩 徐定坤(2月任)
赵旭伟(12月任) 张 皓(12月任)

大洋镇

党委书记:陈正清(7月免) 徐建新(7月任)
党委副书记:何洪宇(9月免) 徐 斌(9月免)
练 超(9月任) 王金郎(9月任)
王晓静(女,9月任)
党委委员:谢作华(9月免) 叶 萌(女,4月免)
袁 红(女,9月免) 张建辉(7月免)
陈庆鹏(9月任) 邵丽娟(女,9月任)
鲁益祥 唐 潇 潘丽萍(女,9月免)
张晓娟(女) 陈秋鸿(7月任)
吴 量(9月任)
政法委员:徐 斌(9月免) 王晓静(女,9月任)
纪委书记(派出监察办主任):潘丽萍(女,9月免)
吴 量(9月任)
人大主席:翁炳昌(12月免) 蒋一新(12月任)
人大副主席:姚根伟(12月免) 方 聪(12月任)
镇 长:何洪宇(12月免) 练 超(12月任)
副镇长:谢作华(12月免) 鲁益祥(12月免)
徐晓刚(12月免) 陈庆鹏
李晓燕(女,12月任) 邵百红(12月任)
张瑞华(12月任) 格文广(12月任)

三都镇

党委书记:张建明(4月免) 方 睿(7月任)
党委副书记:方 睿(任至7月)
程 璐(女,7月任)
蒋一新(9月免) 黄丽芳(女,9月任)
党委委员:郭顺洪(9月免)
黄丽芳(女,任至9月)
胡正洪(9月免) 张仲建(9月免)
钱 媛(女,9月免) 陈勇华(7月免)
谢跃红(9月免) 吴 杰(9月任)
王思群(女,10月任)
金 淘(7—10月) 唐文斌(7月任)
葛 伟(9月任) 李昕昀(9月任)
吴建辉(9月任) 唐建飞(9月任)
周文芳(女,9月任)
政法委员:蒋一新(9月免) 黄丽芳(女,9月任)
纪委书记(派出监察办主任):张仲建(9月免)
李昕昀(9月任)
人大主席:叶晓敏(女,12月免)
张晓勇(12月任)

镇　长:方　睿(7 月免)　程　璐(女,7 月任)
副镇长:郭顺洪(12 月免)　张　勇(1 月免)
吴　杰(12 月任)　李利平
黄丽芳(女,12 月免)　游大川(12 月免)
余永荣(12 月任)　孙浩强(12 月任)

杨村桥镇

党委书记:蒋哲远(9 月免)　苏晓明(9 月任)
党委副书记:李可大(4 月免)　诸葛杰成(7 月任)
吕建忠(9 月免)　郑雷骏(9 月任)
党委委员:方国东(9 月免)　华爱民(9 月免)
徐玲莉(女,9 月免)　余卫刚(9 月任)
乐军飞(2 月免)　曹　健(9 月免)
姜勇军(9 月任)　胡建芳(9 月任)
楼锦武　许　铖(7 月任)
叶　璘(女,9 月任)　王政杰(9 月任)
王蓉蓉(女,9 月任)
政法委员:吕建忠(9 月免)　郑雷骏(9 月任)
纪委书记(派出监察办主任):华爱民(9 月免)
叶　璘(女,9 月任)
人大主席:赖如平
人大副主席:许来友(12 月免)
镇　长:李可大(7 月免)　诸葛杰成(7 月任)
副镇长:方国东(12 月免)　余卫刚
麻建强(1 月免)　谢晓君(女,12 月免)
巫林怿(7 月任)　叶　骏(12 月任)
唐梁吉(12 月任)

下涯镇

党委书记:叶胜平(4 月免)　叶　姣(女,4—9 月)
蔡新春(9 月任)
党委副书记:吴　雯(女,2 月免)　吴　峰(9 月免)
诸葛林(2 月任)吴燕婷(女,9 月任)
党委委员:刘正中(4 月免)　刘晓鹏　王晓慧
蒋羽剑(女,9 月免)　胡正洪(9 月任)
缪佳春　方仲华(9 月任)
蒋宇涵(女,9 月任)　王宇峰(9 月任)
政法委员:吴　峰(9 月免)　吴燕婷(女,9 月任)
纪委书记(派出监察办主任):王晓慧(9 月免)
蒋宇涵(女,9 月任)
人大主席:徐利平(2 月任)
人大副主席:吴建卫(12 月免)
镇　长:吴　雯(女,2 月免)　诸葛林(2 月任)
副镇长:刘正中(7 月免)　陈为新(12 月免)
姜勇军(12 月免)　方仲华(12 月免)
刘晓鹏(12 月任)　杨　涛
曹振瑜(12 月任)　李　琳(女,12 月任)

大慈岩镇

党委书记:游佩芝(女,9 月免)　倪浩群(9 月任)
党委副书记:徐　诤(9 月免)　诸葛杰成(7 月免)
刘光星(9 月任)　葛博浩(7 月任)
党委委员:邓建江(9 月免)　吴　炜(9 月免)
姚　飞(女,2 月免)　郎忠杰(9 月免)
方　玮　方国东(9 月任)
蒋小伟(9 月任)　唐旭华
李爱萍(女,9 月任)
郎　燕(女,9 月任)
政法委员:诸葛杰成(7 月免)　葛博浩(7 月任)
纪委书记(派出监察办主任):方　玮(9 月免)
李爱萍(女,9 月任)
人大主席:周　明
人大副主席:徐射宏(7 月免)
镇　长:游佩芝(女,1 月免)　徐　诤(1—12 月)
刘光星(12 月任)
副镇长:邓建江(12 月免)　吴瑞华(12 月免)
方　玮(12 月任)　胡卫勤(12 月免)
陈烈光　杜立恒(12 月免)
周乐元(12 月任)　张泓渊(12 月任)

航头镇

党委书记:游国平(7 月免)　黄伟斌(9 月任)
党委副书记:黄伟斌(任至 9 月)
郑勇军(9 月免)
郑　雄(女,9 月任)邱锦平(9 月任)
党委委员:刘复文(9 月免)　毛晨婴(9 月免)
郑广明(9 月免)　蒋小伟(9 月免)
郑益华(9 月免)　林黎明(9 月任)
胡卫勤(9 月任)　邵　蓁(女,9 月任)
陈卫荣(9 月任)　陆新荣(9 月任)

贾丹枫(女,9月任) 汪一昕(9月任)
政法委员:郑勇军(9月免) 邱锦平(9月任)
纪委书记(派出监察办主任):蒋小伟(9月免)
陈卫荣(9月任)
人大主席:孙 斌(12月免) 李伟锋(12月任)
人大副主席:林黎明(12月免)
镇 长:黄伟斌(12月免) 郑 雄(女,12月任)
副镇长:刘复文(12月免) 周小堂(12月免)
黄英杰(1月免) 葛博浩(12月免)
邵 蓁(女,12月免) 林黎明(12月任)
刘海平(12月任) 洪意钧(女,12月任)
汪奇华(12月任)

李家镇

党委书记:章晓腾(9月免) 何洪宇(9月任)
党委副书记:金鹏飞(9月免) 诸葛林(2月免)
董 风(9月任) 姚 飞(女,2月任)
党委委员:方建卫(9月免) 吴成梁(9月免)
翁仙红(女,9月免) 王耀平(9月任)
徐三凯(9月任) 陈钇任 尚 飞
刘玉宏(女,9月任) 吴苏明(9月任)
政法委员:诸葛林(2月免) 姚 飞(女,2月任)
纪委书记(派出监察办主任):翁仙红(女,9月免)
徐三凯(9月任)
人大主席:沈 龙(12月免) 陈向阳(12月任)
人大副主席:唐晓东(12月免)
镇 长:金鹏飞(12月免) 董 风(12月任)
副镇长:吴志兵(1月免) 方建卫(12月免)
詹轶凡(12月免) 徐三凯(12月免)
王耀平 饶英璋(12月任)
张 苏(12月任) 翁 洁(女,12月任)

莲花镇

党委书记:叶 姣(女,4月免) 李可大(4月任)
党委副书记:应永江(9月免) 沈 翀(9月任)
李伟锋(9月免) 章 洁(女,9月任)
党委委员:唐晓晖(9月免) 童孝廉(9月免)
章 洁(女,任至9月)
周义盼(4月免)
诸可静(女,9月免) 王小波(9月任)
谢跃红(9月任) 蒋伟明(9月任)
唐 勤(女,9月任)
周璐洋(女,9月任)
政法委员:李伟锋(9月免) 章 洁(女,9月任)
纪委书记(派出监察办主任):章 洁(女,9月免)
谢跃红(9月任)
人大主席:丁能权(2月任)
镇 长:应永江(12月免) 沈 翀(12月任)
副镇长:滕新春(7月免) 王小波
许华其(12月任) 方青剑(12月任)

钦堂乡

党委书记:邹 泉(9月免) 金鹏飞(9月任)
党委副书记:傅 欣(9月免)
陈黄琴(女,9月任)
张晓勇(9月免) 翁 玲(女,9月任)
党委委员:杨红军(9月免)
翁 玲(女,任至9月)
刘爱莲(女,9月免) 朱志成
蒋伟明(9月免) 曹 健(9月任)
汪会良 谢新辉(9月任)
郑伟林(9月任)
政法委员:张晓勇(9月免) 翁 玲(女,9月任)
纪委书记(派出监察办主任):汪会良
人大主席:许珍红(女,7月免) 徐志强(7月任)
乡 长:傅 欣(12月免) 陈黄琴(女,12月任)
副乡长:杨红军(12月免) 翁 玲(女,12月免)
朱志成(12月任) 甘伟蓓(女)
鲍澳稳(女,12月任)

说明:1.该名录收录2021年各单位在任市管领导干部(未包括挂牌机构)。2.任免职时间(月份)已经注明,凡未标明时间的,均系职务未变动。如有差错,以任免文件为准。3.乡镇街道排序以市政府通讯录为准。 **(陈庆珍)**

重要文件目录

【中共建德市委文件】

市委〔2021〕3号 关于2021年度落实全面从严治党主体责任情况的报告

市委发〔2021〕39号 关于印发《建德打造高质量发展建设共同富裕示范区"县域样板"行动计划(2021—2025年)》的通知

市委发〔2021〕79号 关于印发《建德市青年发展"十四五"规划(2021—2025年)》的通知

【市委办公室文件】

市委办发〔2021〕16号 关于印发《建德市亚运城市行动计划纲要》的通知

市委办发〔2021〕19号 关于印发《"建德问政零距离"电视问政工作实施方案)(试行)》的通知

市委办发〔2021〕20号 关于印发全市"比实绩晒亮点争先进"双月擂台工作交流会制度(试行)的通知

市委办发〔2021〕27号 关于印发《建德市重点项目攻坚"揭榜挂帅"实施方案》的通知

市委办发〔2021〕48号 关于印发《2021年度全面从严治党主体责任清单》的通知

市委办发〔2021〕56号 关于印发《建德市"请你来协商"乡镇(街道)分平台规范化建设实施办法》的通知

市委办发〔2021〕58号 关于印发《建德市贯彻落实〈中共浙江省委浙江省人民政府关于加强基层治理体系和治理能力现代化建设的实施意见〉任务清单》的通知

市委办发〔2021〕65号 关于印发《关于全面推行林长制的实施细则》的通知

（许 蔚）

【市政府文件】

建政函〔2021〕12号 关于深入支持企业利用资本市场加快发展的若干意见

建政函〔2021〕21号 关于调整征收集体土地地上附着物和青苗补偿标准的通知

建政函〔2021〕35号 关于推进健康建德三年行动(2020-2022年)的实施意见

建政函〔2021〕39号 关于公布建德市划拨土地住宅用房补办出让手续补交出让金标准的通知

建政函〔2021〕40号 关于印发建德市自备水源未污水处理费征收管理办法的通知

建政函〔2021〕41号 关于《浙江省建德市大同国家现代农业产业园建设规划（2021—2025)》的批复

建政函〔2021〕48号 关于同意浙江省杭州市建德新安江—富春江水利风景区范围的批复

建政函〔2021〕50号 关于印发建德市国民经济和社会发展等十四个五年规划和2023年远景目标纲要的通知

建政函〔2021〕53号 关于印发建德市住宅小区配套幼儿园建设管理办法的通知

建政函〔2021〕70号 关于印发建德市深入推进企业上市高质量发展五年行动计划(2021—2025年)的通知

建政函〔2021〕78号 关于同意免征农村生活用水水资源费的批复

建政函〔2021〕79号 关于印发建德市建设交通强国示范城市行动计划2020—2025的通知

建政函〔2021〕80号 关于公布建德市2021年度国有土地上住宅房屋征收临时安置费和搬迁费补助标准的通知

建政函〔2021〕83号 关于建德市三江支流清淤采砂规划(2021—2030)的批复

建政函〔2021〕84号 关于钱塘江源头区域(建德市)山水林田湖草生态保护修复工程试点方案调整的报告

建政函〔2021〕89号 关于适当调整被征地农民基本养老保障待遇标准的通知

建政函〔2021〕105号 关于印发建德市"十四五"综合交通运输发展规划的通知

建政函〔2021〕108号 关于印发新时代美丽建德建设三年行动计划和新时代美丽建德建设实施纲要的通知

建政函〔2021〕109号 关于印发建德市制造业

高质量发展“十四五”规划的通知

建政函〔2021〕113号 关于印发建德市文化产业发展“十四五“规划的通知

建政函〔2021〕114号 关于印发建德市人才发展“十四五”规划的通知

建政函〔2021〕147号 关于印发建德市小型水库系统治理实施方案的通知

建政函〔2021〕157号 关于调整全市最低工资标准的通知

建政函〔2021〕166号 关于印发建德市教育事业发展“十四五”规划(2021—2025年)的通知

建政函〔2021〕169号 关于建德市寿昌江流域砂石综合利用规划(2020—2029)的批复

建政函〔2021〕170号 关于规范建德市第三批历史建筑保护名录的通知

建政函〔2021〕171号 关于印发建德市现代服务业发展“十四五”规划的通知

建政函〔2021〕172号 关于印发建德市大健康产业发展“十四五”规划的通知

建政函〔2021〕173号 关于印发建德市城乡风貌整治提升行动实施方案的通知

建政函〔2021〕175号 关于公布第九批建德市非物质文化遗产项目名录的通知

建政函〔2021〕号 关于调整乡镇(街道)财政管理体制的通知

【市政府办公室文件】

建政办函〔2021〕4号 关于印发建德市气象灾害应急预案的通知

建政办函〔2021〕5号 关于印发建德市环境空气质量功能区划调整方案的通知

建政办函〔2021〕11号 关于印发建德市突发重大动物疫情应急预案的通知

建政办函〔2021〕12号 关于建德市加快公共资源开放推进移动通信基站建设的指导意见

建政办函〔2021〕16号 关于坚决制止耕地“非农化”防止耕地“非粮化”稳定发展粮食生产的意见

建政办函〔2021〕17号 关于印发建德市申报创建全球绿色城市工作实施方案的通知

建政办函〔2021〕24号 关于进一步加快发展数字经济的实施意见

建政办函〔2021〕25号 关于印发建德市幸福河湖试点县建设实施方案的通知

建政办函〔2021〕41号 关于印发建德市城市内涝治理系统化实施方案的通知

建政办函〔2021〕46号 关于印发建德市创建浙江省钱塘江诗路(富春山水)文化传承生态保护区实施方案的通知

建政办函〔2021〕57号 关于印发建德市公共租赁住房保障实物配租实施办法的通知

建政办函〔2021〕68号 关于印发建德市妇女发展“十四五”规划和建德市儿童发展“十四五”规划的通知

建政办函〔2021〕69号 关于印发千年古镇复兴试点工作方案的通知

建政办函〔2021〕70号 关于印发建德市水库移民项目扶持管理实施细则的通知

(胡笑艳)

市委及市委办公室重要文件辑录

中共建德市委办公室关于印发《建德市重点项目攻坚“揭榜挂帅”实施方案》的通知

市委办发〔2021〕27号

各乡镇(街道)党(工)委、政府(办事处),市级机关各单位,各市级国有公司:

经市委研究同意,现将《建德市重点项目攻坚“揭榜挂帅”实施方案》印发给你们,请结合实际认真抓好落实。

中共建德市委办公室

2021年4月14日

建德市重点项目攻坚“揭榜挂帅”实施方案

为进一步引导激励全市广大干部担当作为、干事创业,激发干部“争先创优”的内生动力,助力我市各项重点项目及早落实落地,决定实行重点项目攻坚“揭榜挂帅”,现制定如下实施方案:

一、总体要求

紧扣市委市政府打造“宜居建德”的总目标,围绕“生态立市、创新兴市、工业强市、文旅活市”四大战略,坚持干字当头、行动至上,坚持问题导向、需求导向、效果导向,探索“模块化、项目化、专业化”的重点项目攻坚“揭榜挂帅”新模式。明确攻坚团队职责,探索干部人才“固定岗位”和“流动岗位”相结合的用人新形式,进一步树立以实绩论英雄的选人用人鲜明导向,继续推动“干学融合、一线练兵”,着力实现干部培育与推进中心工作的“双丰收、双促进”。全力打造能征善战、实干担当的建德铁军,为加快实现建德跨越赶超发展奠定坚实基础。

二、组织实施

㈠张榜招贤。根据市委市政府中心工作需要,经“揭榜挂帅”领导小组审核同意后,张榜发布攻坚项目“榜单”。项目“榜单”主要包括项目概况、攻坚目标、难易程度、主要矛盾、完成时限、项目奖励等具体内容。同时,根据项目攻坚需求,明确项目团队负责人具体要求、团队组成方式、团队成员基本要素和管理形式等。

㈡揭榜挂帅。参与项目“揭榜”人员主要有三种方式:一是组织“点将”,由市委组织部根据干部的综合素质能力,点名选派干部参加项目“揭榜”;二是他人推荐,由相关单位或个人推荐合适的干部参加项目“揭榜”;三是个人自荐,由本人自主报名参加。以上三种方式根据工作需要,可相互结合。

由市委组织部牵头对“揭榜”人员政治素质、专业能力、工作素养等进行初步评估预审,结合项目需求,进行择优筛选,确定项目“揭榜”入围人员。

㈢放榜提名。攻坚项目牵头职能部门通过汇报会、实地走访等形式向入围人员详细介绍项目情况及存在的问题,项目入围人员制定可行的实施方案或工作计划。“揭榜挂帅”领导小组对方案的可行性进行评估比选,最终确定项目团队“挂帅”人员。项目团队“挂帅”人员,可根据工作需要从入围人员中择优选择团队成员,也可提出其他建议人选,由组织部进行点将选派。

㈣亮榜晒绩。项目攻坚团队定期向“揭榜挂帅”领导小组汇报项目进展、工作成绩和面临困难,提交需要相关部门帮助协调解决的问题,“揭榜挂帅”领导小组要做好过程管理和跟踪考核,对工作突出的攻坚团队,推荐参加双月擂台工作交流会,上台展示攻坚成绩。规定期限到期后,对照“挂帅”项目攻坚目标进行最终验收,评定项目攻坚考核结果。

㈤用榜奖惩。建立权责对等、优胜劣汰的激励机制。按照“挂帅”攻坚项目考核结果,对表现优秀的团队和个人予以集中表扬奖励,考核结果与干部个人年度考核结果挂钩,表现优秀的干部,建议派出单位给予年度考核优秀。对项目攻坚中表现突出的干部,在提拔使用、职级晋升、教育培训中予以优先考虑。加强工作督查,对“挂帅”项目进度明显落后的,进行约谈提醒、通报批评;对“挂帅”项目攻坚中发现“不担当、不作为、不落实”的行为,要加大效能问责力度。同时,建立健全容错纠错机制,旗帜鲜明为敢于担当、踏实做事、不谋私利的干部撑腰鼓劲。

三、工作保障

㈠加强领导,形成合力。成立全市重点项目攻坚“揭榜挂帅”领导小组,领导小组下设办公室(设在组织部),市委办、市府办、市纪委监委、市委组织部、市委宣传部,以及相关主要业务主管部门负责人为办公室成员,全面加强对“揭榜挂帅”工作的领导和指导。

㈡严格督查,推进落实。“揭榜挂帅”攻坚项目推进情况纳入“大督查”工作机制,由市委办牵头组织实施专项督查;攻坚项目业务主管部门要跟踪落实、重点抽查,及时掌握攻坚项目进展情况;纪检、组织部门要加大对“不担当、不作为、不落实”行为专项整治力度,不断提振干部精气神。

㈢关心关爱,营造氛围。建立健全选派干部关心关爱工作机制，要加强对选派干部工作、生活上的关心关爱，解决好选派干部的后顾之忧，让选派干部全身心投入到“挂帅”项目攻坚中去。及时总结宣传项目攻坚过程中的好做法好经验好典型，曝光工作过程中“不担当、不作为、不落实”行为，努力营造“奋勇争先、你追我赶”的良好氛围。

附件：重点项目攻坚“揭榜挂帅”领导小组成员名单（略）

中共建德市委 建德市人民政府关于印发《建德打造高质量发展建设共同富裕示范区“县域样板”行动计划（2021—2025 年）》的通知

市委发〔2021〕39 号

各街道（乡镇）党工委、政府（办事处）、市级机关各单位：

《建德打造高质量发展建设共同富裕示范区“县域样板”行动计划（2021—2025 年）》已经市委、市政府同意，现印发给你们，请结合实际认真贯彻落实。

中共建德市委
建德市人民政府
2021 年 9 月 15 日

建德打造高质量发展建设共同富裕示范区“县域样板”行动计划（2021—2025 年）

共同富裕是社会主义的本质要求，是人民群众的共同期盼。建德市已在“十三五”时期高水平全面建成小康社会，为在新发展阶段推动共同富裕上先行示范奠定了坚实基础。为深入学习贯彻习近平新时代中国特色社会主义思想和习近平总书记对浙江、杭州工作的重要指示批示精神，全面落实《中共中央、国务院关于支持浙江高质量发展建设共同富裕示范区的意见》，按照省委十四届九次全会和杭州市委十二届十二次全会的决策部署，牢牢把握坚持党的全面领导、以人民为中心、共建共享、改革创新、系统观念“五大工作原则”，紧紧围绕打造“大杭州”高品质郊区新城的目标，深入实施生态立市、创新兴市、工业强市、文旅活市战略，努力在忠实践行“八八战略”、奋力打造“重要窗口”新征程中贡献建德力量，在全市乃至全省打响具有鲜明辨识度、影响力的共同富裕品牌，加快打造高质量发展建设共同富裕示范区的“县域样板”，特制订本行动计划。

锚定目标，坚决扛起打造高质量发展建设共同富裕示范区“县域样板”的使命担当。

到 2025 年，以数字化改革撬动共同富裕体制机制创新实现重大突破，区域差距、城乡差距和收入差距在高质量发展中持续缩小，人民日益增长的美好生活需要不断满足，“大杭州” 高品质郊区新城的发展格局加快形成，打造高质量发展建设共同富裕示范区的“县域样板”取得实质性进展，形成一批在省、杭州市可复制、可借鉴、可推广的成功经验。

——高质量发展方面，经济发展质量效益明显提高，人均地区生产总值确保实现 12.4 万元，力争突破 13.5 万元，全员劳动生产率确保实现 18.5 万元/人，力争达到 22 万元/人，规上工业亩均税收确保实现 25 万元，力争达到 30 万元，R&D 研发经费支出占 GDP 比重确保实现 2.5%，力争达到 3.0%以上，单位 GDP 能耗、单位 GDP 碳排放完成杭州下达目标，迈入全省“工业大县”行列、创成部省共建乡村振兴示范区、国家级全域旅游示范市。

——收入分配方面，居民人均可支配收入确保实现 5.88 万元，力争达到 6.5 万元，居民人均可支配收入与人均生产总值之比持续提高，城乡居民收入倍差缩小到 1.8 以内，力争缩小至 1.75 以内，家庭年可支配收入 10 万-50 万元群体比例力争达到 80%、20 万~60 万元群体比例力争达到 45%，基尼系数维持在合理区间。

——公共服务方面，全面建成学前教育、公共卫生、养老照料、体育健身等“15 分钟公共服务圈”，普惠性幼儿园在园幼儿占比达到 98%以上，高等教育毛入学率达到 75%以上，人均体育场地面积达到 3 平方米，人均期望寿命达到 84 岁，每千名人口执业(助理)医师数达到 4.5 人,每万名老年人拥有持证养老护理员数达到 30 人,最低生活保障标准达 14000 元。

——生态建设方面,建成国家级生态文明建设示范市,美丽城镇省级样板镇达到 6 个以上,市区空气质量优良天数比率保持在 95%以上,PM2.5 平均浓度确保控制在 26 微克/立方米以下,力争控制 25 微克/立方米以下,出境断面水质始终保持 II 类以上,城乡生活垃圾分类覆盖率达 100%。

——人文建设方面,严州文化、"三自"水电文化、千鹤妇女精神等优秀地域文化在深入挖掘提炼的基础上得到创造性转化、创新性发展,"德文化"品牌实现全省乃至全国具有影响力。每万人拥有公共文化设施面积达到 5000 平方米,城乡居民综合阅读率达到 90%,文明好习惯养成实现率达到 95%,社会诚信度达到 98%。

——社会治理方面,乡村善治"德治理"品牌形成体系、领跑全国,建成全国乡村治理体系建设示范市。风险闭环管控大平安机制更加完善,重大风险防范化解能力、突发公共事件应急能力、防灾救灾能力显著增强,亿元 GDP 生产安全事故死亡率确保小于 0.018 人/亿元,力争小于 0.01 人/亿元;万人犯罪率、万人成诉率逐年下降。

二、推进经济高质量发展,不断夯实推动共同富裕的物质基础

1.努力打造浙西科创高地。坚定不移实施"创新兴市"战略,围绕产业链积极部署创新链,大力提升区域科技创新能力。主动对接城西科创大走廊建设,加快推进新安江科技城开发建设。以高铁新区(高新园)和开发区(航空小镇)为重点,全面提升"双创"平台能级,引导科技企业孵化器和众创空间向专业化、精细化方向升级。加快推进杭州、上海飞地平台建设,重点提升"建德智立方"运营绩效。继续深化产业创新服务综合体建设,发挥通航、碳酸钙等省市级产业创新服务综合体建设辐射带动作用。支持通过设立分支机构、联合共建等方式引入高校、科研院所创新资源。引导企业加大研发投入、加强产学研合作,大幅提高企业自建研发机构比例。对接各级科技型企业培育计划,大力实施高新技术企业和科技型中小企业培育工程,扩大科技型企业群体规模。实行更加积极开放有效的人才政策,引进培育国家、省"千人计划""万人计划",杭州市"521"计划等高层次人才,努力汇聚天下英才。到 2025 年,规模以上工业企业研发机构设置率 50%以上,高新技术企业研发机构全覆盖;杭州市级企业研发中心 140 家、国家高新技术企业 200 家、省科技型中小企业 700 家;R&D 年均增长 10%以上。

2.加快建设现代产业平台体系。紧抓"拥江发展"和高铁经济带来的发展机遇,加快推进中心城区现代服务业发展集聚区、高铁新区(高新园)、开发区(航空小镇)、三江口文化旅游区四大重点平台建设,打造成新动能培育和传统动能提升的主平台,为高质量发展提供有力支撑。坚持"强化整合、突出重点、分类指导、引导集聚、提高效益"原则,全面开展工业平台"亩均效益"综合评价,加强低效用地盘活顶层设计和政策配套,加快小微企业园改造建设。到 2025 年,完成低效用地清理 7500 亩以上,实现亩均税收 7 万元以下低效用地全部出清。在全域推进"+旅游""+文化"基础上,充分借用杭州举办亚运会和国家促进消费扩容提质的有利时机,积极推进服务业空间布局优化,着力满足中心城区、高铁新区(高新园)、开发区(航空小镇)、三江口、大慈岩等重点地区企业和市民、游客的生产生活需求。

3.积极构筑产业发展新优势。突出发展通用航空、生命健康、旅游休闲、水产业四大特色优势产业。巩固扩大航空小镇创建成果,加快构建通航产业链。促进生命健康与旅游休闲、文化、绿色食品等产业深度融合,打造长三角康养产业集聚区。加快打造杭黄世界级自然生态和文化旅游廊道目的地和集散中心,打响"爱在一起、爱的原乡"17 度建德新安江旅游品牌。充分发挥千岛湖配水工程源头的"健康好水"品牌效应,进一步推动水产业规模化、品质化发展,打造世界级水产业基地。鼓励发展电子信息制造、数字内容、电子商务等数字经济核心产业。积极融入全省"十大标志性产业链"打造,加快培育壮大新材料、新能源、高端装备等战略性新兴产业。深入推进传统制造业改造提

升 2.0 版，以“产业大脑”+“未来工厂”为主抓手，抓好化工大脑试点项目推进，积极争取建材大脑等试点项目成功揭榜，上线碳酸钙云平台 2.0 版，不断提升传统产业数字化、智能化水平。加快发展现代服务业，推动生产性服务业向专业化和价值链高端延伸、生活性服务业向高品质和多样化升级。

4.着力激发各类市场主体活力。以国家开展区域性国资国企综合改革试验为契机，进一步深化国资国企改革，优化国有资本布局及结构。继续深化国有企业市场化改革，加快完善中国特色现代企业制度。积极稳妥推进国有企业混合所有制改革，提升国有企业活力和效率。鼓励国有企业通过投资入股、联合投资、收购等多种方式，与民营企业进行股权融资、战略合作、资源资产整合。按照“亲而有度、清而有为”的要求，建立规范化机制化政企沟通渠道，帮助企业解决发展中的实际困难和问题，促进民营经济高质量发展。推动民营企业积极履行社会责任，建立健全企业家参与涉企政策制定机制。聚焦减事项、减环节、减材料、减时间、减费用，以转变政府职能为核心，以“最多跑一次”改革为主牵引，持续推进营商环境便利化改革。到 2025 年，实现上市企业家数 10 家以上、规上企业家数 480 家以上；新增市级“冠军”培育企业 30 家、省级“隐形冠军”培育企业 10 家、专精特新“小巨人”企业 3 家、“专精特新”培育库入库企业不少于 400 家。始终坚持招商引资“一号工程”“生命线工程”不动摇，进一步深化驻点招商、产业链招商、以商引商机制，持续增派招商人员、壮大招商队伍，确保每年招引亿元以上项目 30 个、10 亿元以上项目 3 个。以“152”项目为重点，深入开展全链条跟踪对接、全过程帮办服务，推动项目建设提速争先，力争五年完成投资 1200 亿元。

5.大力推进质量强市建设。实施产品质量基础领域提升工程，积极推进传统制造领域产品质量提升行动，推动制造业向高端化、品牌化发展。探索构建“企业全面负责、政府统一领导、部门联合监管、检验技术支撑、社会广泛参与”的质量安全多元共治格局。引导企业研发和掌握国内国际领先的绿色生产和技术标准，鼓励达到“浙江制造标准”要求企业申请“品字标”认证。深入实施商标品牌战略，建立商标品牌主导经济增长的品牌经济模式。鼓励行业协会和龙头企业协作申报地理标志证明（集体）商标，培育发展农业主导产业品牌，推行“政府+企业或专业合作组织（品牌）+基地+农户+标准”的运作模式。大力推广“宜生态精品建德”农村电商区域公共品牌。支持企业加强知识产权创造与保护，深入实施知识产权（专利）示范企业培育工程。

三、着力推动区域协调发展，努力打造“大杭州”的高品质郊区新城

6.全方位融入长三角一体化发展。深度融入杭州都市区建设，大力建设之江文化产业带、钱塘江诗路文化带建德节点。充分利用钱塘江中上游航道全线通航，加快谋划水上美丽交通经济走廊。利用 2022 年亚运会的溢出效应，最大限度共享杭州举办大型赛会活动带来的知名度和美誉度。探索推进高铁新区（高新园）、开发区（航空小镇）与杭州城西科创大走廊、杭州临空经济示范区建立紧密合作关系。充分利用上海对外开放桥梁作用，争取实现“借船出海”“借梯登高”。加强与长三角主要城市在旅游休闲、文化、生命健康、养老等领域的交流合作。对接长三角主要城市高端产业资源，加大强链、延链、补链和建链力度，以优质增量引领产业转型升级。大力实施钱塘江源头山水林田湖草生态修复工程，共筑长三角省际生态屏障。配合推进新安江—千岛湖生态补偿试验区建设。积极参与共建 G60 科创大走廊。引进长三角优质教育、医疗、养老等公共服务资源。

7.优化高品质郊区新城空间格局。按照杭州构建“一核九星、双网融合、三江绿楔”的特大城市新型空间格局的要求，坚持以产兴城和依城兴业相结合，大力实施“强星”行动，加大补短板强弱项力度，加快把建德打造成产城融合、职住平衡、生态宜居、交通便利的高品质郊区新城，与核心城区形成有效联动，提升整体功能。围绕“扩城优城”“多中心、组团式”发展路径，优化提升“一主两副两组团”市域城镇空间格局，构建城乡融合发展区。“一主”为中心城区，包括新安江、更楼、洋溪三个街道；“两副”为梅城、寿昌 2 个副城，“两组团”

为大同、乾潭2个中心镇，辐射带动周边李家、钦堂等小乡镇。加快大同美丽城镇与稻香小镇融合发展，持续增强集镇辐射集聚功能；深化乾潭小城市培育，全力打造新型制造创新地、运动休闲首选地。支持其他乡镇(街道)立足自身特色，打造集产业、生态、文化于一体的精致小镇。

8.强化城乡融合发展示范区建设。聚焦“东扩、南拓、西进、中优”，不断完善城市布局、拉开城市框架，积极推进中心城区、高铁新区(高新园)、开发区(航空小镇)、三江口文化旅游区四大片区建设，打造城乡融合发展示范区，形成市域促进城乡一体、推动共同富裕的主要载体。实施城市生态修复和功能完善工程，建设海绵城市，促进公共服务设施合理布局，适当增加道路、停车场、供水管网、污水处理设施、城市绿地等设施配套。加强示范区内产业业态和空间布局引导，优化提升现有产业业态，引进培育新兴业态，严控低端业态。利用城市有机更新、企业搬迁、新区开发等形成的城市发展空间，打造一批高端要素集聚载体，建好共同富裕基本单元。加强城市地下空间开发利用，强化地下空间互联互通。建强城市大脑建德平台，深化“智慧城管”建设，提升城市管理精细化、智慧化、规范化水平。完善“综合执法+专业执法+联动执法”体系，全面推进综合执法重心下移、职能下沉、资源下放。加快实现生活垃圾分类、生活垃圾焚烧处理能力和易腐垃圾处理能力全覆盖。

9.推动乡村全面振兴。加强粮油、生猪及重要农副产品生产保供，提升粮食仓储及物流能力。坚持质量兴农、绿色兴农、科技兴农，深化农业供给侧结构性改革，加快“一镇一业”“一村一品”建设步伐，大力发展草莓、茶叶、中药材、柑橘、莲子等特色优势农业，推进全国绿色食品原料基地(建德苞茶)标准化生产基地、国家有机食品认证示范区、国家有机食品生产基地示范县(试点)创建和国家电子商务进农村综合示范市建设，推动乡村产业高质量发展。开展青春助力乡村振兴工程，实现16个乡镇(街道)青年农创客平台建设全覆盖。实施乡村建设行动，提升乡村基础设施建设水平，推动城乡基础设施互联互通、共建共享。持续深化农村集体产权制度改革，实施多种形式的适度规模经营。鼓励村集体和农民盘活利用闲置宅基地和闲置住宅，通过自主经营、合作经营、委托经营等多种方式，依法依规发展农家乐、民宿、乡村旅游等。发展壮大村级集体经济，推动消薄增收“1234”建德模式纵深发展，力争到2025年所有行政村实现经营性收入50万元全覆盖，其中100万元达到50%以上。支持推进寿昌农村综合改革集成项目、乾潭共同富裕先行区·安仁联合体、三都“醉三都”模式、大慈岩镇省级乡村振兴集成创新示范建设(荷美小镇)、钦堂党建联盟共同富裕先行区等农业农村改革项目先行先试，努力争创一批全省高质量发展建设共同富裕示范区的“最佳案例”。

10.加快建设现代化基础设施体系。围绕浙西综合交通枢纽建设，加快构建多向联通高铁网络，推进国省道、重要县道提升改建工程，推进新安江航道梅城三江口—马目段四改三、客运码头站点、施家综合作业区、桐溪综合作业区等4大港口水运工程建设，新增一批直升飞机停机坪。加强中心镇、中心村与主要景点之间、镇(乡)之间联系道路的规划建设。按照“安全可靠、适度超前”的要求，建设以500千伏为主要电源，以220千伏为骨干网架，110千伏及以下各级电网协调发展的多元融合高弹性电网，达到国内先进水平。加快推进乌龙山抽水蓄能电站项目建设。推进天然气高压管网建设，加快构建中压供气主干环网，逐步实现管输天然气中心城区全覆盖、乡镇“镇镇通”。全域推进幸福河建设，基本建成布局合理、保障可靠、适度超前的现代水利基础设施网络，基本实现水治理体系和治理能力现代化。

四、深化收入分配制度改革，多渠道提高城乡居民收入水平

11.推动实现更加充分更高质量就业。以激发重点人群创业活力为着力点，积极鼓励创业带动就业。扎实开展公共就业服务，贯彻和落实各项就业创业政策，持续优化就业创业环境。坚持稳岗位和扩就业并举，增强企业稳岗和创造就业岗位能力。支持和规范发展线上线下新就业形态，增加公益性就业岗位供给和社会服务等就业机会，促进多渠道灵活就业。制定并落实就业援助精准服务

计划，合理安排就业补助资金，帮扶高校毕业生、农村劳动力转移人员、外来务工人员、退役军人、残疾人等重点就业群体就业，每年新增就业 5000 人以上，确保“零就业家庭”动态清零。加大职业技能提升和转岗转业培训力度。创造公平就业环境，率先消除户籍、地域、身份、性别等影响就业的制度障碍，构建和谐劳动关系，引导劳动者通过辛勤劳动提高生活品质。

12.扩大中等收入群体。实施扩大中等收入群体行动计划，激发技能人才、科研人员、小微创业者、高素质农民等重点群体活力。健全面向劳动者的终身职业技能培训制度，完善技能人才薪酬分配政策，拓宽技术工人上升通道。加强对农民工的技术培训，实现由单纯的体力型劳动者向技能型或技艺型劳动者转变。完善党政机关、企事业单位和社会各方面人才顺畅流动的制度体系。充分发挥旅游、草莓、豆腐包等产业带动就业能力强、增收富民效果明显的特点，加大政策支持力度，创新政策支持模式，推动更多低收入群体迈入中等收入群体行列。充分发挥乡贤当好家乡发展的宣传员、联络员、招商员的作用，引导在外乡贤所在单位人员或由乡贤推介的其他单位人员来建旅游，带动产业兴旺。

13.建立健全回报社会的激励机制。鼓励自然人、法人及其他组织以捐赠财产、设立项目、提供服务等方式，自愿开展慈善帮扶活动，构建形成人人参与、人人可为、人人有为的“益共体”。密切与爱心企业的联系，培育一批慈善品牌项目，夯实长效捐助的合作基础。加快构建科技赋能、金融助力的慈善双擎驱动模式，明显提升慈善活动专业化高效化能力和慈善助力共同富裕能力，形成慈善活动专业规范、慈善行为自主高效、慈善信息公开透明的现代慈善事业新格局。探索“互联网+慈善”模式，搭建网络捐赠平台。加强对慈善组织和活动的监督管理，落实公益性捐赠税收优惠政策，完善慈善褒奖制度。

14.完善先富带后富的帮扶机制。健全完善东西部协作和对口支援工作机制，按照“智力支援提质扩面、产业就业支援增量提效、民生保障支援助力提升、交往交流交融深化拓展、文化教育支援再上新台阶”的总体思路，深入推进东西部协作和对口支援工作，打造东西部协作和对口支援工作“升级版”。充分借用杭州市中心城区在产业发展、公共服务、旅游休闲、文化事业等方面的优势，加大力度开展多形式、多层次、多领域、全方位的区县协作。完善社会力量参与帮扶的长效机制。探索建立先富帮后富、推动共同富裕的目标体系、工作体系、政策体系、评估体系。

五、促进人的全面发展和社会全面进步，共建共享高品质生活

15.大力推进社会公共服务优质共享。实施新一轮教育设施布局规划，深化教育体制机制改革，加快打造美好教育样板市。着力推动学前教育普惠均衡发展，创建全国学前教育普及普惠市，建立以普惠性幼儿园（公办园和普惠性民办园）为主体、个性化民办幼儿园为补充的学前教育发展格局，力争省等级幼儿园比例达到 100%。全面实施城乡“教共体”办学，15 所城区学校“牵手”15 所镇域学校，努力推动城乡义务教育优质化、一体化、均衡化发展，全力创建全国义务教育优质均衡市。加强高中办学分类指导，推进高中教育特色创优。巩固“浙江省示范学习型城市”创建成果，搭建终身学习“立交桥”，提升终身教育品质。建成运营市二院新院区和杭州七院浙西院区，开工建设市一院二期工程，加快全市首家三甲医院谋划筹建，切实补齐优质医疗资源短板。推广远程医疗、智慧医疗，促进优质医疗资源扩容和均衡布局，大幅提升基层就诊率和县域就诊率。促进中医药传承创新发展。全面提升公共卫生应急管理和疾病预防控制体系专业化、数字化、现代化水平，完善精密智控疫情防控机制，构建强大的公共卫生安全保障体系。加大公办养老机构开门办院力度，完善城乡社区居家养老服务中心建设，基本建成以家庭为基础、居家为支撑、机构为补充、覆盖城乡的养老服务体系。探索居家养老服务社会化模式。深入推进医养结合，鼓励社会力量举办医养结合机构。推进乡镇（街道）康养联合体建设。实施养老护理千人培训计划。支持普惠性婴幼儿照护服务机构发展。依法维护妇女、儿童、残疾人等特殊群体的合法权益。

16.改善城乡居民居住条件。坚持房子是用来住的、不是用来炒的定位，不断完善住房市场和住房保障体系。突破部门职能界限，推行老旧小区改造“一件事”改革，全面推进城镇老旧小区改造。高标准规划推进洋安社区、心安社区、飞行社区等省、杭州市未来社区试点项目建设，落实“三化九场景”要求，打造未来社区新范式、新样本。积极建设下涯之江、梅城千鹤等未来乡村，加快产业导入、延伸公共服务、迭代善治模式，努力打造引领生活体验、呈现未来元素、彰显建德韵味的示范性乡村。坚持“政府主导、社会参与、资源共享、融合发展”的原则，完善住房保障体系，提升社会力量参与公共租赁住房建设的积极性。稳步扩大城乡公共租赁住房保障覆盖面，做到低保住房困难家庭应保尽保，中等偏下收入住房困难家庭、新就业大学毕业生（创业人员）、外来务工人员基本实现保障。对符合享受公共租赁住房条件并已在租赁市场租房居住的对象进行租金货币补贴。

17.健全社会保障制度。完善城乡居民养老保险、被征地农民养老保险、低标准养老保险与基本养老保险制度转换衔接。持续推进全民参保计划，推进新业态从业人员、灵活就业人员等群体参保扩面，鼓励城乡流动就业居民持续参加社会保险，实现常住人口社保制度基本全覆盖。健全企业年金和机关事业单位职业年金制度。完善公平适度的医疗保障待遇制度，健全重特大疾病医疗保险和救助制度，统筹规划各类医疗保障高质量发展。健全医疗、教育、住房、就业、受灾人员等专项救助，构建政府主导、社会参与、制度健全、政策衔接、兜底有力的综合救助格局。引导社会工作专业力量参与社会救助，探索建立社会救助共同体。

六、深化“德文化”品牌建设，提升建德文化软实力和城市魅力

18.提高社会文明程度。推动学习贯彻习近平新时代中国特色社会主义思想走深走心走实，实现理想信念教育常态化制度化。坚持以社会主义核心价值观为引领，加强爱国主义、集体主义、社会主义教育。深化群众性精神文明创建，持续开展文明家庭、文明单位、文明校园、文明村镇等“文明细胞”创建和“文明一平米”等文明习惯养成活动；深化“最美”系列选树宣传，壮大“最美建德人”群像；大力弘扬劳模精神、劳动精神、工匠精神，持续开展“工匠日”系列活动。积极推进移风易俗，有效遏制陈规陋习。加强未成年人思想道德建设。健全志愿服务体系。建立新时代文明实践中心建设建德模式。开展“德文化”基因解码，加强“德文化”标准和品牌推广，推进发展和治理模式融入地方人文精神。推进千鹤全国妇女爱国主义教育基地和中华女子学院教学实践基地建设。加强新安江水电站建设相关历史建筑、“九孔泄洪”水文遗迹保护，加强“三自精神”文化元素和新中国水电事业启航地城市符号的应用。深入开展“德润乡村、十佳百窗”展示活动，力争培育100个左右“基层德治窗口”村社，打造在全省乃至全国有一定影响力的“德文化”高地。

19.传承弘扬中华优秀传统文化、革命文化。尊重和善待历史文化遗产，让文化遗产实现应保尽保，留住乡愁记忆和传承历史文脉。加强“非遗”项目的挖掘和保护传承。积极推进钱塘江诗路（富春山水）文化传承生态保护区创建，做优做足诗路文章。加强严州古城综合保护与利用，有序推进梅城、寿昌实施“千年古城”复兴计划，梅城创建国家级历史文化名镇。推进各城镇、集镇历史街区保护和发展，加强传统村落保护和利用，完成50处以上古建筑的修缮。加强梅城明清城墙保护，积极推进与南京等城市共同申报“中国明清城墙联合申报世界文化遗产项目”。加强革命文物和红色资源保护利用，传承红色基因，弘扬革命文化。

20.加强优质文化服务和产品供给。推进城乡一体的公共文化服务体系建设，创新实施文化惠民工程，广泛开展群众性文化活动。充分保障特殊群众基本文化权益。探索基于数字化的群文配送和服务模式。深化“书香建德”建设，改造提升乡镇综合文化站、公共文化服务中心等，加快城镇书房的软硬件提质，加快建设“书香文化礼堂”。大力支持文艺精品创作，激发地方特色文化活力。坚持把社会效益放在首位、社会效益和经济效益相统一，打造以文化旅游、创意设计、数字内容、影视演艺、动漫游戏等为重点领域的现代文化产业体系。坚持“文化+”“互联网+”等理念，积极推动文化与旅

游、数字经济、科技、农业、健康养生、制造业等产业融合创新发展。积极推进文旅融合IP建设,争取打造一批省级文旅融合IP,争创省文旅产业融合实验区。以古镇、特色小镇、传统村落等特色文化资源为依托,统筹推进市域重大文化节庆活动,扩大文化消费规模。

七、深入践行“两山”理念,全力打造美丽中国“建德展示窗口”

21.打造生态保护“标杆地”。强化国土空间规划和用途管控,优化市域空间布局,落实生态保护、基本农田、城镇开发等空间管控边界。坚持最严格的耕地保护制度和最严格的节约用地制度,强化耕地数量保护和质量提升。加强水生态保护与修复,扎实开展“污水零直排区”创建,持续推进新安江、兰江和寿昌江流域综合治理,全面提升整治全市150个农村示范小微水体,推动“五水共治”继续走在前列,全力争取杭州首个“大禹金鼎”。深化燃煤烟气、工业废气、车船尾气、扬尘治理、餐饮排气“五气共治”,打赢蓝天保卫战。推广应用新能源汽车。大力发展绿色货运,推动大宗货物运输向铁路和水路转移。加强矿山生态环境恢复治理,按照“宜林则林、宜耕则耕、宜建则建、宜景则景”的要求推进废弃矿山生态治理;加强矿山粉尘防治,整体推进绿色矿业发展示范区建设。统筹自然水系、山体、湿地、绿地等生态资源,重点加强新安江、富春江和主要支流的重要湿地以及湿地重要生态敏感区的生态保护与恢复。做好自然保护地整合优化和野生动植物资源的保护,创成国家森林城市。力争2023年完成国家生态文明建设示范市创建。

22.推进全域美丽建设。做深做透“新安江”文章,全力推进省AAAAA级新安江景区城创建,促进湖、江、城、山等资源互补与整合,塑造具有鲜明时代气息和建德辨识度的城区风貌。按照“引领第一方阵,走在省市前列”的目标分批有序推进美丽城镇建设,争取15个乡镇(街道)(除新安江街道)全部达到省级美丽城镇创建要求、6个乡镇(街道)达到省级样板镇要求。高标准举办首届“美丽城镇高峰论坛”。提质扩面新时代美丽乡村建设,高标准推进“一廊十线”精品线全域提升,力争到“十四五”末全市三分之二以上的村达到美丽乡村精品村标准,打响“宜居建德·善美乡村”品牌,全力争创“新时代美丽乡村标杆县”。深入推进美丽园区(厂、场、社、院、校)、美丽田园、幸福河湖、美丽庭院、美丽人家等“美丽细胞”创建活动,加快打造由“外在美”延伸到“内在美”的美丽建德。

23.推动经济社会发展全面绿色转型。落实国家碳达峰碳中和战略部署,高标准制定碳排放达峰行动方案。开展生态产品价值核算评估,建立健全生态产品价值实现机制。做好“美丽+”“+旅游”文章,加快构建以旅游休闲、美丽农业、水产业为核心的美丽经济体系,拓宽绿水青山就是金山银山转化渠道。支持“果蔬乐园”、稻香小镇、草莓小镇、荷美小镇、橘子小镇、红花小镇等重要融合载体建设。支持推进企业循环式生产、产业循环式组合、园区循环式改造,促进能源资源节约集约利用。完善国有自然资源资产管理和自然生态监管机制。进一步推进生活垃圾分类,加快构建家电、汽车等废旧物资循环利用体系。深入推进“无废城市”“节水型社会”建设。积极倡导简约适度、绿色低碳、文明健康的生活方式,广泛开展各类绿色生活场景创建行动。

八、深化平安建德法治建德建设,构建舒心安心放心的社会环境

24.建设更高水平的“平安建德”。坚持把维护国家政治安全放在第一位,加强意识形态领域的斗争和阵地管理,严厉打击各种渗透、破坏、颠覆、分裂、危害活动。坚持和发展新时代“枫桥经验”,健全社会矛盾纠纷调处化解工作机制。以数字化改革撬动执法监督制约体系更加完善、健全,形成上下贯通、内外结合、系统完善、规范高效的司法制约监督体系。落实平安浙江建设“1055”工程,深入推进系列平安建设,县域社会治理现代试点建设高水平完成,风险闭环管控的大平安机制基本完善,基层治理水平明显提高,突发公共事件应急处置能力显著增强,发展安全保障更加有力,平安建设各项指标和人民群众“三感”位居全省前列。统筹社会治安防控网建设,加大公安基础设施建设力度。

25.建设更高水平的“法治建德”。全面提升各

领域法治化水平，执法司法质量、效率和公信力不断提高，公民法治意识和法治素养持续提升，社会公平正义进一步彰显，人民合法权益得到充分尊重和保障，法治建设关键指标在全省领跑、杭州市领先，成功创建法治浙江示范区。落实“八五”普法规划，显著提升公民法治素养和社会治理法治化水平，形成全社会尊法学法守法用法的良好氛围。进一步加强民主法治村等基层阵地创建，持续完善市镇村三级公共法律服务体系，加大以法律援助、矛盾调处等为主的政府公共法律服务供给，实现基层公共法律服务的常态化、专业化。

26.建设更高水平的“信用建德”。秉持“传递政府最大诚意、体现企业最大诚信”的理念，不断深化全国守信激励创新试点成果，有效维护市场秩序和公平正义，全面营造一流营商环境。积极参与跨区域信用互认和场景互通，稳步推进跨地区公共信用信息交换，切实让诚信成为人民享受现代生活、推动共同富裕的“通行证”。

九、强化工作推进保障，凝聚各方合力推动共同富裕的强大动力

27.加强组织领导。坚持把党的政治建设摆在首位，切实增强“四个意识”、坚定“四个自信”、做到“两个维护”。充分发挥党总揽全局、协调各方的领导核心作用，把党的领导贯穿共同富裕先行市建设的全过程、各领域、各环节。持续深化基层党组织建设，不断提升“片区大党委”质效成色，以“党建+、大联盟”持之以恒抓项目、兴产业、见场景、带区域，充分发挥基层党组织在推动共同富裕中的战斗堡垒和先锋模范作用。深入实施领导干部专业能力提升计划，打造忠诚干净担当的高素质专业化干部队伍，全面提升各级干部推进现代化建设和共同富裕的新能力。市委成立社会建设委员会，下设办公室，建立常态化、实体化专班运作机制，协调推进行动计划有效实施。各部门、各乡镇（街道）加强合作，形成推动共同富裕强大动力。探索“县乡一体、条抓块统”改革，推动资源向一线倾斜、管理向一线下沉、服务向一线集中，促进基层明责、减负、赋能、提效。

28.加强清廉建德建设。严格落实全面从严治党主体责任、监督责任、第一责任人责任，一岗双责同向发力，为推动共同富裕营造干部清正、政府清廉、政治清明、社会清朗的良好政治生态。锲而不舍落实中央八项规定及其实施细则精神，持续纠治形式主义、官僚主义，切实为基层减负，坚决防止“四风”问题反弹回潮。健全党统一领导、全面覆盖、权威高效的监督体系，深化纪检监察体制改革。强化政治监督，推动纪律、监察、巡视、派驻等“四项监督”的有机贯通。始终坚持“严”的主基调，紧盯不收敛不收手，坚决查处重点领域和群众身边腐败问题，健全损害群众利益问题治理机制，强化基层纪检监察组织与村（居）务监督委员会的沟通协作、有效衔接，保障各项惠民富民、促进共同富裕政策有效落实，让群众在全面从严治党中感受到公平正义。

29.加强数字化改革。以数字化改革撬动各领域各方面改革，积极承接上级系统和构建个性化数字应用场景，加快为共同富裕提供根本动力。推进一体化智能化公共数据平台建设，迭代升级“浙里办”“浙政钉”建德功能，全面支撑全领域、全主体、全周期数字化改革需求。推进党政机关整体智治系统综合应用建设，着力打造全局“一屏掌控”、政令“一键智达”、执行“一贯到底”、服务“一网通办”、监督“一览无余”“五个一”数字化协同工作场景，构建综合集成、协同高效、闭环管理的工作运行机制，努力打造一批具有建德特色的党政机关数字化协同工作场景。推进数字政府系统综合应用建设，构建整体高效的政府运行体系、优质便捷的普惠服务体系、公平公正的执法监管体系、全域智慧的协同治理体系，高标准建成设“一网通办”“一网通管”的“掌上办事之市”“掌上办公之市”“掌上治理之市”，有效推进市域治理现代化。推进数字经济系统综合应用建设，争创国家、省、市数字乡村建设示范试点，打造社会治理现代化典范。推进数字社会系统综合应用建设，依托城市大脑实践成果，全面构建与数字社会相适应的公共服务保障体系。推进数字法治系统综合应用建设，推动相关领域数字化转型全面迭代升级，建立健全相关制度机制。

30.加强政策制度创新。深入推进财政管理改革，通过全方位梳理政策、全口径测算财力、全覆

盖预计支出，切实提高财政政策的前瞻性和系统性，化解收支矛盾，确保财政收支持续平稳健康运行，切实提升财政资金使用绩效。按照共同富裕导向，推动各领域各方面政策制度系统性变革。聚焦重点领域，积极配合上级政府制定出台专项领域的政策文件。根据打造共同富裕“县域样板”的需要，主动承担上级改革试点、探索示范任务，努力在科创、数字化改革、乡村振兴、公共服务、基层治理、生态产品价值实现等方面先行先试，率先形成创新性、突破性制度成果。鼓励和支持梅城、寿昌、大同、乾潭在推动共同富裕上大胆先行示范。

31.加强考核评价。坚持定量与定性、客观评价与主观评价相结合，加快构建推动共同富裕的综合评价体系，科学合理确定发展指标和标准水平，全面反映共同富裕示范区建设工作成效，更好反映人民群众满意度和认同感，推动形成全速争先、全域争先、全员争先的良好态势。将有关目标要求纳入党政领导班子综合考评和领导干部绩效考核。建立定期督查机制，创新完善督查方式。健全示范推广机制，及时总结推广推动共同富裕的好经验好做法。

32.加强氛围营造。坚持人民群众主体，旗帜鲜明地鼓励勤劳致富、率先致富，旗帜鲜明地鼓励先富带后富、先富帮后富，激发实现共同富裕地内生动力。充分发挥人大、政协的职能作用，充分发挥各民主党派、工商联、无党派人士的积极作用，充分发挥工会、共青团、妇联、科协、残联等群团组织的优势和力量，强化人民团体引领服务联系群众功能，动员各方力量积极参与推动共同富裕。多渠道加强对推动共同富裕政策和做法的宣传报道，增强人民群众的知晓度、认同感和满意度，激发全体人民促进共同富裕的积极性、主动性、创造性，形成全民推动共同富裕的良好局面，让每一个人都成为共同富裕的直接参与者、贡献者、共同受益者。

附件（略）

建德市政府及市政府办公室重要文件辑录

建德市人民政府
关于调整征收集体土地地上附着物
和青苗补偿标准的通知

建政函〔2021〕21 号

各镇、乡人民政府，各街道办事处，市政府各部门、单位：

为进一步做好我市集体土地地上附着物和青苗补偿工作，保护被征收土地的农村集体经济组织和农民的合法权益，根据《浙江省人民政府关于调整全省征地区片综合地价最低保护标准的通知》（浙政发〔2020〕8 号）等有关文件要求，决定调整我市征收集体土地地上附着物和青苗补偿标准。现将有关事项通知如下：

一、本通知适用于建德市范围内征收集体土地地上附着物和青苗补偿工作。

二、地上附着物和青苗补偿范围，主要包括征地范围内的石坎、河埠、沟渠、道路、低压电杆、管线以及各类养殖水面、苗木和树木、大棚、农田设施等地上附着物和青苗。房屋补偿按照《关于印发建德市征收集体所有土地房屋补偿实施意见的通知》（建政函〔2019〕64 号）标准执行。

三、地上附着物及青苗补偿，依据“有苗（物）补苗（物）、无苗（物）不补”的原则，由征地单位按标准据实补偿给相应的所有权人。

四、本通知自 2021 年 3 月 11 日起施行。2020 年 1 月 1 日后批准征收土地方案的项目均按新标准执行。对征收土地方案批准时间在 2020 年 1 月 1 日前的项目，地上附着物和青苗尚未处置的，各乡镇（街道）可根据实际情况做好政策衔接工作。前发《关于重新公布建德市征地区片综合价标准的通知》（建政函〔2017〕150 号）同时废止，前发文件与本通知不一致的，按本通知执行。

附件：地上附着物和青苗补偿标准

建德市人民政府

2021 年 2 月 8 日

表 15　　地上附着物和青苗补偿标准

类别		补偿标准
零星果树	2—3 年	25—35 元/株
	3 年以上产量 50—100 公斤	120—180 元/株
	3 年以上产量 100 公斤以上	350 元/株
零星树木（松树、杉树等）	胸径 5 公分以下	每根 10—20 元
	胸径 10 公分以下	每根 30—40 元
	胸径 11—20 公分	每根 60—80 元
	胸径 21 公分以上	每根 100—150 元
零星竹类	菜竹及人工种植的淡竹	每支 15—20 元
	毛竹	按 70 元/50 公斤计补
备注	1.按零星树木与果树计算亩价不得超过林地与果园补偿标准的 80%。 2.苗木按零星树木及果树最低补偿标准 30%计算搬迁补偿价格，确实不能搬迁，按评估价格补偿。 3.联动整体大棚按评估价格补偿。 4.涉及特殊经济作物、名贵树木及表格中未说明的附属设施按评估价格补偿。	

建德市人民政府
关于公布建德市划拨土地住宅用房补办出让手续补交出让金标准的通知

建政函〔2021〕39 号

各镇、乡人民政府，各街道办事处，市政府各部门、单位：

为进一步规范划拨土地住宅用房补办出让手续，根据《中华人民共和国城市房地产管理法》等有关规定，结合我市实际，特制定《建德市划拨土地住宅用房补办出让手续补交出让金标准》，现予以公布。

该标准自 2021 年 10 月 20 日起施行，由市规划和自然资源局牵头组织实施。

附件：建德市划拨土地住宅用房补办出让手续补交出让金标准

建德市人民政府

2021 年 3 月 16 日

建德市人民政府
关于印发建德市住宅小区配套幼儿园建设管理办法的通知

建政函〔2021〕53 号

各镇、乡人民政府，各街道办事处，市政府各部门、单位：

《建德市住宅小区配套幼儿园建设管理办法》已经市政府研究同意，现印发给你们，请结合实际，认真贯彻执行。

建德市人民政府

2021 年 5 月 17 日

建德市住宅小区配套幼儿园建设管理办法

第一条　为建立健全我市学前教育公共服务体系，根据《中共浙江省委 浙江省人民政府关于学前教育深化改革规范发展的实施意见》《浙江省学前教育条例》《浙江省城镇住宅小区配套幼儿园建设管理办法》《杭州市人民政府关于杭州市基础教育专项规划的批复》等法规、标准和国家、省、市相关政策，结合我市实际，制定本办法。

第二条　住宅小区配套幼儿园是指本市范围

内进行旧城改造、新区建设和撤村建居等建设的住宅小区所需配套建设的幼儿园，包括商品住宅小区开发和政府投资建设保障性住房(含安置房)建设中按规划要求配套建设的幼儿园（以下简称配套幼儿园）。

第三条 市发改局、市规划资源局、市教育局、市住建局等行政部门按照职责分工，做好配套幼儿园建设管理相关工作，保障配套幼儿园与新建住宅小区同步规划、同步设计、同步建设、同步验收和同步交付使用。

第四条 市规划资源局要会同市教育局根据市域国土空间规划、城镇发展、人口增长和学前教育发展实际，编制全市学前教育设施布点专项规划。

市规划资源局应在组织编制或者修改控制性详细规划时落实学前教育设施布点专项规划的相关内容，结合居住区规划合理布局，将市教育局纳入建德市国土空间规划委员会。

第五条 市规划资源局、市教育局等单位和相关乡镇(街道)应当以住宅区规划居住每百户不低于 11 生的指标测算生源数量，主城区及人口相对密集的中心镇和街道应以每百户不低于 12 生的指标测算生源数量，配建相应规模幼儿园。对非成片开发用地的零星住宅建设或组团开发区域，规划居住用地住宅建筑面积达不到配建标准要求的小规模小区，根据“小小区大配套”原则，可以多个小区规划共建一个配套幼儿园，依需布局在其中较大区块内。人口集聚的地区可结合实际适当提高标准。编制控规或地块控规(选址论证)时应统筹考虑幼儿园的统建及配建问题，并在规划条件及出让合同中予以明确。

第六条 根据学前教育设施布点专项规划和地块控制性详细规划及相关建设标准，市发改局在项目审批时应明确配套幼儿园的建设内容、建设规模、建设标准、室内外装修标准；市规划资源局在出具规划条件时，应明确配套幼儿园的建设要求等内容。对需配套建设幼儿园的地块，市人民政府在土地供应时明确配套幼儿园的用地面积、建设要求、建设期限、产权归属、管理使用单位、交付方式等内容，并纳入国有建设用地使用权划拨决定书或有偿使用合同。

第七条 市发改局在立项审批和市规划资源局审查住宅小区建设项目设计方案时，应根据规划条件和《托儿所、幼儿园建筑设计规范》(JGJ39—2016) 和《普通幼儿园建设标准》(DB33/1040—2007)等标准，审查配套幼儿园的位置、建设规模、建设要求等，并征求市教育局的意见，不符合要求的不予审查通过。市规划资源局以组织会审形式进行审查的，应通知市教育局参加。

第八条 配套幼儿园应当功能独立，与住宅小区其他用地界限明确，提供单独安全畅通的出入口。市规划资源局须在建设方案审查中予以把关。

配套幼儿园建设应当按照国家、省有关建筑设计标准和抗震设计规范进行设计、建设，适当预留人员畅行和车辆停放的空间，确保幼儿和教职工安全。

第九条 市住建局、市教育局应参与幼儿园园舍建设、装修、竣工验收等环节工作。确保幼儿园在首期住宅交付之前完成室内外装修，及时交付使用。配套幼儿园属于普惠性教育机构，物业和消控等功能相对独立，相关费用额度在幼儿园资产移交合同上做具体说明。

第十条 建设单位分期建设有配套幼儿园项目的住宅小区时，配套的幼儿园应与住宅小区第一期同步规划、立项、建设、装修、竣工移交。凡未按照建设工程规划许可证配建幼儿园设施或未随所在居住区当期住宅项目同步建成的，市规划资源局不予竣工规划核实，并依法责令补建并予以行政处罚。

第十一条 配套幼儿园建成（包括合同约定的装修工程)后，建设单位须及时将幼儿园无偿交付给市教育局管理和使用，由市教育局办成公办幼儿园或委托办成普惠性民办幼儿园，不得办成营利性幼儿园。办成公办幼儿园的，市政府及有关部门要做好机构编制、教师配备等工作；委托办成普惠性民办幼儿园的，要做好相关机构资质、管理能力、卫生安全及保教质量等方面的审核，明确补助标准，加强对普惠实效及质量方面的动态监管。

建设单位与市教育局办理移交手续后，市教

育局应当及时向不动产登记机构申请登记，不动产登记机构应当及时办理。

第十二条 配套幼儿园属于公共教育资源，任何单位和个人不得擅自拆改或闲置，不得出租、出售、转让、抵押或改变用途。对因城市建设改造确需征收或者占用幼儿园的，应当按照先建后拆的原则，依据学前教育设施布点专项规划就近或者易地重建，不得影响或者中断正常教学工作。

规划配套幼儿园用地一经确定，任何单位和个人不得侵占或擅自变更。确需调整的，应按法定程序调整相关规划，调整后的规划用地面积不得少于原有面积，并经市教育局、市规划资源局等行政部门审查同意后报市政府批准。

第十三条 市教育局、市住建局、市规划资源局、市发改局、市财政局、市市场监管局等行政部门对配套幼儿园建设和使用情况进行联合检查，发现配套幼儿园存在规划不到位、应建未建、建而未交、未办成普惠性幼儿园、闲置或改作他用的，要依法依规责令整改并追究责任。

第十四条 对已建成的住宅区，由市教育局、市规划资源局、市住建局等行政部门组织检查其配套幼儿园规划建设情况，并要求按国家和地方相关规定补足配齐学前教育设施。

未按规划建设配套幼儿园的，要通过补建、改建、新建等方式予以纠正。

第十五条 《住宅小区配套幼儿园建设移交标准》由市教育局、市发改局、市规划资源局、市住建局四部门拟定后联合发布。

第十六条 本办法自2021年6月17日起施行。

建德市人民政府
关于公布《建德市2021年度国有土地上住宅房屋征收临时安置费和搬迁费补助标准》的通知

建政函〔2021〕80号

各镇、乡人民政府，各街道办事处，市政府各部门、单位：

根据《国有土地上房屋征收与补偿条例》(国务院令第590号)和《浙江省国有土地上房屋征收与补偿条例》(2014年）的规定，结合我市城区2021年度住宅房屋租赁市场平均价格、搬迁费用测算结果，经研究，特制定建德市2021年度国有土地上住宅房屋征收临时安置费和搬迁费补助标准，现予以公布，自2021年8月15日起施行。

附件：1.建德市2021年度国有土地上住宅房屋征收临时安置费(房屋租赁价)补助标准

2. 建德市2021年度国有土地上住宅房屋征收搬迁费补助标准

建德市人民政府

2021年7月15日

附件2：

建德市2021年度国有土地上住宅房屋征收搬迁费补助标准

建德市2021年国有土地上住宅房屋征收搬

附件

表16 建德市2021年度国有土地上住宅房屋征收临时安置费(房屋租赁价)补助标准

序号	区块路段	范围	租金单价（元/m²·月）
1	新安江街道桥北区块	新安江北岸，自新电路向东至焦山加油站。	26
2	新安江街道桥南区块	白沙大桥以南，包括汪家、叶家区块。	20
3	洋溪街道	辖区范围内国有土地上住宅。	20
4	更楼街道	辖区范围内国有土地上住宅。	16
5	梅城镇	建制镇范围内国有土地上住宅。	18
6	寿昌镇	建制镇范围内国有土地上住宅。	16

迁费补助标准为每户1900元。

因房屋征收涉及被征收人或者房屋承租人电话移动，以及有线电视、管道煤气、宽带网迁装等费用，由征收人按照征收时的市场价予以补偿。

建德市人民政府关于调整全市最低工资标准的通知

建政函〔2021〕157号

各镇、乡人民政府，各街道办事处，市政府各部门、单位：

根据《浙江省人民政府关于调整全省最低工资标准的通知》（浙政发〔2021〕22号）和《杭州市人民政府关于调整市区最低工资标准的通知》（杭政函〔2021〕69号）精神，结合我市实际，经市政府研究，决定从2021年8月1日起，将我市最低月工资标准调整为2070元，非全日制工作的最低小时工资标准调整为20元。

前发《建德市人民政府关于调整全市最低工资标准的通知》（建政函〔2017〕183号）同时废止。

建德市人民政府

2021年11月19日

建德市人民政府办公室关于坚决制止耕地“非农化”防止耕地“非粮化”稳定发展粮食生产的意见

建政办函〔2021〕16号

各镇、乡人民政府，各街道办事处，市政府各部门、单位：

为切实加强耕地保护和用途管制，增强粮食综合生产能力，稳定发展粮食生产，坚决制止耕地“非农化”、防止耕地“非粮化”，根据《浙江省人民政府办公厅关于坚决制止耕地“非农化”防止耕地“非粮化”稳定粮食生产的意见》（浙政办发〔2021〕6号）精神，经市委市政府研究同意，现提出如下意见。

一、总体要求

坚决贯彻落实党中央、国务院和省委关于耕地保护和保障粮食安全的决策部署，落实最严格的耕地保护制度，坚持积极稳妥、分类指导、依法依规、属地管理的原则，不断强化耕地用途管制，健全耕地保护长效监管机制，将有限的耕地资源优先用于粮食生产，坚决守住耕地红线和粮食安全根基，确保耕地数量不减少、质量有提高、布局更优化，粮食生产功能区内每年至少种植一季粮食作物。

二、主要任务

（一）坚决贯彻落实上级决策部署。各乡镇（街道）、各有关部门要严格按照党中央、省委省政府和杭州市委市政府的决策部署，坚决制止耕地“非农化”，切实做到六个严禁：严禁违规占用耕地绿化造林，严禁占用耕地超标准建设绿色通道，严禁违规占用耕地挖湖造景，严禁占用永久基本农田扩大自然保护地，严禁违规占用耕地从事非农建设，严禁违法违规批地用地。坚决防止耕地“非粮化”，切实做到四个禁止：禁止占用永久基本农田种植苗木花卉草皮，禁止占用永久基本农田种植水果茶叶等多年生经济作物，禁止占用永久基本农田挖塘养殖水产，禁止闲置、荒芜永久基本农田。切实加强粮食生产功能区监管，坚决制止破坏耕地耕作条件的行为，防止无序利用其他耕地种植花卉苗木、水果茶叶等作物和挖塘养殖。利用永久基本农田发展稻鱼、稻虾、稻蟹等综合立体种养的，以不破坏永久基本农田为前提，沟坑占比符合稻渔综合种养技术规范通则标准。各乡镇（街道）、各有关部门要对农业生产扶持政策进行认真梳理，及时纠正不符合本意见精神的扶持文件。

（二）组织摸底调查。各乡镇（街道）、各有关部门要结合土地变更调查、第三次国土调查等最新成果，全面开展耕地“非农化”“非粮化”情况调查，全面摸清耕地“非农化”“非粮化”的类型、面积、分布，登记造册，建立数据库。杜绝谎报、瞒报、漏报，一经发现，严肃处理。有关工作由市规划资源局、市农业农村局另行部署。各乡镇（街道）的核实结果按工作要求及时准确上报至市规划资源局、市农业农村局。

（三）坚决遏制增量。各乡镇（街道）、各有关部门要坚决遏制新增耕地“非农化”“非粮化”问题发生，市规划资源局、市农业农村局、市住建局、市交通运输局、市水利局、市林业局、杭州市生态环境局建德分局等有关部门按照各自职责，落实管控措施，做到发现一起查处一起，市发改局要加强对占用耕地挖湖、挖河、建设湿地公园、建设水利景观等建设项目的审核、核准、备案；项目主管部门要对项目必要性、科学性进行充分论证，从源头控制耕地“非农化”“非粮化”。建立健全工商资本土地流转资格审查和项目审核制度，加强用途管制，强化租赁耕地监测监管。

（四）分类稳妥处置存量。按照实事求是、妥善处理、逐步消化的原则合理有序处置存量，不搞“一刀切”。对种植条件损坏较轻的、土地流转租赁合同即将或已到期的、容易处置的耕地，特别是粮食生产功能区“非农化”“非粮化”情况，要积极采取措施加快处置。对违规占用耕地及永久基本农田植树造林的，不予统计造林面积，不享受财政资金补贴政策；占用永久基本农田挖湖造景的，要限期恢复耕地，确实无法恢复的，按照有关规定进行补划；根据自然保护地优化整合优化方案，妥善调整自然保护地内的永久基本农田。对严重破坏耕地的违法违规行为，要坚决依法查处，立即进行整改，恢复耕地功能。

（五）严格治理耕地抛荒。各乡镇（街道）要切实采取有效措施开展耕地抛荒整治，着力改善抛荒耕地耕作条件，推行抛荒耕地流转，统一组织耕种、代耕代种等。规范耕地流转合同，明确耕地利用和防止抛荒的责任和要求，经营权人抛荒2年以上的，依法终止耕地流转合同。严格执行农业补贴政策，优化补贴资金发放办法，强化种粮导向，取消抛荒耕地承包农户的中央耕地地力保护补贴等。对抛荒导致耕地种植条件破坏或耕地质量等级下降的，要责令限期改正或治理，依法予以处理。村级集体经济组织作为农民集体土地的发包方，要采取有效措施，抓好耕地保护和合理利用，严格制止抛荒。

（六）严格耕地农业用途管制。坚持农地农用、粮地粮用，合理安排农业生产力布局，明确区域土地利用要求，明确耕地利用优先序，不能单纯以经济效益来确定耕地用途。粮食生产功能区要严格用于粮食生产，特别要用于水稻生产，确保种植一季以上粮食作物。永久基本农田重点用于粮食生产，特别是保障水稻、大小麦、玉米、豆类、薯类等农作物种植面积。一般耕地主要用于粮食、蔬菜、油菜、棉花、糖料等农产品及饲草饲料生产。耕地在优先满足粮食和食用农产品生产的前提下，适度用于非食用农产品生产。严格落实耕地保护补偿机制，省级补助资金和市县补助资金原则上用于粮食生产的耕地。对不符合耕地农业用途管制的农业生产经营活动，原则上不予安排财政扶持资金项目。

（七）严格粮食生产功能区保护利用。各乡镇（街道）、各有关部门要在本次调查摸底的基础上，抓紧研究制定粮食生产功能区分类整治优化方案和相关政策，用2年时间完成整治优化工作。针对不同情况，积极稳妥、逐个逐块进行粮食生产功能区“非农化”“非粮化”清理腾退。对确实难以恢复种植条件的，或区块面积、立地条件、土壤肥力、污染状况等不符合要求的，或因规划调整、划入生态保护红线和饮用水水源保护地等不宜作为粮食生产功能区的，按照数量不减、质量不降、集中连片、局部调整原则及时进行调整修编，并与正在编制的国土空间规划相衔接，调整补划的粮食生产功能区落地在永久基本农田保护区和高标准农田范围内，严格把握补充划入地块的数量和质量。整治优化完成后按照规定及时组织验收并上图入库。强化监管保护，粮食生产功能区不得擅自调整、不得违规建设种植和养殖设施、不得违规纳入退耕还林还草范围、不得超标准建设农田林网；规范粮食生产功能区占用审核程序，严格按规定进行占用补划。发挥粮食生产功能区种粮主平台作用，加大政策支持力度，鼓励多种粮、种好粮，稳定和提高粮食复种指数。

（八）不断提高耕地质量。大力推进土地综合整治，扎实推进高标准农田建设，坚持新建和改造提升相结合，推进土地平整、灌区改造、生产设施建设和土壤地力提升，不断改善生产条件。加大财政补贴力度，鼓励施用有机肥、秸秆还田和种植绿肥,促进土壤改良和地力培肥。工程建设项目征占用耕地,应对征占用耕地的优良耕作层进行剥离并用于土壤改良。加强耕地质量保护,建立健全耕地质量管理制度,定期组织耕地质量监测和评价。进一步完善管护利用机制,按照谁受益谁管护、谁使用谁管护的原则,明确市、镇(街)、村和经营主体的管护责任和要求,探索第三方专业机构统一管护。

(九)稳定发展粮食生产。着力稳定和提高粮食播种面积、总产量和自给率,坚持规模化、绿色化、优质化、机械化、数字化,推动粮食生产高质量发展。深化化肥农药实名制购买、定额制施用改革,扩大先进适用技术推广应用。完善经营机制,进一步推进土地集中连片流转,大力培育种大户、家庭农场、专业合作社等新型经营主体,鼓励开展社会化服务,提高种粮规模效益。强化粮食生产扶持政策,调动农民种粮积极性。

三、组织保障

(一)强化责任落实。各乡镇(街道)、各有关部门要充分认识制止耕地"非农化"、防止耕地"非粮化"的极端重要性,健全耕地保护党委领导、政府负责、部门协同、公众参与、上下联动的共同责任机制。各乡镇(街道)对制止耕地"非农化"、防止耕地"非粮化"负总责,市规划资源局、市农业农村局负监管责任,其他有关部门按职责分工共同抓好落实;对履职不力、监管不严、失职渎职的,依规依纪依法追究责任。将制止耕地"非农化"、防止耕地"非粮化"纳入对各乡镇(街道)目标责任制考核。

(二)强化技术保障。调查摸底阶段,由市规划资源局负责委托第三方机构运用2018年变更调查、国土三调等数据开展内业分析工作,初步形成疑似问题图斑。市财政局配合市规划资源局做好资金保障,摸清摸透我市耕地"非农化""非粮化"情况,为后续整改处置工作夯实基础。

(三)建立动态监管监测体系。建立健全耕地"非农化""非粮化"举报、巡查、监测、执法相结合的监管机制,做到早发现、早处置。鼓励社会各界举报破坏损害耕地的行为。组织开展日常实地巡查检查,加强动态监管,发现问题及时制止、整改,重大情况及时报告,对违法违规行为予以严肃查处。

(四)加强组织领导。各乡镇(街道)要按照本意见要求,抓紧制定工作方案,落实人员、组建专班,完善相关政策措施,积极稳妥抓好贯彻落实,并于2021年4月5日前将落实情况报市政府,并抄送市规划资源局、市农业农村局。市规划资源局、市农业农村局要会同市级有关部门做好对本意见贯彻落实情况的监督检查。

附件:建德市耕地"非农化""非粮化"整治优化工作领导小组成员名单

建德市人民政府办公室

2021年3月31日

附件(略)

建德市人民政府办公室
关于建德市公共租赁住房保障
实物配租实施办法的通知

建政办函〔2021〕57号

各镇、乡人民政府,各街道办事处,市政府各部门、单位:

《建德市公共租赁住房保障实物配租实施办法》已经市政府研究同意,现印发给你们,请结合实际,认真组织实施。

建德市人民政府办公室

2021年10月30日

建德市公共租赁住房保障实物配租实施办法

第一章 总 则

第一条 为做好我市公共租赁住房建设和管理工作,根据《公共租赁住房管理办法》(住建部令〔2012〕11号)、《浙江省人民政府办公厅转发省建设厅等部门关于加快发展公共租赁住房实施意见的通知》(浙政办发〔2010〕92号)和《杭州市人民政府办公厅关于印发杭州市公共租赁住房建设租赁管理暂行办法的通知》(杭政办〔2011〕20号)等文件精神，结合我市实际，特制定本办法。

第二条 本办法所称的公共租赁住房保障实物配租是指政府向符合公共租赁住房保障条件的申请家庭提供住房，并按照公共租赁住房租金标准收取租金。

第三条 市住建局牵头负责住房保障的组织实施工作，负责会同发改、规划和自然资源局等部门研究制订公共租赁住房保障需求年度计划，具体负责资格审核等有关组织工作；市发改（物价）局负责租金标准的制定和公布；市财政局负责保障资金的落实；市民政局负责对申请人及其家庭成员收入进行认定，核实申请人婚姻状况；市规划和自然资源局负责对申请人及其家庭成员的房产、土地使用权申请登记情况进行核实；市人社局负责对申请人及其家庭成员的编制、退休金、社会保险缴纳情况及申请家庭有关人员学历（职称）认定进行核实；市公安局负责浙江省居住证的核实、房屋租赁备案情况的核查；市税务局负责对申请人及其家庭成员的个人所得税缴税情况进行核查；市市场监管局负责对申请人及其家庭成员的企业注册资金及个体经营户注册信息进行核查；市公积金管理中心负责对申请人及其家庭成员公积金缴纳情况及提取情况进行核查；市银监办负责查询申请人及其家庭成员的金融财务情况；市资投公司负责房源的筹集、租金收缴、房屋维修等后续管理；其他相关部门根据各自职责，负责做好指导、配合和行业监管等工作。

申请人所在乡镇（街道）及村（社区）按照各自职能，负责申请受理、初审和后续协调管理。

第四条 公共租赁住房保障资金通过上级补助的保障性住房专项资金、公积金增值收益、财政预算安排资金等渠道筹集。公共租赁住房保障资金使用范围为：筹集(新建、配建、改建等)公共租赁住房所支付的资金；公共租赁住房的维修、管理费用等。

第五条 公共租赁住房房源主要通过集中新建方式筹集，也可按照布局要求，在商品住宅、拆迁安置房等住宅项目中配建，或收购商品房、存量房用于调剂。行政事业单位、国有企业等单位闲置用房，经改建后可作为公共租赁住房。有条件的开发区、产业园区可在不改变用地性质条件下利用自有闲置土地、产业园区配套用地和存量闲置房屋建设公共租赁住房。

第六条 公共租赁住房房源不足时，以公共租赁住房货币补贴作为保障方式。具体保障方式按照《建德市公共租赁住房保障货币补贴实施办法》(建政办函〔2020〕2 号)执行。

第二章 准入管理

第七条 公共租赁住房实行分类准入。

（一）中等偏下收入住房困难家庭申请公共租赁住房须同时符合下列条件：

1.申请人具有建德户籍 1 年（含）以上；

2.申请家庭人均可支配收入低于上年度人均可支配收入的 100%以下；

3.申请人及家庭成员在本市无房；

4.申请人及家庭成员符合政府规定的其他条件。

（二）新就业大学毕业生（创业人员）申请公共租赁住房须同时符合下列条件：

1.申请人具有建德户籍或持有《浙江省居住证》；

2.申请人具有全日制普通高校本科以上学历且毕业未满 6 年，或申请人具有中级（含）以上职称，或高级（含）以上职业资格证书；

3.申请人在本市用人单位工作，并签订一年（含）以上劳动合同，且在本市连续缴纳社会保险金一年（含）以上，或持有本市营业执照和一年（含）以上完税证明；

4.申请人及家庭成员在本市无房；

5.申请家庭人均可支配收入低于上年度人均可支配收入的 100%以下；

6.申请人及家庭成员符合政府规定的其他条件。

（三）外来务工人员申请公共租赁住房须同时符合下列条件：

1.申请人具有非建德户籍并持有《浙江省居住证》；

2. 申请人在本市用人单位工作一年以上，并签订劳动合同，且在本市连续缴纳社会保险金一年以上；

3.申请家庭人均可支配收入低于上年度人均可支配收入的100%以下；

4.申请人及家庭成员在本市无房；

5.申请人及家庭成员符合政府规定的其他条件。

第八条 第七条㈡、㈢所称用人单位是指位于本市范围内的国家机关、事业单位、外地驻建机构，以及登记注册地在本市的社会团体、企业、民办非企业组织。非法人分支机构申请的，需提交法人组织的授权书。

第九条 申请家庭成员（含申请人的未成年子女）在本市范围内的下列房产应纳入房产建筑面积核定范围：

(一)申请家庭成员拥有的房产；

(二)申请家庭成员承租的公房和单位自管房；

(三)申请家庭成员有农村批地建房的，按农村批地建房面积核计。

以上房产因买卖、赠与、离婚析产等原因已转让不满3年的，纳入房产核定范围。

申请家庭因重大疾病等原因造成经济条件特别困难，将原有房产转让后未满3年的，原有房产不纳入房产面积核定范围。

本办法所称家庭成员，包括配偶，同一户口簿中共同居住的子女、父母和其他有法定扶养、赡养、抚养关系的人员。

第三章 配租管理

第十条 公共租赁住房实物配租实行公开配租制度，按照保障对象群体实行分类申请、统一受理，具体程序如下：

(一)发布公告。市住建局在媒体和社区发布公共租赁住房保障实物配租受理公告，公告中应明确受理对象、受理时间、受理地点、受理审核流程及实物配租房源信息等内容。

(二)申请和受理。符合条件的申请家庭向市住建局(房产和住房保障服务中心)办事窗口或政府网站自行下载领取并如实填写《建德市公共租赁住房实物配租申请表》(以下简称申请表）并将填写完整的表格和所需材料提交所在单位，单位初审后提交市住建局（房产和住房保障服务中心)。无用人单位的申请人直接将填写完整的申请表和所需材料提交户籍所在社区。

(三)审核和公示。市住建局牵头，各部门配合，做好申请家庭的资格认定工作。符合条件的申请家庭在政府网站和社区予以公示，公示期为五天，接受社会监督。

(四)实物配租。公示期满无异议的，由市住建局根据房源情况，通过摇号等程序确定实物配租的房源。

(五)签订合同。申请人凭相关身份证明，签订房屋租赁合同。

第十一条 公共租赁住房实物配租按照优先保障、职住平衡、统筹管理、分类配租的原则进行调配。

房源优先向城市中等偏下收入住房困难家庭配租，并统筹用于新就业大学毕业生(创业人员)和外来务工人员配租，具体配租方案在公告当中明确。

外来务工人员集中的开发区和产业园区建设的公共租赁住房优先向园区内职工配租，多余房源应交由政府统一调配，权属不变。

第十二条 公共租赁住房通过公开方式产生选房顺序号，根据房源数量确定选房人员数量。列入选房范围的人员未参加当期选房或选房后放弃承租的，当期保障资格终止。

第十三条 公共租赁住房租赁期限为3年，期满后经重新申请审核符合条件的承租人，可以续租。除城镇户籍中等偏下收入住房困难家庭外，承租人的承租期累计不得超过两个租赁期限。

第十四条 公共租赁住房租金实行政府定价，由市价格主管部门会同财政、住建等部门制定，实行动态管理，适时调整，并向社会公布。

承租人自取消其公共租赁住房资格之日起，允许过渡期限不超过3个月，期间仍按原标准缴纳租金。对超过期限，承租人确无其他住房的，应当按照市场价格缴纳租金。

公共租赁住房的租金收入应当按照有关规定实行收支两条线管理，专项用于公共租赁住房的维修、养护和物业管理等开支。

第十五条 房源配租完成后，公共租赁房产权所有人(以下简称产权人)应当按照合同示范文本与承租人、用人单位签订三方租赁合同。

第十六条 公共租赁住房租赁合同三年一签，期满后经重新申请审核符合条件的承租人，可以续租。公共租赁住房租赁合同明确下列内容：合同各方主体相关情况；房屋的坐落、面积、装修、设施情况；租赁期限、用途；租金及支付方式；租赁期间相关费用；房屋押金；房屋使用及修缮；合同变更、解除、终止情形；房屋腾退及验收；用人单位相关职责；违约责任及争议解决办法；其他约定。

第十七条 产权人应按照合同约定为承租人提供稳定的租赁保障，确保公共租赁住房各项生活基本设施的正常供给，不得无故中止租赁关系和服务内容。

第十八条 承租人应按照合同约定，合理使用公共租赁住房，只能将房屋用于自住，不得转租、闲置、出借或从事其他经营活动，不得改变房屋结构和装修现状，应按时缴纳租金及水、电、气等费用。

承租人有违反《公共租赁住房管理办法》(住建部令〔2012〕11号)、《杭州市人民政府办公厅关于印发杭州市公共租赁住房建设租赁管理暂行办法的通知》(杭政办〔2011〕20号)规定及合同约定的行为，按照两个办法的规定及合同约定处理。

第十九条 公共租赁住房承租家庭子女如符合就学、社会救助、医疗保险条件的，可持公共租赁住房保障资格证明及租赁合同办理相关手续。

第二十条 用人单位、社区应当协助产权人做好租金及水、电、气等费用的催缴、租赁管理等工作。单位出现倒闭、破产、歇业及注销、吊销等情形或承租人辞职、调离单位、户籍、生活地发生变动的，单位应主动配合产权人办理退房或合同变更手续。

第二十一条 租赁期届满前三个月内，承租人如需继续租赁的，应向产权人提出续租申请，经审核，符合条件的，可续签租赁合同，不符合条件的，产权人依照有关规定和合同约定收回住房。

第二十二条 申请人员采取隐瞒事实情况、提供虚假资料、伪造证明材料等手段骗得公共租赁住房实物配租的，按照以下方式处理：

(一)由住房保障管理部门取消申请人的保障资格，并收回公共租赁住房；

(二)自取消其公共租赁住房保障资格之日起5年内，申请人不再具有公共租赁住房保障申请资格。

第四章 附 则

第二十三条 产权人应建立公共租赁住房一房一档，并将相关管理情况定期报市住建局。

公共租赁住房申请、受理、审核、配租程序中的各类文本、表单格式由市住建局监制。

第二十四条 本办法自2022年1月1日起实施。

责任编辑：黄建生

索 引

Indexes

说明：

一、本索引设目名索引和图表索引 2 个分目。

二、目名索引按目名第一字汉语拼音（同音字按声调）顺序排，首字相同按第二字音序排，依此类推。类目、分目分别用

深蓝色、蓝色标注。标引词后的阿拉伯数字表示内容所在的页码。

三、本年鉴的“特载”及“概况”“综述”条目均未作索引。

四、图表按序号排列，所在位置标注方法同上。

目名索引

阿拉伯数字

A

B

C

D

H

J

K

L

P

Q

R

S

T

W

X

Y

Z

图表索引

图书在版编目（CIP）数据

建德年鉴. 2022 / 建德市史志编纂委员会编. —北京 : 方志出版社, 2022.12
ISBN 978-7-5144-5599-1

Ⅰ. ①建… Ⅱ. ①建… Ⅲ. ①建德—2022—年鉴 Ⅳ. ①Z525.54

中国版本图书馆 CIP 数据核字(2022)第 249986 号

责任编辑：罗滔
责任校对：刘玉霞
责任印制：梅中英
出 版 者：方志出版社
地　　址：北京市朝阳区潘家园东里 9 号（国家方志馆 4 层）
邮　　编：100021
网　　址：http://www.zgfzcb.cn
发　　行：方志出版社图书营销中心（010-67110500）
印　　刷：杭州华界印务有限公司
开　　本：889 毫米×1194 毫米　1/16
印　　张：26.5
字　　数：742 千字
版　　次：2022 年 12 月第 1 版
印　　次：2022 年 12 月第 1 次印刷
定　　价：248.00 元